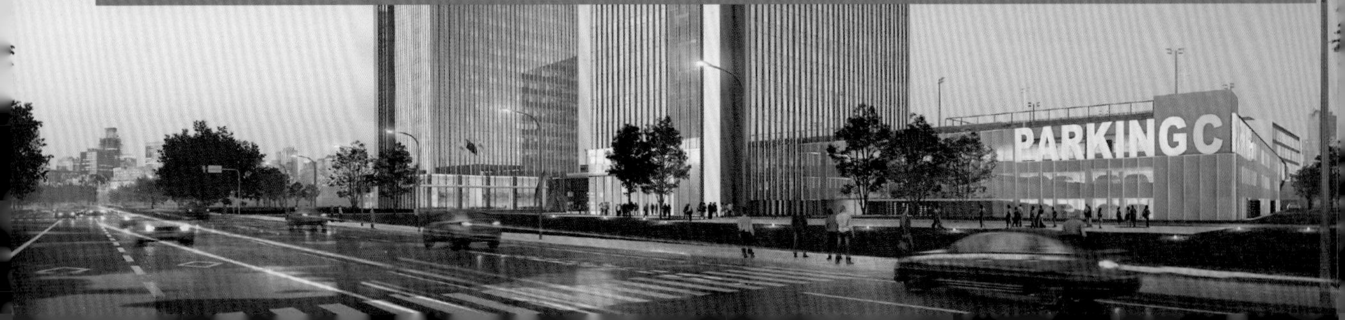

PARKING C

股票简称:新点软件
股票代码:688232

让每笔交易更轻松

| 以智慧化促进市场公平竞争 | 以标准化推动服务统一规范 | 以市场化驱动行业可持续健康发展 | 以跨区域促进公共资源交易共享 | 以数字化赋能行业深化改革 |

服务
- 见证服务
- 场地服务
- 信息聚合共享服务
- 促进营商环境优化服务
- 辅助监管
- 辅助决策
- 专家抽取
- 档案服务
- 风险管理

共享
- 跨区域协作
- 资源共享的"一张网"
- 见证服务的"一张网"

交易
- 市场化
- 专业化

监管
- 程序监管
- 行为监管
- 监管方式审查
- 监管依据审查
- 执法效能监管

政策保障 标准规范 技术支撑 数据共享

累计承建的智慧招采项目

新点软件锚定"以智慧化促进市场公平竞争、以标准化推动服务统一规范、以市场化驱动行业可持续健康发展、以跨区域促进公共资源交易共享、以数字化赋能行业深化改革"的行业发展趋势,将数智技术与业务需求深度融合,形成"交易咨询+生态资源增值服务+软件交付+交易服务运营"的全链条解决方案,助力招标采购行业持续规范健康发展。

26
参与26个省级平台

29
覆盖29个省（自治区、直辖市）

200⁺
服务超200个地市

1000⁺
服务超1000个县市区

130⁺
建设超过130个央企、大型国企的电子招标采购平台

www.epoint.com.cn
国泰新点软件股份有限公司
GUOTAI EPOINT SOFTWARE CO., LTD.

电话:0512-58188000
传真:0512-58132373
地址:江苏省张家港市江帆路8号(新点软件东区)

国家物流与供应链系列报告

中国公共采购发展报告
（2024）

中国物流与采购联合会公共采购分会　组织编写

韩东亚　彭新良　主　编

冯　君　陆　建　副主编

中国财富出版社有限公司

图书在版编目（CIP）数据

中国公共采购发展报告 . 2024／中国物流与采购联合会公共采购分会组织编写；韩东亚，彭新良主编；冯君，陆建副主编 . -- 北京：中国财富出版社有限公司，2025.5.（国家物流与供应链系列报告）. -- ISBN 978 - 7 - 5047 - 8425 - 4

Ⅰ. F812.2

中国国家版本馆 CIP 数据核字第 20258AA253 号

策划编辑	王　靖	责任编辑	郭逸亭	版权编辑	武　玥
责任印制	苟　宁	责任校对	卓闪闪	责任发行	敬　东

出版发行 中国财富出版社有限公司

社　　址	北京市丰台区南四环西路 188 号 5 区 20 楼	邮政编码	100070
电　　话	010 - 52227588 转 2098（发行部）	010 - 52227588 转 321（总编室）	
	010 - 52227566（24 小时读者服务）	010 - 52227588 转 305（质检部）	
网　　址	http：//www.cfpress.com.cn	排　版	宝蕾元
经　　销	新华书店	印　刷	宝蕾元仁浩（天津）印刷有限公司
书　　号	ISBN 978 - 7 - 5047 - 8425 - 4 / F · 3802		
开　　本	787mm×1092mm 1/16	版　次	2025 年 6 月第 1 版
印　　张	34.25　彩插 3	印　次	2025 年 6 月第 1 次印刷
字　　数	758 千字	定　价	198.00 元

《中国公共采购发展报告（2024）》

编 委 会

主 任

蔡　进　中国物流与采购联合会会长

副主任

胡大剑　中国物流与采购联合会副会长、中国物流与采购联合会公共
　　　　采购分会会长

黄素龙　国泰新点软件股份有限公司总裁

编　委（按姓氏拼音排序）

常朝晖　中国物流与采购联合会采购与供应链管理专业委员会副主任

陈　平　广东省公共资源交易联合会会长

董　钢　华润（集团）有限公司集团法律合规部副总经理

郭叙雷　五粮液集团公司监事会主席、工会主席；五粮液股份公司工
　　　　会主席

韩东亚　长三角智慧物流与供应链协同创新中心主任、研究员、博士
　　　　生导师

何永龙　国泰新点软件股份有限公司副总裁

和志毅　广州阳光采购服务有限公司执行董事、总经理

怀文明　中国电能成套设备有限公司董事长

冀晓明　中国航空集团有限公司集中采购部副总经理

姜　妍　中国石油天然气集团有限公司工程和物装管理部高级专家

景　丹　中国中车股份有限公司产业链管理部部长

李建伟　中国建筑集团有限公司项目履约部副总经理

李　靖　京东集团副总裁

李　龙　山东省公共资源交易中心数据交互应用部处长

林　玲　中国电信集团有限公司采购供应链管理中心副总经理

凌大荣　中国人民解放军陆军勤务学院副院长、教授

刘先杰　安徽省公共资源交易协会会长、合肥市人大常委会财政经济工作委员会副主任

潘卫康　中国交通建设集团有限公司采购交易中心总经理

彭新良　中国物流与采购联合会公共采购分会秘书长

史轶法　国家能源投资集团有限公司物资监管部采购处经理

谭德国　四川省医学科学院·四川省人民医院招标采购中心副主任

田小亮　北京剑鱼信息技术有限公司总经理

万宝华　中国铁路通信信号股份有限公司副总裁兼运营事业部总经理

王　强　中化商务有限公司副总经理

王永山　中国海洋石油集团有限公司（物资装备部）工程与物装部副总经理

王振伟　苏宁易购集团股份有限公司易采云事业部总裁

王志坤　中国第一汽车集团有限公司供应链管理部总经理助理

项　磊　贵州省黔云集中招标采购服务有限公司董事长

熊　伟　重庆千信外经贸集团有限公司总经理

徐　武　东方电气集团（四川）物产有限公司副总经理

许　磊　中国通用咨询投资有限公司副总经理

叶德杰　中国华电集团物资有限公司董事、总经理

易建山　国家电网有限公司物资管理部（招投标管理中心）副主任

余　斌　中国航天科技集团有限公司质量技术部（采购管理办公室）副部长

张立峰　国家信息中心公共技术服务部副主任

张　梦　招商局集团有限公司财务部采购管理处副处长

郑　敏　亿邦动力网、亿邦智库董事长

《中国公共采购发展报告（2024）》

编写组名单

主　　　编　韩东亚　彭新良
副 主 编　冯　君　陆　建
编写组成员（按姓氏拼音排序）

蔡　勃	曹志阳	柴亚光	陈　臣	陈　浩	陈　静
陈俊春	陈柯文	陈　馨	陈　智	陈　洲	成　伟
程建宁	池华远	迟　彦	慈洪生	丁小惠	段海明
樊　庸	冯　君	高秋阳	葛　艳	龚　瑜	郭天欣
郭　毅	杭正亚	郝宇清	贺启瑜	胡思颖	黄　超
黄春玲	黄嘉玲	黄　婕	黄熙栋	霍建彬	纪　璇
江顺龙	蒋安国	蒋淮成	金文俊	康兆轩	孔仕丰
李　锋	李国军	李　恒	李宏达	李建光	李晋刚
李　娟	李亮亮	李　楠	李慎喆	李宛儒	李悦新
凌宗铭	刘博意	刘长志	刘其中	刘　琪	刘瑞雪
刘思琦	刘　涛	刘鑫垚	刘　洋	刘雨平	刘中旭
卢婧茹	陆　建	吕广岳	马　富	马高琴	马浦庭
马天琦	马　嫣	马早霞	马正红	毛烨华	孟　晔
明　谭	欧阳晋杰	欧阳婷	潘新英	潘正飞	彭　斌
蒲行恒	乔　越	冉　鹏	沈德能	石建伟	石育麟
史景慧	史　磊	宋今歌	台哲学	谭鑫焱	唐嘉蔚
唐丽媛	唐　渺	唐筱诶	田　政	佟希飞	童起宏
王　辰	王　点	王华利	王佼杰	王　婕	王　晋
王　昆	王　亮	王胜辉	王　朔	王　涛	王吴炜
王喜营	王	王　晓	王晓峰	王雁军	王　颖	王彰灏媛

王志军　魏绪升　文学章　郇洪明　吴英健　吴宇歌
夏近洋　向　越　项孝鸿　熊　伟　徐挺婷　徐晓晗
徐　昕　许德生　薛　烨　燕　京　闫怀敏　阎晓楠
阳　林　杨　凯　杨敏智　杨双发　岳小川　曾海心
曾晓亮　张　雏　张金龙　张　琳　张　宁　张　琦
张泽明　张招亮　赵佳翔　赵　路　郑　兵　郑良大
郑淑娟　郑　杨　周嘉骏　周晓婧　周笑骋　朱光伟
宗正月　邹小红

序

2024 年，是全面贯彻落实党的二十大精神的关键之年，也是实现"十四五"规划的攻坚之年。面对复杂多变的国际形势和国内经济恢复的艰巨任务，我国公共采购市场始终坚持以高质量发展为主线，以制度创新为驱动，以绿色转型为方向，以数智融合为支撑，在稳中求进中书写了公共采购事业的新篇章。

2024 年，全国公共采购总额为 45 万亿元。在"过紧日子"的财政基调下，资源精准投向民生保障、科技创新、战略关键领域，为经济平稳运行提供了坚实保障。2024年，公共采购市场持续深化"放管服"改革，推动全国统一大市场建设走深走实。与此同时，公共采购市场在制度优化、绿色转型、数智赋能、联合协同等方面取得显著成效，展现出强大的韧性与活力。

一、制度创新引领，激发市场活力

唯改革者进，唯创新者强。2024 年，公共采购领域以问题为导向，加速推进制度体系的完善与优化。财政部印发《政府采购合作创新采购方式管理暂行办法》，首次将合作研发纳入采购框架，为科技创新注入新动能；国务院国资委、国家发展改革委联合发布《关于规范中央企业采购管理工作的指导意见》，明确非招标采购方式，打破"逢采必招"的固化模式；国家发展改革委颁布新版《评标专家和评标专家库管理办法》，推行评标专家终身负责制，进一步规范评审行为。这些政策举措为公共采购的规范化、高效化提供了制度保障。

二、绿色低碳转型，从理念迈向实践

绿色发展是高质量发展的底色。在"双碳"目标引领下，绿色采购实现跨越式发展。《政府采购领域"整顿市场秩序、建设法规体系、促进产业发展"三年行动方案（2024—2026 年）》将绿色建材优先采购范围扩大至 100 个城市；工程建筑市场上不断加大对绿色建筑的推广力度，提高绿色建筑的市场占比；中央企业率先垂范，国家电网、中国船舶、中国中车等中央企业将碳足迹管理嵌入采购工作，推动供应链全链条减碳；等等。

在新时代背景下，公共采购市场绿色发展呈现六大趋势：第一，政策与市场环境更加有利于绿色采购发展；第二，企业绿色采购发展动力由政策驱动转向主动布局；

第三，发展范围由大企业扩大至中小企业，企业参与度越来越高；第四，发展模式不断创新，由单一走向多元；第五，发展方式注重协同，企业积极联动供应链上下游企业，共同推动绿色供应链管理，管理方式由封闭走向透明；第六，数字化、智能化等技术助力绿色采购发展。

三、数智深度融合，重塑采购生态

数字经济时代，数智技术成为公共采购提质增效的核心引擎。第一，数字采购平台的推广实施取得显著进展，采购的电子化、标准化和自动化大大增强。第二，数据分析助力采购决策科学性持续增强。越来越多的政府和企业开始利用数据分析技术，提高采购效率，降低采购成本，优化采购决策。第三，供应链透明度和供应商管理能力明显提升。特别是在供应商管理方面，可以提供多维度供应商画像，提高了寻源精准度。第四，公共采购领域加速布局人工智能（AI）场景应用，源源不断的"人工智能+"涌入公共采购行业。大量公共采购"AI 员工"上岗，承担开标、评审、答疑等全流程任务，并在越来越多的领域和场景中发挥重要作用。

四、协同共享共赢，释放聚合效应

协同共享成为公共采购市场高质量发展的鲜明标识。2024 年，在构建全国统一大市场的战略指引下，跨区域、跨行业、跨主体的协同实践全面开花，推动资源要素高效整合、市场潜能深度释放，为新发展格局注入强劲动能。

长三角生态绿色一体化发展示范区启动跨域一体化招标投标改革，京津冀实现水运工程建设项目评标专家资源共享，中海油、中石化等中央企业牵头石油装备联合采购，建筑业供应链联盟推动大宗物资集中配供，"国有企业采购评审专家共享平台"打破企业壁垒实现共建共享……这些实践促进了资源高效配置，彰显了"融合共建、互利共赢"的新发展理念。

五、全链协同共生，锻造韧性竞争力

供应链管理转型持续深化。2024 年国务院国资委首次发布中央企业采购与供应链管理对标评估结果，国家电网、中石化等 25 家企业跻身 A 级榜单。中央企业和地方国企通过专业化整合、数字化赋能、绿色化转型，构建起"大中小企业协同、上下游联动"的生态体系。政府采购、工程招投标等领域也将全生命周期管理、战略协同等理念融入实践，推动产业链供应链安全性与竞争力双提升。

六、锚定新方向，奋进新征程

展望 2025 年，公共采购市场仍将面临需求收缩、预期转弱等多重挑战，但创新驱动的制度红利、数智赋能的效率变革、绿色引领的转型机遇，必将为行业发展注入新

动力。

面向未来，中国公共采购仍需以"五个坚持"为行动纲领。

一是坚持法治引领：加强顶层设计，完善"两法"修订，推广公平竞争审查与信用管理制度，打造透明、公正的市场环境。

二是坚持绿色转型：细化低碳采购标准，健全监督机制，推动公共采购从"概念倡导"转向"实践标杆"。

三是坚持开放协同：深化加入GPA（《政府采购协定》）谈判进程，支持公共采购市场主体参与国际采购，构建国内国际双循环互促新格局。

四是坚持数字赋能：推进全流程数字化转型，强化数据共享与智能应用，实现监管精准化、服务高效化。

五是坚持链式创新：推动国有企业从传统采购向供应链管理升级，筑牢安全可控、韧性高效的供应链体系。

七、以书为媒，共绘蓝图

《中国公共采购发展报告（2024）》凝聚了行业专家学者与实践者的智慧结晶。全书以全景视角梳理行业发展脉络，通过翔实的数据、专题研究与案例分析，深度解析政策动向、市场趋势与技术前沿。既是对2024年我国公共采购市场成就的全面总结，也是对未来路径的理性展望。

在此，谨向参与本书编写的专家学者、业界同人致以诚挚谢意！期待本书能为政策制定者提供启示，为公共采购从业者提供参考，更希望广大读者不吝赐教，共同推动中国公共采购事业高质量发展。

中国物流与采购联合会作为行业发展的见证者与推动者，将继续发挥桥梁纽带作用，助力公共采购市场法治化、专业化、国际化建设。让我们携手并肩，以党的二十大精神为指引，在新时代征程中谱写公共采购的壮丽篇章！

中国物流与采购联合会会长

目　录

综合报告篇

专题报告篇

理论探讨篇

案例展示篇

制度综述篇

附 录

综合报告篇

持续推进制度建设　致力公共采购协同发展

2024 年是"十四五"规划的关键一年，也是我国公共采购市场稳中求进、蓄势赋能的发展之年。这一年，党的二十届三中全会胜利召开，吹响了我国公共采购领域奋进新征程的时代号角；这一年，公共采购领域制度建设持续推进，废旧立新的步伐更加坚定有力；这一年，公共采购领域营商环境进一步优化，各种破除地方保护、市场分割、变相设置准入条件的清障行动陆续拉开，统一大市场建设逐渐落实、落地、落细；这一年，公共采购领域对绿色采购的探索持续加快，试点城市和项目逐步增多，绿色采购实现了从理念到实践的跨越；这一年，公共采购领域数智化建设更加深入，人工智能在公共采购领域的应用场景不断增多，公共采购市场更加阳光透明；这一年，公共采购领域联合采购、融合共建的理念更加强化，更多主体享受到了联合的"福利"；这一年，采购向供应链管理转型的思路更加清晰，产业链供应链上下游流程环节与资源整合的生态不断构建……

一、从规模发展向高质量发展转变，公共采购规模小幅下滑

面对复杂多变的国际环境和繁重的改革发展任务，收紧开支成为公共采购市场预算安排和执行中自觉遵守的原则。近年来，在经济增速放缓的大背景下，公共采购规模小幅下滑成为过紧日子的具体体现。2024 年全国公共采购总额为 45 万亿元，同比下降 2.18%。

聚焦公共资源交易市场，根据国家信息中心统计数据，2024 年，全国公共资源交易平台汇集工程建设项目招标投标、政府采购、土地使用权和矿业权出让、国有产权交易四大板块项目交易数约 184 万个，同比增长 5%；交易额约 20 万亿元，同比下降 8%。

2024 年工程招标投标市场形势不容乐观。国家统计局数据显示，2024 年全国具有资质等级的总承包和专业承包建筑业企业利润为 7513 亿元，比 2023 年下降 9.8%，其中国有控股企业利润为 3669 亿元，同比下降 8.7%。全年房地产开发投资 100280 亿元，比 2023 年下降 10.6%。其中，住宅投资 76040 亿元，同比下降 10.5%；办公楼投资 4160 亿元，同比下降 9.0%；商业营业用房投资 6944 亿元，同比下降 13.9%。工程招投标市场与建筑市场企业利润和投资额的下浮趋势一致，下滑态势明显。

政府采购规模在"三连降"的大背景下，2024 年预计仍呈继续下滑趋势，采购规模将浮动到 3.3 万亿元左右。近年来，在财政收支平衡压力持续增大、加力空间有限的情况下，政府公共支出紧缩已成为一种常态。以国务院国资委为例，2024 年度国务院国资委

机关政府集中采购支出 49.44 万元，同比减少 86.94 万元，全部为货物类采购支出。而地区财政中，采购支出也有所压缩，将大量资金优先分配给"三保"等刚性支出项目。

聚焦国有企业采购板块，根据财政部统计数据，2024 年全国国有及国有控股企业营业总收入为 847225.8 亿元，同比增长 1.3%；国有企业利润总额为 43504.6 亿元，同比增长 0.4%。2024 年，全国国有资本经营预算支出为 3129 亿元，比 2023 年下降 6.5%。分中央和地方看，中央国有资本经营预算本级支出 1515 亿元，比 2023 年增长 4.4%；地方国有资本经营预算支出 1614 亿元，比 2023 年下降 14.9%。据此分析，2024 年中央企业工程、货物和服务采购总额，与营业总收入的增长相匹配，也略有增长，略高于 2023 年 17.45 万亿元的水平，预计超过 18 万亿元。与此同时，地方国有企业的生产经营性采购支出大体持平，其他非生产性采购支出严格控制，采购支出总额整体下滑。综合来看，国有企业的采购支出总额在中央企业的带动下，呈现稳中有进、小幅上升的态势。

当然，从全国大市场来看，虽有央企的压舱石带动，但受工程采购等板块的影响，全国公共采购市场整体呈小幅走低趋势。

二、深化"放管服"改革，推动公共采购制度不断创新与优化

2024 年我国公共采购市场持续深化"放管服"改革，推动公共采购领域的制度创新和政策优化。

首先，加快废旧政策的清理工作。2024 年 1 月 20 日，财政部印发《财政部关于公布废止和失效的财政规章和规范性文件目录（第十四批）的决定》，对截至 2022 年 12 月底发布的现行财政规章和规范性文件进行全面清理，确定废止和失效的财政规章和规范性文件共 718 件，包括信息安全产品、节能环保采购相关文件，减少政策冗余，增强市场主体参与活力。其次，在"辞旧"的基础上，做好相关政策的"迎新"工作，确保紧跟公共采购市场发展的步伐。2024 年公共采购市场适应发展形势的需要，接连出台一系列新政策。在科技创新引领现代化产业体系建设的号召下，政府采购不再局限于传统模式，而是积极探索与多元主体的合作创新，提升项目科技含量，激发市场创新活力。财政部适时出台了《政府采购合作创新采购方式管理暂行办法》，合作创新采购方式允许采购人与供应商合作研发，共担研发风险，并根据研发合同约定购买创新产品，旨在通过合作创新采购方式支持科技创新、促进科技创新产品的市场化，多方联手，共同推动产业升级和高质量发展。

面对央企采购中的困惑和痛点问题，国务院国资委、国家发展改革委也在 2024 年出台重磅政策——《关于印发〈关于规范中央企业采购管理工作的指导意见〉的通知》（国资发改革规〔2024〕53 号，以下简称 53 号文）。此前除在政府采购领域的《政府采购非招标采购方式管理办法》中明确非招标采购方式，并未在其他采购领域出台权威的关于非招标采购方式的明确规定。53 号文首次明确了询比采购、竞价采购、谈判采购和直接采购四种非招标采购方式的定义及适用范围。此举有助于改变国企

"逢采必招"的固有模式,为央企、地方国企的非招标采购提供了明确的依据和坚实的制度保障。此外,针对当前支持科技创新的大背景,53 号文也对如何从采购环节支持科技创新作出了明确规定,指出央企要对三类创新产品进行优先采购,即原创技术策源地企业、创新联合体、启航企业等的创新产品,首台(套)装备、首批次材料、首版次软件,以及《中央企业科技创新成果推荐目录》成果。

进入新时代新征程,招标投标活动面临新的环境、新的任务和新的技术,进一步改革完善评标专家管理势在必行。2024 年 9 月,国家发展改革委颁布《评标专家和评标专家库管理办法》(国家发展改革委令第 26 号),提高了评标专家的规模门槛,增加了更多层面的专家资格审核和资质验证工作,创新性地提出了评标专家终身负责制,这些顶层设计谋划,成为评标专家全周期管理的重要举措。

三、"双碳"引领,绿色采购受到广泛关注

当前,"双碳"理念已从理论迈向实践,广泛渗透至社会生产生活的各领域,并日益成为社会主流。2024 年,国家对绿色采购持续"加码",公共采购更加重视绿色采购。

党的二十届三中全会指出,要健全绿色低碳发展机制,实施支持绿色低碳发展的财税、金融、投资、价格政策和标准体系,发展绿色低碳产业,健全绿色消费激励机制,促进绿色低碳循环发展经济体系建设;优化政府绿色采购政策,完善绿色税制。

2024 年 7 月 31 日,《中共中央 国务院关于加快经济社会发展全面绿色转型的意见》印发,提出要积极扩大绿色消费,健全绿色消费激励机制。优化政府绿色采购政策,拓展绿色产品采购范围和规模,适时将碳足迹要求纳入政府采购。引导企业执行绿色采购指南,鼓励有条件的企业建立绿色供应链,带动上下游企业协同转型。

2024 年 6 月 29 日,国务院办公厅印发了《政府采购领域"整顿市场秩序、建设法规体系、促进产业发展"三年行动方案(2024—2026 年)》,从国家层面提出未来三年政府采购重点改革任务的路线图。该方案指出,对获得绿色产品认证或符合政府绿色采购需求标准的产品实施优先采购或者强制采购,促进绿色低碳发展;要扩大政府采购支持绿色建材促进建筑品质提升政策实施范围,由 48 个城市(市辖区)扩大到 100 个城市(市辖区),规定医院、学校、办公楼、综合体、展览馆、保障性住房及旧城改造项目等政府采购工程项目,必须采购符合标准的绿色建材,并适时探讨进一步扩大政策覆盖范围的可能性。加强对政策实施城市的考核督导,确保政策要求落到实处。

2024 年 12 月 19 日,为推动绿色新能源汽车的使用,财政部办公厅印发《关于进一步明确新能源汽车政府采购比例要求的通知》,要求采购人应当加强公务用车政府采购需求管理,带头使用新能源汽车。若新能源汽车能满足实际使用需求,则年度公务用车采购总量中,新能源汽车的占比应原则上不低于 30%。其中,对于路线相对固定、使用场景单一、主要在城区行驶的机要通信等公务用车,原则上 100% 采购新能源汽

车。采购车辆租赁服务的，应当优先租赁使用新能源汽车。

2024 年 5 月 23 日，国务院印发了《2024—2025 年节能降碳行动方案》，强调要加强公共机构节能降碳管理，实施公共机构节能降碳改造，对公共机构的能源消耗量和碳排放量提出了新要求。医院是能耗大户，也是排碳大户。据统计，全球医院能耗量在公立机构中都名列前茅，美国医院的能耗在所有建筑中排名第二，中国医院的建筑能耗是一般公共建筑能耗的 1.6~2 倍，一些综合医院建筑的能耗值甚至达到重点用能建筑标准的 4.6 倍。在碳排放方面，全球医疗部门的平均排碳量为 4.4%，高于飞机和轮船的碳排放。医院的绿色减碳工作如何做呢？不少省市已经开启了探索之路。上海市 2024 年 2 月正式启动"无废医院"建设工作，虹口区以"无废细胞"创建为抓手，大力推进固体废物源头减量和资源化利用。不少医院在绿色建筑、绿色照明、绿色设备、绿色回收等方面都展开了有意义的探索。

作为实现"双碳"目标的主力军和排头兵，中央企业纷纷践行各自的社会责任，积极采取措施推进绿色供应链建设。第一，推进绿色采购工作，搭建采购平台，实现招标采购全流程线上采购。第二，强化需求侧对绿色产品的偏好，制定详尽的绿色采购目录清单，以此驱动原材料及设备的采购向绿色低碳方向转型。第三，从供给侧加强绿色供应商建设，完善供应商绿色评价体系。第四，加大对低碳、零碳及负碳技术的研发力度，以此引领并推动绿色低碳技术的重大突破。能源领域的中央企业正积极布局在风电、核电、氢能、新能源汽车等绿色低碳技术装备的研发攻关任务，同时加速智能电网、储能、氢能及碳捕集等前沿技术的研发与应用进程。以国家电网有限公司为例，为适应绿色采购工作的开展，国家电网有限公司启动了采购标准换版修编工作。新版采购标准创新性融入碳足迹管理等绿色低碳要求，完成 613 条绿色属性识别，涉及 438 项采购标准修编，包括通用标准 193 项、专用标准 245 项。电气设备是中国海洋石油集团有限公司重点能效管理设备，其适用范围广、耗能总量大，是低碳公关的重点设备。中国海洋石油集团有限公司在充分的技术可行性及风险分析基础上，加大对干式变压器、35kV 环保气体绝缘开关设备和控制设备的采购力度。上述设备预计 25 年全生命周期共计节约电能 5611 万度、节约电能费用核算约 4917 万元、减少碳排放量约 50625 吨。

四、政策驱动，全国统一大市场建设稳步推进

2024 年，公共采购市场采取"降低门槛、优化服务、缩减成本、强化监管"等措施，持续优化营商环境。

2024 年 3 月，国家发展改革委等八部门联合印发了《招标投标领域公平竞争审查规则》。该规则针对招标投标实践中易发常见的各类不合理限制，规定了审查具体要求，重点破除资格预审、评标方法、评标标准、定标标准、信用评价、保证金收取等方面的交易壁垒。针对经营主体集中反映的共性问题，有针对性地提出了 7 方面 40 余项审查标准。同时，该规则还健全了审查机制，明确了政策制定机关在公平竞争审查

中的主体责任，并对审查的工作机制、流程以及结论的确定等进行了详细规定，切实推动公平竞争审查制度落地见效。

2024年12月，国家发展改革委印发的《全国统一大市场建设指引（试行）》指出，各地区、各部门不得未经公平竞争审查或违反审查标准，起草关于市场准入和退出、产业发展、招商引资、招标投标、政府采购、经营行为规范、资质标准等涉及经营主体经济活动的法律、行政法规、地方性法规、规章、规范性文件以及具体政策措施。要加力破除地方保护和市场分割，不得妨碍经营主体依法平等准入；不得强制要求经营主体在本地登记注册、设立子公司、分公司、分支机构等；不得在招标投标和政府采购中违法限定或者指定特定的专利、商标、品牌、零部件、原产地、供应商等。

除了祭出招标投标公平竞争审查、统一大市场建设的政策利剑，各地的招标投标领域专项审查工作也有序开展。针对当前政府采购领域反映突出的采购人设置差别歧视条款、采购代理机构乱收费、供应商提供虚假材料、供应商围标串标四类违法违规行为，财政部门持续开展专项整治工作。以内蒙古自治区为例，2024年对全区654家代理机构（含1家集中采购机构）的5539个采购项目进行了抽查。

一直以来，国家高度重视科研经费管理，出台了《国务院办公厅关于改革完善中央财政科研经费管理的若干意见》等文件，并逐步加大监管力度。针对科研经费的专项检查近年来也在各大高校、科研院所开展。近年来，浙江大学、中南大学、山东大学、中国地质大学、东北师范大学等国内多家高校为了防范资金风险，规范科研行为，多次开展了科研经费管理的专项核查工作。

工程项目招标投标领域因权力高度集中、资金流动密集、资源丰富，成为权力寻租和腐败问题频发的重点区域。针对工程领域的专项整治也持续发力。2024年以来，河南省严厉打击工程项目招投标领域腐败和违法犯罪行为，河南发展改革、住房城乡建设、交通运输、水利等行政监督部门全面自查和监督抽查，截至目前，河南省全省共自查项目8万余个，抽查项目2.8万个，发现问题6015个。

五、加快标准化建设进程，推动公共采购质效提升

党的二十大报告指出，要构建全国统一大市场。标准化建设是构建全国统一大市场的基础。2024年，公共采购市场的标准化工作纵深推进。

（一）政府采购领域

2024年4月，财政部办公厅发布《政府采购货物买卖合同（试行）》，规范合同签订与执行流程。这一标准化合同模板涵盖了各类常见的采购项目，如货物采购、工程建设、服务采购等，为各级政府单位提供了统一的合同格式和条款。同时，财政部办公厅还印发了《物业管理服务政府采购需求标准（办公场所类）（试行）》《专利商标代理服务政府采购需求标准（试行）》，用以提升办公场所物业管理服务需求、专利

商标代理服务需求的标准化。

（二）军队采购领域

2023 年 4 月，军队采购网发布《军队采购文件标准文本（2.0 版）通用文件》，该标准文本涵盖线上版和线下版的物资和服务两类项目，共包括 20 种不同类型的采购文件，涉及公开招标、邀请招标、竞争性谈判、询价和单一来源采购五种采购方式的标准文件。相比 2016 年版标准文本，2.0 版标准文件一是类型更丰富，从 4 种扩充至 10种（物资/服务类各 5 种），并首次制定单一来源采购专用模板；二是内容精细化，资质门槛明确供应商需满足成立三年以上、非外商独资/控股企业等条件，关联企业禁止参与同一标的竞争；三是评审标准化，采用综合评分法量化商务技术指标，新增资格性审查表、符合性审查表等标准化评审工具；四是透明度提升，通过统一招标文件模板、强制公开采购需求、限制排他性条款，消除"量身定制"等违规操作空间。

（三）国有企业采购领域

国有企业的采购标准化建设工作也如火如荼地开展。国有企业全面推进采购流程、文件、需求、合同、供应商评价及评审专家评价等标准化工作，显著加速了国有企业标准化进程。2024 年，中国物流与采购联合会推出了《国有企业网上商城供应商服务规范》《采购物资分类与编码 非生产性物资 第 1 部分 办公物资》《采购物资分类与编码 非生产性物资 第 2 部分 维护、维修和运行物资》等采购相关标准，加速了国企采购标准化的统一进程。

六、AI 赋能，加快深化数字技术应用场景

当前，数字技术日新月异、数实融合持续拓展、数智一体化进程加快，数字经济正成为我国发展新质生产力的重要支点。根据中国信息通信研究院发布的《中国数字经济发展研究报告（2024 年）》，2023 年，我国数字经济规模达到 53.9 万亿元，较 2022 年增加 3.7 万亿元，数字经济对国内生产总值（GDP）增长的贡献率达 66.45%。权威分析机构预测，2024 年，我国数字经济规模将进一步增长至 57 万亿元。

在政府层面，发展高效协同的数字政务成为时代发展的必然。数字经济丰富和拓展了政府治理的作用机制和作用路径，数据和信息一跃成为关键生产要素。公共资源数据"一网共享"、交易"一网通办"、服务"一网集成"、监管"一网协同"，数字政务工作持续深化。

2024 年，公共资源交易领域的数智化应用场景更加丰富，交易场所已全面实现"智能引导、智能调度、智能见证、智能分析、智能总控及智能管理"功能；各种数字评审技术也日新月异，智能辅助评审技术和"机器管招投标"模式在公共采购领域得到了广泛应用。海南省等地试点"机器管招投标"系统，实现评标全程留痕、自动扣

税，减少了人为干预风险，显著提升了采购活动的公正性和透明度。

在企业层面，树立数字化思维，重视数字资产，不断深化数字技术的应用场景。2024 年年初，国务院国资委召开"AI 赋能 产业焕新"中央企业人工智能专题推进会，要求中央企业加快布局和发展智能产业，加快建设一批智能算力中心等。近年来，中央企业和地方国企持续发力，不断在业务场景中推广人工智能的应用。如国家能源集团发布上线的智能无人评审系统已实现非招标采购全类别（物资、工程和服务）、全评审方式（询价通知单、最低价、综合评估法）全覆盖，智能评审准确率达 97%。该系统运用人工智能技术进行采购场景创新，实现了采购评审"靠人—少人—无人"的突破。中国煤炭开发有限责任公司邀请科大讯飞股份有限公司开发的讯飞星火大模型入驻，通过低侵入集成方式，实现招标（非招标）业务智能辅助评标、议价智能辅助评审等功能，让"AI 评标师"助力企业内部提质增效。中国移动通信集团陕西有限公司开发和应用了招标采购领域的"AI 员工"。目前，数字人已替代人工完成开标会议主持、组织评审以及实时回答评审过程中疑难问题等工作。开标会议中，由数字人自动宣布截标、组织开标、唱标、记录开标异议等。评标会议中，数字人承担了介绍项目概况、宣布评审纪律、询问专家回避等评审流程引导，以及评审疑难问题全语音问答等工作。

根据《新一代人工智能发展规划》，到 2025 年，人工智能将成为带动我国产业升级和经济转型的主要动力，人工智能核心产业规模将超过 4000 亿元，带动相关产业规模超过 5 万亿元；前瞻产业研究院估算，目前中国大型企业大多已在持续规划投入实施人工智能项目，而全部规划的企业中有超过 10% 的企业已将人工智能与其主营业务结合，实现产业地位提高或经营效益优化。面向超千亿元的广阔市场，将有源源不断的"人工智能+"涌入公共采购行业，大量公共采购"AI 员工"将上岗，在越来越多的领域和场景中发挥重要作用。

七、协同创新，不断强化融合发展理念

2024 年，公共采购市场协同创新、融合发展的理念不断强化。从政府层面、企业层面都在不断尝试协同融合带来的新"福利"。

在政府层面，协同发展成为一种常态。一些区域正在探索建立跨区域联合发展机制。2024 年 10 月，上海市住房和城乡建设管理委员会、江苏省住房和城乡建设厅、浙江省住房和城乡建设厅、长三角生态绿色一体化发展示范区执行委员会联合发布《关于印发〈关于长三角生态绿色一体化发展示范区房屋建筑和市政基础设施工程跨域一体化招标投标改革的实施意见〉的通知》（沪建建管联〔2024〕493 号），于 2024 年年底前，示范区基本确立跨域一体化招标投标协商机制，并正式实施跨省远程异地评标及试点项目的跨域招投标，标志着一体化招标投标工作流程的初步成型。2024 年 10 月，天津市人民政府政务服务办公室、天津市交通运输委、河北省数据和政务服务局、河北省交通运输厅、天津市公共资源交易中心、河北省公共资源交易中心六部门联合

印发《河北—天津水运工程建设项目评标专家资源共享工作指引（试行）》。该指引详细规定了津冀区域内水运工程建设项目评标专家的跨地区入库、共享、抽取、使用及管理流程，有效缓解了水运工程评标专家资源分配不均的现状。

在企业层面，协同创新、融合发展的理念也在不断探索中。受原材料价格波动、市场供需关系的不稳定以及企业自身采购规模有限等因素的影响，企业采购过程中常面临供应商供货延迟、采购价格波动显著等问题。为了缓解这些问题，企业间自发地推进联合采购工作。中国海洋石油集团有限公司、中国石油化工集团有限公司等企业主导了石油装备材料、炼油化工装备材料以及海洋石油装备材料的联合采购工作，并经过协商确定了首批包含 47 个品类的联合采购目录。中国交通建设集团有限公司、中国能源建设集团有限公司等七家建筑央企共同倡议发起成立中国建筑业供应链合作发展联盟，着力于进一步整合供应链上下游资源，探索源头采购和集中配供新模式，推动区域内大宗物资联合采购和集中配送走深走实，引领集中品类和采供模式双创新。由国务院国资委指导、中国物流与采购联合会组织，广大央企和地方国企参与共建的"国有企业采购评审专家共享平台"也在 2024 年拉开建设大幕。该平台启用后，能够有效地打破央企和地方国企间的评审专家物理壁垒，促进央企和地方国企间评审专家的共享共用。

八、树立供应链全局观，推动采购向供应链管理转型

2024 年政府工作报告指出，要实施制造业重点产业链高质量发展行动，着力补齐短板、拉长长板、锻造新板，增强产业链供应链韧性和竞争力。

党的二十届三中全会指出，要健全提升产业链供应链韧性和安全水平制度。抓紧打造自主可控的产业链供应链，建立产业链供应链安全风险评估和应对机制。深化外商投资和对外投资管理体制改革，推动产业链供应链国际合作。

当前，供应链思维已经深入国民经济的各个行业，在公共采购领域，采购向供应链管理转型的思维也逐渐深入。2024 年，国务院国资委持续推动中央企业加快供应链管理体系变革，将"中央企业采购管理对标评估"升级为"中央企业采购与供应链管理对标评估"，从组织机制、运营管控、供应链生态建设、智慧供应链、供应链安全 5 个方面设置了 25 项指标进行评价，并且首次对 99 家参与评估的中央企业进行整体排名并向社会公开发布。2024 年中央企业采购与供应链管理对标评估 A 级企业名单（25 家）如表 1 所示。

表 1　　2024 年中央企业采购与供应链管理对标评估 A 级企业名单（25 家）

序号	企业
1	国家电网有限公司
2	中国石油化工集团有限公司
3	中国移动通信集团有限公司
4	中国电信集团有限公司

序号	企业
5	中国联合网络通信集团有限公司
6	中国南方电网有限责任公司
7	中国华能集团有限公司
8	中国石油天然气集团有限公司
9	中国五矿集团有限公司
10	中国航空工业集团有限公司
11	中国南方航空集团有限公司
12	中粮集团有限公司
13	中国交通建设集团有限公司
14	中国中车集团有限公司
15	中国船舶集团有限公司
16	国家电力投资集团有限公司
17	中国航天科技集团有限公司
18	中国能源建设集团有限公司
19	中国航天科工集团有限公司
20	中国宝武钢铁集团有限公司
21	中国海洋石油集团有限公司
22	鞍钢集团有限公司
23	中国第一汽车集团有限公司
24	中国铁塔股份有限公司
25	中国大唐集团有限公司

在采购向供应链管理转型工作中，国企积极行动：主动融入现代供应链管理理念和方法，进一步优化供应链组织方式和业务流程，完善供应链管理体制和工作机制，推动中央企业供应链管理精益化水平不断提升；强化采购引领，加快供应链关键环节的专业化整合和供应链上下游企业的核心资源整合，健全企业内外部横向协同、供应链上下游纵向协同的高效运营模式，推动打造大中小企业协同、上下游企业共赢的供应链良好生态；发挥国企规模市场优势，实施更大范围、更宽领域、更深层次对外开放，深度参与高端制造、新兴产业、绿色转型等全球产业分工合作，积极融入全球供应链网络，持续完善国内国际供应链整体布局；发挥国企应用场景优势，加快大数据、云计算、区块链、5G、人工智能等数字技术开发，深化与研发设计、采购物流、生产制造、市场营销、经营管理和协同运营等供应链场景融合，不断提升供应链智慧化水

平；不断将绿色、低碳、环保理念和技术融入供应链全过程、各环节，加快实施绿色采购、绿色制造、绿色物流、绿色回收，推动供应链全链条减污、降碳、扩绿。

无论是在国企采购领域，还是在政府采购、药品招标、工程招投标等领域，采购的供应链思维逐步成为业内共识。在采购实践中，全生命周期管理、战略伙伴协同、内外部资源整合等思维都得到了很好的应用。

梦虽遥，追则能达；愿虽艰，持则可圆。2024 年，公共采购市场接续奋斗、砥砺前行，每一份付出都弥足珍贵，每一束光芒都熠熠生辉。2025 年，公共采购人将扛住压力，犯其至难而图其至远，接续奋斗，谱写 2025 年公共采购市场高质量发展新篇章。

（中国物流与采购联合会公共采购分会：彭新良、冯君；安徽大学：韩东亚、徐挺婷）

专题报告篇

2024 年公共资源交易发展报告

一、我国公共资源交易概况

2024 年，公共资源交易各领域呈现"扩容""降量"的双重特点，有力支撑经济结构调整，鼓励技术创新、自主创新，支持中小企业，不断完善交易制度，进一步提质增效。

在"扩容"层面，公共资源交易平台覆盖范围进一步拓宽，公共资源交易平台进场项目在原有的工程建设项目招投标、政府采购、土地使用权和矿业权出让等基础上，逐步扩大到适合以市场化方式配置的自然资源、资产股权、环境权等各类公共资源。如农村集体持有资产收益权转让、行政机关事业单位国有资产出租等。未来，还可以将教育、医疗、文化等领域的其他公共资源纳入交易范围，提高公共资源的利用效率和社会效益。

另外，党的二十届三中全会明确将国有企业采购纳入公共资源交易平台体系。随着国家对国企改革的深入推进和公共资源交易市场的不断完善，越来越多的国企开始将采购活动纳入公共资源交易平台进行，如重庆建设有渝企采阳光物资采购电子交易平台，山东建设有阳光采购服务平台，广州建设有阳光采购交易平台。可以充分发挥国企巨大的采购优势，促进公司的交易体系朝着规范化、阳光化、专业化、数字化、绿色化方向发展。

在"降量"层面，从全国公共资源交易平台公布的交易量统计数据可知，公共资源交易市场仍然保持平稳运行，跨地区交易活跃度持续提升。国家信息中心统计数据显示，2023 年工程建设项目招标投标、政府采购、土地使用权和矿业权出让、国有产权交易四大板块交易数量 176 万个，同比增长 17%；交易额 21.9 万亿元，同比下降 4%。2024 年 1—10 月，全国公共资源交易规模约 15 万亿元，总体仍延续了总量下降的趋势。公共资源交易的数据能够真实反映资源配置、投资趋势以及市场活跃程度，是研判宏观经济形势的重要参考依据。公共资源交易对经济发展的推动作用日益凸显。

2024 年，法律修订、体制创新、新技术的应用为公共资源交易领域监管、服务、交易的高质量发展带来勃勃生机。公共资源交易数智化转型和跨区域共享持续深入推进，公共资源交易全流程电子化、数字化工作的步伐加快，行业（综合）监管部门做好监管、交易中心做好服务、市场主体做好交易成为各方的共识。以搭建统一规范、开放共享公共资源交易平台体系为目标，充分发挥"第一现场"的作用，以标准化推动服务的统一规范、以跨区域合作促进公共资源交易共享、以市场化促进行业可持续健康发展、以智慧化促进市场公平竞争、以数字化赋能行业深化改革。在不见面开标、不见面席位制分散评标、移动数字证书（CA）互认、远程异地评标、智能辅助评标（评审）、数字见证服务、排斥潜在投标人检查服务、一张网建设等方面形成了很多典型的经验做法，公共资源交易规范化、数字化、智能化水平持续提升。

二、公共资源交易建设取得的成绩

（一）统筹推进统一规范、信息共享的公共资源交易平台体系建设

党中央、国务院高度重视全国统一大市场建设和公共资源交易行业发展，党的二十届三中全会通过的《中共中央关于进一步全面深化改革 推进中国式现代化的决定》中明确提出"构建全国统一大市场，建立健全统一规范、信息共享的招标投标和政府、事业单位、国有企业采购等公共资源交易平台体系，实现项目全流程公开管理"。《全国统一大市场建设指引（试行）》在第三章要求"推动交易平台优化升级"，"持续深化公共资源交易平台整合共享，推动建立健全统一规范、信息共享的招标投标和政府、事业单位、国有企业采购等公共资源交易平台体系"。公共资源交易是建设全国统一大市场的关键一环，也是连接政府与市场的重要纽带之一，做好公共资源交易工作，对于构建统一开放、竞争有序的公共资源交易市场、加快建设全国统一大市场具有重要意义。

（二）促进招投标市场规范健康发展

2024 年 5 月，国务院办公厅发布《国务院办公厅关于创新完善体制机制推动招标投标市场规范健康发展的意见》（国办发〔2024〕21 号），聚焦发挥招标投标竞争择优作用，改革创新招标投标制度设计，纵深推进数字化转型升级，加快实现全流程全链条监管，坚持全国一盘棋，坚决打破条块分割、行业壁垒。该意见还提出创新和完善体制机制，推动招标投标市场规范健康发展，旨在形成高效规范、公平竞争、充分开放的招标投标市场，为建设高标准市场体系、构建高水平社会主义市场经济体制提供坚强支撑。

（三）加强招投标领域公平竞争审查

当前，一些招标投标政策措施中仍隐含地方保护或所有制歧视的内容，影响了经营主体公平参与招标投标，一些企业对"投标难、中标难"反映比较集中。2024 年 3 月，为深入贯彻落实党中央、国务院决策部署，积极回应市场关切，国家发展改革委等八个部门联合出台《招标投标领域公平竞争审查规则》，进一步完善招标投标公平竞争审查实施机制，规范招标投标政策制定活动，着力从源头上减少排斥、限制公平竞争的规定和做法，填补我国公平竞争审查领域的立法空白，明确公平竞争审查的对象、

标准、机制和监督保障等内容。2024 年 7 月，国务院办公厅印发《政府采购领域"整顿市场秩序、建设法规体系、促进产业发展"三年行动方案（2024—2026 年）》，明确了"整、建、促"3 方面 9 项重点任务，其中，在整顿市场秩序、优化营商环境方面，提出持续开展"四类"违法违规行为专项整治，着力解决当前政府采购领域存在的突出问题，持续优化公平竞争的市场环境。

（四）聚焦专家管理，促进专家资源跨区域共享

2024 年 9 月，《评标专家和评标专家库管理办法》印发，一方面，评标专家在招标投标活动中的作用凸显，是影响招标投标公平公正的关键一环，迫切需要建设一支高素质评标专家队伍；另一方面，有些专家评标不专业、不公正，评标质量不高，严重制约了招标投标竞争择优功能的发挥。通过完善评标专家入库审核、教育培训、履职考核、动态调整等全周期管理机制，加强和规范评标专家和评标专家库管理，提高评标专家队伍整体素质。从评标专家这个"小切口"切入，由点及面推动招标投标市场规范健康发展。

（五）推动实施移动 CA 全国互认和远程异地标准，助力远程异地评标

开展移动数字证书全国互认工作是贯彻落实《国家发展改革委办公厅关于开展招投标领域移动数字证书（CA）全国互认工作的通知》（发改办法规〔2024〕589 号）文件要求，是降低经营主体交易成本，促进开放竞争，持续优化营商环境的重要举措。远程异地网络分布评标和网络互联共享评标专家库 2 项标准经过多次的讨论修改、征求意见，已初步具备试行条件。移动 CA 互认和远程异地标准试点实施将进一步推动远程异地评标工作的规范化和标准化，为公共资源交易跨区域共享、高质量发展指明了新方向。

三、公共资源交易趋势

（一）以标准化推动交易服务统一规范

1. 厘清交易中心服务职能定位

《国务院办公厅转发国家发展改革委关于深化公共资源交易平台整合共享指导意见的通知》（国办函〔2019〕41 号）明确指出：公共资源交易中心是公共资源交易平台的主要运行服务机构。公共资源交易中心应当立足公共服务职能定位，推动公共资源交易服务标准化建设，为交易各方主体和市场化交易系统、政府电子监管系统提供综合服务。

基于标准化的制度管理、交易规则、技术规范等，明确交易中心四大核心定位，即公共服务、交易服务、辅助决策、辅助监管，促进交易活动的规范化、高效化，保障行业数字化转型取得成功，进一步优化见证服务、促进营商环境优化服务、信息聚

合共享服务、场地服务、专家抽取服务、辅助监管服务、辅助决策服务、档案服务和风险管理服务。

2. 落实标准制度规范的标准化

一是制定公共资源交易平台内部专业化、标准化的制度管理体系；二是梳理完善目录、清单、范本、指标等交易规则的标准化体系；三是技术规范标准化支撑，规范公共资源交易活动，维护市场竞争秩序。

3. "服务一张网、数据一张网"助力规范服务

"一张网"不等于一个系统，不是平台的"一张网"，可以细分为标准的"一张网"、共享的"一张网"、见证的"一张网"。针对各地区、各行业交易服务事项不规范、不统一、不标准，交易系统众多，相关信息无法匹配和关联等问题，各地从用户视角出发。例如，贵州省构建交易"一张网"，落实标准规范制定，实现交易"一网通办"和服务"一网集成"；上海市构建"一网交易"总门户，统一用户体系，深化全要素交易融合，增强底层业务组件化能力；甘肃省构建交易"全省一张网"，为市场主体提供数据"一网共享"、交易"一网通办"、服务"一网集成"和监督"一网协同"；安徽省合肥市梳理服务事项，并围绕服务流程和服务功能制定"服务提供、服务保障、服务评价与改进"三大类主要标准，构建"一网通办"服务专栏等，让市场主体的服务事项实现"进一网、能通办"。

（二）以跨区域协作促进行业整合共享

以跨区域合作促进公共资源交易求同存异，共建共享，推进信息共享、远程异地评标协同、服务升级、区块链应用等跨区域服务，以明确的制度规则为抓手，着力打造公开透明的营商环境，强化信息资源的互联互通，助力区域一体化建设和全国统一大市场建设。一方面，加快推动移动 CA 互认共享，通过建立统一的认证标准和互认机制，助力打破时间地域限制，实现跨平台、跨部门、跨区域移动 CA 互认，实现资源的高效配置和有效利用，弥补地区资源差异。另一方面，通过推动跨区域远程异地评标常态化，促进优质专家资源共享，实现项目信息、交易主体信用信息、评标评审专家信息等资源的互联共享，提高评标效率和公正性，推动公共资源交易工作全面、快速、协调、健康发展。

（三）以市场化促进行业可持续健康发展

1. 通过市场主体的创新实现行业数字化持续发展

人工智能、大数据、区块链等新技术的涌现和融入，为市场主体持续开展交易市场化应用建设提供了新的支撑，激发了主体的持续创新热情，技术基础已然成熟。多个行业主要政策文件也明确指出要引导各类主体按照市场化和专业化方向有序建设和运营交易平台，营造了良好的政策环境。经过各方主体的长期实践，招标采购已经从

"线上全流程，线下无交易"逐步迈入"数字化转型创新"的新阶段，通过市场主体的创新实现行业数字化持续发展，已经成为各方主体的共识。同时，交易系统与监管、服务系统对接标准逐步到位，招标采购全流程电子交易服务和非招标方式采购服务的规范标准的制订也在全面推进。

2. 系统建设运营主体市场化、交易服务集约化专业化

交易市场化应按照交易系统建设运营主体市场化的路径实施，明确交易系统"谁使用，谁付费"的市场化运行模式和技术服务费收取的合法性。市场化为交易系统的良性竞争和持续创新提供土壤，专业化集约化为交易高质量可持续发展提供保障。

3. 交易数字化是推进交易市场化的核心基础

在横向层面，实现全要素、全业务纳入公共资源交易范畴的延伸；在纵向层面，一是实现公共资源交易环节的智能化、智慧化，二是实现传统的"招、投、开、评、定"向两端逐步深化延伸。

（四）以智慧化监管促进市场公平竞争

一方面，随着公共资源交易市场环境的发展与变化，公共资源交易领域相关部门持续调整与改进监管措施，不断探索新的监管方式。在当前构建全国统一大市场和大力发展新质生产力的大背景下，数字化赋能下的智慧化成为实现公共资源交易领域立体监管的主要路径，通过多方位、多角度的手段和措施，强调各方的责任和互动，从单纯的"监督管理"模式向"综合治理"模式转变，基于数据打造程序监管智慧化、行为监管智慧化、监管方式审查智慧化、执法效能监管智慧化、监管依据审查智慧化五大核心体系，对公共资源交易领域进行全面监督和管理，实现监管对象全覆盖、监管内容全要素、监管数据全共享、监管流程全闭环。

另一方面，创新招标投标数字化监管方式，推动现场监管向全流程数字监管转变，推动行政监督部门建立数字化执法规则标准，运用非现场、物联感知、掌上移动、穿透式等信息监管手段，提升监管的效能，加强招标文件随机抽查，运用数字化手段进行分析比对，对异常招标文件进行重点审核，利用多元数据为各类主体精准画像，强化覆盖全网的违法违规信息数字化收集和风险处置，推动招标投标电子监督平台建立，为纪检监察、司法、审计等部门开设监管通道，共同建立立体、开放、协同的数字化监管网络。

（五）以数字化赋能促进行业深化改革

人工智能、大模型等深度应用于行业，基于开源大模型和通用大模型，开发基础能力，并围绕数据收集与预处理、模型选择与训练、知识表示与存储、查询与推理、性能优化与评估以及隐私与安全等多个层面进行细致考虑与设计，赋能行业全环节，构建智能编标助手 Agent（智能体）、智能审查助手 Agent、辅助评审 Agent、智能监管

Agent、智能助手 Agent、智能客服 Agent 等大模型智能体，使用预处理后的数据对模型进行训练，采用分布式训练、模型并行化等技术提高训练效率，通过优化算法调整模型参数以最小化预测误差，构建公共资源交易领域专业化的垂直大模型。

四、公共资源交易高质量发展的举措

（一）数字技术是公共资源交易发展的关键驱动力

当前，以人工智能为代表的新技术快速迭代，推动数字经济蓬勃发展，公共资源交易作为社会主义市场经济体系的重要组成部分，正经历着前所未有的变革与挑战。如何充分利用数字技术，推动公共资源交易平台进一步发展，是行业面临的重大课题。

通过人工智能技术的引入，公共资源交易能够进一步实现交易流程的自动化和智能化，交易效率显著提高，人为错误显著减少。同时，大模型的应用能够处理和分析海量的交易数据，挖掘潜在的价值，为交易决策提供更加精准和全面的支持，可以应用于交易信息的智能匹配、交易风险的实时监测与预警、交易数据的深度挖掘与分析等方面。例如，在交易信息的智能匹配方面，大模型可以根据交易双方的需求和条件，快速筛选出最合适的交易对象，降低交易成本。这些技术不仅促进了公共资源交易的公平竞争和高效运行，还增强了监管部门的监管能力，提高了风险防控水平。未来，人工智能和大模型将在公共资源交易领域发挥更重要的作用，推动交易模式的创新和变革，为构建更加公平、透明、高效的公共资源交易体系提供有力支撑。

（二）数据应用是公共资源交易升级的关键要素

在数字经济的浪潮下，数据的价值日益凸显，成为推动公共资源交易升级的关键要素，深刻改变着公共资源交易平台的发展轨迹。

公共资源交易平台作为数据资产的重要载体，通过整合各类交易数据，形成了庞大的数据资源。海量交易信息和数据在各层级公共资源交易平台汇聚，大数据、区块链、人工智能等新一代信息技术与公共资源交易平台深度融合，平台数据价值凸显，成为数字经济的重要增长极。这些数据资源不仅记录了交易活动的全过程，还蕴含着地区经济结构和产业结构特征，能为研判宏观经济走势、推动地区产业发展提供有力的支持。充分挖掘这些数据的价值，对促进数字经济的高质量发展具有重要意义。一是要在源头保障公共资源交易数据的来源合法可靠、结构完整准确、传输安全保密；二是要加快培育公共资源数据资产市场，利用数据交易所等新兴平台助推公共资源交易数据资产流通、应用。

（三）市场化是公共资源交易"放得活"的重要引擎

市场化，是提高资源配置效率、释放经济活力、促进全面创新、优化产业结构和经济布局的必然选择。秉承着市场竞争的逻辑，市场主体对公共资源交易市场化有真实的诉求，能激发交易发展的内在动力。从开源的角度看，招标代理对交易市场化是有诉求的，希望承接更多的项目，企业也希望发展更多的业务。从节流的角度看，市场主体希望通过数字化的方式和平台的手段去尽力节约成本。从数据的角度看，未来数据兼容后，会形成整个要素交易的中枢，进一步助推公共资源交易数据资产流通、应用和生态培育。无论是整个公共资源交易未来的数字化转型走向还是公共资源交易本身的走向都会逐渐趋向市场化运作。

推动公共资源交易的市场化运作，市场主体能够把交易平台做得越来越好、越来越专业，应进一步发挥市场主体的主观能动性，优化公共资源交易平台功能，持续拓展平台的服务范围，带动不同地区、不同行业公共资源加速流动。公共资源交易中心和监管部门以公开、公平、公正的理念，见证公共资源交易的全过程，保证按照制定的标准化服务流程构建体系，实现无论是场内还是场外的交易，都依法依规进行。"以见证为手段，以服务为理念，以包容的心态"拥抱交易市场化，激发交易的活力和内在动力。

（国泰新点软件股份有限公司：陆建、蒋淮成、向越）

2024 年政府采购市场发展报告

政府采购规模在公共采购中的占比多年来一直维持在 7% 以上的水平，2022 年为 3.5 万亿元，2023 年为 3.4 万亿元，其中 2023 年货物、工程、服务采购规模占比分别为 22.8%、42.7% 和 34.5%，授予中小企业合同金额占比超过 74%。

每年 3 万多亿元的政府采购规模，在全国消费市场总盘子中占比不大，但是其政策导向、产业支持功能却是不可替代的。尤其是在当前优化营商环境、建设统一大市场、构建新发展格局、推动经济高质量发展方面，政府采购的影响力、关注度日益凸显，发挥着极为重要的作用。

一、2024 年政府采购工作的重点

回顾 2024 年政府采购领域出台的诸多制度、政策、办法、举措，其重心和落脚点基本集中在以下几个方面。

第一，2024 年 4 月 22 日，国务院新闻办公室举行新闻发布会，财政部国库司有关领导在答记者问时，提出 2024 年要围绕支持新质生产力发展、构建现代化产业体系，不断建立健全符合国际规则的政府采购政策体系，主要做好三件事：一是研究建立合作创新政府采购制度；二是继续完善政府绿色采购政策；三是持续推动政府采购平等对待内外资企业政策落地落实。

第二，2024 年 5 月 2 日，《国务院办公厅关于创新完善体制机制推动招标投标市场规范健康发展的意见》（国办发〔2024〕21 号，以下简称 21 号文）要求完整、准确、全面贯彻新发展理念，加快构建新发展格局，着力推动高质量发展，聚焦发挥招标投标竞争择优作用，改革创新招标投标制度设计，推动形成高效规范、公平竞争、充分开放的招标投标市场，为建设高标准市场体系、构建高水平社会主义市场经济体制提供坚强支撑。

第三，考虑到 21 号文提出的 9 个方面 20 项措施，总体上还是偏重于工程建设项目招标投标领域。2024 年 6 月 29 日，国务院办公厅又印发了《政府采购领域"整顿市场秩序、建设法规体系、促进产业发展"三年行动方案（2024—2026 年）》（以下简称《三年行动方案》）。《三年行动方案》力争用三年左右的时间，着力解决当前政府采购领域存在的突出问题，使政府采购市场秩序更加规范，政府采购制度建设迈出实质性步伐，建立健全促进现代产业发展的政府采购政策功能体系。需要完成的任务有：

一是整顿市场秩序，优化营商环境；二是建设法规体系，服务统一市场；三是促进产业发展，落实国家战略，这其中又包括法规建设、制度建设、标准建设、违法违规行为专项整治、支持科技创新、完善政府绿色采购政策等。

第四，2024 年 7 月 18 日召开的中国共产党第二十届中央委员会第三次全体会议审议通过的《中共中央关于进一步全面深化改革 推进中国式现代化的决定》，则对全国统一大市场建设提出了全面的、明确的要求，为今后一段时期内此项工作的开展指明了前进方向，提供了根本遵循。该决定要求推动市场基础制度规则统一、市场监管公平统一、市场设施高标准联通。加强公平竞争审查刚性约束，强化反垄断和反不正当竞争，清理和废除妨碍全国统一市场和公平竞争的各种规定和做法。建立健全统一规范、信息共享的招标投标和政府、事业单位、国有企业采购等公共资源交易平台体系，实现项目全流程公开管理。提升市场综合监管能力和水平，健全国家标准体系，深化地方标准管理制度改革。

二、优化营商环境、建设统一大市场

党的十八大以来，从"放管服"改革到优化营商环境、建设统一大市场，公平有序、活力迸发的社会主义市场经济建设一直是近年来经济领域的重点工作之一。这一方面是破解当前经济难题、实现高质量发展、推进中国式现代化的需要，另一方面也是社会主义市场经济的应有之义。市场经济是契约经济，要求规则透明统一，平等对待所有市场主体，否则市场活力难以激发，市场经济也无从建立。

2024 年，政府采购领域在优化营商环境、建设统一大市场方面动作频频，推出了很多务实管用的措施办法，具体而言主要包括两个方面。

（一）法规制度建设方面

1. 促进公平竞争

为了规范公平竞争审查工作，促进市场公平竞争，优化营商环境，建设全国统一大市场，2024 年 6 月 6 日，国务院颁布《公平竞争审查条例》（中华人民共和国国务院令第 783 号）。该条例适用范围为：起草涉及经营者经济活动的法律、行政法规、地方性法规、规章、规范性文件以及具体政策措施，行政机关和法律、法规授权的具有管理公共事务职能的组织应当依照本条例规定开展公平竞争审查。

《公平竞争审查条例》第二章审查标准中涉及政府采购领域的主要是第八条、第九条，要求起草单位起草的政策措施不得含有的内容有：限定经营、购买或者使用特定经营者提供的商品或者服务；限制外地或者进口商品、要素进入本地市场，或者阻碍本地经营者迁出，商品、要素输出；排斥、限制、强制或者变相强制外地经营者在本地投资经营或者设立分支机构；排斥、限制或者变相限制外地经营者参加本地政府采购、招标投标；等等。

为了做好公平竞争审查监督保障工作，10月13日，国家市场监督管理总局根据《公平竞争审查条例》第二十六条之规定，制定发布《公平竞争审查举报处理工作规则》，规定对涉嫌违反《公平竞争审查条例》的政策措施，任何单位和个人都可以向市场监督管理部门举报，市场监督管理部门将依法予以处理。

2024年3月25日，国家发展改革委、住房城乡建设部等八部门联合印发《招标投标领域公平竞争审查规则》，提出为加强和规范招标投标领域公平竞争审查，维护公平竞争市场秩序，未经公平竞争审查或者经审查存在排除、限制竞争情形的，不得出台有关招标投标领域政策措施，并由此规定了7个方面40余项具体审查标准。

实际上，《公平竞争审查条例》有关公平竞争的表述已经在政府采购法规制度体系中多有体现，在具体内容方面两部法规可能有所差异，但是内涵和本质是一样的。此外，《政府采购需求管理办法》第三十一条规定的重点审查主要就是非歧视性和竞争性审查，区别只是审查的主体和对象不同而已。

2. 完善市场准入

市场准入涉及市场主体的经营资格问题，其重要性自不待言。为破除市场准入壁垒，构建开放透明、规范有序、平等竞争、监管有力的市场准入制度体系，2024年8月1日，正式印发《中共中央办公厅 国务院办公厅关于完善市场准入制度的意见》。该意见要求完善市场准入负面清单管理模式，严禁在清单之外违规设立准入许可、违规增设准入条件、自行制定市场准入性质的负面清单；科学确定市场准入规则，实施宽进严管，放开充分竞争领域准入，大幅减少对经营主体的准入限制；合理设定市场禁入和许可准入事项等。

3. 服务市场主体

市场主体是否能够快速、便捷、低成本地获取政府提供的公共服务，是判断营商环境优劣的重要指标。2024年政府采购领域继续推动信息共享共用体制机制建设，便利政府采购各相关方查询、使用采购信息，合理安排有关采购活动。

2024年2月4日，财政部办公厅印发《关于进一步提高政府采购信息查询使用便利度的通知》（财办库〔2024〕30号）。该通知要求自2024年4月1日起，中国政府采购网地方分网（以下简称"地方分网"）应当将本地区全部政府采购项目（含低于500万元的项目）的各类公告和公示信息推送至中国政府采购网中央主网（以下简称"中央主网"）发布。中央主网提供全国政府采购项目信息的"一站式"查询服务。中央主网开通政府采购代理机构登记信息共享接口，地方分网可通过接口获取在中央主网登记的政府采购代理机构登记信息。

为提高银行业金融机构获取政府采购信息的及时性，便于政府采购中标、成交供应商进行政府采购融资，2024年4月1日，财政部印发《关于为银行业金融机构在中国政府采购网开通批量获取政府采购信息权限的通知》。该通知提出银行业金融机构可向财政部申请从中国政府采购网中央主网批量获取政府采购信息，作为政府采购中标、成交供应商办理融资业务的参考。可获取的政府采购信息包括中央和地方政府采购项目中标、成交结果信息，政府采购合同信息，以及政府采购领域严重违法失信行为记录。

4. 保护市场主体合法权益

现代产权制度是市场经济的基石，所谓有恒产者有恒心，本质上是指市场主体合法权益的保护问题。为了规范长期以来层出不穷、名目繁多的各种保证金，切实减轻市场主体的负担，2024 年 11 月 21 日，工业和信息化部、财政部发布《国务院部门涉企保证金目录清单（2024 版）》。该清单共设立了允许收取的保证金 22 种，其中与公共采购领域有关的达 11 种，包括投标保证金、履约保证金、政府采购投标保证金、政府采购履约保证金、援外项目履约保证金、援外项目投标保证金、中央储备糖收储投放交易投标履约保证金、中央储备糖竞价加工投标履约保证金、中央储备肉收储投放交易投标履约保证金、工程质量保证金、工资保证金。按照政府采购法规体系设立的有 4 种，包括政府采购投标保证金、政府采购履约保证金、援外项目履约保证金、援外项目投标保证金。

5. 推动信用体系建设

诚实信用是政府采购领域的基本原则之一，也是市场经济基础性、根本性的准则之一。为推动社会信用体系建设，2024 年 2 月 18 日，《国家发展改革委 中国人民银行关于印发〈全国公共信用信息基础目录（2024 年版）〉和〈全国失信惩戒措施基础清单（2024 年版）〉的通知》（发改财金规〔2024〕203 号）列明的失信惩戒措施包括 3 类共 14 项，涉及公共采购领域的失信惩戒包括：串通投标或以行贿的手段谋取中标，情节严重的；不按照与招标人订立的合同履行义务的；泄露应当保密的与招投标活动有关的情况和资料，情节严重的；在经营活动中因违法经营受到刑事处罚或者责令停产停业、吊销许可证或执照等行政处罚的；被财政部门列入不良行为记录名单的等。

2024 年 5 月 20 日，国家发展改革委办公厅印发《2024—2025 年社会信用体系建设行动计划》。该计划提出定期更新全国公共信用信息基础目录和失信惩戒措施基础清单。推动已有设立依据的领域出台严重失信主体名单管理办法。强化全国信用信息共享平台信用信息归集共享"总枢纽"功能，形成覆盖全部信用主体、所有信用信息类别、全国所有区域的信用信息网络。持续升级"信用中国"网站功能，发挥集中公示各类信用信息的"主渠道"作用。推动地方在能源中长期合同、公共资源交易、招标投标等领域开展合同履约信用监管试点，完善国家"诚信履约保障平台"建设，推动实现"地方-国家"合同履约信息共享和监测，提高合同履约的透明度和监管效率等。

2024 年 11 月 29 日，国家发展改革委、中国人民银行又会同社会信用体系建设部际联席会议成员单位和其他有关部门（单位），编制了《全国公共信用信息基础目录（2025 年版）（征求意见稿）》和《全国失信惩戒措施基础清单（2025 年版）（征求意见稿）》，面向社会公开征求意见。

6. 开展重点问题专项整治

2024 年重点整治工作主要基于两个方面开展：一是加强对采购代理机构的监督检查，二是解决政府采购异常低价问题。

采购代理机构由资格认定改为名录登记以来发展迅猛，至今全国已有 5 万多家。这么多的代理机构如何有效监管、如何强化行业自律、如何发挥其专业能力提升政府采购规范化水平，从这些年财政部门的监督检查情况来看，可以说形势逼人、任重道远。

为加强对采购代理机构的监督检查，2024 年 11 月 21 日，财政部印发《财政部关于印发〈政府采购代理机构监督检查暂行办法〉的通知》（财库〔2024〕27 号）。该办法确立了代理机构监督检查分级分类制度，检查范围包括采购方式适用、采购文件编制、评审组织、信息发布、收费及保证金收退、质疑投诉、合同签订及履行等内容。

这其中大量的检查内容都与促进公平竞争、统一大市场建设息息相关，比如对采购文件的检查包括采购需求是否指向、限定或指定特定供应商、特定产品；是否以限定供应商注册地、要求供应商在当地设立分支机构等方式阻碍外地供应商进入本地市场等。对采购方式与程序的检查包括有无违规收取费用、逾期退还保证金，是否按规定发布信息公告等。对评审活动的检查包括是否在评审活动中发表倾向性言论，影响政府采购公平公正等。对采购结果的检查包括是否违规改变采购结果，或者擅自终止采购活动等。

政府采购中的异常低价问题由来已久，之前出现过零元、一分钱中标现象，严重扰乱市场秩序，破坏公平竞争。2017 年发布的《政府采购货物和服务招标投标管理办法》（财政部令第 87 号）第六十条虽然规定了评标委员会认为投标人的报价明显低于其他通过符合性审查投标人的报价，有可能影响产品质量或者不能诚信履约的，经评审可以作为无效投标处理，但是实践中应用的并不多。由于评审专家专业能力不足，加之没有明确的、可操作性的判断标准，大量的异常低价问题无法在评审环节得到解决。

为促进政府采购公平竞争，优化政府采购营商环境，2024 年 12 月 18 日，财政部办公厅印发《关于在相关自由贸易试验区和自由贸易港开展推动解决政府采购异常低价问题试点工作的通知》（财办库〔2024〕265 号），决定在北京、天津、上海、福建、广东自由贸易试验区和海南自由贸易港开展推动解决政府采购异常低价问题试点工作。该通知主要从三个方面加强对异常低价问题的处理。一是加强政府采购需求管理。从源头上压缩异常低价的空间，要求采购人根据实际工作需要，综合考虑项目历史成交信息与市场调查情况，形成科学、完整、清晰的采购需求，引入全生命周期成本，对采购项目合理分类分包，为供应商竞争报价提供基础。二是强化政府采购异常低价审查。明确了评审委员会应当启动异常低价投标（响应）审查程序的标准。评审委员会启动异常低价投标（响应）审查后，应当要求供应商提供书面说明及必要的证明材料，供应商不提供或者提供的材料不能证明其报价合理性的，应当作为无效投标（响应）处理。三是压实评审专家责任。出现本通知规定的异常低价情形，评审委员会未根据采购文件规定作出处理的，根据《中华人民共和国政府采购法实施条例》（以下简称《政府采购法实施条例》）第七十五条未按照采购文件规定的评审程序、评审方法和评审标准进行独立评审追究评审专家的法律责任。

（二）标准体系建设方面

1. 发布采购需求标准

《政府采购法实施条例》第六条规定，国务院财政部门应当根据国家的经济和社会发展政策，会同国务院有关部门制定政府采购政策，通过制定采购需求标准、预留采购份额等，扶持不发达地区和少数民族地区、促进中小企业发展等。《三年行动方案》中也提出了要分类制定政府采购需求标准。制定政府集中采购目录通用货物、服务需求标准，逐步扩大需求标准覆盖面，为采购人全面、完整、准确描述采购需求提供指引。

2024年5月31日，财政部办公厅印发了《物业管理服务政府采购需求标准（办公场所类）（试行）》。同年12月26日，财政部办公厅、国家知识产权局办公室印发《专利商标代理服务政府采购需求标准（试行）》。加上前几年发布的《数据库政府采购需求标准（2023年版）》《通用服务器政府采购需求标准（2023年版）》《便携式计算机政府采购需求标准（2023年版）》《商品包装政府采购需求标准（试行）》等，截至目前发布的采购需求标准总数已有十多个。

此外，为规范工程建设项目的工程量计算和计价，2024年12月13日，住房城乡建设部发布《房屋建筑与装饰工程工程量计算标准》（GB/T 50854—2024）、《仿古建筑工程工程量计算标准》（GB/T 50855—2024）、《通用安装工程工程量计算标准》（GB/T 50856—2024）、《市政工程工程量计算标准》（GB/T 50857—2024）、《园林绿化工程工程量计算标准》（GB/T 50858—2024）、《矿山工程工程量计算标准》（GB/T 50859—2024）、《构筑物工程工程量计算标准》（GB/T 50860—2024）、《城市轨道交通工程工程量计算标准》（GB/T 50861—2024）、《爆破工程工程量计算标准》（GB/T 50862—2024）共9项国家标准。12月30日，住房城乡建设部发布国家标准《建设工程工程量清单计价标准》（GB/T 50500—2024）。

2. 建立本国产品标准体系

《中华人民共和国政府采购法》（以下简称《政府采购法》）第十条规定，政府采购应当采购本国货物、工程和服务。至于何为本国货物、工程和服务，多年来主要依据《财政部关于印发〈政府采购进口产品管理办法〉的通知》（财库〔2007〕119号，以下简称119号文），通过明确何为进口产品来推导确定。

119号文关于进口产品的认定标准简单易行，但是在当前工业生产全球化的形势下，科学性、规范性不足。为此，2024 年 2 月 28 日，国务院办公厅印发《扎实推进高水平对外开放更大力度吸引和利用外资行动方案》，要求加快制定出台政府采购本国产品标准，在政府采购活动中对内外资企业生产的符合标准的产品一视同仁、平等对待。

2024 年 12 月 5 日，财政部发布《关于政府采购领域本国产品标准及实施政策有关事项的通知（征求意见稿）》，向社会公开征求意见。该通知对于本国产品的认定采取原产地标准：一是产品在中国境内生产，即在中国关境内实现从原材料、组件到产品的属性改变。二是产品的中国境内生产组件成本达到规定比例要求，具体比例分产品确定并动态调整。三是在满足前述条件的基础上，对特定产品还要求其关键组件在中国境内生产、关键工序在中国境内完成。财政部将会同相关部门在三年到五年内制定有关产品的中国境内生产组件成本比例要求，以及对特定产品的关键部件和关键工序要求。政府采购本国产品标准现阶段适用于货物，主要是工业制造品，不包括农林牧副渔产品和矿产品等。在对本国产品的支持政策方面，该通知要求在政府采购活动中，给予本国产品相对于非本国产品 20% 的价格评审优惠。无论是内资企业的产品还是外资企业的产品，只要符合标准即可享受政府采购支持政策。

3. 制定政府采购合同标准文本

《政府采购法实施条例》第四十七条规定，财政部门应当会同国务院有关部门制定政府采购合同标准文本。《三年行动方案》也提出要分类制定政府采购货物、工程、服务招标文件标准文本和政府采购合同标准文本，提高经营主体参与政府采购活动的规范性、便利性。

考虑到政府采购领域大量的合同都是货物买卖合同，2024 年 4 月 25 日，财政部办公厅印发《关于印发〈政府采购货物买卖合同（试行）〉的通知》（财办库〔2024〕84 号）。合同使用说明中明确本合同标准文本只适用于购买现成货物的采购项目，合同双方可以结合采购项目具体情况，对文本做必要的调整修订后使用。

合同文本采取了常见的"合同协议书+合同通用条款+合同专用条款"的形式。总体而言，《政府采购货物买卖合同（试行）》与普通的货物买卖合同在文本结构、主要条款等方面没有根本性的差异，两者的主要区别在于前者在具体条款设置上体现出浓厚的政府采购色彩。比如在项目信息方面，包括采购项目名称、采购项目编号、采购计划编号、政府采购组织形式、政府采购方式、中标（成交）采购标的制造商是否为中小企业、是否涉及进口产品等。在合同验收方面，验收主体需要明确是否邀请本项目的其他供应商、评审专家、服务对象、第三方检测机构参加验收等，这些都是普通货物买卖合同没有的内容。

三、构建新发展格局，推动经济高质量发展

党的二十大报告指出，高质量发展是全面建设社会主义现代化国家的首要任务。而要推动高质量发展，必须加快构建以国内大循环为主体、国内国际双循环相互促进

的新发展格局，这是根据我国发展阶段、环境、条件变化作出的重大决策，是一项关系国家发展全局的重大战略任务。在这其中至为重要的是贯彻新发展理念，转变传统发展模式，推动科技创新，促进产业高端化、智能化、绿色化。

2024 年政府采购在推动绿色采购、支持科技创新方面有不少的新举措、新动向，效果虽然还有待检验，但是其导向、指引的意图是极为明显的。

（一）推动绿色采购

推动经济发展绿色化、低碳化是实现高质量发展的关键环节，也是政府采购基本的政策目标。《政府采购法》第九条规定："政府采购应当有助于实现国家的经济和社会发展政策目标，包括保护环境，扶持不发达地区和少数民族地区，促进中小企业发展等。"

1. 完善政府绿色采购政策

2024 年 7 月 31 日，《中共中央 国务院关于加快经济社会发展全面绿色转型的意见》提出要完整准确全面贯彻新发展理念，加快构建新发展格局，坚定不移走生态优先、节约集约、绿色低碳高质量发展道路。健全绿色消费激励机制，优化政府绿色采购政策，拓展绿色产品采购范围和规模，适时将碳足迹要求纳入政府采购。

2024 年 3 月 13 日，《国务院关于印发〈推动大规模设备更新和消费品以旧换新行动方案〉的通知》（国发〔2024〕7 号）中提出，要进一步完善政府绿色采购政策，加大绿色产品采购力度。同年 5 月 22 日，财政部等十五部门联合出台了《关于建立碳足迹管理体系的实施方案》，要求适时将产品碳足迹相关要求纳入政府采购需求标准，加大采购力度，支持在公共采购中优先采购和使用碳足迹较低的产品。

2024 年 6 月 29 日印发的《三年行动方案》明确提出强化政府采购政策功能，加大对绿色发展支持力度。研究制定市政基础设施和电子电器、新能源汽车等产品绿色采购需求标准，开展政府采购支持公路绿色发展试点，适时将碳足迹管理有关要求纳入政府采购需求标准，扩大政府绿色采购范围。完善政府绿色采购政策。制定出台面向绿色产品的政府采购支持政策，对获得绿色产品认证或符合政府绿色采购需求标准的产品实施优先采购或者强制采购，促进绿色低碳发展。扩大政府采购支持绿色建材促进建筑品质提升政策实施范围，由 48 个城市（市辖区）扩大到 100 个城市（市辖区），要求医院、学校、办公楼、综合体、展览馆、保障性住房以及旧城改造项目等政府采购工程项目采购符合标准的绿色建材，并适时研究进一步扩大政策实施范围。

2. 加大绿色建材采购力度

2024 年 1 月 10 日，工业和信息化部、国家发展改革委等十部门联合印发《绿色建材产业高质量发展实施方案》，鼓励公共采购和市场投资项目扩大绿色建材采购范围、加大采购力度。扩大政府采购支持绿色建材促进建筑品质提升政策实施城市范围，完善绿色建筑和绿色建材政府采购需求标准，优化绿色建材采购、监管和应用的管理制度，对相关绿色建材产品应采尽采、应用尽用。

为促进经济社会发展全面绿色转型，2024年3月12日，国务院办公厅转发国家发展改革委、住房城乡建设部《加快推动建筑领域节能降碳工作方案》。该方案要求发挥政府采购引领作用，支持绿色建材推广应用。纳入政府采购支持绿色建材促进建筑品质提升政策实施范围的政府采购工程，应当采购符合绿色建筑和绿色建材政府采购需求标准的绿色建材。

3. 推广使用新能源汽车

为支持新能源汽车产业发展，更好发挥中央和国家机关示范引领作用，2024年9月27日，国家机关事务管理局、中共中央直属机关事务管理局联合印发了《国管局 中直管理局关于做好中央和国家机关新能源汽车推广使用工作的通知》。通知要求加大新能源汽车配备力度，中央和国家机关各部门、各单位机关及其所属垂直管理机构、派出机构等各级行政单位和各类事业单位配备更新各类定向化保障公务用车，应当带头使用国产新能源汽车。各部门、各单位应当根据车辆使用现状、工作需要等因素，编制公务用车年度配备更新计划，明确新能源汽车采购数量。

2024年12月19日，财政部办公厅发布《关于进一步明确新能源汽车政府采购比例要求的通知》（财办库〔2024〕269号）。通知要求主管预算单位统筹确定本部门（含所属预算单位）年度新能源汽车政府采购比例，新能源汽车可以满足实际使用需要的，年度公务用车采购总量中新能源汽车占比原则上不低于30%。路线相对固定、使用场景单一、主要在城区行驶的机要通信等公务用车，原则上100%采购新能源汽车。采购车辆租赁服务的，应当优先租赁使用新能源汽车。

（二）支持科技创新

2024年6月29日印发的《三年行动方案》对政府采购支持科技创新提出了明确要求。《三年行动方案》提出强化政府采购政策功能，加大对科技创新支持力度。构建符合国际规则的政府采购支持创新政策体系。充分发挥市场机制作用，综合运用强制采购、优先采购、订购首购、发布需求标准等措施，推进创新产品应用和迭代升级，营造促进产业创新的良好生态。建立健全政府采购合作创新采购制度。以采购人应用需求为导向，以公平竞争以及采购人与供应商风险共担为基础，实施订购首购，建立创新产品研发与应用推广一体化的管理机制，发挥政府采购对创新的带动作用，助力高质量发展。

为支持科技创新，解决现有采购方式无法有效适用创新产品研发的问题，2024年4月24日，财政部印发《政府采购合作创新采购方式管理暂行办法》，根据政府采购法规定创设了第八种采购方式——合作创新采购。该暂行办法第二条明确了合作创新采购是采购人邀请供应商合作研发，共担研发风险，并按研发合同约定的数量或者金额购买研发成功的创新产品的采购方式。合作创新采购方式分为订购和首购两个阶段。

第三条规定了合作创新采购的适用情形，采购项目符合国家科技和相关产业发展规划，有利于落实国家重大战略目标任务，并且具有下列情形之一的，可以采用合作创新采购方式采购：①市场现有产品或者技术不能满足要求，需要进行技术突破的；②以研发创新产品为基础，形成新范式或者新的解决方案，能够显著改善功能性能，明显提高绩效的；③国务院财政部门规定的其他情形。第四条则规定了合作创新采购的采用主体，中央和省级（含计划单列市）主管预算单位对符合本办法第三条规定情形的采购项目，可以采用合作创新采购方式。中央和省级主管预算单位可以开展合作创新采购，也可以授权所属预算单位开展合作创新采购。设区的市级主管预算单位经省级主管部门批准，可以采用合作创新采购方式。

此外，该办法根据合作创新采购的特点，对合作创新采购的需求管理、订购程序、首购程序、研发合同管理、争议处理、监督检查和法律责任等作出了相应规定。总的来说，该办法对当前的政府采购方式进行了补充完善，填补了政府采购法规制度的空白，是落实政府采购支持科技创新政策、回应行业呼声和市场需要的重要举措。

（新华社办公厅：刘涛）

2024 年工程招标投标发展报告

一、宏观经济相关情况

工程建设招标投标是中国特色社会主义市场经济体系资源配置的重要方式，是国民经济的重要组成部分，为国家基础设施建设和城乡发展提供了重要的支撑。了解国家宏观环境、固定资产投资规模、国家经济发展速度与前景、国内营商环境素质等因素对于更好地理解招标投标行业发展的特征与趋势具有重要意义。

经初步核算，2024 年国内生产总值为 1349084 亿元，按不变价格计算同比增长 5.0%，虽存在外部国际竞争加剧、国内缺乏活力问题，总体上经济运行稳中有进。全年全国固定资产投资（不含农户）514374 亿元，同比增长 3.2%，其中基础设施投资同比增长 4.4%，制造业投资同比增长 9.2%，房地产开发投资同比下降 10.6%。①

中国建设工程市场增速放缓，并逐步向智能化、绿色化、工业化转型。中国仍拥有全球最大的建设规模，随着城市化进程的推进，建筑工程行业仍将保持稳定的发展态势，具有较大的发展空间。未来几年我国经济发展的韧性、活力和潜力仍然存在，宏观经济在以下两个方面可能会呈现变化趋势，较为深刻地影响招投标行业的发展。

一是新质生产力推动下的高质量发展的影响。新质生产力作为推动高质量发展的内在要求和重要着力点，推动创新能力加快提升、传统产业加快升级、新兴产业加快发展、未来产业加快布局。2024 年 1—11 月，规模以上高技术制造业增加值同比增长 9%，明显快于规模以上工业增加值。根据国家统计局测算，高技术产业固定资产投资同比增长 8%，新旧动能转化明显，经济发展重心回归实体制造业，结合科技创新、智能化、信息化的发展路径，市场活力依然充分，可以预见招标投标市场规模会有所扩大。

二是加快全国统一大市场建设的影响。2024 年以来，全国统一大市场建设不断推进，国家出台多部政策着力破除市场不合理限制及壁垒，3 月出台的《招标投标领域公平竞争审查规则》，填补了招标投标领域审查制度规则空白，针对招标投标行业地方保护与所有制歧视等突出问题提出举措。各地引入民间资本参与产业发展，有效地缓解了企业发展的资金问题，助力先进创新中小企业良性发展，针对性地免收、少收保证金，或以信用保函替代保证金。在一系列政策推动下，招标投标制度竞争择优的功能

---

① 数据来源：国家统计局网站。

被进一步发挥，市场开放度和活跃度将会持续增加。

二、2024 年工程建设招标投标交易范围及规模

《中华人民共和国招标投标法》（以下简称《招标投标法》）明确规定了大型基础设施、公用事业等关系社会公共利益和公众安全的项目、全部或者部分使用国有资金投资或者国家融资的项目、使用国际组织或者外国政府贷款和援助资金的项目必须进行招标投标，这使招标投标方式在我国工程建设领域得到了广泛实践和深度探索。工程建设招标投标交易规模在公共资源交易领域持续处于领先地位，是公共资源交易的重要组成部分。

从交易量来看，截至 2024 年年底，全国工程建设交易量 335068 宗，占公共资源交易市场总量的 20.81%。较 2023 年工程建设交易总量有所增加，在公共资源交易中的占比下降约 5%。①

另外，2024 年我国工程建设招投标交易量从 2 月开始逐步上升，在 6 月达到最高峰的 50392 宗，随后逐渐下降并趋于平缓，反映了招投标市场的季节性特征，如图 1 所示。

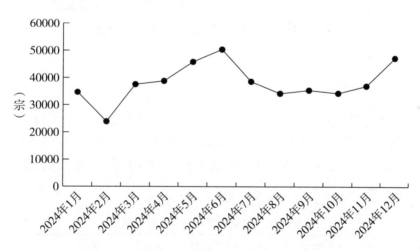

图 1　2024 年全国工程建设招投标交易量变化趋势

截至 2024 年 11 月底，全国各省区市 2024 年工程建设招投标交易量如图 2 所示。其中，河北省工程建设招投标交易量位居全国首位，为 19518 宗；其次是广东省与江苏省；海南省工程建设招投标交易量最低。自 2022 年起，新疆交易量持续增加，从 2022 年不足 10000 宗，到 2023 年共 11894 宗，2024 年共 12491 宗，增速明显。

---

① 数据来源：2024 年 12 月全国公共资源交易平台。

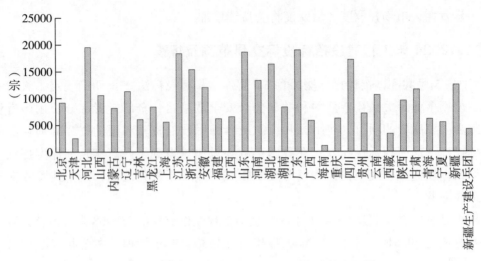

图2　2024年全国各省区市工程建设招投标交易量

根据《中华人民共和国招标投标法实施条例》（以下简称《招标投标法实施条例》），工程建设包括工程建设项目本身以及与工程建设项目相关的货物、服务等。其中，服务包括完成工程建设项目所需的勘察、设计、监理等各种服务。住房城乡建设部统计公报数据显示，我国2023年建设工程监理、工程造价咨询、工程勘察设计企业业务情况如下。

（一）建设工程监理企业

2023年，全国共有19717个具有建设工程监理资质的企业参加了统计，同比增长21.2%。其中，综合资质企业349个，同比增长19.1%；甲级资质企业5833个，同比增长13.3%；乙级资质企业12623个，同比增长30.6%。全国建设工程监理企业地区分布情况如表1所示。

表1　　　　　　　　　全国建设工程监理企业按地区分布情况　　　　　　　单位：个

地区名称	北京	天津	河北	山西	内蒙古	辽宁	吉林	黑龙江
企业数量	430	160	662	340	154	354	292	278
地区名称	上海	江苏	浙江	安徽	福建	江西	山东	河南
企业数量	283	1568	1901	1685	1777	616	1088	624
地区名称	湖北	湖南	广东	广西	海南	重庆	四川	贵州
企业数量	758	454	1355	586	154	518	978	322
地区名称	云南	西藏	陕西	甘肃	青海	宁夏	新疆及兵团	
企业数量	464	92	1018	195	278	165	168	

2023 年，具有建设工程监理资质的企业年末从业人员 210.8 万人，同比增长 9.2%。其中，正式聘用人员 124.8 万人、占比为 59.2%，临时聘用人员 86 万人、占比为 40.8%；工程监理人员 86.3 万人、占比为 40.9%，其他人员 124.5 万、占比为 59.1%。年末共有专业技术人员 123.7 万人，占年末从业人员总数的 58.7%，同比增长 5.0%。其中，高级职称人员 23.9 万人，中级职称人员 50.8 万人，初级职称人员 26.3 万人，其他人员 22.8 万人。年末共有注册执业人员 71.4 万人，同比增长 19.0%。其中，注册监理工程师为 33.9 万人，占比为 47.5%，同比增长 17.7%；其他注册执业人员 37.5 万人，占比为 52.5%，同比增长 20.2%。

2023 年，具有建设工程监理资质的企业承揽监理合同额为 2024.2 亿元，同比减少 1.6%；工程勘察设计、工程招标代理、工程造价咨询、工程项目管理与咨询服务、全过程工程咨询及其他业务合同额为 8198.5 亿元，同比增长 21.0%。具有建设工程监理资质的企业全年监理收入为 1676.4 亿元，与上年基本持平；工程勘察设计、工程招标代理、工程造价咨询、工程项目管理与咨询服务、全过程工程咨询及其他业务收入为 5007.8 亿元，同比增长 19.7%。其中，45 个企业监理收入超过 3 亿元，101 个企业监理收入超过 2 亿元，287 个企业监理收入超过 1 亿元，监理收入超过 1 亿元的企业个数与上年基本持平。

（二）工程造价咨询企业

2023 年，参加统计的工程造价咨询企业共有从业人员 1207491 人，比上年增长 5.5%。其中，工程造价咨询人员 303530 人，比上年减少 2.2%，占全部从业人员的 25.1%。共有注册造价工程师 161939 人，比上年增长 9.7%，占全部从业人员的 13.4%。其中，一级注册造价工程师 124450 人，比上年增长 6.4%，占比为 76.8%；二级注册造价工程师 37489 人，比上年增长 22.4%，占比为 23.2%。共有专业技术人员 733915 人，比上年增长 4.6%，占全部从业人员的 60.8%。其中，高级职称人员 218096 人，比上年增长 15.1%，占比为 29.7%；中级职称人员 329382 人，比上年增长 1.7%，占比为 44.9%；初级职称人员 186437 人，比上年减少 1.0%，占比为 25.4%。新吸纳就业人员 69112 人，比上年增长 0.2%，占全部从业人员的 5.7%。其中，应届高校毕业生 29650 人，比上年减少 8.1%，占比为 42.9%；退役军人 953 人，比上年增长 30.2%，占比为 1.4%；农民工 2555 人，比上年减少 14.9%，占比为 3.7%；脱贫人口 390 人，比上年减少 8.0%，占比为 0.6%；其他 35564 人，比上年增长 9.2%，占比为 51.4%。

2023 年，参加统计的工程造价咨询企业营业收入合计 14450.00 亿元，比上年减少 5.5%。其中，工程造价咨询业务收入 1121.92 亿元，比上年减少 2.0%，占比为 7.8%；招标代理业务收入 275.97 亿元，比上年减少 15.4%，占比为 1.9%；项目管理业务收入 676.93 亿元，比上年增长 8.6%，占比为 4.7%；工程咨询业务收入 258.45 亿元，比上年增长 9.3%，占比为 1.8%；工程监理业务收入 777.26 亿元，比上年减少 9.4%，占比为 5.4%；勘察设计业务收入 2330.18 亿元，比上年减少 1.8%，占比为 16.1%；全过程工程咨询业务收入 230.79 亿元，比上年增长 15.1%，占比为 1.6%；会计审计业务收入 10.04 亿元，比上年增长 19.1%，占比为 0.1%；银行金融业务收入 2760.87 亿元，比上年减少 27.7%，占比为 19.1%；其他类型业务收入 6007.59 亿元，比上年增长 5.2%，占比为 41.5%。

2023 年，参加统计的工程造价咨询企业实现营业利润 2266.68 亿元，应交所得税 131.25 亿元。

（三）工程勘察设计企业

2023 年，全国共有 29352 个具有工程勘察设计资质的企业参加了统计，同比增长 6.3%。其中，具有工程勘察资质的企业 3081 个，占比为 10.5%；具有工程设计资质的企业 26271 个，占比为 89.5%。

2023 年，具有工程勘察设计资质的企业年末从业人员 482.7 万人，同比减少 1.1%。其中，从事勘察的人员 16.4 万人，同比增长 1.0%；从事设计的人员 107.7 万人，同比减少 0.9%。

年末专业技术人员 240.7 万人，同比增长 2.2%。其中，具有高级职称人员 57.6 万人，同比增长 8.0%；具有中级职称人员 87.4 万人，同比增长 3.4%；具有初级职称人员 62.4 万人，同比减少 0.2%；其他人员 33.3 万人，同比减少 5.2%。

2023 年，具有工程勘察设计资质的企业工程勘察新签合同额合计 1455.5 亿元，同比减少 2.3%；工程设计新签合同额合计 7290.5 亿元，同比增长 0.2%；工程总承包新签合同额合计 71380.3 亿元，同比增长 8.5%；其他工程咨询业务新签合同额合计 1412.2 亿元，同比增长 4.3%。具有工程勘察设计资质的企业工程勘察收入 1085.9 亿元，同比增长 0.8%；工程设计收入 5640.5 亿元，同比增长 0.2%；工程总承包收入 45345 亿元，同比增长 0.6%；其他工程咨询业务收入 1070.5 亿元，同比增长 5.5%。

2023 年，具有工程勘察设计资质的企业科技活动费用支出总额为 2952.5 亿元，同比增长 13.8%；企业累计拥有专利 54.2 万项，同比增长 14.4%；企业累计拥有专有技术 9.4 万项，同比增长 9.3%。

三、2024 年工程建设招标投标大事记

3 月 12 日

国务院办公厅转发国家发展改革委、住房城乡建设部《加快推动建筑领域节能降碳工作方案》。其中提出，要发挥政府采购引领作用，支持绿色建材推广应用。纳入政府采购支持绿色建材促进建筑品质提升政策实施范围的政府采购工程，应当采购符合绿色建筑和绿色建材政府采购需求标准的绿色建材。工程项目绿色化发展进一步落实，绿色低碳理念覆盖项目全环节。

3月25日

国家发展改革委等八部门联合发布《招标投标领域公平竞争审查规则》，细化了招标投标领域公平竞争审查的审查标准、审查机制和监督管理等内容。此外，在招标投标法及其实施条例的基础上，聚焦经营主体反映的共性问题，有针对性地提出了7个方面40余项审查标准。该规则进一步完善招标投标公平竞争审查实施机制，规范招标投标政策制定活动，着力从源头上减少排斥、限制公平竞争的规定和做法，进一步规范工程建设市场，提振市场活力。

5月2日

国务院办公厅发布了《关于创新完善体制机制推动招标投标市场规范健康发展的意见》，聚焦发挥招标投标竞争择优作用，改革创新招标投标制度设计，推动形成高效规范、公平竞争、充分开放的招标投标市场。该意见从制度层面保障工程建设招标投标规范有序，标志着中国工程建设市场迈入新发展阶段。

5月8日

《全国人大常委会2024年度立法工作计划》将招标投标法（修改）列入初次审议的法律案。修改内容主要表现为市场环境更加宽松、规则更加透明，制度保障更加完善、定标机制更加完善，责任划分更加明确，支持中小企业发展，监管更加严格。

6月6日

国务院公布《公平竞争审查条例》，并自2024年8月1日起施行。其中规定，起草单位起草的政策措施，不得含有排斥、限制或者变相限制外地经营者参加本地政府采购、招标投标等限制商品、要素自由流动的内容。该条例保障了工程建设市场政策规则的合理性，从制度上促进了市场和谐有序发展。

6月6日

国家发展改革委组织召开全国招标投标工作会。会议指出，招标投标市场是全国统一大市场和高标准市场体系的重要组成部分。创新完善招标投标体制机制是党中央、国务院作出的重要决策部署，对党和国家事业发展全局具有重要作用，有利于促进新质生产力加快发展，有利于更好发挥投资关键作用，有利于优化营商环境，有利于铲除腐败滋生的土壤。

8月16日

国家档案局发布了《招标投标电子文件归档规范》（DA/T 103—2024）行业标准。该标准规定了招标投标交易平台形成电子文件归档的一般方法，涵盖了招标投标电子文件归档范围以及招标投标电子文件的形成、收集、整理、归档、系统功能接口等多方面的指标和要求；明确了招投标不同参与方在电子文件归档中的主要职责，进一步落实招标投标各方主体责任。

9月27日

新修订的《评标专家和评标专家库管理办法》公布。主要修订内容包括：一是严格评标专家库组建条件；二是规范评标专家选聘；三是细化评标专家抽取规定；四是深化评标专家库共享；五是强化评标专家履职管理；六是明确各方法律责任。加强评标专家全周期管理：一是明确管理职责；二是创新管理方式；三是建立轮换机制；四是强化终身追责。

11 月 12 日

住房城乡建设部发布国家标准《房屋建筑与装饰工程工程量计算标准》（GB/T 50854—2024），自 2025 年 9 月 1 日起实施。标准进一步规范了以图纸和规范为基准的编制依据，调整编码与项目设置以利于造价数据归集整理与分析，取消单价措施项推动企业自主报价。

12 月 30 日

住房城乡建设部发布国家标准《建设工程工程量清单计价标准》（GB/T 50500—2024），自 2025 年 9 月 1 日起实施，为建设工程施工发承包及实施阶段的计价活动提供了标准依据。

四、中国工程建设招标投标现状分析

（一）招标投标成为促进新质生产力加快发展的重要政策手段

当前我国招标投标市场正处于从扩大增量向提高质量转变的关键时期，招标投标因其市场化资源配置的公平性和择优性成为我国基本经济制度中的重要内容。同时，在我国社会主义市场经济体制下，招标投标也成为能够发挥重要价值的政策手段。

在支持创新方面，有《工业和信息化部 国家发展改革委 国务院国资委关于支持首台（套）重大技术装备平等参与企业招标投标活动的指导意见》（工信部联重装〔2023〕127 号）等支持科技创新制度；在支撑全国统一大市场方面，有 2024 年 5 月 1 日起实施的《招标投标领域公平竞争审查规则》和《国家发展改革委办公厅关于规范招标投标领域信用评价应用的通知》（发改办财金〔2023〕860 号）等；在促进营商环境优化方面，有 2021 年 2 月 20 日国家发展改革委等十一部门联合发布的《关于建立健全招标投标领域优化营商环境长效机制的通知》，2022 年 9 月 7 日发布的《国务院办公厅关于进一步优化营商环境降低市场主体制度性交易成本的意见》，各地发布实施地方的《优化营商环境条例》等；在促进中小企业和民营经济发展方面，有 2024 年 5 月 2 日发布的《国务院办公厅关于创新完善体制机制推动招标投标市场规范健康发展的意见》（国办发〔2024〕21 号）等。

（二）行业依旧面临廉政压力和违规风险

招标投标是市场配置资源的重要方式。经营主体通过招标投标进行供需对接、竞争择优，有利于实现各类要素优化配置。然而在实践中，个别招标代理机构为了搞好与招标单位的关系，对招标单位唯命是从，甚至对提前指定投标单位等明显违法的要求也予以满足；个别质量不高的招标代理机构为谋取不正当利益，不惜违法违规为围标串标创造条件，留下了滋生腐败的空间。部分专家在评估、评审和审核工作中，违规操作或滥用权力，形成"熟人评标"小圈子。2024年国家发展改革委公布了新修订的《评标专家和评标专家库管理办法》，对标党中央、国务院关于加强评标专家全周期管理、规范专家参与公共决策等有关部署要求，力求通过完善评标专家入库审核、教育培训、履职考核、动态调整等全周期管理机制，加强和规范评标专家和评标专家库管理，提高评标专家队伍整体素质，从评标专家这个"小切口"切入，由点及面推动招标投标市场规范健康发展。

（三）不断完善的招标投标制度与实践的快速发展仍不适配

一是统筹能力低，分散的招投标立法与推动形成全国统一大市场的要求不适应。《招标投标法》颁布后，各部门、各地区针对立法内容制定了大量的配套规定。由于行业间天然的壁垒与必要衔接机制的缺乏，这些规定在一定程度上导致了规则不统一的问题，为行业保护、地区封锁提供了方便，阻碍了招投标统一大市场的形成，影响了资源配置效率。

二是规则的针对性和有效性与快速发展的招投标实践不适应。随着招投标实践的快速发展，新问题、新情况层出不穷，特别是受立法效力层次的限制，配套规则在打击围串标、虚假招标等行为方面力度不够，包括缺乏明确具体的认定标准以及必要的法律责任制约。

三是行政监督管理体制与及时有效查处招投标违法行为的客观要求不适应。一方面，招投标违法手段不断翻新，违法行为越来越隐蔽，给调查和处理招投标违法行为造成了极大困难。另一方面，由于缺乏必要的监管手段，行政监督部门在查处违法违规行为方面显得力不从心。

2024年5月8日《全国人大常委会2024年度立法工作计划》也正式公布，其中载明招标投标法的修改也将在今年进行初次审议，本次修订将原本的6章68条修改扩增为8章87条。一方面强调反腐属性和采购属性的新平衡，将进一步发挥招投标作为政策手段的重要作用；另一方面着力探寻效率与结果的平衡，在降低交易成本优化营商环境的同时，注重实际的招标效能，实现效率与结果的双导向。

（四）流程规范化不足与资源效率矛盾

当前，招标流程已形成从公告发布、资格审查到评标定标的标准化框架，全国超90%省级行政区建成电子招投标平台，部分省市试点"远程异地评标""区块链存证"等数字化工具，推动全流程透明化。然而，实践中仍存在以下突出问题。

一是资格审查流于形式与评标自由裁量权失控。部分项目资格审查环节存在"重材料、轻实质"倾向，对投标企业实际履约能力缺乏动态跟踪。对评标环节的专家自由裁量权缺乏有效约束，技术标评分占比过高（如有的达到 60%~70%），且评分细则模糊，造成专家主观偏好影响结果公正性。

二是技术参数设置倾向性与重复招标浪费资源。招标文件技术参数设定常隐含倾向性条款，变相排除潜在竞争者。例如，某市污水处理厂改造项目要求设备必须适配"某品牌专利控制系统"，直接造成符合技术标准的其他供应商丧失资格。此外，部分地方政府为规避风险采取"过度招标"策略，如某新区将总投资 1.2 亿元的道路工程拆分为 12 个标段独立招标，造成管理成本增加 20%、工期延长 4 个月。

三是绿色转型要求与现行流程适配性不足。《中共中央 国务院关于加快经济社会发展全面绿色转型的意见》明确提出将绿色低碳指标纳入工程招标体系，但现行评标标准仍以价格、工期等传统指标为主。2024 年某光伏电站招标中，尽管两家投标企业技术方案相近，但因评标规则未明确碳排放核算权重，最终采用低价策略的煤电配套方案中标，与项目减碳目标背道而驰。

五、中国工程建设招标投标发展趋势

（一）系统治理合规监管力度将不断加大

从 2020 年开始，招标采购严重违法失信处罚力度不断加大，其中处罚数量最多的是投标供应商，其次是评标评审专家，再次是法人代表，最后是招采代理机构。

2024 年 1 月 8 日，习近平总书记在中国共产党第二十届中央纪律检查委员会第三次全体会议上发表重要讲话，科学判断当前反腐败斗争形势依然严峻复杂，对反腐败斗争面临的新情况新动向作出深刻分析，对持续发力、纵深推进反腐败斗争作出战略部署。工程建设招投标环节多、链条长，在标前、标中、标后各个阶段存在多个廉洁风险点，基建工程和招投标等领域腐败问题是深化整治的重要对象。治理招投标乱象的关键在于强化招标人责任，推动招投标市场健康发展，针对招标人必须依法公开招标的工程建设项目化整为零或先建后招，在评标打分或"评定分离"中搞厚此薄彼等问题，各地推动建立统一的招标人主体责任清单，严查规避招标违规违法行为，建立全省统一的信用评价标准，严肃查处招标人违纪违法案件，提升监管的及时性、精准性、有效性。依靠数字技术大力推进数据监管、主动监管、精准监管，构建智慧监管的新格局将成为未来的工程招标投标的重要趋势，全主体全流程全链条强监管严监管将是行业治理新常态。

（二）数字服务为行业生态创新注入新活力

随着人工智能、大数据和区块链等新兴技术的不断发展，数字化技术将进一步改变招投标行业的运作方式。网络招投标平台的兴起为招投标市场的参与者提供了便捷的交易渠道和信息交流平台，基于招标采购大数据开展供应商建设、标书制作工具、需求预测等数据应用服务的招标采购数据服务提供商逐渐成为市场不可或缺的一环。

随着垂直领域大模型技术的完善，基于大模型的招标文件信息提取、解读以及分析将极大地方便了市场主体进行招标投标活动。招投标行业将进一步实现智能化、个性化服务，提升行业整体水平，为行业注入新的活力，数字服务在高质量招采数据的发展下将带来差异化和个性化服务的新蓝海。

（三）招标投标数据将发挥要素资源价值

中国工程建设招标投标交易量与交易规模庞大，涉及主体多，在招标投标过程中会沉淀海量的数据信息，经过多年的电子化实践，其数据要素资源的价值正在被进一步释放，形成区域内的数据资产。一方面，各类市场主体行为数据的应用将会带来围串标分析的新场景，因此综合市场主体的信用数据与行为数据，能够有针对性地开展精确监管；通过风险指数分析，及时开展监管预警等。另一方面，工程建设项目能够反映区域内基础设施建设水平，因此利用大数据模型，能够为政府部门提供优化资源配置的重要指标。例如，一个区域内的公共基础设施建设项目数据包括各类电力网络建设、水利工程建设数据等，结合智慧城市的运行数据，将公共基础设施服务数据化，构成基本公共资源数据资产。通过宏观分析和调配，政府能够实现运行效率上的最优化配置，发挥招标投标数据辅助决策的能力。

（四）绿色化、低碳化理念融入工程建设全周期

2024 年 7 月 31 日印发的《中共中央 国务院关于加快经济社会发展全面绿色转型的意见》明确支持绿色低碳项目投资、建设、运营。推广绿色建造方式，优先选用绿色建材。2024 年，甘肃玉门 10 万千瓦光热电站项目并网发电、新疆哈密百万千瓦"光热+光伏"综合项目并网发电、河北沧州全国最大"渔光互补"项目并网发电。截至目前全国新建绿色建筑面积占比已超过 90%，到 2025 年将全面执行绿色建筑标准。当前，我国以"双碳"战略为引领，统筹推进低碳减排、环境治理与高质量发展，加快构建生态文明建设新范式。通过深化生态治理体系改革，完善绿色发展制度框架，推动经济社会系统性重构，培育资源集约型发展新形态。

各地重点工程聚焦全周期可持续发展理念，系统整合质量安全、生态效益与建设效能。依托科技创新与精细化管理，探索资源循环利用、智能减排增效的新型营建模式，着力构建具有示范价值的生态工程体系，为高质量发展注入绿色动能。

（五）"一带一路"推动工程建设国际化布局

随着固定资产投资减少，国内建筑市场压力增加，各工程企业将目光投向海外。商务部统计，2024 年我国对外承包工程业务完成营业额 11819.9 亿元人民币，同比增长 4.2%（以美元计为 1659.7 亿美元，同比增长 3.1%）；新签合同额 19036.3 亿元人民币，同比增长 2.1%（以美元计为 2673 亿美元，同比增长 1.1%），自 2021 年起保持

小幅稳定增长。

中国企业特别是央企已由"产品国际化""资本国际化"进入"能力国际化"的阶段。根据各央企披露的境外新签合同信息，项目所在地区除非洲以及东南亚地区这些较为传统的海外项目承包地区外，中东地区项目机会比例明显增加，"一带一路"红利释放明显。以中国化学工程集团有限公司披露的2024年上半年境外新签合同信息为例（如表2所示），签订项目均围绕"一带一路"沿线国家和地区开展，可以预见"一带一路"是未来建筑央企重点布局的领域，推动项目一体化、人员属地化发展是未来建筑央企长期布局的方向。

表2　　　　　　　　　　中国化学2024年上半年境外合同披露情况

序号	项目名称	项目地区
1	阿联酋阿布扎比国家石油公司（ADNOC）SWING项目阿萨布库房EPC工作包	阿联酋
2	沙特矿业公司磷酸盐三期第一阶段拉斯海尔施工总承包合同	沙特阿拉伯
3	孟加拉国PET&PSF项目EPC总承包合同	孟加拉国
4	哈萨克斯坦莎凡特10万吨/年氯化钙、8万吨/年烧碱设计采购合同	哈萨克斯坦
5	埃及60万吨/年纯碱及衍生品项目合同	埃及
6	俄罗斯巴什基尔6万吨/年糊树脂项目合同	俄罗斯
7	巴基斯坦索菲亚20万吨/年纯碱设备供货项目合同	巴基斯坦
8	阿根廷胡胡伊省氯碱项目合同	阿根廷
9	伊拉克AL-Shemal 2×350MW热电厂项目总承包合同	伊拉克
10	哈萨克苏扎克磷酸盐公司磷矿开采浮选EPC项目总承包合同	哈萨克斯坦
11	印度尼西亚CAA-1年产42万吨烧碱/50万吨二氯乙烷（EDC）项目	印度尼西亚
12	吉尔吉斯斯坦12万吨/年硝铵项目	吉尔吉斯斯坦
13	万华匈牙利博苏化学40万吨/年VCM项目总承包合同	匈牙利
14	印尼SILO镍矿湿法冶金项目设计、采购和施工工程总承包合同	印度尼西亚
15	赞比亚年产30万吨合成氨、52万吨尿素项目EPC+OM合同	赞比亚
16	中策印尼全钢子午线轮胎项目	印度尼西亚
17	摩洛哥生产轮胎专用设备出口合同	摩洛哥
18	南非5万吨/年磷酸铁锂的基础工程设计综合服务及EPC框架合同	南非
19	土耳其Mesan PDH-PP项目合同	土耳其
20	越南30万吨丙烷脱氢制聚丙烯（PDH/PP）项目EPCC总承包合同	越南
21	哈萨克斯坦KazAzot公司氮肥综合体项目EPC总承包合作协议	哈萨克斯坦
22	埃及NCIC三期化肥项目合同	埃及
23	印尼瑞浦兰钧有限公司新能源项目土建施工合同	印度尼西亚
24	马来西亚超级芦竹年产50万吨颗粒厂和年产5万吨绿色甲醇厂及30兆瓦生物质自备电站设计、采购和施工合同	马来西亚

序号	项目名称	项目地区
25	联合太阳能多晶硅（FZC）有限公司阿曼多品硅年产 10 万吨高纯硅基材料项目标段 A、标段 D 施工总承包合同	阿曼
26	阿曼联合太阳能多晶硅项目主装置、非标制作及零星补充合同	阿曼
27	阿联酋沙迦阿莱夫西拉房建项目合同	阿联酋
28	俄罗斯波罗的海化工综合体项目合同补充协议 3.2	俄罗斯
29	达玛克水晶湖别墅项目合同	阿联酋
30	沙特利雅思天然气凝液分馏装置 1 包 Train1 & Train2 的土建施工分包合同	沙特阿拉伯
31	阿米拉项目 1 包土建、建筑、钢构、设备和管道安装工程分包合同	阿米拉
32	沙特阿美 Amiral 1 包混合裂解及废气处理项目合同	沙特阿拉伯
33	泰国蜂鸟国际产业园项目 EPC 工程总承包合同	泰国
34	津巴布韦合成氨项目合作协议	津巴布韦
35	蒙古拉桑特国家燃料储备储罐区项目 EPC 合同	蒙古

（国泰新点软件股份有限公司：潘正飞、蔡勃）

2024 年军事采购发展报告

2024 年是实现建军一百年奋斗目标的关键攻坚之年，我国军事采购工作在党中央、中央军委的领导下和习近平强军思想的科学引领下，以国家安全需求为牵引，系统推进法规体系完善、管理模式革新和战略能力提升，为国防现代化建设提供了坚实的制度保障和资源支撑。

一、加快军事采购法治化建设

党的二十届三中全会审议通过的《中共中央关于进一步全面深化改革 推进中国式现代化的决定》，对新时代新征程推动全面深化国防和军队改革向广度和深度进军作出总动员、总部署。武器装备现代化管理体系建设是国防和军队现代化的重要组成部分。该决定围绕健全一体化国家战略体系和能力建设工作机制，提出深化国防科技工业体制改革、优化国防科技工业布局、改进武器装备采购制度、建立军品设计回报机制、构建武器装备现代化管理体系。应加强组织领导，健全依法治军工作机制，搞好依法治军顶层设计和战略筹划，为推动依法治军战略贯彻落实指明了前进方向[1]。2024 年围绕"规范、创新、融合"三大主线，按照"改进武器装备采购制度"的总体部署要求，先后颁布实施《军队审计条例》《军队装备竞争性采购规定》《军队装备保障条例》《军队采购文件标准文本（2.0 版）通用文件》等，构建起覆盖采购全流程、装备全寿命、监管全维度的制度体系。特别是在中央军委新修订《军事立法工作条例》的框架指导下，军事采购法治化进程显著加速，既强化了采购活动的标准化、透明化运作，又通过竞争失利补偿等创新机制激发了市场活力。

（一）发布《军队装备竞争性采购规定》，全面规范装备竞争性采购行为

2024 年 12 月 9 日，中央军委装备发展部公布了《军队装备竞争性采购规定（公开版）》，对军队装备竞争性采购的基本程序、方式和策略等做出规定，面向社会公众和广大供应商公开法规制度[2]。

根据公开版的内容，该规定适用于解放军和武警部队实施的采用招标、竞争性谈

---

[1] 刘杨钺，王涛，卢潇. 必须全力以赴扛起的时代重任：怎么看打好实现建军一百年奋斗目标攻坚战［N］. 解放军报，2024-10-30.

[2] 参见《军队装备竞争性采购规定（公开版）》，全军武器装备采购信息网。

判、询价、指南遴选等采购方式确定供应商的装备采购活动。装备竞争性采购应当聚焦备战打仗和战斗力生成，坚持公开公平公正、廉洁诚信、效益优先，鼓励和引导全社会优势力量参与装备建设。

军队装备采购严格限制单一来源采购的适用情形，不得限制和规避竞争，不得妨碍公平竞争。装备分系统、配套产品、分包试验具备竞争条件的，军队装备采购单位应当在采购文件、合同中要求供应商开展分系统、配套产品、分包试验竞争。成交供应商控股、管理的其他供应商拟参加其装备分系统、配套产品、分包试验竞争性采购的，军队装备采购单位应当直接组织或者要求供应商的上级单位组织。

考虑到军队装备采购的特殊属性，军队装备采购单位应当要求参与装备竞争性采购的单位、个人签订保密协议，明确保密责任和义务。装备采购项目相关人员、采购服务机构相关人员、评审专家均要求实行回避制度。军队装备竞争性采购管理单位应当建立完善装备竞争性采购内控机制，实行集体决策、分权共管、公开留痕；严格履行行业部门廉政主管责任；主动接受纪检监察、巡视巡察、审计等部门和群众的监督。军队装备竞争性采购实行联合监管，重点对竞争性采购方式确定和调整、关键指标和准入条件设置、价格上限测算、评审专家抽取等环节进行监管。

军队装备采购单位应当优先利用数据电文形式和电子信息网络开展装备竞争性采购，实现采购工作在线留痕和全程可追溯、采购信息资源共享共用、总体态势智能监测分析。技术成熟度高的军选民用装备、维修保障器材等市场供应充足的装备，军队装备采购单位可以在网上实施装备竞争性采购。

供应商参加军队装备竞争性采购活动，需要具备独立承担民事责任的能力、履行合同所必需的设备和专业技术能力，以及法规制度规定的供应商其他资格条件要求。军队装备采购单位可以根据装备采购项目的特殊要求规定供应商的特定条件，但是不得设置不合理的条件对供应商实行差别待遇。被宣告破产的、尚欠缴应纳税款或者社会保险费的、参加装备竞争性采购前3年内在经营活动中存在重大违法记录的、被依法限制或者禁止参加军队装备采购活动的、有证据证明供应商在参加装备竞争性采购前3年内发生过装备采购合同违约行为，对拟采购装备项目合同履约可能产生重大影响的，不得参加。采购军队专用装备时，应当从装备承制单位名录中选择供应商，采购文件应当明确供应商注册装备承制范围、承制性质、证书有效期等满足采购任务要求。采购军选民用装备时，采购文件中不得强制要求供应商具备装备承制单位资格、保密资格等资质条件方可参与竞争。

装备竞争性采购采用招标、竞争性谈判、询价、指南遴选以及军委装备发展部认可的其他装备竞争性采购方式。潜在供应商不足3家的不得采用招标方式；招标实施后响应供应商或者符合条件供应商只有2家的，招标文件没有不合理条款，并且采购程序符合规定的，可以继续开展招标活动。装备主要功能、性能、进度、价格等采购需求确定，有2家以上潜在供应商，符合相关情形的，应当采用竞争性谈判方式。发布项目指南的装备预先研究项目，有 2 家以上潜在供应商的，可以采用指南遴选方式，按照发布指南遴选文件、接收响应文件、1 轮或多轮评审、确定成交供应商的步骤实施。

装备竞争性采购实行竞争失利补偿制度，鼓励和扶持竞争失利方继续参与后续竞争，维护稳定竞争格局。补偿情况在竞争性采购结果公示时发布。

根据项目特性以及指标、进度、价格、批量、售后服务和使用保障等因素，装备竞争性采购评审通常采用综合评分法、最低评审价法、最优技术法。装备竞争性采购项目应当择优选取 1 个成交供应商，具备相关条件的可以确定 2 个或者 3 个成交供应商。确定多个成交供应商的，应当根据评审结果排序分配任务或者经费份额。竞争性采购结果确定后，军队装备采购单位应当及时在全军武器装备采购信息网进行公示。

装备竞争性采购实行询问、质疑和投诉处理制度。不得单独因非实质需求、非关键重要指标、非准入事项等因素终止装备竞争性采购。资格性、符合性审查或者项目评审过程中，供应商缺少盖章、签字、证明材料的，在确保公平公正公开、不影响采购评审活动的条件下，可以限定纠正期限；供应商按期纠正的，不得限制其参加装备竞争性采购。

军队装备采购单位应当采用书面形式，依据采购文件、响应文件（样品、样机）明确的技术状态等确定的事项，按照规定程序与成交供应商订立装备采购合同。按照有关规定妥善保存装备竞争性采购项目的采购资料，做到装备竞争性采购活动可追溯、可还原、可倒查，不得伪造、变造、隐匿或者擅自销毁。采购资料自归档之日起至少保存 15 年。

（二）修订《军队审计条例》，规范军事采购审计活动

中国军队历来高度重视对军事经济活动的审计监督。中央军委主席习近平深刻指出，审计是党和国家监督体系的重要组成部分，是推进国家治理体系和治理能力现代化的重要力量。[①] 中央军委主席习近平签署命令，发布新修订的《军队审计条例》，自 2024 年 7 月 1 日起施行，其中对军事采购活动审计作出明确规定。

新修订的《军队审计条例》，是贯彻落实习主席有关重要决策指示的实际行动，适应练兵备战、军事治理、从严治军等方面新的形势要求，是持续加强审计监督的一项重要举措，对于提高军费管理使用效益，进一步规范财经秩序，保障国防和军队建设高质量发展，具有重要意义。

主要亮点集中在 8 个方面：一是突出政治属性，明确审计工作"增强政治属性和政治功能"，突出强调提高政治判断力、政治领悟力和政治执行力，把各项政治要求贯穿到审计监督全过程。二是坚持为战导向，坚持以战领审、向战而审，强调将武器装

---

① 参见《一图读懂〈军队审计条例〉》，中国军网。

备建设效益、军事设施保障效能以及军事行动后勤和装备保障情况等作为审计监督重点，从经济视角检验评价战斗力建设的质量标准和投入绩效。三是推动全面覆盖，细化涉及军队经费、资产、资源等各方面审计事项，将其真实、合法、效益全部纳入监督范围，拓展信息系统审计、国有资源审计等职责，推动审计监督覆盖军事经济活动全过程、各领域。四是科学评价问责，根据领导干部与审计查出问题的关联程度，将经济责任由直接责任、主要领导责任和重要领导责任3类，调整为直接责任、领导责任2类，更加符合客观实际；建立抄告问责制度，明确审计机构可以将领导干部有关失职失责问题，抄告具有管辖权的党组织或者纪检监察机关，更好服务领导干部监督管理。五是加强整改治理，明确单位党委和主要领导、军级以上单位等的整改责任，将审计查出问题整改情况纳入通报和处理范围，要求有关部门把审计结果及问题整改情况作为加强和改进财经管理、人员考核评价等工作的重要参考依据，促进标本兼治。六是强化监督贯通，明确贯通协同制度，对健全完善审计与纪检监察、巡视巡察、司法、组织、人力资源等部门的协作机制提出明确要求；完善军地联审协作方式和范围，构建体系监督格局。七是畅通异议处置，明确审计对象对审计组审计报告有关内容提出异议的，审计机构需组织研究后才能形成审计机构审计报告；审计机构对移送线索处理结果有异议的，可以提请线索受理单位或者其上级研究处理，进一步提升监督质效。八是严格自身建设，聚焦军队审计长远发展，坚持刀口向内，调整完善审计纪律负面清单，明确对军委审计署的审计监督，由军委授权有关单位组织实施；对军委审计署直属、派驻审计机构的审计监督，由军委审计署组织实施，立起更高更严的标准。

（三）发布《军队装备保障条例》，规范军队装备保障工作机制

中央军委主席习近平签署命令，发布《军队装备保障条例》，自2024年12月1日起施行。《军队装备保障条例》以习近平新时代中国特色社会主义思想为指导，深入贯彻习近平强军思想，深入贯彻新时代军事战略方针，着眼有效履行新时代人民军队使命任务，全面聚焦备战打仗，深刻把握装备保障工作的特点规律，科学规范新形势下装备保障工作的基本要求和制度安排，是军队装备保障工作的主要依据。按照军委管总、战区主战、军种主建的总原则，规范了新体制新编制下军队装备保障工作机制，明确了各级装备保障部门的职能界面，优化了装备保障"供、管、修"机制流程，强化了装备保障工作的刚性约束，着力推动军队装备保障工作创新发展。[①]

（四）发布《军队采购文件标准文本（2.0版）通用文件》，推动采购规范化建设

2024年1月4日，军队采购网（互联网端）发布《军队采购文件标准文本（2.0

[①] 中央军委主席习近平签署命令 发布《军队装备保障条例》[N].人民日报，2024-11-10.

版）通用文件》。该标准文本涵盖线上版和线下版的物资和服务两类项目，共包括 20 个不同类型的采购文件，涵盖公开招标、邀请招标、竞争性谈判、询价和单一来源采购五种方式的标准文件，以进一步规范军队采购管理工作。

军队采购文件体系包括采购公告、技术要求、投标人须知、合同样本、附件格式五大模块，覆盖招标启动、供应商资格审查、评标规则、履约验收全链条。在技术管理方面予以强化：一是盲评机制，物资类采购要求样品评审采用"去标识化"盲评，采购机构统一编号后由评审委员会独立评估，消除主观倾向；二是验收追责，明确产品出厂验收不合格时采购单位可拒收并解除合同，供应商仅有一次整改机会，且整改失败需承担全部损失；三是编目编码规范，服务类采购要求供应商配合完成物资编目数据填报及打码贴签，将编码规范纳入验收标准，未达标者禁止入库。

相比 2016 年版标准文本，2.0 版主要变化体现在：一是体系重构，将文件类型从 4 种扩充至 10 种（物资/服务类各 5 种），并首次制定单一来源采购专用模板；二是内容精细化，资质门槛明确供应商需满足成立三年以上、非外资独资/控股企业等条件，关联企业禁止参与同一标的竞争；三是评审标准化，采用综合评分法量化商务技术指标，新增资格性审查表、符合性审查表等标准化评审工具；四是透明度提升，通过统一招标文件模板、强制公开采购需求、限制排他性条款，消除"量身定制"等违规操作空间。

该文本的发布标志着我国军事采购进入全要素、全维度标准化时代，其"规范—创新—融合"三位一体的设计理念，既契合国防领域治理能力现代化的要求，也为构建现代军事物流体系和新型供应链安全格局奠定了基础。

二、开展风险防控专项清理整治

为堵塞管理漏洞，防范法律风险，2024 年军队采购领域聚焦突出问题靶向施治，多方位开展风险防控专项清理整治行动。通过刚性约束自行采购平台操作边界、深度核查合同履约及资金流向隐患、高压打击虚假代办网络诈骗行为，及时发现并解决潜在风险，着力破除利益勾连灰色地带，筑牢廉洁采购"防火墙"，为维护军队采购市场公平秩序提供有力保障。

（一）出台军队自行采购平台监管措施及审核规则

军队自行采购平台用于保障限额以下采购，为部队提供"一站式"采购服务保障。2024 年年底，为进一步完善军队自行采购平台商品和价格监督管理体系，严格商品上架审查，提升商品信息质量，确保商品价格合理，出台了《军队自行采购平台商品及价格监管措施》，并附有商品上架审核规则，进一步强化平台监管，明确平台运营规范，筑牢商品价格与质量防线。①

---

① 参见《军采自行采购连发通知，三个方面明确平台运营规范》，融合择优微信公众号。

《军队自行采购平台商品及价格监管措施（试行1.0.1）》分7章共34条，首先明确了监督管理目标。一是提升监管能力。聚焦商品信息不全、参考价格失准、供应商报价波动较大等问题，采取有效措施，加强上架审核、供应商报价、商品交易等全链路监管，有效提升平台商品及价格管理能力。二是把握工作原则。商品及价格监管工作应当遵循"依法依规、廉洁高效、公开透明、权责一致"的原则，稳步实施科学监管手段，建立健全商品监管体系，确保平台销售商品合规可靠、质优价廉。三是厘清工作界面。具体明确了采购服务中心平台数据室与运行服务团队各自的工作职责。还针对完善商品管理标准、提高上架审核要求、规范上架审核流程、加强商品价格管控、加大商品巡查力度、优化监管内控机制方面制定了详细的落地措施，如供应商应当在平台销售品牌方授权的全新原装正品，电商、销售商应当在平台销售自营商品，生产商应当在平台销售自产商品等。

（二）开展未支付合同、往来款项及违规问题清查

2024年2月至6月，相继组织到期未支付款项合同专项清查，参与部队采购活动的供应商如涉及未按采购合同约定履行验收交付、支付货款等情况，可在规定的日期内向相应的采购管理部门反映问题。[1][2] 到期未支付款项合同是在采购活动中，合同期限已满但尚未按照约定支付款项的合同。清查到期未支付款项合同旨在核实合同执行情况，确保款项支付的及时性和准确性，发现并解决拖欠供应商款项等问题，加强采购合同履约监管，维护供应商正常的生产经营秩序，增强供应商参与军队采购活动的信心和积极性。

2024年4月至8月，开展履约保证金、投标保证金等往来款项清理[3]；6月至9月，组织清退投标保证金[4]。对履约保证金、投标保证金等款项的收取、使用和退还进行专项清理核查，可以及时发现和纠正军队采购过程中款项违规收取、超标准收取、逾期未退等问题，减轻供应商的资金负担，提高供应商资金使用效率，促进供应商的健康发展。

2024年8月至12月，组织网上采购违规问题专项核查整治，凡在其所属单位开展的网上采购活动中，有涉及采购单位出现产品定制、价格虚高、倾向指定、化整为零、空单套现等情况的，均可向军队有关部门反映问题、提供线索[5]。违规问题的存在可能导致军队采购活动面临法律风险，如合同纠纷、诉讼赔偿等。通过专项清理核查，及时发现并纠正违规行为，可以有效规避法律风险，保障军队采购活动的合法性和合规性。

---

[1] 参见《陆军开展到期未支付款项合同专项清查公告》，军队采购网。
[2] 参见《空军到期未支付款项合同专项清查活动公告》，军队采购网。
[3] 参见《关于开展履约保证金、投标保证金等往来款项清理公告》，军队采购网。
[4] 参见《关于清退原〇五单位五五七部投标保证金的公告》，军队采购网。
[5] 参见《网络空间部队网上采购违规问题专项核查整治公告》，军队采购网。

以上这些举措都有利于整肃军队采购秩序，保障供应商合法权益，营造公平竞争、诚实守信的采购环境，提高采购活动的规范性和透明度，吸引更多优质的供应商参与军队采购活动，为军队采购提供更广泛的选择空间。

（三）严厉打击军队采购虚假代办网络诈骗等行为

近年来，在军队采购领域，供应商注册虚假认证、虚假代办、伪造证书等行为屡有发生，严重扰乱正常秩序，损害军队利益与形象。为维护军队采购活动的严肃性、公正性与安全性，军队秉持零容忍态度，严格监管和严厉打击各类军队采购虚假代办网络诈骗行为，以确保军队采购工作在法治轨道上健康有序运行。常见骗局如下：一是虚假宣称有"内部渠道"，通过提供所谓供应商入驻业务收取费用；二是虚假宣称可以提供合法性店铺平台，吸引线下无资质个体临时走单，逃避监管并从中抽成；三是虚假宣称可以与知名品牌长期合作，为无资质商家提供挂靠服务，共同获取军队中标资格；四是虚假宣称可以代替拟制投标文件，盲投中标经验丰富，无法被监管发现[①]。此外，任何以军队采购系统、政府采购军队采购信息服务网、认证中心等名义发布的军队供应商入库企业牌匾或认证证书，均属虚假、违法行为。对于上述案例以及其他扰乱市场、损坏军队声誉的不法行为，任何单位和个人可通过投诉举报专线反馈，军队将予以严格查处和严厉打击。

目前，军队采购网供应商注册登记流程简单且全程免费。供应商可通过门户网站下载"军队采购"App并在线提交资料完成注册，参与军队采购活动。军队自行采购平台网上超市专区主要采取公开征集方式遴选，具体征集事宜可关注军队采购网"采购信息"栏目公告，平台不收取任何费用。军队自行采购平台对所有上架商品有正规的准入标准和审核流程，对平台内采购交易进行全程留痕监管，平台曝光台对供应商诚信和处罚情况进行公示。此外，部队单位下单采购需要比价评估，供应商过单抽成会导致商品价格抬高失去市场竞争。根据军队供应商管理规定，供应商围标串标和挂靠其他企业的，应给予相应处罚。采购组织过程中会对供应商资格情况进行严格审查，并对参与军队采购活动进行全程记录。对于供应商违反有关法律法规的，予以书面警告或禁止参加军队采购活动，并在军队采购网进行公示。军队采购网建立电子招投标监管系统，对军队采购实施事前事中事后深度监管。代写标书不仅容易导致报价、方案等投标关键信息泄露给竞争对手，还会留下各种投标行为轨迹、雷同内容，在采购评审中会被一票否决，甚至被列入军队采购失信名单。

三、打造采购服务保障新名片

军队采购工作的目的是把钱花好、把事办好，为战斗力生成、部队建设发展提供

---

① 参见《关于打击网络诈骗虚假代办的声明》，军队采购网。

物质基础和技术支撑。2024年，军队采购服务保障迎来新突破，依法规范流程提高资源统筹精度，智慧网络监管激活科技创新势能，系统培塑人才队伍夯实专业化支撑底座，开放交流畅通供需沟通渠道，以采购现代化赋能战斗力生成，为保障打赢注入强劲动能，打造军队采购服务保障新名片。

（一）加强制度规范与智慧监管，"采"出保障打赢贡献率

坚持制度规范。某部队副食品采购从采购源头入手，从下单到验收，每个环节都要严格规范，在确保长期维持合理优价的同时保证质量。价格上，参照市场价格，挤掉虚高"泡沫"；质量上，精细提报需求，精准形成订单；验收时，严格验收标准，全程可视监督。既保证了副食品质量，又形成了好风气，阳光采购惠及官兵餐桌，部队伙食保障迈上规范化、法治化轨道[①]。

坚持为战服务。部队某医院牢固确立"为战而采"理念，把采购工作作为重点工作纳入党委重要议事日程，把采购敏感事项、关键环节纳入党委管采范畴，明确党委管采的内容、责任和目标要求，逐项审议自行采购管理办法，扭转单纯采购业务观念。全面完成采购机构标准化规范化建设，合理布局实现供应商与评审专家分区域管理，高效完成防疫物资及药材物资应急采购任务；承担起区域内低值医用耗材带量集采任务，并探索性将军队采购结果上架驻地药材采购平台；督促采购管理科利用好评审预备会、评审交底会两项政策，让需求部门参与进来，加强对采购全过程监督，提升采购的贡献率。

探索智慧监管。构建采购风险管控平台，部队采购人员只需打开计算机登录平台，就能综合分析采购管理部门上传的招标文件数据，生成对采购供应商的核查报告。牢牢树立科技赋能、体系管控、数据融合的工作理念，探索借助大数据等技术手段建立覆盖多层级的风险管控平台，进一步提升采购风险管控的技防水平。管控平台紧扣项目招标各环节，纳入供应商风险、关联关系等评估指标，依托权威数据源进一步提升风险管控的精准度。总控平台主要开展风险核查规则设置、所属平台使用监督等工作；分级管控平台具备供应商重大风险核查、关联关系核查、投标文件比对等功能模块，逐步构建起关口前移、标准统一、数据权威的全层级采购风险管控体系；同时，结合工作需要引入大数据监控平台，建设数字化采购档案资料室，实时掌握部队采购数据，并建立采购档案正规化清单。该平台运行以来，已被运用到部队数百个采购项目的审核工作中，有效提升了采购监管水平[②]。

（二）组织教育培训凝聚合力，建优建强采购人才队伍

为适应军队采购治理现代化转型升级需求，打破专业化人才短缺与能力瓶颈，实

---

① 阳光采购惠及官兵餐桌［N］. 解放军报，2024-01-23.
② 西部战区空军借助科技手段提升采购监管水平［N］. 解放军报，2024-09-13.

现理论教育与实践深度融合，着力培育一支政治过硬、业务精通、知法懂法、作风严实、清正廉洁的采购专业队伍，为全链条规范化管理、全周期风险防控提供智力支撑。

为夯实采购人员理论知识基础，提升岗位任职能力，组织业务培训。通过授课宣贯、交流座谈、政策答疑、集中办公、廉政教育等方式，用理论辅导深化认识；召开区域采购工作联席会议，深入分析区域采购难点和堵点，积极研究对策办法，联动采、管、需三方攻克难题，探索区域购新模式新方法①。以助力军队采购任务落实为主线，以了解掌握新政策新法规的理解运用为重点，编印法规汇编，系统学习采购骨干法规，邀请专家现场辅导，引导树立依法履职、担当尽责的意识，进一步提升岗位任职能力，做学法知法的明白人②。召开采购机构规范化建设现场观摩会，以"现地观摩+研讨交流"等形式，强化业务运行机制，全面提升管采施采能力，发挥行业先进单位"种子效应"，激活队伍建设"一池春水"，不断提升采购体系化建设质效，配套业务基础设施，完善业务运行流程机制，探索军地资源融合共享③。

（三）广泛征求社会意见建议，构建军采良性互动新格局

2024 年，军队采购网"综合动态"栏目累计发布 12 条面向广大用户、专家、供应商以及社会公众的公告或通知，征求包括项目评审参考模板、网上采购模式、系统功能使用等方面的意见建议，提供反馈渠道和热线电话。

为进一步加强军队采购相关政策宣传，提高供应商参加军队采购活动的业务水平，激发市场主体活力，优化营商环境，面向全国范围内拟参加军队采购活动的供应商举办培训交流会，内容包括医疗行业投标供应商投标文件制作规范、常见流废标原因以及应知应会④，供应商管理规定、投标文件制作规范、常见流废标原因、合同签订时限及要求以及应知应会⑤。

通过拓宽意见反馈渠道、建立常态化沟通机制、组织供应商培训交流，军队采购正着力打破信息壁垒，凝聚社会智慧，将供应商、评审专家关切与专业建议转化为采购政策优化、服务效能提升的实践动能，为打造开放包容、信任协同的现代化军队采购生态注入新活力。

四、发布供应商参与军队采购活动指南和质疑投诉问题解答

2024 年，面向全社会发布"供应商参加军队采购活动须知"，介绍军队采购活动程序方法，梳理军队采购质疑投诉常见问题。信息公开不仅有助于供应商更清晰、准确地了解参与军队采购活动的流程与要求，也为维护供应商合法权益、提升争议解决

---

① 参见《贯通链路，联勤采购业务培训来了》，南部联勤尖兵微信公众号。
② 参见《强化业务培训 打造"阳光"采购》，高原联勤兵微信公众号。
③ 参见《会议已召开！事关军队采购招标事项！》，联勤集结号微信公众号。
④ 参见《第一采购服务站关于召开医疗行业供应商培训交流会的公告》，政府采购网。
⑤ 参见《西藏采购服务站关于召开供应商培训交流会的公告》，政府采购网。

机制效能发挥了积极作用。

(一) 供应商违规行为认定

供应商在参加军队采购活动中，经调查存在违规失信行为的，将受到相应处理。常见的违规情形主要有：围标、串标和挂靠其他企业；投标（报价）提供虚假材料；在注册、复核、实地考察和调查中提供变造、伪造或串通他人出具与事实不符的资质材料；用其他供应商名义参与军队采购活动，或者将资格转借其他供应商使用；提供假冒伪劣或者走私产品；中标（成交）后无正当理由拒不签订采购合同的，或者拒不按照投标（报价）文件及承诺签订采购合同；无正当理由未按照约定时限履行合同；未按照约定履行合同，或所提供的产品或服务发生质量问题，给部队造成重大损失；未按照规定程序和方式质疑、投诉；拒绝接受实地考察、调查和监督检查等[①]。

违规处理划分 4 个档次。根据供应商违规事实、性质、危害程度、主观态度等因素，按照规定界定适用情形，主要包括书面警告及禁止性处理，禁止性处理按照 1 年、2 年、3 年、终身禁止参加军队采购活动 4 个档次实施。禁止参加军队采购活动的供应商，其自然人控股股东或法定代表人控股或管理的其他企业不能参加军队采购活动；相关项目代理人禁止代理其他供应商参加军队采购活动；禁止时限与供应商处理期限一致。

(二) 军队采购网注册登记

供应商参加军队各采购服务站和在编采购机构组织实施的采购活动，全面实行"凡采必入"，必须事先通过系统注册登记，获取相应权限资格。

若使用电子营业执照完成军队采购网注册登记，需要先申领电子营业执照，再进行注册。电子营业执照申领流程主要有：进入电子营业执照小程序，供应商通过微信或支付宝搜索"电子营业执照"，打开小程序；实名认证，输入实名信息，包括姓名和身份证号，并同意对实名信息验证授权，若供应商通过微信小程序操作实名认证，填写的实名信息必须与微信支付绑卡用户的实名信息保持一致；选择企业所在登记地，供应商实名认证通过后，选择企业所在的登记地，显示该登记地的所有可下载和已下载的执照记录，在"可下载执照记录"中选择企业名称；下载电子营业执照，供应商在确认信息无误后，勾选"我已阅读并同意执照下载声明"，点击"下载"[②]。

领取电子营业执照后，登录"军队采购网"进行注册。一是注册账号。供应商登录"军队采购网"，在"系统入口"处点击"供应商注册"按钮，阅读《供应商注册条款》。二是身份验证。供应商打开"电子营业执照"微信或支付宝小程序扫描平台二

---

① 参见《供应商参加军队采购活动须知（七）——如何认定供应商违规行为》，现代后勤微信公众号。
② 参见《供应商参加军队采购活动须知（八）——如何使用电子营业执照完成军队采购网注册登记》，现代后勤微信公众号。

维码验证身份。三是授权电子营业执照。供应商扫码后，"电子营业执照"小程序自动跳转执照列表，选择对应的电子营业执照后，小程序则跳转至执照验证页面，供应商输入密码后点击"确认"，小程序跳转信息授权页面，点击"确认登录"。四是完善注册信息。供应商完成授权后，系统同步获取执照信息中的"供应商名称"和"统一社会信用代码"，"登录名"系统自动带入"统一社会信用代码"，完善页面相关信息后，点击"提交"。五是注册审核。供应商注册审核分为以下两种审核模式：系统自动审核，供应商点击"提交"后，系统自动进行审核，通过军采e信、企查查、天眼查等方式进行风险筛查，筛查通过供应商注册成功，筛查不通过，可再次点击"自动审核"按钮，发起二次风险筛查，系统将重新自动审核；人工申诉，注册时，若系统自动审核不通过，则会展示审核不通过原因，如果供应商对自动审核结果有异议，可提交"人工申诉"，待采购服务中心审核完成后，供应商可使用注册时填写的登录名和密码登录系统查看审核结果，审核通过后则通过系统继续完善企业基础信息等内容，审核不通过则根据退回原因补充材料后，继续提交人工申诉通道。

（三）依托"军队采购"App 申领 CA 证书

供应商依托"军队采购"App 申领 CA 证书，安装使用流程如下：一是注册登录。供应商登录"军队采购网"，下载安装"军队采购"App，已在平台注册的供应商，输入企业"统一社会信用代码+注册密码"登录；未在平台注册的供应商，输入手机号码和验证码登录。二是实名认证。登录成功后，在"我的"页面点击"移动 CA"——"实名认证"，分别通过"头像面"和"国徽面"，对经办人身份证拍照读取个人信息。三是证书申请。共有七个步骤：第一步，在"移动 CA"页面点击"证书申请"；第二步，上传营业执照原件扫描件，点击"识别"按钮，系统将自动识别企业信息；第三步，填写企业信息，包括经营状态、经营范围、企业公章；第四步，上传法人身份证原件扫描件；第五步，勾选"企业/单位手机证书"和"法人手机证书"；第六步，下载申请书并按照要求填写盖章后上传；第七步，将申领信息提交至审核机构。四是下载查看。在"移动 CA"页面，点击"证书申请"可以查看审核进度，点击各个状态栏，查看 CA 证书审核结果[①]。

在证书申请过程中，供应商应确保文字和图片信息准确无误，提供的图片信息应清晰、完整，图片背景干净整洁，应为证件的原始照片或彩色扫描件，重点核对所有带"＊"号的信息与相关资质证件内容的一致性。

（四）军队采购质疑投诉常见问题

为维护供应商合法权益，军队采购建立质疑和投诉制度机制，及时答复澄清问题、

---

① 参见《供应商参加军队采购活动须知（九）——如何依托"军队采购 APP"申领 CA 证书》，现代后勤微信公众号。

处理争议事项、化解矛盾纠纷。近年来，供应商维权意识不断提高，质疑投诉不规范的问题也逐渐突出，有滥质疑滥投诉现象发生，这不仅挤占公共资源、降低救济处理效率，而且影响采购项目进程、干扰正常采购秩序。为此，梳理和解答说明一些供应商常见问题、政策盲点和需要注意把握的事项，便于供应商在质疑投诉中依规有序行使权利，共同营造良好采购生态①。

一是质疑投诉的合格主体。军队采购质疑投诉实行实名制。供应商参与质疑项目采购活动后，方具备质疑资格，已依法获取采购文件的，可以对该采购文件提出质疑。以联合体形式参加军队采购活动的，质疑投诉应由组成联合体的所有供应商共同提出。

二是提起质疑的程序。供应商认为采购文件、采购过程、中标（成交）结果使自己的合法权益受到损害的，可以在规定期限内，以书面质疑函的形式向采购文件载明的质疑受理单位提出质疑，并附必要的证明材料。提出质疑的时间以直接提交或者邮件寄出的邮戳日期和电子凭证为准。质疑事项举证责任由质疑供应商承担。质疑函包括供应商名称、通信地址、联系人及联系电话，质疑采购项目的名称、编号，具体质疑事项和请求，事实依据，必要的法律依据和提出质疑的日期等内容。提交后要素缺失的，可在规定时间内一次性补正。质疑函经法定代表人或者法定代表人的授权代表签字并加盖公章后才能生效。授权代表需要提供由法定代表人签署的授权书，载明被授权人的姓名、职务、授权范围和时间期限，并加盖公章。

三是质疑的内容与要求。第一，对采购文件的质疑。对资格预审文件提出质疑的，在提交资格预审申请文件截止时间 2 日前提出；对招标文件提出质疑的，在投标截止时间 10 日前提出；对竞争性谈判和询价文件提出质疑的，在采购文件规定的期限内提出。只有依法获取采购文件的供应商，才能对该采购文件提出质疑。鼓励供应商依规在标前质疑，在开标评审前解决纠纷，把矛盾解决在前端。第二，对采购过程的质疑。对采购过程提出质疑的，在各采购程序环节结束之日起 3 日内提出，但是对开标的质疑需在现场提出。在规定质疑期内，应当一次性提出针对同一采购程序环节的质疑。第三，对采购结果的质疑。对中标（成交）结果提出质疑的，在中标（成交）结果公示期内提出。对采购结果确有质疑的，要有充分的事实根据及法规依据，便于受理单位尽快调查核实。

四是不符合质疑受理条件的情形。主要有：质疑供应商未参与质疑采购项目（潜在供应商对其已依法获取的采购文件的质疑除外）；质疑供应商与质疑事项不存在利害关系；所有质疑事项均超出规定的质疑时限及质疑范围；提交的质疑材料不符合质疑函要求或缺少必要的证明材料；提出质疑的时间超过规定期限；质疑答复后，同一质疑供应商就同一事项再次提出质疑；未按采购文件要求在规定质疑期内一次性提出针对同一采购程序环节的质疑；符合法律法规规定的其他情形。

---

① 参见《军队采购质疑投诉常见问题解答》，现代后勤微信公众号。

五是提起投诉的条件。质疑是投诉的前置程序，未经质疑不能直接投诉。对质疑答复不满意的，可以在质疑答复书明确的时限内，向答复书载明的投诉受理单位提出投诉。投诉事项不能超出质疑事项范围，但可以提出对质疑答复内容的投诉。投诉时，应当书面提交投诉书正本和必要的证明材料，按照被投诉人和与投诉事项有关的供应商数量提供投诉书副本。投诉书由法定代表人或者法定代表人的授权代表签字并加盖公章后生效。法定代表人授权其他人办理采购投诉事宜，需要在正本中签署授权书；授权书需要载明被授权人的姓名、职务、授权范围和时间期限，并加盖公章。不符合投诉受理条件的情形主要有：提起投诉前未依法进行质疑；投诉书内容不符合规定，未按照投诉受理单位明确的期限补正或者补正后仍不符合规定；未在投诉受理期限内提起投诉。

六是投诉处理中的责任承担。投诉受理后，投诉人、被投诉人和相关当事人要在收到投诉受理通知书5个工作日内作出书面说明，如实反映情况，提交相关证据、依据和其他有关材料。应当由投诉人承担举证责任的投诉事项，投诉人未提供相关证据、依据和有关材料的，一般视为投诉事项不成立；被投诉人以及相关当事人，未按照要求作出说明、提交相关证据、依据和有关材料的，视同放弃说明权利，依法承担不利后果。

七是投诉被驳回情形。主要有：投诉事项缺乏事实依据，投诉事项不成立；捏造事实或者提供虚假材料；以非法手段取得证明材料。证据来源的合法性存在明显疑问，投诉人无法证明其取得方式合法的，视为以非法手段取得证明材料。

八是提起投诉复议的要求。投诉是投诉复议的前置程序，未经投诉不能直接投诉复议。对投诉决定不满意的，可以在投诉处理决定书明确的时限内，向决定书载明的复议受理单位提出投诉复议。投诉复议事项不能超出投诉事项范围，但是可以提出对投诉处理决定书内容的复议。

九是违规质疑投诉的认定。在保护供应商合法权益、鼓励群众性监督的基础上，军队采购相关规定也对违规情形进行了明确，防止滥质疑滥投诉扰乱采购秩序，侵害其他供应商正当权益。对于违规质疑投诉的认定主要包括：捏造事实；提供虚假材料；以非法手段取得证明材料，或者证据来源的合法性存在明显疑问，无法证明其取得方式合法；以自身不符合采购文件要求或者自身存在违规行为为由的质疑投诉；未按照规定程序和方式质疑投诉；恶意投诉或3年内累计2次投诉理由不成立；其他违反规定的情形。在质疑投诉过程中，存在以上违规情形的，根据情节轻重予以书面警告、一年至三年禁止参加军队采购活动、终身禁止参加军队采购活动等处罚。

五、2025 年军事采购发展展望

2025 年中国军事采购体系将深度融入国家治理能力现代化进程，通过人工智能赋能、法治标准筑基、人才队伍提质、营商环境优化、竞争机制创新、智慧监管强效的系统性变革，开创军事采购改革发展的崭新局面。

一是人工智能深度赋能采购全链路。随着 DeepSeek 等人工智能技术的突破性发展，2025 年军事采购将加速实现从传统模式向智能化、数据驱动的跨越式转型。在需求预测领域，基于多维度历史数据，可动态生成采购需求图谱；在招标环节，自然语言处理技术将全面解析《军队采购文件标准文本（2.0 版）通用文件》中的技术条款，自动匹配供应商资质库与历史中标数据，生成供应商技术合规性分析报告。更值得关注的是，AI 将重构军事采购履约监管体系，实现合同履行异常行为预警，形成"需求智能感知—方案自动生成—过程动态监控—风险实时预警"的全生命周期管理闭环。

二是法治化与标准化双轮驱动。标准体系向全要素扩展，编目编码规范将覆盖更多种类的军民通用产品；采购文件模板实现全军统一电子化部署，供应商资质审查推行"机器可读"结构化表单。

三是专业化人才梯队加速成形。建立全军统一的评审专家动态考核机制，推行"评审意见终身追溯制"，加大人才队伍建设和培训力度，重点锤炼智能工具应用、采购谈判、价格审核、采购需求论证等核心能力。

四是军队采购营商环境持续优化。全面清理隐性壁垒和门槛条件，鼓励供应商广泛参与军事采购项目竞争，扩大装备竞争型采购范围，军事采购信息发布渠道更加公开透明，参与军事采购的通道进一步拓宽。

五是竞争机制与智慧监管协同创新。分步竞争策略广泛应用，竞争失利补偿制度细化运作，依托采购大数据中心和采购信息平台，实现采购全流程数据不可篡改存证，挖掘围标串标隐性关联，借助深度学习模型预测供应商履约风险，探索构建覆盖事前、事中、事后的全周期数字化监管体系。

（中国人民解放军陆军勤务学院：柴亚光、胡思颖）

2024 年数字化采购发展报告

2023 年，我国企业物资采购总额达 175.4 万亿元，其中数字化采购总额约为 17.2 万亿元，数字化采购渗透率提升至 9.8%，较 2022 年增长 1.2 个百分点，新增 1 万多亿元的数字化采购额。数字化采购的快速发展不仅显著提高了采购效率、降低了成本，还推动了整个行业的数字化转型，促使更多企业关注并应用数字化技术。通过大数据、人工智能等技术的赋能，企业实现了采购全流程的透明化、智能化，优化了供应链管理，增强了市场竞争力。未来，数字化采购将成为企业采购的主流模式，进一步推动产业链升级，助力企业实现高质量发展。

一、数字化采购年度发展数据

（一）2023 年全国企业物资采购规模达到 175.4 万亿元

根据亿邦智库测算，涵盖工业、建筑业、零售及批发业在内，2023 年全国企业物资采购总额达 175.4 万亿元，同比增长 1.1%；其中工业采购额为 96.7 万亿元，同比下降 6.8%（如图 1 所示），亿邦智库分析认为，根据国家统计局发布的数据，2023 年全国规模以上工业企业实现营业收入 133.4 万亿元，上年同期为 137.9 万亿元。工业采购额的下降受多方因素影响，全球经济放缓、市场需求变化、供应链问题、政策调整、库存调整及竞争加剧等相互作用共同影响工业企业的采购需求。零售及批发业采购额达到 69.2 万亿元，同比增长 14.76%，占企业物资采购总额的 39.5%。

（二）2023 年 MRO 工业品采购额达到 8.9 万亿元

根据亿邦智库测算，从物资采购品类看，2023 年生产性物资采购额为 97.3 万亿元，非生产性物资（MRO）采购额为 78.1 万亿元；非生产性物资中 MRO 工业品采购额为 8.9 万亿元，同比下降 2.2%（如图 2 所示）。亿邦智库分析认为，一方面，MRO 工业品采购额的增长态势与工业企业的表现密切相关，随着 2023 年工业采购额下降，MRO 工业品采购额也呈现出相应的下降趋势；另一方面，企业通过利用大数据分析和机器学习，可以更加准确地预测 MRO 工业品的需求，使采购更具有科学性，还能有效减少采购额和库存，提高企业运营效率。

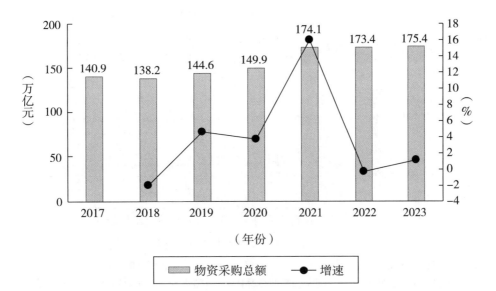

（a）全国企业物资采购总额

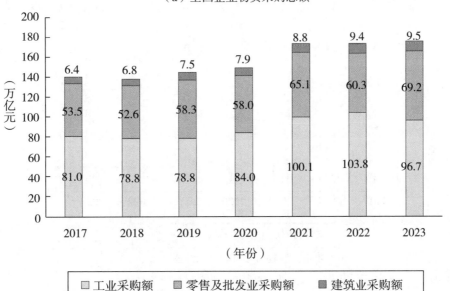

（b）全国企业物资采购总额的构成

图1　2017—2023年全国企业物资采购规模

资料来源：亿邦智库根据国家统计局、上市公司数据整理测算，其中2022年以前采用申万对上市公司分类数据进行测算，2023年起采用国民经济行业分类中上市公司数据进行测算。

注：将MRO和生产性物资采购总和近似为企业生产过程中所采购的商品总额；零售及批发业采购额按商品从工厂—批发商—零售商两次流通进行测算。

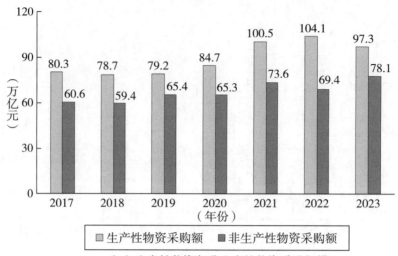

（a）生产性物资与非生产性物资采购规模

资料来源：亿邦智库根据国家统计局、上市公司数据及抽样调研数据整理测算。

注：将 MRO 和生产性物资采购总和近似为生产类型企业（工业及建筑业企业）经营过程中所采购的商品总额，由此估算得出生产性物资采购额。

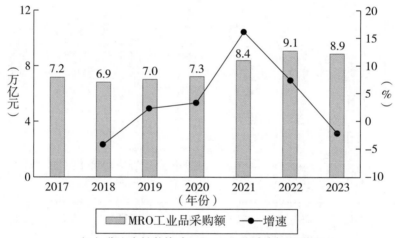

（b）非生产性物资中MRO工业品采购额及增速

资料来源：亿邦智库根据国家统计局、上市公司数据及抽样调研数据整理测算。

注：根据调研，工业企业中 MRO 采购约占工业企业总收入的 5%，建筑业中 MRO 采购约占建筑业企业总收入的 7%；相较于工业和建筑业，零售及批发业的 MRO 采购额极小，因此将工业和建筑业的 MRO 采购额近似为 MRO 采购额总额。

图 2　物资采购额及增长率

（三）2023 年我国数字化采购渗透率达到 9.8%

根据亿邦智库测算，2023 年我国数字化采购总额约为 17.2 万亿元，同比增长 15.2%，数字化采购渗透率达到 9.8%，相比 2022 年提升了 1.2 个百分点（如图 3 所示）。亿邦智库分析认为，一方面，政府出台电子商务、数字商务和数字化采购相关支持政策，为数字化采购的发展提供了有力保障；另一方面，随着数字技术的广泛应用，供应链正逐步实现数字化和智能化，数字化采购作为供应链的重要环节，受益于供应链数字化的推进，采购效率得到了大幅提升。

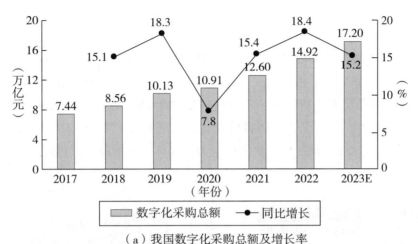

（a）我国数字化采购总额及增长率

资料来源：亿邦智库根据国家统计局、上市公司数据整理测算。

注：本报告测算以企业在线下单为数字化采购的基础特征，据此亿邦智库将"企业电子商务采购额"作为测算我国数字化采购总额的基本指标。

2023 年数据以上年数据为基础，参考 2023 年央企和地方国企上网采购率及其变化，调整估计得出。

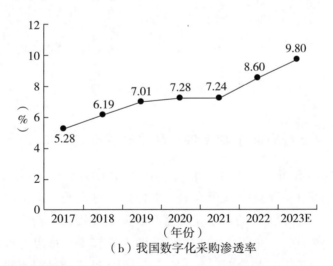

（b）我国数字化采购渗透率

资料来源：亿邦智库整理测算。

注：数字化采购渗透率指的是我国数字化采购总额占我国企业采购总额的比例。

图 3　我国数字化采购总额及渗透率

二、新质生产力引领数字化采购发展

（一）招采业务加速在线化、智能化

在国家政策和信息技术的双轮驱动下，招投标业务正在经历从线下迁移到线上，再到智能化的深刻变革，业务价值全面升级（如图 4 所示）。全流程在线化实现了信息集中管理、流程透明化、数据实时共享，是招投标业务变革的第一步。智能化技术的应用，为招投标业务带来了质的飞跃。通过应用人工智能、大数据分析等先进技术，招投标业务在多个环节实现了智能化，不仅进一步提高了招投标效率，还增强了招投标过程的公正性和规范性，降低了人为因素的干扰，深度契合了阳光采购的核心价值——公开透明、公平竞争、规范有序和高效便捷，为招投标行业的健康发展注入了新的活力。

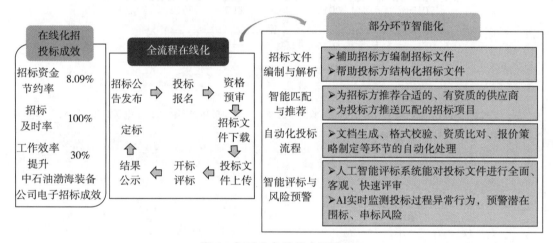

图 4　招采业务价值全面升级

（二）央企网上商城联手数字供应链平台提升运营效率

央企网上商城的发展是一个逐步深入、不断完善的过程，通过不断的技术创新、管理创新和服务创新，为企业提供更高效、更便捷、更透明的采购服务，并逐步向数字供应链平台升级，推动央企的数字化转型和高质量发展。实践中，央企网上商城运营过程中面临一些挑战：一方面，网上商城运营人员较少，难以支持数百万个、数千万个最小存货单位（SKU）的管理；另一方面，MRO 供应商数量多、分布广泛，网上商城在筛选和管理供应商时面临巨大挑战，如何确保供应商的资质、信誉和产品质量是央企网上商城必须解决的问题。社会化数字供应链平台拥有专业的商品运营团队和成熟的运营流程，能够高效地处理大量 SKU，从而减轻央企网上商城的运营压力（如图 5 所示）。社会化数字供应链平台在供应商入驻前，已经进行了前置验证和质量把控，包括对商品的品质、性能、安全性等方面的检测，以及对供应商的生产能力、经

营状况、信誉等方面的评估。

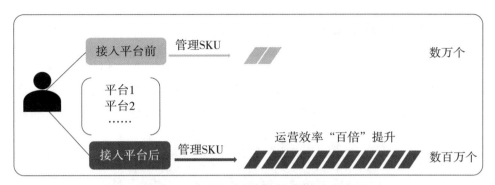

图5 接入社会化数字供应链平台后运营效率大幅提升

（三）地方国企借鉴央企模式，迎接数字化采购第二波浪潮

对地方国有企业而言，自建数字化采购系统涉及成本、技术、时间、安全等多方面的因素，因此倾向与外部机构合作。目前一些大型央企已经开始尝试帮助地方国有企业进行数字化改造，但不能完全满足地方国有企业的需求。社会化数字供应链平台有技术优势、有完整的解决方案、有完善的售后服务能力等，因此部分地方国有企业选择与社会化数字供应链平台进行技术与业务合作，共同迎接数字化采购第二波浪潮（如图6所示）。

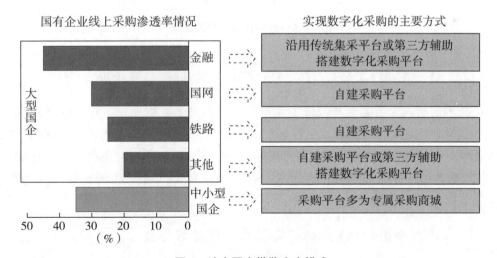

图6 地方国企借鉴央企模式

资料来源：亿邦智库整理测算。

三、人工智能领航数字化采购创新

（一）数字化采购领域人工智能应用场景

大数据、云计算、AI 等信息技术加速与实体经济融合，推动供应链行业革新，重塑了企业之间的合作模式和服务交付过程。AI 驱动采购流程自动化，实现智能决策。生成式 AI 深入采购业务，赋能高效数据分析、精准决策与卓越管理（如图 7 所示）。

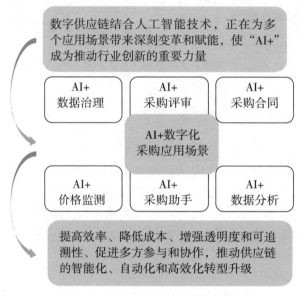

图 7　AI+数字化采购应用场景

（二）AI 大模型+数据治理：智能化引领数据价值最大化

AI 技术的融入为数据治理带来了变革，不仅提升了数据质量，自动纠正错误和缺失值，还揭示了数据潜在价值。在数据集成方面，AI 实现了自动化处理，提高了效率和准确性，并实时监控数据流动，识别安全风险。同时，AI 能增强数据合规性和安全性，能对数据进行分类，识别敏感信息，防范数据泄露。AI 与数据治理的深度融合，实现了高效、安全的数据管理和利用（如图 8 所示）。

（三）AI 大模型+价格监测：实现采购价格智慧监管

部分央企和地方国企网上商城存在价格差异大、变动频繁，数据庞大、难以实时监控，渠道复杂、管控乏力及商品上架缺乏审核等价格管控难题。电商平台控价需要综合运用各种策略和工具，通过制度、技术和合作等手段维护市场秩序和公平竞争环境。根据亿邦智库的调查，有些央企和地方国企网上商城已经开始利用 AI 技术实现实时价格监控、优化定价模型，利用 AI 技术辅助商家入驻审核、监控商家价格行为等，通过充分利用 AI 赋能，有效解决价格管控难题（如图 9 所示）。

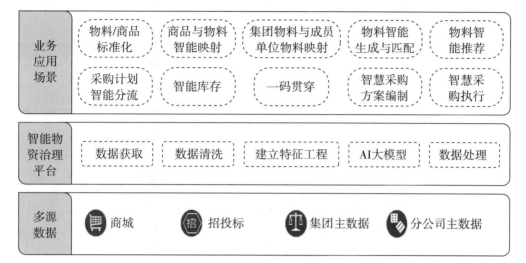

图 8 AI 大模型+数据治理

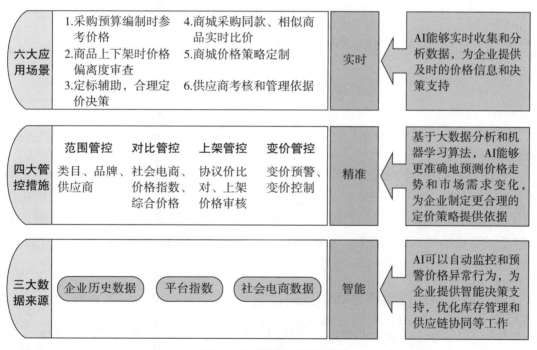

图 9 AI 大模型+价格监测

（四）AI 大模型+采购助手：提供采购人员"顾问"及"助手"

在采购过程中，传统采购人员在信息获取、供应商管理、价格波动预测、数据分析等方面都会面临各种挑战，不仅影响采购效率，还可能对供应链的稳定性和采购成本控制产生不利影响。因此，企业需要引入新的技术和方法，如采购 AI 助手来提升采购效率，降低采购成本，为采购人员提供准确的数据分析和预测，改善供应链管理，提高供应链的灵活性和响应速度。采购 AI 助手将会成为推动采购行业向智能化、高效化发展的重要力量（如图 10 所示）。

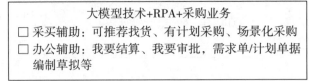

业务辅助机器人——交互式采购，更高效、更轻松

大模型技术+RPA+采购业务
☐ 采买辅助：可推荐找货、有计划采购、场景化采购
☐ 办公辅助：我要结算、我要审批，需求单/计划单据编制草拟等

（a）业务辅助机器人

采购知识问答机器人——采购问题，AI解答

☐ 企业专属知识，即问即答：大模型知识是通用的、封闭的，如何与企业知识相结合？通过一键导入，将企业专属知识与大模型知识相结合，形成企业专属知识库，以对话形式获取企业流程、制度与管理规定、操作指引，面向一线采购，即问即答

☐ 通用采购知识，快速检索：通过大模型的对话能力，可回答采购通用知识，如需求计划应包括哪些内容；可以帮助采购员、计划员等各个岗位快速检索、获取通用采购知识

（b）采购知识问答机器人

图10　AI 大模型+采购助手

（五）AI 大模型+数据分析：提供数据分析及决策参考

在数字化采购平台的运营中，数据分析已深入每一个业务环节，能够助力企业精准优化运营管理，降低运营成本，提升运营效率。在 AI 技术的支持下，数据分析在自动化、智能化、预测能力、风险评估和预警以及智能推荐等方面取得显著的效果，提高了数据分析的效率和准确性，为企业决策者提供了数据支撑和决策依据（如图 11 所示）。

四、数字供应链突破挑战、拥抱机遇

数字化采购随着范围、角色的不断延展，面临各种挑战，包括平台化带来品类品质动态管理挑战、数据要素准备不足制约智能化进程、数字化采购创新与规制建设创新存在磨合期等，但这些挑战都是数字化采购发展中存在的问题，在发展的过程中会被逐渐化解。而在化解这些挑战时，数字化采购也进入新的战略机遇期，其中四大机遇是大规模设备更新为数字化采购提供用武之地、绿色低碳成为采购及供应链数字化的新动力、AI 落地为数字化采购各方提供创新机会和全国统一大市场与数字化采购相辅相成。面对挑战，抓住机遇，数字化采购的发展前景将更加广阔。

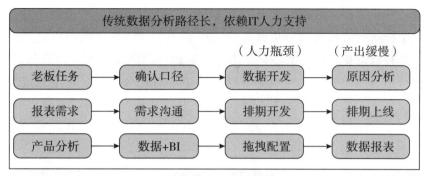

（a）传统数据分析路径

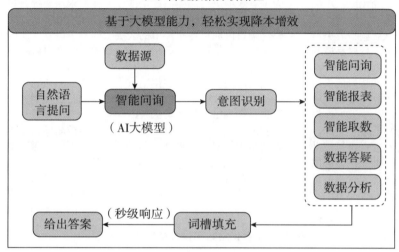

（b）基于大模型数据分析路径

图 11　AI 大模型+数据分析

（一）数字供应链面临的挑战

1. 平台化带来品类品质动态挑战

央企和地方国企网上商城从单一的采购管理向供应链管理平台转化，需要链接和处理的供应商、品牌、品类越来越多，需要不断动态更新品类和商品，因此动态管理给数字化系统的建设带来很多挑战（如图 12 所示）。供应链平台系统在动态管理中需要处理好成本与质量的平衡关系，处理各种数据源带来的数据整合困难问题，以及处理多业务系统的复杂衔接问题。同时，还要面临技术创新带来新生产技术、新材料和新工艺在使用上的问题，导致新产品不断涌现，供应链平台也会面临新产品接入和品质控制等问题。

2. 数字化及数据要素准备不足，制约智能化进程

数字化采购及数字供应链尚处在线上化阶段，智能化依赖大量准确和实时的数据进行分析、学习和决策，需要在清晰、可度量的流程上进行优化和创新。而主体、对

象、行为的数字化不足，数据要素准备不充分，导致智能化进程比较缓慢，需要对原来的信息化系统进行升级改造。央企和地方国企数字供应链实践将沿订单在线化、系统集成化、流程自动化、决策智能化、生态全面融合的路径前进。数据要素准备不足，也导致数据价值难以充分评估，数据资产的价值没有充分体现。数字化及数据要素不足给数字供应链带来的挑战（如图 13 所示）。

复杂的供应链网络
· 市场需求不断变化以及市场趋势的快速演变，导致产品品类、品牌频繁调整和更新，增加了供应链平台对品质动态管理的难度。
· 来自不同地区和背景的供应商在生产能力、质量控制水平和管理理念上存在差异，供应链平台需要统筹管理。
· 供应商可能在应对市场波动和质量改进方面缺乏足够的灵活性和响应能力，供应链平台需要处理品类品质的不确定性

数据管理与业务整合
· 为了有效地进行品类品质动态管理，平台需要收集、分析和整合来自供应链各个环节的大量数据，包括原材料质量、生产工艺、物流运输条件等。
· 数据来源的多样性和数据格式的不统一，往往导致数据整合困难，影响供应链决策的及时性和准确性。
· 新的生产技术、材料和工艺的不断涌现，既为提升品类品质提供了机会，也带来了动态管理潜在的风险

成本与质量平衡
· 在追求品质提升过程中，可能会增加成本，如采用更严格的检测手段、优质的原材料或先进的生产设备，这需要增加平台成本。
· 在保证品质的前提下，实现成本的有效控制，是平台面临的一个重要挑战。同时对于出现的品质问题，如产品召回、质量投诉等，需要具备有效的风险识别、评估和应对机制。
· 平台在风险管理方面存在不足，可能无法及时有效地应对品类品质的突发问题

图 12　平台化给数字供应链带来的挑战

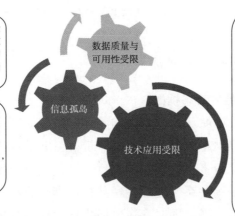

图 13　数字化及数据要素不足给数字供应链带来的挑战

3. 数字化采购创新与规制建设创新存在磨合期

数字化采购创新是一个动态的过程，但规制建设相对滞后，在磨合期中规制建设很难根据市场变化和创新发展及时进行调整和完善，因此面临立法包容性和司法灵活

性的挑战，以及对如何面临数字化采购模式前瞻性规制的挑战。数字化采购涉及上下游各个环节的多种角色，可能会影响到相关各方的利益，包括供应方和采购方，因此在规制建设过程中，需要妥善协调各方利益，避免因利益冲突而阻碍创新或损害其他方的权益。磨合期中，会面临如何建立健全监管等机制，为数字化采购创新提供一定的试验空间，同时加强对试验过程的监测和评估的难题（如图 14 所示）。

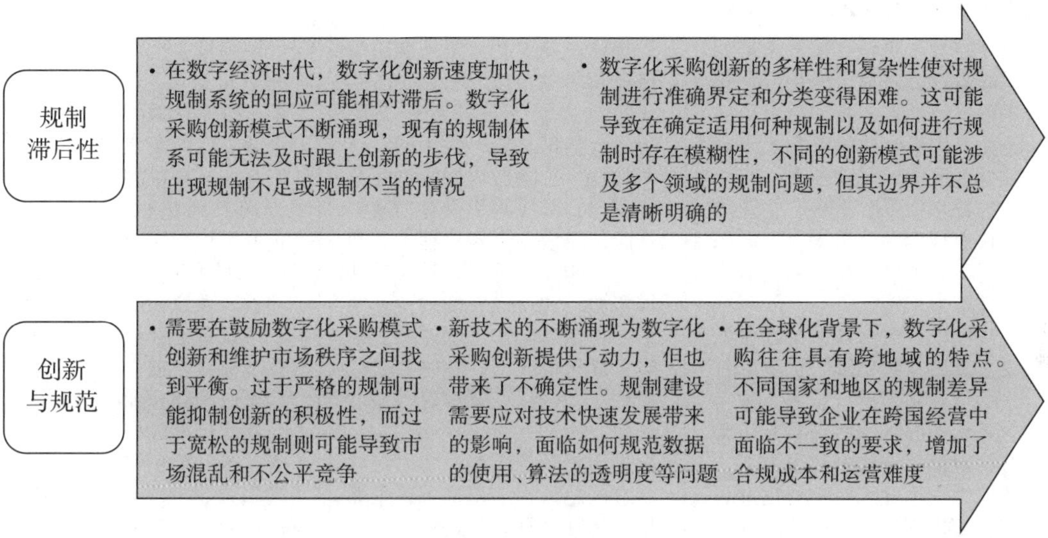

图 14　数字化采购创新与规制建设创新存在磨合期

（二）数字供应链的发展机遇

1. 大规模设备更新为数字化采购提供用武之地

2024 年政府工作报告提出，要推动各类生产设备、服务设备更新和技术改造，鼓励和推动消费品以旧换新。近日，国务院印发的《推动大规模设备更新和消费品以旧换新行动方案》明确了到 2027 年的目标，包括工业、农业、建筑、交通、教育、文旅、医疗等领域设备投资规模较 2023 年增长 25% 以上等。大规模设备更新带来了巨大的采购需求，数字化采购能高效处理这种大规模业务，通过自动化流程减少人工操作，快速筛选供应商，大大缩短采购周期。同时，集中管理采购需求，实现规模经济，降低采购成本（如图 15 所示）。

2. 绿色低碳成为采购及供应链数字化的新动力

在绿色低碳的要求下，企业需要更精准地管理资源和能源的使用，降低碳排放，这就促使采购环节必须更加精细化和高效化。采购数字化能够通过大数据分析、人工智能等技术手段，帮助企业更好地评估供应商的环境表现，选择更环保、低碳的原材料和产品，优化采购流程以减少不必要的浪费和碳排放。数字供应链能够实现对整个供应链的碳排放进行实时监测和追踪，从而找到减排的关键环节和优化点，通过创新、改进流程、优化资源配置等方式实现价值增长。绿色低碳成为采购及供应链数字化的新动力，表现在挖掘更多的市场需求，通过技术创新产生新模式、新业态、新服务，创造新的价值；进行产业链整合，在产业链生产要素、效率等方面，挖掘价值和创造新的价值；通过资源优化，消除不必要的环节，创造新的价值上（如图16所示）。

需求增长与市场扩大		
√ 大规模设备更新意味着大量的采购需求，将显著增加数字化采购平台的业务量，吸引更多企业采用数字化采购方式来高效处理庞大的采购任务。 √ 通过数字化采购平台，企业可以快速整合和分析来自不同部门、不同地区的设备更新需求，实现集中采购。 √ 大规模设备更新还包括设备的安装调试、售后维护、零部件采购等一系列后续服务。数字化采购能够将这些环节有机整合，提供一体化的解决方案，从而为数字化采购市场创造更多的商机和发展空间	√ 大规模设备更新需要精准决策，以确保投入的合理性。数字化采购提供丰富的数据支持，通过大数据分析，对不同设备的性能、价格、售后等进行全面评估，为决策提供有力支持。 √ 在大规模设备更新过程中，数字化采购能够更好地整合供应链资源，实现供应商的快速筛选、评估和合作，降低供应风险；优化供应链，实时监控供应情况，确保设备按时、按质交付。 √ 根据历史数据预测设备供应的潜在问题，提前调整采购策略，保障更新计划顺利进行	√ 大规模设备更新对供应链的协同能力提出了更高要求。数字化采购能够打破企业与供应商之间的信息壁垒，实现供应链的高效协同。通过数字化平台，企业可以与供应商实时共享需求计划、库存信息等。 √ 随着环保意识的增强，大规模设备更新也越来越注重可持续发展。数字化采购可以帮助企业筛选出符合环保标准的设备和供应商，推动绿色采购，不仅满足企业可持续发展需求，也符合市场趋势

图15　大规模设备更新为数字供应链发展提供机会

绿色数据管理
➢ 收集和整合供应链中与能源消耗、碳排放、资源利用等相关的数据。
➢ 利用数据分析工具和技术，挖掘数据中的潜在机会和问题，为决策提供支持

供应商管理
➢ 与供应商共同制订绿色低碳目标和行动计划，激励供应商采用绿色技术和可持续的生产方式。
➢ 建立供应商评估体系，将环境绩效纳入供应商选择和评价的标准

技术创新
➢ 投资和采用先进的数字化技术，如物联网、区块链、大数据分析、人工智能等。
➢ 利用物联网设备实时监测供应链中的能源使用和环境参数

持续评估改进
➢ 定期评估绿色低碳采购数字化、数字供应链的实施效果。
➢ 根据评估结果调整策略和措施，持续改进

图16　绿色低碳成为供应链数字化新动力

3. AI 落地为数字化采购各方提供创新机会

AI 与数字化采购的结合正在深刻改变着采购领域。数字化采购为人工智能的应用提供了数据基础和平台支持。人工智能在数字化采购中的应用带来了诸多优势：需求预测更精准、供应商评估更全面、采购流程自动化、风险预警更及时。同时，AI 落地应用有助于采购商提升效率、降低成本、优化供应链，并增强其在市场中的竞争力；有助于供应商个性化服务和精准营销，供应链协同优化；有助于服务商提供"一站式"智能化解决方案。借助 AI 落地应用，提升了各方的效率、竞争力和协同能力，推动采购向更加智能化和高效化方向发展（如图 17 所示）。

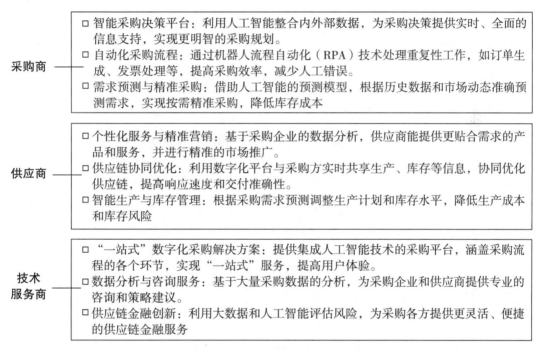

采购商
- 智能采购决策平台：利用人工智能整合内外部数据，为采购决策提供实时、全面的信息支持，实现更明智的采购规划。
- 自动化采购流程：通过机器人流程自动化（RPA）技术处理重复性工作，如订单生成、发票处理等，提高采购效率，减少人工错误。
- 需求预测与精准采购：借助人工智能的预测模型，根据历史数据和市场动态准确预测需求，实现按需精准采购，降低库存成本

供应商
- 个性化服务与精准营销：基于采购企业的数据分析，供应商能提供更贴合需求的产品和服务，并进行精准的市场推广。
- 供应链协同优化：利用数字化平台与采购方实时共享生产、库存等信息，协同优化供应链，提高响应速度和交付准确性。
- 智能生产与库存管理：根据采购需求预测调整生产计划和库存水平，降低生产成本和库存风险

技术服务商
- "一站式"数字化采购解决方案：提供集成人工智能技术的采购平台，涵盖采购流程的各个环节，实现"一站式"服务，提高用户体验。
- 数据分析与咨询服务：基于大量采购数据的分析，为采购企业和供应商提供专业的咨询和策略建议。
- 供应链金融创新：利用大数据和人工智能评估风险，为采购各方提供更灵活、便捷的供应链金融服务

图 17 AI 为数字化采购提供创新机会

4. 全国统一大市场与数字化采购相辅相成

全国统一大市场建设与数字化采购发展相辅相成，共同推动经济高质量发展，提升企业竞争力，促进市场的繁荣与创新。全国统一大市场的构建，打破了地域与行业的壁垒，使资源得以在更大范围内自由流动。这为企业创造了更广阔的市场空间，也促使采购活动跨越地域限制，得以寻找更优质、更具性价比的供应商。数字化采购则在这一过程中发挥着关键作用。它凭借先进的信息技术，整合分散的采购需求和供应商资源，实现精准匹配。通过数字化平台，采购流程更加高效透明，降低了交易成本，提升了采购效率（如图 18 所示）。

全国统一大市场建设为数字化采购发展提供基础	数字化采购发展推动全国统一大市场建设	两者相互促进提升市场效率	两者相辅相成增强市场竞争力
➤ 全国统一大市场建设消除了地域间贸易障碍，促进了资源的自由流动。这使供应商数量增多、竞争加剧，为数字化采购提供了更多选择。 ➤ 统一的市场规则和标准，让采购流程更规范、数据更准确，为数字化采购精准分析和决策提供有力支持。 ➤ 统一大市场的形成推动了基础设施的完善，为数字化采购的技术应用创造了更好条件	➤ 数字化采购提高了市场透明度，让供需信息更对称，加速了资源的优化配置。通过大数据分析，企业能精准对接需求，提高采购效率，促进市场交易活跃。 ➤ 数字化采购打破时空限制，拓展市场范围，加强不同地区企业间的合作，促进产业协同发展，进一步推动全国统一大市场的完善和壮大	➤ 在全国统一大市场中，数字化采购能更有效地整合供应链，降低采购成本。高效的数字化采购可以吸引更多企业参与，丰富市场主体。 ➤ 统一大市场的规模效应有助于降低数字化采购的技术成本，使其更普及。数字化采购的精准匹配减少了库存积压和资源浪费，共同提升了整个市场的运行效率	➤ 全国统一大市场为企业提供了广阔舞台，借助数字化采购，企业能迅速获取优质资源，提升产品和服务质量。 ➤ 数字化采购使企业紧跟市场需求，创新采购模式，增强在统一大市场中的适应性。 ➤ 两者协同发展，促使企业不断优化经营，推动产业升级，从而提升我国在全球市场的整体竞争力

图 18　全国统一大市场与数字化采购相辅相成

（亿邦智库）

2024 年 GPA 中小企业政策研究发展报告

在全球经济格局中，中小企业在促进经济增长、创造就业机会以及激发创新活力等方面具有不可替代的作用。WTO 数据显示，中小微企业在全球企业数量中占比高达95%，提供了 60% 的就业岗位，为各国经济和世界贸易的发展贡献了重要力量。然而，在参与国际贸易的进程中，中小企业面临着诸多严峻的挑战，如专业技能的缺乏、非关税壁垒的阻碍以及烦琐法规的限制等，这些因素严重制约了其在国际市场中的发展。WTO 对中小企业问题日益重视，成立了中小微企业工作组，在政府采购、知识产权和贸易融资等领域发起了一系列倡议，以支持中小企业参与世界贸易，发挥更积极的作用。

《政府采购协议》（Government Procurement Agreement，GPA）作为 WTO 推动政府采购贸易自由化的诸边协议，是处理中小企业待遇问题的平台，其规则和机制对中小企业参与政府采购及其在国际市场的发展具有深远影响。但 GPA 中小企业政策面临着政府采购贸易自由化与中小企业扶持政策冲突的现实困境，其中参加方市场准入条款与协议规则之间的冲突尤为突出。在 GPA 修订谈判期间，参加方就中小企业政策问题进行了讨论。2012 年政府采购委员会启动了中小企业工作计划，以促进中小企业参与政府采购活动，最大限度地挖掘其增长潜力。随着工作计划的推进，GPA 中小企业政策取得了进展。2024 年 10 月政府采购委员会召开会议，审议通过了《关于促进和便利中小企业参与政府采购最佳实践报告》（以下简称《最佳实践报告》）。《最佳实践报告》整理汇总了 GPA 参加方采取的促进中小企业参与政府采购的政策措施，并提出了相关建议。GPA 中小企业政策的发展，是 WTO 支持中小企业参与世界贸易的举措之一，更是对 GPA 中小企业政策现实困境的回应，为参加方提供了指引和方向。通过对GPA 中小企业政策发展的研究，及时把握 GPA 政策动态，各国在加入 GPA 或参与相关国际贸易谈判时，可以更加科学合理地制定本国政府采购扶持中小企业政策，平衡好市场开放与保护本国中小企业利益的关系，为中小企业创造更加公平、有利的发展环境。

一、GPA 中小企业政策现实困境

参加方中小企业政策及政府采购市场准入条款与协议规则存在双重冲突，GPA 中小企业政策面临着现实困境。

（一）参加方中小企业政策与协议规则的冲突

政府采购具有典型的公共性特征和巨大的市场影响力，不仅是财政支出的管理手段，还是实现经济和社会发展目标的政策工具。在采购实践中，各国利用政府采购推行的社会经济政策包括支持本国产业、保护环境、扶持中小企业和弱势群体等。政府采购扶持中小企业是实现公平正义的一种手段。在市场竞争中，中小企业往往处于劣势地位，大型企业凭借资金、技术和规模等优势更容易获得采购合同。政府采购通过扶持中小企业政策，能有效降低中小企业参与政府采购的门槛，有助于打破市场垄断格局，在一定程度上纠正市场竞争中的不公平，实现分配正义。中小企业数量众多，是吸纳就业的主力军。通过政府采购的扶持政策，中小企业能够扩大规模，为社会提供更多的就业机会，保障不同群体的就业权利，促进就业公平。因此，许多国家制定了政府采购扶持本国中小企业的政策，包括预留份额、价格优惠、分包计划、联合投标或简化流程等。各国有义务支持社会公平正义的扶持政策，但仅限于国内社会，这一限制会影响到跨国贸易自由化的谈判。

GPA 是 WTO 框架下推动政府采购市场开放的贸易协议，其目标是实现国际贸易更大程度的自由化和扩大化，消除政府采购造成的贸易壁垒。政府采购贸易自由化目标的实现需要通过确定国内外供应商在一国的法律地位及待遇来实现。因此，协议在序言中提出"各国有关政府采购各种措施的制定、采用或实施不应对国内供应商、货物或服务提供保护，或对国外供应商、货物或服务造成歧视"。其基本含义是参加方关于政府采购的法律、法规、程序、行政指南或做法，或采购实体行动等不能在国内外供应商、货物或服务之间形成差别待遇。在上述立法宗旨的指引下，协议要求各参加方包括其采购实体应遵守非歧视待遇原则，对于与协议涵盖采购有关的措施要立即无条件地向其他参加方的货物、服务以及供应商提供国民待遇和最惠国待遇，并围绕这一原则制定了具体条款。例如，为防止差别对待供应商，GPA 在"抵偿"条款中规定参加方包括其采购实体，不得在涵盖采购中寻求、考虑、施加或执行任何抵偿；"参与条件"中规定采购实体应将参加采购的条件限定在确保供应商具有承担相关采购所必要的法律和财务能力方面，以及商业和技术能力方面；"限制性招标"中规定不得以歧视其他参加方供应商或者保护国内供应商的方式使用限制性招标。

根据《2019 政府概览》报告，经济合作与发展组织（OECD）在 2016 年和 2018 年对公共采购进行调查，GPA 涵盖的 29 个 WTO 成员提交了信息，其中澳大利亚、加拿大、德国、日本和韩国等 27 个 WTO 成员制定了政府采购扶持中小企业的战略或政策，且多为中央层面的战略或政策。报告中 GPA 涵盖的 WTO 成员占 GPA 成员总数的 59.2%，其提交的中小企业政策信息具有一定的代表性，反映出各国利用政府采购扶持中小企业政策的普遍性和重视程度。如前所述，GPA 规则禁止参加方及其采购实体保护国内供应商，歧视国外供应商，而很多参加方实施的是扶持国内中小企业的战略或政策，与 GPA 规则相冲突。参加方中小企业政策与协议规则的冲突让 GPA 及参加方陷入两难境地：WTO 成员为实施扶持中小企业等政策功能而选择不加入 GPA，GPA 无法实现扩展成员的目标；参加方因加入 GPA 而在协议涵盖的采购中不能实施扶持中小企业等政策。

（二）参加方市场准入条款与协议规则的冲突

GPA 规则不支持参加方政府采购扶持国内中小企业政策，但在实践中有些参加方并没有遵守协议规定，而是在协议适用范围谈判中坚持实施扶持国内中小企业的政策，将中小企业预留或优惠项目在政府采购市场准入条款中作为例外，排除了协议的管辖。如表 1 所示，美国、韩国、日本和加拿大在出价清单附件中列出了中小企业或少数族裔预留项目的例外，澳大利亚列出了中小企业优惠项目的例外，意味着这些采购项目遵守参加方国内的中小企业政策，而不用遵守协议规则。根据《2010 年美国贸易政策审议》政府采购部分的报告，联邦采购政策旨在为几类小企业提供"最大的可行机会"，采购价值在 3000 美元至 10 万美元之间的物资或服务采购合同原则上仅给予小企业。2007 财政年度，3785 亿美元采购额的近 22% 为符合条件的小企业获得。

表 1　　　　　　　　　　　GPA 参加方中小企业项目例外和反制措施

中小企业例外	美国：不适用于为小企业和少数族裔企业预留的采购。预留的采购可包括任何形式的优惠，如提供货物或服务的专有权或任何价格优惠
	日本：不适用于协议对日本生效时已存在的法律授予合作社或协会的合同
	韩国：不适用于根据法律为中小企业预留的采购
	加拿大：不适用于为小企业和少数族裔预留的采购
	澳大利亚：不适用于有利于中小企业的任何形式的优惠
反制措施	瑞士、挪威、列支敦士登、冰岛、欧盟、黑山、北马其顿和英国：美国、日本和韩国供应商和服务提供商对合同授予其他参加方中小型企业提出异议时，不适用国内审查程序，直至这些参加方接受美国、日本和韩国不再采取有利于其国内小企业和少数族裔企业的歧视性措施

资料来源：根据 GPA/113 文件整理。

以美国为首的参加方将中小企业项目排除在协议之外，这虽是谈判中的妥协结果，但因违反协议规则及公平性原则，引发了瑞士、挪威、冰岛和欧盟等其他参加方的不满。这些参加方提出了"美国、日本和韩国供应商对采购合同授予其他参加方中小型企业提出异议时，不适用国内审查程序"的反制措施。美国在协议适用范围谈判中坚持中小企业例外，不遵守协议规则，也不顾其他参加方的反对，主要凭借的是其政府采购市场规模和影响力。面对重要和强势的美国，GPA 对中小企业歧视措施采取的是默认态度，只赋予了强大的 WTO 成员实施中小企业政策的能力。参加方中小企业市场准入例外与协议规则的冲突，让 GPA 所主张的非歧视原则和调整国内立法的程序要求受到挑战，而参加方也对这些减免协议义务的做法产生了不满并采取相关反制措施。

二、GPA 中小企业政策工作计划

GPA 参加方认识到促进中小企业参与政府采购的重要性，开始讨论如何解决中小企业政策的现实困境。根据政府采购委员会报告，2009 年在讨论改进 GPA 谈判时，有参加方提出是否可以通过体现国民待遇和非歧视原则的通用方法来解决中小（或少数族裔）企业进入采购市场的具体问题，并将中小企业待遇纳入水平市场准入谈判议题。2010 年各方考虑将当前谈判无法解决的问题纳入政府采购委员会未来工作计划的可能性。随着 2011 年工作力度的加大，各方制订了包括中小企业待遇在内的一系列未来工作计划，在 GPA 修订协议生效后实施。政府采购委员会认为，这些计划是确保协议在未来继续发挥作用的重要手段。2012 年 3 月，政府采购委员会通过了 GPA 修订文本，"最后条款"未来谈判和工作计划中规定，政府采购委员会应通过中小企业待遇等工作计划开展进一步工作，促进协议的实施和改进协议的谈判。根据上述要求，政府采购委员会通过了《关于中小企业工作计划的决定》，主要包括以下内容。

（一）工作目标

中小企业工作计划的目标包括：一是审查参加方政府采购扶持中小企业政策的最佳实践。政府采购委员会通过启动中小企业工作计划，审查 GPA 参加方用于协助、促进、鼓励或便利中小企业参与政府采购的措施和政策，编写一份审查结果报告。通过深入调研各参加方政府采购扶持中小企业的政策和实践，总结出一系列具有代表性和推广价值的最佳实践做法，可以为其他参加方提供可借鉴的模式和参考。二是避免采取歧视性中小企业措施。各参加方已在 GPA "最后条款"中就"寻求避免引入或继续实施扭曲公开采购的歧视性措施"达成共识。为了保持政策的一致性，政府采购委员会确立了消除歧视性中小企业措施的目标，要求参加方应避免采取仅有利于国内中小企业的歧视性措施，并应劝阻新加入方采取此类措施和政策。避免歧视性措施不仅有助于确保国内外中小企业在政府采购市场中享有平等的竞争机会，提高政府采购的质量和效益，还有助于增强 GPA 的权威性和公信力，促进全球政府采购市场的一体化和自由化发展。

（二）具体措施

GPA 中小企业工作计划主要通过以下措施实现工作目标。

一是透明度方案。透明度方案是实现中小企业工作计划的基础。GPA 在序言中突出了透明度在政府采购中的重要性，要求各参加方及时公布与协议有关的法律、法规、司法判决、行政规定、标准合同条款、采购相关程序以及上述内容的修改。在"最后条款"国内立法中规定，参加方应将其与本协议有关的法律和法规的任何变更以及此类法律和法规管理方面的任何变更通知政府采购委员会。透明度方案以上述协议透明度规则为依据，对参加方提出了具体的通知要求。自 GPA 修订协议生效后，在出价中保留中小企业具体规定的参加方，包括预留份额的，应向政府采购委员会通知这些措施和政策。通知应包括对措施和政策的完整描述、相关法律框架和运用情况以及受这些措施管辖的采购价值。参加方还应向政府采购委员会通知这些措施和政策的实质性变化。这些规定为政府采购委员会及时掌握参加方政府采购扶持中小企业政策创造了有利条件，使其全面了解各参加方在中小企业政策方面的举措和实践，增强了信息共享和交流，推动了中小企业工作计划的实施。

二是中小企业调查。中小企业调查是中小企业工作计划中的重要环节，建立在透明度方案的基础之上，旨在了解各参加方协助、促进、鼓励或便利中小企业参与政府采购的措施和政策的信息。政府采购委员会采用问卷形式对参加方进行调查，并对答复信息进行汇编和分发，供各参加方之间互相提问、获取额外信息以及评论。调查中向参加方提出的问题包括：采用的措施和政策说明，包括这些措施和政策的经济、社会和其他目标及如何管理；中小企业的定义；在政府采购方面，专门机构或组织协助中小企业的程度；中小企业参与政府采购程度的资料，包括授予中小企业的合同价值和数量；中小企业分包措施和政策说明，包括分包目标、保障和激励措施；为中小企业（与其他大或小供应商）参与联合投标提供的便利；旨在为中小企业提供参与政府采购机会的措施与政策，如提高透明度和中小企业对政府采购信息的可获取性、简化参与投标的资格要求、缩小合同规模和确保交货后及时付款等；激励中小企业创新的政府采购措施和政策。

三是政府采购委员会审查。政府采购委员会审查是确保中小企业工作计划的保障环节。在 GPA 修订协议生效两年后，政府采购委员会应审查最佳实践对扩大参加方中小企业参与政府采购的效果，并考虑其他做法是否会进一步加强中小企业的参与。政府采购委员会也可考虑其他措施对其他参加方中小企业参与保留此类措施的参加方政府采购的影响。这涉及不同参加方之间的利益平衡和政策协调，确保各项措施不会对其他参加方的中小企业造成不公平的限制或歧视，维护政府采购市场的公平竞争环境。

（三）预期成果

政府采购委员会完成中小企业调查后，应确定其认为推动和便利参加方中小企业参与政府采购的最佳实践，预期的工作成果是编写完成最佳实践措施报告和其他措施清单。最佳实践措施报告旨在提炼出具有普遍性和推广性的扶持中小企业最佳实践做法，为其他参加方提供有益的参考和借鉴。其他措施清单旨在列出最佳实践之外的其他措施，主要指具有歧视性的中小企业措施。政府采购委员会应落实中小企业调查成果：一是对于最佳措施实践报告，各参加方应推动采用调查评估中确定的最佳实践，以鼓励和便利各参加方的中小企业参与政府采购。二是对于其他措施清单，政府采购委员会鼓励保留此类措施的参加方审查这些措施，以期取消措施或使措施适用于其他参加方的中小企业，这些参加方应向政府采购委员会通知审查结果，并在政府采购统计报告中提交受此类措施管辖的采购价值。其他参加方可要求将此类其他措施纳入未来改进协议的谈判中，保留此类措施的参加方应积极考虑这些要求。

三、GPA 中小企业政策最佳实践

自 2014 年 4 月启动中小企业工作计划以来，政府采购委员会开展了大量工作，2015 年制定了有关中小企业的调查问卷，共收到了 16 个参加方的答复。各参加方对答复汇编提出问题，就促进和便利中小企业参与政府采购的措施和政策进行讨论。2018 年 2 个参加方非正式分发了最佳实践措施报告草稿。2020 年参加方同意暂时搁置起草最终报告的工作，以探索完成该计划目标的新方法。2023 年参加方讨论如何重新聚焦于中小企业计划，并决定从行业和商业视角转向信息共享，以便更全面、更深入地了解中小企业在政府采购中面临的挑战，并突出有效的实践做法。2024 年 6 月，应工作组联席主席欧盟和新西兰的要求，一份关于促进和便利中小企业参与政府采购最佳实践的报告草案在政府采购委员会内分发。2024 年 10 月，政府采购委员会正式通过了《关于促进和便利中小企业参与政府采购最佳实践报告》（GPA/CD/6），标志着 GPA 中小企业政策取得了实质性进展。目前，参加方还没有完成其他措施清单。在《最佳实践报告》中，政府采购委员会提供了促进中小企业措施和政策的指示性清单，包括以下四个方面。

（一）提升透明度

政府采购的透明、公开和公平措施是确保政府采购有效且有利于中小企业的重要前提，这有助于增加中小企业的出口机会和竞争力，并减少国际贸易中的不必要障碍。《最佳实践报告》建议通过清晰、易获取的方式公开采购信息，以提高透明度，其主要内容包括：一是通过旨在帮助中小企业的专门网站向中小企业提供信息，使其了解采购流程。这些网站可以为中小企业搭建便捷的信息获取平台，提供操作指南视频、中小企业指南和开放数据访问等有针对性的帮助和指导。二是确保在线公布政府采购措施，包括法律、法规和政策。中小企业可以通过互联网随时随地查阅这些信息，了解政府采购的规则和政策，为其参与政府采购提供重要的依据。三是在政府采购中（从公告到提交文件及后续阶段）推广免费使用电子工具，降低中小企业的参与成本，使其能够便捷地参与政府采购活动。四是通过记录并在网上发布的方式，使公众和行业的互动以及相关问答环节资料公开可得。例如，记录并发布招标前会议或"行业日简报"以及所有相关问答内容，让中小企业能够全面了解采购过程中的信息。

（二）减轻行政负担

行政负担是所有企业，特别是中小企业参与政府采购的主要障碍。在减轻行政负担方面，最佳实践包括：一是充分合理地利用电子采购系统。首先，采购实体通过充分使用电子采购系统，确保简化和缩短流程，减少繁文缛节和行政负担。其次，通过整合注册、支付系统、招标文件发布与提交系统等各类功能系统，减少中小企业必须访问的采购门户数量，提高采购便捷性和效率。最后，提供所有招标信息的电子访问途径，包括招标通知、投标文件、合同表格以及模板、清单和其他支持工具等资源，使中小企业能够及时高效地获取采购信息。二是简化文件要求。允许中小企业自我声明符合资格标准，或取消对政府官方提供文件的要求，以减少中小企业准备文件的时间和成本。通过建立常用清单，减轻中小企业提交类似投标文件性质的行政负担。三是简化采购程序。通过在线供应商注册、固定价格报价以及采购计划，提高采购的效率和透明度。取消提交投标书和申请付款的现场要求，以简化采购程序，提高采购的便捷性，降低中小企业的参与成本。制定相关程序，让政府机构按需审查法规对中小企业的影响，考虑采用更灵活、负担小的替代方案，以确保采购程序合理、适应中小企业发展。

（三）提供采购机会

在适当的条件下，中小企业能够提供优质的商品、服务以及创新解决方案。过于严苛的资格和选择标准，特别是经济和财务要求，会成为中小企业参与政府采购的障碍。在为中小企业提供采购机会方面，最佳实践包括：一是按比例设定资格和合同分包。一方面，在充分遵守修订GPA义务的前提下，为缔约当局提供将较大合同划分多个批次的选择，旨在加强竞争并便利中小企业获得公共采购合同。分批签订合同不应具有歧视性，也不应为规避协议规则适用而将合同估价降低至门槛价以下。另一方面，提高对政府招标中联合投标与分包机会的认识，以便中小企业能够获得重要的政府采购合同。例如，通过在线资源将中小企业与总承包商（中标人）联系起来，为其供应商品或服务。二是降低对参与条件的过高要求。通过避免制定对服务交付或质量无影响，却可能使某个供应商比其他供应商更具优势的过度详尽的技术规格，以及为投标人提供在投标中提交替代方案的机会，为中小企业创新提供空间。确保采购实体在制定如投标保证金和担保金额等投标要求时，考虑中小企业的财务能力，降低中小企业参与政府采购的门槛。确保保险费用及其他参与条件不会给中小企业带来不必要的阻碍，包括提供政府支持的债券担保，使中小企业能够参与政府采购。三是识别和降低风险。识别风险，并在采购实体和企业之间适当分配和降低这些风险。采购实体应及时付款，包括在分包情形下。确保所采用的合同类型和付款结构不会阻碍中小企业参与公共采购。

（四）加强合作和对话

前面所有要素的实施，需要专业的采购实体。《最佳实践报告》建议加强政府当局的专门参与和教育，在政府采购中构建稳固的中小企业供应链。最佳实践包括：一是提高采购实体的专业性。一方面，委托机构或建立职能，以识别并减少中小企业参与政府采购的障碍，就如何制定有利于中小企业的技术规格为采购实体提供指导。在各采购实体间分享信息，以及制定和分享关于中小企业获取采购机会的指南，提高采购实体的整体水平。另一方面，成立一个由公共部门和私营部门共同主持，以及由行业协会成员组成的咨询委员会，讨论政府采购流程的潜在改进措施，提高采购实体的决策水平。二是加强采购实体与中小企业的合作和对话。在合作方面，为中小企业提供更多的支持和帮助。与商业协会及其他组织建立合作关系，参加行业活动或贸易展会，并为中小企业举办研讨会，以增强它们对如何与政府开展业务的理解。在对话方面，为中小企业提供联络途径，如电话、电子邮件或在线表单等，以便其就如何与政府开展业务提出问题。在企业竞标政府合同后，采用如复杂合同的面谈会、信函等不同的形式，向其反馈情况。定期与中小企业供应商就政府采购中的障碍或其他问题进行沟通咨询，包括就这些障碍或问题对中小企业进行调查，以及时了解中小企业的需求和意见，为采购实体改进工作提供依据。

四、GPA 中小企业政策发展分析

随着 WTO 不断推动中小企业参与世界贸易，政府采购领域也开始正视和解决中小企业政策所面临的现实困境，在制订中小企业工作计划的基础上，出台了《最佳实践报告》。GPA 中小企业政策的演进历程，本质上是国际贸易自由化目标与国内社会政策功能之间的动态平衡过程，其发展呈现以下关键方向和趋势。

（一）实现从刚性约束到柔性治理的转变

近年来，WTO 将扶持中小企业参与世界贸易纳入核心议程，形成了推动 GPA 规则调整的动力之一。GPA 作为 WTO 框架下的诸边协议，需要与 WTO 整体战略协同，回应对中小企业的扶持要求，为世界贸易做出更大贡献。而且，促进中小企业参与政府采购可以减少贸易壁垒和障碍，实现政府采购系统的良好治理，提高 GPA 的效力和影响力，从而吸引并推动 WTO 成员加入协议。很多 WTO 成员将扶持中小企业作为弥补市场失灵的政策工具，仅限于国内的限制直接影响到跨国贸易自由化的谈判。GPA 非歧视等刚性规则与参加方扶持国内中小企业的政策需求存在直接冲突，使 GPA 及参加方陷入两难境地：若严格遵循非歧视原则，参加方无法实现扶持中小企业的政策功能；若保留国内政策，则阻碍 GPA 扩展成员，影响协议规则的权威性。以美国为首的参加方在出价清单中排除了扶持中小企业的项目，虽暂时缓解了协议规则与采购实践的冲突，但削弱了协议规则的普遍适用性，引起了其他参加方的不满和反制。GPA 对中小企业市场准入例外的争议性妥协，不仅削弱了规则的公平性和权威性，也暴露了治理体系的内在缺陷，因此改革势在必行。

在内外部因素的驱动下，2009 年参加方在讨论改进 GPA 谈判时，将中小企业待遇纳入水平市场准入谈判议题，开始探索渐进式改革之路。2012 年政府采购委员会通过了《关于中小企业工作计划的决定》，确立了审查最佳实践和避免歧视性措施目标，通过透明度方案、中小企业调查和政府采购委员会审查等措施，为中小企业政策发展提供数据和方向。2024 年政府采购委员会通过了《关于促进和便利中小企业参与政府采购最佳实践报告》，从提升透明度、减轻行政负担、提供采购机会和加强合作对话等方面，为参加方提供了中小企业政策最佳实践指引，政策创新取得了实质性进展。历经多年的探索，GPA 设计了"信息披露—问题识别—政策修正"的闭环机制，从规则禁止到有条件包容，降低了直接对抗风险，实现了中小企业政策从刚性规则约束向柔性治理协调的转变，为推动中小企业参与国际政府采购活动创造了更多机会。

（二）坚守非歧视和透明度原则

非歧视和透明度原则作为 GPA 的核心原则，是实现贸易自由化目标的基石和保障，贯穿协议的具体条款，并通过"参加方国内立法应符合协议要求"的规定予以保障。GPA 中小企业政策从冲突到协调的治理中，坚守非歧视和透明度原则，通过目标确立、措施实施和成果落实等多个环节全面贯彻落实，为中小企业参与政府采购提供了有力的制度保障。

非歧视原则的贯彻主要体现在以下方面：一是从共识到目标的确立。各参加方在 GPA 中达成"寻求避免引入或继续实施扭曲公开采购的歧视性措施"的共识。在全球经济一体化的背景下，政府采购市场的公平性对于中小企业的发展至关重要。基于此共识，政府采购委员会进一步确立了消除歧视性中小企业措施的明确目标。要求参加方避免采取仅有利于国内中小企业的歧视性措施，并劝阻新加入方采取此类措施。这一目标的确立，从制度设计的源头为国内外中小企业提供了平等参与政府采购的机会，将有效遏制歧视现象的发生，确保所有符合条件的中小企业都能在同一规则下竞争。二是调查与审查环节的保障。在中小企业调查环节，详细询问了参加方采用的措施和政策说明，包括这些措施和政策的经济、社会和其他目标及如何管理等多个方面的内容。通过这些细致的调查，可以深入审查各参加方的政策中是否存在潜在的歧视性内容。而政府采购委员会审查时，重点考虑其他措施对其他参加方中小企业参与保留此类措施的参加方政府采购的影响。这一审查机制能够及时发现并纠正可能存在的歧视性问题，维护公平竞争环境。三是成果落实中的体现。对于在调查和审查中发现的歧视性中小企业措施，政府采购委员会采取了一系列有力的措施，鼓励保留此类措施的参加方对这些措施进行审查，目的是取消这些不合理的歧视性措施，或者使其适用于其他参加方的中小企业。其他参加方如果发现存在不合理的歧视性措施，还可以要求将此类措施纳入未来改进协议的谈判中，而保留方应积极考虑这些要求。这种成果落实的机制，确保了非歧视原则在政策实施的各个环节都能得到切实执行。

透明度原则的贯彻主要体现在以下方面：一是规则透明度。透明度方案要求保留中小企业规定的参加方应向政府采购委员会通知详细的措施和政策及其实质性变化。法律框架的强制公开和政策变动的通知义务，使政府采购委员会能够及时、准确地掌握各参加方扶持中小企业政策的具体内容和实施情况，便于对政策合规性的监督。二是流程透明度。一方面，推广电子化采购系统，实现采购全流程公开。通过专门网站向中小企业提供信息，使其了解采购流程和要求，提供有针对性的帮助和指导，降低参与门槛。在政府采购中推广免费使用的电子工具，降低中小企业的参与成本，使其能够便捷地参与政府采购活动。另一方面，通过记录并发布公众和行业的互动以及相关问答环节资料，实现互动环节的公开留痕。从信息获取、参与方式到互动环节，全方位地体现透明度原则，为中小企业参与政府采购提供更加公平、透明的环境。这些措施相互配合，构建了一个完整的信息公开体系，使中小企业在参与政府采购前、中、后都能获取所需信息，为其参与政府采购奠定基础。

（三）推动技术应用和政策创新

在非歧视框架下，GPA中小企业政策的改革路径聚焦于技术赋能与政策创新，以信息技术作为政策落地核心载体，将传统的"保护性政策"转型升级为"普惠性措施"。《最佳实践报告》的这些创新举措，为有效消除阻碍中小企业发展的障碍和扩大市场机会，营造了良好的政策生态环境。

在GPA中小企业政策中，信息技术应用广泛，通过提升透明度和减轻行政负担，有效地促进了中小企业在政府采购市场中的参与和发展，成为推动政策落实的关键力量。在提升透明度方面，为中小企业搭建便捷的信息获取平台、确保在线公布政府采购措施、在政府采购流程中推广免费使用电子工具以及网上发布公众和行业的互动和问答资料等措施，都依赖于互联网和电子平台技术；在减轻行政负担方面，充分使用电子采购系统，整合各类采购功能，提供所有招标信息和资源的电子访问途径等，信息技术的应用改变了传统采购模式，提高了效率和便捷性，其不仅是GPA中小企业政策治理的重要工具，更是规则重构的驱动力。

政府采购扶持国内中小企业的保护性措施具有歧视性，是矛盾的根源。GPA中小企业政策创新的重要举措就是推行普惠性措施，确保所有国内外中小企业公平参与竞争，以破解中小企业政策的现实困境。在简化流程方面，允许中小企业自我声明符合资质、取消提交政府文件或建立"常用清单"等简化资质审核，不要求现场提交投标书和申请付款等简化流程，推广应用电子化平台和工具以降低参与成本等普惠性措施，避免了歧视性资质要求，为所有中小企业减轻行政负担，体现了程序上的平等性。在增加市场机会方面，将大型采购项目拆分，通过市场结构优化扩大机会，而非强制设定国内企业份额。鼓励联合投标和分包，以市场化合作替代行政强制分包，避免歧视。这些普惠性措施不区分企业属性，仅以技术能力和服务质量为竞争标准，为所有国内外中小企业提供了平等采购机会。在降低过高参与条件方面，避免歧视性技术规格和提交替代方案等措施为中小企业创新提供空间，制定保证金等投标要求时考虑中小企业的财务能力以降低参与门槛，通过适当分配和降低风险等方式提供普惠性支持工具。普惠性措施遵循的是面向国内外中小企业平等开放的理念，能够有效替代保护性干预的传统政策，既能扶持中小企业，又能维护市场开放与规则权威。

（四）探索其他措施的解决方案

GPA 中小企业政策总结出一系列具有推广价值的最佳实践做法，但其他中小企业措施的问题仍未解决。目前，其他措施清单还没有完成，而参加方中小企业例外条款因具有歧视性而更为棘手，特别是美国因其具有强势地位，拒绝放弃保护国内企业的措施，成为 GPA 中小企业政策制定面临的挑战和难题。根据中小企业工作计划，政府采购委员会也在探索其他措施的解决方案，主要通过识别与公开歧视性措施、建立审查与协调机制以及推动纳入谈判与持续改进等，尝试解决其他措施中存在的非歧视问题，致力于实现全球政府采购市场的公平竞争和中小企业的平等参与。

其他措施的解决方案以消除歧视性中小企业措施为目标，避免采取仅有利于参加方国内中小企业的歧视性措施，并劝阻新加入方采取此类措施和政策。解决方案具体包括：一是识别与确定歧视性措施，进行透明度约束。所有保留中小企业例外的参加方应向政府采购委员会提交政策细节及变化，包括法律依据、覆盖范围及采购价值等，这一信息公开要求使政府采购委员会和其他参加方能够清楚地了解相关措施的具体情况和影响范围。政府采购委员会通过调查问卷收集中小企业措施，以识别和确定歧视性措施。通过透明度机制强制歧视性措施显性化，形成国际监督压力，促使参加方积极改进。二是建立审查与协调机制。一方面，积极鼓励保留歧视性措施的参加方进行自我审查，促使其深入分析自身政策的合理性和公平性，以期取消措施或使措施适用于其他参加方的中小企业。另一方面，政府采购委员会重点审查歧视性措施对其他参加方中小企业参与政府采购的影响。这一审查过程涉及不同参加方之间的利益平衡和政策协调，政府采购委员会在其中发挥着重要的协调作用，以促进各参加方共同探讨解决方案。三是推动纳入谈判与持续改进。其他参加方有权要求将歧视性措施纳入未来改进协议的谈判中，保留此类措施的参加方应积极考虑这些要求。这一机制为各参加方提供了一个解决争议和推动政策改进的正式渠道，有助于推动协议的不断发展和完善，为中小企业创造公平竞争的政府采购市场环境。

（国际关系学院：孟晔）

2024 年中国工业品电商采购发展报告

2015 年以来，工业品数字化采购快速发展。近十年内，工业品电商平台快速崛起，目前行业内已有超千家平台，头部平台数十家，业务覆盖了大多数工业品品类。

2023 年，我国工业品数字化市场交易规模突破万亿元大关，预测 2025 年，工业品数字化市场交易额将达到 1.3 万亿元。工业品供应链的数字化进程正在加快。

大型企业、政府部门的采购线上化已经逐步完善，但目前中小微企业的采购流程线上化进程仍然较为缓慢。大量中小微企业并未接触过线上采购，企业采购管理和成本优化都有较大的提升空间。

未来较长时间内，工业品电商平台的业务重心将更加重视中小微客户，为中小微客户提供更全面、更适配的产品和服务，将成为工业品电商平台的核心竞争力之一。

工业品一般指在工业生产过程中所需的产品，广义的工业品包括工业生产所需要的零部件、原材料、工具仪表等，也包括电子电器、办公用品、生活耗材等各类工业生产成品。本报告讨论的工业品主要包括工业生产场景中的 MRO（非生产性物资）和 BOM（生产性物资）产品，以及工业品产业链上的 FA（工业自动化零件）、电子元器件等产品，不包含大多数快消品、大宗原材料、消费电子类等产品。

一、从 B2B 到产业互联网：近三十年工业品电商发展史

（一）工业品电商发展史

我国 B2B 电子商务起步于 20 世纪末期，是民用互联网最早的商业模式之一，至今已有近三十年的发展历史。从 B2B 信息发布到 B2B 交易，B2B 电子商务随着技术和产业快速发展，进入产业互联网时代。

工业品作为种类繁多、采购需求量大的重要商品，是产业互联网的核心赛道之一，各类工业品电商平台也随着互联网 B 端业务的发展而兴起，逐渐构建了产业互联网时代新的发展格局。

1. B2B 信息时代

信息时代的 B 端业务起步于 20 世纪末期，企业在各类黄页网站上发布采购需求、企业宣传等，这种信息公开平台成为 B2B 业务的雏形。代表性平台有中国黄页、1688、慧聪网、中国制造网等。这一发展趋势一直持续到 21 世纪初期，在慧聪网上市后，大量垂直赛道的信息平台出现，B2B 信息模式迎来高速发展。

2. B2B 交易时代

2010 年前，C 端市场早于 B 端市场，开始探索线上直接交易场景。随着线上支付的成熟，B 端的线上交易平台开始出现。

2010 年后，B2B 线上交易业务逻辑逐渐被证实，震坤行、找钢网等平台成立，咸亨国际等传统经销商建立了线上平台，B2B 交易时代进入高速发展期。

2014—2017 年，B2B 交易高速发展，五金工具、机械设备等赛道的垂直型交易平台大量涌现。工业品电商市场交易规模在此期间维持着 18% 的年增长率，年交易规模迅速上升到近 5000 亿元。

在诸多 B 端流通品中，工业品品类繁多，涉及工业生产、企业办公等大量不同场景，具有 B 端业态与 C 端业态并存、BC 融合的特点。因此，淘宝、京东等 C 端电商平台同样存在大量在售的工业品。在工业品 B2B 电商大潮之下，C 端电商平台也开始布局 B 端业务，2015 年淘宝开启淘宝天猫工业品业务、2020 年京东收购工业品电商平台工品汇，都是对工业品电商场景 B/C 业务交汇路径所作的探索。

3. 产业互联网时代

2018—2021 年，垂直型交易平台的红利逐渐消退，资本投入降低。2020 年以来，多方面因素导致供应链稳定性受到挑战，B2B 交易平台承压发展。除淘宝天猫工业品、震坤行等具有规模效应的头部平台外，大量平台出现了不同程度的业务缩水。

供应链波动也让更多行业注意到了数字化的必要性。除了交易场景本身，交易前后的询单、合同、售后等各个场景也需要进行数字化改造。

在此背景下，包括 B2B 平台在内的供应链上下游各方企业都开始纵深推进业务发展，以打造更加稳定的供应链体系，主导数字化交易环节的电商平台开始将服务从交易扩展到供应链各环节，电商开始由简单的 B2B、B2C 模式转变为产业互联网模式。

工业品流通场景涉及品类众多，流程各有不同且复杂，各品类之间业务逻辑也有巨大的区别，因此，工业品电商平台承担着整合供应链上下游、加深工业品流通数字化的重要功能，不仅是产业互联网的核心赛道之一，也是产业互联网的核心竞争力。

（二）产业互联网时代的工业品电商新形态

1. 产业互联网持续增长，工业品电商交易突破万亿元

近十年来，产业互联网持续高速发展。2022 年中国产业互联网市场交易规模突破 20 万亿元，预测到 2025 年将达到 24.9 万亿元，2021—2025 年复合增长率达到 7.1%，如图 1 所示。

随着企业采购的线上化逐渐普及，工业品流通对线上化的需求度进一步提高。同时，产业互联网时代的工业品电商平台更加重视全产业链综合服务体系，工业品供应链的数字化转型进程显著加快。

2020 年以来，工业品电商市场交易规模增速始终高于产业互联网市场交易规模的

增速。2023 年中国工业品电商市场交易规模突破万亿元，预测 2025 年将达到 1.38 万亿元，并维持 14% 的年增长率，中国工业品电商市场交易规模预计达到 1.36 万亿元，如图 2 所示。

图 1　中国产业互联网市场交易规模

图 2　中国工业品电商市场交易规模

资料来源：托比研究院。

2. 政策利好工业品电商发展

随着行业规模快速扩大和供应链数字化转型的深入，产业互联网的发展开始受到政策的关注。2023 年 7 月，国务院总理李强主持召开平台企业座谈会，出席企业中有半数为产业互联网平台企业。

2024 年 1 月，习近平在中共中央政治局第十一次集体学习时强调加快发展新质生产力，提出大力发展数字经济，促进数字经济和实体经济深度融合；同时要围绕发展新质生产力布局产业链，提升产业链供应链韧性和安全水平。产业互联网作为以数字技术支撑实体经济发展的重要平台，是典型且不可替代的新质生产力之一，符合未来我国经济发展的主要方向。

2024 年 1 月 4 日，国家数据局等 17 部门联合印发《"数据要素×"三年行动计划（2024—2026 年）》；2024 年 4 月 26 日，商务部印发《数字商务三年行动计划（2024—2026 年）》，两份文件均提出支持产业互联网的发展，深度发掘工业线上交易场景的数据要素业务。

3. 中小企业采购场景亟待发掘

从采购视角来看，我国企业物资采购规模持续稳定增长，企业采购线上化渗透率逐渐提升。根据中国物流与采购联合会与亿邦智库联合发布的《2024 年数字化采购发展报告》统计数据，2023 年全国企业物资采购总额为 175.4 万亿元，同比增长 1.1%；数字化采购总额为 17.2 万亿元，同比增长 15.2%；数字化采购渗透率为 9.8%，较 2022 年提升 1.2 个百分点。

从物资采购品类看，2023 年生产性物资采购额为 97.3 万亿元，非生产性物资采购额为 78.1 万亿元，非生产性物资中 MRO 工业品采购额为 8.9 万亿元。

整体来看，我国企业采购的数字化渗透率仍处于较低水平，但大型企业在自身体量带来的管理和经营需求下，往往更早投入数字化转型，数字化渗透率已经处于世界前列。导致我国采购数字化渗透率较低的原因主要是中小微企业的数字化渗透率较低，很多小微工厂甚至还保留着最传统的纸质账本，在附近超市购买物资的运作模式。

因此，如何助力中小微企业实现采购流程的数字化，利用线上采购平台和延伸的供应链服务改造中小微企业，是工业品数字化平台未来几年的巨大蓝海。

4. 综合平台占据工业品电商主流

根据研究内容不同，工业品电商平台有多种分类角度。本报告重点关注供应链上下游视角下的工业品电商平台，故选择客户体量和产品品类两个视角进行分析。

依客户体量分类，工业品电商平台可分为中小微企业模式为主和大客户模式为主。

以中小微企业模式为主的平台面向中小微采购者，为其提供更灵活的订单规模选择，产品一般以 MRO、紧固件等常用耗材为主。中小微企业的零散采购更加关注产品品类是否齐全和价格是否足够优惠，因此掌握更多供应商、凭借规模效应打造价格优势的头部平台占据更大的市场份额。专注于小微企业采购的有淘宝天猫工业品、震坤行旗下的工邦邦等平台。以大客户模式为主的平台的主要业务为大型企业、政府、军队等的集中采购。这类采购订单规模较大，采购品类较为集中，对商品质控和流程合规要求较高，因此需要平台掌握上游的头部供应商资源。领先未来、京东、齐心等平台是大客户模式的代表性平台。

依产品品类划分，工业品电商平台可分为五金机电、机械设备、紧固密封等。由于工业品产品品类丰富，难以讨论每个细分品类，本报告分为两类：聚焦于某一赛道的垂直型平台和覆盖多数产品品类的综合性平台。

工业品电商初创企业往往从某一赛道入手，聚焦少数产品类型，打通一条产业链。买卖宝、工品一号、海智在线等平台分别在电力线缆、紧固件、非标零部件等品类打开市场空间。平台主营业务规模成熟之后，部分平台也会选择逐渐扩展品类，横向打通更多赛道，逐渐成为综合性平台。

综合性平台对平台自身体量要求较高，只有少数平台能覆盖到大多数商品品类，这部分平台也能以产品覆盖率的优势吸引更多客户。淘宝天猫工业品、1688、京东等电商龙头平台凭借庞大的上下游用户规模和资源积累等优势，实现了工业品多数赛道的覆盖。

数字化采购渗透率逐渐提高，让企业更多采购场景转向线上，对平台产品覆盖度提出了更高的需求，这为综合性平台带来了巨大的发展优势。目前工业品电商交易规模较高的头部平台，如淘宝天猫工业品、京东工业品、震坤行、国联股份等，都是覆盖了较大品类范围的综合性平台，已经占据了工业品电商市场的主流。

二、工业品电商的未来趋势

（一）中小微企业蓝海等待平台探索

产业互联网进入新的发展阶段，中小微企业将成为电商平台的必争之地。中小微企业在中国工业体系中占据重要的生态位置，也面临着更复杂的数字化需求，采购流程的数字化正是最核心的需求之一。

与大型企业相比，小微企业有着更灵活的战略调整能力，因此小微企业更有意愿尝试新的采购渠道，尤其是电商采购。对工业品电商平台而言，如何从中国海量中小微企业的潜在市场中获客，将大幅影响平台业务方向和业务规模。

2023 年以来，工业品电商头部平台纷纷开始向中小微客户倾斜业务。淘宝天猫工业品拥有规模巨大的中小微客户资源，覆盖全球超过 100 万家供应商，是目前在中国中小微企业采购市场中发掘最深的平台之一；震坤行上市以来，旗下工邦邦平台业绩领跑，增速更快，也证明了中小微企业市场的巨大潜力；此外，其他头部平台也在持续向下发掘客户，将目光聚集在海量中小微企业的采购需求上，以寻求业务规模的进一步扩大。

（二）数据要素时代即将到来

从"数据二十条"的发布，到国家数据局的"揭牌"，全国各地数据交易所的纷纷成立，再到《"数据要素×"三年行动计划（2024—2026 年）》政策的发布，在数字经济的大背景下，"数据资产"有望被激活，成就万亿级的大市场。中国信息通信研究院相关数据显示，过去五年，我国大数据产业高速发展，2023 年大数据产业市场规模达到 1.74 万亿元（见图 3）。从数据交易场景看，2025 年中国数据交易规模将超过2200 亿元，其中场外交易占到 98%。未来三年至五年数据交易的复合增长率将超过20%，占全球规模的 13.4%，占亚洲规模的 66.5%。

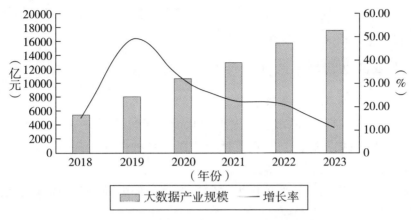

图3　我国大数据产业市场规模

工业品电商交易场景具有产业互联网领域较高的数据量和复杂度，平台交易数据能直接体现产业链上下游的波动和国民经济的走势，平台交易数据具有极高的发掘价值。在数据要素时代，工业品电商平台对数据资产的发掘可能成为交易和供应链服务之外的产业互联网第三增长曲线。

数据的价值与数据量强相关，电商平台需要足够多的上下游客户群体和巨大的交易量级，积累大量产业链数据，才能更深度地发掘数据价值。迪塔班克、上海钢联分别在化塑和钢铁两个领域掌握了较大量级的价格和交易场景数据，用大数据打磨产品和服务，在各自行业内拥有极强的竞争力；掌握百万级别供应商的淘宝天猫工业品掌握了大量交易数据，在建立行业上下游的数据画像、判别行业前沿发展趋势、优化供应链结构、开发大模型等衍生产品等方面有重要的提升。在大数据背景下，电商平台的天然数据属性将带来巨大的发展优势。

（三）柔性制造主导供应链变革

中国拥有世界上完备度最高、规模最大的工业体系，但工业供应链仍然存在产业上下游连接较弱引起的供需错配和滞后等问题。柔性制造是改善这一短板的重要举措，强调在生产过程中的适应性和灵活性，具有高度的定制能力和出色的适应能力，在响应速度、资源效率等方面具有强大的优势，在外部环境波动的影响下也能维持稳定的供给能力。

柔性制造给工业品供应链带来了挑战，但也提供了新的发展方向。柔性制造驱动下的新型供应链体系要更加智能、柔性、敏捷，这不仅需要生产商的生产模式转变，还需要工业品电商平台具备更强的上下游协同性和更快的响应速度。

"柔性供应链"对平台的多元化供应商网络、交易大数据处理、供应链协同管理等能力有着较高的要求，平台需要打造成熟的平台交易模式，并深入剖析所在赛道的供应链特点，如致景科技基于"小单快反"模式的纺织产业柔性供应链平台、海智在线聚焦中小型工厂的非标零部件供应链模式等。淘宝天猫工业品凭借雄厚的供应商资源和大数据资源，也实现了工业品零散采购场景的柔性化转型。

（四）工业品电商的未来黄金模式

综合以上三个主要趋势，未来工业品电商的模式将逐渐从现有的以大客户订单服务为主的模式转向更加下沉的市场和更加细化的服务体系。在抓住中小微客户市场、重视产业链数据的发掘和赋能、打造柔性供应链体系的三大趋势下，拥有对应客群和技术优势的平台将掌握先机，获得更大的市场。

本报告将淘宝天猫工业品平台作为示例，展示头部电商平台如何在实践中建立基于以上三大趋势的优势业务体系。

从客户规模上看，淘宝天猫工业品吸引了大量小微企业采购主，持续从 C 端交易场景中发掘潜在的 B 端客户；而基于较高用户规模，淘宝天猫工业品掌握了行业领先的交易场景数据和上下游用户数据，并以阿里云、菜鸟等阿里产品矩阵赋能，构建了强大的大数据赋能能力。同时，由于连接大量生产商和品牌商，淘宝天猫工业品在供应链的柔性化转型上也具有先发优势和上游基础。

三大优势的建立与淘宝天猫工业品的发展历史密不可分。

2015 年，阿里巴巴推出淘宝企业服务：以五金工具个人消费向企业采购需求为切入点，从淘宝天猫海量 C 端用户中发掘潜在的中小微 B 端采购者，为其集中提供更适配的供应商和采购流程服务。从消费端交易场景出发的基本逻辑使淘宝企业服务在用户量级上领先于全行业。

2016—2020 年，淘宝企业服务高速发展，交易规模突破千亿元，并从最初的工业品板块发展到"三驾马车"：工业品、农业服务品、商业服务市场。横向扩展品类打造了更坚实的业务量基础，并助力淘宝天猫工业品建立更立体的行业画像和数据库。

2021 年，淘宝企业服务提出"供应链智能协同网络"的发展理念，从平台用户中发掘优质企业，以优质企业为节点提升采销深度，最终实现供应链上下游的深度协同。"供应链智能协同网络"本质是更加敏捷、高效的柔性供应链，也是淘宝天猫工业品的核心竞争力。

高度契合行业趋势的发展历史，使淘宝天猫工业品的客户体量和交易规模达到行业领先水平，也率先探索出了行业发展的"黄金模式"。

三、工业品电商平台的核心竞争力

在以上发展趋势之下，工业品电商平台应该怎样制定发展方向？本报告将结合行业发展趋势，以淘宝天猫工业品的业务逻辑为案例，分析未来工业品电商的核心竞争力。

（一）自下而上，发掘海量中小微采购者

中国中小企业协会披露数据显示，中国中小微企业数量已超过 5300 万家，中小微

企业占全国企业数量之比超过 90%，贡献了全国 60% 以上的 GDP 和税收，是国民经济的重要支柱和生力军。但中小微企业在供应链波动和产业格局变化之下缺乏稳定性，大多数小微企业很少享受到产业链数字化的红利。中国制造业 PMI（采购经理指数）月值显示，2023 年至 2024 年 6 月，大多数月份的中小企业 PMI 均低于荣枯线之下，市场活跃度远低于大企业，如图 4 所示。

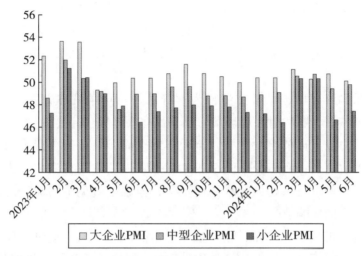

图 4　中国制造业 PMI 月值

资料来源：国家统计局，由托比研究院整理。

在大环境不景气的背景下，中小企业往往只能通过"开源节流"来缓解压力，这为工业品电商平台带来了发展机遇：谁能抓住更多中小客户，谁就能率先占据蓝海。

基于以上背景，目前已有多家平台开始重视下沉客户市场，淘宝天猫工业品、京东工业品等头部平台正在加大对中小企业客户的服务投入。淘宝天猫工业品在中小微客群服务上有着近十年的业务经验积累，服务体系相对更加成熟，其 B 端客户有较大比例是从淘宝海量 C 端用户中发掘的中小型企业采购者。这种"自下而上"的业务铺设路径为淘宝天猫工业品发掘了海量的中小企业采购者资源，在客户规模上创造了极大的优势。

中小微企业采购不同于大企业采购，往往更接近 C 端购物逻辑：采购人员从网站上寻找商品，通过自身知识储备和企业需求灵活选择产品，同时更关注价格优惠，使得订单有较大的调整空间。这需要平台覆盖足够多的产品品类，同时囊括足够多的上下游用户，为用户提供更多价格区间和品质区间的选项。淘宝天猫工业品凭借超过 10 亿个 SKU 的丰富供给能力和全球超过 100 万个优质卖家，为采购者提供丰富的产品选择和比价空间，真正做到让中小微企业采购者满意，提升客户黏性。这正是淘宝天猫工业品成为产业互联网领域业务规模大、知名度高的工业品电商采购平台的根本原因。

（二）从交易到服务，全面助力中小微企业数字化转型

中国企业采购市场的数字化进程正在加速，而企业采购流程的数字化转型一般有两种路径：一是建设企业自身的 ERP 系统，二是向第三方服务商购买或租用客制化采购管理系统。然而，这两种路径在大型企业中较为容易实现，对于中小微企业却并不现实：一方面，中小微企业的技术资源、人力资源和资金均不支持搭建自身的 ERP，也难以为客制化的第三方服务长期付费；另一方面，小微企业的企业主和从业人员多为基础技术工人或夫妻店起家，对互联网技术的掌握程度较低，难以自主实现数字化管理。

采购者在采购流程中，除了交易行为本身之外，同样关心交易前后的采购寻源、比价开单、合同签署、履约对账等环节。从采购场景本身来说，过去电商采购主流的大客户采购模式对以上环节更加重视，流程详细全面，但对于小型采购而言操作更为复杂，流程可能也更长；而不少小微企业主和采购人员往往在淘宝天猫、拼多多等消费端平台以个人身份进行采购，流程简便灵活，但难以避免中间流程的缺失，对企业管理合规造成一定的影响。

因此，平台不再只依靠产品，也要依靠丰富的服务供给，提供更便捷、更实用的采购流程服务来吸引更多的客户，用平台交易能力替代一部分企业管理数字化的功能，率先在企业采购流程上推进中小企业的数字化转型。从 B2B 交易到产业互联网的转变，最核心特征就是从单纯的交易平台转型为覆盖交易全流程和产业链上下游综合服务的服务型平台。

以淘宝天猫工业品推出的超级买家升级计划为例。针对中小企业采购者模式较为滞后的采购流程，超级买家计划提供针对性的服务升级，实现采购流程全面线上化，B端客户专属的 B. TAOBAO. COM 也更加适配企业采购人员的工作场景。这使淘宝天猫工业品从单纯的交易平台转变为服务平台，让大量小微企业主告别了"虽然在线上采购，但仍然用纸笔记账"的模式，真正实现了助力中小微企业的数字化转型。

（三）深化供需联系，提供更多对接机会

对工业品上游商家来说，获客成本较高始终是难以解决的问题之一。工业品产品标准化程度低，线上推广因为沟通效率较低，且产品例图缺少实物的具体性，难以精准触及需求者，采购流程往往会在前期的沟通选型、样品试用等环节浪费较多时间。

同时，当前工业品电商平台数量持续扩张，平台间的同质化竞争日益激烈，同一品类的工业品可能有数家到数十家平台在售。工业品供应商往往营销模式较为单一，自身缺乏推广经验和能力，难以用营销推广来高效获客。

对于下游买家来说，上游商家的触达效率低同样会带来采购的困难。不同业务方向的企业在采购流程中会存在品类较多或存在稀少型号等问题，部分企业还会存在非

标产品定制的需求，这类商品寻源难度较高，需要采购人员投入巨大的工作量，而且能提供对应产品的供应商品牌声誉可能较低，影响企业采购的正常运作。

作为工业品电商平台，提升供需双方的对接效率是解决商家触达效率低和买家寻源难度大的关键。为上下游提供高效的业务对接机会，举办长期或定期的营销活动，同时从各品类供应商中精选优质供给，可以有效提升采购场景的效率和完成度，进而增加上下游用户黏性，提高平台自身的行业占有率。

从上述上下游业务痛点来看，淘宝天猫工业品打造的服务和营销体系可以成为平台服务模式的参考：如金采伙伴俱乐部为买家提供了以卖家、整合商或区域推广商的身份参与平台宣传的机会；领航俱乐部招募五大重点类型商家，精选产品质量过硬、服务能力强、品牌覆盖度广的商家成为平台重点供应商，以实现采购者的高效寻源；采购盛典营销IP计划则是举办月度季度超级采购节和年度品牌采购盛典，进一步提供供需双方对接机会，提高卖家品牌曝光度和买家采购意愿。

通过以上多层次、多渠道的供需对接，淘宝天猫工业品实现了主要工业品品类的全覆盖和高效触达，让买家能够"一站式"满足大部分企业采购需求，让卖家能够深度触达产业链末端并高效获客，双向提升平台的用户黏性。

（四）推动产业链深度融合，助力企业"采销一体化"

工业品交易的诸多环节中，某一环节的需求者往往会成为另一环节的供给者。例如，一家模具制作厂商既会向器件生产商提供模具产品，又需要向切削工具、塑料耗材等厂商购买生产工具。这样的产业链生态在传统采销流程中可以稳定运转，但在数字化采销流程中会存在一定的弊端：企业的耗材采购和产品销售往往分属于两种区别较大的品类，导致企业采销两端需要分别运营两个或多个不同的平台，一方面提升了企业流程管理的复杂度，另一方面也会降低企业采销环节的效率。

这种弊端对垂直型工业品平台来说难以优化，但对于综合性平台来说不难解决。综合性工业品电商平台可以做到覆盖较多的工业品品类，将企业采销两端的需求放在同一个平台上完成，既可以降低企业采购和销售部门的工作难度，又可以提升采销环节效率。

这一问题的存在让诸多工业品电商平台对自身业务范围作出调整，以吸引更多上下游客户在平台上扮演供需双重角色。大量以垂直赛道起家的工业品平台开始横向扩展品类，向综合性平台转型。覆盖更多品类的综合性平台将在产业链上下游融合的趋势上获得巨大的优势。

供需场景协同正是淘宝天猫工业品的主要竞争力之一。淘宝天猫工业品拥有100万+精选商家、50万+实力工厂、1000+知名品牌、11亿+SKU，平台品类范围高居行业头部，可以覆盖工业品供应链的几大部分环节。大量企业在平台上同时进行采购和销售，实现一个平台上的采销一体化，充分发掘每个供应链参与者的多重身份，使供应链结构更加立体。

值得注意的是，淘宝天猫工业品丰富的产品品类也吸引了其他工业品电商平台，如鑫方盛、米思米等知名平台也在淘宝天猫工业品开设门店进行销售，同时在淘宝天猫工业品上采购自身缺少的产品完成组货。

四、改造传统供应链：工业品电商的新实践

工业品采购场景中，不同品类工业品有不同的复杂需求，线上采购交流效率偏低，往往会遇到各种困难，如货品与需求不符、良率低、品质与价格权衡困难等。而线上采购本身也存在客户触达率低，卖家宣传渠道减少的问题，导致业务规模难以快速扩张。

针对采购场景的具体痛点，工业品电商平台针对性搭建服务体系，满足供需双方的核心需求。本报告选取三个典型场景案例，从采购者和供应商的视角分析淘宝天猫工业品平台的服务实践，为平台服务体系建设提供参考。

（一）采购者直通生产商，减少中间成本

某建筑工程施工团队在日常采购中需要定期采购切割金属所需的磨片。由于房地产市场不景气，该团队希望开源节流，在采购上尽可能选择低价产品。但磨具磨料在线下的销售模式以品牌代理商和经销商为主，各品牌价格体系较为固定且波动较小，该团队已经调研了所在城市的所有磨具磨料销售门店，也难以找到在价格上具有明显优势的产品。

如何找到更廉价的磨具产品？该团队选择尝试线上采购。在多个工业品采购平台上查询对比后，团队发现，过去经常采购的磨具品牌在淘宝天猫工业品平台的销量在磨具磨料品类中排名第一，且平台的价格比线下门店有明显的优惠，完美满足团队降低成本的核心需求。

磨具被称为"工业牙齿"，在工业生产场景中需求量巨大，但目前线上化渗透率仍然较低，主要业务模式为品牌代理商的线下直销和小型五金建材工具门店的分销。磨具磨料加工厂在全国分布广泛，但质量可靠的品牌工厂地域分布并不均衡，头部品牌在距离工厂较远地区的直销体系往往需要较长的物流配送流程和多级代理，中间成本较高，售价也随之上升。线上直销体系实现了产品从工厂直达买家，用少量物流配送成本完成交付，凸显价格优势，是线上门店的主要竞争力。

上述团队选择的品牌位于广州珠海，是国内主流的磨具行业品牌生产商之一，在国内最早引进自动化生产设备，产品销量和质量在行业内达到领先水平。该品牌从2020年开始布局线上销售业务，目前线上业务占比5%，仅凭这5%的线上业务，该品牌磨具在淘宝天猫工业品平台上就体现了明显的价格优势，销售额位居同品类第一。

有不少工业品品类处于和磨具产品相似的市场环境，产品销售体系的线上化渗透

率较低，销售模式仍然以线下直销分销为主。近年来，线上采购的价格优势正在逐渐凸显，吸引更多采购者将目光转移到电商平台。

（二）"一颗螺丝也包邮"，服务奠定业务基础

螺丝螺母、扳手剪刀是常用工业品。这类商品的采购中，既有大型工厂或企业单笔订单达到数千数万元的批量采购，也有小型企业和个人的几元到几十元的小批量购买。由于不同设备对紧固件有多种不同需求，从常规尺寸到特殊尺寸，甚至需要专门定制的非标品，紧固件的线上采购一直是难度较高的企业采购环节。业务员从寻源到比价，从打样测试到下单，往往需要耗费大量精力，这对一些大规模采购来说属于业务常态，但对于小规模采购则会导致投入产出比严重偏低。

某公司有数台特殊设备需要购入紧固件进行维护，由于需要的紧固件型号较为特殊，采购专员缺少这方面的知识，在线上多方查询后也难以确定需求。

后来，采购员在与多家平台的商家客服沟通后注意到，淘宝天猫工业品平台上紧固件板块的"固万基"旗舰店，其客服团队专业知识储备深厚，能根据产品需求快速找到需要的紧固件尺寸型号，并根据设备特点推荐了更适配的材质。仅用了不到一周的时间，采购员就收到了商家邮寄的产品样本，经测试完美符合需求，快速完成了本次采购。

淘宝天猫工业品平台和平台上某品牌能够被该公司选中，体现的核心竞争力就是服务能力。不少工业品品类的线上采购以规模较大的企业集采为主，平台和商家的服务模式一般为专项技术人员对接。对小规模采购者的诉求，平台和商家往往难以提供专业的对接服务，仅有通用客服业务，难以给小规模采购者带来较好的用户体验。而淘宝天猫工业品平台以中小微采购者为核心客户，平台和入驻品牌都更加重视面向小微买家的采购体验。

除商家外，淘宝天猫工业品平台自身的服务体系也为中小微采购者提供针对性服务。有数家采购企业指出，对比淘宝天猫工业品与京东工业等采购平台，京东工业的采购流程标准化程度较高，流程合规且完善，但也存在不够便捷的问题，对中小微采购者的友好度不足；而淘宝天猫工业品在中小微企业的采购流程优化上具有一定的优势，商家客服团队也对中小微采购者更加重视。

（三）"产品+服务+推广营销"，打造立体化运营体系

工业品电商平台发展如火如荼，但无法触达的潜在客户仍然占多数。这些未能触达的小型工厂主，一部分会使用个人消费模式进行采购，还有一部分对电商平台依旧保留着"仅能购买个人消费品"的印象，对行业头部的电商平台以及平台上的电商工业品品牌并不了解。

虽然B端工业品电商与C端消费电商存在流程、采购逻辑、需求类别等方面的差

异，但 C 端常用的各种营销模式同样可以直接触达工厂主和采购负责人，其中电商直播是近年来最热门的营销路径。

某青年公寓的运营公司就在近期通过直播电商完成了由传统采购向电商采购的转型。该公司实为一对夫妻和儿子的三人团队，专门从房产商手中承包公寓运营权，并向个人租房者出租房间，儿子负责按新租户要求进行家具采购和装修，其中就涉及网络布线，需要频繁采购网线、路由器等设备。近年来，儿子在浏览淘宝直播时注意到，自己经常采购的网线品牌正在进行直播，就此关注了其在淘宝天猫工业品上的官方旗舰店，自此将一部分网络耗材的采购由线下转到线上。

实际上，该品牌作为国内知名度较高的网络线缆品牌，早在 2008 年就开始在京东布局电商业务，目前电商销售和线下销售的比例已经达到了 1：1，线上业务规模居于行业头部。品牌相关负责人表示，公司大多数客户对各个电商平台的该品牌旗舰店都有一定了解，但仍然有大量潜在的中小微客户难以触达，近年来在淘宝直播等平台的直播投放、各种采购节等营销渠道，让其实现了对潜在下沉用户的高效触达，扩展了数量可观的新客户群体。

和许多其他工业品品类的头部品牌运营模式相近，该品牌除产品销售之外也会提供解决方案，提供从布线设计、采购到安装的全流程服务，以"产品+服务"的运营模式拿更多订单。这种"产品+服务+直播推广"模式是淘宝天猫工业品等工业品电商平台的业务优势。未来在 B 端市场下沉、BC 融合的趋势下，这种立体化运营将成为工业品电商走向更多企业的关键推动力。

（托比网分析师）

公共采购数据资产价值化研究报告

在数字经济蓬勃发展的当下，数据已跃升为关键的生产要素，深刻改变着各行业的运营模式与发展格局。公共采购作为经济活动的重要组成部分，涵盖政府采购、国有企业采购、军事采购、学校医院等公共机构采购，规模庞大且能产生丰富的数据资源。随着财政部文件《企业数据资源相关会计处理暂行规定》于 2024 年 1 月 1 日起的施行，数据资产入表从理论探讨步入实操阶段，为公共采购领域数据资产价值化提供了新契机。深入挖掘公共采购领域数据资产价值，不仅能提升采购效率、降低成本、增强透明度，还对推动行业数字化转型、提升国家治理能力现代化水平意义重大。本报告将深入剖析公共采购领域数据资产价值化路径，结合实际案例，为行业发展提供参考。

一、公共采购领域数据资产概述

（一）数据资产的定义与范畴

数据资产是由组织合法拥有或控制的数据资源，能进行计量或交易，可直接或间接带来经济效益和社会效益。在公共采购领域，数据资产范畴广泛，覆盖采购全流程，包含采购需求、供应商、采购交易、采购履约、采购管理及市场环境六大核心维度（见图 1）。其中，采购需求数据支撑预算规划与需求匹配，供应商数据用于资质评估与风险预判，交易数据确保流程合规与成本优化，履约数据监控交付质量与售后服务，管理数据推动流程效率与合规性，市场环境数据辅助策略调整与成本预测。这些数据资产通过标准化分类与价值赋能，为公共采购提供全链条数据支撑，助力决策科学化、流程透明化与管理精细化。

表 1　　　　　　　　　　　　　公共采购数据资产范畴

数据大类	数据维度	解释说明	价值说明
采购需求数据	采购计划数据	年度/季度采购计划，包含物资/服务/工程的种类、数量、预算、时间节点等	支撑采购预算规划、资源分配，确保采购与业务需求匹配
	需求调研数据	使用部门对采购产品的功能、质量、技术参数等具体要求，以及对供应商的期望	明确采购目标，避免需求偏差导致的资源浪费或采购失败

数据大类	数据维度	解释说明	价值说明
供应商数据	基本信息数据	供应商名称、地址、联系方式、营业执照、经营范围等基础信息	建立供应商档案，快速识别潜在合作对象
	资质认证数据	行业资质证书、质量管理体系认证、环境管理体系认证等能力证明文件	评估供应商技术实力，降低技术风险
	业绩数据	供应商历史供货记录、服务案例、项目经验等履约能力证明	验证供应商实际履约能力，筛选优质合作伙伴
	信用数据	信用评级、违约纠纷记录、行业口碑等信誉相关信息	预判合作风险，保障采购合同顺利执行
采购交易数据	招标数据	招标文件、投标文件、开标记录、评标报告等招标流程数据	确保采购流程透明合规，实现公平竞争
	合同数据	合同编号、签订日期、金额、付款方式、质量标准等合同条款信息	作为法律依据，明确双方权责，减少履约争议
	订单数据	订单编号、下单时间、采购明细、交付地点等具体执行记录	跟踪采购执行进度，监控订单状态
	价格数据	报价、成交价、价格波动记录等成本相关数据	支持成本分析与谈判，优化采购价格策略
采购履约数据	交货数据	交货时间、数量、质量检验结果等履约过程数据	监控供应商履约能力，保障采购周期
	验收数据	验收报告、标准、人员意见等结果性数据	确认采购成果质量，避免后续使用风险
	售后服务数据	维修记录、退换货情况、投诉处理结果等售后保障信息	评估供应商售后服务水平，维护长期合作关系
采购管理数据	流程审批数据	采购申请、各级审批意见、时间节点等决策过程数据	优化审批流程，提升采购效率
	绩效评估数据	成本节约率、质量合格率、供应商履约率等考核指标	量化采购成效，指导管理改进
	政策法规数据	国家/地方采购法规、政策文件、行业标准等规范性数据	确保采购行为合法合规，规避法律风险
市场环境数据	行业动态数据	行业趋势、技术革新、供需变化等市场信息	把握市场脉搏，调整采购策略
	宏观经济数据	通胀率、利率、汇率等影响采购成本的经济指标	预测成本波动，制定采购时机策略

（二）数据资产的特点

一是非实体性。数据资产不像传统资产具有实物形态，它以电子或其他方式记录，存储于计算机系统、数据库等虚拟载体中。例如，政府采购平台沉淀的历史交易数据，虽无形却可通过挖掘分析来优化未来采购策略，产生显著的经济效益。

二是可复制性与共享性。数据资产可低成本快速复制，且能在不同主体间共享。我国多地政府通过制度创新与平台建设推动公共采购数据的跨区域共享。例如，财政部于 2024 年 2 月印发《关于进一步提高政府采购信息查询使用便利度的通知》，要求自 2024 年 4 月起通过中国政府采购网中央主网实现全国政府采购项目信息"一站式"查询，打破区域信息壁垒。广东省、杭州市等地通过建设一体化公共数据平台，实现政府采购数据与政务云资源的互联互通，为跨区域采购协同提供技术支持。

三是价值的不确定性。数据资产价值受数据质量、时效性、应用场景等多种因素影响，如市场价格数据，在不同时期、不同市场环境下，对采购决策的价值差异较大。以 2024 年的建筑材料市场为例，受原材料供应紧张、环保政策调控及国际大宗商品价格波动等因素影响，钢材、水泥等材料价格波动频繁，相应的采购价格数据价值也随之变化，采购主体需要实时关注市场价格数据以作出合理采购决策。

四是累积性与增值性。随着公共采购业务的持续开展，数据资产不断累积。同时，通过深度分析、挖掘，可发现新的价值点，实现增值，如企业可通过对多年采购数据的分析，优化采购策略，降低采购成本，提升数据资产价值。某全品类数字化服务平台在 2024 年通过对平台近 5 年采购数据的深度挖掘，发现了特定品类物资在特定时间段采购成本可降低 15%～20% 的规律，据此为平台供应商及时调整采购计划，全年可节约采购成本数千万元，实现了数据资产的增值。

（三）数据资产对公共采购领域的重要性

一是优化企业财务报表，真实反映资产状况。国企采购积累的大量数据资产，若能准确计量与入表，将更真实、全面地反映企业的资产状况。以泉州交发集团权属大数据公司为例，其将所持有的"泉数工采通数据"实现数据资产入表，该数据集是将公共数据进行深度治理、加工后，依据工程采购数据应用场景需求，定制开发出的具备多维价值的数据集，用于对外提供数据应用服务。

二是促进内部降本增效，提升运营效能。通过对采购交易数据、价格数据、供应商数据等多维度分析，采购主体能精准把握市场动态，合理制订采购计划，选择优质供应商，提高采购决策的科学性与准确性，从而降低采购成本。在流程优化方面，基于数据资产的分析可以发现采购流程中的烦琐环节与潜在风险点，进而针对性地优化流程。

三是推动数字化转型，适应数字经济发展。数据资产是公共采购领域数字化转型的核心驱动力。一方面，数据驱动决策贯穿采购业务的各个环节，从采购需求的确定、供应商的选择，到采购合同的签订与执行，基于数据的分析与洞察使决策更加科学、高效。另一方面，数据资产的积累与应用促使企业或公共机构构建数字化的采购管理体系，包括数字化的采购平台、智能化的供应商管理系统等。

四是形成外部数据产品，开拓收益渠道。公共采购领域积累的数据资产经过加工、整理与分析，可形成具有商业价值的数据产品对外销售或提供服务，开拓新的收益渠道。例如，基于国企采购业务中积累的供应商供货及时性、产品质量稳定性、合同履约情况等数据，可开发出供应商信用评级数据产品，便于金融机构快速且准确地评估供应商的信用水平，为优质供应商提供更便捷的融资服务。

二、公共采购领域数据资产价值化路径探索

在数字化转型浪潮下，公共采购领域的数据资产价值化路径主要涵盖数据资产入表、登记评估、资本化以及交易流通等环节。通过系统性地推进这些步骤，不仅能挖掘公共采购数据资产的潜在价值，提升采购主体的决策科学性和运营效率，还能为公共采购机构开拓新的收益渠道，增强市场活力，推动公共采购行业的创新发展。

（一）数据资产入表

数据资产入表能使公共采购主体清晰掌握自身数据资产状况，将数据资产在财务报表中显性化，准确反映其对企业财务状况和经营成果的影响，为内部管理和外部决策提供更全面的信息。

一是梳理业务，完成数据盘点。公共采购主体需组建跨部门工作小组，涵盖采购、信息技术、财务等部门。对内部各业务系统进行全面梳理，明确数据字段，包括数据来源（如供应商提供、内部系统生成等）、数据类型（结构化、非结构化等）、业务含义及更新频率等。在此基础上，编制详细的《企业采购数据资源目录》，并按照采购业务流程、数据用途和重要程度进行分类分级管理，以便后续针对性地进行数据治理和价值挖掘。

二是确保合规，明确数据权属。依据《中华人民共和国数据安全法》《中华人民共和国网络安全法》等相关法律法规，通过专业的律师事务所对数据从采集、存储到使用的全流程进行合法性审查，排查潜在法律风险，如数据采集授权是否合规、数据存储是否符合安全标准等，并及时整改。同时，建立健全内部数据管理制度，明确各部门在数据管理中的职责，如技术部门负责数据存储安全，采购部门负责数据使用规范等。

三是精准计量，实现快速入表。科学合理的会计处理能准确反映数据资产的价值，从持有目的、所有权属、使用期限、重复使用性、价值实现方式等维度来确定数据资产以存货还是无形资产形式入表。在会计计量方面，精准核算数据资源的获取成本，

如数据采集设备购置费用、人员薪酬，以及数据清洗、整合过程中的人力和技术投入等加工成本。在财务报表中增设专门子项目，详细披露数据资产的相关信息，使数据资产在财务层面得到合理体现，为企业财务决策提供有力支撑。

（二）数据资产登记和评估

数据资产登记是赋予数据资产权属的重要环节，便于监管和管理；而评估则能确定数据资产的质量和价值，为数据资产的资本化和交易流通提供依据，是连接数据资产入表和后续价值实现的关键桥梁。

一是数据资产登记确权。在完成数据资产入表后，公共采购主体可将相关数据资源在国家认可的数据登记机构或相关平台进行登记。登记内容除基本的数据信息外，还包括数据的采集时间、范围、处理方式、安全保障措施等。通过登记，数据资产获得唯一的身份标识，为后续的评估、交易等活动提供基础保障，也便于监管部门对数据资产进行统一管理和监督，促进数据资产交易市场的规范化发展。

二是数据资产质量评价。从多个维度对数据资产质量进行综合评价，提升数据资产的可用性和价值。一是准确性，对比不同数据源或通过实际验证，检查数据的正确性，修正存在偏差的数据；二是完整性，检查数据是否涵盖所有必要信息，补充缺失部分；三是一致性，确保同一数据在不同业务系统或应用场景中的一致性，消除数据矛盾；四是时效性，评估数据是否及时更新，能否满足当前业务需求；五是可解释性，判断数据是否易于解读和使用。

三是数据资产价值评估。参照相关规定和行业指南，结合公共采购数据资产的特点，综合运用成本法、收益法和市场法等评估方法，对数据资产进行全面、客观的价值评估，并出具详细的评估报告，为数据资产的资本化和交易提供科学依据。成本法主要核算数据资产的获取、加工和维护成本，包括硬件设备购置、软件开发、人员培训等费用；收益法通过预测数据资产在未来可能带来的经济收益，如成本节约、效率提升、新业务拓展等方面的价值，折现计算其当前价值；市场法参考市场上类似数据资产的交易价格，并结合自身数据资产的独特性、稀缺性等因素进行调整。

（三）数据资产资本化与交易流通

数据资产资本化能将其转化为资本，拓宽融资渠道，提高企业价值与竞争力；交易流通则借助市场机制，实现数据资产在不同主体间的优化配置，满足各方需求，激发潜在价值，推动数字经济发展，二者相辅相成，是实现数据资产价值最大化的关键。

一是探索多样资本化操作。探索以抵押融资、股权融资、转让收购、数据保险等方式拓宽企业融资渠道，如可将供应商数据、采购价格数据以及项目交付数据等数据资产进行整合，形成供应商信用评价产品，将这些数据资产作为质押物进行融资，为金融机构营销优质客户提供有力依据。企业也可以将数据资产作为重要的资产组成部分，吸引投资者进行股权融资。通过向投资者展示数据资产的优势、市场前景以及在业务发展中的重要作用，制定合理的股权结构和融资方案，出让部分股权以获取资金。

二是形成数据产品进行交易流通。数据资产交易流通是实现数据资产价值最大化的关键环节，通过市场机制，促进数据资产在不同主体间的流动和配置，满足各方对数据资产的需求，推动数据资产在更广泛的领域发挥作用，激发数据资产的潜在价值，促进数字经济的发展。例如，探索通过数据服务企业将政府部门公共采购过程中产生的各类数据，如供应商的中标数据、采购项目的详细规格和要求等进行整合，开发出针对当地政府采购市场的供应商竞争力分析报告和采购项目风险评估报告等数据产品。这些产品不仅为参与政府采购的供应商提供了有价值的市场信息，帮助它们更好地参与投标竞争，还为政府采购部门提供了更科学的决策支持。同时，数据服务企业也通过销售这些数据产品获得了收益，实现数据资产在不同主体之间的流通和价值增值。

三、公共采购领域数据资产价值化面临的挑战

（一）数据质量问题

在公共采购领域，数据质量问题较为突出，主要体现在准确性不足、完整性缺失和一致性差三个方面。据不完全统计，约20%的公共采购主体存在不同程度的数据准确性问题，在2024年的一些政府采购项目中，出现过由产品规格参数、货物数量和型号等数据录入错误导致采购失败的状况，给采购双方带来经济损失；关键数据缺失现象普遍，约30%的供应商数据存在问题，如部分供应商财务信息、过往项目详细业绩信息缺失，影响对供应商实力的全面评估和采购决策；除此以外，数据一致性也存在一定问题，如不同系统、部门间数据不一致，采购系统与财务系统采购金额记录不同，以及大型企业内部不同采购管理系统数据格式、标准不统一，无法有效整合分析形成数据资源目录。

（二）数据安全与隐私保护难题

在公共采购领域，数据安全与隐私保护面临诸多难题。一方面，公共采购数据包含大量如供应商商业机密、采购项目预算等敏感信息，面临多样的安全威胁，如采购平台遭黑客攻击，致使大量供应商信息泄露，引发信任危机，冲击平台运营与数据资产价值化，且随着数字化发展，黑客攻击手段翻新，数据泄露风险不断增加，恶意软件、网络钓鱼等获取敏感数据的手段越发猖獗。另一方面，隐私保护法规不完善，在公共采购领域对数据收集、使用、共享过程中的隐私保护规定不够明确，不同地区和层级法规存在差异，难以确定数据使用边界，限制了数据资产的流通与价值实现。此外，部分公共采购主体技术手段有待提升，尤其是一些中小国企在采购数据管理中，因缺乏必要技术投入，数据安全技术防护能力薄弱，加密、访问控制等技术手段不足，在数据共享时数据脱敏、加密传输技术应用也不够，无法有效保障数据安全，容易遭

遇数据泄露风险。

（三）数据资产价值评估困难

公共采购数据资产评估面临着诸多难题，一定程度上制约了数据资产的价值实现与有效利用。一是评估标准缺乏统一性和权威性。目前，公共采购数据资产的评估缺乏统一规范，不同评估机构在方法选择和指标设定上差异明显，容易出现相同的数据资产评估结果偏离度较高，阻碍了数据资产的流通与价值释放。二是影响评估的因素极为复杂。公共采购数据资产价值受多重因素交互影响，难以精确衡量。数据质量方面，若数据存在准确性、完整性问题，会直接降低其价值；应用场景对其价值的影响也不容小觑，同样的采购交易数据，用于企业内部成本控制和对外提供市场分析服务时，价值截然不同。市场需求更是关键变量，受宏观经济波动、行业政策调整、国际形势等因素影响，公共采购市场需求起伏不定，价值变化较大。

四、推进公共采购领域数据资产价值化的建议

（一）完善数据管理体系

一是建立数据质量管理机制。各公共采购主体应制定严格的数据录入规范，明确数据格式、内容要求，引入数据校验流程，对录入数据进行实时审核，减少错误数据。同时，定期开展数据质量评估，对关键数据的完整性、准确性进行打分，将评估结果与部门绩效挂钩，督促提升数据质量。二是加强数据整合与共享。建立统一的数据标准体系，涵盖采购品目、供应商信息、交易流程等方面，促进不同系统、部门间数据的融合。搭建公共采购数据共享平台，实现数据的集中存储与共享，打破"数据孤岛"。

（二）强化数据安全与隐私保护

一是提升安全技术防护能力。加大对数据安全技术的投入，采用先进的加密算法对敏感数据进行加密存储与传输，建立多层次的访问控制体系，根据用户角色、权限设置不同的数据访问级别。引入入侵监测系统、防火墙等安全设备，实时监测网络安全状况，及时发现并阻止攻击行为。二是完善隐私保护法规与制度。政府部门应进一步细化公共采购领域数据隐私保护法规，明确数据收集、使用、共享的边界与责任。公共采购主体需制定内部数据隐私保护制度，规范员工数据操作行为，加强员工数据安全与隐私保护培训，提高员工的安全意识。

（三）健全数据资产价值评估体系

一是制定统一评估标准。行业协会联合专业评估机构、科研院校等，制定适用于公共采购领域的数据资产价值评估标准。综合考虑数据质量、市场需求、应用场景等

因素，明确不同类型数据资产的评估方法与指标权重，如针对采购交易数据、供应商数据等分别制定评估细则。二是培育数据资产交易市场。政府引导数据资产平台交易制度不断完善，制定交易规则、监管机制与中介服务体系。鼓励公共采购主体将闲置数据资产在平台上交易，通过市场交易发现数据资产价值，促进数据资产的流通与增值。同时，加强对交易数据的统计与分析，为数据资产价值评估提供更多市场参考。

（重庆千信外经贸集团有限公司：熊伟；重庆征信有限责任公司：龚瑜）

理论探讨篇

公共采购领域滥诉的防范与遏制

《招标投标法》《政府采购法》（以下统称"两法"）施行以来，异议（质疑）、投诉机制作为投标人、其他利害关系人以及供应商的法定救济渠道，在优化营商环境、维护当事人合法权益、保障公共采购公平公正方面发挥了重要作用。近年来，随着公共采购规模的不断扩大，投诉、举报（以下统称"投诉"）呈上升趋势，其中以捏造事实、提供虚假材料、以非法手段取得证明材料等方式进行虚假、恶意投诉等滥用投诉权利的行为（以下统称"滥诉"）日益泛滥，这对公共采购领域是一大考验与挑战。2024 年 5 月 8 日发布的《国务院办公厅关于创新完善体制机制推动招标投标市场规范健康发展的意见》（国办发〔2024〕21 号）明确规定，完善招标投标投诉处理机制，遏制恶意投诉行为。十四届全国人大二次会议第 2269 号建议针对的就是恶意投诉问题，财政部于 2024 年 6 月 15 日作出财库函〔2024〕6 号答复（以下简称"财政部 6 号答复"）①。可见，公共采购领域的滥诉问题已经引起社会高度关注与高层特别重视。

一、特征及表现形式

（一）公共采购领域滥诉的特征

滥诉，本是诉讼中的常用称谓，并非严格的法律术语，在司法实践中通常是指当事人及其代理人违反诚实信用原则，明显缺乏诉的利益，明知不具备法定起诉条件，或明知自身缺乏诉讼基本事实和理由，以向国家机关施压或谋求私利等为目的，过度使用诉权而恶意提起诉讼，或为同一目的，或为同一争议以各种形式反复、多次、大量提起诉讼，明显具有缠诉特征的行为。滥诉一般包括虚假诉讼、恶意诉讼、无理缠讼等行为。

公共采购领域的滥诉，是一种滥用投诉权利的行为，而该投诉权利是由"两法"赋予的。根据《招标投标法》第六十五条规定，投标人和其他利害关系人认为招标投标活动不符合法律有关规定的，有权向有关行政监督部门投诉；根据《政府采购法》第五十五条、第七十条规定，质疑供应商对采购人、采购代理机构的答复不满意或者采购人、采购代理机构未在规定的时间内做出答复的，可以在答复期满后十五个工作日内向同级政府采购监督管理部门投诉；任何单位和个人对政府采购活动中的违法行

---

① 参见《财政部对十四届全国人大二次会议第 2269 号建议的答复》。

为，有权控告和检举，有关部门、机关应当依照各自职责及时处理。但是，不少当事人却滥用上述权利，其主要特征如下。

一是主观方面的恶意性，即出于恶意目的投诉，要么排斥竞争对手，要么谋取不当利益，要么施压监管部门；有的主观上存在重大过失或误解，经监管部门解释说明后仍然坚持投诉；有的企图损害其他供应商合法权益，试图通过投诉达到其他商业目的；有的故意扰乱政府采购秩序、借机炒作扩大自身影响、发泄未能中标（成交）的不满情绪。

二是手段方面的不当性，即对同一问题反复纠缠，未达目的不罢休，不按正常程序投诉，在被明确告知法定救济方式的情况下执意违法投诉，甚至采取其他途径扩大影响、故意炒作或制造事端。

三是权益方面的缺失性，即投诉缺乏诉的权益，其自身权益没有受到非法侵害，或者与其没有相关性，或者投诉不具有实际意义，或者对解决争议没有实质帮助。

四是诚信方面的失信性，即在投诉过程中违背诚实信用原则，明显缺乏事实依据、法律依据及其投诉理由，凭"猜测""怀疑""认为"内容进行投诉。

（二）公共采购领域滥诉的表现形式

"两法"及其实施条例和相应规章均未规定滥诉的概念，而公共采购领域滥诉的问题比起诉讼领域有过之而无不及，有必要对之进行研究与探讨。根据对公共采购领域滥诉的特征的分析，可将公共采购领域滥诉概括为：当事人违反招标采购法律规范，明显缺乏诉的利益，或者明知不具备法定投诉条件，或者明知自身缺乏投诉的基本事实和理由，以向监督管理部门施压或谋求私利等为目的，过度使用投诉权，而恶意向招标采购监督管理部门投诉的行为。滥诉有以下几种表现形式。

1. "两法"法律规范均明确规定的表现形式

《招标投标法实施条例》第六十一条第三款，《政府采购法实施条例》第五十七条、第七十三条，《工程建设项目招标投标活动投诉处理办法》（国家发展改革委等七部委令第 11 号，以下简称"七部委 11 号令"）第二十条第（一）项，《机电产品国际招标投标实施办法（试行）》（商务部令 2014 年第 1 号，以下简称"商务部 1 号令"）第九十条，《政府采购质疑和投诉办法》（财政部令第 94 号，以下简称"财政部 94 号令"）第二十九条第（三）项、第（四）项、第三十七条第二款，都明确规定了需承担法律后果的三种滥诉。

一是捏造事实进行投诉，即当事人对公共采购活动虚构或编造不存在的事实，并将此作为投诉的依据。

二是伪造材料进行投诉，即当事人投诉时提供不真实、伪造的证据材料，并将此作为投诉的证据。

三是以非法手段取得证明材料进行投诉，即当事人采取欺骗、强迫、威胁、利诱等手段取得证明材料，并将此作为投诉的证据。

2. 政府采购法律规范明确规定的表现形式

财政部94号令第三十七条第一款对在全国范围12个月内三次以上投诉查无实据的，明确了应承担的法律后果。查无实据仅是对财政部门调查情况的一种客观状态的描述，不能将财政部门对投诉人投诉观点否定的主观状态理解为"查无实据"。"投诉事项缺乏事实依据，投诉事项不成立"并不等同于"查无实据"，根据财政部94号令的规定，这两种情形分别适用于不同的法律条文、处理结果和法律后果，两个概念绝不能混同。

3. "两法"法律规范未明确规定的表现形式

最高人民法院在《行政法官专业会议纪要（六）》"投诉与举报的区分标准"中规定："认为第三人实施的违法行为侵犯自身合法权益，请求行政机关依法查处的，属于……投诉。投诉人与行政机关对其投诉作出或者未作出处理的行为有法律上的利害关系。"还规定："认为第三人实施的违法行为侵犯他人合法权益或者国家利益、社会公共利益，请求行政机关依法查处的，属于举报。举报人与行政机关对其举报作出或者未作出处理的行为无法律上的利害关系。"实践中不少招标采购当事人对投诉、举报两个概念经常混用，如果当事人投诉或者举报认为侵犯自身合法权益的，尽管超出"两法"法律规范规定的投诉条件，也被法院认定为"投诉"。滥用此种投诉权利的滥诉，主要有以下表现形式。

一是非正当途径、方式的投诉，即明知或经释明知晓可以通过正当的途径和方式维权，而坚持投诉的，如为了解招标采购信息，已被告知依照政府信息公开条例规定的方式获取而坚持投诉等。

二是向无法定职责的部门投诉，即明知或经释明知晓仍向明显不具有法定职权的部门投诉，如向招标投标监管部门投诉政府采购货物和服务招标项目，向政府采购部门投诉必须招标的工程项目。

三是权益未受侵害的投诉，即自己的合法权益未被侵害，甚至自己存在违法或者侵权行为。比如，意图推翻他人中标、成交结果而提起的自首式投诉，财政部指导性案例26号"M研究院空调及电力改造项目投诉案"的要点为，供应商质疑、投诉自身响应文件不满足采购文件要求的，属于滥用质疑投诉权利，不属于《政府采购法》第五十二条规定的"采购文件、采购过程和中标、成交结果使自己的权益受到损害"的情形，不具备质疑投诉主体资格。[①]

四是重复投诉，即投诉事项已经监管部门处理终结，或者已为投诉处理决定、行政复议决定、生效裁判文书所羁束，或者已对实质争议作出认定，明显违反"一事不再理"原则，而仍然以同一理由或类似理由重复投诉。

---

① 参见《指导性案例26号——M研究院空调及电力改造项目投诉案》，中国政府采购新闻网。

五是其他明显不具备法定条件的投诉，或明知缺乏基本事实和理由，经释明后仍然坚持的投诉。

二、原因及危害后果

（一）公共采购领域滥诉未能有效遏制的原因

1. 从投诉主体看，范围过于宽泛

为了防范滥诉，法律规定已对投诉人资格进行一定限制。《招标投标法》第六十五条规定可以投诉的主体为投标人和其他利害关系人。七部委 11 号令第三条第二款规定，其他利害关系人是指投标人以外的，与招标项目或者招标活动有直接和间接利益关系的法人、其他组织和自然人，特别是"间接利益关系"的范围就十分宽泛。《政府采购法》第五十五条明确，只有质疑供应商才能成为投诉人。根据财政部 94 号令第十一条第二款的规定，已依法获取其可质疑的采购文件的潜在供应商，可以对该文件提出质疑。现在绝大多数采购文件，任何人都可以自行下载，而潜在供应商的范围也非常宽泛，因实践中不能再以营业执照的经营范围来界定潜在供应商，这就出现了教育器材公司、物业公司、建材公司等供应商投诉医疗设备货物采购项目、设计规划类服务项目、建筑工程施工项目等现象。而监管部门不能轻易否定其利害关系人或者潜在供应商的身份，对投诉不得不予以受理。

2. 从主观条件看，只需认为招标投标活动违法或者采购活动侵权即可

根据《招标投标法》第六十五条、《政府采购法》第五十二条的规定，提出异议（质疑）或者尔后投诉，在主观上只需满足一个条件即可，即主观上认为招标投标活动不合法，或者认为采购文件、采购过程、中标或者成交结果使自己的权益受到损害，而不审查客观上是否存在上述情形。

3. 从投诉利益看，无成本、低风险的现状诱惑投诉

七部委 11 号令第二十八条、财政部 94 号令第四十一条都规定，不得向投诉人、被投诉人收取任何费用，投诉几乎无任何成本，导致投诉人滥用投诉权利。有些投诉人经常广种薄收，窥视各地招标采购网站招标采购文件，先质疑看风向，后投诉等协调，企图谋取不当利益。即使最终查证投诉不成立的，绝大多数也不会要求投诉人承担损失或给予处罚。尽管法律规范规定应承担相应的法律责任，往往都被滥诉者钻法律空子予以规避，使相关规定通常成为"沉睡条款"，在实践中很难依规定进行认定，更难对滥诉作出处罚。

4. 从投诉规制看，不太完善且过于原则化

一是"两法"法律规范对滥诉仅明确规定四种行为，且缺乏有效可行的制裁措施。《招标投标法实施条例》第六十一条、第七十七条，七部委 11 号令第二十条第（一）项、第二十六条，商务部 1 号令第九十条都规定，投诉人捏造事实、伪造材料或者以非法手段取得证明材料进行投诉的，应当予以驳回，给他人造成损失的，依法承担赔

偿责任。《政府采购法实施条例》第五十七条、第七十三条，财政部94号令第二十九条第（三）项、第（四）项、第三十七条规定，投诉人捏造事实、提供虚假材料或者以非法手段取得证明材料进行投诉的，应当予以驳回，列入不良行为记录名单，禁止其一年至三年内参加政府采购活动；投诉人在全国范围12个月内3次以上投诉查无实据的，由财政部门列入不良行为记录名单；证据来源的合法性存在明显疑问，投诉人无法证明其取得方式合法的，视为以非法手段取得证明材料。可见，上述法律规范对滥诉仅规定了捏造事实、伪造材料、以非法手段取得证明材料进行投诉、投诉在全国范围12个月内3次以上查无实据四种滥诉行为；招标投标法律规范还规定给他人造成损失的，依法承担赔偿责任；政府采购法律规范还规定由财政部门列入不良行为记录名单。但是，"两法"对实践中更多的其他滥诉则未做出规定，对其遏制缺乏依据。即使对前述四种滥诉制裁措施尚不统一，招标投标法律规范未规定惩戒措施，政府采购法律规范未规定赔偿责任，都在一定程度上削减了遏制的效果。二是法律、法规、规章的规定过于原则化，缺乏可操作的认定标准。如财政部94号令第三十七条中的"查无实据"，因缺乏具体、明确的规定，绝大多数财政部门都因认定后担心不被复议机关、人民法院支持，一般不敢轻易认定，而是以"投诉事项缺乏事实依据"驳回了事。

5. 从投诉处理看，同案不同裁，影响权威性

投诉处理裁决标准不一、同案不同裁现象普遍存在。"两法"法律规范不能穷尽实务中的所有问题，各地各级监管部门在理解执行上存在较大偏差，在作投诉处理或者行政裁决时，适用法律都是"仁者见仁、智者见智"，甚至对同样的案件，各地方监管部门会作出完全相反的投诉处理决定。这在一定程度上会影响法律的公信力，降低当事人对公共采购领域投诉处理的信任度，影响其权威性和有效性，引起各种非正当途径、方式的投诉与重复投诉，形成滥诉。

（二）公共采购领域滥诉的危害后果

1. 耗费公共资源，增加执法成本

投标人（供应商）投诉后，监管部门要通知招标人（采购人）、代理机构以及相关当事人回复，监管部门要审查相关文件、进行调查取证等工作，最后还要作出投诉处理决定，这一系列工作需要耗费大量的公共资源。投标人（供应商）仅凭道听途说或者主观臆断，就"怀疑""猜测""认为"而投诉，因未提供任何证明材料和调查线索，监管部门出于负责也要审查或者调查，必将耗费不少精力、财力和时间，给招标人（采购人）、代理机构和监管部门造成损失。有的项目被投诉，尽管最终招标（采购）结果未改变，被投诉人未被处罚，但也给相关单位及其工作人员造成心理负担，甚至造成负面影响。

2. 影响招采效率，造成项目延误

招标采购是建设工程实施与政府采购的前期阶段，通常情况下，项目一旦被投诉，

招标采购活动则被"叫停"，无法继续开展。有的项目即使非常紧急，为慎重起见也只能等投诉处理后再实施。有的工程项目工期为几个月，有的货物、服务项目采购仅几天，但经异议（质疑）、投诉、复议、诉讼，要耗费一年左右的时间，最终投诉不成立，导致程序空转、项目延误。

3. 扰乱市场秩序，侵害国家利益、公共利益和其他投标人（供应商）的合法权益

一般来说，提出滥诉的投标人（供应商）都可能存在主观上的非理性动机与目的，客观上的不当手段与行为，都希望通过投诉损害其他竞争对手合法权益，谋取自身的不正当利益。滥诉实质上是一种典型破坏良好市场秩序的恶性行为，与当前依法治国、提高社会诚信水平、公平公正招标采购的大政方针相悖，最终造成扰乱社会主义市场秩序、损害国家利益和社会公众利益以及其他投标人（供应商）的合法权益。

4. 损害"两法"权威，减损公共采购及其投诉处理的公信力

投标人（供应商）在滥用投诉权利后，若未受到应有的制裁，必将引起公众对"两法"权威性的怀疑，损害公共采购及其投诉处理的公信力。滥诉的受害者若无法通过合法的、正当的手段保护自己的合法权益，必将导致其对法律产生信任危机，进而寻求法律之外的解决方式。若任由其发展下去必将导致整个招标采购领域"劣币驱逐良币"、恶化良好生态的现象发生，不利于招标采购领域法律的正确实施。因此，必须对滥诉进行坚决遏制。

三、公共采购当事人及监管部门对滥诉的防范与遏制

在现行"两法"框架下，如何防范、遏制滥诉，对公共采购领域各主体来说，也是一大挑战。

（一）招标方应自己把关、监督评审、认真应对质疑投诉，防范滥诉

招标人（采购人）及其代理机构是被投诉人，更是滥诉中被攻击的对象。俗话说"打铁还需自身硬"，招标方不能总是对滥诉怨天尤人，上怨法律不健全，中怨监管不作为，下怨投诉不合法。面对投诉应理性对待、刀刃向内，避免激化矛盾、引起滥诉，尽力确保招标采购项目的顺利推进。

1. 加强招标（采购）文件编制、过程把控、结果把关

招标人（采购人）应严格审查采购文件，确保其合法、合理、公平，避免设置不合理的资格条件和倾向性的采购需求；应严格按程序操作，循规蹈矩，切勿别出心裁、为所欲为，背离程序的轨道；应依法确定并公告招标（采购）结果，不能凭单位或者个人好恶，移花接木，违法确定或者改变结果。

2. 严格监督评审专家及其评审行为

评审专家的行为是被投诉的"重灾区"，招标人（采购人）应督促评审专家严格依据招标（采购）文件规定的评审标准和方法进行评审，杜绝因其理解偏差导致操作

不当，引发投标人提出滥诉；同时督促评审专家对投标（响应）文件进行独立、客观、公正的评审，确保评审的公正性和客观性，以减少因评审不公引发的投诉。此外，评审专家应积极参加政策法规的培训，不断提升自身的专业能力和法律意识，确保在评审过程中能够准确理解和应用相关法律法规，降低因评审瑕疵而引发滥诉的风险。

3. 提高依法处理异议（质疑）的能力

对于招标（采购）文件、招标过程、招标结果均不违法，仅是因投标人（供应商）理解偏差引发的滥诉，招标人（采购人）应尽量做好解释说明工作，消除投标人（供应商）的疑虑。如招标（采购）活动确有违法违规情节，切勿讳疾忌医、敷衍了事，应对招标（采购）文件进行修改，或另行确定中标（成交）人，甚至在必要时重新开展招标（采购），提高依法处理异议（质疑）的能力，树立招标（采购）公平公正的良好信誉。对那些捕风捉影、似是而非、居心叵测的异议（质疑），招标人（采购人）应从收到起就应引起足够的重视和严密的防范。对确实不适格的利害关系人、潜在供应商的异议（质疑）和不属于依法提出的异议（质疑），可告知其不符合异议（质疑）提起的条件，对于缺乏事实依据、法律依据的质疑要坚决不予支持，不能"和稀泥"或者通过不当手段"摆平"。

4. 配合监管部门遏制滥诉

招标人（采购人）及其代理机构，是滥诉最直接的受害者，一旦发现滥诉，应及时提请并配合监管部门进行严肃处理，特别是遏制那些利用投诉等救济方式实现其他非法目的、破坏招标采购秩序的行为。

（二）投标方应依法、合理维权并积极应对投诉

投标人（供应商）是投诉人，他们中的少数也是滥诉的提起者，滥诉最终也危害绝大多数投标人（供应商）的合法权益。所以，防范、遏制滥诉，投标人（供应商）也责无旁贷。

1. 保持平和心态，正确行使投诉权利

投标人（供应商）为投标或者响应招标采购项目，均付出了较大的人力、物力，有时根据评审标准对照，信心满满、势在必得，但中标、成交结果却事与愿违，失望之情就会油然而生。如发现招标人（采购人）或者代理机构工作上出现瑕疵，再碰到招标采购承办人员不诚心道歉、不善于沟通、不合理解释，甚至有的还强词夺理，投标人（供应商）就会产生投诉的念头。此时就要注意，不能过度维权，只有在具备承接招标项目的能力或者有能力满足采购需求，且自己的合法权益受到损害时，才能投诉，并提供必要的证明材料，避免干扰招标采购项目的正常进行。要自觉分清责任，诚实守信，投诉要做到内容真实，理由充分，证据确凿。

2. 规范自身行为，正确对待竞争对手

不少滥诉都发生在竞争对手之间。招标文件发布后，有的投标人（供应商）一旦

发现资格条件、实质性要求或者评审因素对竞争对手有利，即使本来不打算投标的项目，也要负气一争，要将那些对竞争对手有利的因素通过质疑、投诉予以修改。中标结果公布后，若是竞争对手中标、成交，心理更是不平衡，就会不遗余力质疑、投诉，期待改变中标结果或重新招标。这种借质疑、投诉打击竞争对手的做法是不可取的。因此，即使投诉，也应尊重事实与法律，只有依法维权才是可行之道。

3. 谨慎投标响应，恰当应对他人投诉

投标人（供应商）应确保提供的资料真实有效，投标或者响应程序合法规范，避免因资料出现虚假、瑕疵、不符合要求，或者因行为违法违规而引发投诉，甚至引发吹毛求疵的滥诉。如因自己的原因被其他投标人（供应商）投诉时，特别是被滥诉的一方，要勇于应对投诉，配合监管部门查明事实，正确处理投诉。既不能噤若寒蝉、回避争议，实行"鸵鸟政策"；更不能针锋相对、冤冤相报，陷入"对抗循环"。

4. 适时提起诉讼，依法维护民事权益

受滥诉侵权的投标人（供应商），可以向法院提起民事诉讼，由滥诉者承担相应的民事责任。如赔偿自己因滥诉造成的损失，因滥诉者侵害自己的名誉权、商誉权而要求其承担停止侵害、恢复名誉、消除影响、赔礼道歉以及赔偿损失的民事责任；因滥诉者不正当竞争而要求其承担停止侵害、赔偿损失、消除影响、恢复名誉、赔礼道歉等民事责任；等等。

（三）监管部门应通过各种方法依法严肃处理滥诉

1. 严格对投诉受理的审查

监管部门收到投诉后，发现滥用法定救济手段的投标人（供应商），应分别按以下情形处理：一是尚未受理的，可向当事人作书面告知不予受理，无须对当事人投诉事项作出实体处理；二是对于当事人再次投诉的，应当做好释明工作，不予受理；三是对于已经受理的，应当查明事实，驳回投诉。如财政部指导性案例 29 号"X 厅信息应用平台采购项目投诉案"，其案例要点为，潜在供应商对已依法获取的采购文件质疑，应符合《政府采购法》第二十二条的相关规定，市场主体明显不具有履行合同所必需的设备和专业技术能力的，不属于潜在供应商，财政部驳回了投诉。[1]

2. 加大对滥诉的处理、处罚力度

当前比较尴尬的是，监管部门对于滥诉较为忍让，一方面担心激化矛盾、造成负面舆情；另一方面顾虑对方申请复议或者提起诉讼后构成法律风险，因此监管部门往往弱化了对滥诉的处理与处罚。这种现象应当得到遏制，对于依法应当给予行政处罚、行政处理的滥诉，监管部门应依法定程序进行调查取证，并作出处罚或者处理决定，用足现有法律制度赋予的权限，加大对滥诉的处理、处罚力度，进一步提升滥诉者的

---

[1] 参见《指导性案例 29 号——X 厅信息应用平台采购项目投诉案》，中国政府采购新闻网。

违法成本。

3. 注重对失信行为的惩戒措施

《全国失信惩戒措施基础清单（2024 年版）》序号 1，"惩戒内容"第四行为"在一定期限内依法禁止参加政府采购活动"，"惩戒对象"中有"被财政部门列入不良行为记录名单的"。监管部门应用足上述失信惩戒措施，依法惩戒不讲诚信的滥诉当事人，要依法保护、鼓励诚实守信的投标人（供应商）。对于滥诉被主动撤回的，应当了解撤回原因，发现撤回背后隐藏不当交易的，不能听之任之、置若罔闻。

4. 及时将滥诉涉嫌违法、犯罪的案件移送公安部门处理

滥诉及其背后存在的交易，可能构成诬告陷害、诽谤、强迫交易、敲诈勒索等涉嫌刑事犯罪或者治安管理违法行为。监管部门如在处理滥诉中，发现上述违法犯罪线索或者证据，应及时与公安部门联系、移送，依法处置。

四、对遏制滥诉的修法展望与建议

（一）"两法"草案对部分滥诉都增添、加重了法律责任，建议在防范滥诉方面加大力度

公共采购领域滥诉问题已引起广泛关注，目前法律的缺失并不代表遏制滥诉方面裹足不前。"两法"正在修订中，对滥诉都增添、加重了行政、民事、刑事等方面的法律责任。司法部办公厅 2020 年 8 月定向征集意见的《中华人民共和国招标投标法（修订草案送审稿）》第六十条第三款规定："投诉人捏造事实、伪造材料或者以非法手段取得证明材料进行投诉的，行政监督部门应当予以驳回。"第七十九条规定："潜在投标人、投标人或者其他利害关系人捏造事实、伪造材料或者以非法手段取得证明材料进行投诉的，处两万元以上二十万元以下的罚款；情节严重的，取消其一年至三年内参加依法必须招标项目的投标资格并予以公告，直至由市场监督管理机关吊销营业执照；构成犯罪的，依法追究刑事责任；给他人造成损失的，依法承担赔偿责任。"财政部《中华人民共和国政府采购法（修订草案征求意见稿）》第 2 稿第一百一十四条规定："供应商通过捏造事实或者伪造材料进行虚假、恶意投诉的，由政府采购监督管理部门将其列入政府采购严重失信名单，在一年内不得参与采购活动。"对上述滥诉行为规定了相应的法律责任，是非常必要的。但是，对于在法律上防范滥诉却着力不够，建议修法时针对滥诉加大防范的力度，从源头上设置防范的"阀门"，或者在制定实施条例、规章、规范性文件时再作出详尽规定。

（二）建议适当限制投诉主体的范围，增添投诉的客观条件

一是对七部委 11 号令第三条第二款"其他利害关系人"范围的规定作适当限制，对"其他利害关系人是指投标人以外的，与招标项目或者招标活动有直接和间接利益关系的法人、其他组织和自然人"中删除"和间接"的字眼，即限定为"有直接利害

关系"。因为有间接利益关系的人范围太广，"间接关系"是指第一层次的，还是第二层次的，还是能继续扩展？《重庆市招标投标活动投诉处理实施细则（修订）》（渝公管发〔2021〕54号）第七条第二款规定，将"其他利害关系人"限于五类：招标人、招标项目的使用单位、招标代理机构、招标文件允许分包且投标文件中载明的分包人、授权代理经销商参与投标的制造商。① 前三类主体一般不会滥用投诉权利，后两类主体都是与投标人有直接利害关系的主体。笔者认为，重庆市适当限制投诉的主体的做法值得借鉴。

二是对财政部94号令第十一条第二款中"潜在供应商"的范围做必要的限制，应根据招标（采购）文件规定的资格条件包括特别条件进行界定，不符合该等条件的不应认定为潜在供应商，无权质疑（投诉），当然如果质疑（投诉）人对该等条件的设置提出质疑（投诉）的事项除外。如某设备项目采购文件将国外某机构的认证证书作为供应商的特别条件，将在采购人所在城市设有维修点作为评审因素。甲、乙两供应商均无该认证证书，甲供应商质疑、投诉针对的是特别条件，但未针对评审因素；乙供应商质疑、投诉针对的是评审因素，但未针对特别条件。显然，应当将乙供应商的投诉主体资格排除在外。

三是投诉人不能仅以"认为"招标投标活动不合法，或者采购文件、采购过程、中标或者成交结果使自己的权益受到损害，就能投诉，还应有存在客观上使其权益受损的事实。财政部指导性案例26号"M研究院空调及电力改造项目投诉案"中，供应商B公司主张自己不应当通过符合性审查，该事项并不涉及对供应商B公司自己权利的损害，B公司不具备针对该事项提出质疑和提起投诉的资格。②

（三）建议提高滥诉的违法成本

为防范滥诉，不少人建议改变投诉零成本的状况。在十四届全国人大二次会议期间，一位全国人大代表针对恶意投诉提出设立投诉保证金的建议，实际上也是许多采购人、代理机构的呼声。财政部6号答复中表示，针对恶意投诉设立投诉保证金的做法将提高供应商的维权成本，不利于鼓励供应商依法维权。③ 提高滥诉的经济成本之路走不通，就应从提高滥诉的其他违法成本去考虑，如加重投诉人否认自己属于滥诉的举证责任。滥诉中虚假、恶意投诉是被法律规范明确列明的，笔者建议可从现行法律已明确规定、修法草案仍然保留的捏造事实、伪造材料、以非法手段取得证明材料进行投诉这三种滥诉表现形式着手：一是规定投诉人对自己投诉的事实依据，应当提交必要的证明材料或者调查线索，经审查或者调查，不能证明投诉人所主张事实的且无

---

① 参见《关于印发〈重庆市招标投标活动投诉处理实施细则（修订）〉的通知》，重庆市公共资源交易监督网。
② 参见《指导性案例26号——M研究院空调及电力改造项目投诉案》，中国政府采购新闻网。
③ 参见《财政部对十四届全国人大二次会议第2269号建议的答复》，中华人民共和国财政部网站。

法作出合理说明的，视为捏造事实；二是规定投诉人提交证明材料无法证明是真实的，视为伪造材料；三是规定投诉人提交证明材料无法证明取得方式是合法的，视为以非法手段取得证明材料。这样，就加重了虚假、恶意投诉人的举证责任，进而提高了滥诉的违法成本。

（四）建议在"两法"的修改中，注重与《刑法》《治安管理处罚法》等法律的衔接

财政部6号答复中表示，财政部将积极推进政府采购法修改，研究完善对供应商恶意投诉或存在诬告、陷害、诽谤等违法行为的惩戒措施。滥诉及其背后存在的交易，可能触犯《刑法》《治安管理处罚法》等其他法律。

滥诉中捏造事实进行虚假投诉，意图陷害他人的行为，可能涉嫌触犯《刑法》第二百四十三条或者《治安管理处罚法》第四十二条规定，构成诬告陷害罪或者诬告陷害行为。例如，梅某某想在嘉兴机场项目中"分一杯羹"，但某国有企业对招投标流程进行进一步规范，截断了梅某某的"发财路"。梅某某便纠集多人恶意中伤该国有企业主要负责人李某某等人及有关竞标参与方，由于他们存在串标围标、违规违法分包等问题，故梅某某意图将李某某"赶出局"，打压其他潜在的竞争对手退出竞标。2022年11月，梅某某等人被公安机关逮捕，因梅某某涉嫌多个犯罪事实，被移送检察机关审查起诉，4名成员因诬告陷害行为分别被处以相应的行政处罚。[①]

滥诉中故意捏造并散布虚构的事实，足以贬损他人人格，实施损害他人名誉的行为，可能涉嫌触犯《刑法》第二百四十六条或者《治安管理处罚法》第四十二条规定，构成诽谤罪或者诽谤行为。

滥诉背后交易中的以胁迫手段强卖货物，强迫接受服务，强迫他人退出特定招标采购活动的行为，可能涉嫌触犯《刑法》第二百二十六条或者《治安管理处罚法》第四十六条规定，构成强迫交易罪或者强迫交易行为。例如，王某以自己控制的多家公司名义竞标，再通过质疑（投诉）函的方式拖延招投标进程，借机强迫竞标或中标单位高价采购其货物。对此，法院判决其犯有强迫交易罪等罪行，数罪并罚，判处其有期徒刑并处罚金，责令退赔各被害单位经济损失。[②]

滥诉背后交易中的实施恐吓、威胁或要挟的方法，非法占有他人公私财物行为，可能涉嫌触犯《刑法》第二百七十四条或者《治安管理处罚法》第四十九条规定，构成敲诈勒索罪或者敲诈勒索行为。例如，刘某、李某、聂某以"空壳公司"的名义参与政府采购项目招投标，然后通过质疑、投诉等方式，要求多家涉事公司支付一千元至几万元不等的钱款，收到钱款后撤回质疑函或投诉书。最终，刘某、李某、聂某分

---

① 参见《当地纪委披露！一干部被数百封匿名信诬告》，浙江省纪委监委微信公号"清廉浙江"。
② 参见《恶意质疑、投诉干扰招投标秩序，一公司老板被判刑！》，正义网。

· 117 ·

别被法院判决犯敲诈勒索罪，判处有期徒刑并处罚金。[①]

但是，现行"两法"法律规范中对滥诉中违法犯罪行为的惩戒、制裁措施，与《刑法》《治安管理处罚法》等法律规范衔接不够，引起惩戒、制裁效果尚不显著。建议在将来"两法"法律规范特别是规范投诉处理、行政裁决的行政法规、规章的修改中，将滥诉的具体行为应承担的法律责任与《刑法》《治安管理处罚法》等法律的具体规定相衔接，减少招标采购监管部门与司法机关适用法律方面可能发生的争议，更加稳准狠地打击滥诉中的违法犯罪行为，以儆效尤。

（江苏博事达律师事务所：杭正亚）

[①] 参见《不给钱不撤诉！"招投标"行业涉恶团伙被判刑》，藤县人民检察院网站。

从 DeepSeek 看 AI 大模型在招标采购领域的应用及前景展望

在全球数字化浪潮的推动下，人工智能（Artificial Intelligence，AI）技术已成为各行业创新发展的核心驱动力。AI 大模型作为 AI 技术发展的关键成果，以其强大的语言理解、生成和逻辑推理能力，正逐渐渗透到各个领域并引发了深刻的变革。招标采购行业作为连接供需双方的重要经济活动环节，长期面临着流程烦琐、交易效率低、交易成本高等诸多问题，迫切需要借助新兴技术实现转型升级。AI 大模型的出现，为招标采购行业带来了新的发展契机，行业有望通过智能化手段优化业务流程，提升采购效率，促进公平交易，降低全社会交易成本，推动向数字化和智能化方向发展。

在众多 AI 大模型中，2024 年年底横空出世的 DeepSeek（深度求索）大模型凭借其开源、免费、联网、纯国产及训练成本低的显著特性，在国内乃至全球 AI 领域中独树一帜，深刻地改变了 AI 大模型的商业模式和竞争态势，影响了 AI 大模型的技术演进路径和方向。

一、几个基本概念

一些专家认为，人工智能的应用是人类进入第四次工业革命的重要标志，人工智能的快速发展，对全社会各行各业都产生了深远的影响。对招标采购行业来讲，AI 技术应用是挑战，更是机遇。招标采购行业要顺应历史和技术发展潮流，充分利用新兴先进技术，推动体系和机制转型升级，促进高质量快速发展。

人工智能是一门多领域交叉的前沿科学，它通过计算机模拟、延伸和扩展人类的智能，利用对大量数据的学习和分析，使计算机具备理解、思考、学习、交流、感知和决策等能力，从而解决复杂问题。

大模型是 AI 技术之一，它是一种基于深度学习的人工智能模型，通过海量数据进行预训练，学习数据中的知识、模式、特征，从而具备强大的语言理解、生成、逻辑推理等多种能力。它能够处理自然语言、计算机视觉、语音识别等多个领域的任务。

AI 智能体（AI Agent）是近期人工智能领域中兴起的一个重要概念，它是一种具有感知、决策和行动能力的智能实体，载体有硬件和软件。具体来讲，它是基于人工智能技术构建的，能够在特定环境中自主运行的程序或系统。它通过数据接口或传感器收集环境数据信息，依据内部的知识储备和决策算法进行分析处理，通过执行器

（体现为输出指令或操作）对环境产生影响，以达成预设目标。简单来说，它就像一个智能的"数字机器人"，能根据周围情况自主决定行动。AI 智能体内部的知识库、决策算法可由 AI 大模型提供。

二、DeepSeek 的特点与优势

DeepSeek 开源的特性使全球的开发者能够共同参与模型的优化和改进，极大地加速了技术的创新和迭代。它的免费使用使中小企业能够零成本使用和二次开发，可快速搭建适合自身业务的 AI 应用。联网功能使 DeepSeek 大模型能够实时获取最新的数据信息，保持知识的时效性，从而在各种应用场景中展现出更强大的能力。纯国产属性则保障了数据安全和技术可控，适用于对自主可控和数据安全要求较高的行业。更为重要的是，DeepSeek 的训练对算力资源的消耗极低，如 DeepSeek-V3 的训练成本仅为500 余万美元，与 ChatGPT 动辄数亿美元的训练成本相比，具有巨大成本优势，而低训练成本将会有力推动 AI 大模型在中小企业中的应用。

DeepSeek 以上的特征和优势与招标采购行业数据安全性要求高、中小企业数量多、行业智能化水平发展不均衡等特点契合度非常高。行业内各相关主体，均可根据自身管理和业务需求，使用 DeepSeek API 接入、私有化部署等方式，然后进行二次开发，即可快速搭建适合自身的招标采购智能辅助系统，如智能招标助手、智能投标助手、供应商智能筛选工具等。此外，还可以利用其联网功能实时获取最新的招标信息、市场价格和供应商信息，为行业内相关主体提供及时、准确的决策支持。

三、AI 大模型在招标采购行业中的应用

（一）智能化招投标

1. 基于 AI 智能体的招标文件交互编制

在招标文件编制阶段，AI 大模型结合 AI 智能体技术，可实现招标人与系统的自然交互。AI 智能体能够理解招标方的自然语言描述，利用 AI 大模型对历史招标数据、法律法规和行业标准的分析，快速生成招标文件初稿。如招标人输入"我需要招标一个通信管道施工招标项目，施工内容：主要施工为大开挖，部分过街管道使用顶管技术，工期一年，预算 2 亿元"，AI 智能体就能迅速理解这些信息，并生成包含项目概况、技术要求、商务条款、评标标准等内容的招标文件初稿。在此基础上，AI 智能体还可根据招标人的实时反馈，对初稿进行反复调整和优化。比如，招标人提出在初稿中"希望增加对供应商在类似项目经验方面的要求"，AI 智能体能够立即在文件的相应位置添加详细的资格审查条款，大大提高招标文件编制的效率和质量。投标人的应用场景基本类似，AI 大模型可以帮助投标人编写投标文件初稿，提高工作效率。

2. 基于大数据分析的精准发布渠道选择

在招标公告发布环节，AI 智能体利用 AI 大模型对各大招标平台的公告发布信息数

据进行分析，根据项目特点和目标受众，在法定媒介的基础上，自主选择最佳发布渠道，并可制定个性化的招标信息发布策略。例如，对于一个面向全球的高端科研装备招标项目，AI 智能体通过分析国内外的科研平台、行业论坛、专业社交媒体等平台的数据，识别出某知名科研装备交易平台和相关专业学术论坛聚集了大量该领域的潜在供应商和专业人士，即可向招标方推荐在这些平台发布招标公告，并根据平台特点制定针对性的公告信息文案，突出项目的技术创新性和商业价值，吸引来自全球顶尖科研装备供应商的关注，提高项目的曝光度和参与度。

（二）智能化风险防控

1. 基于知识图谱的多维度智能审查

AI 大模型与 AI 智能体协作，利用知识图谱技术对招标文件进行多维度审查。AI 智能体通过构建招标领域的知识图谱，将法律法规、行业标准、历史案例等信息关联起来，对招标文件中的条款进行语义分析、逻辑推理和判断。例如，在某基础设施建设项目招标文件审查中，AI 智能体通过知识图谱发现其中一条关于工程变更的条款表述模糊，缺少明确的变更程序规定和责任界定。以往的行业案例显示，这种模糊条款会导致在项目实施过程中出现争议，增加项目成本和进度风险。AI 智能体可及时向招标人发出预警，并提供基于 AI 大模型分析的修改建议，明确工程变更的具体流程和各方责任，有效避免潜在的风险。

2. 基于实时监测的风险预警机制

在招标采购风险防控方面，AI 智能体可以实时监测招标过程中的各种数据，如投标文件提交时间、投标人 IP 地址、报价分布等，然后利用 AI 大模型的预测算法，及时发现围标串标等异常行为。例如，在某物资采购招标项目中，AI 智能体实时监测发现，有多个投标人在短时间内相继提交了投标文件，且这些文件的 IP 地址相同或相近；此外，投标文件中的技术方案高度相似、报价也有一定的规律性。此时，AI 智能体可立即发出警报，提醒招标人进行检查核实，防止出现投标人围标串标行为，保障招标活动的公平公正。

（三）智能化决策辅助

1. 基于深度学习的评标智能辅助

在评标环节，AI 智能体作为评标专家的智能助手，借助 AI 大模型对投标文件进行深度学习和分析，可快速提取投标文件中的关键信息，如技术方案、商务报价、企业业绩等，并根据项目的评标标准进行初步评分，帮助评标专家评审，提高评标效率。例如，在招标项目评标中，AI 智能体可利用 AI 大模型对各投标方案中的技术指标进行对比分析，识别出具有创新性的技术方案，并为评标专家提供详细的技术优势分析报告。AI 智能体还能根据市场行情和行业数据，对商务报价进行合理性评估，对报价过高或过低提出预警，为评标专家正确判断提供参考。

2. 基于模拟仿真的可视化决策支持

在决策支持方面，AI 智能体可根据 AI 大模型对中标候选人履约能力进行模拟预测，为招标人提供可视化的决策分析建议。通过构建项目实施的模拟仿真模型，AI 智能体能够预测不同中标候选人在项目实施过程中可能遇到的问题和风险，如技术难题、供应链中断、成本超支等。AI 智能体将这些预测结果以图表、数据对比等可视化方式呈现给招标人，直观展示各中标候选人在项目实施过程中的风险和优势，帮助招标人作出科学、合理的决策。例如，在某大型建筑工程项目招标中，AI 智能体通过模拟仿真模型预测出两家候选企业在项目实施过程中的进度、成本和质量风险，招标人根据这些可视化结果，综合考虑后选择风险较低、实力更强的企业作为中标人，确保了项目的顺利实施。AI 大模型可视化决策支持对于采用"评定分离"模式的招标项目尤为适用。

（四）智能化采购寻源

1. 基于大数据分析的精准采购寻源

在采购寻源方面，AI 智能体可基于 AI 大模型对企业电子采购平台中积累的海量供应商数据进行分析，根据企业的采购需求，如产品规格、质量要求、交货期等，在供应商数据库中进行精准筛选。比如，某大型电子产品制造业企业需要采购一批电子零部件，AI 智能体通过分析供应商的生产能力、产品质量、信誉度、价格等数据，从数千家供应商中筛选出最符合要求的供应商。而后，AI 智能体还可利用 AI 大模型的语言生成能力，自动与这些供应商进行沟通，了解其供货能力、价格、交货期等关键信息，并起草商务洽谈邮件和合同条款，大大缩短采购寻源周期，提高采购效率。

2. 基于实时监控的个性化供应商管理

在供应商管理方面，AI 智能体借助物联网技术，实时监控合作供应商的生产进度、产品质量等信息，利用 AI 大模型对供应商的历史表现情况进行分析，帮助企业制定个性化的供应商管理策略。比如，当发现某供应商的产品质量出现波动时，AI 智能体及时向企业发出预警，并根据 AI 大模型的分析结果，提供如优化生产工艺、加强质量检测等方面的改进建议。同时，AI 智能体也可根据供应商的历史表现情况，将供应商分为不同等级，为不同等级的供应商制定差异化的合作策略，对优质供应商给予更多的订单和优惠，对表现不佳的供应商加强监督和辅导，深入优化供应商关系管理，提高供应链的稳定性和可靠性。

四、AI 大模型应用对行业带来的挑战

尽管 AI 大模型的广泛应用对招标采购行业各相关主体都产生了非常积极的影响，推动行业运行质量和工作效率的提升，但也给各方主体带来了一些挑战，需采取措施

积极应对。

（一）招标人面临的挑战与应对措施

1. 面临的挑战

（1）技术与应用能力不足。AI 大模型是新生事物，多数招标人对 AI 大模型技术的理解和掌握程度有限，难以充分挖掘其在招标采购中的潜在价值，难以充分发挥 AI 大模型的作用。

（2）数据安全与隐私风险。在使用 AI 大模型过程中，涉及大量招标项目数据的上传和处理工作，数据安全管理至关重要。数据泄露、被篡改等安全问题会给招标人带来损失，同时投标人的商业秘密和个人隐私的外泄也会给投标人造成损害，影响招标人声誉。

（3）决策过度依赖 AI 的风险。AI 应用常态化后，招标人过度依赖 AI 大模型生成的招标文件、评标报告和授标建议等，如果审核机制不完善，审核人员出现疏忽，将会导致项目决策失误，给企业造成损失。

2. 应对措施

（1）加强技术培训与人才培养。组织招标人相关人员进行 AI 技术培训，邀请行业专家举办技术讲座和进行 AI 应用案例分享，提高对 AI 大模型技术的理解和应用能力。同时，企业要培养既懂招标采购业务又熟悉 AI 技术的复合型人才，为 AI 技术在招标采购中的应用提供人才支持。

（2）强化数据安全管理。强化数据安全管控，有条件的招标人可采用 AI 大模型私有化部署方式，降低数据泄露风险。要建立健全数据安全管理制度，明确数据采集、存储、传输、使用等环节的安全责任和操作规范。同时采用加密传输、访问权限控制、数据备份等技术手段，保障招标项目数据的安全。此外，还要加强对数据使用的管理，确保数据使用符合国家法律和规范，切实保护投标人隐私和商业秘密。

（3）完善决策审核机制。制定科学合理的决策审核流程，对 AI 大模型生成的决策支持结果进行多维度审查。一方面可将决策建议交由其他智能体交叉审核；另一方面由相关专家组成专业审核小组，对招标文件、评标报告和授标建议等进行人工审核，同时结合项目实际情况和专业经验，对 AI 提供的决策建议进行补充和修正，最大限度地保障采购项目决策的科学性和准确性。

（二）投标人面临的挑战与应对措施

1. 面临的挑战

（1）存在一定技术门槛。DeepSeek 的发布，使大模型应用门槛大幅度降低，但在二次开发等方面仍然存在一定的技术门槛。为了满足 AI 辅助投标的要求，投标人需要具备一定的技术能力来准确解读招标文件、制作电子投标文件，甚至可能需要利用 AI

技术优化自身投标方案，而这对一些小型企业或技术薄弱的企业来说将是很大的挑战。

（2）信息与资源不对称。由于投标人对特定招标人使用的 AI 大模型评估标准和算法了解有限，难以精准把握投标重点，增加了投标难度。同时，在与大型企业竞争时，小型企业也会因缺乏资源和技术支持，在解析招标信息和利用 AI 技术等方面存在不足，在竞争过程中处于劣势地位。

（3）市场竞争态势加剧。AI 大模型的全面应用可帮助大型企业更高效地参与投标活动，从而进一步加剧市场竞争。大型企业可凭借其强大的技术实力、资源优势，更好地利用 AI 技术优化投标方案，提高投标竞争力。而小型企业将会面临更大的生存和发展压力。

2. 应对措施

（1）提升技术能力。投标人应加大对技术研发和人才培养的投入，鼓励员工学习 AI 相关知识和技能，尽快掌握利用 AI 进行电子投标文件制作、AI 投标方案优化等的技术和能力。中小型企业也可以与专业 AI 技术服务提供商合作，借助外部技术力量提升自身的投标技术水平，保持一定的竞争优势。

（2）加强信息沟通与调研。主动与招标人沟通，了解其使用的 AI 大模型评估标准和算法，掌握更多的招标信息。人工与 AI 相结合，加强市场调研，分析同类型项目的中标案例，了解竞争对手的投标策略和优势，有针对性地优化自身投标方案。

（3）实施差异化竞争策略。小型企业应充分发挥自身的灵活性优势，专注于细分市场，在细分产品和服务上做深做精，打造企业核心竞争优势。通过深入了解客户需求，提供更贴合客户需求的解决方案，避免与大型企业在同质化严重的产品和服务上展开正面竞争。

（三）招标代理机构面临的挑战与应对措施

1. 面临的挑战

（1）专业服务转型压力。传统招标代理机构的服务模式将面临变革，需要向具备 AI 技术应用能力的综合性服务机构转型。这对招标代理机构的人才结构、服务能力和业务流程提出了新的要求，需要投入大量的人力、物力和财力进行技术升级和人员能力提升。

（2）系统兼容性问题。一些招标代理机构，尤其是大型招标代理机构信息化程度较高，已具备业务和管理系统。引入 AI 大模型后，如何确保其与现有系统的兼容、数据交互顺畅、运行高效，是一个较大的技术难题。不同系统之间的数据格式、接口标准等可能存在差异，需要进行大量的技术改造和调试工作。

（3）服务质量把控难度增加。在招标采购行业广泛应用 AI 技术的背景下，如何确保服务质量的稳定性、可靠性、先进性，避免因技术或算法偏差导致服务失误，是招标代理机构需要关注的重点。由于 AI 技术的复杂性，招标代理服务质量的评估和监控难度也进一步加大。

2. 应对措施

（1）推进专业服务转型。制定明确的转型战略，加大在 AI 技术研发和应用方面的资源投入。招聘和培养既懂招标业务又熟悉 AI 技术的复合型人才，优化企业人才结构。对现有业务流程和系统进行梳理和优化，融入 AI 技术，提高服务效率和质量。

（2）解决系统兼容性问题。成立专门的技术团队或借助专业的服务提供商，对现有业务和管理系统进行全面评估和分析，制订系统集成方案。选择兼容性好、可扩展性强的 AI 大模型产品，与技术供应商紧密合作，共同解决数据格式转换、接口对接等技术难题，确保 AI 大模型与现有系统无缝集成。

（3）建立服务质量监控体系。制定针对 AI 辅助招标服务的质量标准和监控流程，建立招标代理服务质量评估指标体系。利用技术手段对 AI 大模型的运行状态、代理业务服务效果进行实时监测和分析，及时发现和解决问题。根据 AI 监控分析结果，针对性地加强对员工的培训和管理，提高服务意识和服务能力。

（四）监管部门面临的挑战与应对措施

1. 面临的挑战

（1）监管规则滞后。同样因为 AI 大模型在招标采购行业的应用是新兴事物，现有的监管规则和法律法规短时期内难以完全覆盖其带来的新问题，如数据隐私保护、算法公平、AI 决策可解释等。监管规则的滞后会导致监管缺位，无法有效保障市场公平，无法保护交易各方权益。

（2）监管难度增大。监管部门需要配备专业的技术能力来监督 AI 大模型在招标采购中的应用情况，包括对数据安全、算法合规性等方面的监管。由于 AI 技术的专业性和复杂性，监管人员目前普遍缺乏相关的技术知识和经验，招标采购领域的监管难度进一步增大。

（3）协同监管挑战。招标采购行业监管涉及多个行政部门和环节，在 AI 大模型应用背景下，如何实现各监管部门之间的协同配合，形成有效的监管合力，也是一个亟须解决的问题。

2. 应对措施

（1）完善监管规则和法律法规。监管机构要动员专业研究机构、招标采购行业协会的力量，加强对 AI 大模型在招标采购行业应用的研究，及时修订和完善相关法律法规和监管规则。明确数据隐私保护、算法公平、AI 决策可解释等方面的要求和标准，为监管工作提供法律与规范依据。建立监管规则的动态调整机制，根据技术发展和市场变化及时更新监管规则，确保监管到位。

（2）提升监管技术能力。引进专业的 AI 技术人才，充实监管队伍，提升监管部门的技术监管能力。必要时借助 AI 技术服务提供商，利用技术手段对行业 AI 大模型的应用和招标采购活动进行实时监测和管理。

（3）强化协同监管机制。建立跨行政部门的协同监管机制，明确各监管部门在 AI 辅助招标采购监管中的职责和分工。加强部门之间的信息共享和沟通协调，建立联合执法机制，形成监管合力。建立统一的招标采购监管平台，实现各部门之间的数据共享和业务协同，提高监管效率和效果。

五、AI 大模型在招标采购行业中的应用趋势展望

（一）技术融合更加深化

未来，AI 大模型将与区块链、物联网、云计算、数字孪生等新技术进行更深度的融合。区块链技术的去中心化、不可篡改特性可进一步保障招标采购数据的安全和可信，确保交易的公平公正；物联网技术能够实时采集更多与招标采购相关的物理世界数据，如供应商生产现场数据、物资运输状态数据等，为 AI 大模型提供更丰富、实时的数据支持，实现更精准的决策；云计算则为 AI 大模型的运行提供强大的算力保障，降低企业使用 AI 技术的成本；数字孪生技术使 AI 大模型的分析过程和决策显性化、可视化。这些技术与 AI 大模型的融合将推动招标采购行业向智能化、自动化、数字化方向加速发展。

（二）行业规范更加完善

随着 AI 大模型在招标采购行业中的应用不断普及，建立统一、完善的行业标准与规范势在必行。行业标准将涵盖 AI 大模型在招标采购中的应用范围、技术要求、数据安全、算法合规、服务质量等多个方面，有助于规范市场秩序，促进企业之间的公平竞争，保障招标采购活动有序进行。同时，行业规范的完善也将提高 AI 大模型应用的透明度和可解释性，进一步增强各方主体对 AI 技术的信任程度。

（三）人才培养更加多元

为适应 AI 大模型在招标采购行业中的广泛应用，行业对复合型人才的需求将持续增长。未来，高校、职业培训机构和企业将加强协同合作，培养既懂招标采购业务又掌握 AI 技术的复合型人才。高校将在相关专业课程设置中融入 AI 技术知识，职业培训机构将开展针对招标采购行业的 AI 技术应用培训，企业将加强内部员工的技术培训和实践锻炼，为行业发展提供坚实的人才支撑。

六、结语

AI 大模型在招标采购行业中的应用已经展现出巨大的潜力和价值，从招标流程的智能化到智能审查与风险防控，从智能评标与决策支持到采购寻源与供应商管理优化，AI 大模型正在推动招标采购行业进行全方位的变革。展望未来，随着技术的不断融合

深化、行业标准与规范的建立以及复合型人才的不断充实，AI 大模型在招标采购行业中的应用前景将更加广阔。招标采购行业应积极拥抱这一变革，充分利用 AI 大模型的优势，推动招标采购行业朝着更加高效、智能、公平的方向快速发展。

（中国移动通信集团陕西有限公司：程建宁）

公共资源交易的市场化改革和发展方向

经过近十年的努力，全国公共资源交易额已超 20 万亿元规模。公共资源交易平台（以下简称"平台"）在规范交易行为、降本增效、促进行业高质量发展中发挥的作用有目共睹。在数字经济高速发展，加快建设全国统一大市场、优化营商环境、全面落实公平竞争审查制度、构建新发展格局的大背景下，公共资源交易范围不断扩大，交易规模快速增长，平台建设运行呈现多元化发展态势。由此，公共资源交易市场化改革成为热门话题，如公共资源配置市场化改革如何推进？上海、重庆、江西、广州、深圳等省级和市级平台运行服务机构为国有企业，是否属于平台市场化？本文从公共资源交易领域市场化改革的政策背景，平台整合的实质要义、实施效果，市场经济的一般规律和市场竞争逻辑的原理等角度出发，探讨如何推动公共资源交易的法制建设、扩大交易目录范围、公共服务和交易服务供给的市场化改革路径与发展方向。

一、公共资源交易领域市场化改革的政策背景

党的十九届五中全会提出，要加快构建以国内大循环为主体、国内国际双循环相互促进的新发展格局，公共资源交易作为连接供给和需求的重要纽带，在构建新发展格局中发挥着重要作用。党的二十大提出，构建高水平社会主义市场经济体制。深入贯彻落实党的二十大精神，构建新发展格局，迫切需要加快建设全国统一大市场。党的二十届三中全会提出，构建全国统一大市场，建立健全统一规范、信息共享的招标投标和政府、事业单位、国有企业采购等公共资源交易平台体系，实现项目全流程公开管理。近年来，国家高度重视公共资源交易领域的市场化改革，出台了一系列政策文件，为改革指明了方向。

（一）一系列政策文件为市场化改革指明方向

1. 加快建设全国统一大市场，促进资源流通

2022 年 3 月，中共中央、国务院印发《中共中央 国务院关于加快建设全国统一大市场的意见》，建设全国统一大市场是构建新发展格局的基础支撑和内在要求，加快建立全国统一的市场制度规则，打破地方保护和市场分割，促进商品要素资源在更大范围内畅通流动。

2. 持续深化"放管服"改革，优化营商环境

十多年来，国家持续深化推进简政放权、放管结合、优化服务改革，着力破除制

约公共资源交易市场发展的体制机制障碍，为市场主体营造公平竞争的市场环境。2019 年 10 月，国务院通过了《优化营商环境条例》，用法规制度把"放管服"改革实践有效经验和做法固化下来。《广东省优化营商环境条例》把"省和地级以上市人民政府应当整合公共资源交易平台，建立和公开本地区公共资源交易目录清单，推进公共资源交易全流程电子化"的政策要求写进了地方法规，为全省平台整合提供了法律依据。2019 年 8 月国家发展改革委办公厅等八部门印发《工程项目招投标领域营商环境专项整治工作方案》，2021 年 2 月国家发展改革委等十一部门印发《关于建立健全招标投标领域优化营商环境长效机制的通知》（发改法规〔2021〕240 号），2019 年 7 月财政部印发《关于促进政府采购公平竞争优化营商环境的通知》（财库〔2019〕38 号），2021 年 1 月财政部办公厅印发《关于开展政府采购备选库、名录库、资格库专项清理的通知》（财办库〔2021〕14 号），国务院相关行业主管部门发布规范性文件，推进优化营商环境，降低制度性交易成本，激发市场活力和社会创造力，增强发展动力。

3. 全面落实公平竞争审查制度

2016 年 4 月，中央全面深化改革领导小组第二十三次会议审议通过《关于建立公平竞争审查制度的意见》，党的十九届四中、十九届五中全会、"十三五"规划纲要、"十四五"规划纲要等均对实施公平竞争审查制度做出部署。2021 年 6 月市场监管总局等五部门联合印发《公平竞争审查制度实施细则》，2024 年 3 月国家发展改革委等八部门联合印发《招标投标领域公平竞争审查规则》，2024 年 6 月国务院发布《公平竞争审查条例》，在短短的 3 年内，从规范性文件到行政规章再到行政法规层层升级，重点查处滥用行政权力限定或变相限定交易的行为、滥用行政权力妨碍商品和要素自由流通的行为、政府采购和招投标领域滥用行政权力的行为等，进一步优化营商环境。

4. 加快转变政府职能，提高政府监管效能

2021 年 12 月 17 日召开的中央全面深化改革委员会审议通过了《关于进一步提高政府监管效能推动高质量发展的指导意见》，大力推动有效市场和有为政府更好结合，依法保护企业合法权益和人民群众生命财产安全。

（二）国家首个涉公共资源交易领域文件为改革定调领航

2011 年 6 月，中共中央办公厅、国务院办公厅印发《关于深化政务公开加强政务服务的意见》，这是中央和国家提出"建立统一规范的公共资源交易平台"的首份文件，指明了公共资源交易领域的改革方向，从市场运行机制、统一集中管理、市场化配置范围、搭建服务平台、纳入政务一体化管理 5 个方面作出要求。把为公共资源交易搭建平台、提供服务纳入政务公开和政务服务的范畴。鼓励地方探索平台与政务服务中心合并一体化管理模式，将信息化纳入电子政务建设总体规划，推动不同层级政务服务信息化网络互联互通、信息共享和业务协同。在实践中，有些地方（如广东）把平台整合建设工作纳入数字政府改革建设总体部署，充分利用数字政府一体化政务服务和大数据中心公共支撑能力，为平台整合数字化发展夯实基础。

（三）平台整合纳入国家机构改革和职能转变工作任务

2013 年，党的十八届二中全会和十二届全国人大一次会议审议通过《国务院机构改革和职能转变方案》之后，《国务院办公厅关于实施〈国务院机构改革和职能转变方案〉任务分工的通知》（国办发〔2013〕22 号）把"整合建立统一规范的公共资源交易平台"列入 2014 年完成的工作任务。2015 年 8 月，《国务院办公厅印发〈整合建立统一的公共资源交易平台工作方案〉的通知》（国办发〔2015〕63 号）正式印发，该方案指出整合平台的重要性，明确平台整合的指导思想和基本原则，提出平台整合的范围、目标、层级、信息系统、场所资源和专家资源，要求建立统一规则体系、完善运行机制、创新监管体制等一系列措施。由于该方案涉及行业部门多、影响范围广、改革难度大，出台时间比国办发〔2013〕22 号文计划完成时间推迟了半年多，起草工作难度之大可见一斑。

（四）公共资源交易信息公开事项纳入基层政务公开范围

党的十八届四中全会以及中共中央办公厅、国务院办公厅印发的《关于全面推进政务公开工作的意见》均要求出台推进公共资源配置领域政府信息公开的指导意见。2017 年 12 月 28 日，国务院办公厅印发了《国务院办公厅关于推进公共资源配置领域政府信息公开的意见》（国办发〔2017〕97 号），意见明确了公共资源配置主要包括保障性安居工程建设、保障性住房分配、国有土地使用权和矿业权出让、政府采购、国有产权交易、工程建设项目招标投标等公共资源分配事项，要求各地区、各部门根据区域、行业特点，进一步明确公共资源配置信息公开范围，并纳入主动公开目录清单。这些目录清单内容包括政府配置公共资源和市场化配置公共资源（即公共资源交易）两个部分。为进一步推进公共资源交易领域基层政务公开标准化、规范化建设，2019 年 7 月，国家发展改革委办公厅关于印发《〈公共资源交易领域基层政务公开标准指引〉的通知》（发改办法规〔2019〕752 号）正式印发，按照决策、执行、管理、服务、结果"五公开"的要求，公开标准目录中明确了工程建设项目招标投标、政府采购、国有土地使用权出让、矿业权出让、国有产权交易 5 个公共资源交易领域的 40 个具体公开事项，要求这些事项内容在公共资源交易平台网站、场所显著位置予以公示。

（五）引入市场机制和市场化手段是创新政府配置资源的主要特征

2017 年 1 月，中共中央办公厅、国务院办公厅印发了《关于创新政府配置资源方式的指导意见》，意见指出改革开放以来，市场在资源配置中的作用日益增强，政府配置资源的范围和方式也在不断调整。针对政府配置资源中存在的市场价格扭曲、配置效率较低、公共服务供给不足等突出问题，需要从广度和深度上推进市场化改革，大幅度减少政府对资源的直接配置，创新配置方式，更多引入市场机制和市场化手段，提高资源配置的效率和效益。

（六）拓展平台功能是健全要素市场化交易平台的有效路径

2020 年 4 月，中共中央、国务院印发《中共中央 国务院关于构建更加完善的要素市场化配置体制机制的意见》，这是中央关于要素市场化配置的第一份文件，旨在破除阻碍要素自由流动的体制机制障碍，扩大要素市场化配置范围，健全要素市场体系，推进要素市场制度建设，实现要素价格市场决定、流动自主有序、配置高效公平，形成生产要素从低质低效领域向优质高效领域流动的机制，引导各类要素协同向先进生产力集聚，对加快完善社会主义市场经济体制具有重大意义。要素市场化配置还是解决我国经济结构性矛盾、推动高质量发展的根本途径。

（七）开展数据治理是推动平台数字化转型的有效措施

2017 年 1 月 1 日，全国公共资源交易平台（以下简称"国家平台"）正式上线运行。国家平台纵向贯通 32 个省级平台和近 400 个市级平台，横向与全国信用信息共享平台、全国投资项目在线审批监管平台、全国 12358 价格监管平台实现互联互通，成为全国公共资源交易领域的资源共享枢纽、便民服务窗口和行政监管通道。2018 年，国家发展改革委办公厅发布《全国公共资源交易平台系统评价考核办法》，对全国 32 个省级平台数据归集共享工作进行考核。2022 年 9 月印发《全国公共资源交易平台系统监测办法》，对各省级平台评价考核转为对平台进行监测，调整了 5 个一级指标分数权重，优化二级指标的计分标准及评价方法，加强市、县级数据上传全面性评价，更加注重从源头抓好数据质量监测工作。2024 年 3 月 20 日发布的《国家发展改革委办公厅关于开展工程建设项目招标投标数据质量提升专项行动的通知》，拟分领域、分批次推进数据治理，本次率先在工程建设项目招标投标领域开展数据质量提升专项行动，进一步提高国家平台汇聚的数据质量，为提升公共资源交易数据价值奠定坚实基础。

二、公共资源交易平台整合的实质要义和实施效果

（一）平台整合的实质要义

平台整合并不是简单地将传统的工程建设项目招标投标、政府采购、土地使用权和矿产权出让、国有产权交易等进场交易活动向网上（平台）移植，而是要对其进行组织结构重组和业务流程再造，是对传统交易管理模式的重组、整合，是以技术创新、管理体制机制创新、制度规则创新的全方位创新。平台整合至少有以下四层含义。

1. 必须借助现代信息技术

与当地电子政务（数字政府）建设有机结合，充分发挥电子政务（数字政府）一体化平台和大数据支撑优势，整合本地区分散的信息系统，依据国家制定的统一标准

建立全行政区域统一、终端覆盖市县的电子交易公共服务系统，通过接入符合技术标准的各类主体建设的电子交易系统和对接各行业行政监管系统，统一网络门户，实现国家级、省级、市级电子交易公共服务系统互联互通，打造"一网通办"的平台体系。

2. 按照国办发〔2015〕63号文件要求进行全面整合

一是对平台层级进行整合。各省应根据经济发展水平和公共资源交易市场发育状况，合理布局本地区公共资源交易平台，设区的市级以上地方应整合建立本地区统一的平台，不再新设县级平台，已经设立的应整合为市级平台的分支机构。二是对交易场所进行整合。充分利用现有的政务服务中心、公共资源交易中心、建设工程交易中心、政府采购中心、土地使用权和矿产权拍卖中心（所）、国有产权交易中心等交易机构的场所场地，满足平台必要的窗口业务、交易验证和开标评标（评审、论证）等现场业务办理需要，整合过程中要避免重复建设，禁止假借场所整合之名新建楼堂馆所，鼓励地方探索通过政府购买服务等方式使用符合交易条件的社会场所。三是对专家资源进行整合。各省级政府应按照国家统一的专业分类标准，整合分散于工业和信息化、财政、住房城乡建设、交通运输、水利、能源等行业部门的评标（评审）专家库资源，建立全省统一的综合评标（评审）专家库，推动实现专家资源及专家信用信息全国互联共享，积极推广远程异地评标评审活动。四是要创新监管方式。按照决策权、执行权、监督权既相互制约又相互协调的要求，深化交易管理体制改革，完善监管机制，防止权力滥用；构建平台立体化监管通道和系统功能，运用大数据、云计算、人工智能和区块链等技术手段，为行业协同监管、信用监管、智慧监管、平台监管和社会监督提供相关服务，促进监督方式转变，为电子行政监管和纪检监察提供有效支撑。

3. 明确平台整合的目的

统一规范的公共资源交易市场是以通过市场机制配置公共资源的平台为载体，政府为市场主体提供服务和进行监管的平台。一要更好地发挥市场配置公共资源的决定性作用。根据各类公共资源的法律法规和交易特性，制定实施全国分类统一的交易规则，各省结合实际制定平台管理制度、服务规范和系统接口技术标准。二要开展制度规则清理。由于部门自建的市场往往存在制度不够严密、管理不够规范、信用缺失、市场准入和退出机制不健全等问题，对于违法设置审批事项、以备案名义变相实施审批、干预交易主体自主权、与法律法规相冲突以及违背建设全国统一大市场、优化营商环境、公平竞争等法规政策制度的行为，必须进行清理和纠正，塑造一个更有效率、更便利、更公开、更透明的交易生态，为市场主体和社会公众提供更好的公共服务，构建政府、市场和社会和谐互动的关系。

4. 推进平台数字化创新发展

平台整合就是要提高制度建设的科技含量，把现代信息技术融入制度设计之中，大力推行电子招标、远程异地评标、网上审批、电子监察、企业不良行为信用信息网上公告等做法。通过平台整合可以提高制度执行力，促进公共资源交易公开透明、高效有序。通过平台整合推进交易全流程电子化改革，建立健全统一的平台系统数据规范，开展数据治理，确保平台汇聚的交易数据供得出、流得动、用得好。强化数字化公共服务功能，推进CA数字证书全国互认，探索加快电子证照、电子签章、大数据、人工智能和区块链等技术的应用，提高平台数字化服务能力和水平。

平台整合是一个复杂而庞大的系统工程，需要解决信息化系统集成、法律适应性、重组组织管理架构和再造业务流程等重大问题。第一，平台是借助于电子信息化的硬件系统、数字网络技术和系列应用软件系统而构成；第二，平台是处理与依法开展交易活动有关的经济活动事项的综合性服务管理系统，目前公共资源交易领域本身未有立法，但各类公共资源交易的法律适应性要求很高，对交易监督、管理和服务的要求高、范围广、难度大；第三，平台是新型的、先进的、革命性的管理系统，需要应用到大数据、人工智能、区块链等新技术，要结合国家创新政府配置公共资源方式、健全要素市场化交易平台、健全科技成果交易平台等需要，优化拓展公共资源交易平台系统功能，引导培育数据要素交易市场，拓宽服务民生工程领域等范围；第四，平台整合不是简单地将传统的管理事务原封不动地搬到网上，而是科学地对组织结构和业务流程进行重组与再造。最终目标是建设服务平台、法治平台、阳光平台、廉洁平台和效益平台。通过平台整合，促进转变政府职能，改革管理方式，提高行政效率，降低交易成本，形成行为规范、运转协调、公正透明、廉洁高效的管理体制机制，这是新时期赋予平台整合、建设和运行服务的历史使命。

（二）平台整合的实施效果

公共资源交易是行政审批权力、资金资源管理权力、各种利益和矛盾集中的领域，涉及行业部门多、业务范围广、工作任务重、改革难度大等，自20世纪90年代初至今，公共资源交易领域改革在不断探索中前进，总体上经历了以下三个阶段。

1. 建立分散的各类有形交易市场

建立有形建筑市场是我国建设工程领域的一项有益尝试，20世纪90年代初，探索建立有形市场，纷纷成立建设工程交易中心，接着从建筑工程扩展至铁道、交通、水利等工程，由国务院各部门和省市县镇各级分散设立和各自运营。除此之外，还成立土地有形市场、矿业权交易机构、产权交易机构（产权交易所/中心）、拍卖中心、政府采购中心（当初具有监管职能）等各类有形交易市场。2001年6月1日，建设部发布《房屋建筑和市政基础设施工程施工招标投标管理办法》（建设部令第89号），规定依法必须进行施工招标的工程项目，应当进入有形建筑市场进行招标投标活动。这项措施对于增加建设工程交易透明度，加强对建设工程交易活动的监督管理，从源头上预防工程建设领域腐败行为，具有重要作用。但是，在当时的历史条件下，我国建筑市场发育尚不成熟，有关部门监管尚不到位，一些依法必须公开招标的建设项目存在规避招标、假招标行为，一些勘察、设计、施工、监理单位转包工程和违法分包行为仍屡禁不止，一些地方有形建筑市场在运行中存在政企不分、收费不合理，以及地方分割市场和行业保护等问题，需要通过健全和规范有形建筑市场等措施加以解决。经过实践证明，有形建筑市场并没有解决腐败问题，过去的有形市场交易活动仍然存在碎片化、不规范、乱收费、缺监管等突出问题，制约了公共资源交易市场健康有序发展，加剧了地方保护和市场分割，不利于激发市场主体活力，亟须通过创新体制机制加以解决。

2. 建立统一的公共资源交易市场

全国各地探索建立集中统一的交易市场的起步时间和路径各有不同，2002 年浙江省绍兴市开始试点，将政府各部门分散设立的交易市场集中起来，建立集中统一的公共资源交易中心，实行管办分离制度，随后绍兴模式在浙江全省范围内推行。福建莆田、广东珠海、安徽合肥、河南新乡等地开展探索实践也比较早。在初创期，市场建设步伐明显加快，到 2011 年全国县级以上（含县级）已建成公共资源交易市场 730个，其中省级 8 个（浙江、江西、湖北、湖南、广西、四川、云南、宁夏），市级 159个，县级 563 个。进场交易项目 35.7 万宗，交易规模约为 3.4 万亿元，其中工程建设2.09 万亿元，政府采购 1749.3 亿元，土地使用权和矿业权出让 9397.5 亿元，产权交易 1462.4 亿元，医药采购 533.3 亿元，其他类 171 亿元；进场交易项目逐步增多，就工程建设、政府采购、土地使用权和矿业权出让、国有产权交易、医药采购五类交易项目覆盖面而言，有两类项目的市场 172 个，有三类项目的市场 117 个，有四类项目的市场 374 个，有五类项目的市场 67 个。有的地方把知识产权、林业权、碳排放权、司法拍卖等也纳入市场交易。与此同时，铁道部取消了原有的部建设工程交易一级市场和 18 个铁路局（公司）管理的二级市场，水利部规定 2013 年 7 月实现水利工程项目全部进场交易，交通运输部的部管公路和水运工程全部进入地方市场交易。2012 年 6月，中央纪委、监察部在南昌召开全国公共资源交易市场建设工作推进会，大力推进统一规范的公共资源交易市场建设，着力实现公共资源交易活动管办分离、集中交易，至此，集中统一交易市场建设处于入轨期，到 2015 年全国各类有形交易市场达 4103个。建立统一的公共资源交易市场是自下而上的改革探索，改革效果得到市场认可。

3. 整合建立统一的公共资源交易平台

2015 年 8 月起，以国办发〔2015〕63 号文件印发为标志，平台整合进入线下网上交易融合发展阶段，全国各地积极贯彻落实国办发〔2015〕63 号文件精神，到 2016 年12 月全国各类公共资源交易市场从 4103 个整合为 500 多个，有形交易市场数量减少了85%。2016 年，全国公共资源交易市场规模突破 23 万亿元，2022 年和 2023 年分别为22 万亿元、21.9 万亿元，交易项目超 100 万宗，实现由分散交易转向集中交易，由线下交易转向网上交易，公共资源由行政配置转向市场化配置，平台交易品类和覆盖范围不断扩大，分类统一的制度规则逐步完善，交易全流程电子化水平持续提高，CA 移动证书全国互认、电子保函、数字见证等公共服务能力不断提升，协同监管、智慧监管、数字监管、信用监督、社会监督有效强化。

从总体上看，平台整合共享是公共资源交易领域深化改革的重要内容，其核心在于打破信息孤岛，实现资源共享；提高交易效率，降低交易成本；加强行政监管，规范交易行为。

三、公共资源交易的市场化改革和发展方向

公共资源交易的市场化改革是一项复杂的系统工程，涉及法律部门多、行政部门多、行业领域多、交易品种多、流程管理复杂等情况，需要从法律制度框架构建、交易目录管理、公共服务以及交易服务和平台建设、运维、运行、运营服务管理等不同层面展开讨论，分类分步有序推进市场化改革进程。

（一）健全公共资源法律制度是推进公共资源交易市场化改革的基础

健全的法律和产权制度是公共资源实现市场化配置的前提，只有产权清晰、权属登记管理清楚的资源才能进行交易、流通。从我国社会主义市场经济法律体系的建设过程看，公共资源交易领域立法是一项系统工程，面临立改废问题，不是一朝一夕能够实现的，它需要经过长期探索和实践，要适合我国社会主义市场经济的客观规律，与生产力发展水平相适应。随着社会主义市场经济体制、中国特色社会主义法治体系不断健全和完善，保证各种所有制经济依法平等使用生产要素、公平参与市场竞争，是公共资源交易的市场化改革得以实现的基本保障。今后，还需要加大理论研究和实践探索力度，完善公共资源交易领域法律制度建设，积极推进统一的公共资源交易立法。

（二）大力减少政府对资源的直接配置，扩大交易目录范围

据国家发展改革委有关负责人介绍，经过 40 多年的改革开放，我国商品市场发育较为充分，商品和服务价格已由原来的 97% 以上由政府定价，转变为 97% 以上由市场定价。资本、土地、劳动力市场从无到有、从小到大，市场配置要素资源的能力明显增强。但是，要素市场发育还不充分，影响了市场发挥资源配置的决定性作用，因此加快要素市场化改革，是深化供给侧结构性改革、解决制约全局深层次矛盾的重要突破口。按照《关于创新政府配置资源方式的指导意见》的要求，从广度和深度上推进市场化改革，大幅度减少政府对资源的直接配置，为推进公共资源交易的市场化改革指明了方向。

在标的配置方式上，对于适宜由市场化配置的公共资源，要充分发挥市场机制作用，遵循价值规律，建立市场竞争机制，实现资源配置效益最大化和效率最优化。对于不完全适宜由市场化配置的公共资源，要引入竞争规则，体现政府配置资源的引导作用，实现政府与市场作用有效结合。对于需要通过行政方式配置的公共资源，要遵

循规律，注重运用市场机制实现更有效率的公平性和均等化，如保障性安居工程建设、保障性住房分配等涉及民生的公益性资源分配事项。

在标的分类管理上，自然资源方面要以建立产权制度为基础，实现资源有偿获得和使用；在经济资源方面（主要指金融类和非金融类经营性国有资产）要突出国有资本的内在要求，明确委托代理关系的制度安排，建立健全国有资本形态转换机制；在社会事业资源方面（主要指非经营性国有资产）要引入市场化手段和方法，实现更有效率的公平性和均等化，促进公共资源配置更高效、更公平、更可持续。

在交易目录管理上，建立和完善市场化配置公共资源交易目录清单动态管理机制，2019年12月，国家发展改革委会同有关部门制定《全国公共资源交易目录指引》（2019年版），从工程建设项目招标投标、土地使用权和矿产权出让、国有产权交易、政府采购4大类，逐步扩大到适合以市场化方式配置的自然资源、资产股权、环境权等各类公共资源，主要包括机电产品国际招标、海洋资源交易、林权交易、农村集体产权交易、无形资产交易、排污权交易、碳排放权交易、用能权交易、司法机关和行政执法部门开展的涉诉、抵债或罚没资产处置9类，共4+9大类16个子项。2023年11月，国家发展改革委组织召开公共资源交易平台整合工作部际联席会议第五次全体会议，审议通过了修订后的《全国公共资源交易目录指引》（2023版），目录调整为4+13大类20个子项，新增"草原交易""生态保护修复工程余量资源交易""行政事业性国有资产出售、出租""供销合作社社有资产交易"4大类，新增"农村集体持有资产收益权转让"1个子项，删去2019年版的"农村集体资产股权转让，以及四荒（荒山、荒沟、荒丘、荒滩）地使用权流转"1个子项。各地结合实际修订完善本地区目录，要求目录内交易项目进入平台体系交易，未纳入目录的交易项目，由项目业主自行确定是否进入平台交易，各平台运行服务机构不得以任何理由拒绝其进入平台交易。

分类分批推进要素市场化配置纳入目录清单。《中共中央 国务院关于构建更加完善的要素市场化配置体制机制的意见》提出要健全要素市场运行机制，加快形成市场决定要素配置的机制。既要从整体上扩大要素市场配置范围，加快发展要素市场；也要根据不同要素属性、市场化程度差异和经济社会发展需要，提高要素配置的灵活性、科学性、协同性，构建起更加完善的要素市场化配置体制机制。未来，要着力扩大要素市场化配置纳入公共资源交易目录范围，分类引导形成土地、劳动力、资本、技术和数据等要素市场化配置的机制，建立促进要素自由流动的机制，使科技创新、现代金融、人力资源等现代生产要素能够从低质低效领域向优质高效领域流动，提高要素宏观配置效率，共同支撑实体经济发展，形成协同发展的产业体系。需要特别关注的是，要发挥数据要素对其他要素配置效率和效益的倍增作用，使大数据成为推动经济高质量发展的新动能。

有序推进国企采购纳入目录清单。据中国物流与采购联合会发布的《中国公共采购发展报告（2023）》，2023年全国公共采购总额达46万亿元，约占当年全国GDP的

36%，是全国公共资源交易额（21.9万亿元）的2倍多。当前国企采购还未正式进入各地公共资源交易平台体系，由于各地平台未开设国企采购（公共采购）专区，无法实现国企采购项目通过平台发布采购信息。事实上，大型国企尤其是央企都建设了自己独立的招标采购平台，但是，这些平台游离于各地的公共资源交易平台，其合法性、规范性、公平性、公正性和透明度受到质疑。有些地方政府国资部门探索构建符合本地国企的采购服务平台，规范国企采购行为，避免各企业重复建设，开展国企招标投标物资采购方面存在的突出问题专项治理，防范国企采购领域的廉洁风险和经营风险，对加强国企党风廉政建设发挥重要作用。例如，2022年广州市国资委出台《广州市国资委关于加强市属国有企业采购监管的指导意见（公开征求意见稿）》，由广州交易集团有限公司建设运营"广州国企阳光采购信息发布平台"，为企业采购提供信息发布服务；佛山市国资委出台《市国资委关于进一步规范市属国有企业采购工作的指导意见》，市属企业的大额采购原则上应当在有资质的公共资源交易平台或招标平台进场采购。党的二十届三中全会已经明确，把国有企业采购纳入公共资源交易平台体系交易范围，实现项目全流程公开管理，接下来，需要有关方面加强法律政策制度理论等基础研究，形成合力，加快推进国企采购项目进入公共资源交易目录。

（三）对于分类推进公共服务供给市场化改革的思考

按照国办发〔2015〕63号文件和国办函41号文件，要立足公共资源交易平台的公共服务职能定位。公共服务由政府主导，以平台公共服务系统、必要的场所设施和专家库等为载体，公共服务系统为各类公共资源交易系统和各行业行政监管系统提供数据汇聚、综合技术保障等公共支撑。

平台运行服务机构。平台公共服务职能由平台运行服务机构承担，平台运行服务机构是由政府推动设立或政府通过购买服务提供公共服务的单位。目前，全国各地省级和市级设立的公共资源交易中心是平台的主要运行服务机构，可分为公益类事业单位和国有企业单位两大类。多数平台运行服务机构属于前者，对于公益类的公共资源交易中心不收取交易服务费，平台建设、运维、运行所需经费由本级财政拨付；只有少数平台运行服务机构属于后者，如上海、重庆、广东、江西等省级和广州、深圳等市级平台运行服务机构，以"×××交易（控股）集团+×××公共资源交易中心"一个机构两块牌子一起办公，经费来源于政府购买服务和收费。

平台公共服务供给的市场化改革。在现行体制下，无论是公益类单位还是国有企业单位作为平台运行服务机构，其平台运营管理资格都是由当地政府授予的，所以不能称为平台市场化，这种运营模式下，公共服务是非市场化供给的。虽然国有企业单位具有市场主体的属性，但是，这些国有企业作为平台运行服务机构是指定的，相当于由当地政府授予的特许经营权，这种特许经营权并不是通过市场竞争获取的，所以，只能被称为平台运营国企化，还不能称为平台运营市场化，这些平台的建设、运维、运行所需经费都是国有资金。只有通过市场竞争择优获得平台公共服务供应商资格，类似于以公共服务特许经营权出让，也可视为以"公共资源交易中心"作为牌照通过公开竞争方式授予市场主体，才能算是真正的市场化运营。所以，平台公共服务的市场化改革方向，首先要破除阻碍各类主体参与公共服务供给竞争的各种障碍，推进平台公共服务基础设施竞争性领域向各类经营主体公平开放，保证各种所有制经济依法享有平等公平参与平台公共服务供给的机会。

平台建设运营的市场化改革。当前，平台建设是由政府主导，包括平台信息化项目建设、设备设施硬件采购及相关运行维护服务等方面，使用财政性资金的项目通过政府采购方式组织实施，使用国有资金的通过公开招标等市场竞争方式组织实施。随着数字经济的迅猛发展，平台数字化转型建设迫在眉睫，很多系统功能改造升级面临资金不足，无法满足新的业务需要。面对当前平台公共服务供给不足的情况，需要通过推进平台建设运营市场化改革，引入社会资本参与平台建设、运维、运行和运营，加快公共服务系统改造升级建设，提高公共服务供给水平和能力。特别是在健全要素市场化交易平台、健全科技成果交易平台等领域，更需要鼓励支持各类所有制企业参与要素交易等平台建设。探索交易见证服务向多元化、市场化和专业化发展，促进跨平台、跨区域开展交易见证有偿服务，规范进场（平台）交易见证服务收费行为，推进见证服务多元化。按照公共服务供给和市场化配置的不同性质，进一步优化公共服务分类供给，如统一身份认证、电子证照、电子签章、CA 移动认证、电子保函（保证、担保）等专业性公共服务，通过统一开放的平台公共服务系统接口对接第三方机构，为各类专业化公共服务提供支撑，实现各级各类公共资源电子化交易服务统一服务导航、统一身份认证、统一市场主体信用信息、统一专家服务信息、统一电子档案管理等，推进各类交易数据汇聚共享，为开展大数据分析、数智监管等提供基础支撑。

（四）对于推进交易服务供给多元化改革的思考

按照国办发〔2015〕63 号文件、国办函 41 号文件和《公共资源交易平台管理暂行办法》，鼓励交易服务供给市场化竞争。交易服务可以是第三方交易系统（社会化平台）、集采机构、社会代理机构和其他专业机构提供的服务，为交易项目提供交易、代理和咨询等增值服务，电子交易系统由各类主体依法建设，符合国家统一的技术标准和数据规范才能接入平台。

由政府主导建设交易系统，目前，大多数电子交易系统的建设由各地各级公共资源交易中心主导，纳入平台同步建设，然而全国各地普遍存在平台建设所需的财政资金不足的情况，导致已建成的交易系统很难满足数字化发展的需要。比如，2018 年国家发展改革委发布《全国公共资源交易平台系统评价考核办法》，对全国 32 个省级平台数据归集共享工作进行考核，经过三年多的实践取得了一定的成效，为进一步提升数据归集共享水平，提高数据质量，促进数据应用，国家发展改革委改进平台评价考核方式，于 2022 年印发《全国公共资源交易平台系统监测办法》，对各省级平台评价考核转为对平台系统进行监测，调整了 5 个一级指标计分权重，分别是准确性 38 分、覆盖面 19 分、及时性 10 分、全面性 23 分、平台运行维护 10 分，其中数据上传全面性增加了 8 分，主要是加强市、县级数据上传全面性评价；优化了二级指标的计分标准及评价方法，以此推动全国各省各级进一步深化平台整合共享和数字化转型，促进平台公共服务系统数据上传汇聚共享管理模块功能升级，倒逼各类交易系统及数据接口进行适配性改造。很多地方由于缺乏资金，无法升级改造交易系统和数据监测系统模块功能，从而影响数据质量监测工作。对此，笔者建议：一是由省级政府主导建设通用的交易系统供全省各地平台使用，统一建设既可减轻地方政府财政资金压力，也可以保证数据质量符合监测要求；二是集约化建设交易系统，对于技术路线相同的平台可以联合起来进行集约化建设，发挥集中资金办大事的优势，以解决资金不足、重复建设和利用率不高等实际问题。

在接入社会化交易系统上，由于技术垄断、风险管控等技术和制度障碍，第三方交易系统接入难问题比较突出。另外，由公共资源交易中心主导建设的相对单一的交易系统在使用上缺乏有效竞争，不利于平台交易服务的创新发展，亟须完善管理规则，优化交易服务分类供给。一是需要各级各地平台积极接入符合条件的社会化交易系统，充实丰富交易"工具箱"，为项目业主提供更多可选的交易服务；二是建立交易系统评价机制，开展交易系统成熟度和满意度评价，形成多种经济成分的交易系统并存、不同经营模式的交易系统同台竞争的格局，让市场自由选择，优胜劣汰，促进交易服务供给向多元化、市场化、专业化方向转型发展，提高交易服务效益和效率，为实现交易全流程公开透明和信息共享提供更多的保障。

四、结语

未来，公共资源交易的市场化改革将朝着以下方向发展。一是数字化、智能化发展。利用大数据、云计算、人工智能等新一代信息技术，推动公共资源交易平台向数字化、智能化转型，提升平台服务能力和水平。二是标准化、规范化发展。建立健全公共资源交易标准体系，推动交易流程、交易规则、交易服务实现标准化、规范化，提高交易效率和透明度。三是市场化、法治化发展。坚持市场化方向，完善市场交易规则，加强市场监管，开展立法研究，推动公共资源交易向市场化、法治化发展。

公共资源交易的市场化改革要与时俱进，符合数字时代发展潮流。数字经济时代赋予平台新的使命，数据作为新型生产要素，对土地、劳动力、资本、技术等生产要素具有放大、叠加、倍增作用，正在推动生产方式、生活方式和治理方式进行深刻变革。公共资源交易数据具有资源要素与价值加工双重属性，一方面，平台交易功能应当满足交易数据的生产、获取、传输、汇聚、流通、交易、权属、资产和安全等数据资源要素属性的要求，确保平台形成的交易数据供得出、流得动、用得好；另一方面，平台交易范围要满足拓展数据要素资源流通的需要，在国家级数据交易场所、区域性数据交易场所和行业性数据交易平台等多层次交易体系建设中，平台要发挥牵头主导作用。以国家平台为枢纽，以32个省级平台为考核对象，开展平台系统数据监测，通过数据治理，提升数据质量，挖掘数据价值，加快平台数字化转型，积极参与并成为国家乃至全国各级各地数据流通基础设施建设主力军，更好地培育数据要素流通和交易服务生态。

（广东省政务服务数据事务中心：江顺龙）

从公共资源交易视角看优化营商环境改革

优化营商环境是新时代国家治理体系和治理能力现代化的重要内容，是党中央、国务院重点关注的改革工作。从 2020 年 1 月 1 日起施行的《优化营商环境条例》，全面部署了优化营商环境改革工作的主要内容，各地结合本地实际出台了优化营商环境条例、深化营商环境突破年行动方案等，在全国上下掀起了优化营商环境改革工作热潮。

优化营商环境的实质就是解放生产力、提升竞争力、增强市场活力、稳定社会预期，是应对经济下行压力、促进发展和就业的有效举措。按照国务院《优化营商环境条例》要求，优化营商环境应当坚持市场化、法治化、国际化原则，坚持市场主体平等，以市场主体需求为导向，以转变政府职能为核心，深化简政放权、放管结合、优化服务改革，推进互联网与政务服务深度融合，创新体制机制、强化协同联动、完善法治保障，对标国内外先进水平，为各类市场主体投资兴业营造稳定、公平、透明、可预期的良好环境。当前，国内外的一些领域在优化营商环境方面已经形成了有影响力的典型模式和经验做法。相比较而言，全国公共资源交易领域开展优化营商环境改革依然处于探索阶段，虽然形成了一些共识和经验做法，但也存在很多误区和问题。

一、公共资源交易改革与优化营商环境的辩证关系

（一）整合建立统一的公共资源交易平台是优化营商环境的必要条件

《国务院办公厅关于印发〈整合建立统一的公共资源交易平台工作方案〉的通知》（国办发〔2015〕63 号）指出，"建立统一的公共资源交易平台，有利于防止公共资源交易碎片化，加快形成统一开放、竞争有序的现代市场体系；有利于推动政府职能转变，提高行政监管和公共服务水平；有利于促进公共资源交易阳光操作，强化对行政权力的监督制约，推进预防和惩治腐败体系建设"。《国务院办公厅转发国家发展改革委〈关于深化公共资源交易平台整合共享指导意见〉的通知》（国办函〔2019〕41 号）指出，"持续深化公共资源交易平台整合共享，着力提高公共资源配置效率和公平性，着力提升公共资源交易服务质量，着力创新公共资源交易监管体制机制，激发市场活力和社会创造力"。

可见，公共资源交易改革与优化营商环境在工作目的、理念、工作方法和特点等方面都有很多一致性——都是围绕市场主体公平参与市场经济活动，都是为了建设现代市场体系，都是为了激发市场活力和社会创造力，都是为了优化政府治理体系和提

高治理能力现代化水平，也都是为了强化对行政权力的监督制约，推进预防和惩治腐败体系建设。

（二）坚持"应进必进、分级管理、自主选择"原则对营商环境的影响

《陕西省深化营商环境突破年行动方案》关于"推进公平市场准入"中要求，"全面落实市场准入负面清单制度，持续破除市场准入壁垒，严禁以备案、注册、年检、认定、认证、指定、要求设立分公司等形式设定或变相设定准入障碍"。按照《全国公共资源交易目录指引》（以下简称《目录》）精神，陕西省发展改革委印发的《陕西省公共资源交易目录（2024 年版）》要求，列入目录的相关公共资源项目，均应按照"应进必进、分级管理、自主选择"的原则在省、市（区）公共资源交易平台体系进行交易。

从构建全国统一大市场，充分发挥市场配置资源决定性作用，更好发挥政府作用角度来看，公共资源交易改革与优化营商环境是从不同的角度、不同的工作层面发力，共同围绕建设一个规则统一、公平交易的全国大市场格局用力，其改革目的是一致的。

（三）整合共享标准化、规范化、信息化交易系统对营商环境的影响

《2024 年深化营商环境突破年行动方案》关于"规范招标投标，提高政府采购效率"中要求，"深化全流程电子化招标投标、不见面开标、远程异地评标等改革"。在公共资源交易改革领域，进一步精简办事流程、推行网上办理、降低制度性交易成本，推动公共资源交易从依托有形场所向以电子化平台为主转变正成为深化改革的重点工作。两者的工作任务和目标是一致的。

建立标准化、规范化、信息化交易系统，不仅使公共资源交易变得公开透明，方便市场主体参与；而且在降低交易成本、提升交易公平性、提高配置效率、防止围标串标等方面也起到重要作用，有利于提高市场主体获得感和满意度，有效促进各地营商环境的优化。

（四）坚持"三公"交易原则和公共服务职能定位与创造营商环境具有一致性

"公开、公平、公正"是市场配置资源的内在要求，也是衡量一个地区营商环境水平的重要指标和内容。作为各级政府设立的公共资源交易平台，应坚持公共服务职能定位，始终把"公开、公平、公正"作为开展交易活动的工作原则和基本准绳。2024年 9 月 13 日，中央财经频道《经济半小时》栏目专题报道了各地运用"技术创新+管理创新"双轮驱动，稳步推进公共资源交易领域改革与提升，进而推进当地营商环境水平提升的生动实践。主要包括：智能黄马甲对专家评标工作的监督、规范招标采购文件编写、统一 CA 锁（数字证书及电子签章）互认、开展交易平台金融服务、推行远程异地评标、实现场地自选预约和企业主体信息自动上传审核等，这些探索与做法

正是基于"三公"交易原则和公共服务定位理念的创新实践，是主动服务市场主体需求的有效举措。

从这一点来看，公共资源交易改革与优化营商环境改革的理念、出发点是一致的。公共资源交易平台作为一个地区优化营商环境的窗口单位，既是优化营商环境建设的主力军之一，也是体现一个地区营商环境建设水平的有形平台和载体，两者密不可分，工作相辅相成。

（五）市场配置资源对构建"亲清政商"关系和地方营商环境的影响

影响一个地区营商环境工作水平提升的堵点、痛点，往往是"人"，而非"物"。"人"在优化营商环境工作中往往是多变的，特别是"权利"与"生意"发生碰撞时，容易产生很多问题。故此，公共资源交易正是顺应了简政放权、放管结合、优化服务的改革要求，由行政权力配置资源转变为市场配置资源，以实现"管办分离"，达到优化营商环境的效果。通过赋予公共资源交易平台阳光交易工作职能，切断"权力"与"生意"之间的利益输出关系，消除过去"权力"自我监督的弊端，把权力关进制度的笼子里，这有利于构建"亲清政商"关系，有利于权力更好地发挥作用，对公共资源公平、公正配置进行监督，这也是提高各地优化营商环境工作水平的关键点和重要内容。

二、市场配置资源活动中常见的影响营商环境的现象与问题

（一）权力干涉市场配置资源

在全国各地报道的典型贪腐案例中，用权力干涉市场配置资源现象频发。一些工程建设招标投标和矿业权交易领域出现的问题，就是权力干涉市场配置资源的典型。当前，仍然存在着一些领导干部以市场配置资源效率不高、不能满足发展需求等为借口，在一些地区和领域拒不执行公共资源进场交易政策的现象。有的强加限制性交易条件，严重影响和干扰了市场配置资源活动的正常开展。

（二）公共资源不进场公开交易

《目录》和各地颁布的公共资源进场交易政策文件，详细列举了各领域进场交易范畴。但现实中仍然存在一些行业监督部门对执行《目录》要求推动不积极、不主动，默许监管企业搞变相交易的现象，有的甚至强调本行业特殊性要求袒护不进场交易行为，审计、纪检等监管机构对公共资源不进场交易行为重视不够，处罚较轻；办理变更登记等的监管部门没有将公共资源进场交易凭证作为变更登记必备条件等，严重影响了公共资源进场交易政策执行水平。

（三）设置歧视性、指向性交易条件

在一些地区和项目交易活动中，经常能看到一些设置有指向性交易条件的项目，

包括受让资格应为国有控股公司，以备案、注册、年检、认定、认证、指定、要求设立分公司等形式设定或变相设定准入障碍等。这些指向性交易条件严重影响公平交易，是妨碍全国统一大市场建设的"顽疾"，也是影响当地优化营商环境的"拦路虎"。

（四）违规干涉民营等产权交易活动

民营企业是我国经济发展的重要组成部分，也是弱势群体。例如，某民营企业根据自身发展情况提出股权从标的公司退出时，行业监管部门、标的公司国有股东等不是积极配合，而是用权力百般为难，提出各种各样无理条件和要求，拒不配合办理公司股东会决议和股权变更手续等。个别行业监管部门超越法定职责，违规要求民营企业股权转让要向本部门提出股权转让申请，同一标的公司，国有企业股东要求民营企业开展的资产评估结果要经其审核同意等。这些问题让正常的产权交易活动无法顺利进行，严重影响营商环境。

（五）违规开展招商引资与不兑现承诺

招商引资是市场配置资源的一种方式，也是营商环境竞争力水平的重要体现。长期以来，一些地区招商引资活动中存在自定规则，承诺以优惠条件、税收优惠等奖励性举措开展招商，违反了国家关于招商引资"严禁违法违规给予政策优惠行为"的要求。有的地区待招商成功后迟迟不兑现承诺，发生"关门打狗"现象，伤了市场主体的心，毁了当地营商环境和声誉，给招商引资带来很多负面影响。

（六）"新官不理旧账"

"新官不理旧账"是一些地区行政事业单位治理体系和治理能力现代化建设中经常遇到的问题。比如，一些行政事业单位、国有企业在主要领导变更后欠账久拖不还，"新官"不按交易合同履约强加新要求，不承认上届领导主政的市场配置资源结果等，严重影响了当地的营商环境和经济发展。

（七）专家等市场主体轻微违纪频发

评标专家迟到、不遵守评标工作纪律等轻微违纪现象，是公共资源交易中常见的问题。这些轻微违纪影响了正常的交易秩序，给相关市场主体造成了损失，有的还发展为专家违法行为，给项目交易、营商环境建设等造成了严重影响。公共资源交易中心履行现场服务职责时，经常能看见这些轻微违纪现象却没有处理权限，报送监督部门时常得不到及时处理，很多时候就不了了之了。

（八）信用管理与交易活动结果关联不紧密

长期以来，市场主体信用体系建设不完善、信息采集整理不及时、信息不透明、应用不广泛、信用水平与其参与市场经济活动关联不紧密，给市场主体之间的合作带来了很多不便，增加了很多成本。广州等地通过人大立法等举措，将企业信用情况与招标投标活动相结合，创新了信用管理理念，发挥了信用管理效能，但缺乏更广泛的政策及制度支撑，实际运行起来面临很多困难和问题。

（九）限制交易平台服务资源配置范围

受体制机制等因素影响，特别是一些公益类事业编制的交易平台，在编制人员少、工作量大、不允许收费的情况下，出现了只受理《目录》内进场交易项目，对《目录》外民营资产等其他类型资产不愿意受理，导致民营等性质的市场主体想利用公共资源交易平台功能开展交易活动面临困难的问题。

（十）创新发展动力不足、能力不够

随着发展要素交易市场理念和制度的不断发展，公共资源交易平台将承接更多、更重要的职责和功能，很多交易模式、交易要素客观上需要不断创新发展，以在实践中不断完善交易平台功能。而一些公共资源交易中心工作人员认为公益类事业单位是"铁饭碗"，只要工作不出差错，就不影响自身利益和发展。然而，员工的这种观念表现在现实中就是缺乏创新动力，担当精神不足，对新事物、新领域的交易模式和市场需求不敏感，对组织交易活动的方法研究不够，对受理新类型的交易缺乏挑战性。

三、优化营商环境，推进公共资源交易改革持续深入

（一）提高对公共资源交易平台整合共享改革工作的认识，发挥工作交流机制作用，重视并做好舆情引领工作

相比较而言，优化营商环境工作是更高层面的重点工作，各地开展的优化营商环境考核讲评工作机制，更容易引起各级领导的重视。而公共资源交易工作作为执行层面的服务工作，虽然在区域市场配置资源活动中发挥着重要作用，但缺乏考核讲评等工作机制，现实中面临很多发展困境和难题。因此，应发挥好优化营商环境机构组织协调作用，特别是提高对公共资源交易平台整合共享改革工作的认识，重视并做好舆情引导工作，全力讲好优化营商环境故事，将公共资源交易平台作为优化营商环境改革的窗口单位和工作的突破口。

（二）统筹梳理公共资源交易地方政策与制度，形成统一、协调、有效的公共资源交易政策制度与交易环境

政策与制度是统一一个地区工作人员、市场主体思想的准绳。如果出现新的政策、制度与旧的政策、制度并存的情况，容易让工作人员、市场主体产生理解上的偏差。因此，有必要统筹梳理公共资源交易地方政策与制度，形成统一、协调、有效的公共

资源交易政策制度与交易环境，在促进公共资源交易健康运行的同时，优化在政治要素、法律要素方面的营商环境内容，使两者相辅相成。

（三）认真落实"应进必进、分级管理、自主选择"要求，支持建设标准化、规范化，提供优质服务的交易平台

建立统一规范的交易平台体系有助于消除地域和行业差异带来的交易壁垒，促进资源的优化配置和高效利用。要认真贯彻落实"应进必进、分级管理、自主选择"的政策要求，建设统一规范、信息共享的招标投标和政府、事业单位、国有企业采购等公共资源交易平台体系。其标准化、规范化，提供优质服务的发展目标和任务要求与优化营商环境工作目标、任务要求一致。两者可同向发力，相互配合，相互成就。

（四）将信用管理与交易平台现场见证服务工作相结合，发挥信用管理在公共资源交易活动中的效能

信用管理是优化营商环境的重要工作内容。让守信者获利，让失信者受阻，提高信用管理效能，更有利于促进信用管理水平提升。信用管理在公共资源交易领域应用十分广泛，包括交易过程中的保证金缴纳、容缺受理、信用评分，交易完成后的履约、标的移交和建设工作等事项。如何让交易中心工作人员将信用管理成果应用到见证服务中，发挥好信用管理效能，是一个需要不断研究和探索的新课题。

（五）履行好承办投诉工作职责，关注并解决不公平交易、围标串标、权力干涉交易活动引发的问题

承办好 12345 政务服务热线电话，接收并处理投诉意见，服务市场主体，督促各方落实投诉事件处理相关工作。在处理投诉事件过程中，不公平交易、围标串标、权力干涉交易活动等属于经常发生的，其与公共资源交易密切相关。

履行好优化营商环境工作机构职责，积极推进投诉问题的处理工作，是化解交易风险，提高交易平台标准化、规范化建设水平，确保交易活动正常运行的重要内容，也是提升当地营商环境水平的重要工作。两者工作目标一致，开展紧密的协调配合工作，往往会产生"1+1>2"的效果。

（陕西省公共资源交易中心：李锋）

如何认定政府采购供应商提供虚假材料谋取中标（成交）

《政府采购法》第七十七条规定："供应商有下列情形之一的，处以采购金额千分之五以上千分之十以下的罚款，列入不良行为记录名单，在一年至三年内禁止参加政府采购活动，有违法所得的，并处没收违法所得，情节严重的，由工商行政管理机关吊销营业执照；构成犯罪的，依法追究刑事责任：（一）提供虚假材料谋取中标、成交的……供应商有前款第（一）至（五）项情形之一的，中标、成交无效。"

根据上述规定，供应商本着诚实信用原则参与政府采购活动，应当对提供材料的真实性负责，不得提供虚假材料谋取中标（成交），若政府采购供应商提供虚假材料谋取中标（成交）应当依法承担相应法律责任。

政府采购法律体系中，对于哪些情形属于供应商提供虚假材料谋取中标（成交）、哪些情形不属于供应商提供虚假材料谋取中标（成交），并未作出具体的规定。本文将选取一些案例来分析政府采购实务中供应商提供虚假材料谋取中标（成交）的认定标准。

一、案例 1：某街道清扫清运及转运站服务采购投诉案

（一）基本案情

投诉人 H 公司因不服被投诉人某采购中心关于某街道清扫清运及转运站服务采购投诉的质疑答复向财政部门提起投诉。

投诉事项为：Y 公司的投标文件中项目经理评价证明函、安全生产负责人评价证明函的公章存疑。Y 公司投标文件中项目经理评价证明函、安全生产负责人评价证明函的盖章单位是 J 市城市管理综合执法局，通过将 Y 公司证明函与其他文件中 J 市城市管理综合执法局的公章进行对比，发现 Y 公司证明函上 J 市城市管理综合执法局的公章与其他文件上的公章不一致。

被投诉人答复：在质疑复核阶段，我中心只能依据 Y 公司提供的相关线索进一步调查核实，发函到 J 市城市管理综合执法局取证，但未收到回函。依据现有材料，投诉人并无确凿的证据证明。因此，我中心依据评委会的意见作出了质疑不成立的质疑答复。

财政部门依法向 J 市城市管理综合执法局发出书面调查函，商请其协助核实 Y 公

司在本项目投标文件中提供的证明函是否为该局所出具。J市城市管理综合执法局作出书面复函，称其未出具过证明函。

财政部门认为，根据现有材料，投诉人的投诉事项成立。

财政部门另查明，被投诉人于2020年7月1日作出《质疑答复函》，因H公司提起的质疑事项成立，Y公司中标无效。

财政部门决定：投诉事项成立，不影响采购结果，继续开展采购活动。

（二）案例分析

为了确定供应商投标文件中出具的证明材料真实性，财政部门通常会去向证明材料出具单位进行核实。

本案中，Y公司投标文件中的项目经理评价证明函、安全生产负责人评价证明函的盖章单位是J市城市管理综合执法局，但财政部门调查发现，J市城市管理综合执法局未出具过相关证明材料，由此认定Y公司出具的证明材料为虚假材料。

二、案例2：J区街道办事处清扫保洁服务项目行政处罚诉讼案

（一）基本案情

2018年12月17日，J区公共资源综合交易中心发布J区街道办事处清扫保洁服务项目公开招标采购公告及《政府采购招标文件》，采购人为J区街道办事处；代理机构为J区公共资源综合交易中心。该招标文件明确规定了投标人资格要求。其中，基本资格条件第（5）项规定"参加政府采购活动前三年内，在经营活动中没有重大违法记录"。该招标文件还规定了投标人应当提供书面声明，采购人或采购代理机构将通过"信用中国"网站、中国政府采购网等渠道查询投标人信用记录，对于列入失信被执行人、重大税收违法案件当事人名单、政府采购严重违法失信行为记录名单的投标人将拒绝其参与政府采购活动，并在无效投标条款中明确了不具备招标文件中规定的资格要求的，应为无效投标。

2019年1月23日，B公司提交了投标文件，并在该文件中以书面形式申明其参加本项目采购活动前三年内无重大违法活动记录。同日，J区公共资源综合交易中心开展了开评标活动。2019年1月24日，上述政府采购项目评审结果在市财政局采购网予以公告，中标供应商为B公司。

2019年1月31日，J区财政局收到匿名举报，举报B公司采用不正当方式参加本项目政府采购活动，非法谋取中标。J区财政局根据举报反映情况进行初步核实后，于2019年2月2日予以立案查处，并下发了《暂停政府采购活动通知书》。经调查，B公司在参加政府采购活动中提供虚假材料，虚报业绩，M市财政局于2017年1月18日以《行政处罚决定书》对B公司罚款296400元，并将其列入不良行为记录名单，一年以内禁止参加政府采购活动，中标无效。该罚款数额达到M市所在省规定的较大数额罚

款标准。2017年12月19日，T市Y区财政局以《Y区财政局行政处罚决定书》，认定B公司在政府采购活动中提供虚假材料谋取中标、成交，决定给予处罚，罚款数额达到T市所在省规定的较大数额罚款标准。

2019年2月28日，J区财政局作出了《行政处罚事先告知书》，告知B公司其查明的相关事实及拟作出的行政处罚，同时告知B公司其享有陈述、申辩等相关权利。B公司提交了《陈述申辩书》。经审查后，J区财政局于2019年3月14日作出了《行政处罚决定书》，认定B公司在参加J区街道办事处清扫保洁服务项目投标过程中不具备投标资格条件，且B公司出具参加政府采购活动前三年内在经营活动中没有重大违法记录的承诺书的行为，属于提供虚假材料谋取中标行为，符合《政府采购法》第七十七条第一款第（一）项规定的情形。为此，根据《财政部门行使行政处罚裁量权指导规范》第十三条第一款第（四）项之规定，决定对B公司处以行政罚款14708.02元（采购金额的5‰），并将其列入不良行为记录名单，在两年内禁止参加政府采购活动。另外，根据《政府采购法》第七十七条第二款之规定，认定B公司在本项目中标结果无效。B公司于2019年5月9日向市财政局提出行政复议申请，市财政局于2019年7月30日作出《行政复议决定书》，维持了J区财政局作出的《行政处罚决定书》。B公司仍不服，起诉请求撤销前述《行政处罚决定书》和《行政复议决定书》。

一审法院认为，本案争议的焦点：一是B公司参加案涉政府采购项目前的行政处罚即禁止其参加政府采购活动的期限届满，其是否具备参加案涉政府采购项目的条件；二是B公司是否构成提供虚假材料谋取中标、成交。一审法院对以上争议焦点认为，《政府采购法实施条例》第十九条规定："政府采购法第二十二条第一款第五项所称重大违法记录，是指供应商因违法经营受到刑事处罚或者责令停产停业、吊销许可证或者执照、较大数额罚款等行政处罚。供应商在参加政府采购活动前三年内因违法经营被禁止在一定期限内参加政府采购活动，期限届满的，可以参加政府采购活动。"该条文第一款规定了"较大数额罚款"等行政处罚纳入《政府采购法》第二十二条第一款第（五）项所称的"重大违法记录"；该条文第二款规定了供应商在参加政府采购活动前三年内如果因违法经营被禁止在一定期限内参加政府采购活动的，期限届满后可以参加政府采购活动。二者之间的关系应理解为供应商受到"较大数额罚款"的行政处罚属于《政府采购法》第二十二条第一款第（五）项所称的"重大违法记录"。只要供应商参加政府采购活动前三年内，在经营活动中存在"重大违法记录"，无论禁止参加政府采购活动期限是否届满，均不具备参加政府采购活动的条件，只有当供应商所受的行政处罚未构成"重大违法记录"时，禁止其参加政府采购活动的期限届满后才可以参加政府采购活动。根据《政府采购法》第二十二条第一款第（五）项的规定，供应商参加政府采购活动应当具备参加政府采购活动前三年内，在经营活动中没有重大违法记录的条件。本案中，B公司在参加政府采购活动中被M市财政局、T市Y区财政局处以"较大数额罚款"的事实，依法应认定为参加案涉政府采购项目前三年内，在经营活动中存在"重大违法记录"，故 B 公司参加案涉政府采购项目前禁止其参加政府采购活动的行政处罚期限虽已届满，但仍不具备参加本案政府采购项目的条件。由以上分析可知，B 公司在案涉项目的招投标过程中，明知其不具备上述法律规定的参加案涉政府采购项目投标资格条件，却在采购活动中书面声明其参加该政府采购活动前三年内无重大违法记录，其行为构成提供虚假材料谋取中标、成交。综上，一审法院认为：J 区财政局根据《政府采购法》第七十七条及《财政部门行使行政处罚裁量权指导规范》第十三条第一款第（四）项之规定，对 B 公司进行行政处罚的行为合法。市财政局在行政程序中依法履行了程序义务，其作出的本案行政复议决定程序合法。

一审法院判决驳回 B 公司的诉讼请求。B 公司不服一审判决，提出上诉。

二审法院认为，J 区财政局在被诉《行政处罚决定书》中认为 B 公司在案涉政府采购投标过程中不具备投标资格条件，以及 B 公司出具其参加政府采购活动前三年内在经营活动中没有重大违法记录的承诺书的行为属于提供虚假材料谋取中标的行为，该事实认定清楚。一审法院判决驳回 B 公司的诉讼请求认定事实清楚，适用法律正确，审判程序合法。B 公司的上诉请求及理由不能成立，依法不予支持。

（二）案例分析

供应商在政府采购活动前三年内被处以较大数额罚款，该情形构成政府采购的重大违法记录，供应商出具其参加政府采购活动前三年内在经营活动中没有重大违法记录的承诺书，属于提供虚假材料谋取中标。

只要供应商参加政府采购活动前三年内，在经营活动中存在"重大违法记录"，无论禁止参加政府采购活动期限是否届满，均不具备参加政府采购活动的条件。只有当供应商所受的行政处罚未构成"重大违法记录"时，禁止其参加政府采购活动的期限届满后才可以参加政府采购活动。

三、案例3：某校区云服务平台采购项目行政处罚诉讼案

（一）基本案情

2017 年 5 月，Z 政府采购中心就涉案采购项目进行招标，原告 J 公司等多家公司竞标，同年 6 月政府采购中心进行评审，后发布公告，J 公司中标，招标金额为 158.98万元。2017 年 8 月 3 日，竞标人之一的 S 公司就涉案采购项目向被告财政部提交投诉书。同年 12 月 14 日，被告财政部作出《财政部投诉处理决定书》（财库法〔2017〕114 号），认定投诉人关于原告投标产品不满足招标文件要求的"支持 NFC 面板"的投诉事项成立，涉案采购项目中标无效。2018 年 2 月 14 日，被告作出被诉处罚决定。同年 3 月 2 日，原告签收了被诉处罚决定。

原告不服被诉处罚决定，于 2018 年 3 月 16 日向被告提交了《行政复议申请书》

及相关材料。同年 5 月 10 日，被告作出被诉复议决定，维持被诉处罚决定。

涉案采购项目招标文件"第五部分 招标货物清单、质量和供货要求"中"三、产品清单及指标要求"，关于"高端服务器""服务器"的"易用性"要求"配置交互式液晶面板，支持文字方式显示设备信息、故障信息、服务编号、地址信息、自定义信息等。支持 NFC 面板，支持移动客户端无接触式同步服务器信息"。

原告投标文件"四、技术文件"中"第一章、投标货物数量、价格表"，关于"高端服务器""服务器"的"易用性"描述为"实配交互式液晶屏，支持文字方式显示设备信息、故障信息、服务编号、地址信息、自定义信息等，支持移动端远程监控服务器信息"；"四、技术文件"中"第二章、投标货物技术规范偏离表"，关于"高端服务器""服务器"的"易用性"描述为"实配交互式液晶屏，支持文字方式显示设备信息、故障信息、服务编号、地址信息、自定义信息等，支持移动端远程监控服务器信息"，偏差栏、备注栏均标示为"无"。

法院认为，根据《政府采购法》第三条的规定，政府采购应当遵循诚实信用原则。本案中，涉案采购项目招标文件明确要求产品的高端服务器、服务器应当"支持 NFC 面板"，而原告投标文件在响应时对高端服务器、服务器的描述删除了该项指标，在"投标货物技术规范偏离表"偏差栏中不但没有明示，且标示为"无"，备注栏中也未做任何说明。被告在对相关问题进行调查的过程中，原告也未能向被告证明原告投标产品满足"支持 NFC 面板"要求。投标文件对应招标文件技术规范要求有无偏差是评标得分的主要依据。原告的上述行为已经构成了对招标文件的虚假响应，不属于《政府采购货物和服务招标投标管理办法》第五十一条或第五十九条所规定的"投标文件中含义不明确、同类问题表述不一致或者有明显文字和计算错误的内容"和"投标文件报价出现前后不一致"情形。被告关于"原告的行为违反了政府采购诚实信用原则，属于《政府采购法》第七十七条第一款第（一）项规定的提供虚假材料谋取中标行为的认定正确"。

此外，法院认定被告存在延迟送达被诉处罚决定的行为，虽对原告权利未产生实际影响，但仍构成程序轻微违法。原告关于被诉处罚决定超期送达程序违法的诉讼主张，法院予以支持。

最终法院判决，一是确认《财政部行政处罚决定书》违法；二是撤销《行政复议决定书》。

（二）案例分析

本案中，供应商 S 公司在编制投标文件时，删除了招标文件要求的指标，在"投标货物技术规范偏离表"偏差栏中不但没有明示，且标示为"无"，备注栏中也未做任何说明。该行为已经构成了对招标文件的虚假响应，属于《政府采购法》第七十七条第一款第（一）项规定的提供虚假材料谋取中标行为。

本案也确立了一个新的规则：除供应商提供伪造、变造的证明材料以外，在投标（响应）文件中故意删去招标文件要求的指标以达到不完整响应的目的，也可以被认定为提供虚假材料谋取中标（成交）。

四、案例 4：H 州职业技术学校实训设备采购项目行政诉讼案

（一）基本案情

原告 K 公司作为供应商之一参加了招标公司组织的 H 州职业技术学校实训设备采购项目。在招标过程中，D 公司中标。原告认为 D 公司在该项目投标活动中提供的相关业绩资料涉嫌造假，于 2016 年 6 月 27 日向招标公司寄送了《质疑函》。招标公司受理质疑后，按照相关规定于 2016 年 7 月 6 日组织原评审委员会针对质疑事项进行复议，并出具《政府采购专家复议意见表》。招标公司根据复议意见表于 2016 年 7 月 7 日向原告作出书面质疑答复。原告对质疑答复不满，于 2016 年 7 月 11 日向 H 州财政局提起投诉。被告 H 州财政局受理后，按照《政府采购供应商投诉处理办法》之规定，分别通知投诉人、D 公司和其他相关供应商。在调查核实过程中，通知三方单位进行当面对质，因原告以各种理由拒不参加当面对质，H 州财政局自行对 D 公司进行调查。根据调查结果作出《政府采购投诉处理的决定》，并于 2016 年 8 月 25 日分别以平信形式邮寄给原告和 D 公司，并电话告知原告。2016 年 10 月 26 日，原告以 H 州财政局作出的具体行政行为事实认定错误，适用依据错误，且程序严重违法为由向省财政厅提出了行政复议。省财政厅受理并进行了审理，于 2016 年 12 月 23 日作出《行政复议决定书》，维持了 H 州财政局作出的《政府采购投诉处理的决定》。原告不服遂向法院起诉请求撤销。

法院认为，本案的争议焦点是：H 州财政局对原告 K 公司的投诉作出处理结果是否合法？根据本院查明的事实，H 州财政局受理原告的投诉后依法进行了书面审查，尤其对投诉的重点事项，即 D 公司提交涉嫌伪造的业绩事项进行了详细查证。H 州财政局查明 D 公司提交的合同与 "G 省化工高级技工学校校企联合开发煤化工及配套软件开发项目" 政府采购项目存在关联关系，该政府采购项目的中标供应商为 Y 公司，Y 公司作为 D 公司在甘肃、新疆、青海三省（区）的授权经销商，负责 D 公司产品在青海等省的市场开拓等业务。Y 公司作为该政府采购项目的中标单位，所中标货物生产厂家正是 D 公司。D 公司与 G 省化工高级技工学校签订的技术开发合同作为该政府采购项目的技术附件真实存在，G 省化工高级技工学校已出具书面证据证明 D 公司提交的合同并非伪造，D 公司不存在移花接木盗用其他公司采购合同的行为。同时，D 公司提交该合同时，并未提交另一必备业绩加分条件要求的《中标通知书》。评标委员会对 D 公司提交的 13 份业绩材料进行审查时，仅对 7 份符合加分条件的业绩材料予以采纳，对包括原告投诉业绩项在内的 6 项不符合加分条件的业绩材料未做业绩项予以加分。因此，D 公司提交的合同材料真实无误，但不符合加分业绩要求，不构成提交伪

造业绩材料谋取中标的行为。根据上述事实，H州财政局根据《政府采购法》《政府采购法实施条例》《政府采购供应商投诉处理办法》的规定作出驳回投诉决定并无不当。被告H州财政局虽在向原告送达处理决定的方式上存在瑕疵，但并未影响到原告提出行政复议等救济途径。故被告H州财政局作出的《政府采购投诉处理的决定》认定基本事实清楚，相应证据确凿，适用法律、法规正确，符合法定程序，应依法予以维持。被告省财政厅作出的《行政复议决定书》认定事实清楚，符合法定程序，适用法律正确，亦应维持。原告K公司的诉求缺乏事实根据和法律依据，不予支持。法院判决驳回K公司的诉讼请求。

（二）案例分析

本案中，投诉人主张Y公司与D公司无任何关联，中标人D公司以Y公司的业绩作为自己的业绩谋取加分，属于提供虚假材料谋取中标行为。财政部门经调查，中标人D公司所提供的Y公司的业绩真实存在，而且D公司就是该中标货物的生产厂家。故法院认为，D公司提供业绩不存在盗用其他公司采购合同的行为。

通过本案可以看出，供应商提交的材料是真实的，但不符合加分条件，在供应商不存在盗用其他公司采购合同的情况下，无论评标委员会加分与否，供应商都不构成提交虚假材料谋取中标的行为。

综合以上案例，结合政府采购工作经验，供应商在投标（响应）文件中提供的材料与原始材料不一致又无法作出合理解释，严重影响评审委员会判断的，属于提供虚假材料谋取中标（成交）的情形。虚假材料通常是指伪造、变造的证明材料，如资质、发票、社保记录、承诺函、证明函、证书、合同、检验报告、技术白皮书等。供应商在投标（响应）文件中填写虚假内容，如对招标文件技术指标进行删减造成不完整响应，也可以被认定为提供虚假材料。供应商提交的材料是真实的，但不符合加分条件的，则需要结合供应商是否存在盗用合同等情形，来判断是否构成提交虚假材料谋取中标（成交）的行为。除此之外，对于供应商是否构成提供虚假材料谋取中标（成交），还需要结合行为的目的性、危害后果等进行综合判断。

[北京盈科（沈阳）律师事务所：赵路]

采购人、采购代理机构执行中小企业扶持政策时亟待厘清的十个基本概念及易错点

国家将促进中小企业发展作为长期发展战略，坚持各类企业权利平等、机会平等、规则平等，对中小企业特别是其中的小型微型企业实行积极扶持、加强引导、完善服务、依法规范、保障权益的方针。这是《中华人民共和国中小企业促进法》（以下简称《中小企业促进法》）所确定的"长期国策"。对此，《政府采购法》第九条以及《政府采购法实施条例》第六条明确规定，政府采购项目应当通过制定采购需求标准、预留采购份额、价格评审优惠、优先采购等具体措施，落实包括促进中小企业发展在内的政府采购政策，以助力实现国家的经济和社会发展目标。这也是通过市场配置公共资源的重要工具和途径。

国家通过立法搭建了政府采购促进中小企业发展的总体框架，2020年12月印发了《财政部 工业和信息化部关于印发〈政府采购促进中小企业发展管理办法〉的通知》（财库〔2020〕46号，以下简称"财库46号文"）等配套文件，就"政府采购+促进中小企业发展"设计了全面、系统、翔实、具体的制度体系以及相关措施，在落实政府采购的政策功能上发挥了举足轻重的作用。

实践中，由于财库46号文基本适用于所有政府采购项目（包括进行招标投标的政府采购工程建设项目），加之采购标的涉及各行各业、各类品目，呈现出覆盖面广、逻辑性强、涉及主体众多等特征，采购人、采购代理机构（以下简称"代理机构"）、评审专家、供应商甚至监管部门对此普遍理解不一、混淆概念，进而造成采购文件编制违规、评审"错漏百出"以及质疑投诉频发等现象，严重影响了项目采购质效，甚至造成废标（项目终止）等不利后果。

为此，笔者梳理并列举了采购人、代理机构执行中小企业扶持政策时亟待厘清的十个基本概念及易错点。

一、供应商是否享受中小企业扶持政策须看前提

根据财库46号文第四条有关规定，无论是货物、工程还是服务采购项目，聚焦核心均为采购标的的"直接提供者"是否为中小企业，即货物采购项目中，货物是否由中小企业制造；工程采购项目中，工程是否由中小企业承建；服务采购项目中，服务是否由中小企业承接。其中，货物项目又较为特殊，货物由中小企业制造是指所有货

物均由中小企业生产且使用该中小企业商号或者注册商标，这一规定是基于货物类项目存在着销售商、代理商、授权经销商等"中间人"以及"终端"制造商的情况，也是货物类不同于工程、服务类项目的关键点之一；关键在于采购货物制造商的企业性质，中小企业扶持政策的目的是提升中小企业所制造货物的市场竞争力，或促使大型企业积极选用中小企业制造货物参与竞争，根本性地惠及中小企业，因此货物由中小企业生产但贴牌大型企业的行为，不享受中小企业扶持政策。

与此同时，财库46号文实行的是单小机制（供应商所提供产品的制造商应为中小企业），这也与已废止的《政府采购促进中小企业发展暂行办法》规定的双小机制（供应商及其提供产品的制造商均为中小企业）作出了直接区分。这标志着货物类项目供应商享受中小企业扶持政策的方向调整，为国家进一步简化要求、打破市场壁垒、优化营商环境指明了方向；通过源头引领，有效降低了企业交易成本、缓解了竞争压力，切实促进了中小企业发展。

二、准确、合规地落实中小企业扶持政策以理顺其中具体的逻辑关联与先后顺序为前提

一是应根据采购标的和项目特点，先行判断并确定项目（采购包）的整体属性，即确定一个政府采购项目（采购包）究竟是货物、服务还是工程采购项目。此举不仅涉及该项目（采购包）的价格分值比重、采购需求与评审因素的侧重点、合同文本、定价方式等，在中小企业扶持政策方面，直接与财库46号文第四条所明确的供应商在不同属性的采购项目中是否享受扶持政策息息相关。单一属性的项目，根据财库46号文第四条可以直接作出判断，对于采购标的包含货物、工程、服务中两种以上的混合类项目，则需要依据《政府采购货物和服务招标投标管理办法》第七条，采购人应当按照财政部制定的《政府采购品目分类目录》确定采购项目属性。如果按照《政府采购品目分类目录》无法确定的，则按照有利于采购项目实施的原则确定项目的具体属性。在确定项目属性之后，紧扣财库46号文第四条与采购标的中的关键主体，与项目属性不匹配的"采购标的"，不被纳入该项目（采购包）中小企业扶持政策考虑与执行范围。比如，货物采购项目中，货物应当全部由中小企业制造，不对其中涉及的配套服务承接主体作出要求；工程采购项目中，工程应当由中小企业承建，不对其中涉及的货物制造商和服务承接主体作出要求；服务采购项目中，服务的承接商应当为中小企业，不对其中涉及的货物制造商和工程承建主体作出要求。

二是财库46号文通过第七条、第八条、第九条，明确了中小企业扶持政策的全部专门面向中小企业、预留采购份额专门面向中小企业采购以及价格评审优惠这三类举措。根据三类举措的不同形态、特点及规定的项目整体或部分的方式，划定执行扶持政策的具体范围。比如，对于全部专门面向中小企业采购的货物项目，某供应商提供的与项目属性对应的所有货物，按照财库46号文第四条规定的条件，均由中小企业制

造具体是指所有货物均由中小企业生产且使用该中小企业商号或者注册商标，该供应商才享受专门面向中小企业采购的扶持政策；否则将无法通过资格审查。对于预留采购份额（价格评审优惠），由于落实扶持政策的具体措施又包括联合体形式或合同分包，该联合体或分包意向协议中要求（约定）由中小（小微）企业承担的部分，该部分涉及与项目属性对应的所有"采购标的"，须符合财库46号文第四条规定的条件。换言之，也就是划定执行扶持政策的具体范围后，再就该范围内的采购标的，结合财库46号文第四条，通过《中小企业声明函》查看是否能享受扶持政策，进而由相应主体按照采购文件规定的标准，进行资格审查或评审。

三、非单一采购标的项目，应逐一明确所有采购标的对应的所属行业

财库46号文第十二条对此明确要求，采购文件应当明确采购标的对应的中小企业划分标准所属行业。第十一条对于"采购过程"中认定供应商是否属于中小企业作出了原则性规定，即中小企业参加政府采购活动，应提供符合要求的《中小企业声明函》，否则不得享受相关中小企业扶持政策，任何单位和个人不得要求供应商提供《中小企业声明函》之外的中小企业身份证明文件；除此之外，《财政部关于促进政府采购公平竞争优化营商环境的通知》（财库〔2019〕38号）明确规定，"对于供应商依照规定提交各类声明函、承诺函的，不得要求其再提供有关部门出具的相关证明文件"。据此可知，《中小企业声明函》相当于中小企业参加政府采购活动、享受扶持政策必不可少的"身份证"，资格审查、评审阶段皆以此为准，不得寻求其他外部证明材料，这也是为了减少中小企业竞争成本、减少冗长不必要的流程、不断优化交易规则、激发市场竞争活力。结合财政部制定的《中小企业声明函》格式关于"采购标的"的排列及填写要求，可知对于非单一采购标的的项目，采购文件应逐一明确所有采购标的对应的中小企业划分标准所属行业。只有采购文件逐一明确，并要求供应商对标逐一声明，方能在仅要求供应商提供《中小企业声明函》的前提下，判断供应商提供的所有货物是否均由中小企业生产制造，是否符合中小企业扶持政策适用条件。部分采购人、代理机构错误地将"采购标的"等同于"采购项目"，属于概念上的严重混淆。采购文件仅仅明确"项目所属行业"，对于单一采购标的的项目，影响不大，但对于非单一采购标的的项目，则存在较大隐患，不仅明显违背财库46号文要求，还可能导致供应商理解错误、声明函错误填写，评审时也无法通过《中小企业声明函》内容确定所有采购标的是否均由中小企业直接提供（制造货物、承接服务、承建工程）。

四、确定采购标的对应的所属行业须做到"心中有谱、手中有法"

首先，需要明确并不是以供应商的经营范围对应的行业作为衡量供应商是否属于某行业中小企业的依据。《中华人民共和国民法典》第五百零五条以及《国家发展改革委 市场监管总局关于进一步规范招标投标过程中企业经营资质资格审查工作的通知》

（发改办法规〔2020〕727号）对此均有明确规定，不应以经营范围作为资格审查指标或评审因素。财库46号文第十二条对于由谁如何确定"采购标的对应的中小企业划分标准所属行业"，给出了具体答案。即在采购文件中予以明确，具体确定主体为采购人、代理机构；确定的渠道与载体则是采购文件。

其次，采购需求以及"采购标的"的确定是否科学合理尤为重要。此阶段，可以结合《关于印发〈政府采购品目分类目录〉的通知》（财库〔2022〕31号）加以明确与细化。

再次，在明确采购标的的基础上，可对标《国民经济行业分类》自下而上（基本流程为：小类→中类→大类→门类）梳理标的行业。

最后，结合《关于印发〈中小企业划型标准规定〉的通知》（工信部联企业〔2011〕300号，以下简称"工信部300号文"）、《关于印发〈金融业企业划型标准规定〉的通知》（银发〔2015〕309号）等文件明确的具体行业，确定采购标的对应的所属行业。值得注意的是，工信部300号文所规定的十六个行业中，"其他未列明行业"并不是兜底行业，也不是万能行业，而是划定了基本的范围，具体包括科学研究和技术服务业，水利、环境和公共设施管理业，居民服务、修理和其他服务业，社会工作，文化、体育和娱乐业等，不可不加甄别，一股脑儿往里面装。工信部300号文明确的不同行业，对应着不同的中小企业划型数据标准，错误的行业划分可能直接影响供应商的中小企业划型自我判断，进而影响其是否享受中小企业扶持政策，甚至导致采购结果的变化。

五、明晰专门面向中小企业采购的两种类型并分别适用

专门面向中小企业采购是中小企业扶持政策的重要举措，在设置项目资格条件时需要根据项目特点与实际，结合财库46号文的第六条、第七条、第八条，确定该项目（采购包）是否专门面向中小企业采购，一旦设置，该项目（采购包）对于大型企业等于"一票否决"。而专门面向中小企业又分为全部专门面向与预留采购份额专门面向中小企业。前者由财库46号文第七条做出规定，针对的是采购限额标准以上、200万元以下的货物和服务采购项目、400万元以下的工程采购项目，这部分项目除财库46号文第六条规定的五类不适宜专门面向中小企业采购情形外，全部（百分百）专门面向中小企业采购，不存在比例问题。

而预留采购份额则另有范围，结合财库46号文第八条规定，采购预算超出200万元的货物、服务采购项目以及超出400万元的工程采购项目，且适宜专门面向中小企业采购的，预留该部分项目预算总额的30%〔《关于进一步加大政府采购支持中小企业力度的通知》（财库〔2022〕19号，以下简称"财库19号文"）将预算超过400万元以上的工程采购项目，预留采购份额提标至40%〕，专门面向中小企业采购，其中预留给小微企业的比例不低于60%。对于财库46号文的第八条，需要从以下六个部分进行

拆解与分析。

一是从项目预算角度来看，预留采购份额与全部专面中小企业各自划分了范围，前者是指预算超出 200 万元的货物和服务采购项目以及超出 400 万元的工程采购项目；后者则是采购限额标准以上、200 万元以下的货物和服务采购项目以及超出 400 万元的工程采购项目。相同的是，二者均不包括不适宜专门面向中小企业采购的五类情形。

二是预留份额项目的计算基础并不是项目个数，而是这部分适宜预留项目的预算总额。比如，某主管预算单位全年共 11 个货物、服务项目，预算超过 200 万元，且均适宜专门面向中小企业。如果将这 11 个项目预算累加，该单位全年预留中小企业份额的预算总额为 3100 万元，即至少 930 万元（3100×30%）应通过整体预留、设置采购包、联合体形式或合同分包进行预留。

三是对适宜预留部分，以该部分的项目预算总额为基数。采购人可以自行确定统筹分解，根据具体项目进行预留，不强制每个项目均按预定比例进行平摊预留，可以整个项目全部预留，也可以在项目中划分采购包（标段）或要求供应商组成联合体或以合同分包形式进行部分预留；完成全年所有适宜预留项目的预留份额任务比例即可（即货物和服务项目不低于 30%、工程项目不低于 40%）。

四是对于预留给中小企业采购的项目，通过统筹分解，预留其中一部分项目专门面向小微企业采购。该部分预算总额占比不低于已预留给中小企业项目预算总额的 60% 即可。对于此类项目，供应商如果在《中小企业声明函》中说明采购标的由大中型企业"直接提供"的，将导致无法通过资格审查。

五是预留份额措施包括项目整体预留、设置采购包、接受联合体形式或者合同分包。其中联合体形式或者合同分包的，中小企业承担合同总金额的部分须达到一定比例（采购人根据年度统筹以及预留份额任务的完成情况，在具体项目的采购文件中灵活机动设定）。对此投标人需要与财库 46 号文第九条的价格评审优惠中的联合体形式或合同分包的有关规定作出区分，避免概念不清、逻辑混淆。

六是需要注意联合体成员之间禁止性规定的"深意"。一般情况下，无论是政府采购法体系还是招标投标法体系，联合体成员对外均以一个供应商（投标人）身份参与招标采购活动。以政府采购法体系为例，联合体形式的供应商在投标、响应阶段就需要出具联合体协议并载明联合体各方承担的工作和义务。一旦中标、成交，联合体各方应共同与采购人签订采购合同，就采购合同约定的事项对采购人承担连带责任。对外以一个供应商身份竞争，对内划定各自权利义务和工作范围是联合体的显著特点，故此联合体成员的彼此关系不受禁止供应商之间不得存在直接控股、管理关系等禁止性规定的约束。但是政府采购促进中小企业发展政策方面却另有规定。财库 46 号文第八条第二款明确规定"组成联合体或者接受分包合同的中小企业与联合体内其他企业、分包企业之间不得存在直接控股、管理关系"，该条款也与财政部制定的《中小企业声明函》格式明确的"以上企业，不属于大企业的分支机构，不存在控股股东为大企业的情形，也不存在与大企业的负责人为同一人的情形"相衔接。需要注意的是，上述联合体中的中小企业及其他企业之间的禁止关联关系，其中"其他企业"意指"大型企业"，即与财库46号文第二条"中型企业、小型企业和微型企业，但与大企业的负责人为同一人，或者与大企业存在直接控股、管理关系的除外"相对应，目的在于实打实地惠及中小企业，避免名为扶持中小企业、实则背后大型企业受惠的局面出现。按规定采用合同分包形式惠及中小企业的，须作相同理解。除此之外，财库46号文第十二条第（四）项进一步明确，"依据本办法规定享受扶持政策获得政府采购合同的，小微企业不得将合同分包给大中型企业，中型企业不得将合同分包给大型企业"。这也不同于一般情况下对中标、成交供应商合同分包的要求。

六、预留采购份额前有方案、后须公开，"一方案两公开"遥相呼应

《政府采购法》第六条规定，政府采购应当严格按照批准的预算执行。换言之，预算编列及批准情况决定了一个政府采购项目是否成型，在预算通过批准之后，主管预算单位、采购人即可开展项目的前期工作。在预留采购份额方面，财库46号文第六条提出，由主管预算单位组织评估本部门及所属单位政府采购项目，统筹制定面向中小企业预留采购份额的具体方案，预留适宜由中小企业提供的采购项目（采购包），专门面向中小企业采购，并在政府采购预算中单独列示。该方案是以适宜预留部分的项目预算总额为基数，结合实际确定本部门及所属单位的年度预留份额任务比例（如该任务比例统筹确定为45%，不低于财政部规定的最低比例即可）。据此进行统筹分解，从中确定具体的项目进行预留，可以确定各个预留份额项目的具体预留措施（如项目整体预留、划分采购包、要求供应商组成联合体形式或合同分包）；也可以根据项目推进和完成情况，实时更新、动态调整，以完成全年所有适宜预留项目的预留采购份额目标。

根据统筹方案和具体情况，完成确定的预留份额任务比例后，还要满足合同公告及上年度预留份额执行情况公开的要求（即"两公开"制度设计）。财库46号文第十四条明确提出，对于通过预留采购项目（采购包）、要求以联合体形式或者合同分包等措施签订的采购合同，应当明确标注本合同为中小企业预留合同。其中，要求以联合体形式或者合同分包的，应当将联合体协议或分包意向协议作为采购合同的组成部分。而《政府采购法实施条例》第五十条则确定了采购人合同公告制度，作为采购合同组成部分的联合体协议或分包意向协议，自然需要按规定与主合同在签订合同之日起2个工作日内在省级以上财政部门指定媒体（中国政府采购网省级分网）上一并公告。此举是为了进一步提升政府采购领域的信息透明度，防止"阴阳合同"，并从制度设计和具体落实的角度做好有序衔接，改变采购人"重采购过程、轻合同履约；重程序合规、轻绩效评价"的错误观念。在具体的合同公告阶段还需要做到以下两点。一是依据《财政部关于进一步提高政府采购信息查询使用便利度的通知》（财办库〔2024〕

30 号）精神，目前全部政府采购项目的各类公告和公示信息，除在中国政府采购网省级分网发布外，还需统一推送至中国政府采购网中央主网发布。二是合同公告内容不得涉及国家秘密、商业秘密；合同标的名称、规格型号、单价及合同金额等内容不得作为商业秘密；合同中涉及个人隐私的姓名、联系方式等内容，除征得权利人同意外，不得对外公告。《财政部关于做好政府采购信息公开工作的通知》（财库〔2015〕135号）对此有全面、详尽的规定。

主管预算单位应向同级财政部门报告本部门上一年度面向中小企业预留份额和采购的具体情况，并在中国政府采购网公开预留项目执行情况。通过信息公开的机制，倒逼主管预算单位的统筹方案制定"不走形式"，采购人的采购过程紧扣政策"不走偏路"，监管部门对标方案与执行情况，结合绩效评价"有的放矢"。

在公开预留项目执行中有两点值得关注，一是实操中存在主管预算单位未能发挥统筹、管理、协调与归集的"统领"作用，由其各部门或所属单位（具体项目的采购人）各自制订方案或公开预留执行情况，造成信息碎片化、零散化、失真化甚至重复化，不利于有关数据的统计，造成各部门、单位之间的"同事不同理解、不同执行标准"的窘境。二是需要公开执行情况的范围，仅限于统筹方案中确定的预留采购份额项目，并不包括财库46号文第七条所述的应全部专门面向中小企业采购的项目。这从财政部制定的《面向中小企业预留项目执行情况公告》中的"预留选项"也可见端倪，所指即财库46号文第八条载明的三种预留措施，并需要明确各自预留给中小企业的比例。而全部专门面向中小企业采购是指该部分项目，100%面向中小企业采购，并不存在预留其中一部分的问题，自然也就不需要统计预留份额，不存在与统筹方案确定的目标进行比对的需要。

七、同一项目（采购包）不得同时执行专门面向中小企业采购与价格评审优惠两种扶持政策

财库46号文的第七条、第八条、第九条概括了全部专门面向和预留份额专门面向中小企业采购以及价格评审优惠三类扶持政策具体举措及适用情形。其中，第九条划定价格评审优惠的具体范围，仅适用于未预留份额专门面向中小企业采购的项目或预留份额项目中的非预留部分采购包，而全部专门面向或预留份额专门面向中小企业已作为供应商的资格条件，不应再进行价格评审优惠。换言之，同一项目的同一采购包不应同时执行专门面向中小企业采购和价格评审优惠，这也是政府采购法体系中很重要的一个原则，即"资格条件不得作为评审因素"的充分体现。同时，需要注意的是，价格评审优惠的享受主体仅限于符合要求的小微企业。另外，财库19号文除了提高了工程采购项目的预留份额比例，还将货物和服务项目给予小微企业的价格评审优惠比例，由财库46号文设定的6%~10%提高至10%~20%；对于符合要求的联合体或者合同分包（联合体或分包意向协议中，约定的小微企业合同份额占到合同总金额至少

30%），其价格评审优惠比例则从 2%~3%，提高至 4%~6%；工程采购项目的比例则不做调整。

八、禁止直接或间接设置影响中小企业参与竞争的限制性要求（指标）

根据《中小企业促进法》第四十条、财政部 87 号令第十七条以及财库 46 号文第五条之规定，政府采购活动中，采购人在政府采购活动中应当合理确定采购项目的采购需求，不得以企业注册资本、资产总额、营业收入、从业人员、利润、纳税额等规模条件和财务指标作为供应商的资格要求或者评审因素，不得在企业股权结构、经营年限等方面对中小企业实行差别待遇或者歧视待遇。但需要注意的是，禁止的不仅仅是明面、直接、直观涉及上述违法指标要求，对于将一些申办条件、评价标准包括企业规模、财务指标的"隐性条件"的证书、包装作为资格条件或评审因素，也是需要重点核实、审查和杜绝的禁止性指标。

九、政府采购合同分包另有规定

我国公共采购并行着招标投标法体系和政府采购法体系，两者互有交叉、紧密联系，又有较大区别，存在着为数不少的"两法"体系"同一事项不同规定"的差异，使不少采购人、代理机构对法律体系适用混淆、对法条理解有出入、具体执行有偏差、处理结果不一致等；甚至因为对法律体系的适用错误，对采购方式特点存在理解偏差，对交易规则要点把握失衡，使采购程序变通走样变形，最终严重违反法律法规和国家强制性规定，引发不必要的质疑、投诉，导致项目废标（终止）。

相较于主要规范调整工程建设招标投标的招标投标法体系，政府采购法体系对于供应商中标、成交之后依法分包的，也有着自身独有的规定。主要的差别聚焦于是否需要供应商（投标人）在投标、响应阶段明确分包承担主体的具体信息。财政部 87 号令第三十五条规定，"投标人根据招标文件的规定和采购项目的实际情况，拟在中标后将中标项目的非主体、非关键性工作分包的，应当在投标文件中载明分包承担主体，分包承担主体应当具备相应资质条件且不得再次分包"；财库 46 号文附件《中小企业声明函》中也有"签订分包意向协议的中小企业"具体情况的填写要求，对于通过合同分包形式落实预留采购份额或者价格评审优惠的项目，供应商通过分包意向协议明示中标、成交后将合同金额的一部分分包给一家或多家中小企业承担，并确保该部分不低于采购文件规定的承担比例。同时，需在《中小企业声明函》中逐一填写中小企业（分包承担主体）信息以及该中小企业在合同中承担的部分（采购标的）。分包意向协议与《中小企业声明函》有关信息须保持前后一致、精准衔接。

十、落实政府采购政策是采购人的主体责任，也是应尽义务

政府采购是一项法律与政策融合、管理与服务交织的工作，是政府通过市场配置

公共资源的重要工具和途径，具有国家宏观调控和微观引领作用。因此，政府采购活动中需要通过贯彻法律法规、响应国家顶层设计和发展方向，落实包括促进中小企业发展在内的多项政府采购政策，以助力国家经济和社会发展等众多目标的实现。

从实践情况来看，由于我国并行招采"两法"体系，不少采购人（招标人）、代理机构、监管部门、评标专家乃至供应商（投标人）对需要执行政府采购政策项目范围的理解，存在一个严重误区，错误地认为政府采购政策仅仅在适用于政府采购法体系的项目中需要落实，这是对"两法"体系适用的错误理解。对于依法必须进行招标的政府采购工程以及与工程建设有关的货物、服务项目（以下简称"政府采购工程建设项目"），由于招标投标法体系对于"依法必须进行招标项目"的制度安排和招标投标程序的规制，依法必须进行招标的政府采购工程建设项目，其采购应当依法采用招标方式。根据《政府采购法》第四条、《政府采购法实施条例》第七条的有关规定，此类政府采购工程建设项目适用于招标投标法体系；采用招标之外其他采购方式的政府采购工程建设项目，则适用于政府采购法体系。"两法"适用范围的划分，在于《政府采购法》与《招标投标法》在政府采购工程建设项目适用法律上所作的衔接性规定，主要聚焦于采购阶段按照哪个法律体系执行，与政府采购工程建设项目属于政府采购并不矛盾；具体的政府采购范围已由《政府采购法》第二条作出明确定义。从项目实施角度，应先明确一个项目是否属于政府采购，再根据项目属性及规模标准确定其采购阶段适用的法律体系，其政府采购的本质属性并不会因此有所改变。且政府采购工程建设项目是公共财政支出的重要方面，具有资金规模庞大、结构复杂、产业链接性强、地标性和里程碑性质突出等特点，在国民经济发展中占据一定的权重，对社会生产具有重要影响和引导作用，于法于理都是执行政府采购政策的"主阵地"，应当遵守《政府采购法》第九条的规定执行政府采购政策。不应由于对法律法规的理解偏差，人为地将进行招标投标的政府采购工程建设项目排除于相关制度之外。对此，《招标投标法实施条例》第四条第三款规定，"财政部门依法对实行招标投标的政府采购工程建设项目的政府采购政策执行情况实施监督"；《政府采购法实施条例》第七条则进一步规定，"政府采购工程以及与工程建设有关的货物、服务，应当执行政府采购政策"。

在具体的政府采购项目中，需要通过制定资格条件、确定评审因素与标准、拟定合同文本等方式实现预定的政府采购政策目标。《政府采购法实施条例》第十五条对此明确规定，"采购人、采购代理机构应当根据政府采购政策、采购预算、采购需求编制采购文件"。而财政部87号令第十一条、《政府采购需求管理办法》第七条也将政府采购政策作为采购需求不可或缺的重要组成部分。也就是说，政府采购政策与采购需求基本决定了项目资格条件、评审因素、是否接受联合体、是否划分采购包、是否允许合同分包以及合同文本、定价方式等要点。既然政府采购政策如此重要，采购人若没有依法依规执行到位，必然也将承担相应的不利后果。根据《政府采购法实施条例》第四十一条以及财政部87号令第二十五条、第六十五条，采购文件内容违反法律、行政法规、政府采购政策以及国家强制性规定的，应当在修改采购文件内容后，重新开展采购活动。除了可能导致采购项目废标（终止），采购人及代理机构还将承担相应的法律责任。《政府采购法实施条例》第六十八条规定，未按照规定执行政府采购政策的，由财政部门按照《政府采购法》第七十一条、第七十八条的规定追究采购人和代理机构的法律责任，具体包括"责令限期改正、警告、并处罚款以及对责任人员处分并通报"等。尤其是代理机构，可能面临"在一年至三年内禁止其代理政府采购业务"的极刑。

十一、结语

一是中小企业扶持政策的具体概念、落实举措、执行标准、配套文件等，具有严谨、细致、全面、复杂、相互衔接等特点，稍不注意便容易引发歧义、争议乃至质疑投诉。广大政府采购从业者应着重学习理解，正确知晓认定标准、落实扶持政策的具体规定和逻辑思维，梳理实操注意事项，并将其正确落实在具体项目之中。

二是政府采购品目包罗万象，涉及法律体系、行业技术规范标准、行政许可、信息网络安全等诸多领域，相应规定纵横交错且不断推陈出新。面对数字化转型以及智慧监管的浪潮，代理机构在顺势发展的同时需要注意专业性才是立足之本，代理机构开展工作的核心仍在于在理论结合实际前提下针对具体项目进行"咨询、执行与服务"，若专业能力不足、对最新政策把握有限，即使电子化交易系统、采购文件示范文本、同类项目案例确实可以带来一定的助力，也无法提升自己的核心竞争力。就目前而言，"实用工具"可以依靠但不能完全依赖，因此代理机构要明确自身专业咨询服务机构的定位，应以较高的自我标准催生内生动力，实时关注、持续跟进，不断提升业务水平和综合素养，以保持自身的独立性和竞争力。

三是作为政府采购项目的第一责任主体，采购人需要牢固树立依法采购和主体责任意识，在强化内控制度建设、依法开展政府采购活动、落实政府采购政策等方面，仍需正确发力，确保政府采购活动的高效规范以及采购结果的物有所值。切莫"高高在上"充当甩手掌柜，毕竟项目失败、预期目标无法实现等不利后果，最终还是由采购人自行承担。

（安徽省宁国市港口政府采购办公室：黄超）

综合运用政府采购手段采购可靠信息产品合理反制"长臂管辖"

长臂管辖，是近几年来我国企业在面对国际竞争时越来越频繁遇到的现象。例如，华为被美国列入不可靠实体清单进行制裁，以致不得不分拆出荣耀，手机业务遭受重大损失。中国已经加入了 RCEP（《区域全面经济伙伴关系协定》），并且即将加入 GPA（《政府采购协定》），对加入 CPTPP（《全面与进步跨太平洋伙伴关系协定》）也持开放态度。对外开放的大门越开越大，而政府采购恰恰是各类国际或地区性组织内各成员方都异常关注的要点。如何在我国政府采购领域综合施策，尽量对冲我国企业遭受某些国家长臂管辖带来的影响，值得业界共同思考。

2022 年第 4 期《求是》杂志发表了习近平总书记《坚持走中国特色社会主义法治道路，更好推进中国特色社会主义法治体系建设》重要文章，习近平总书记在文中提出要运用法治手段开展国际斗争，进一步完善反制裁、反干涉、反制"长臂管辖"的法律法规。党的二十届三中全会通过的《中共中央关于进一步全面深化改革 推进中国式现代化的决定》提出，要健全反制裁、反干涉、反"长臂管辖"机制。这些都为政府采购法治体系建设提供了基本遵循。

从国家层面看，《中华人民共和国反外国制裁法》已为中国适时反制长臂管辖提供了基本法理依据，然而在政府采购领域如何具体落实好反制"长臂管辖"的精神，尚缺乏统筹考虑。政府采购领域应做好政策储备，适时出台相关细则，明确法律法规适用范围，为运用政府采购手段采购可靠信息产品做准备。

一、政府采购安全审查制度是反制"长臂管辖"的重要手段

利用政府采购安全审查限制有关实体参与政府采购，并不是我国首创。过去我国企业在参加外国政府采购时常遭到以安全审查为名进行的歧视性对待，因而我国急需出台自己的政府采购安全审查制度。

例如，2006 年 3 月，联想集团中标价值约 1300 万美元的美国政府计算机设备采购项目。而美中经济安全调查委员会以"使用联想计算机会给美国国家安全带来灾难性后果"为由，提出强烈反对。最终美国政府调整了原来的采购计划，在联想集团与美国国土安全部签订的安全协定上加了限制条件，要求联想集团在参与美国政府采购时，不得以任何形式索取、接受、维护、鉴别有关美国政府定购电脑产品的用户信息。此

后，联想集团必须通过美国政府认可的本地第三方公司代理而不能直接向美国政府部门提供产品及售后服务，同时必须无条件接受美国安全部门对其信息系统使用情况的检查。另外，联想集团必须通过美国政府认可的本国公司提供产品售后服务，而不能直接进行产品售后服务。

2013 年 3 月 26 日，奥巴马签署的一项新开支法案中，还包含一条禁止美国政府机构购买与中国政府有关公司信息技术的条款。直至今天，美国政府对中国产品进入政府采购市场的打压仍是有增无减。

2015 年 7 月 1 日，《中华人民共和国国家安全法》开始施行。该法规定，国家建立国家安全审查和监管的制度和机制，对影响或者可能影响国家安全的网络信息技术产品和服务、涉及国家安全事项的建设项目等进行国家安全审查，中央国家机关各部门依照法律、行政法规行使国家安全审查职责，依法作出国家安全审查决定或者提出安全审查意见并监督执行。这相当于为财政部门进行政府采购安全审查赋权。

2020 年年底，首次公开向社会征求意见的《中华人民共和国政府采购法（修订草案征求意见稿）》，首次提出要"建立政府采购安全审查制度"，但其表述相对原则化，只提出"国家建立政府采购安全审查制度。政府采购活动可能影响国家安全的，应当通过国家有关部门组织的国家安全审查"。

到了 2022 年第二次征求意见时，在坚持第一次征求意见稿表述的基础上，对政府采购安全审查制度加以细化，拟要求政府采购应执行法律法规有关国家安全的产品标准、供应商资格条件、知识产权、信息发布和数据管理等规定。政府采购安全审查的理念日益完善，制度轮廓初步显现。

从第二次征求意见稿的表述看，政府采购安全审查并不局限于网络与信息化产品。但毋庸置疑，网络信息化领域的不安全因素是催生政府采购安全审查制度的重要因素，信息化产品服务也是政府采购安全审查的重点领域，同时也是反对外方"长臂管辖"无理打压的反制点。

二、建立政府采购安全审查制度需优先考虑对信息类产品的审查

完整的政府采购安全审查制度需要涵盖政府采购标的的各个领域，不仅要包括计算机、服务器、交换机等一般货物，也要包括云计算、数据库等软件服务，还要包括重点建设工程，如审查工程设计及原料的安全性等。安全审查的对象既然五花八门，标准自然也数量众多，对专业性的要求也水涨船高。然而，最重要也最为紧迫的就是要优先审查信息类产品，以便于及时发挥政府采购安全审查制度的反制政策效果。

因此，政府采购安全审查制度的建立，不妨效仿《中华人民共和国民法典》编纂的过程，遵循全面覆盖、重点兼顾、由易到难、逐步完善的原则。我国在民法制度的建设过程中，先是出台了《中华人民共和国民法通则》，对民法领域进行总体指导。之后在各民事细分领域不断颁布实施单行法，如《中华人民共和国婚姻法》《中华人民共

和国合同法》《中华人民共和国侵权责任法》《中华人民共和国担保法》等。在法律实践比较充分后，又颁布了《中华人民共和国民法总则》，之后又进行了法典化，将各单行法融合编纂成如今的《中华人民共和国民法典》。

政府采购安全审查制度也可以借鉴前述经验，先出台总体规定，规范政府采购安全审查制度。然后由易到难，先从最重要也最为紧迫需要审查的信息网络设备和服务入手，充分利用行业发展经验和已有制度基础，明确标准清单，然后逐步在各细分领域不断制定审查细则，对政府采购安全审查体系进行不断调整和完善。

以网络产品的政府采购安全审查为例，当前已有相关法律法规对网络安全审查制度作出规范。

从法律层面看，《中华人民共和国网络安全法》已经规定，网络关键设备和网络安全专用产品销售或者提供的前提，是通过具备资格的有关机构的安全认证或者安全检测。2017年，为配合《中华人民共和国网络安全法》正式实施，国家互联网信息办公室会同工业和信息化部、公安部、国家认证认可监督管理委员会等部门制定了《网络关键设备和网络安全专用产品目录（第一批）》。这个目录主要从容量、吞吐量、最大并发连接数等具体网络性能参数上进行要求，满足最低参数要求的服务器、路由器、交换机、防火墙、IDS等设备产品才符合《中华人民共和国网络安全法》中所规定的网络关键设备、网络安全专用产品的要求。2022年1月，国家互联网信息办公室等部门发布《关于统一发布网络关键设备和网络安全专用产品安全认证和安全检测结果的公告》，公示了首批通过国家认证的网络关键设备，包括服务器、路由器、交换机等47款产品。这相当于为政府采购安全审查提供了技术标准。

从部门规章层面看，国家互联网信息办公室、国家发展改革委、财政部等部门已联合修订发布《网络安全审查办法》，自2022年2月15日起施行。该办法明确建立国家网络安全审查工作机制，为网络安全审查提供了组织保障。

从规范性文件层面看，《财政部关于印发〈政务信息系统政府采购管理暂行办法〉的通知》（财库〔2017〕210号）要求采购人在采购需求中应当包括安全审查和保密要求，并且对此进行验收。

2019年，国家互联网信息办公室、国家发展改革委、工业和信息化部和财政部联合颁布了《云计算服务安全评估办法》，提出了对包括云计算服务软硬件设施及其相关管理制度的审查要求，并建立了云计算服务安全评估工作协调机制。

当然，由于网络安全审查的着眼点主要在于产品是否安全，与直接反对"长臂管辖"并不对等，商务部出台了《不可靠实体清单规定》（2020年商务部令第4号），在对等反制上迈出了重要一步。该规定要求国家建立不可靠实体清单制度，在外国实体违反正常的市场交易原则，中断与中国企业、其他组织或者个人的正常交易，或者对中国企业、其他组织或者个人采取歧视性措施时，可以对包括外国企业、其他组织或者个人的外国实体采取相应措施。

美国制裁华为的借口是由于华为违反了美国《出口管理条例》（Export Administration Regulations，EAR），其产品损害美国国家安全，因而被美国商务部列入实体清单，被禁止从美国购买任何被《出口管理条例》管制的物品，包括芯片等。按照这个逻辑，我国完全可以用相同理由禁止相关西方国家和地区的公司进入中国市场，包括进入中国的政府采购市场。

对于列入我国的不可靠实体清单中的外国实体，《不可靠实体清单规定》第十条列举了我国可以采取的6种措施：（一）限制或者禁止其从事与中国有关的进出口活动；（二）限制或者禁止其在中国境内投资；（三）限制或者禁止其相关人员、交通运输工具等入境；（四）限制或者取消其相关人员在中国境内工作许可、停留或者居留资格；（五）根据情节轻重给予相应数额的罚款；（六）其他必要的措施。

按照以上措施，在政府采购信息系统领域对等反制，可以在外国实体已经进入不可靠实体清单的情况下，禁止其向中国出口设备，使其大部分自然退出我国政府采购市场。

政府采购网络安全审查制度，有必要充分整合前述机制和标准，确保审查制度可以迅速出台并得以切实执行。

三、信息类产品的政府采购安全审查实施需积极借鉴国外经验

美国进行国家网络安全审查的经验主要有三个。

一是安全审查结果具有强制性。2000年1月，美国国家安全系统委员会发布的《国家信息安全保障采购政策》规定，自2002年7月起进入国家安全系统的信息技术产品必须通过审查。2011年12月，美国政府发布《联邦风险及授权管理计划》，要求为联邦政府提供云计算服务的服务商，必须通过安全审查、获得授权；联邦政府各部门不得采用未经审查的云计算服务。美国在政府采购招标文件中还进一步规定，向联邦机构提供云计算服务的基础设施必须位于美国境内。

二是美国的网络安全审查对不同政府实体适用不同标准。按照美国国家安全系统委员会的《国家信息安全保障采购政策》，对涉及国家安全的信息系统采购的信息技术产品进行安全审查。通用标准为国家技术标准研究院（NIST）发布的《保护联邦信息和信息系统的安全控制措施和技术指南》（SP800—53）。对于非国家安全系统采购的网络安全审查措施，各联邦机构在采购信息技术设备前，要确保信息技术采购符合美国行政管理和预算办公室（Office of Management and Budget，OMB）发布的《A-130通知》（Circular A-130）规定的信息资源安全、国家安全、隐私保护、突发事件应急准备等具体要求；采购财务管理系统要符合OMB发布的《A-127通知》（Circular A-127）的要求，核心财务软件必须预先通过"联合财务管理改进项目"的认证。

三是美国网络安全审查的内容不局限于技术，且要求企业"自证清白"。美国联邦政府要求，不仅要审查产品安全性能指标，还要审查产品的研发过程、程序、步骤、

方法及产品的交付方法等，要求企业自己证明产品已达到了规定的安全强度。美国要求被审查企业签署网络安全协议，协议通常包括：通信基础设施必须位于美国境内；通信数据、交易数据、用户信息等仅存储在美国境内；若外国政府要求访问通信数据必须获得美国司法部、国防部、国土安全部的批准；配合美国政府对员工实施背景调查等。

四、建立政府采购安全审查制度的建议

一是加强立法引领。在政府采购法修订完成时正式明确政府采购安全审查制度，财政部门应积极推动形成多部门政府采购安全审查联合工作机制，并至少以部门规章层次的文件予以明确。在日常管理上形成政府采购安全审查清单制管理模式，并在政府采购文件有关范本中列明安全审查要求。

二是明确采购人安全审查的主体地位。《政务信息系统政府采购管理暂行办法》中有两处对采购人的安全审查职责做出规定，采购人需要在采购需求中体现安全审查内容，在验收方案中体现安全审查要求。财政部门应将此要求扩展到所有相关政府采购项目中，而不是仅局限于信息化系统的采购，以此敦促采购单位树立安全审查意识，压实安全审查责任。

三是推动形成分级审查标准。要依托专业机构形成审查标准并不断更新，比如前文提到的网络安全国家审查，国内目前已有相应标准及清单管理，财政部门应及时将其引入政府采购领域。财政部门要会同相关机构制定相关审查标准，重点从国家安全产品标准的适用、供应商资格条件及人员配置、知识产权归属、信息发布要求和数据本地化管理等方面细化审查标准，必要时要对采购产品的供应链进行追溯审查。此外，还要对涉密采购、国家安全核心采购及一般采购分别设定不同的审查标准。

四是强化制度监督检查。要按照《政府采购法》的监督分工，推动形成财政监督、审计监督、部门内部监督、人大监督、社会公众监督等多管齐下的局面，切实将政府采购安全审查的前置避险作用落实到位。

五是注重社会共治。政府采购安全审查中可能遇到的最大困难，就是专业能力与专业人才的缺乏，这种缺乏不仅体现在政府内部，也体现在整个国内市场上。同时，政府采购安全审查涉及范围广，这就决定了安全审查制度虽然由政府部门实施，但与制度匹配的能力储备，却需要全社会的共同努力。政府采购安全审查制度的建立，必须体现社会共治的导向。

针对专业能力的缺乏的问题，我们应当在确保政府标准机构基本能力的情况下，积极鼓励社会第三方标准机构、认证机构参与安全审查工作。美国和英国政府就是在牢牢把握标准制定权和最终评价权的前提下，将中间具体认证监测评估环节交由获得有关部门认可的商业化第三方认证机构完成，以提高效率，确保公平公正。政府采购供应商也可以在政府提供的目录中，自主选择评估机构，通过市场机制实现评估机构

的优胜劣汰。

同时，我国在网络安全等特定领域的专业能力与国际先进水平仍有差距，专业能力供给侧存在不足问题。在制定政府采购安全审查制度时，要注意引导民营企业等参与国家重点系统的安全保护工作，以政府采购安全审查制度体系深化供给侧结构性改革，充分发挥我国超大规模市场优势和内需潜力，培育好国内第三方市场。

政府采购安全审查制度应体现人才导向。从美国网络安全审查实践看，其对于政府采购人员的专业能力非常看重。《总务署采购手册》第539部分规定，负责采购信息技术的联邦雇员，应当具备与采购信息技术产品和服务安全等级相当的水平；项目负责人应当确保招标文件符合信息安全要求，并且信息安全要求必须足够详细，使供应商能充分理解信息安全规定、任务和需求，保证供应商能够履行合同或完成任务。

我国也认识到政府采购专业人才的重要性。《政府采购法（修订草案征求意见稿）》中有"采购人、集中采购机构的采购人员应当具有相关职业素质和专业技能，符合政府采购监督管理部门规定的专业岗位任职要求"的表述。我国在政府采购安全审查制度的建设上应当发挥后发优势，对采购单位审查人员的专业能力提出要求，对其成长路径给予规划，采取激励措施予以完善。

六是注意安全审查制度的侧重点。我国政府采购安全审查制度的核心是要维护安全，这与商务部的不可靠实体清单管理既有区别又有联系。两者的区别是政府采购安全审查体现的是维护安全，不可靠实体清单体现的是对等反制。两者的联系是，进入不可靠实体清单的企业，其产品必然不能通过政府采购的安全审查。因此，在制定政府采购安全审查制度时，要明确与不可靠实体清单管理的分工与配合，同时将审查目的和审查手段与WTO（世界贸易组织）安全例外原则挂钩，确保不触碰WTO相关非歧视性条款，以制度建设维护国家安全。

五、标本兼治，筑牢反制"长臂管辖"信息产品政府采购防线

政府采购安全审查制度的建立是一项系统工程，在正式推出前，不代表我国现阶段不能以灵活快速的手段达到反制目的。比如，现实中存在这样一种可能性，部分外国实体产品在被正式列入不可靠实体清单前已进入我国境内，存储在各级代理商处，那么仅仅依靠商务部《不可靠实体清单规定》所对应的6种措施，将不能完全禁止其进入政府采购市场，尤其是在相关产品政府采购合同已经签订的情况下。此时大致可以采取以下几种手段迅速达到反制目的。

一是适时修订《政务信息系统政府采购管理暂行办法》，不允许列入不可靠实体清单中的产品进入政府采购。二是按照《国务院办公厅关于印发〈国家政务信息化项目建设管理办法〉的通知》（国办发〔2019〕57号）有关分工要求，加强政府采购监督，强调采购人验收时注意不得使用不可靠清单中涉及的产品。三是在政府采购文件范本中写明不得使用不可靠实体清单中涉及的产品。四是在政府采购法修订完成后正式明

确安全审查制度时，按照有关工作机制，财政部门积极推动形成政府采购安全审查清单管理制度。

由于许多外国实体的产品本身在中国制造，在制定不可靠实体清单时，有关部门会考虑如何避免误伤本国产业的问题。按照以上四种方式，我国可以在政府采购领域比较稳妥地进行对等反制。

采用对等反制的方式其实不是长久之计，应通过政府的引导，使我国的信息产品达到国际先进水平，性能远胜过国外产品，这才是治本之策。在这方面，政府采购也能发挥自己独特的作用。

一是加快构建政府采购信息系统产品设备内循环体系。中共中央提出，要深化供给侧结构性改革，充分发挥我国超大规模市场优势和内需潜力，构建国内国际双循环相互促进的新发展格局，逐步形成以国内大循环为主体、国内国际双循环相互促进的新发展格局。在以华为等企业为代表的国内信息产业被西方打压之时，政府采购领域国产化替代构建内循环体系，恰逢其时。国产化信息系统尤其是芯片等硬件系统，一直受制于产业生态不完善而不能大规模推广。底层的芯片应用范围越小，上层的应用系统就越没有动力进行匹配，从而导致终端用户体验不佳，最终形成恶性循环，阻碍了国产信息系统的发展。而政府采购恰恰可以在需求端发力，以竞争性的采购方式，选择国产最佳的软硬件系统进行应用。

二是用好政府采购绩效管理手段，以政府采购驱动科技创新。政府可以驱动科技创新，这并不是一件新鲜事，互联网就起源于美国国防高级研究计划局（DARPA）建立的DARPAnet。近来也传出消息，美军已经开始使用AR虚拟现实及人工智能技术进行训练。从我国的实践看，无人机、人脸识别系统在执法监管上的运用也大大促进了相关企业技术的发展。当前我国众多城市正在进行智慧城市的建设，往往是直接与某些大公司签订意向协议，罕有通过政府采购的竞争性方式选定智慧城市设计供应商的，这应该引起有关部门的思考。

以政府采购绩效管理驱动信息技术创新，是当前行之有效的手段之一。如果能够通过内生动力，占据技术制高点，那么像华为一样被外国"卡脖子"的事件会越来越少。《政府采购法（修订草案征求意见稿）》新增了绩效管理的表述，首次将讲求绩效抬升至政府采购原则的高度，并规定可以签订绩效激励合同，这无疑将给政府采购引领技术创新提供有效手段。"采购人、集中采购机构的采购人员应当具有相关职业素质和专业技能，符合政府采购监督管理部门规定的专业岗位任职要求"的表述，无疑昭示着采购人员专业化制度建设的重要一步即将迈出。政府采购专业人员管理和绩效原则可以相互促进，进而推动专业技术采购官群体的形成，以更好地使用政府采购手段来引导国内信息技术的创新。政府积累的众多大数据，"核高基"[①] 专项计划形成的

---

① "核高基"是核心电子器件、高端通用芯片及基础软件产品的简称。

高新科技初步市场力量，也将通过政府采购这个渠道，形成新的市场闭环，获得具体的应用。

三是通过政府采购方式征求特定问题解决方案。国家"十四五"规划编制开门问策，给了我们一个很好的启示：关键问题可以问计于民。政府采购悬赏制，可以是我们解决电子化采购中特定问题的一个思路。不涉密的个别关键技术问题，可以尝试率先在一定范围内公开意向，最终通过政府采购实施或设计方案的方式，汇集业内智慧。国家发展改革委已经通过公开征集公共资源交易领域 CA 数字证书全国互认通用技术的解决方案等方式，初步建立了 CA 互认试点平台体系。未来很多疑难问题都可以采用政府采购手段，以签订激励合同的方式使问题得到比较圆满的解决。

四是适时组织力量研究我国加入相关经济组织后电子化政采系统的需求。中国已经加入了 RCEP，也已正式申请加入 CPTPP，积极推进中日韩 FTA（《中日韩自由贸易协定》）建设。应该说，从目前来看 RCEP 对政府采购开放的要求处于我们比较容易接受的水平，如 RCEP 在政府采购章节仅提出了适用于中央实体采购、尽可能公开政府采购程序、努力以英文公开信息、明确信息公开媒体等要求。相对来说，GPA 和 CPTPP 需要经过具体谈判努力达成一致意见，难度相对适中。一旦加入 GPA 和 CPTPP，我国的采购规则将与 RCEP 规则全面对接，因而对我国国产电子化政府采购系统需求的调研理应走在前面，以提高系统安全性，防止加入相关组织后，被国外系统再次占先。

（明谭）

乘《公平竞争审查条例》东风，纵深推进政府采购公平竞争

自 2016 年 6 月《国务院关于在市场体系建设中建立公平竞争审查制度的意见》（国发〔2016〕34 号）发布以来，财政部根据相关部署，在政府采购领域启动了公平竞争审查工作。例如，发布《关于促进政府采购公平竞争优化营商环境的通知》（财库〔2019〕38 号）、《关于开展政府采购备选库、名录库、资格库专项清理的通知》（财办库〔2021〕14 号）等政策文件，清理政府采购领域违反公平竞争的规定和做法，维护公平竞争的政府采购市场环境。2024 年 5 月 11 日，国务院第 32 次常务会议通过《公平竞争审查条例》，以国务院令第 783 号公布，自 2024 年 8 月 1 日起施行。公平竞争审查由国家政策上升到国家行政法规，具有强制执行的法律效力。公平竞争是《政府采购法》规定的政府采购的基本原则之一，贯彻和落实公平竞争原则，不仅要严格执行《公平竞争审查条例》对涉及政府采购的法律法规、规范性文件和具体政策措施依规进行公平竞争审查，也要把公平竞争要求具体化落实在政府采购具体项目中。《国务院办公厅关于印发〈政府采购领域"整顿市场秩序、建设法规体系、促进产业发展"三年行动方案（2024—2026 年）〉的通知》（国办发〔2024〕33 号）明确指出，当前政府采购领域反映突出的采购人设置差别歧视条款是整顿市场秩序首要解决的问题。设置差别歧视性条款就是让参与采购的供应商进行非公平竞争，这些条款给某些供应商带来竞争优势，圈定了中标（成交）候选人或者中标（成交）人，而圈外的供应商则没有机会中标（成交）。国办发〔2024〕33 号文同时指出，要建设法规体系，服务统一市场，研究完善货物服务招投标、非招标采购、信息发布和质疑投诉等部门规章。应当说在国发〔2016〕34 号文部署公平竞争审查之前制定的政府采购规章都可能存在与公平竞争原则不符的某些条款，需要在修订时按照《公平竞争审查条例》的要求全面进行公平竞争条款审查。笔者认为，纵深推进公平竞争在政府采购中的落实，需要从法规政策制定和具体项目操作两个方面展开。

一、需修订 74 号令，修改其中与公平竞争有冲突的条文

《政府采购非招标采购方式管理办法》（财政部令第 74 号，以下简称"74 号令"）自 2014 年 2 月 1 日起施行，早于国发〔2016〕34 号文，其中的某些条文与公平竞争要求不相符。当时就有人就 74 号令操作执行有关问题提出，"非招标采购方式与招标方

式最大的不同在于，它不强调给予所有潜在供应商公平竞争的机会，谈判小组、询价小组从符合条件的供应商中选择确定三家以上供应商参加采购活动即可，且无须向其他未被选择的供应商做出解释，这是法律赋予谈判和询价小组的权利。"74 号令第十二条第一款规定，"采购人、采购代理机构应当通过发布公告、从省级以上财政部门建立的供应商库中随机抽取或者采购人和评审专家分别书面推荐的方式邀请不少于三家符合相应资格条件的供应商参与竞争性谈判或者询价采购活动"，第三款规定，"采取采购人和评审专家书面推荐方式选择供应商的，采购人和评审专家应当各自出具书面推荐意见。采购人推荐供应商的比例不得高于推荐供应商总数的 50%"。

74 号令是政府采购涉及经营者（供应商）经济活动的规章，属于《公平竞争审查条例》第二条规定的应当开展公平竞争审查的对象。74 号令在没有法律法规和国务院授权下，规定采购人、评审专家在非招标采购项目中以推荐的方式明确要求（即直接指定）一定范围内的潜在供应商参加政府采购活动，未经采购人、评审专家推荐（直接指定）的潜在供应商则没有资格参加具体项目的政府采购。此规定相当于通过推荐方式限定采购人使用特定的（被推荐范围内的）供应商提供的商品或者服务，直接造成了在非招标采购项目中供应商的不公平竞争，一些供应商未经公平竞争即丧失了参加政府采购项目的资格和成交资格。笔者认为，这一条规定的采购人和评审专家推荐供应商的方式违反了《公平竞争审查条例》第八条，"起草单位起草的政策措施，不得含有下列限制或者变相限制市场准入和退出的内容……（三）限定经营、购买或者使用特定经营者提供的商品或者服务"。而完善非招标采购的政府采购规章已经在国办发〔2024〕33 号文中有明确规定，因此应尽快修订 74 号令，修改其中的不公平竞争条款。

二、需严格限定框架协议采购的适用范围

《政府采购框架协议采购方式管理暂行办法》（财政部令第 110 号）取代了不符合公平竞争的协议供货、定点采购。但框架协议采购并非项目采购，而是预先通过公开竞争方式确定一定范围的供应商采购，很容易被误解为采用框架协议采购就是允许设置不公平竞争的"资格库"，造成执行上的偏差。

笔者认为，财政部令第 110 号规定的框架协议采购的政府采购属于《公平竞争审查条例》第十二条规定的例外情形，即起草单位起草的政策措施，具有或者可能具有排除、限制竞争效果，但符合下列情形之一，且没有对公平竞争影响更小的替代方案，并能够确定合理的实施期限或者终止条件的，可以出台。因此，在执行框架协议采购时需要符合以下特点。

第一，遵循非必要不框架、能合同不框架的原则，严格限制适用范围，严禁违规扩大框架协议采购的范围，严禁用框架协议采购冲击正常的项目采购，导致不公平竞争。框架协议应仅限于采购数量不明确、需要多家供应商实施的采购项目，其他情形下不必采用框架协议，而是可以直接签订采购合同。凡是年度内能明确或者预估采购

数量的，都应作为单一项目采购，而不得采用框架协议采购。凡是可以签订采购合同固定标的、采购数量、定价规则的，都应采用项目采购方式签订政府采购合同，而不是执行框架协议采购。

第二，在第一阶段确定框架协议入围供应商范围时，应采取最小化妨碍公平竞争的措施，一般应当采用"合格+最低淘汰率"制，而不是有限数量制，即把框架协议采购对供应商不公平的竞争限制在最小范围，凡是符合相关资格条件和采购标的实质性要求未被末位淘汰的供应商都应纳入框架范围内，而不再作数量限制。同时，在第二阶段确定成交供应商时，则应当采用公平竞争的二次竞价方式选择，尽量不采用直接选定和顺序轮候的非竞争方式。

第三，框架协议采购最长时间不超过一年，有条件的可以缩短到每三个月或者半年采购一次。随着新技术的运用，解决小额零星采购问题可能还有比框架协议更好的方式，如电商化直接采购。此外，应逐年评估框架协议采购的实施效果，实施期限到期或者未达到预期效果的，应及时停止执行或者进行调整。

三、整顿采购人设置差别歧视条款，进一步细化明确非歧视性审查标准

公平竞争作为政府采购的基本原则，始终贯穿政府采购整个过程。《政府采购法》第二十二条第二款明确规定："采购人可以根据采购项目的特殊要求，规定供应商的特定条件，但不得以不合理的条件对供应商实行差别待遇或者歧视待遇。"《政府采购法实施条例》第二十条列明了属于以不合理的条件对供应商实行差别待遇或者歧视待遇的八种情形，其中包含"采购需求中的技术、服务等要求指向特定供应商、特定产品""以其他不合理条件限制或者排斥潜在供应商"。《财政部关于印发〈政府采购需求管理办法〉的通知》（财库〔2021〕22号）第三十一条规定的重点审查中，第一项"非歧视性审查"主要审查是否指向特定供应商或者特定产品，包括资格条件设置是否合理，要求供应商提供超过2个同类业务合同的，是否具有合理性；技术要求是否指向特定的专利、商标、品牌、技术路线等；评审因素设置是否具有倾向性，将有关履约能力作为评审因素是否适当。

国办发〔2024〕33号文把采购人设置差别歧视条款排在整顿政府采购市场秩序的首位。在政府采购实务操作中，缺乏细化明确的非歧视性审查标准（即判断差别歧视条款的具体标准），如"设定的资格、技术、商务条件与采购项目的具体特点和实际需要不相适应或者与合同履行无关"是否包含综合评分法的评分因素设置？具体哪些评分因素设置属于差别歧视条款？与采购需求毫无关系的各种方案主观评审是否属于无关的评审因素？以其他不合理条件限制或者排斥潜在供应商具体又指哪些？在实务操作中表现为哪些情形？生产厂家的授权盖章作为评分因素是否属于差别歧视条款？供应商生产经营规模性实力或者荣誉等不反映采购标的（货物、服务、工程）质量的因素是否为合法合规的评审因素？这些问题常常使一线从业人员无所适从，亟待权威部

门解答。

在政府采购具体项目中执行公平竞争原则,当前最模糊的地带就在综合评分法及其评分因素和分值的设置上。一方面,大量本应采用最低评标价法的项目违法违规采用综合评分法,导致综合评分法被滥用。另一方面,由于没有可供刚性执行的具体"差别歧视条款"的审查标准,个别采购人、代理机构在评审因素设置、分值设置上"动脑筋",排斥和限制潜在供应商,将综合评分法变成串通投标和操控中标结果的"障眼法"。因此,政府采购执行《公平竞争审查条例》和落实《政府采购领域"整顿市场秩序、建设法规体系、促进产业发展"三年行动方案(2024—2026年)》都亟须建立更加细化明确的非歧视性(国办发〔2024〕33号文表述的"差别歧视条款")审查标准。

四、完善政府采购需求标准,为政府采购公平竞争提供刚性指引

评审方法和评审因素是《政府采购需求管理办法》第十九条和第二十一条明确规定的采购需求必须包含的内容。遗憾的是,目前财政部已经发布的政府采购需求标准还不够完善和全面,缺少了评审方法和评审因素的完整内容。笔者注意到,在信息类产品政府采购需求标准中仅有提示"是否可以作为评分因素",而在《物业管理服务政府采购需求标准(办公场所类)(试行)》中未涉及评审方法和评审因素。国办发〔2024〕33号文明确要求:"分类制定政府采购需求标准。制定政府集中采购目录通用货物、服务需求标准,逐步扩大需求标准覆盖面,为采购人全面、完整、准确描述采购需求提供指引。"如前所述,评审方法和评审因素设置上的不公平问题非常突出且急需解决,我们要乘《公平竞争审查条例》的东风,以"整顿市场秩序、建设法规体系、促进产业发展"三年行动的力量努力祛除顽疾,尽快解决问题。笔者建议制定政府采购需求标准应当提供明确、具体、细化且刚性的差别歧视条款识别和判断标准,特别是评审方法和评审因素设置是否具有倾向性的识别和判断标准,如哪些项目应当采用最低评标价法,不得采用综合评分法;采用综合评分法时评分因素是哪些,分值范围是多少,禁止哪些因素设置为评分因素等,让采购人有规矩可遵循,让监管部门的监管有依据,从而在根本上解决目前政府采购市场不公平竞争——采购人设置差别歧视条款的问题。

(广西广天一律师事务所:沈德能)

政府采购项目实行"评定分离"的探索与思考

在政府采购活动日益频繁且复杂度不断攀升的当下，传统招投标模式的弊端逐渐显现，诸如权责不一致、决策自主性受限以及采购人主体责任落实不到位等问题日益突出。为有效化解这些难题，部分地区创新性地在采购项目中试行"评定分离"模式。该模式将评审与定标环节予以分离，旨在提升采购效率、优化采购结果，切实落实采购人的主体责任。因此，笔者建议，可探索建立政府采购项目"评定分离"制度，并在部分重大项目或品目上试行。

"评定分离"模式最早起源于深圳市。2011 年，深圳市凭借特区立法权，率先提出"试行评标与定标分离"，首创了政府采购"评定分离"制度，采购人在执行重大项目和特定品目项目采购时，可以选择适用"评定分离"。此后，广东珠海、湖北、浙江、江苏、海南等地也相继在工程项目领域稳步推进或开展"评定分离"改革试点工作。其核心要义在于将采购项目的评审与定标环节分离，赋予采购人在评审结果的基础上更大的自主确定中标供应商的权力。

一、"评定分离"模式对落实采购人主体责任的意义

在"评定分离"模式下，评标工作由招标人从评标专家库中随机抽取组建的评标委员会负责完成。评标委员会依据招标文件所确定的评标标准与方法，对投标文件展开细致评审与比较，推荐一定数量且不排序的中标候选人，并出具书面评审报告。而定标环节则由采购人自行组建的定标委员会承担，定标委员会基于评标委员会的评标报告，综合考量报价、技术、信用以及招标人的清标和前期考察结果等因素，按照招标文件规定的定标程序与规则，从评标委员会推荐的中标候选人中择优选定中标人。

这一模式对落实采购人主体责任具有显著的积极意义。第一，能够提升采购需求匹配度。采购人在定标环节得以全面综合考量供应商的多方面因素，从而确保中标供应商能够精准契合实际采购需求。第二，强化了采购人的责任意识。定标权回归采购人，促使其在制定采购文件、明确采购需求时更加严谨细致。毕竟，一旦定标结果出现问题，采购人需承担直接责任，这无疑形成一种倒逼机制，推动采购人提升自身的采购专业水平与管理能力。第三，有助于优化采购结果。评审专家主要从技术、商务等常规维度进行评审，而采购人在定标时应从战略、合作前景等更为宏观的视角加以

考量，这有利于实现采购效益的最大化。第四，"评定分离"模式有助于削减评审专家"一锤定标"的权力。在现行政府采购制度体系下，评审专家占据了极为关键的位置。然而，评审权力过度集中于评标委员会，这不仅不利于采购人主体责任的有效落实，还使评审专家极易成为供应商竞相围猎的目标。在利益诱惑面前，这种权力集中的局面极易滋生诸如串通投标、非法谋取不正当利益等一系列违法行为，严重破坏政府采购市场的公平秩序。

二、"评定分离"模式面临的挑战

"评定分离"模式在实际推行过程中，也面临着一系列挑战。一是信息不对称风险。评审专家评审过程中的详细信息，难以完整、精准地传递至采购人的定标环节，这使采购人在全面了解供应商情况时存在一定阻碍。二是权力寻租隐患。由于定标权集中于采购人手中，倘若缺乏行之有效的监督制约机制，极有可能出现采购人利用手中权力为特定供应商谋取不正当利益的情况。三是对采购效率的影响。"评定分离"模式增加了采购环节的复杂性，一定程度上可能导致采购周期延长。

三、"评定分离"模式的利弊分析

从利弊视角深入剖析，"评定分离"模式的优势颇为显著。"评定分离"模式进一步压实了招标人的责任，避免了对评标专家的过度依赖，使采购人对项目最终结果更为负责，有效减少了招标过程中的人为干扰因素。同时，降低了评标专家的影响力，压缩了权力寻租的空间，减少了评标环节的主观因素以及由此滋生的腐败风险。此外，该模式还能有力遏制不正当竞争行为，营造公平竞争的市场环境，促使投标人更加注重自身实力的提升以及投标文件质量的提高。并且，通过合理的流程设计，提升了采购效率，实现了择优选择的目标。

但不可否认的是，"评定分离"模式也存在一些短板。当前，相关法律法规对"评定分离"的规定尚不够明晰与完善，这在实际应用过程中可能引发法律风险。定标环节透明度不足，容易滋生不公平现象，进而引发各方对定标结果公正性的质疑。外部监督机制的不完善，导致一旦出现问题，责任界定往往存在困难。此外，该模式在一定程度上对中小企业发展不利，定标环节的不透明可能导致中小企业参与政府采购项目的机会减少。同时，对招标人的专业能力提出了较高要求，倘若招标人专业能力欠缺，极有可能导致定标结果不尽如人意，甚至引发新的矛盾与问题。

四、如何加强"评定分离"模式的应用

尽管"评定分离"模式在推行过程中面临诸多挑战与问题，但其所展现出的优势与潜力不容小觑。随着相关法律法规的逐步完善以及监管机制的日益健全，"评定分离"模式有望在政府采购项目中得到更为广泛的应用与推广。

首先，应着重加强相关法律法规的制定与完善。明确"评定分离"模式的法律地位与具体实施规则，为采购人提供清晰、明确的操作指导与法律依据。同时，加大对违法违规行为的惩处力度，以此保障"评定分离"模式能够顺利实施，维护公平竞争的市场环境。

其次，要建立行之有效的监督机制与外部监督体系。强化对定标过程的监督与管理，确保定标过程公开透明、公平公正。引入第三方机构或专家参与监督与评估，增强监督工作的权威性与有效性。

最后，加强对采购人的专业培训与指导。全面提升采购人的专业素养与判断能力，使其能够更好地适应"评定分离"模式带来的新要求与新挑战。鼓励采购人加强内部管理与制度建设，为"评定分离"模式的顺利实施以及采购活动的有序开展提供坚实保障。

综上所述，政府采购项目评审实行"评定分离"模式，在落实采购人主体责任方面具备一定的可行性。但要确保该模式有效实施，必须构建完善的配套制度与监督机制。一方面，规范评审与定标环节的信息传递流程，保障采购人能够获取全面、准确的信息；另一方面，构建严密的监督体系，强化对采购人定标权力的监督，防止权力滥用。同时，优化采购流程，提升采购人员的专业素养，以减轻对采购效率的不利影响。通过上述一系列举措，"评定分离"模式将能够更好地服务于政府采购活动，助力采购人主体责任的有效落实，推动政府采购工作朝着高质量发展方向迈进。

（上海市政府采购中心：马正红）

远程异地评审中代理机构的注意事项

在政府采购深化改革的进程中，远程异地评审作为一项创新举措，正在多地试点和推广，浙江、江西等地的管理部门出台了有关异地评审的管理办法，为评审活动的组织和开展确立了细化、可行的规范指引。实践中，远程异地评审既拓宽了专家抽取的范围，使更懂项目、更具权威性的专家有机会参与评审，避免本地抽取的局限性；又能够在一定程度上打破地域壁垒，减少评审过程中出现的人情干扰，保障评审的公平性，解决了传统评审中的一些弊端。

当然，远程异地评审作为一种新兴的评审方式，尚需要从业人员在实践中积累经验，不断探索更好的方式方法。其中，代理机构作为评审组织方，在远程异地评审中需要承担更多的如沟通协调主副场地、维持多场地评标秩序、完善系统及硬件设备、做好数据保密留存等工作，才能确保评审合法高效地开展。因此，本文将以代理机构的视角，浅谈其在远程异地评审中需要注意的事项及可能面临的问题。

一、明确主、副场的协作模式及权责边界

从当前实践来看，远程异地评审一般采用主、副场协作的模式，以招标项目的所在地为主场，通过直接选定或随机抽取方式确定副场，并邀请对应地区的专家参与。主、副场地的不同代理机构（副场也可能是管理机构或场地运营方）在开展评审活动的规范要求、操作模式和软硬件情况等方面均存在差异，增加了因双方或多方沟通协调不充分而影响评审进度和评审质量的风险。因此，为了提高远程异地评审的规范化、标准化水平，除主、副场地签订合作协议外，管理部门也可以根据实际情况，适时出台用于规范远程异地评审的合作协议范本，约定主、副场机构间应当遵守的最基础的权利义务要求，为未来双方或多方以市场化的方式开展远程异地评审提供法律依据与行为准则。在此，笔者简单列举了此类协议中较为重要的权利义务。

甲方（主场代理机构）应当拥有决定权。从《政府采购货物和服务招标投标管理办法》对代理机构的要求来看，远程异地评审中，只有项目的代理机构适宜作为唯一的评审组织方，乙方（副场机构）则应当作为协助方。因此，对评审过程中出现的重大问题，如副场的专家是否需要回避、专家不当行为的认定和制止方法等，甲方可以与乙方共同协商，但应当由甲方作出最终决策。

对于乙方来说，有权要求甲方提供项目必要的资料，同时对评审准备及评审过程

中涉及副场的相关事宜，有权提出意见和建议，并与甲方共同协商解决。此外，双方还应约定保密条款、违约条款、争议解决条款等内容，确保协议的完整性。

从更长远的角度看，如果今后管理部门能够与第三方协作，建立集中化、标准化的"集中评标点""评标仓"，评审专家就可以随时查询"评标点"的空余情况，并按照既定的时间就近参与项目评审。那么在这种模式下，前文所述的主、副场关系，将转化为甲乙双方的场地租用服务关系，此时双方的权利义务条款会更加简单和具有普适性，权责边界也会更加明晰，能够进一步降低法律风险。

二、主、副场的评审准备及评审管理

在项目评审中，首先要做的是核对到场专家的身份。在传统（注：此处指相对于远程异地评审）的评审中，专家到达统一的评审场所，代理机构人员通过专家证件（有条件的还可以通过人脸核验）一次性完成专家身份核对。在远程异地评审中，由于专家来自不同地区，身份认证的要求可能存在不同。如果专家从不同专家库中抽取，在主、副会场之间专家信息也需要及时同步，这对主、副场之间的沟通模式提出了更高的要求。

在评审材料的准备上，代理机构在向副场提供必要材料时，应注意兼顾效率与安全。如项目材料较多，除招标文件、投标文件外，还包括项目背景介绍、前期调研资料等，应制作详细的材料清单，以便副场专家使用。在资料传递过程中，无论是纸质材料还是电子文档，都应通过贴封条或是电子文档加密的方式保管，确保评标开始前相关材料的保密性。

在评审纪律管理方面，尽管副场可以将评审现场视频向主场实时投送，但专家评审及发言的音视频质量时常不能满足远程评审纪律管控的要求。因此，主、副场机构在必要时可共同制定评审纪律规则手册，分别安排人员对评审过程进行监督，发现违规行为即按照规则进行处理，并做好相应记录。

需要注意的是，这种模式有两个潜在问题。一是当主、副场的人员意见不一致时，应当如何处理？如前文所述，项目评审由主场的代理机构负责和决定，如果副场管理机构认为有明显违规的情形，其是否有权向管理部门汇报？这同时引出了第二个问题，即跨省的远程异地评审中，处理争议的管理部门是否仅限于主场所在地的财政部门？此时副场的管理机构是否有义务（或者权利）向主场所在地财政部门报告？这些情形虽然发生概率较低，但需要相关机构在开展远程异地评审前做好相应的预案。

三、以信息化手段保障远程异地评审

专家能够进行远程异地评审的基础在于信息系统的支撑。无论是身份认证、电子化开评标、评审现场的摄/录像都需要不同信息系统之间的协作。在异地评审的场景下，不同会场、不同系统之间的联动会显著增加评审的复杂性，主要体现在以下几个方面。

一是评审系统不统一。在跨省评审中，对于在副场参加评审的外省市专家，需要到评审现场熟悉本项目所用的评审系统，这无疑给电脑使用不熟练的专家带来一些障碍，也会分散他们评审的注意力。作为副场的管理机构还需要注意自己的软硬件设备与需使用的评审系统之间的适配性，或者由主场的代理机构提前安排技术人员当出现问题时能够及时进行处理。

二是硬件条件不一致。通常来说，代理机构只需要根据自身工作的需要建设相应的信息系统。例如，一家规模较小，仅拥有两三个评标会议室的代理机构，可能不会考虑建立一套联网的视频监控系统，而会选择用录像机留下评审活动的影像，这样做性价比无疑是较高的。但这也就意味着，这类代理机构将很难达到远程异地评标的场地要求。更进一步，即便是一些规模较大的代理机构，由于其使用的信息化系统由不同公司开发，当主、副场的信息系统进行对接时，是否还要投入额外成本进行系统对接？这也是远程异地评审需要考量的一个重要问题。

三是评审资料如何留存和移交。主、副场的机构应当根据政府采购档案管理的规定，确定如评审报告、专家评审意见、投标文件等核心资料以及评审现场的影像资料、沟通记录、问题处理记录等的留存方式，确保信息能够完整、准确地反映评审全过程。此外，考虑到上述资料的保密性，副场机构应当与主场的代理机构约定，在确定的时间内尽快移交留存的材料并删除本地的存档，避免因疏于管理产生不必要的泄密风险和法律责任。

（上海市政府采购中心：王点）

国有企业采购法律体系适用解析

"国有企业工程建设项目能不能采用竞争性谈判？"某招标采购业务交流群中有人提出了这个问题，引发激烈讨论。第一种观点认为，竞争性谈判是政府采购法定的采购方式之一，而国有企业（以下简称"国企"）不属于《政府采购法》规定的采购主体，因此无论是国企工程建设、货物还是服务采购，都不能采用政府采购规定的竞争性谈判方式。第二种观点认为，国企工程建设以及货物服务，根据法无禁止即可为的原则，可以自行决定采用何种采购方式。

笔者认为上述两种观点皆有一定的问题，具体分析如下。

一、国企采购不属于《政府采购法》调整范畴，采用何种采购方式应视情况而定

《政府采购法》第二条已明确政府采购范畴，政府采购主体仅包括国家机关、事业单位和团体组织。国企采购不属于《政府采购法》调整范畴，但这并不代表国企不可以采用竞争性谈判、询价、竞争性磋商等方式进行采购，这需要结合项目实际以及国企采购内控管理制度进行综合研判。需要明确的是，竞争性谈判等确实是《政府采购法》针对政府采购项目所明确的法定采购方式，但这不等于政府采购项目之外的采购行为不能采用竞争性谈判等方式，区别在于采购项目如何选择采购方式。各类采购方式的具体规则、实施程序和评审标准都有明确且严格的规范，而政府采购项目之外的采购行为，如有关采购主体选用竞争性谈判作为采购方式，其选用该方式是否需要主管部门审批、竞争性谈判的具体流程如何、是否设计最后报价环节、合格供应商的数量多少、是否增加综合评分或其他量化比较规则，均不受《政府采购法》关于竞争性谈判的规制约束，具体由采购主体通过采购内控制度或者具体项目的采购文件等形式加以规定。对待国企采购，不宜主观地以《政府采购法》作为"强制适用"的判断依据。

国企采购制度就政府采购和招标投标两大法律体系而言，确有一定交叉和关联，具体来说分为"四个维度"。一是适用于招标投标法体系的依法必须进行招标的工程建设项目；二是财政部、国务院国资委针对国企特定行业、特定标的采购的制度规定；三是国务院国资委、国家发展改革委出台规范中央企业采购管理工作的指导意见；四是上述项目之外，国企根据行业特点、企业战略和发展方向，结合有关制度规范制定的采购内控制度，并以此为基准实施采购。

二、国企依法必须招标项目，应当严格执行强制招标制度

对于国企工程施工、工程货物以及工程服务（勘察、设计、监理）项目，需要先根据《招标投标法》第三条，从项目是否属于"大型基础设施、公用事业等关系社会公共利益、公众安全的项目；全部或者部分使用国有资金投资或者国家融资的项目；使用国际组织或者外国政府贷款、援助资金的项目"这三种情形之一，进行项目性质或资金来源的第一层判断。然后要看是否达到《必须招标的工程项目规定》（国家发展改革委令第 16 号）规定的依法必须进行招标的工程建设项目规模标准，是否纳入《必须招标的基础设施和公用事业项目范围规定》（发改法规规〔2018〕843 号）明确的依法必须招标项目具体范围。如果属于依法必须招标项目，则应当依法进行招标，对于非依法必须进行招标的项目，根据市场主体"法无禁止即可为"原则，有三种选择，一是自愿进行招标；二是通过"三重一大"集体决策后直接发包；三是通过其他采购方式进行采购，在采用其他方式采购的过程中，可以结合项目实际和企业行业特点、采购需求，制定具体的交易规则。因此第一种观点并不成立。

上文中第二种观点则有缺陷，"法无禁止即可为"对应的是"法有规定必须为"，根据《招标投标法实施条例》第八条，国有资金占控股或者主导地位的依法必须进行招标的项目，应当公开招标；符合规定情形并经相关部门同意认定的，可以邀请招标。同时招标投标法体系对于依法必须招标项目也给出了可以不招标的特殊规定，一是根据《招标投标法》第六十六条"涉及国家安全、国家秘密、抢险救灾或者属于利用扶贫资金实行以工代赈、需要使用农民工等特殊情况，不适宜进行招标的项目，按照国家有关规定可以不进行招标"；二是《招标投标法实施条例》第九条明确的五种例外情形，可以不进行招标；三是《工程建设项目施工招标投标办法》第三十八条第三款、《工程建设项目货物招标投标办法》第三十四条以及《工程建设项目勘察设计招标投标办法》第四十九条，对于两次招标后投标人仍少于三个的，属于必须审批、核准的工程建设项目，报经原审批、核准部门审批、核准后可以不再进行招标。因此，对于依法必须招标的工程施工以及与工程建设有关的货物、服务项目，国企不能擅自采用非招标方式进行采购。

三、国企自愿采用招标方式采购的，适用于招标投标法体系

《招标投标法》第二条规定："在中华人民共和国境内进行招标投标活动，适用本法。"因此包括自愿招标在内的国企招标项目，均需要按照招标投标法体系相关规定执行。但需要注意的是，具体操作时切忌"一刀切"。招标投标法体系对于三类项目分别设有不同的规制等级，第一类即《招标投标法》《招标投标法实施条例》中的"自愿招标项目"，受招标投标法体系中的"一般性条款（一般规定）"规制。第二类则是"依法必须招标项目"，受招标投标法体系中的"一般规定"和"依法必招项目"的规

定规制，如招标公告需在指定媒介发布、随机抽取评标专家、"等标期"自招标文件发出之日起不得少于 20 日等。第三类则是"国有资金占控股或者主导地位的依法必须进行招标的项目"，受招标投标法体系中的"一般规定""依法必招项目""国有资金占控股或者主导地位的依法必招项目"的规定规制，管理要求呈阶梯上升式。具体实施时应加以区分，结合实际灵活掌握。

四、财政部和国务院国资委对国企特定行业、特定标的的采购活动进行了规范

财政部于 2018 年发布了《关于印发〈国有金融企业集中采购管理暂行规定〉的通知》（财金〔2018〕9 号），涉及国有金融企业定义，明确国有金融企业可参照政府采购制度制定集中采购目录、选取评审专家、信息发布媒介以及采购方式的适用情形。从整部办法来看，很大程度上借鉴了政府采购现有规定，对此国有金融企业应掌握到位、按章采购。2023 年财政部、国务院国资委以及证监会联合印发了《国有企业、上市公司选聘会计师事务所管理办法》（财会〔2023〕4 号），国务院国资委印发《关于优化中央企业资产评估管理有关事项的通知》（国资发产权规〔2024〕8 号），进一步规范了国企、央企针对部分特定标的的采购活动。

五、国务院国资委、国家发展改革委出台规范中央企业采购管理工作的指导意见

2024 年 7 月 18 日，国务院国资委、国家发展改革委出台《关于规范中央企业采购管理工作的指导意见》（国资发改革规〔2024〕53 号，以下简称"53 号文"）。该文件的出台有效补充了国企群体尤其是中央企业（以下简称"央企"）采购顶层设计的"关键拼图"，以企业市场化运转为出发点，以建立现代国企制度为导向，提出以依法合规、公开公正、竞争择优、协同高效为原则，以性能价格比最佳、全生命周期综合成本最优为目标，充分激活市场竞争，有效提升央企采购与供应链管理水平，推动央企采购管理规范化、精益化、协同化、智慧化发展。并在央企集中采购、完善评审专家机制、落实扶持中小企业发展等社会责任、企业自主确定公开采购限额基准线、鼓励央企自行建设电子采购交易系统和电子卖场、推进与公共资源交易平台体系的互联互通等方面进行了详尽的设计，为国企、央企采购制度的发展指明了方向。

除制度构建、总体布局之外，53 号文也对具体实践进行指引，具有极强的可操作性和指导意义，比如明确非依法必须招标项目，除自愿采取招标方式外，应当选择询比、竞价、谈判和直接采购。在同步确定四种采购方式适用情形与基本要求之余，更是与有关行业协会制定的《电子采购交易规范非招标方式》《非招标采购方式代理服务规范》《国有企业采购操作规范》等国家标准、团体标准有关内容衔接，有力提高了制度的统一性，大幅提升具体工作的便利性，减少央企采购从业者的重复适应成本。对

于地方国企而言，也起着显著直接的"风向标"和"指南针"式的引领示范作用，从此国企非招标采购方式有了主管部门背书且契合国企特点的发展路径。

六、企业采购内控制度是对法律规范的有效补充，对于确保有章可循、规范管理至关重要

除上述之外的其他国企采购行为，则由国企根据项目实际情况结合内控管理制度执行。2020年发布的《国家发展改革委办公厅关于进一步做好〈必须招标的工程项目规定〉和〈必须招标的基础设施和公用事业项目范围规定〉实施工作的通知》（发改办法规〔2020〕770号）文件，针对未达到依法必须招标规模标准的工程建设项目以及其他采购项目，明确由采购人依法自主选择采购方式，任何单位和个人不得违法干涉，这是落实国企作为采购人的主体责任和"法无禁止即可为"原则的充分体现。该文件也进一步提出，国有企业可以结合实际，建立健全规模标准以下工程建设项目采购制度，推进采购活动公开透明。

换而言之，依法必须招标的采购、国有金融企业采购、央企采购等之外的，缺乏具体制度规范约束的国企采购部分，是选择直接采购还是采用询价、竞争性谈判、竞争性磋商或者竞价、询比等采购方式，具体应以国企采购的内控制度来确定。当采用竞争性谈判、询价等非招标采购方式时，可以自行决策是否参照《政府采购非招标采购方式管理办法》（财政部令第74号）、《政府采购竞争性磋商采购方式管理暂行办法》（财库〔2014〕214号）有关规定实施采购活动，也可以进行创新，制定不同的评审办法、评审程序、评审标准和成交原则。需要注意的一点是，由于国企采购不属于政府采购法体系调整范畴，且非招标采购项目不适用于招标投标法体系，应当事先在采购文件中作出详尽、具体的规定，否则采购过程中出现争议、质疑等情形时，将无法可依，无从解决。

另外，从构建系统、完整的国企采购体系和交易规则的必要性出发，为利于国企采购从业者实操、避免认知分歧与割裂，维护制度统一性，笔者建议，对于缺乏具体制度和规范约束的国企采购业务，可借鉴53号文规范央企的四种非招标采购方式设计，或以此为主体，合理归纳、运用其他采购方式，完善内控采购制度，这既是对相关法律规范空缺的精准补充，也是国企落实主体责任的必然要求，重要性不言而喻。综上所述，国企应顺势而为，根据政策制度的推陈出新，及时制订或修订采购内控制度和实施细则，明确采购操作程序和全流程管控要点，建立健全覆盖各类采购方式的采购管理制度体系，以提速降本增效为导向，不断提升采购质量和效率。

七、国企采购兼具企业经营投资和社会责任的特点

2024年6月11日召开的中央全面深化改革委员会第五次会议审议通过了《关于完善中国特色现代企业制度的意见》，强调了加强党对国企的全面领导，完善公司治理，推动企业建立现代企业制度。这一制度的建立和完善，对于提高国企的竞争力、促进经济持

续健康发展具有重要意义。因此，国企虽然不是政府采购主体，但也应在考虑经济效益的同时，肩负起相应的社会责任。以 2022 年为例，我国公共采购规模已达 46 万亿元，而国企采购又是公共采购领域的重要组成部分，并且呈现采购份额、比重、规模与日俱增的良好势头。因此，国企在与招标采购密切关联的优化营商环境、公平竞争审查、建设全国统一大市场等方面应积极发挥自身的行业和规模优势，真正起到良好而积极的促进作用。

也正因如此，对于一些适宜的项目，应鼓励国企参照借鉴政府采购项目，在采购文件中积极落实节能环保、促进中小企业发展、科技创新等政策方针。2024 年 5 月 8 日国务院办公厅印发《关于创新完善体制机制推动招标投标市场规范健康发展的意见》，绘制了招标投标领域的发展蓝图。文件明确要将国企组织招标和参与投标纳入经营投资责任追究制度从严管理；健全支持创新的激励机制，鼓励国企通过招标投标首购、订购创新产品和服务；优化工程建设招标投标领域支持中小企业发展政策举措，探索将支持中小企业参与招标投标情况列为国企履行社会责任考核内容。

八、带来的启示

①在相关法律制度调整之前，国有企业并不在政府采购主体范围，不少地方主管部门凭着官本位思维，不分公益性国企还是经营性国企，不考虑采购标的特点、行业规范和企业降本提质增效的基本要求，不顾及国企市场化经营和现代企业制度改革的趋势，强行要求所有国企采购参照、比照政府采购执行，实不可取。不仅于法无据，平添不少无谓的条条框框，增加国企人力物力成本，也与依法治国精神相背离。

②依法必须招标的国企采购项目，除法律法规明确规定可以不进行招标的特殊情形外，应当严格按照招标投标法体系有关规定执行。对于非依法必须进行招标的项目，国企自愿进行招标的，同样适用于招标投标法体系，区别在于具体条款的适用强制性，比如考虑到自愿招标项目工期紧等因素，"等标期"自招标文件发出之日起可以少于 20 日。当然，根据项目实际情况，也可以比照相关规定严格执行，具体应由采购人自行决定。

③非依法必须进行招标的项目，国企可以自行考虑采用竞争性谈判、竞争性磋商、询价、单一来源、竞价、比选、询比等其他采购方式进行采购。对于此类项目，可以参照或参考政府采购制度在采购文件中做进一步细化规定；也可以通过集体决策后直接发包确定供应商。当然，国家主管部门对于国有金融企业、选择会计师事务所、资产评估、央企采购等特定领域以及国企采购内控制度另有规定的，从其规定。对于尚缺乏相关法律规范、制度体系约束的国企采购部分，应以前瞻思维，从便于实操的角度出发，建立健全契合本企业需求、有利于规范管理和符合本行业特点的采购内控制度。

（宁国市永祥电力工程技术有限公司：葛艳；安徽省宁国市港口政府采购办公室：黄超）

从 53 号文看中央企业采购改革方向

2024 年 7 月 25 日，国务院国资委、国家发展改革委联合发布了《国务院国资委国家发展改革委关于印发〈关于规范中央企业采购管理工作的指导意见〉的通知》（国资发改革规〔2024〕53 号，以下简称"53 号文"），对央企规范采购管理工作做出部署。53 号文既有方向指引，又明确了操作程序，特点鲜明，对央企采购的指导性很强，也将为国有企业的采购带来较强的示范效应。

一、明确央企采购原则

53 号文首次明确了央企采购的四项原则：坚持依法合规、坚持公开公正、坚持竞争择优、坚持协同高效。每一个原则都有比较丰富的内涵。

坚持依法合规原则，主要要求央企采购既要严格遵守国家关于招标的规定，又要明确非招标采购方式和管控要点。将非招标方式与招标方式并列，有利于扭转央企逢采购必招标的倾向，也使 53 号文成为央企增加采购灵活性的有力制度依据。

坚持公开公正原则，提出了平等对待中央企业内部和外部各市场参与主体，强调了企业内控监督的重要性。这与财政部近期在政府采购监管中强调采购单位必须做好采购内部控制的思路一致。

坚持竞争择优原则，首次提出了以性能价格比最佳、全生命周期综合成本最优为目标，通过竞争方式优选供应商。应该说，这样的央企采购竞争原则，与 GPA（《政府采购协定》）的原则接近，有利于央企在中国正式加入 GPA 前做好过渡准备。

坚持协同高效原则，则提出央企应当从提高产业链供应链韧性和安全水平的角度看待采购，使央企的供应链能形成上下游协作的局面。这将央企采购提高到供应链管理的高度。

应该说，这四项原则的提出，既参照政府采购方式严格规范了央企采购的程序，又充分考虑了企业采购与政府采购不同的特点，这样的原则应当长期坚持并结合央企采购实际予以发展。

二、明确非招标采购方式的适用

53 号文明确了央企采购可以使用的四种非招标采购方式，详细说明了适用条件。这与中国招标投标协会 2019 年正式发布实施的《非招标方式采购代理服务规范》要求非常类似，说明专业行业协会出台的采购行业服务推荐性规范得到了监管部门的充分认可。中央企业采购方式如图1所示。

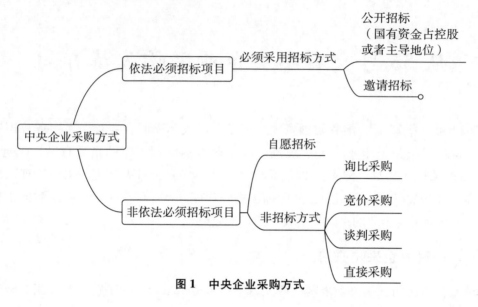

图1 中央企业采购方式

非招标采购方式的第一种为询比采购，使用需同时满足三个条件。一是采购人能够清晰、准确、完整地提出采购需求；二是采购标的物的技术和质量标准化程度较高；三是市场资源较丰富，竞争充分，潜在供应商不少于3家。

在具体程序上，询比采购必须有3家及以上供应商参与，报价仅能报1次，通过综合评分法或者最低价评价办法确定成交供应商。

询比采购根据定选方式的不同，大致分为询价（最低价中选）与比选（综合评分中选）两种方式（见图2）。

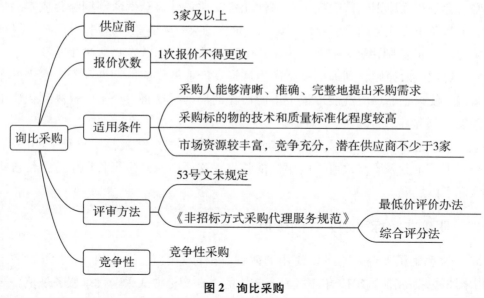

图2 询比采购

第二种为竞价采购，使用时需同时满足四个条件。一是采购人能够清晰、准确、完整地提出采购需求；二是采购标的物的技术和质量标准化程度较高；三是采购标的物以价格竞争为主；四是市场资源较丰富，竞争充分，潜在供应商不少于 3 家。

竞价采购的程序是必须有 3 家及以上合格供应商参与，规定时间内可以多次报价，最低价者成交，相当于可多次报价的询价采购方式（见图 3）。

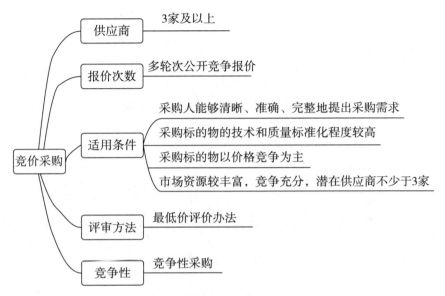

图 3　竞价采购

第三种为谈判采购，使用时满足四个条件之一即可。一是采购标的物技术复杂或性质特殊，采购方不能准确提出采购需求，需与供应商谈判后研究确定；二是采购需求明确，但有多种实施方案可供选择，采购人需通过与供应商谈判确定实施方案；三是市场供应资源缺乏，符合资格条件的供应商只有 2 家；四是采购由供需双方以联合研发、共担风险模式形成的原创性商品或服务。

在具体程序上，有 2 家及以上供应商即可采购，谈判可以进行一轮或者多轮，通过综合评分法或者最低价评价办法确定成交供应商。这与政府采购的竞争性谈判或者竞争性磋商方式颇为类似（见图 4）。

第四种为直接采购，使用时满足七个条件之一即可。一是涉及国家秘密、国家安全或企业重大商业秘密，不适宜竞争性采购；二是因抢险救灾、事故抢修等不可预见的特殊情况需要紧急采购；三是需采用不可替代的专利或者专有技术；四是需向原供应商采购，否则将影响施工或者无法满足功能配套要求；五是有效供应商有且仅有 1 家；六是为保障重点战略物资稳定供应，需签订长期协议定向采购；七是国家有关部门文件明确的其他情形。

在具体程序上，央企采购方可与特定供应商进行一轮或多轮商议，确定最终供应

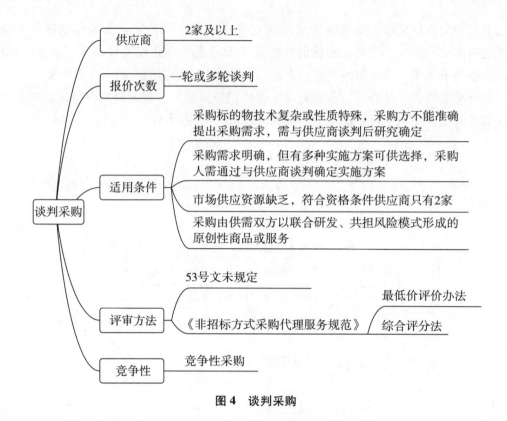

图4 谈判采购

商。有些类似于政府采购中的单一来源采购（见图5）。

53号文还特别指出，"对于围绕核心主业需集团内相关企业提供必要配套产品或服务的情形，如确需采用直接采购方式，应当由集团总部采取有效措施，加强集中管理，采购人分级履行决策程序后报上级企业备案"。

可见53号文对央企直接采购，并没有简单地说"不"，反倒是在明确适用条件与监督程序的情况下，给企业比较大的自主权。

三、明确供应商管理

53号文主要从两个方面对供应商进行管理。

一是强化采购寻源管理，使更多的合格供应商能够参与央企采购，提高采购竞争性。具体方法是央企可以利用全国企业采购交易寻源询价系统，尽可能多地寻找潜在供应商，并在寻源过程中，通过信息系统进行筛选，识别供应商弄虚作假、串通报价、履约能力不足等情况，预先做好准备，降低采购风险。

二是建立合格供应商名录，加大对合格供应商的管理力度。53号文从全生命周期评价的角度，建立合格供应商名录。对名录内供应商结合考核结果及资质信用、管理水平、创新能力等进行分级管理，并据此深化与优质供应商的长期稳定合作。供应商信息和考核结果还可在央企间共享，同时探索建立高风险供应商名单机制。

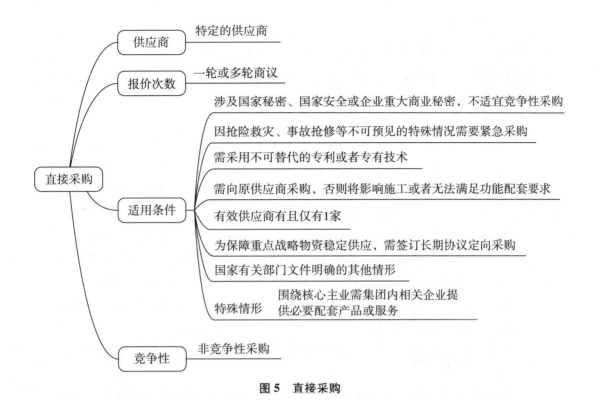

图5　直接采购

53号文特别指出，不允许将"未纳入高风险供应商名单"作为参与采购的基本资格条件，不能将有解决纠纷诉求的合规供应商纳入高风险名单，这对当下国企类似违规行为警示意味显著。

四、明确采购执行流程

53号文对于央企采购流程的规范是全面的，主要分为以下几个方面。

一是形成各类项目的规范标准采购程序。对于常规项目，53号文要求央企必须有规范的采购流程，要按照制订采购计划、编制采购文件、发出采购公告或邀请书、发送采购文件、组织采购评审、确定成交供应商、签订合同的流程进行采购。特殊项目可以例外，如小额零星采购可适当简化采购流程。对于应急采购项目，如抢险救灾、应对突发性公共事件采购等，企业要专门制定采购流程。

二是加大集中采购的力度。53号文鼓励两种集中采购模式。一种是央企集团总部汇总下属企业需求进行的联合采购或框架协议采购，这种采购在合同签订上也比较灵活，可采用"统谈统签"或"统谈分签"的模式。另一种则是支持各央企间开展的联合采购，主要针对各央企相似度高、采购量大的产品，这有些类似于政府采购中的地区联盟采购。当然53号文特别指出这种采购不能违反反垄断规则。

三是大力推动电子化采购。53号文主要从两个方面进行部署。一方面，支持央企在确保规则标准统一、设施联通的前提下自建电子采购系统，充分运用大数据、人工智能、区块链等新技术，实现业务公开、过程受控、全程在线、永久可追溯，系统不得将收费作为前置条件排斥或限制潜在供应商。同时首次提出企业自建系统应当与国家电子招标投标公共服务系统、中央企业采购交易在线监管系统互联互通，并纳入统一的公共资源交易平台体系。没有自建平台的央企，可以选用其他央企、地方或第三方电子交易系统。这相当于全面推行央企采购电子化，政策力度较大。

另一方面，53号文大力推广企业电子商城模式。鼓励央企自建电子商城，且应当具备比质比价功能，可以上线标准工业品、低值易耗品、通用服务项目等。电子商城的供应商应当通过竞争性方式确定，电子商城建设方应该明确与供应商的商品上下架、价格调整、风险分担、支付结算等交易规则。

四是规范采购信息公开。央企的采购信息公开，规定一直不够细，此次53号文向前迈进了一大步，规定除涉密采购等特殊项目外，央企需要自行确定采购限额基准，限额以上项目原则上应当公开采购信息，公开途径可以在企业自有电子采购平台或省级以上媒体。中选结果也要在相同的媒体上进行公开。高于限额的直接采购项目，还需要在采购前进行项目公示。

五、加强专家管理

具体来说主要抓三点。一是综合考虑采购情况确定是否需要组成专家评审小组。53号文要求对于非必须招标项目，要根据技术标准、金额大小、采购方式等因素综合判断采购事项重要程度，最终确定是否需要组成专家评审小组。

二是提升专家评审小组组成制度化程度。53号文要求央企应将非必须招标项目组建专家评审小组的标准纳入采购制度。专家可以从企业内部产生，鼓励使用采购企业外的专家。

三是加大专家资源共享力度。53号文要求探索在同行业央企间共建评审专家库，通过行业共享、联合共建等方式扩大评审专家队伍。这对央企扩充专家来源是好消息。

六、强化政策功能

采购的政策功能通常在政府采购中屡屡被提及，因为《政府采购法》对政府采购要实现的政策目标提出了要求。53号文在央企采购并无专门法律进行规范的情况下，明确并丰富了央企采购的政策目标，原有政府采购需要履行的部分政策目标被扩展至央企采购，大致分为三个方面。

首先是央企采购要支持科技创新。53号文规定央企要对三类创新产品进行优先采购，即原创技术策源地企业、创新联合体、启航企业等的创新产品，首台（套）装备、首批次材料、首版次软件，以及《中央企业科技创新成果推荐目录》成果。对于此三类产品，53号文在规定具体实施上比较谨慎，要求在"兼顾企业经济性"情况下，可采用谈判或直接采购方式采购，鼓励企业预留采购份额并先试先用。

同时，53号文规定在卫星导航、芯片、高端数控机床、工业机器人、先进医疗设备等几个科技创新重点领域，央企要带头采购创新产品。至于53号文中关于首台（套）装备、首批次材料、首版次软件参与采购活动时，仅需提交相关证明材料，即视同满足市场占有率、使用业绩等要求，是现有政策的重申，并不令人意外。

总体来看，在央企支持创新产品采购上，53号文主要体现政策导向，并无对企业的强制性规定。

其次是央企采购要支持中小企业发展。主要措施与政府采购领域类似，即不得违法限定供应商所在地、所有制形式、组织形式、注册资本、股权结构、经营年限等，或者设定其他不合理的条件排斥、限制中小企业参与采购活动。同时，鼓励央企通过预留采购份额、优先支付价款等方式支持中小企业。

最后是央企要做好政策性采购。通过预留采购份额的方式，优先采购脱贫地区、革命老区、民族地区和边疆地区产品。积极支持定点帮扶和对口支援地区的企业、产品入驻自有电商平台和市场销售渠道。这种方式类似于目前政府采购在"832平台"（脱贫地区农副产品网络销售平台）上的做法，"832平台"也有国企帮扶的入口。

值得注意的是，53号文在规范央企采购时没有提及企业必须履行ESG（环境、社会和公司治理）义务。可见53号文一方面着重强调央企采购逐步向GPA规则进行过渡，另一方面也充分考虑了当下央企采购的实际，在相关配套体系未完善情况下，没有贸然给央企采购赋予更多政策目标。

鉴于53号文覆盖了所有央企的采购，由于企业的股权结构及相互控制关系比较复杂，究竟哪一类企业可以算作央企，要履行53号文相关规定，也是一个大问题。

此次53号文规范的都是央企采购，尤其在集中采购部分规定了央企集团总部汇总各子企业需求的责任。国务院国资委2021年6月印发的《关于进一步加强中央企业采购管理有关事项的通知》规范到了"央企所属企业"。针对"所属企业"是否包括该中央企业出资设立的全资子公司、绝对控股子公司、相对控股子公司的疑问，国务院国资委2024年7月30日在官网上的答复是："范围应当包括该中央企业出资设立的全资子公司、绝对控股子公司、相对控股子公司。"

因此，两相比较，53号文规范的对象主要还是央企集团总部公司，至于其所属公司，央企应根据自身的采购制度和内控要求，自行决定53号文相关要求如何实施。

七、53号文出台意义深远

一是有效整合规范了中央企业采购规则。之前中央企业与地方国企采购最大的弊端是采购方式不够灵活。由于国企采购上位法先天不足，企业只能主要使用招标方式进行采购，以满足合规要求。而单纯使用招标方式，难以满足企业通过采购快速调整经营以适应市场竞争的需要。而之前各中央企业与地方国企零散使用的非招标方式，由于彼此之间存在程序性差异，规范性不够高。此次53号文的出台，不仅是为央企采购使用非招标方式"正名"，也最大限度吸纳了之前各地采用非招标采购方式的成功经验，最终规范过的非招标采购方式程序合理、使用简便，预计将产生非常好的制度效应。

二是为下一步国企采购"升级"提前做好准备。中国即将加入 GPA，未来国有企业采购也将纳入 GPA 的范围。53 号文通过确立央企采购原则、明确采购程序管理、强化采购政策功能等方式，进一步缩小央企采购规则与 GPA 规则的差异，推动央企采购顺利转型。

三是提高央企采购站位。53 号文更加详尽地规定了央企应当如何从供应链安全与全生命周期的角度看待采购行为，不仅立意高，操作可行性也强。这对央企采购是一个更高维度的规范与提升，为国企采购做出强有力的示范。

（大窑湾海关：张泽明）

新时代背景下评标专家管理的实践与创新

——《评标专家和评标专家库管理办法》解读

评标作为招标投标活动中的一个关键环节，其所涉及的专家库的组建和管理水平，参与评标专家的专业素质和履职尽责情况，直接影响了招标活动的结果和质效。经过多年的发展，招标投标领域已经逐步建立起一套评标专家管理的标准体系，为规范招标投标活动发挥了重要作用，但仍然存在一些如评标不公正、专家不专业等问题需要解决。进入新时代新征程，面临构建全国统一大市场的新任务，招标投标活动的市场环境变化和技术革新势必对评标提出新要求，进一步修订完善评标专家管理办法也势在必行。对标党中央、国务院关于加强评标专家全周期管理及规范专家参与公共决策的相关部署及要求，也需要持续优化评标专家管理体系，以期更好地契合新时代经济发展的迫切需求。2024年9月，国家发展改革委颁布《评标专家和评标专家库管理办法》（国家发展改革委第26号令，以下简称"26号令"），这是谋划顶层设计、加强评标专家全周期管理的重要举措。

一、加强评标专家管理的重要意义

1. 顺应时代变革，保障招标原则

在全球化和市场经济快速发展的背景下，公共采购和公开招标的透明度和效率越来越受到重视。随着科技的不断进步和产业的快速升级，招标项目日益呈现出专业化和复杂化的趋势，对评标工作提出了更高的要求。为适应这一时代变革，保证招标活动的公正、公平和高效，国家陆续出台了多项相关法律法规。《招标投标法》第三十七条规定，专家"由招标人从国务院有关部门或者省、自治区、直辖市人民政府有关部门提供的专家名册或者招标代理机构的专家库内的相关专业的专家名单中确定"；《招标投标法实施条例》第四十五条规定："省级人民政府和国务院有关部门应当组建综合评标专家库"；《评标委员会和评标方法暂行规定》对评标工作的程序和管理提出了具体要求；《评标专家和评标专家库管理暂行办法》（以下简称"29号令"）进一步规范了评标专家的选拔和管理。26号令的出台，是此系列法规发展线索中的最新一环，旨在进一步完善和提升评标过程的专业性和公正性。

2. 针对突出问题，改革势在必行

当前评标活动面临的问题主要在于专家资源与管理层面，迫切需要建设一支高素

质评标专家队伍，建立高质量的专家库。一方面，专家库成员的专业水平参差不齐，部分专家缺乏专业深度或广度，导致评标质量不高、评标结果的公信力不够。另一方面，近年来也出现专家未能严格遵循规定履行职责，在评标中做出明显的违规行为，严重损害了评标的公正性和公平性。各地各部门针对以上问题，陆续进行了相关问题的通报。如山西省发展改革委决定自 2024 年 10 月 1 日起解聘 1344 名评标专家，反映了在行业监管中对于专家专业性的严格要求。安徽省在 2024 年也有 575 名专家被暂停评标，147 名专家被清退出库，原因是专家不专。这些问题的存在严重影响了公共资源的合理配置。同时，随着科技的发展和网络信息化的推进，传统的评标专家库组建和管理方式已无法满足高效、透明的现代招标需求。因此，改革迫在眉睫，需要引入更加科学和系统的管理机制，为公正评标打下基础，从而提升评标效率。

3. 锚定预期目标，推动健康发展

26 号令的制定和实施，预期解决的问题包括提高评标专家的专业性和独立性，确保评标过程的公正性和规范性，提升评标效率。具体而言，新法规旨在通过设定更严格的专家资质要求、引入更细致的专家选取和管理流程，以及明确专家聘期和绩效评估机制，建立一个更加公平和有竞争力的评标环境。

在制度设计方面，26 号令强化了评标专家的全周期管理体系，创新性地引入了终身责任制原则，覆盖了专家从选拔入库、日常考核到退出机制的每一个环节，确保了专家队伍的专业性和合规性。同时，司法、审计、纪检监察等部门的联合执法，加大了对违法违规行为的打击力度。这一制度不仅要求专家在评标时保持高度的专业性和独立性，还确保专家在评标中的责任可追溯，促使专家保持良好的职业道德。专家的入库、培训、评估、任期管理以及后续监督都被纳入严格的管理体系，以确保专家能高效、公正地履行职责。

此外，26 号令高度重视信息化建设，积极推动评标专家管理的全面数字化转型。通过构建高效的信息管理系统，实现了评标专家信息的电子化存储、动态更新与智能匹配，极大提升了管理效率与响应速度。这一措施不仅提升了操作效率，也有助于数据的长期追踪和分析，从而为政策制定和行业监管提供了有力支持。

通过这些措施，26 号令不仅解决了旧法规中存在的问题，也为评标行业的未来发展奠定了基础，将进一步增强招标活动的公正性和专业性，提升公共资源配置的效率，最终推动社会经济的健康发展。

二、新规对评标专家管理的创新之处

1. 提高专家库组建门槛，保证专家库质量

在最新发布的 26 号令中，严格规定了评标专家库的组建条件，明确评标专家库应由法律、行政法规所指定的组建单位依法组建，对评标专家库的规模进行了修改，规定专家总人数不得少于 2000 人。针对一些评标专家库存在的建而不管、只进不出、用

而不培的问题，26号令对专家入库的程序进行了详细的规定和优化，建立了档案记录、教育培训、履职考核、动态调整四项机制。同时，对网络安全以及数据安全管理方面也提出了清晰、明确的要求，而29号令的要求相对宽泛。因此，这些调整有助于提升专家库的整体质量。

2. 严格规范专家入库，确保入库专家质量

26号令对入库专家的资质条件也作出进一步规定，要求专家不仅需具备相关行业经验，还应有良好的职业道德和较高的专业水平。相较于29号令，26号令增加了更多层面的审核和资质验证，明确了个人申请和单位推荐相结合的方式，强化了对专家资格的严格审查，并建立完善了专家动态调整机制。此外，引入了电子化管理系统，专家的申请和审核过程变得更为透明和高效。这些改动的背后逻辑在于通过提高入库门槛和建立正规程序，确保入库专家的质量，从而提升评标活动的整体效率和公信力。

3. 压实各方法律责任，加强专家履职管理

履职管理是26号令中的另一项重要改革。与29号令中未做过多要求不同，26号令明确要求应加强评标专家全周期管理，第八条、第九条、第二十九条、第三十条明确了评标专家的权利、义务和责任；第三十二条列明专家库组建单位的六类违法违规情形，明确专家库组建单位责任；第三十三条新增了交易系统运行服务机构责任；第三十四条规定了招标人的相关法律责任。26号令明确了评标专家库的组建单位承担着对评标专家进行日常管理的责任，需对各项管理要求加以细化完善。例如，在评标专家档案记录方面，应全面且详尽地收录有关专家的各类信息；在教育培训方面，针对不同类型、不同级别的评标项目制订细致的培训内容和计划；在履职考核方面，构建科学合理的考核体系，涵盖评标的准确性、公正性、效率性等考核指标；在动态调整方面，依据考核结果等因素建立严格透明的动态管理机制，进一步加强评标专家全周期管理，确保在库评标专家的专业性与合规性。

相比29号令，26号令中的这些规定不仅补齐了一些明显短板，也引入了多项新的管理和运作机制，旨在构建一个更加公正、专业和高效的评标环境，进一步提升公共资源配置的透明度和公正性，以适应现代化管理的需求。

三、进一步完善评标专家管理相关举措

1. 统一管理评价标准

尽管26号令对评标专家库的管理进行了详细规定，但在实际操作中，专家库动态考核与管理仍面临一些挑战。建立专家库统一评价规则或者信用考核体系，对于评标专家资源共享和协同管理机制的建设和全国统一大市场的建设具有实际的意义。为此，建议建立全国性的评标专家库考核标准，以增强考核结果的通用性和权威性，推动跨库协作与信息共享。评标专家年度履职考核不合格的，评标专家库组建单位应当与其解除聘任关系，将其调整出库，并通报入库推荐单位。

同时，评标专家需要进行入库测试、继续培训等工作。由于不同的专家库资源难以共享，评标专家需要在多个不同的专家库中进行考评，难免存在重复性考评的问题，不仅增加了专家的负担，也降低了管理效率。建议构建全国统一的共享平台，鼓励并认可第三方机构进行专家考评，实现考评结果的互认与共享，以减少重复性考评，从而提高管理效率。同时，要加强监管机制建设，确保专家库组建单位和第三方考评机构规范操作，并充分保障专家的合法权益和个人信息安全，以推动评标专家管理体系的全面优化。

2. 强化数字认证分析

专家库的管理体系尚不能完全防范虚假材料的提交问题，部分专家可能还存在提供虚假学历、资历或履职经历，以达到入库目的的情形。对此，应加强专家入库审核，通过多方验证、引入第三方审查机构以及建立信息共享平台，确保专家提交的材料真实可靠。建议对已入库的专家定期进行抽查和审核，防止虚假材料被掩盖或滞后发现。对于提供虚假材料的专家，应立即取消其评标资格，并依法追责，以维护评标体系的公正性与透明度。同时，可借助信息化手段，对专家的评审行为进行全过程记录和跟踪，进一步加强对专家评标行为的分析，对专家评分的偏离进行关注，通过专家画像监控专家的评审行为等。

3. 完善特定机制细则

特殊项目，如技术复杂或国家有特殊要求的项目，对评标专家的选择提出了更高的要求。当前法规虽然允许招标人在难以通过常规抽取方式找到合适专家时依法直接确定评标专家，但这一机制可能导致专家选择的主观性增强，影响评标的客观性和公正性。为此，建议对此类特殊项目建立专门的评标专家选拔和培训机制，同时引入第三方评估以保证专家的专业性和独立性。此外，可以设立专家审查委员会，负责监督专家选拔过程，确保其公正与透明。

通过以上措施，建立更加完善的管理机制和适应性更强的规则，以增强评标专家库的功能性和实用性，从而进一步提高公共采购的效率和公正性。

四、新时代背景下评标专家管理的创新方向

1. 提高评标效率，减少人工错误

远程评标的推进有助于提高评标效率。传统的评标方式通常需要专家亲自到场，耗时长且容易受到交通、会议安排等外部因素的影响，造成不必要的延误。远程评标通过数字化平台实现了评标过程的在线进行，不仅缩短了时间，还能避免因时间紧迫或环境因素导致的评标误差。

此外，通过远程评标的信息化平台，评标过程中的各类数据可以自动化处理，减少人工操作中的失误。同时，评标系统能够提供实时数据分析，帮助专家更客观地评估标书内容，降低评标结果的差错率。远程评标信息化系统通过精准的数据录入、自

动化评分、透明化记录等功能，确保了评标结果的准确性和公正性，提高了整个评标过程的可信度和公信力。

2. 完善法规指导，及时更新适配

尽管远程评标技术具有许多优势，但现行的法规体系在某些方面尚未完全适应这种新兴的评标形式。当前的法规多基于传统的面对面评标模式，对于数据安全、隐私保护以及在线操作的具体规定不够详尽。例如，远程评标涉及数据传输和存储问题，配套法规需提供明确的安全标准和要求。

因此，法规的修改方向应着重加强对远程评标技术使用的指导和监管，包括建立针对远程评标的具体操作规范、数据保护措施和技术标准，以确保评标过程的合法性、安全性和有效性。同时，法规还应适时更新，要包含对最新技术的应对策略，如云计算、区块链等新兴技术的合规性评估。

3. 强化智能互联，展望美好未来

展望未来，远程评标有望成为评标行业的主流形式。随着技术的不断进步和法规环境的逐步完善，预计远程评标将在提升操作效率、降低成本和增强参与公平性方面发挥更大的作用。此外，未来的评标专家库管理也将更加依赖于技术，如利用大数据和人工智能来优化专家的选择和管理过程，提高专家库的动态更新能力和响应速度。

对于评标专家库的未来发展，预期将更加注重技术整合和功能创新，如通过实施更加智能化的管理系统，提供全方位的评标支持服务，包括专家推荐、性能评估和结果分析等。这些创新不仅能够提升评标过程的专业性和透明度，还能够有效提升整个公共采购系统的公信力和效率，从而推动整个行业的健康持续发展。

五、结论

26 号令通过设定严格的专家资质要求、优化入库与聘任流程，以及明确规定聘期，显著提升了评标专家库的管理效率和专业性，确保了评标过程的公正和透明。尽管如此，仍存在考核一致性、非政府项目专家抽取等问题。展望未来，随着远程评标技术的发展与法规适应性的增强，评标专家库管理必定将更加高效和更加适应现代社会需求，为公共资源配置的优化提供强有力的支持，更好保障全国统一大市场和高水平社会主义市场经济体制建设。

（江苏省招标中心有限公司：黄嘉玲、郝宇清）

评标专家库该如何建设与管理

《评标专家和评标专家库管理办法》（国家发展改革委令第 26 号）自 2025 年 1 月 1 日起正式施行，标志着我国招标投标领域在评标专家管理方面迈入更加规范、系统的新阶段。评标专家库的建设与管理是确保招标投标活动公平、公正、科学的关键环节。本文将围绕以下四个问题展开探讨：谁有资格组建评标专家库？国有企业自建评标专家库应如何满足依法必须招标项目的抽取需求？如何理解评标专家终身负责制？在远程异地评标趋势下，我们还能做什么？

一、谁有资格组建评标专家库

根据 26 号令第十条规定，评标专家库的组建单位必须是法律、行政法规明确规定的主体。这意味着评标专家库的组建并非任意单位均可为之，而是需要具备相应的法律授权和资质条件。例如，省级人民政府和国务院有关部门应当组建综合评标专家库，以满足依法必须招标项目的评标需求。

此外，组建评标专家库需满足以下条件：①专家数量要求，评标专家库中评标专家总人数不得少于 2000 人；②专业分类，需具备满足评标需要的专业分类，确保能够覆盖各类招标项目的评标需求；③技术条件，必须具备满足异地抽取、随机抽取评标专家的必要条件，并符合网络安全和数据安全管理的相关规定；④管理能力，需有专门的机构和人员负责系统的运行和维护管理。这些要求确保了评标专家库的组建不仅合法合规，而且具备高效、安全运行的基础，能够为招标投标活动提供高质量的评标服务。

明确了组建的责任主体后，如何确保评标专家库在实践中的有效应用？这需要国有企业结合自身实际进一步出台具体的制度或措施。

二、国有企业自建评标专家库应如何满足依法必须招标项目的抽取需求

国有企业作为国民经济的重要支柱，在招标投标活动中扮演着重要角色。对于国有企业自建评标专家库，26 号令明确了其在依法必须招标项目中的使用规范。笔者针对国有企业自建评标专家库，结合 26 号令，提出以下建议。

1. 依法组建与备案

国有企业自建评标专家库必须依法组建，并符合 26 号令的组建条件。同时，评标专家库的组建和管理情况须接受行政监督部门的监督并进行备案。

2. 抽取规范

依法必须招标项目的评标专家，原则上应从国务院有关部门组建的评标专家库或省级综合评标专家库中随机抽取。如果在一个评标专家库中无法随机抽取到足够数量的专家，可以跨库抽取。

3. 特殊情况的处理

对于技术复杂、专业性强或国家有特殊要求的项目，若随机抽取的专家难以胜任评标工作，国有企业可以依法直接确定评标专家，但须向有关行政监督部门报告。

4. 动态管理

国有企业自建评标专家库应建立健全动态管理机制，包括专家的入库审核、教育培训、履职考核和档案记录等，以确保评标专家库的质量和专家的履职能力。

通过上述措施，国有企业自建评标专家库不仅能够满足依法必须招标项目的评标需求，还能在规范管理的基础上提升评标效率和质量。

三、如何理解评标专家终身负责制

26 号令第三十条明确指出，评标专家对评标行为终身负责，不因退休或者与评标专家库组建单位解除聘任关系等免予追责。这一制度的实施，体现了对评标专家责任的严格要求，旨在通过提高违法成本来保障评标活动的公正性和合法性。

1. 责任的长期性

终身负责制意味着评标专家在其职业生涯中所参与的每一个评标项目，都将对其产生长期的法律约束。无论是在职期间还是退休后，一旦发现其评标行为存在违法违规问题，都将依法追究其责任。

2. 责任的全面性

评标专家不仅要对其评标过程中的行为负责，还需对评标结果的公正性、合法性负责。例如，若评标专家的疏忽或故意倾向性评审行为导致评标结果不公正，即使项目已经结束多年，专家仍须承担相应的法律责任。

3. 对评标行为的威慑作用

终身负责制的实施，将促使评标专家在评标过程中更加谨慎、细致，严格遵守法律法规和恪守职业道德，避免个人失误或不当行为对招标投标活动造成不良影响。

4. 与行政监督的协同

为了确保终身负责制的有效实施，行政监督部门需加强对评标专家的日常监督和管理，建立健全评标专家的档案记录和动态考核机制。同时，还须完善线索移送和处理机制，确保违法违规行为能够及时被发现和处理。

四、在远程异地评标趋势下，我们还能做什么

远程异地评标是近年来招标投标领域数字化转型的重要趋势，通过技术手段打破了地域限制，提升了评标效率和公正性。26 号令第十九条也明确提出，评标专家库组

建单位和招标投标电子交易系统运行服务机构应建立健全与远程异地评标相适应的资源共享和协同管理机制。

1. 技术保障与平台建设

为适应远程异地评标的需要，应进一步完善电子交易平台的功能，确保评标专家能够通过网络顺利参与评标活动。同时，平台应具备身份识别、加密传输、数据备份等安全功能，保障评标过程的保密性和完整性。

2. 专家资源共享

建立全国统一的评标专家专业分类标准和共享机制，推动专家资源跨区域、跨行业共享。通过这种方式，可以有效解决部分地区专家资源不足的问题，同时避免地域限制导致的评标"人情分""常委评标专家"现象。例如，湖北省已经与江苏、湖南、山东、重庆、新疆、西藏等13个省（自治区、直辖市）75个市县公共资源交易中心成功开展跨区域远程异地评标，打破地域限制，实现优质评标专家资源共享，解决偏远地区评标专家资源不足的问题；湖南省株洲市与全国8个省16个市签订了相关合作协议，截至2024年年底，开展了远程异地评标616宗，其中跨省远程异地评标13宗。

3. 培训与教育

随着远程异地评标的普及，评标专家需具备熟练的电子评标技能和良好的网络操作能力。因此，评标专家库组建单位应加强对评标专家电子评标技能方面的培训，使其能够适应数字化评标的要求。

4. 监管与协同

远程异地评标虽然提高了评标效率，但也对监管部门提出了新的挑战。行政监督部门需建立跨区域协同监管机制，确保评标活动的合法性。同时，还需加强对评标专家的动态管理，通过技术手段实现评标过程的全程留痕和可追溯。

5. 优化评标流程

在远程异地评标模式下，评标专家的独立评审和打分机制更加重要。应进一步规范评标流程，确保专家能够独立、客观地完成评标任务。同时，对于评标过程中的异常情况，应及时启动复核程序，保障评标结果的公正性。

五、结语

《评标专家和评标专家库管理办法》的实施，为评标专家库的建设和管理提供了明确的法律依据和操作规范。通过明确评标专家库的组建主体、规范评标专家库的使用、落实评标专家终身负责制，以及远程异地评标的发展，我国招标投标领域的管理水平将进一步提升。各方主体应积极响应政策要求，加强自身能力建设，共同推动招标投标活动的规范化、科学化和数字化发展。同时，建议国有企业应尽快建立评标专家的动态管理机制，并配合行政监督部门完善跨区域协同监管机制，以全面适应26号令的新要求。

（王胜辉）

招标投标评审制度的演进过程以及未来展望

一、招标投标评审制度的演进过程

招标投标从开始尝试到全面实施至今已经过去四十多年。在这段时间里，招标投标评审制度走过了一条曲折的道路，经历了从招标人评标定标、招标人和有关部门共同评标定标，到评标专家评标招标人定标的过程。随着业界对招标投标评审制度经验的积累，评审制度回归到招标人评标定标成为业界普遍共识。

（一）招标人评标定标

我国从 1981 年开始对世界银行贷款项目进行招标投标，当时的招标是按照世界银行采购规则进行的。世界银行采购规则要求借款人公平公正、独立组织招标投标，确定中标人后，世界银行对评标报告不提出反对意见，招标合同即可生效。按照世界银行贷款项目采购规则，招标人负责招标和定标，招标人组建的评标委员会既负责评标，也负责定标。除了招标项目废标情形以外，评标委员会评审后应在投标人中确定一个中标人。

世界银行对招标的评审组织没有具体要求，由招标人自行组织评审。因此，在利用世界银行贷款进行招标的项目中，评审是按照招标人负责招标的自然原则，评标工作中的主要环节包括组建评标委员会、制定评标规则、组织评标、确定中标人等，都是由招标人自己独立负责的。招标人组建的评标委员会成员一般由本单位相关部门人员组成。部分项目招标人还会邀请设计单位、造价咨询单位、招标代理机构以及主管部门人员参加。

（二）招标人组织相关部门参加评标定标

1984 年，国家计划委员会和城乡建设环境保护部联合发布的《建设工程招标投标暂行规定》对评标的组织进行了规范，要求"大中型建设项目和重点工程由招标单位组织投标企业并邀请项目主管部门、基建综合部门、建设银行参加评标定标"。1992 年建设部发布的《工程建设施工招标投标管理办法》要求，"评标组织由建设单位及其上级主管部门（包括由建设单位委托的咨询、监理单位）和建设单位邀请的有关单位组成。特殊工程或大型工程还可邀请有关专家参加"。根据这项规定，招标人应邀请相关部门参加评标、定标。招标人评标定标的权利受到一定程度的限制。

（三）评标专家评标招标人定标

1999 年《招标投标法》颁布，对评标制度做了重大调整。《招标投标法》第三十七条规定："评标由招标人依法组建的评标委员会负责。依法必须进行招标的项目，其评标委员会由招标人代表和有关技术、经济等方面的专家组成，成员人数为五人以上单数，其中技术、经济等方面的专家不得少于成员总数的三分之二。前款专家应当从事相关领域工作满八年并具有高级职称或者具有同等专业水平，由招标人从国务院有关部门或者省、自治区、直辖市人民政府有关部门提供的专家名册或者招标代理机构的专家库内的相关专业的专家名单中确定；一般招标项目可以采取随机抽取方式，特殊招标项目可以由招标人直接确定。"第四十条规定："……评标委员会完成评标后，应当向招标人提出书面评标报告，并推荐合格的中标候选人。招标人根据评标委员会提出的书面评标报告和推荐的中标候选人确定中标人。"

《招标投标法》的以上规定，本质上是将依法必须招标项目原属于招标人的评标权利，以立法的形式强制进行了限制和转移，要求评标委员会中三分之二的成员为招标人之外的评标专家。招标人丧失了在评标中的主导地位，评标结果由占评标委员会三分之二以上的评标专家的意见主导和决定。

《招标投标法》对招标人的定标权利也进行了限制，要求招标人在定标时应尊重评标委员会的评标结果，只能在评标委员会推荐的中标候选人中确定中标人。《招标投标法》仍然为招标人保留了一部分定标权利，没有对评标委员会推荐中标候选人的数量做出规定，也没有规定招标人应如何定标。实际上招标人在定标时可以选择评标委员会推荐的中标候选人中的任何一个为中标人。

（四）招标人定标权利进一步受到限制

2001 年国家发展计划委员会等七部门出台的《评标委员会和评标方法暂行规定》（12 号令）、2003 年国家发展计划委员会等七部门出台的《工程建设项目施工招标投标办法》（30 号令）、2005 年国家发展改革委等七部门出台的《工程建设项目货物招标投标办法》（27 号令）和国务院 2011 年颁布的《招标投标法实施条例》对招标人定标权进一步作出限制，规定评标完成后，评标委员会应当向招标人提交书面评标报告和中标候选人名单。中标候选人应当不超过 3 个，并标明排序。国有资金占控股或者主导地位的依法必须招标项目，招标人应当确定排名第一的中标候选人为中标人。

根据以上规定，《招标投标法》给予国有资金项目招标人的定标权利进一步被压缩：一是评标委员会推荐的中标候选人数量最多只能有 3 个，且标明顺序；二是招标人只能按照顺序确定中标人。以上规定事实上剥夺了招标人的定标权，评标委员会推荐的排名第一的中标候选人基本上等同于中标人。只有出现排名第一的中标候选人放弃中标、因不可抗力不能履行合同、不按照招标文件要求提交履约保证金，或者被查实存在影响中标结果的违法行为等情形不符合中标条件的，招标人才可以按照评标委员会提出的中标候选人名单排序依次确定其他中标候选人为中标人或者重新招标。

对于招标人定标权的限制，虽然仅限于国有资金占控股和主导地位的依法必须招标项目，但是由于国家对国有企业审计力度的不断加大，很多国有企业在组织不属于依法必须招标项目定标时，为了免于承担主体责任和规避审计风险，主动放弃法律赋予招标人的定标权，都只确定排名第一的中标候选人为中标人。

二、专家评标制度存在的问题

《招标投标法》第三十七条对依法必须招标项目评标委员会组建的规定，形成了"专家评标制度"格局。在招标人定标时只能确定排名第一的中标候选人为中标人的情况下，专家评标的结果实际上就等于中标的结果，评标专家在招标结果的确定中扮演了至关重要的角色，由此导致出现以下问题。

（一）评标专家不了解招标项目，造成应该中标的投标人不能中标

评标委员会评标应按照招标文件规定的标准进行。评审因素中很多都是主观因素，要求评标委员会根据招标项目的具体情况，结合自己的专业知识进行评审。而在评标委员会中占多数的评标专家都是在评标开始之前从专家库中随机抽取选定的。被选定的评标专家不了解招标项目，仅靠评标之前对招标文件的阅读了解招标人的采购需求和评审规则，评标中评标专家难以作出最准确的评审判断。很多复杂工程和设备招标项目，招标文件并不能够完全体现出招标人的采购意图，评标专家也不会考虑招标人的实际情况。这样评出的结果难免经常出现"南辕北辙"的情况。

（二）评标专家走过场评标现象严重

自从实行专家评标制度以来，评标专家需求越来越多。很多评标专家频繁参加不同项目评标，促使评标逐渐成为一种职业。有些评标专家甚至辞去本职工作专门评标，获取评标劳务费成为部分评标专家参加评标的唯一目的。评标专家为了能够参加更多项目的评标，在评标中敷衍了事，以便尽快结束评标，赶赴下一个评标现场。有些评标专家主动向招标人了解其对中标人的意向，主动迎合招标人的意见。评标专家参加评标的要求是尽快完成评标，而不是为招标人负责，选出最符合要求的投标人。

（三）评标专家成为投标人的围猎对象

由于评标专家对招标的结果发挥了关键作用，评标专家就成为不法投标人的围猎对象。投标人为了在评标中处于有利地位，以行贿等手段收买评标专家，以便评标专家在评标时做出有利于投标人的行为。也有个别评标专家主动与投标人进行"勾兑"，谋取不法利益。当前，相当一部分招标项目都出现了评标专家和投标人勾结串通的情

况。评标专家和投标人勾结串通破坏了招标投标的公平性，中标结果与招标人的预期大相径庭。因此，评标专家违法行为亟待整治。

（四）评标专家成为招标人实现不法目的的帮手

部分招标人在组织评标中，通过请托、许诺高额劳务费、代理机构传话等手段，明示或者暗示评标专家按照招标人的意图进行评标。由于评标委员会中招标人代表占少数，甚至个别招标人不派招标人代表，这样一来招标人理所当然地可以推卸对评标结果应该承担的责任。有些招标人以此作为搪塞上级领导"打招呼"的手段，而评标专家则成为招标人实现其内定中标人的使用工具和实现不法目的的帮手。

（五）投标人为谋取排名第一采用非法竞争手段

招标人在定标时仅确定排名第一的中标候选人为中标人，投标人要想中标必须排名第一。个别投标人为了争取排名第一采用各种非法竞争手段，包括围标、串通投标、低于成本投标、不平衡报价、弄虚作假投标等。虽然投标人在招标投标中采取非法竞争手段的原因还有多种，但是专家评标制度引致的招标人定标权旁落也是其中重要的原因。

（六）招标人主体责任无法落实

实行专家评标制度后，有些招标人为了达到内定中标人的目的，往往在评标过程中操纵评标，并且操纵评标的手段越来越隐蔽。招标人通过操纵评标，既可以达到自己内定中标人的目的，又有评标委员会为其内定结果担责，招标投标变成了招标人规避责任的挡箭牌，招标人本应承担的对招标评标的主体责任反而难以落实。有些招标人为了充分利用招标投标这个挡箭牌，还对本不属于招标范围、招标的收益和支出明显不匹配的项目进行招标，出现过度招标的现象，造成国有资产和社会资源的极大浪费。

三、招标投标评审制度的变化

专家评标制度带来的是评标权利和评标责任的分离，权利和责任不对等造成了以上诸多问题。为了及时纠正以上问题，近年来国家出台了一系列政策措施。

2019 年国家发展改革委、工业和信息化部、住房城乡建设部、交通运输部、水利部、商务部、国家铁路局和民航局联合发布的《关于印发〈工程项目招投标领域营商环境专项整治工作方案〉的通知》（发改办法规〔2019〕862 号）要求，重点整治评标专家对不同所有制投标人打分畸高或畸低且无法说明正当理由、招标人明示或暗示评标专家对不同所有制投标人采取不同的评标标准或者不客观公正评价、采用抽签摇号等方式直接确定中标候选人等违法评标行为。

2022 年，国家发展改革委等十三个部门发布的《国家发展改革委等部门关于严格执行招标投标法规制度进一步规范招标投标主体行为的若干意见》（发改法规规〔2022〕1117 号，以下简称"1117 号文"）对招标人、评标专家、评标专家库管理单位在组织评标中的工作都提出了明确要求。

1117 号文对招标人的要求主要体现在三个方面。一是不得随意改变法定招标程序，不得采用抽签、摇号、抓阄等违规方式直接选择投标人、中标候选人或中标人。二是规范招标人代表条件和行为，招标人应当选派或者委托责任心强、熟悉业务、公道正派的人员作为招标人代表参加评标，并遵守利益冲突回避原则。严禁招标人代表私下接触投标人、潜在投标人、评标专家或相关利害关系人；严禁在评标过程中发表带有倾向性、误导性的言论或者暗示性的意见建议，干扰或影响其他评标委员会成员公正独立评标。三是加强评标报告审查，招标人应当在中标候选人公示前认真审查评标委员会提交的书面评标报告，发现异常情形的，依照法定程序进行复核，确认存在问题的，依照法定程序予以纠正。

1117 号文对评标专家的要求主要体现在以下两个方面。一是严肃评标纪律。评标专家不得对其他评标委员会成员的独立评审施加不当影响；不得私下接触投标人，不得收受投标人、中介人、其他利害关系人的财物或者其他好处，不得接受任何单位或者个人明示或者暗示提出的倾向或者排斥特定投标人的要求；不得透露评标委员会成员身份和评标项目；不得透露对投标文件的评审和比较、中标候选人的推荐情况、在评标过程中知悉的国家秘密和商业秘密以及与评标有关的其他情况；不得故意拖延评标时间，或者敷衍塞责随意评标；不得在合法的评标劳务费之外额外索取、接受报酬或者其他好处；严禁组建或者加入可能影响公正评标的微信群、QQ 群等网络通信群组。二是提高评标质量。评标专家应当遵循公平、公正、科学、择优的原则，认真研究招标文件，根据招标文件规定的评标标准和方法，对投标文件进行系统的评审和比较。评标过程中发现问题的，应当及时向招标人提出处理建议；发现招标文件内容违反有关强制性规定或者招标文件存在歧义、重大缺陷导致评标无法进行时，应当停止评标并向招标人说明情况；发现投标文件中含义不明确、对同类问题表述不一致、有明显文字和计算错误、投标报价可能低于成本影响履约的，应当先请投标人做必要的澄清、说明，不得直接否决投标；有效投标不足 3 个的，应当对投标是否明显缺乏竞争和是否需要否决全部投标进行充分论证，并在评标报告中记载论证过程和结果；发现违法行为的，以及评标过程和结果受到非法影响或者干预的，应当及时向行政监督部门报告。

1117 号文对评标专家库管理单位和评标组织单位的要求主要体现在以下四个方面：一是强化评标专家动态管理。建立健全对评标专家的入库审查、岗前培训、继续教育、考核评价和廉洁教育等管理制度。要严格规范评标专家抽取工作，做到全程留痕、可追溯。二是评标专家库管理单位应当建立评标专家动态考核机制，将专家依法客观公正履职情况作为主要考核内容，根据考核情况及时清退不合格专家。三是严格规范和优化评标组织方式。积极推广网络远程异地评标，打破本地评标专家"小圈子"，推动优质专家资源跨省市、跨行业互联共享。评标场所应当封闭运行，配备专门装置设备，严禁评标期间评标委员会成员与外界的一切非正常接触和联系，实现所有人员的语言、行为、活动轨迹全过程可跟踪、可回溯。四是要规范隔夜评标管理，落实行政监督责任；评标场所应当为隔夜评标提供便利条件，做好配套服务保障。

2024 年 5 月，国务院办公厅发布《国务院办公厅关于创新完善体制机制推动招标投标市场规范健康发展的意见》（国办发〔2024〕21 号），要求加强评标专家全周期管理，加快实现评标专家资源跨地区跨行业共享。优化评标专家专业分类，强化评标专家入库审查、业务培训、廉洁教育，提升履职能力。依法保障评标专家独立开展评标，不受任何单位或者个人的干预。评标专家库组建单位应当建立健全从专家遴选到考核监督的全过程全链条管理制度体系，完善评标专家公正履职承诺、保密管理等制度规范，建立评标专家日常考核评价、动态调整轮换等机制，实行评标专家对评标结果终身负责制。2024 年 9 月，国家发展改革委发布《评标专家和评标专家库管理办法》（国家发展改革委令第 26 号），将上述要求纳入部门规章。

四、评审制度的未来展望

《招标投标法》于 1999 年制定和颁布，至今已经二十多年了，一直没有进行过大修。《招标投标法》制定时中国还处于从计划经济向市场经济转轨的过程中，很多规定都不符合当前的实际需要。为此，有关部门正在着手修订《招标投标法》和《政府采购法》。在"两法"修订尚未完成的过渡时期，为了解决立法滞后的问题，国家陆续出台了一些政策性文件措施，根据招标投标实践中出现的问题采取对应的措施，试图弥补"两法"存在的缺陷和问题。具体包括：2013 年出台《电子招标投标办法》，规范了利用互联网通过数据电文形式开展招标投标；2017 年出台《招标公告和公示信息发布管理办法》，将依法必须招标项目信息发布媒体由传统纸质媒体改为中国招标投标公共服务平台和省级电子招标公共服务平台等网络媒体，增加了公示评标情况和中标结果的要求；2018 年出台《必须招标的工程项目规定》和《必须招标的基础设施和公用事业项目范围规定》，缩小了必须招标项目的范围，遏制招标范围肆意扩大和滥用招标方式的不良现象；2024 年出台《评标专家和评标专家库管理办法》，进一步强化评标专家和评标专家库管理，明确评标专家对评标结果承担终身责任。

未来，我国招标投标评审制度还将不断完善，具体表现在以下四个方面。

（一）确立招标人的定标权

《招标投标法（修订草案征求意见稿）》调整了招标人定标方式。评标委员会按照招标文件规定的数量推荐中标候选人，并对每个中标候选人的特点、优势、风险等评审情况和推荐理由进行说明；除招标文件明确要求排序的外，推荐中标候选人可以不标明排序。依法必须进行招标的项目，推荐的中标候选人一般不超过三个。招标人根据评标委员会提出的书面评标报告和推荐的中标候选人，按照招标文件规定的定标方法，自主确定中标人。

《国务院办公厅关于创新完善体制机制推动招标投标市场规范健康发展的意见》（国办发〔2024〕21 号）提出，要厘清专家评标和招标人定标的职责定位，进一步完善定标规则，保障招标人根据招标项目特点和需求依法自主选择定标方式并在招标文件中公布。

部分省市招标投标行政部门已经制定地方法规和规章，规定了招标投标采取"评定分离"制度，赋予招标人定标自主权。

在赋予招标人定标权的同时，国家也采取措施对招标人的定标行为进行规范，要求招标人应制定定标规则，定标时按照事先确定的定标规则进行定标。定标规则应在招标文件中公布，定标结果应在确定中标人后公布，接受投标人和利害关系人的监督。

（二）政府采购项目评标权还给招标人

《政府采购法》修订中，在评标权回归招标人上迈出了更大的步伐。《政府采购法（修订草案征求意见稿）》关于评标委员会的组成作了以下规定：采购人依法组建评审委员会。评审委员会可以全部由采购人代表组成，也可以由采购人代表和政府采购评审专家共同组成。《政府采购法（修订草案征求意见稿）》取消了实行多年的专家评标制度，回归到采购人评标。

评标权还给招标人后，评标权和定标权实现统一，招标人既具有评标的权利，又对招标项目的质量、进度、预算和使用担责，责权利高度统一，招标人在招标项目中的主体责任完全由招标人自己承担。评标权还给招标人以后，并不是说招标人就可以肆意妄为随意评标定标。招标人更应严格按照《招标投标法》和《政府采购法》的规定，依照招标文件明确的规则和标准评标。还评标权于招标人是与强化对评标权的监督协同进行的。在还评标权于招标人的同时，国家不断加大招标信息公开力度，招标人在招标中的每个决策行为，包括编制招标文件、发布招标公告、招标文件变更、开标、评标结果、中标结果、质疑投诉处理等，甚至包括合同签订以及合同验收结果，都应公开进行，接受公众的监督。"阳光是最好的消毒剂和防腐剂"，要充分利用社会监督，营造招标人规范招标和"不敢腐、不想腐、不能腐"的社会环境。

（三）鼓励创新评标组织形式

《国务院办公厅关于创新完善体制机制推动招标投标市场规范健康发展的意见》（国办发〔2024〕21 号）提出，尊重人民首创精神，鼓励地方和基层积极探索，在改革招标投标管理体制、完善评标定标机制、推行全流程电子化招标投标、推进数字化智慧监管等方面鼓励大胆创新，营造有利于招标投标市场规范健康发展的社会环境。

在招标投标实践中，只要不违反《招标投标法》和其他法律法规，招标人可以采用各种法律法规没有规定但是也没有明确禁止的评标组织形式，包括两阶段评标、双信封开标评标、远程异地评标、无投标人标识评标、计算机辅助电子评标、人工智能辅助评标等新技术、新手段、新形式。

人工智能的快速发展，将极大地影响招标投标中的评标组织。人工智能评标相较于评标专家评标具有极大的优势。第一，人工智能具有强大的学习能力和总结归纳能力，可以占有不可想象的数据信息。人工智能通过训练，可以归纳已有的各种投标文件中的技术方案，据此对招标文件和投标文件进行比对分析，得出最客观的评审结论。第二，人工智能不会疲倦，不会因招标文件和投标文件内容多就不认真阅读，不会出现评标走过场现象。第三，人工智能效率高，可以在极短的时间内进行巨量的计算，大大缩短评标时间。第四，人工智能评标成本低，招标人不需要向其支付劳务费，也不需要安排其住宿、饮食等。第五，最重要的是人工智能不受招标人和投标人的影响，不会被围猎。因此，人工智能评标不失为一种公平公正的评标方式。

虽然人工智能评标与评标专家相比具有无可比拟的优势，但是现行法律法规仍不支持依法必须招标项目进行全人工智能评标。招标人可以在依法必须招标的项目中采用人工智能辅助评标，人工智能协助评标专家进行信息收集，提出评审建议供评标专家选择采纳。在自愿招标项目上，招标人可以探索实施完全由人工智能评标的方式。

（四）加快信用体系建设，实现招标投标信用信息共享

国家将加快推进全国招标投标交易主体信息互联互通，实现经营主体登记、资格、业绩、信用等信息互认共享；加快实现招标投标领域数字证书全国互认，支持电子营业执照推广应用；推动固定资产投资项目代码与招标投标交易编码关联应用；全面推广以电子保函（保险）等方式缴纳投标保证金、履约保证金、工程质量保证金。

招标投标信用信息实现共享后，评标中资格审查和信用、业绩、投标保证金审查工作将大为简化。招标人设定评审因素后，系统可以自动从国家公共服务平台上进行信息收集和比对。投标人制作投标文件也更为简单，不再需要提供各类可以在网上查询到的证明材料，包括营业执照、资质证书、业绩、信用情况、人员资历等，评标工作将更加简单快捷。

（岳小川）

从小切口推动招标投标市场规范化发展

——关于《评标专家和评标专家库管理办法》的分析和思考①

　　招标投标市场是全国统一大市场的重要组成部分，对提高资源配置效率效益、持续优化营商环境具有重要作用。近年来，国务院及所属各部委直面招标投标领域突出矛盾和深层次问题，持续发力，推出系列政策文件，推动招标投标市场规范健康发展。自 2025 年 1 月 1 日起，国家发展改革委修订的《评标专家和评标专家库管理办法》（国家发展改革委令第 26 号，以下简称《管理办法》）正式施行。该《管理办法》从评标专家这个核心"切口"入手，破解专家不专业、评标不公正、参与围串标等顽瘴痼疾，由点及面推动招标投标市场健康发展。本文结合招标投标工作实务，对《管理办法》的出台背景、重要意义、核心要求、重点举措进行分析解读并提出落实建议。

一、《管理办法》出台的背景及意义

　　评标是决定招标投标活动公平公正的关键一环，评标专家的专业能力和职业素养直接关系着招标采购工作的质效。关于评标专家及评标专家库管理，我国较早发布的规章为 2001 年施行的《评标委员会和评标方法暂行规定》以及 2003 年施行的《评标专家和评标专家库管理暂行办法》（以下简称《暂行办法》）。随着《招标投标法实施条例》的发布，《暂行办法》于 2013 年进行了修订。

　　经过 20 多年的发展，评标专家在保障招标投标活动公正性、提升评标专业性方面发挥了积极作用。随着招标投标市场的发展变化，评标专家的管理也面临新形势、新挑战。一方面评标专家在招标投标活动中的重要作用不断提升，迫切需要专业素质和职业操守都过硬的高水平专家队伍。另一方面专家队伍也暴露出一些问题，如专家不专，专业知识或实践经验不足，滥竽充数；态度不正，责任心不强，评标走过场，"签字拿钱走人"，评标出现错误且拒不改正；品德不良，突破合规底线，伪造证书进入专家库；坐地起价，索要高额专家费，否则就停止评标；接受请托为指定企业评高分；在朋友圈透漏评标信息让投标人竞拍，谁出价高就给谁打高分，与投标人沆瀣一气，让本应中立公正的评标变成了利益寻租的围猎场。层出不穷的乱象破坏了评标专家的专业性和公正性，扰乱社会公共秩序，侵害国家利益以及招标人的合法权益，制约了

---

　　① 本文首次公开发表于《招标采购管理》2025 年第 3 期（总第 152 期）。

招标投标竞争择优作用的发挥。

2024 年 5 月，国务院办公厅发布《关于创新完善体制机制推动招标投标市场规范健康发展的意见》（国办发〔2024〕21 号），提出"加强评标专家全周期管理"等总体要求，《管理办法》针对总体要求进一步明确了落地举措。

《管理办法》全面对标党中央、国务院关于加强评标专家全周期管理、规范专家参与公共决策等有关部署要求，坚持问题导向，针对评标专家存在的突出问题，从制度机制层面剖析原因，广泛听取各方面的意见建议，总结提炼各地、各部门的经验做法，完善专家从入库到退出全过程全链条管理体系，充分应用数字化智能化手段提升管理质效，为预防专家违规操作和利益输送等不当行为、打造阳光公正的招标投标环境提供坚实保障。

二、《管理办法》重点内容

《管理办法》强化了评标专家全周期管理，通过提高准入门槛、增加入库审核、规范日常管理和履职评价、完善追责惩戒等举措，全面提升评标专家库的管理水平。

1. 提高专家库准入门槛，保证专家数量和质量

提高准入门槛体现在两方面：一是提高组建专家库的基本条件。《管理办法》明确评标专家库由法律、行政法规规定的组建单位依法组建，专家库在库人数由《暂行办法》规定的不得少于 500 人提高到 2000 人，且应满足异地抽取、随机抽取和网络安全、数据安全等条件。从硬件要求上，对专家库组建单位提出了更高、更严的要求。二是提高专家入库的基本条件。《管理办法》新增了 3 条专家入库的必备条件，包括摆在首位的"具备良好的职业道德""评标工作所需的专业知识和实践经验""电子化评标技能"。新增禁止入库的 6 类情形，包括"被取消担任评标委员会成员资格、被开除公职、受过刑事处罚、被列入严重失信主体名单"等情形，从源头对专家的道德水平、专业素养、综合能力提出要求，并通过准入审核严格把关。

在入库程序上，《管理办法》明确评标专家入库采取个人申请和单位推荐相结合的方式，即需要提交专家所在单位（退休前原单位）加盖公章的推荐意见，落实推荐单位对专家基本信息和专业能力的审核，并通过将专家履职情况与单位晋升相结合，对专家形成强有力的约束。

《管理办法》通过一系列准入机制设计，从源头把控专家质量，实现从"海选"到"精选"的转变，推动构建德才兼备的评标专家队伍。

2. 加强专家全周期管理，实现专家能进能出

《管理办法》大幅增加了建库单位的日常管理职责，包括建立并永久保存专家电子档案，详细记录专家参加评标、教育培训、履职考核的情况，并定期更新，保障专家履职行为可追溯；每年组织专家参加招标投标等专业知识培训和廉洁教育，持续提升专家队伍的专业素质和道德水准；每年开展履职考核和风险评估，加强考核结果应用，

通过调整抽取频次、设置抽取间隔期等方式，降低评标专家履职风险；明确四类退出机制，包括聘期期满不续聘、履职考核不合格调整出库、发现禁入情形调整出库和专家自愿退库等情形。

《管理办法》通过细化专家全周期管理要求，明确建库单位日常管理责任，解决建库单位重建设轻管理、专家只进不出等问题，形成专家队伍的优胜劣汰，实现对评标专家"常管常严"的目的。

3. 压实各方主体责任，督促依法履职尽责

针对招标投标活动中评标管理、专家管理不规范等问题，《管理办法》明确建库单位、评标专家、招标人、电子交易系统运行服务机构等不同主体的责任界定，并细化相应的法律责任。

《管理办法》明确了专家的权利和义务，列明 12 种专家违法违规行为，包括提供虚假资料入库、与利害关系人串通、违法透露评标情况、对其他评委独立评审施加影响、不配合监督调查工作等情形，强调评标专家应对其评标行为承担终身责任，专家所在单位可将专家评标情况作为职务晋升、职称评级的参考，通过正向激励和反向约束，督促评标专家心有所畏、公正履职。对于招标人，《管理办法》明确提出招标人对依法必须进行招标项目、政府投资项目组建评标委员会的相关要求，并规定违法确定或更换评标委员会成员所做出的评标结论无效。此外，《管理办法》明确建库单位组建不符合本办法规定的专家库、未按规定管理评标专家等 6 种情形的法律责任，压实建库单位对评标专家全生命周期管理责任；明确电子交易系统运行服务机构泄露评标委员会成员名单的法律责任。

除了明确责任边界和违规责任，《管理办法》按照过罚相当原则，提出责令改正、罚款、暂停评标、取消评标资格、移送纪检和司法等处理方式，有力打击评标专家违法违规行为。

三、落实《管理办法》相关建议

《管理办法》为评标专家及评标专家库管理提出了全过程的管理要求，相关主体应建立健全配套制度流程和工作机制，确保制度落地见效。中央企业招标采购是整个招标投标市场的重要组成部分，2023 年中央企业采购额达 13 万亿元，社会关注度高，加强招标投标管理是各中央企业采购和监督部门面临的重要任务。按照《管理办法》的要求，各中央企业应结合本单位实际情况，组织落实评标专家管理工作。本文提出以下三项措施建议，为进一步规范中央企业招标采购工作提供参考和借鉴。

1. 整合内外部资源，建设高水平专家库

中央企业依托丰富的产业基础，培养了大量技术专家，企业对内部专家的专业素养、职业操守和综合能力知根知底。通过汇集各领域的专家学者，建立高水平的专家库，可以为中央企业招标采购提供公平公正的决策支撑。据调研，不少中央企业鼓励具备专家资格的员工加入评标专家库，发挥内部人才资源优势，有效预防专家履职不力、违规评标、与投标人围串标等行为，确保评标的专业性和公正性。

《管理办法》规定，国家实行统一的评标专家专业分类标准和评标专家库共享技术标准，推动专家资源跨区域、跨行业、跨专家库共享，推广远程异地评标等评标组织形式。在国家评标专家库共享技术标准正式颁布之前，各中央企业可先行一步，在企业之间探索专家资源共享机制，整合外部专家资源，解决内部专家数量、专业多元化不足和利益冲突等问题。近日，中国物流与采购联合会发布了国有企业采购评审专家共享平台，这一举措标志着在专家库共享方面的积极探索和实践。

2. 严格落实全周期管理，切实保障专家质量

《管理办法》对建库单位提出了专家全周期管理的整体要求，各建库单位需尽快细化配套的制度流程、信息系统等基础设施，包括新增的评标专家电子档案永久保存、入库测试或评估、年度培训、年度履职考核、风险评估、聘期调整或退库等要求。

《管理办法》提出最低的建库专家人数是 2000 名，大型招标代理机构专家库人数超过上万名，覆盖国民经济各行各业，遍布全国各地。面对如此庞大的专家群体，建库单位要尽快明确管理流程，包括如何开展培训和廉洁教育，日常评价哪些指标，由谁如何来评价专家，年度履职考核包括哪些指标且考核数据来源如何解决，考核结果如何应用，如何处理专家对考核结果提出的异议，专家违规行为如何界定和处理，各项新增的管理要求如何通过信息化、数智化实现高效应用和管控等，都是建库单位迫切需要解决的具体问题。从《管理办法》提出整体要求，到各项举措的落地、稳定运行并且切实发挥成效，仍需相关各方付出大量的努力。

3. 全面推广数智化应用，提升专家库管理水平

为全面提升评标专家管理效能，中央企业要深度融合数智化技术，积极推广专家资源共享、远程异地评标、网络数据安全等数智化应用，具体体现在三个方面。

一是通过数智化提高管理效率和规范性。通过将评标专家的入库、审核、抽取、通知、签到、评标、评价、培训、考试、考核、调整、出库等管理动作全程数字化，集成电子签章、数字身份、音视频监控、自动评标工具、人工智能辅助决策等应用，实现全过程规范、高效管理。

二是积极推进远程异地评标配套设施建设。主动参与建立专家库共享服务规范、技术规范和数据规范，加快建设电子开评标物理设施，建设集中评标基地、远程评标网点，配备电子评标设备、评标软件和网络环境，对专家开展电子评标技能培训，切实解决专家分布不均的问题，跨地域整合优质专家，提升评标质量，降低专家违规风险。

三是加强网络安全管理，提高技防技控水平。除了加强数据安全防护措施，保障专家和评标信息的保密性和安全性，可以应用大数据智能化技术，采集评标专家学历、评标年限、评标项目、培训成绩、评标结果、日常评价等原始数据，从专业水平、价值水平、信用水平、评标质量等方面输出专家的精准画像，优化调整专家抽取频次，智能识别专家在评标过程中是否存在对特定供应商、特定品牌的偏好行为，对专家评分偏离度、打分异常等情形进行预警，提升技防技控水平。连接外部征信、行政处罚等监管部门数据库，实现专家"一处失信，处处受限"的信用管理目的，提升监管的实时性和有效性。

当前，评标专家库组建工作正有序推进，各参与主体紧密协作，共同致力于提升专家库的整体质量。此举将有效保障评标专家队伍的规模与专业能力，满足行业发展的迫切需要，重点在于细化标准要求，严抓落实，以系统化思维迭代优化，以此确保评标专家库的高效运行和持续改进，为维护市场秩序、推动整个行业的可持续发展提供坚实保障。

［中化商务有限公司风险合规部（政策研究中心）：郑淑娟、朱光伟］

新形势下评标专家职业要求与常见风险防范

2025 年新年伊始，《评标专家和评标专家库管理办法》（以下简称《办法》）和《关于在相关自由贸易试验区和自由贸易港开展推动解决政府采购异常低价问题试点工作的通知》（财办库〔2024〕265 号）（以下简称《通知》）正式施行。《办法》主要从专家库的组建、共享，评标专家的选聘、抽取、履职管理以及处理六个方面进行了完善。《通知》从加强政府采购需求管理、强化政府采购异常低价审查和压实评审专家责任三个方面提出要求。上述两个文件，体现了国家层面顺应市场新变化，在加强和规范评标专家管理、提高评标专家队伍整体素质方面提出新的要求。笔者根据文件精神从评标专家入库新要求、评审程序合规再强调和评审常见风险与防范三个方面切入，希望对广大专家和业主代表有所启示，共同推动招标采购市场规范健康发展。

一、评标专家入库新要求

《招标投标法》规定，"评标委员会成员应当客观、公正地履行职务，遵守职业道德，对所提出的评审意见承担个人责任"。对此，《办法》第六条将"具备良好的职业道德"作为入选评标专家库应当具备的第一个条件，强调了职业道德的重要性。因为在某种程度上，评审专家是决定项目中标人的裁判者，难免会受到社会关系、人情关系的干扰。据报道，有评标专家因一次"人情分"被投标人抓住把柄，进而一而再、再而三地在相关项目中为其拔高分数，最终东窗事发。其实，评标专家是一个高尚的职业，代表招标人、采购人甚至代表国家在评审，是我国经济建设的参与者、推动者和贡献者。《办法》指出，专家评审费需要结合经济社会发展水平和评标专家工作价值来制定。可见，评审专家的价值与专家费用、经济社会发展是正相关的，专家应以建设者的姿态去完成这个职业的重要使命，发挥专家工作的职业价值，促进我国经济社会发展。

我国招标采购市场在环境、技术、业务模式等方面发生着变化，电子招投标对评标专家的电子化评标技能、网络安全防范意识等方面提出了新的要求。因此，《办法》在专家入选的专业技能条件上，除要求从事相关专业领域工作满 8 年并具有高级职称或同等专业水平、熟悉法律法规外，还增加了专业知识和实践经验以及电子化评标技能的条件，有利于推广远程异地评标，提升评标质量和效率，打破"熟人评标"的小圈子。

二、评审程序合规再强调

招标评审程序一般包括评审准备、初步评审、详细评审、推荐中标候选人以及标后配合五个环节。实践中，部分专家忽略某个环节的现象时有发生。因此，有必要回顾和重点强调各评审环节的法律规定和注意事项。

（一）评审准备环节

1. 研究招标（采购）文件

在招标投标领域，《评标委员会和评标方法暂行规定》要求，"评标委员会成员应当编制供评标使用的相应表格，认真研究招标文件，至少应了解和熟悉以下内容……"同时，《招标投标法实施条例》第二十三条规定应重点关注其内容是否违反法律、行政法规的强制性规定，违反公开、公平、公正和诚实信用原则，影响资格预审结果或者潜在投标人投标，如果属于依法必须进行招标的项目，则应当告知招标人，在修改资格预审文件或者招标文件后重新招标。在政府采购领域，如果采购文件内容违反国家有关强制性规定的，评审专家应当根据《政府采购法实施条例》第四十一条的规定，停止评审并向采购人或者采购代理机构说明情况。实践中，有的评标专家未研究电子招标文件就直接进入评审，可能造成招标文件被投诉成立导致评标无效的后果。因此，国家发展改革委等部门《关于严格执行招标投标法规制度进一步规范招标投标主体行为的若干意见》强调，评标专家发现招标文件内容违反有关强制性规定或者招标文件存在歧义、重大缺陷导致评标无法进行时，应当停止评标并向招标人说明情况。

2. 遵守评审纪律、依法回避

《办法》第九条对该环节评标专家的义务进行了规定，前三项为：（一）如实填报并及时更新个人基本信息，配合评标专家库组建单位的管理工作；（二）存在法定回避情形的，主动提出回避；（三）遵守评标工作纪律和评标现场秩序。结合《招标投标法实施条例》《评标委员会和评标方法暂行规定》等规定，笔者认为评标专家尤其要做到以下两点：第一，遵守评审纪律包括法定纪律和招标文件规定的纪律。比如不得泄露评审文件、评审情况和评审中获悉的商业秘密，不得收受他人的财物或者其他好处。此处的"他人"，不仅包括投标人，还包括代理机构、中介人和其他利害关系人。同时，在不收受财物或好处的情况下，坚持独立评审，既包括不接受任何单位或者个人明示或者暗示的要求，也包括不得对其他专家独立评审施加不当影响。第二，落实好回避制度包括主动回避和被动回避两个方面。专家要着眼于"主动回避"，这不仅是法定义务，也是评审前签署承诺文件的要求。被动回避，是指与投标人有利害关系的人已经进入的应当更换。被更换的评标委员会成员作出的评审结论无效，由更换后的评标委员会成员重新进行评审。否则专家可能被禁止在一定期限内参加项目的评审、取消其担任评标委员会成员的资格等。值得注意的是"利害关系"除招标文件规定外，

《评标委员会和评标方法暂行规定》和《政府采购法实施条例》都列举了法定情形，后者还以"与供应商有其他可能影响政府采购活动公平、公正进行的关系"作为兜底条款。

（二）初步评审环节

初步评审包括形式评审、资格评审和响应性评审。以《中华人民共和国标准设计施工总承包招标文件》（2012 年版）为例，形式评审是对投标文件从投标人名称、投标函签字盖章、投标文件格式等方面进行对照。资格性评审主要审查是否满足招标文件第二章"投标人须知前附表"及第 1.4.4 项等规定，包括营业执照、安全生产许可证、资质等级等。响应性评审是指第二章"投标人须知"及第 1.3.1 项等规定，主要包括投标内容、工期、工程质量、投标有效期等的要求。值得注意的是，对于政府采购项目，按照《政府采购货物和服务招标投标管理办法》的规定，招标采购中投标人资格审查由采购人或者采购代理机构负责，评审委员会评审范围不再包括资格性审查。评审委员会依据招标文件的实质性要求，对符合资格的供应商的投标文件进行审查，以确定其是否满足招标文件的实质性要求。

（三）详细评审环节

1. 详细评审的一般规定

详细评审，是对通过初步评审的投标文件所做的综合评价。招标投标评标方法包括经评审的最低投标价法、综合评估法或者法律法规允许的其他评标方法。政府采购招标评标办法包括最低评标价法和综合评分法。以《浙江省房屋建筑和市政基础设施施工招标文件示范文本（2023 版）》为例，"技术标通过制的综合评估法"是对通过初步评审、技术标和商务标评审的投标文件进行投标报价和信用的综合评价，包括商务总报价、工程量清单综合单价评审、建设主管部门的信用评价体系评审。对于政府采购项目，采用综合评分法的，评分汇总结束后，评审委员会应当进行评审复核，对拟推荐为中标候选供应商的、报价最低的、投标文件被认定为无效的作重点复核。

2. 详细评审的关注要点

（1）关注投标文件的澄清。根据《招标投标法实施条例》和《评标委员会和评标方法暂行规定》的要求，评标委员会要求投标人对投标文件澄清不得超出招标文件的范围或者改变投标文件的实质性内容，同时不得暗示或者诱导投标人作出澄清、说明，不得接受投标人主动提出的澄清、说明。在政府采购领域，采用招标方式的澄清、说明或者补正不得超出投标文件的范围或者改变投标文件的实质性内容；采用非招标方式的，对于竞争性磋商项目，可以具体根据磋商文件和磋商情况实质性变动采购需求中的技术、服务要求以及合同草案条款等，但不得变动谈判文件中的其他内容。

（2）关注投标文件的否决。否决投标，意味着投标人的要约被拒失效。《招标投标法实施条例》第五十一条规定的"没有对招标文件的实质性要求和条件作出响应"，结合《评标委员会和评标方法暂行规定》主要包括招标文件规定的工期、技术规格、标准等七类重大偏差的情形。同时，否决投标在程序上更为谨慎。比如《浙江省人民政府关于进一步构建规范有序招标投标市场的若干意见》明确规定，评标委员会认为投标文件存在应否决投标情形的，应在否决投标前就拟否决情形向投标人进行书面（在线）询问核对，并书面（在线）记录询问情况和投标人反馈情况。

（3）关注否决全部投标。根据《招标投标法》和《评标委员会和评标方法暂行规定》的要求，有效投标不足三个使投标明显缺乏竞争的，评标委员会可以否决全部投标。国家发展改革委等部门《关于严格执行招标投标法规制度进一步规范招标投标主体行为的若干意见》进一步强调有效投标不足三个的，应当对投标是否明显缺乏竞争和是否需要否决全部投标进行充分论证，并在评标报告中记载论证过程和结果。因此，此处否决全部投标的构成要件有两个，一个是评标环节有效投标不足三家，另一个是投标明显缺乏竞争。对于"投标明显缺乏竞争"的判断，需要结合招标文件是否存在歧视性条款限制潜在投标人、投标报价差异与合理性、重新招标是否有充分竞争的可能等综合判断，不能仅以不足三家直接认定缺乏竞争否决全部投标。

（四）推荐中标候选人环节

根据《招标投标法》的规定，评标完成后评标委员会应当向招标人提交书面评标报告和不超过3个的中标候选人，并标明排序。实践中，还存在"兼投不兼中""最多中标两个标段"等规则，专家应当根据招标文件规定进行推荐。对于"评定分离"项目，中标候选人的推荐略有不同，比如《北京市房屋建筑和市政基础设施工程"评定分离"管理办法（试行）》《浙江省工程建设项目招标投标"评定分离"操作指引（试行）》均规定推荐不排序的中标候选人一般不少于3个。当合格投标人少于3个时，评标委员会应作出是否具备竞争性判断，如具备竞争性，可继续推荐中标候选人。

编制的评标报告是专家评标成果的体现，其内容应当符合有关规定，并经评标委员会全体成员签字。评标委员会成员拒绝签字又不书面说明其不同意见和理由的，视为同意评标结果。另外，不得透露对投标文件的评审和比较、中标候选人的推荐情况以及与评标有关的其他情况。

（五）标后配合环节

根据《招标投标法》第六十二条等规定，对于行政监督部门的调查，评标委员会成员应当予以配合，如实提供有关资料及情况，不得拒绝、隐匿或者伪报。《办法》第九条则进一步强调专家具有"协助、配合招标人处理异议，按规定程序复核、纠正评标报告中的错误"的义务；《办法》第三十条规定："评标专家对评标行为终身负责，不因退休或者与评标专家库组建单位解除聘任关系等免予追责。"体现评标专家终身负责制。对于政府采购项目，《政府采购法实施条例》和《政府采购质疑和投诉办法》规定了专家对处理询问、质疑和投诉的配合义务。拒不配合的将根据《政府采购评审专家管理办法》列入不良行为记录。

三、评审常见风险与防范

根据新形势下国家对评标专家的新要求，评审风险主要集中在以下几类，评标专家可事先做好风险防范，确保合规评审。

（一）严格按照招标文件规定，依法公正评审

《办法》强调"按照招标文件确定的评标标准和方法客观公正地进行评标"。《招标投标法实施条例》第七十一条和《评标委员会和评标方法暂行规定》对不按照招标文件确定的评标标准和方法进行评标的法律后果做了规定，比如根据情节轻重由有关行政监督部门责令改正、罚款、取消资格和移送纪检监察机关、司法机关处理等。2024 年《关于福建省工程建设项目招标投标领域评标专家十起违法违规行为典型案例的通报》中，评标专家曾某某等在参加"联发电子商城商场装修改造工程"评标过程中，未按规定否决不符合招标文件标准要求的投标。在项目监管人员到场监督纠正的情况下，拒不纠正，导致该工程重新招标，受到取消担任评标委员会成员的资格的行政处罚并被予以解聘出库。

《政府采购法》规定对不按照招标文件规定的评标标准和方法评标的由财政部门处理。在案例"Y 县某单位监控设备维保服务采购项目"中，评审专家主观地认为招标文件业绩评审因素仅靠合同复印件加盖投标人公章，无法证实合同的真实性，需要提供能佐证其已履约完成的证明材料，建议采购人废标。财政部门对 3 名评审专家给予警告，并处以每人 2000 元罚款的行政处罚。此外，因评标专家错误地理解招标文件的内容，违法否决合格投标人导致项目重新招标也是实务中后果比较严重的评标事件。

（二）对异常低价重点审查，积极作为

打击恶意低价竞争，不仅是保证商品质量的基本要求，也是确保供应链正常运行的长远之计。《招标投标法》第三十三条规定了"投标人不得以低于成本的报价竞标"，《政府采购货物和服务招标投标管理办法》第六十条规定了"投标人不能证明其报价合理性的，评标委员会应当将其作为无效投标处理"。虽然"两法"对低价的表述有别，但是本质上是一致的。比如，在某科技有限公司诉财政部政府采购行政复议一案［案号：（2017）京 01 行初 1203 号］中，财政部指出，政府采购区别于一般商业采购的主要特点在于政府采购合同订立的主体和资金来源与一般商业采购不同，但政府采购供应商的报价行为与一般商业采购相同，因此，《中华人民共和国价格法》以及《中华人民共和国反不正当竞争法》对低于成本价销售商品的禁止性规定的原则和原理

同样应适用于政府采购市场。《通知》则进一步要求评审委员会应当结合同类产品在主要电商平台的价格、该行业当地薪资水平等情况，依据专业经验对报价合理性进行判断。投标报价低于成本是评审的难点，笔者认为低价认定可以通过四步来完成。第一步，识别投标"异常低价"，即明显低于市场公允价格或其他投标人报价；第二步，判断投标人的报价可能低于其企业个别成本，包括但不限于固定成本和变动成本；第三步，要求该投标人作出书面说明并提供相关证明材料证明其报价不低于成本；第四步，投标人不能合理说明或者不能提供相关证明材料的，认定低于成本报价，否则财政部门将按照《政府采购法实施条例》第七十五条追究评审专家的法律责任。此外，对异常低价投标（响应）文件作重点审查，审查其是否存在围标、串标等违法行为。

（三）严防违法违规，及时报告举报

2024 年 9 月，中央纪委国家监委网站发布专题文章《系统施治促评标公正》，揭露业主代表胡某在评标室里说"四川某工程公司的投标资料做得不错"，暗示与其熟悉的两名专家，在评标中为该公司打出高分帮助其中标。2023 年 7 月到 9 月，在《关于浙江省综合性评标专家库评标专家除名的通报》中，共有 157 名问题和失格专家被通报除名，且多数都被人民法院认定为"构成犯罪""收受财物"。犯罪的罪名主要有受贿罪、非国家工作人员受贿罪等。比如在人民法院案例库中编号为 2024-04-1-094-001 入库案例"胡某等人非国家工作人员受贿案"中，汪某辉、肖某收受贿赂，在评标过程中均对中某公司给予了支持，构成非国家工作人员受贿罪，分别被判处有期徒刑三年、一年，并处罚金人民币十万元至三十万元不等，没收全部违法所得。

因此，评标专家要敬畏法律法规的高压线，《招标投标法实施条例》第七十二条和《政府采购法实施条例》第七十五条均规定了评审专家收受好处将承担罚款、取消资格、追究刑事责任的法律后果。并且专家的评审意见无效，不得获取评审费；给他人造成损失的，依法承担民事责任。同时，专家如果在评审过程中发现投标人（供应商）或其他主体有违法行为的或者受到非法干预的，有义务及时向监管、监察部门报告和举报。

四、结语

"评标有风险、入库须谨慎"，新形势下评标专家已经从一个"香饽饽"转型为需要"终身负责"的、具有风险的职业。实践中，合法合规评审的要求还有很多，相信广大评标专家心中都有一杆秤，希望整个行业可以"公平、公正"地对待每一位投标人。俗话说得好，"星星之火可以燎原"，只要我们每一位专家都遵守职业道德，增强职业使命感，怀敬畏之心，提高站位，以高度的责任感和使命感评审好每一个项目，就一定可以在公共资源交易中为促进经济社会发展做出应有的贡献。

（浙江省招标投标协会：邬洪明）

案例展示篇

◎ **政府采购**

广州市政府采购中心：发挥框架协议采购规模优势，为政府采购提质增效

2023 年，广州市政府采购中心在广州市财政局的指导下，积极推进政府框架协议采购工作，先后完成了信息化工程监理服务、信息化工程验收测评服务以及信息技术管理咨询服务 3 个品目的采购。2024 年 9 月，广州市政府采购中心顺利完成"广州市党政机关、事业单位及团体组织彩超医疗设备框架协议采购项目"中 6 个采购包的采购工作。该项目是全国首个"彩超医疗设备（A02320500）"品目的框架协议采购项目，是广州市政府采购领域的新探索、新尝试。该项目迅速推进广州市首个部门集采项目"广州市卫生健康委彩超医疗设备框架协议采购"落地，为大型医疗设备以量换价，降低医患就医成本作出积极探索。该项目入围供应商中最低报价的最高降幅为主机限价的 25%，充分发挥框架协议采购规模优势，为政府采购提质、增效、降本。

一、行业发展背景

（一）行业发展现状

《政府采购框架协议采购方式管理暂行办法》（财政部令第 110 号）于 2022 年 3 月 1 日起施行。相较于现行政府采购中的公开招标、邀请招标、竞争性谈判、竞争性磋商、询价、单一来源采购方式而言，框架协议采购是一种专门针对多频次、小额度的采购方式，较为灵活。

近年来政府采购框架协议采购方式得到了广泛推广和应用，其行业发展现状呈现出以下几个特点。

1. 政策推动

随着《政府采购框架协议采购方式管理暂行办法》的出台，各地纷纷响应并积极推动框架协议采购方式的落地。这一政策的实施为框架协议采购提供了明确的法律依据和操作指南。

2. 应用范围广

框架协议采购方式已被广泛应用于多个领域和地区。例如，四川省通过推行框架协议采购，显著提高了政府采购效率；湖北省武汉市则在全省率先实行框架协议采购方式，并成功组织了多个集采品目的采购。此外，安徽省淮南市也顺利完成了首个采

用框架协议采购方式实施的政府采购项目。

3. 流程规范化

为了确保框架协议采购的规范性和透明度，各地纷纷制定和完善相关流程。例如，武汉市制定了详细的实施方案和补充通知，明确了框架协议采购的操作流程和要求；淮南市则严格按照《政府采购框架协议采购方式管理暂行办法》的规定，采用封闭式框架协议形式，助力项目标准化高效化推进。

4. 电子化程度高

随着数字和电子技术的发展，框架协议采购逐渐实现了全流程电子化。例如，武汉市政府采购中心已成功上线多个货物和服务类品目，并通过电子商城"框架协议采购专区"进行采购活动；广东省也通过电子化系统实现了政府采购的全流程电子化。

（二）行业面临的痛点、难点和堵点

1. 采购效率及成本问题

政府采购流程往往烦琐复杂，涉及多个环节和部门，导致采购周期长、效率低。这不仅影响了政府部门的运作效率，也增加了单位的运营成本。

2. 信息不透明

尽管近年来政府采购信息公开力度有所加大，但仍存在信息不对称、透明度不高的问题。这容易导致暗箱操作、权力寻租等腐败现象的发生。

3. 中小企业参与难

部分采购单位热衷于追求"高大上"，不够信任中小企业的履约能力，甚至故意设置障碍限制或排斥中小企业参与。

（三）未来发展趋势

随着《政府采购框架协议采购方式管理暂行办法》的出台和实施，框架协议采购方式有了明确的法律依据和操作指南。未来，各级政府将继续加强政策宣传和解读，确保各级预算单位、集中采购机构等充分理解和把握框架协议采购的规范性要求，从而推动框架协议采购在更大范围内应用。

1. 应用范围扩大

目前，框架协议采购已经被应用于多个领域，如中央国家机关互联网接入服务、工程造价咨询服务、工程监理服务等。未来，随着国家政策的进一步推动和地方实践的不断深化，框架协议采购的应用范围将进一步扩大，涵盖更多货物和服务项目。

2. 流程规范化与电子化

为了提高框架协议采购的效率和透明度，未来将更加注重流程的规范化和电子化。通过制定详细的操作流程和标准，确保采购活动的公平、公正和公开。同时，利用数字化、电子化技术手段提升采购效率和管理水平，实现全流程电子化操作。

3. 促进中小企业发展

框架协议采购将更加注重支持中小企业发展。通过合理确定需求标准和评审机制，为中小企业提供更多的参与机会。同时，落实价格扣除等优惠政策，降低中小企业参与门槛和成本，激发市场活力。

4. 强化监督管理

未来将加强对框架协议采购全过程的监督管理。通过建立完善的监管机制和责任追究制度，确保采购活动依法依规进行。同时，加大对违法违规行为的处罚力度，形成有效震慑。

5. 推动创新与发展

随着技术的不断进步和市场的不断变化，框架协议采购将更加注重创新与发展。通过引入新技术、新模式和新理念，推动采购方式的创新和升级。同时，加强与其他采购方式的衔接和融合，形成更加完善、高效的政府采购体系。

二、主要做法

本文以"广州市政府采购中心广州市党政机关、事业单位及团体组织彩超医疗设备框架协议采购"项目为例，介绍其主要做法。

该项目分 11 个采购包，采购包 1，便携式彩色多普勒超声诊断仪；采购包 2，便携式中高端彩色多普勒超声诊断仪；采购包 3，便携式高端彩色多普勒超声诊断仪；采购包 4，妇产型中高端彩色多普勒超声诊断仪；采购包 5，妇产型高端彩色多普勒超声诊断仪；采购包 6，台式介入型彩色多普勒超声诊断仪；采购包 7，介入型（偏心脏）四维高端彩色多普勒超声诊断仪；采购包 8，全身型彩色多普勒超声诊断仪；采购包 9，全身型中高端彩色多普勒超声诊断仪；采购包 10，全身型高端彩色多普勒超声诊断仪；采购包 11，心脏型高端四维彩色多普勒超声诊断仪。

作为全国首个"彩超医疗设备（A02320500）"品目的框架协议采购项目，没有先例可循。该项目分 11 个采购包，由广州市卫生健康委员会委托广州市政府采购中心作为框架协议采购征集人负责采购需求、技术参数的制定，以及第二阶段的管理等工作。为做好本次框架协议采购工作，广州市政府采购中心在广州市财政局的积极指导下，提前研究谋划，认真学习政策，深入开展调研，确保发布的框架协议征集文件的每一项条款都有法可依，为后续采购活动顺利实施提供有力支撑。该项目的顺利落地，为框架协议采购乃至政府采购积累了宝贵的经验。

（一）扎实组织需求调查，确保需求精准

2023 年 12 月 4 日，广州市政府采购中心网站公开发布了五类超声设备参数公示信息，公开征集采购人及供应商对参数的意见；2023 年 12 月 21 日，邀请相关供应商到广州市政府采购中心，对该项目采购需求进行现场调研，共有 16 家代表现场参加了会

议。2024 年 2 月 7 日至 24 日，广州市政府采购中心网站再次公开发布五类超声设备参数公示信息，第二次公开征集采购人及供应商对参数的意见。目前已印发了试点实施方案，并针对第二次征集意见反馈的 243 条建议修订相关文本，组织进行第三次征集意见，意见汇总后形成需求调查结论，进入采购实施阶段。

（二）专门组织专家调研，确保设备参数专业

2024 年 1 月 16 日和 4 月 12 日，专门邀请广东省医学装备学会及部分医院专家，分别召开了五次专家论证会，进一步完善五类超声设备需求。专家们结合各自的业务领域和从业经验，对五类超声设备的重要参数指标和设备要求，提出了专业的指导意见。

（三）认真组织采购实施，确保医患满意

待需求调查完成后，2024 年 6 月广州市政府采购中心编制征集文件及发布征集公告，8 月组织项目开标评标，公告入围结果，目前正在开展框架协议第一阶段签订工作，确保采购人能购买到质优价廉、服务到位、医患满意的产品。

（四）反复测试框架协议电子化采购系统，确保系统操作稳定

该项目涉及 11 个采购包，系统功能是否完善、稳定，决定了项目能否顺利实施。该项目是广州市政府采购中心首次组织的货物类、多采购包框架协议采购，广州市政府采购中心成立了专门的测试小组，制订了详细的测试计划，并组织人员对系统进行多轮测试，逐一测试系统功能是否存在漏洞，是否能同时承载 11 个采购包的并发量。测试小组对测试过程中的问题逐一记录，并向框架协议电子化采购系统运维人员提出修正意见，确保系统功能满足项目的运行需求。

（五）对征集文件严格把关，确保项目合法合规

对于征集人广州市政府采购中心而言，确保征集文件的合法合规是保障整个采购流程公正、透明的关键步骤。广州市政府采购中心制定详细而具体的措施，以严格把关征集文件，确保项目的合法性和合规性。一方面制定详尽的审核准则，包括法律法规要求、行业标准、技术规范等，确保每一份征集文件都必须符合这些准则；另一方面充分应用广州市政府采购中心多轮审查机制，确保所有条款都符合最新的法律法规要求。

（六）成立客服专班，确保响应过程无障碍

广州市政府采购中心与框架协议电子化采购系统人员成立客服专班，制定框架协议操作手册、服务的基本原则和响应时间标准，创建详细的服务流程文档，确保团队

中每个成员都清楚其职责和操作步骤。同时，客服专班积极做好预案，为签订第一阶段框架协议做好充分准备。

（七）廉洁护航，确保项目经得起审计

广州市政府采购中心作为项目的征集人，在组织征集过程中要加强廉洁教育、遵守廉洁守则。一是建立和维护清晰的采购规则与程序，强化内部控制和监督机制。广州市政府采购中心领导班子定期检查采购流程的执行情况，及时发现并纠正问题。邀请法律顾问定期评估广州市政府采购中心的运作，增强公信力和透明度。二是建立以"文件编制""审核""评审"三分离为基础的项目负责制，既能做到文件编制、审核与评审工作之间相互制约，保证廉洁，又能提高组织征集的效率。三是加强员工的职业操守和道德培训，提高员工的法规意识和道德水平，着重强调其在征集项目中的角色和责任。广州市政府采购中心构建反腐败文化，从上至下不容忍任何形式的腐败，通过开展经常性的警示教育活动，加强廉洁文化宣传，促进干部职工增强廉洁自律的理念，树立正面榜样。四是优化公开透明的征集流程，确保该公开的信息都公开透明，接受社会各界的监督。五是建立易于访问的投诉和反馈系统，鼓励潜在供应商提出意见，并保证投诉处理的公正性和及时性。

三、创新点

（一）高效完成首例货物类框架协议采购

广州市政府采购中心通过深入调研供应商并征求监管单位和采购单位的意见，明确了服务技术要求和商务要求，确保发布的框架协议征集文件的每一项条款都有法可依。这种严谨的工作态度和创新的服务模式为其他项目的采购提供了有益借鉴，为广州市政府采购领域带来了新探索和新尝试。

（二）充分发挥电子化技术手段的作用

项目全程在广东政府采购智慧云平台实施，利用数字化、电子化技术手段提升采购效率和管理水平。这种电子化平台的应用不仅提高了采购过程的透明度和公正性，还降低了采购成本，优化了营商环境。

（三）分包采购与多样化产品选择

项目分为多个采购包，涵盖了便携式彩色多普勒超声诊断仪、妇产型中高端彩色多普勒超声诊断仪、全身型高端彩色多普勒超声诊断仪等多个品类。这种分包采购的方式有助于满足不同采购单位的需求，提高采购的灵活性和针对性。同时，入围供应商及产品种类繁多，包括国内外知名公司与品牌，为采购单位提供了更多的选择空间。

（四）严格的评审机制

项目采用了质量优先法等评审机制，确保了评审过程的公平性和公正性。评审委员会由多位专家组成，负责对入围供应商及产品进行认真评审，最终确定符合条件的入围供应商。这种严格的评审机制有助于保障采购质量和效果。

（五）持续优化与改进

广州市政府采购中心在项目执行过程中不断总结经验教训，针对出现的问题及时进行更正和调整。

四、成效与推广价值

（一）采购效率提升

通过框架协议采购方式，广州市政府采购中心实现了对彩超医疗设备的统一采购和管理，提高了采购效率。这种采购方式避免了重复采购和分散采购带来的资源浪费，同时降低了采购成本，其中主机限价最高降幅为25%。

（二）产品质量有保障

入围的供应商和产品均经过了严格的评审和筛选，确保了产品的质量和性能符合要求，从而保障了广州市党政机关、事业单位及团体组织在使用彩超医疗设备时的安全性和可靠性。

（三）市场竞争得以促进

框架协议采购方式引入了多家供应商参与竞争，促进了市场竞争。这种竞争机制有助于推动供应商提高产品质量和服务水平，降低产品价格，从而更好地满足采购需求。

（四）透明度增强

广州市政府采购中心在采购过程中坚持公开、公平、公正的原则，通过广东政府采购智慧云平台电子化框架协议系统进行操作，既增强了采购的透明度和可追溯性，又有助于防止腐败和不正当行为的发生，从而维护了采购市场的秩序。

（五）社会效益显著提升

该项目的成功实施不仅提高了广州市党政机关、事业单位及团体组织的医疗服务水平，还为市民提供了更加便捷、高效的医疗服务。同时，该项目也促进了医疗资源的合理配置和利用，提高了医疗资源的整体效益。

　　下一步，广州市政府采购中心将围绕"提质、增效、降本"工作理念，按照以量换价的总体思路，创新推行"拼单"模式。在监管部门的监督和指导下，按照"能拼则拼"原则鼓励采购人单位归集共性采购需求，联合不同行政区共同开展框架协议采购工作，探索采购结果共认路径，扩大框架协议采购的应用范围，进一步发挥框架协议采购方式的优势，从机制上引导供应商在政府采购活动中拼质量、赢价格，减少高频次、重复性采购，发挥框架协议采购规模优势，实现提高政府采购项目绩效、降低行政运行成本的总体目标。

　　（广州市政府采购中心：纪璇、孔仕丰、黄婕、黄熙栋、吴宇歌、刘博意、欧阳晋杰、王晋、卢婧茹、邹小红）

苏宁易采云：定制"监狱智慧采购解决方案"

近年来，随着信息技术的飞速发展，监狱管理面临着从传统模式向智慧模式的转变。作为司法系统的重要组成部分，监狱需要通过智能化、信息化和数据化手段，实现更高效、更安全、更人性化的管理。自司法部于 2019 年 1 月召开"智慧监狱"建设工作推进会以来，"智慧监狱"便被赋予了推动"数字法治、智慧司法"信息化体系建设的使命。全国各地监狱纷纷响应号召，积极投身这一变革，然而，面对购物系统陈旧过时、数据共享能力低下、家属汇款流程烦琐复杂、服刑人员个人资金计息权益保障不足，以及购物管理警力损耗严重等诸多挑战，智慧生活管理平台的构建显得尤为迫切且意义深远。

一、案例背景

（一）行业现状

监狱传统线下采购模式存在诸多弊端：

1. 采购成本高

受条件限制，供应商选择范围很小，不能进行充分的价格比较，采购部门为保证采购物资及时到位常常不考虑采购成本问题。

2. 采购效率低

在传统的政企采购方式下，采购单位要申请填写各种表格，逐级盖章审批，时间长，手续极为烦琐。

3. 采购信息缺乏沟通与共享

传统的采购活动由于缺乏实时、动态、双向交互的信息沟通手段，使采购信息不能得到及时的沟通与共享，各业务部门"各自为政"，影响采购过程的正常进行，有时还会产生采购物资与实际需求不符的情况，既造成资源浪费，又可能耽误相关部门工作的正常开展。

4. 采购范围受地域限制

在传统的采购业务中，采购部门选择供应商在很大程度上受到地理位置的局限，甚至一些采购部门人为地设置障碍以排斥外部新的、更加优秀的供应商进入，这样必然会造成采购物资的"质次价高"，无法很好地体现采购所要求的"公开、公平、公正"和"物有所值"的原则。

5. 采购环节监控困难。

在传统的线下采购模式下，采购环节一直是腐败行为的"重灾区"，采购中的回扣现象、"黑幕交易""暗箱操作"等屡见不鲜，屡禁不止。一方面是由于传统采购交易的不规范，不按正常的程序采购、随意违反合同条款等情况经常出现；另一方面是由于采购过程的不透明，为腐败行为的发生提供了条件。

"智慧采购"作为一种新型的采购方式，正在被越来越多的企业和组织采用。监狱系统作为一种特殊的公共管理和服务机构，也在逐步引入智慧采购的理念和实践。目前，智慧采购已在广东省监狱管理局、安徽省监狱管理局、浙江省监狱管理局、辽宁省监狱管理局等单位取得显著成效，通过框架入围协议招标，即可实现 1~3 年期合作系统化采购，无须每次采购前再单独招标。这种系统化电商化的采购解决方案，可极大提高下单、送货、验收效率，且全链路采购留痕，合法合规、阳光留痕，具备较高的推广应用价值。

从行业趋势来看，智慧采购在监狱系统的应用具有广阔的前景。结合司法部监狱管理局 2023 年 120 号文件的战略部署，越来越多的监狱有望加入智慧采购的行列中。通过借鉴安徽省监狱管理局等先行者的成功经验，其他监狱也可以更加顺利地开展智慧采购建设，进一步推动监狱系统的现代化和智能化改革进程。

（二）苏宁易采云监狱智慧采购解决方案背景

在传统服刑人员个人购物中，各监区独立采购，监狱长享有较大决策权，存在警商关系不清、监督渠道单一、价格监控不易留痕、食品安全难以追溯、商品账物不便查阅等问题。近年来，随着国家对监狱安全和管理要求的不断提高，要求人文关怀不断提升，监狱内服刑人员需求不断升级，传统模式下商品采购品种少、质量差等，易诱发改造矛盾。广东省监狱管理局、安徽省监狱管理局、浙江省监狱管理局等顺应信息时代发展，与社会电商合作，搭建了狱内购物电商平台，实现"服刑人员线上选择订购、监狱平台生成订单、订单电子化传输、电商线下履约配送"的一体化采购方式，推行服刑人员个人购物全流程电子化运作，让安全且便捷的电商购物方式走入服刑人员服刑生活，创新狱内购物模式。

基于监狱管理部门需求，苏宁易采云提供了监狱专属商城采购解决方案。监狱生卫部门将网购商品图片、名称、规格等数据导入服刑人员生活信息化系统后，狱内服刑人员根据个人需要在监狱内系统上完成商品选购；而后监狱生卫部门汇总各监区的采购数据，统一向合作电商平台进行批量下单；电商收到订单后组织货源进行物流配送，监狱生卫部门验收货物后与电商平台公司进行账务核对，通过银行划款结算。

监狱通过专属商城进行服刑人员物资采买工作，依托苏宁完善的电商管理体系，配送服务、商品质量更有保障；系统直接汇总采购需求，监狱采购管理部门工作更便捷轻松；全程电子操作留痕，商品选定、物资验收等环节公开、公示，采购阳光透明，杜绝警商关系不清的问题，有效防范廉政风险；苏宁自营电商有严格的商品价格控制制度及提供了丰富的商品，广泛满足服刑人员不同层次的购物需求。在这种采购模式下，服刑人员享受电商优惠的价格和有品质的服务保障，即使身处高墙，也可以像普通社会公民一样共享社会发展的成果，让日常改造生活有了更多的获得感，改造动力大大增强，监狱安全更有保障。

二、主要内容

作为自营电商巨头，苏宁易购集团股份有限公司凭借其深厚的国资背景和政企采购领域三十多年的深耕经验，以自营供应链为主线，依托海量商品、物流、配送、售后等全方位优势，根据监狱方的个性化需求，结合实际采购流程，打造了一整套全场景、全流程的数字化采购协同综合服务解决方案，设计了狱内购物管理系统和伙房物资管理系统，充分展现了数字技术在智慧监狱建设中的赋能作用及效果。

（一）狱内购物管理系统

苏宁易采云能够实现监狱内部需求的在线收集和整合，服刑人员可通过人脸识别登录生活区自助点购设备，进行狱内电商化购物，操作简单快捷、过程公开透明；同时实施分级处遇，全方位管控狱内消费，实现服刑人员生活物资供应、线上购物、钱款结算的"闭环管理"。该系统有效保障服刑人员公平公正的消费权益和食品安全权益，提升服刑人员日常生活物资保障水平。同时，商品进销存可分时分区智能化统计，为监狱每月百货等物资需求的采购管理工作提供了有力支撑，大大解放了警力。

（二）伙房物资管理系统

针对监狱伙房大宗物资采购缺乏有效监管手段、物资采购管理粗放、出库浪费严重等情况，建立了伙房物资管理系统，打通采购模块和营养分析模块，在线编制周度食谱，系统根据就餐人数和每日菜谱，可自动计算所需原材料数量，按需生成采购计划，方便精准采购，避免了预估采购带来的食材浪费问题；通过安装电子秤和出入库系统，物资采购实现称重拍照入库、领用扫码出库的无感化采集数据，物资采购无须手工记账，进销存实现精细化管理，提高出入库工作效率；同时支持库存安全和食材保质预警，保证库存量合理。

同时监狱管理人员可全过程、全方位、无死角监控物资采购供应商及价格、物资出入库、盘存、领用等情况，数据全面集成、信息直观可视，为监狱管理中的多项工作监督、智慧判断提供有效支持。

（三）以安徽省监狱管理局服刑人员生活物资供应方案为例

1. 整体应用方案

（1）设备及系统。

苏宁易采云提供统一的一体化自助点购设备，内置电商购物应用程序，打通监狱积分管理系统。服刑人员根据身份等级选择购买所需的商品，同时其登录的账号绑定着个人资金账户，只要刷脸即可智能识别身份，下单操作简单、支付便捷。商品进销存可分时分区智能化统计，大大提高了监狱每月百货销售管理工作效率。

（2）应用过程。

服刑人员通过自助点购设备下单—监狱系统将服刑人员信息脱敏后传输至苏宁易采云—苏宁易采云接收订单后安排备货，以监区为单位使用透明袋打包分拣并配送至监狱指定地点—监狱方清点、验收合格后，使用扫码枪扫描包裹上的订单条形码，将信息脱敏后，根据监狱系统发放显示屏上对应的服刑人员信息，发放包裹。

（3）结算。

苏宁易采云按合同约定周期出具结算单据并盖章，经安徽省监狱管理局生活卫生科审核、对账确认无误后，凭正式发票申请付款，账期内结清货款。

2. 效果评估

苏宁易采云利用信息技术、智能化系统与监狱工作融合，严格管控供应商和商品准入环节，实现监狱商品审核、采购、物流、交易、结算全流程数字电商化、规范化管理，极大地提升了监狱物品采买工作效率，将原来干警几天的工作量缩短到一天即可完成。同时将干警从订单填报、审核等烦琐的工作中解放出来，可以更多地聚焦于服刑人员教育改造等核心工作。苏宁易采云采用全部流程电子化操作，操作留痕、价格透明，达到阳光采购、降本增效的监狱物资采购管理目标，助推新时代新型现代文明监狱建设。

三、创新点

智慧采购在监狱系统中的应用，主要体现在技术创新、流程优化以及监督管理等方面，并带来了一系列显著的创新点。以下是智慧采购在监狱系统中的主要创新点及具体表现。

（一）技术创新

大数据应用：通过大数据技术，实现对历史采购数据的分析，精准预测未来的采购需求。大数据还可以用于实时监控市场动态和价格走势，为采购决策提供有力支撑。

物联网技术：物联网技术在监狱智慧采购中的应用主要体现在物资管理和安全防护方面。通过对物资的全生命周期管理，从入库到出库全程监控，确保物资使用透明、高效。

（二）流程优化

将传统的纸质流程全面转化为电子化流程，从需求申报、审批到订单生成、合同签订，全部线上操作。这样不仅简化了步骤，减少了人为失误，还实现了采购全过程无纸化办公，提升了工作效率。

（三）监督管理

（1）全程记录与留痕。

智慧采购系统对每一步操作进行详细记录，并永久保存，以供日后查询和审计。这种全程留痕的机制杜绝了违规操作的可能性，确保了采购过程的透明和公正。

（2）实时监控与预警。

视频监控和传感器技术用于实时监控物资的使用和去向，并通过数据分析预警异常情况，确保了监管的安全性。

通过以上创新点，监狱智慧采购不仅实现了采购流程的优化和效率的提升，还在监督管理和可持续发展方面取得了显著成效。这些创新举措为智慧采购在监狱系统中的广泛应用奠定了坚实基础。

四、应用效果

（一）提高工作效率、降低运营成本

智慧采购在监狱系统中的应用显著提高了工作效率。通过电子化流程和"一站式"服务平台，监狱采购的各个环节如需求申报、审批、订单生成、合同签订等均可在线操作，大大简化了传统烦琐的手工操作。据监狱管理局调研反馈，实施智慧采购后的整体工作效率提升了约40%；同时通过大数据分析，优化了采购决策和供应链管理，减少了因市场波动导致的损失和浪费。综合来看，整体运营成本降低了约25%。

（二）增强透明度与公正性

智慧采购使整个采购过程公开透明，每个操作环节都有详细记录并可供查询和审计。全程留痕的机制和实时监控功能杜绝了违规操作的可能性。这种透明性和公正性得到了极大增强，用户调查结果显示，监狱内部对采购过程的信任度提升了约60%。

（三）提升服务质量与服务水平

借助物联网和大数据技术，智慧采购实现了物资全生命周期的管理和实时监控。从物资入库到出库的每一个环节都有详细的记录和跟踪，确保了物资质量和使用效率。例如，广州监狱通过物联网技术对劳动工具进行统一编码管理，避免了资产丢失和滥

用情况的发生。此外，智慧采购还提供了更为精准的数据分析和决策支持，提升了供应链管理水平，物资使用效率提升了35%，服务质量也得到了显著提高。

（四）改善用户体验

苏宁智慧采购系统的设计以用户为中心，提供了便捷的操作界面和全面的培训支持。用户在使用过程中的体验显著提升。例如，在实施智慧采购系统后的员工满意度调查中，操作便捷性和系统响应速度的满意度分别提高了50%和45%。此外，定期的用户培训和技术支持帮助用户更好地适应了操作系统，用户满意度整体提升了大约40%。通过这些措施，智慧采购系统不仅提高了工作效率和服务质量，还改善了用户体验，促进了系统的广泛应用和推广。

（苏宁易购集团股份有限公司：成伟）

◎ **公共资源**

江西省公共资源交易集团：电子合同和评标专家劳务报酬支付系统功能的创新与应用

江西省公共资源交易集团有限公司（以下简称"交易集团"）作为江西省唯一省级公共资源交易平台的运营服务机构，始终坚持打造公共资源交易改革和要素市场化配置改革的"江西名片"，致力于打造江西省唯一"全要素+全资源（公共资源）+金融服务"市场化配置大平台。

一、案例背景

在公共资源交易过程中，存在部分交易环节未实现电子化、效率低下、安全性不足、透明度不高、监管难度大等问题。在合同签署方面，存在依赖纸质合同的手工制作、线下签字盖章问题，流程复杂，耗时长，容易导致合同丢失、难备案或易篡改等。在专家劳务报酬支付方面，存在支付不及时、标准不统一等问题，导致监管难度较大、容易滋生腐败现象。

二、工作内容

电子合同和评标专家劳务报酬支付系统与江西省公共资源电子交易服务平台业务子系统紧密对接。电子合同系统实现了合同模板的自动获取及使用，为交易双方提供了一套线上化的合同生成、签订、备案服务；评标专家劳务报酬支付系统采用专款账户模式，实现了评标专家劳务报酬的线上快捷支付。

（一）电子合同功能

一是合同模板制作。支持合同范本导入、正文制作、参数变量引用等功能，提高了合同制作效率。二是合同模板库管理。通过建立电子合同模板库，实现了合同模板的分类管理、素材库管理以及合同目录组成设置等功能。主要涵盖工程建设、政府采购等多个行业，满足了不同交易项目个性化的需求。同时，系统也支持自定义模板，方便用户根据实际情况进行调整和拓展。三是合同全过程线上管理。系统具有在线合同编制、公示、备案、续签、变更、终止、解除、履约、纠纷争议、风险管理等功能，覆盖了合同的全生命周期。在合同日常管理方面，系统提供了查询、统计、分析等功能，并对合同履行情况进行跟踪，便于用户及时发现和解决合同纠纷。四是合同电子签章。系统与电子签章平台对接，支持多种签章方式，包括 CA 数字证书签章等，极大地提高了合同签署的效率。五是合同履约。支持合同履约情况登记和履约验收结果公示。系统记录了合同履行过程中的关键信息，包括履约时间、履约情况、验收结果等，并自动生成履约报告，方便用户进行合同履约管理。

（二）评标专家劳务报酬支付系统功能

一是线上自动计费。系统从评标专家通过身份证刷门禁时开始计算评标时间，以专家点击系统中的"评标结束"为终止时间，自动计算评标时长，实现了评标专家劳务费用的自动计算，确保了费用计算的及时性和准确性，减轻了代理机构的工作量。二是专家费账户中心。系统为代理机构开设专用支付子账户，主要实现代理机构预先存入专家劳务费用，提供账户余额查询、预存记录查询等功能，方便代理机构管理账户资金。三是费用结算。系统根据评标时间、专家人数、支付费用规则等信息，自动计算专家劳务费用，并生成支付指令，从专款账户中划转至专家账户，实现了快速支付。四是退款。系统提供了预存款退款功能。代理机构不再使用交易平台开展业务时，可以申请退回未使用的款项，系统自动将款项退回至代理机构的指定账户。五是统计对账。系统提供了对账单下载、项目明细统计、专家费用统计等功能。详细的对账信息方便代理机构和专家进行对账和查询。六是系统对接。系统支持与国内多个银行系统对接，提高了专家劳务费用结算的应用广度。同时，系统支持多种支付方式，包括银行转账、支付宝、微信支付等方式，方便代理机构选择合适的支付方式。

三、创新点

交易集团通过不断创新交易系统功能，完善电子化交易流程，全面提升交易效率和服务水平，促使电子合同和评标专家劳务报酬支付系统进行以下创新。

（一）电子合同创新

一是电子合同线上秒签。规范了合同签署流程，采用了电子签章方式完成甲乙双方的合同签约，相较纸质合同加快了合同签订过程中的流转速度。系统支持使用国家权威 CA 数字证书，确保身份真实有效，还支持计算机、手机等多终端签署模式。签署后的合同可由管理部门核准备案，提高了合同签署的整体效率，为工作人员、交易双方在合同管理环节提供了智能化体验。二是合同模板一键生成。通过广泛收集工程建设、政府采购等不同行业的合同模板内容，工作人员在线编制和维护电子合同模板。编制合同时可直接同步招标文件中合同模板或直接引用合同模板库内容，实现了合同规范化管理。同时，合同模板可以细化拆分现有合同中的各类要素，归类重组后形成电子合同模板库。三是电子合同智能预警。电子合同管理系统依据各事项时限规则，在合同签订、变更、续签等环节向合同双方发送相应预警提醒。系统中预设预警次数，当甲乙双方未及时作出响应时，系统实时通知相关监管部门，在助力实行合同全生命周期规范化管理的同时辅助监管部门对合同的签订、续签情况进行实时监管。

（二）评标专家劳务报酬支付系统创新

一是线上即时支付。系统实现了评标专家劳务费用的自动计算和线上支付，代理机构只需线上确认支付，系统即按评标时长计算评标费用并进行支付，确保了费用支付的及时性和准确性，降低了代理机构的工作量和支付成本。二是实行专款账户管理。系统设立了专款账户，确保了资金的安全性和可追溯性，减少了转账不及时和费用拖欠等问题的发生，维护了专家和公共资源交易参与方的合法权益。三是支付标准灵活配置。系统支持按当地专家费用标准进行收费规则配置，满足了不同地区、不同项目的支付需求，提高了系统的适用性和灵活性。

四、应用效果

交易集团电子合同和评标专家劳务报酬支付系统自上线以来，得到市场主体的认可和肯定。

（一）电子合同系统的应用

一是电子合同操作流程便捷。招标单位进入电子合同系统后，可以轻松发起合同签订流程，通过导入模板快速填写合同信息。确认无误后进行电子签章，提交给中标单位进行确认。中标单位收到合同后，同样进行电子签章操作即可完成合同签订。整个流程中，系统实时同步合同状态至江西省公共资源交易平台，确保双方信息的一致性。合同变更、续签、终止等操作均遵循类似流程，所有操作均在系统内留痕，便于事后溯源及审计查询。二是合同签署效率高。电子合同签订有效减少了以前纸质合同流转所需时间，大大提高了合同签署效率。据统计，使用电子合同管理系统后，合同签署时间平均缩短了50%。截至2024年8月，江西省通过电子合同签订的合同项目共有3980宗，已完成签约的合同项目达3143宗。三是合同管理透明度高。合同签署、履行等信息可追溯，提升了合同管理透明度。用户可以随时查询合同状态和履约情况，确保合同的执行情况符合预期。

（二）评标专家劳务报酬支付系统的应用

一是评标专家劳务报酬支付操作流程便捷。代理机构在场地预约时自主选择线上支付方式。评标结束后，系统将推送项目信息并等待系统自动计算专家劳务费用。代理机构登录支付系统，完成预存款操作后就可以选择对应项目进行支付确认。支付完成后可随时查看支付历史信息和账户余额，确保资金安全无忧。二是规范专家劳务报酬支付。线上支付方式规范了专家劳务报酬支付行为，避免了线下支付可能出现的"讨价还价"和费用支付不规范等问题。三是提高支付效率和透明度。线上支付方式提高了支付效率和透明度，方便代理机构对专家评标费的日常管理，同时也有利于专家查询自己所参加项目获取的费用明细。这项功能得到代理机构和专家的普遍认同。据统计，使用专家劳务报酬支付系统后，专家劳务报酬支付时间平均缩短了80%。截至2024年8月，选择线上支付专家劳务报酬项目共有840宗，已完成支付专家报酬费用2230笔，支付金额为130余万元。

（江西省公共资源交易集团有限公司：凌宗铭、项孝鸿）

大连市公共资源交易中心：首推跨省"双随机""双盲"远程异地评标，打出阳光交易"组合拳"

一、案例背景

（一）发展背景

近年来，随着"互联网+"公共资源交易的逐步推进，全国各地都在积极地推进公共资源交易全流程电子化建设。《国家发展改革委办公厅关于积极应对疫情创新做好招投标工作保障经济平稳运行的通知》（发改电〔2020〕170号）、《国家发展改革委等部门关于严格执行招标投标法规制度进一步规范招标投标主体行为的若干意见》（发改法规规〔2022〕1117号）都要求积极推广网络远程异地评标。

远程异地评标作为解决本地专家缺乏或本地专家"小圈子""熟面孔""围串标"等问题的有效抓手，在提高招投标活动的公平性方面起到了重要作用。但近年来在远程异地评标实践过程中，因主场、副场之间建立联系的工作信息无法做到保密，出现了部分投标人获知副场地点后，采取不正当竞争手段影响招投标的公正性等行为。

针对这些问题，大连市公共资源交易中心联合国泰新点软件股份有限公司通过规范"双随机"远程异地评标工作，采用"随机副场制"取代传统的"指定副场制"，推行"双随机"+"双盲"机制，解决传统远程异地评标项目交易各方主体"圈子"逐渐固化的问题，进一步推动优质专家资源跨地区、跨行业共享，提升远程异地评标的服务质量和效率。打造跨区域远程异地评标项目整体风险防控体系，进一步实现公共资源交易跨区域互联互通、优势互补、资源共享，有效减少了评标中的人为因素干扰，营造出更加公平公正、阳光规范的公共资源交易环境。

（二）存在的痛点

1. 专家资源不充分，影响评标质量

同地区评标专家聚集在同一评标室进行评标，部分专家专业素养水平未达到所评标项目技术需求，存在"浑水摸鱼"评标打分的情况，评标质量不高。

2. 评标专家熟面孔，影响公平评标

同地区专家和专家之间、专家和投标人之间存在许多熟面孔，出现打招呼、打感

情分等影响公平评标的问题。

二、主要内容

（一）"易采虹""双随机"远程异地评标权责对等抽取规则

为避免联盟成员单位因主副场项目过多或过少带来的权责不对等问题，从市场供需角度出发，特制定如下规则。

1. 积分细则

（1）初始积分为 100 积分。

（2）做副场增加积分，增加积分数为提供的远程评标席位数，保底 2 个积分/项目。做主场消耗积分，消耗积分数为其所需副场提供的席位数。

（3）连续 2 个月（及以上）未进行"双随机"项目的，每月扣除 1 个积分。连续 2 个月（及以上）进行"双随机"项目的，每月增加 1 个积分。

（4）成员单位被抽取作为副场，拒绝参加的，扣除 1 个积分。

2. 各阈值积分对应权益

120 分以上：暂不被抽取做副场（如本地愿意，可保留被抽取资格），保留做主场权限；80 分至 120 分：正常积分区，可正常进行主副场远程异地评标；低于 80 分：需配合其他地区做副场，积分达到 80 分以上时，恢复做主场权限。

3. 定期公布积分

联盟秘书处定期公开"双随机"远程异地开展情况，含主副场项目情况和联盟积分情况。

4. 动态调整积分

后续根据联盟运行情况，获得联盟内半数以上成员同意后，动态调整积分制度。

（二）系统准备

1. 基础设施设备准备

（1）"双随机"远程异地评标场所宜采用评标席位形式提供服务，每个副场单位不低于 8 个席位，以满足"易采虹""双随机"远程异地评标常态化的需要，并基于本地实情在"易采虹"平台中定期维护可供抽取的席位数。

（2）"双随机"远程异地评标场所应具备满足相关软件工具正常运行的电脑硬件（含多因子、四合一、摄像头、拾音器、耳麦）、软件（"易采虹"App、驱动、量子随机抽取、可信终端接入）及网络环境。

（3）远程异地评标场所应具备音频视频监控设施，监控范围应包括但不限于：评标场所的整体环境监控，应覆盖所有评标专家及其周边环境；评标专家的活动音频视频监控，应至少覆盖评标专家的面部画面；专家评标桌面视频；评标会议的音频视频。

（4）主副场的评标音频视频监控信息应允许主场通过四合一监管端进行实时在线

查看。

2. 系统对接准备

（1）电子交易平台或席位管控系统对接各地区综合评标专家库管理系统。

（2）在提供"易采虹""双随机"远程异地服务前，主副场电子交易系统需对接"易采虹"平台。

（3）主场电子交易平台在提供远程异地评标服务时，应保障各相关系统正常运行。

（4）进行"双随机"业务的项目，主场按照国家标准规范《公共资源交易评标专家专业分类标准》选取所需抽取专家专业，副场按照主场提交的专家专业抽取要求进行专家抽取，副场当地的专家专业分类标准与标准规范差距较大的，经与主场沟通同意后，可调整为对应的本地化专业分类。

（三）副场抽取

1. 远程异地评标项目登记

招标人或其委托的招标代理机构应在主场电子交易平台完成远程异地评标项目的信息登记。

2. 远程异地评标场所预约

（1）评标场所资源情况获取。

主场电子交易平台通过"易采虹"平台获取"双随机"联盟评标场所资源情况。招标人或其委托的招标代理机构通过"易采虹"平台可查询到的评标场所信息包括但不限于：评标场所所在地；评标场所类型；可容纳的评标专家人数；场所可用状态的相关信息。

（2）提交副场随机抽取申请。

招标人或其委托的招标代理机构在"易采虹""双随机"副场池中选定意向的随机副场范围（联盟、区域均可），并通过"易采虹"平台发起副场评标场所随机申请，随机选定副场所在地。随机申请信息包括但不限于：随机副场的所属地区范围；随机副场的副场个数；各副场的评标专家人数；预计评标起始时间；预计评标时长。

场地抽取完毕，主副场之间的场地信息及项目信息做到双向匿名（由"副场1、项目A"等编号替代原来具体的项目及场地信息）。

（四）远程异地评标专家抽取

1. 提交专家抽取申请

（1）在副场抽取完成后，"易采虹"平台自动组建远程异地评标项目并自动添加主副场信息（由主场、副场1、副场2代替），由系统向主副场交易平台发送专家抽取指令，主副场将抽取的专业、数量等要求推送至专家管理系统，由专家管理系统随机抽取专家。

（2）主副场专家抽取的数量应与主副场预约数量匹配。

2. 接收专家抽取结果

主副专家抽取完成后，应将抽取结果信息返回至"易采虹"平台，专家抽取不足的应及时联系主场进行补抽。评标后，应将评委名单加密推送至"易采虹"平台进行中转，然后推送至主场的评标系统。

（五）席位锁定

场地抽取完毕以及对应地区评标专家抽取成功后，"易采虹"平台锁定对应的主副场席位，并将席位状态信息同步更新至主副场的场所运行管理系统，完成该副场的场所预约活动。

（六）专家入场身份识别

（1）主副场评标专家应当按照通知在规定时间到达指定评标场所。

（2）主副场的场所运行管理系统接收到对应的专家抽取信息后，组织到场专家进行入场身份识别和签到工作，统一保管其通信工具，指引评标专家至规定评标席位，并为其提供技术协助和服务。

（3）主副场应提供场所环境见证服务，并在首位专家入场前开启见证监管设备。

（七）专家登录网络与评标

1. 专家登录网络

评标专家应在指定评标席位上登录主场评标网络，并完成身份验证。

2. 远程评标

（1）评标专家在完成身份验证后可开始网络远程评标。

（2）评标专家登录主场四合一系统进行远程沟通交流，全程应保持评标会议交流工具为开启状态，且评标过程中不得关闭设备。

（3）评标专家登录主场电子评标专业工具进行线上评审。

（4）评标过程应在四合一系统的监控下进行，保持全程录音录像，并提供在线查阅和全过程留档。

（八）评标报告与签名

（1）主副场评标专家应在多因子评标互动终端中完成评标报告的电子签名确认。

（2）评标活动结束后，评标工具和四合一的音频视频见证服务可关闭，对应的音频视频资料由主场交易平台长期保存。

（3）全部专家离场后，场所环境音频视频见证服务可关闭，对应的音频视频见证资料由主副场的场所运行管理系统长期保存。

（九）专家服务与评标资料信息存储

1. 专家评价

远程异地评标结束后，招标人或其委托的招标代理机构在主场电子交易平台录入专家评标行为信息，并通过对应的专家库服务工具将相关专家评价信息推送至专家库管理系统，完成专家评价。

2. 专家劳务费支付

（1）联盟成员单位可以通过"易采虹"平台线上专家费用结算服务，实现跨区域远程评标项目评委费用的结算。

（2）联盟成员单位应做好评标专家劳务费支付系统相关业务咨询和培训宣传工作，指导招标代理机构和评标专家进行系统操作，同时应加强对招标代理机构和评标专家劳务费支付行为的管理和监督。

（十）评标资料信息存储

（1）远程异地评标结束后，电子评标专业工具及四合一生成的评标过程资料、音频视频资料信息应由主场电子交易平台进行存储，供监管平台按需调取。

（2）远程异地评标活动结束后，主副场的场所环境音频视频资料信息应由主副场的场所运行管理系统分别存储，供监管平台按需调取。

（3）远程异地评标结束后，招标人或其委托的招标代理机构应对评标过程中资料信息进行整理，按照相关要求在主场电子交易平台完成资料归档工作。

（4）归档内容应符合《电子档案管理标准》的相关要求。

（十一）见证、监督和管理

（1）主场电子交易平台和公共服务平台应提供远程异地评标见证、监督通道，供监管部门及招标人等相关远程异地评标活动主体在线见证、监督主场和副场的评标全过程。

（2）监管通道应至少支持以下方式及信息资料的调取和查阅：①参与远程异地评标活动会议的视频；②场所运行管理系统保存的席位见证音频视频；③主场电子交易平台保存的评标会议交流工具产生的音频视频资料；④综合评标专家库管理系统保存的评标专家相关信息资料。

（3）项目所在地的项目监管部门发现评标副场的评标专家或现场服务人员有违法违规行为的，会同副场所在地的相关监管部门协同处理。

三、创新点

大连市公共资源交易中心积极推动优质专家资源跨地区、跨行业互联共享，通过要素资源共享合作，在全国率先推出"分散式"远程评审模式，即一个项目的评审专家来自多个省区市。2024 年以来，运用区块链等信息化手段，推出"分散式+盲选"新举措，系统随机选取评标省区市，随机抽取评审专家，实现评审专家空间隔离、人员分散、互不见面，规避评标过程倾向性、诱导性风险。

四、应用效果

2024 年 4 月，大连市首个跨省"双随机""双盲"远程异地评标项目顺利完成，此次远程异地评标合作是以大连市公共资源交易中心为主场，依托"易采虹"平台，通过"双随机"系统随机抽取副场以及对主副场专家的专业及数量进行随机分配，九江市公共资源交易中心、赤峰市公共资源交易中心、信阳市公共资源交易中心、宣城市公共资源交易中心、新乡市公共资源交易中心最终为抽取的 5 个副场，并自动创建匿名沟通群。同时，依托"易采虹"App，完成主副场项目需求匿名沟通，使评标开始前主场与副场之间相关信息互相屏蔽，真正实现"双随机"+"双盲"目标。一方面避免了通信管道不畅等原因导致的工作延误，提升了远程异地评标项目质效；另一方面保障了交易数据安全性和保密性，有效防止信息泄露等安全威胁，促进市场的公平公正。

下一步，大连市将常态化推进"双随机"远程异地评标工作，继续深化"互联网+公共资源交易"，进一步发挥平台资源优势，持续扩大公共资源交易合作"朋友圈"，促进评标专家资源互联共享，打造公开透明、服务高效的远程异地评标平台。

同时，大连市公共资源交易中心将进一步提升远程异地评标工作管理服务水平，扩大跨区域远程异地评标"双随机"城市联盟范围及影响力，探索跨区域远程异地评标工作新模式，为促进辽宁省公共资源交易高质量发展发挥更大作用。

五、推广价值

远程异地评标"双随机"模式的推广价值显著，主要体现在以下几个方面。

1. 增强评审公正性与透明度

（1）减少人为干预："双随机"模式确保了评标专家和评标副场的随机性，从而有效减少了人为因素对评标过程的干扰。这有助于防止"熟人效应"和"地方保护主义"，保障评标的公正性。

（2）增强保密性：远程异地评标和"双随机"模式结合，进一步增强了评标过程的保密性。由于专家和投标人的物理隔离，以及评标信息的加密传输，减少了项目关键信息的泄露风险。

2. 提高评审效率与质量

（1）专家资源共享：远程异地评标打破了地域限制，使各地的优秀专家都能参与评标，实现了专家资源的跨地区共享。这有助于提高评标的专业性和权威性，从而提高评审质量。

（2）节约时间和成本：专家无须长途跋涉到指定地点进行评标，大大节约了交通和时间成本。同时，由于评标过程的电子化，也减少了纸质材料的打印和传递成本。

（3）提高评审效率：通过音视频等现代信息技术手段，评标专家和招标人、投标人可以实现实时互动和协同工作，加快了评标进度，提高了评审效率。

3. 推动技术创新与应用

（1）促进信息化发展：远程异地评标"双随机"模式的推广，需要依托先进的云计算、大数据、区块链等信息技术手段，有力地推动了信息技术在招投标领域的应用和发展。

（2）提升系统安全性：为了确保远程异地评标的安全性，需要不断加强系统建设和安全防护措施。这不仅有助于提升招投标系统的整体安全性，还防止数据泄露和篡改等风险。

4. 优化营商环境

（1）吸引外地企业参与：远程异地评标"双随机"模式的推广，使外地企业能够更加便捷地参与本地的招投标活动。这有助于打破地域壁垒，促进市场竞争的公平性和开放性。

（2）提升政府公信力：通过推广远程异地评标"双随机"模式，政府可以展示其推动招投标制度改革、优化营商环境的决心和成效，从而提升政府的公信力和形象。

（大连市公共资源交易中心：郑良大、李宏达）

广州交易集团有限公司：提供"一站式"供应链解决方案，共享采购数字化成果

广州交易集团有限公司（以下简称"广州交易集团"）于2021年12月1日注册成立，是广州市委、市政府整合全国公共资源交易规模最大的广州公共资源交易中心和具有行业领先地位的广州交易所集团而成的企业。业务涵盖工程建设项目招标投标、政府采购、企业阳光采购、自然资源交易、药品和医用耗材采购、城市更新招商、综合产权交易、碳排放权交易、农业农村要素交易、技术产权交易、数据交易、航运交易等交易品类，自成立以来交易规模达到万亿元水平。

一、案例背景

习近平总书记多次强调数字经济在全球经济中的引擎作用，提出要充分发挥国有企业在数字经济建设中的示范引领作用。2020年国务院国资委印发《关于加快推进国有企业数字化转型工作的通知》，标志着国有企业数字化转型进入了快车道，其中指出要推进智慧供应链建设，推动供应链、产业链上下游企业间数据贯通、资源共享和业务协同。

2023年，国务院国资委出台《关于中央企业在建设世界一流企业中加强供应链管理的指导意见》，涉及推进供应链建设精益化、协同化、国际化、智慧化和稳定性、创新性等多个维度，旨在打造更加高效、安全、绿色、智能的供应链体系，为国有企业建设供应链管理指明了方向，助力国有企业在全球竞争中脱颖而出。

在此大背景下，广州交易集团深入国企调研，发现广州大型市属集团国有企业在采购领域普遍存在两大现象：一是采购流程烦琐复杂，采购人设置的采购流程普遍过于复杂且信息化程度不高，导致采购周期长、工作量大、效率低、成本增加。二是传统的采购模式已经不适应大型集团企业管控精细化、集团协同化、统计分析智能化的发展需求。传统的采购模式下，采购管理工作大量依赖人工开展，存在效率低、准确性不高等情况，同时无法及时有效地对采购计划、数据统计、供应商管理、分子公司协同等事项作出分析和预判，难以帮助企业有效地进行经营决策。

经与广州交通投资集团有限公司（以下简称"交投集团"）多次探讨，双方达成合作意向，由广州交易集团利用深耕公共资源交易领域多年的优势和条件，对外输出已有采购交易领域的经验和技术，为交投集团提供采购管理供应链解决方案，构建智

能化的供应链集成系统。

二、实践做法

广州交易集团结合交投集团采购现状和发展规划，与交投集团在采购供应链领域开展深度合作，协助交投集团完善内部采购规范及供应链编码体系，共建共用数字化供应链管理系统，并通过供应链管理平台全面对接企业业财一体化、办公自动化（OA）、数据共享等系统，实现穿透式、融合式管理，开创了企业采购供应链管理和共建的新模式。

（一）抓住数字化转型机遇，开展现代供应链创新与实践

按照现代供应链管理理念及全面数字化转型要求，广州交易集团从供应链管理顶层设计入手，为交投集团实施制度重构，搭建全新采购制度体系。同时，广州交易集团为交投集团打造全场景、全业务模式的供应链管理系统平台，解决实际业务运行中存在的痛点，覆盖寻源采购、订单交易、物流仓储、资金结算等供应链全过程，实现了各环节操作的数字化、标准化、规范化管理，降低企业采购成本，提高采购效率，创造采购效益。

（二）满足多样化管理需求，搭建多模块供应链管理系统

广州交易集团成立专项团队，对交投集团的现有采购流程进行了全面的梳理和分析，识别出流程中的痛点和瓶颈；深入交投集团各部门进行实地调研，与相关业务人员进行交流和讨论，详细了解实际需求和期望。通过对集团各业务单位的需求痛点进行分类汇总，针对性开发出包括门户管理、标准化管理、采购管理、专家管理、供应商管理、大屏看板、监督监管、集采与商城管理、系统管理在内的九大板块功能，帮助交投集团实现对集团企业的采购管控精细化。

（三）物料编码标准化管理，奠定采购一体化基础

供应链集成系统具备采购物料编码标准化管理功能，采用符合国标规范的数据编码标准，实现了品目分级管理展示。同时在各品目类别下，结合交投集团各企业经常采购的货物、服务项目以及对应项目内容详细清单进一步细分，分别赋予特定的物料编码，并可根据实际需要定义新增，最终将详细清单作为报价记录数据，形成价格主数据，为报表展示、集中采购等提供数据支撑。

（四）创新数据整合模式，提升数据可视化程度

针对交投集团的数据统计分析可视化需求，广州交易集团专项团队将具体数据需求汇总为统一的大屏看板，具体分为项目看板、采购人看板、价格看板和供应商画像4

个部分。其中，项目看板以图表形式直观展示了交投集团及其下属企业的采购总体概况，包括项目数量、采购方式及品目成交金额等统计数据；采购人看板针对集团成员企业的具体采购情况，从项目数量、采购方式、品目成交金额、总金额等多个维度进行统计分析，便于采购人及相关监督、审计部门了解采购工作进展；价格看板通过多维度统计分析呈现采购价格趋势；供应商画像则重点关注供应商在集团内的成交情况、金额分布、数量以及协同供应商等关键信息。

（五）加强全过程监督管理，实现全流程实时管控

在采购全流程管控层面，系统事前可进行供应商关联识别，事中进行规律性、相似性报价识别报警，事后识别并报警高频"陪标"供应商及雷同响应文件。在监督管理层面，系统能够在线实时抽查采购过程资料文件，从公告发布、供应商邀请及响应到采购评审，实现全过程全方位实时监管，并支持全流程采购过程文件的回看，包括项目采购流程中的各项数据及归档数据。

（六）创新建立采购服务商城，实现多元化采购需求一键触达

供应链集成系统除直通阳光采购货物商城外，还可直联由广州交易集团创新建立的阳光采购服务商城。阳光采购服务商城涵盖企业商旅、运维、租赁中介等多领域服务采购，通过电商化、平台化的设计，采购人可以便捷地进行在线下单。特别是在企业商旅服务上，平台集成了多家OTA（在线旅行社）平台的综合资源，为企业提供包括酒店、机票、火车票、会务、场地、门票等多项服务，并与企业OA及业财系统无缝对接，确保财务报销流程自动化和便捷化。这一创新模式解决了企业服务采购的诸多痛点，将采购人和供应商紧密连接在一起，构建了高效、透明、安全的采购环境，为企业带来全新的数智化采购体验，有效打通了从采购下单到费用报销支付的"最后一公里"。

（七）推动交易信息高效交互，重塑集团采购流程

供应链集成系统实现了与广州国企阳光采购信息发布平台、广州公共资源采购平台、广州公共资源交易中心建设工程招投标平台、内部协同办公系统以及公路工程集团的专用采购信息化平台子系统等全链路全面对接，提供采购项目信息自动推送、全过程数据和文档自动归集、一键触达交易、一键归档等多种功能，减少重复录入的人工成本，确保采购全过程在线监管，满足不同监管部门监管要求。

三、实践效果

（一）提升采购信息化水平，以数字化驱动国企采购改革

以供应链集成系统为抓手，推动数字化采购平台建设，配套招标采购、询比采购、

竞价采购、谈判采购、直接采购、电商采购等多种采购方式，为采购人提供需求管理、市场寻源、采购撮合、支付结算、合同履约、供应商管理、价格管理、金融支撑等全流程采购服务，通过简单快捷、可定制的操作流程环节，满足交投集团及下属企业多样化的采购需求，并减少各企业分别自行建设数字化采购平台所造成的资源重复投入。

（二）融合规范监管与个性化需求，研讨符合企业经营特性的采购模式

为交投集团提供完整的供应链集成系统是广州交易集团利用自身规范的公共资源交易体系，对外输出供应链软件产品开发能力的标杆项目。项目充分协同融合平台化的阳光规范监管要求和个性化的采购管理需求，推动国企采购向数字化、智能化方向发展。

（三）深入洞察企业采购现状，提前谋划部署带量集中采购

目前，国企均大力推广联合带量集中采购模式，但实践过程中往往存在采购需求不明确、规格标准不统一、历史数据不齐全、采购需求征集依靠人工开展等情况。供应链集成系统具备需求征集、跟单报价、数据汇聚等多种功能，便于交投集团挖掘和储备集中采购项目，推动采购管理提质降本增效。

（四）推动供应链管理水平提升，构建集团层级的供应链协同平台

交投集团供应链集成系统有针对性地连接上下游主体，延伸供应链管理链条，以提升供应链管理精益化、协同化水平为方向，集订单管理、采购交易、物流仓储、金融服务、销售管理于一体，推动传统采购向供应链管理转型升级，为交投集团企业战略与供应链管理的融合、数字化时代下持续增强供应链弹性和韧性等提供助力。

（五）升级一体化服务量级，打造"规范+科技+服务"体系

交投集团供应链集成系统是广州交易集团致力于构建"规范+科技+服务"三位一体的服务体系、全面提升服务质量与效率的成功范例。在规范化方面，作为守法合规的国资背景平台，广州交易集团充分运用丰富的政府采购、建设工程招投标等多领域采购经验，结合参编国家和地方标准制定的经验，为企业内部采购制度建设提供支持；在科技方面，广州交易集团采用SaaS（软件即服务）模式，向企业提供全面的供应链管理系统解决方案，为企业提供云服务咨询及采购服务，助力企业在数字化转型中保持竞争力；在服务方面，广州交易集团提供专业的采购管理咨询服务，利用丰富的专家资源，为企业提供精准的廉洁风险防控支持。

四、推广价值

在信息化飞速发展的时代，企业采购的降本增效已成为众多企业追求的目标，推

动企业在供应链转型方面进行更多的探索与实践。广州交易集团与交投集团联合打造的供应链集成系统，不仅成功实现了这一目标，更展现了该系统在行业内的深远推广价值，主要体现在以下方面。

（一）提升行业整体效率

供应链集成系统的应用，显著提升了大型集团企业整体的采购运作效率。通过信息技术的深度融合，采购流程得以精简化、透明化、高效化，有效减少了人为干预和操作失误，降低了运营成本，提高了经济效益；同时可赋能带量集中采购模式，助力构建以量换价的采购新局面。

（二）促进资源优化配置

供应链集成系统具备强大的大数据分析和智能决策支持功能，能够帮助企业精准把握内部需求，合理安排采购计划，实现资源的优化配置。通过深入分析采购数据，企业可以预测市场趋势，避免资源浪费和库存积压；同时赋能供需两端，发挥双边效应，打造供需平衡的供应链协同平台。

（三）推动数字化转型

供应链集成系统的推广是企业数字化转型的重要一环，也是社会经济发展的必然趋势。通过系统的广泛应用，企业可以加快技术升级和创新步伐，提升核心竞争力。同时，系统的推广还能够引导更多企业认识到数字化转型的必要性和紧迫性，激发参与数字化转型的积极性。

（四）助力客户企业发展

供应链集成系统的个性化定制服务，将广州交易集团一体化的综合服务能力打包提供给客户企业，打造企业个性化服务专区，避免了国有企业以及中小企业在建设类似平台时的资源重复投入，帮助企业轻松实现供应链管理的数字化转型，采用更加高效、环保的运营模式。

（五）提升社会公共服务水平

在公共服务领域，供应链集成系统的推广同样具有重要意义。政府及相关机构可以通过系统实现高效、透明的采购管理，确保公共资源的合理利用和服务质量的提升。这不仅提高了公众满意度，还增强了政府的社会治理能力，为构建和谐社会提供有力支持。

（六）具备强大的可扩展性和适应性

供应链集成系统为模块化搭建，可快速响应不同企业的需求，并根据不同企业特性进行定制化开发和优化，模式复制便捷高效。这意味着该系统不仅可以服务于交通投资领域的企业，还可以广泛应用于其他行业和企业类型，为更多企业带来实质性的效益提升。

综上，本采购信息化平台供应链解决方案案例具有极高的推广价值，它不仅在实践中证明了其可行性和优越性，还为其他企业提供了可借鉴的成功经验。希望通过推广该案例，广州交易集团能为更多企业提供"一站式"供应链解决方案，为行业数字化转型升级贡献"广交易"智慧。未来，广州交易集团将持续以定制化供应链集成系统为发力点，积极响应国家关于深化国有企业改革和数字化转型的战略，助力国有企业打造更加高效、安全、绿色和智能的供应链管理体系。

（广州交易集团有限公司）

衢州市公共资源交易中心：探索投标工具市场化

2018 年，浙江省衢州市开启了公共资源交易系统的搭建工作。在"全市一套大平台"的蓝图下，衢州市巧妙融合了公共服务、电子交易和电子监督三大支柱，建设集高效、透明、便捷于一体的公共资源交易大平台，并于 2019 年正式投入使用。衢州市公共资源交易市县一体化平台以"统筹建设，逐步推广"的策略稳步前进，在保障各区县公共资源交易活动平稳运行的同时，逐步推进各区县的系统更换，至 2022 年年底，实现了对柯城区、衢江区、江山市、龙游县、常山县和开化县的全面覆盖，真正实现了"全市一套大平台"的美好愿景。

"全市一套大平台"的深入推广与实施，不仅极大地提升了衢州市公共资源交易的整体服务水平，实现了资源的高效整合与共享，有效规避了重复建设的弊端，更引领公共资源交易步入了一个崭新的时代——"主体一网登记、交易一网入口、信息一网公开"。这一创举，为融入以省公共资源交易服务应用为核心的全省公共资源交易体系，全力共建全省统一高效公共资源要素市场，以及助力长三角区域公共资源交易跨区域一体化建设，奠定了坚实的基础并做好了充分的准备工作。

一、市场背景

在当前全国公共资源交易平台的建设与应用过程中，一个显著特点是大多数交易平台采用"一平台一工具"的固定匹配模式进行交易，即投标工具主要由交易平台软件供应商提供。这一模式在一定程度上限制了投标人在参与对应地区项目投标活动时对投标工具的自主选择权。

在国家政策持续引导公共资源交易平台向市场化方向迈进的趋势下，衢州市公共资源交易市县一体化平台为投标工具市场化发展奠定了坚实的基础。衢州市公共资源交易中心以提供优质交易服务、优化营商环境为核心目标，积极在衢州市范围内探索投标工具市场化机制体制的创新，通过引导社会力量的参与，丰富交易服务的供给，进一步加强了公共服务市场化建设，有效促进了市场主体与公共资源交易平台及新兴技术的深度融合。此举不仅优化了公共资源交易的市场化配置，还显著提升了衢州市公共资源交易平台的服务水平，完善了市场与政府的关系，构建了更加健全的要素市场化配置体制机制。这些努力对于促进要素的自由流动，打造出一个更加公平、公开、公正的市场环境，正发挥着不可替代的作用。

二、主要内容

自 2019 年平台上线以来，衢州市在投标工具的开发、推广和使用过程中，积极引入市场机制，利用市场竞争的力量推动投标工具的持续优化与创新，精准对接并满足各类投标主体的多元化需求。这一措施旨在显著提升投标效率，有效降低投标成本，同时促进公共资源交易的透明化与规范化进程。历经六年多的实践与发展，投标工具市场化已步入成熟阶段，成功吸纳了包括"擎洲""品茗""招天下"在内的多家知名投标工具服务商，并在全国范围内持续征集并引入更多优质服务商，以提供更加全面、高效、专业的服务。目前，投标工具市场化机制运行稳健，为衢州市营商环境的持续优化奠定了坚实的基石。

衢州市致力于推动投标工具市场化运作机制的持续优化与健康发展，主要围绕以下各方面实施规范化管理，旨在保障市场化服务质量，并推动市场向优质化、可持续化方向发展。

1. 完善的对接制度

确保市场化服务良好运行的核心要素是提供优质的服务。交易中心及各软件服务商共同面临的挑战是，如何保障市场化工具在衢州市县一体化交易平台上的稳定运行。在深入探究与不断磨合的过程中，交易中心建立了一套完善的工具对接机制。具体而言，若软件供应商有意向接入该平台，需先提交工具对接申请表，详细阐述工具的具体信息、对接要求以及所能提供的服务内容等。该申请需经交易中心严格审核，通过后方可进入工具与平台的对接联调阶段。经过多轮工具与平台的对接联调，并成功通过验证后，该工具方可正式上线，供投标人使用。这一系列严格的对接制度，旨在构建一个规范化、高质量的投标工具市场。

2. 引入优质服务商

衢州市在全国范围内持续引进优质的软件服务商，通过拓宽软件服务商的征集渠道，确保更多优质的供应商能够参与到衢州市市场化投标工具的高效运作中来，以此促进市场服务竞争的良性发展，为投标人提供更加优质、全面的投标工具服务。

3. 全环节监管制度

市场化运作机制并不意味着完全放任不管，交易中心针对提供服务的供应商实施严格的考核管理，一旦接到投标人的相关投诉，如服务支撑不足、工具使用报错等问题，交易中心将责令对应的软件服务商针对投诉事项进行回应和处理，并要求其提交详细的书面说明材料，以预防类似问题再次发生。

三、创新点

1. 打破平台工具的捆绑

衢州市通过实施投标工具市场化机制，成功打破了"一平台一工具"的捆绑现状，为投标人提供了更加丰富的工具服务选择，投标人不再受限于平台绑定的特定投标工具，而是能够横向比对多家工具服务商提供的服务，从而择优选用。

2. 促进市场化良性竞争

衢州市在推行市场化机制的基础上，确立了"以服务为优，不以价格为优"的原则。通过深入调研全国各地区工具使用情况及工具供应商的成本与收益，衢州市制定了统一的服务价格标准：对于项目金额在 400 万元及以上的标段，服务费为 200 元/标段；对于项目金额在 200 万元（含）至 400 万元（不含）之间的标段，服务费为 150 元/标段；对于项目金额在 200 万元以下的标段，服务费为 100 元/标段。投标人可根据不同供应商提供的服务质量进行选择，而不受价格因素的干扰，从而有效避免了"低价竞争"等不合理的市场竞争现象。

3. 提升投标人效益

市场化的自由选择模式促使供应商主动提供高品质的软件及售后服务，使投标人能够"花小钱办大事"，摆脱了传统政府买单模式的束缚，从而享受更多优质服务。这种变化不仅有效提升了投标人的投标效益，还显著提高了招投标活动的整体服务质量。

四、应用效果

衢州市投标工具的市场化举措，旨在借助市场的良性竞争力量，推动投标工具的持续优化与创新，以满足各类投标主体的多样化需求。此举不仅加快了公共服务市场化建设的步伐，还有效促进了市场主体将公共资源交易平台与新兴技术深度融合，为投标人带来更加卓越的服务体验，进而构建出一个集"更先进的系统架构、更高效的交易服务、更安全的交易过程、更人性化的用户体验"于一体的公共资源交易服务体系。

1. 优化公共资源市场化配置需求

通过深化公共资源交易的市场化配置机制，提升衢州市公共资源交易投标工具的服务效能，对理顺市场和政府关系、建立健全要素市场化配置体系、促进要素顺畅流通、营造公平公开公正的市场环境具有关键作用。

2. 满足投标人多样化需求

通过构建统一开放、竞争有序的投标工具市场，不仅能够为市场主体提供更加便捷的在线交易服务，满足投标人多样化的交易需求，还显著降低了交易成本，提升了交易效率。这一举措有效激活了市场力量，进一步为市场主体和社会公众带来前所未有的交易便利。

3. 提升投标文件编制效率

由工具服务商提供优质的工具服务，协助投标人根据通用的评标办法，将企业基本信息、业绩、资质、诚信信息等商务及技术投标素材进行系统化梳理。这些原本以纸质及 WORD、图片、PDF 等格式保存的材料，现在被统一存储管理，构建成一个完整且独立的企业投标文件编制素材库。投标人只需简单地将招标文件导入该素材库系统，即可迅速完成商务与技术部分相关材料的匹配，从而快速编制出投标素材及文件初稿，这显著提升了投标文件的编制效率与准确率。

4. 提供更多的选择和灵活性

市场化的投标工具往往配备多样化的功能和选项，旨在满足不同企业的特定需求。企业能够基于自身的实际情况，灵活选择合适的工具和服务，进而提升投标的灵活性与适应性。

5. 促进市场竞争和创新

投标工具的市场化极大地促进了竞争格局的形成与创新浪潮的涌动。各类投标工具提供商纷纷响应，持续推出创新功能与服务，以吸引更多的用户。这种激烈的竞争态势不仅激发了行业的活力，还有力地推动了整个投标工具行业的快速发展与持续进步。

6. 节约投标成本

自市场化工具上线以来，至今已吸引约 20 万人次使用市场化工具参与衢州市项目投标活动，其高效便捷的特性助力投标人累计节省投标成本高达 1 亿元。

7. 提高风险抵御能力

完善风险管理体系：市场化的交易工具要求交易中心构建更加完备的风险管理体系，并提升风险控制能力。这涵盖了建立健全的风险评估、监测和预警机制，以及制定并实施高效的风险应对措施和应急预案等。通过不断增强风险管理能力，交易中心能够更有效地维护市场的稳定，切实保障交易者的合法权益。

提高风险抵御能力：市场化工具有助于交易中心增强风险抵御能力，以更好地应对市场波动和突发事件的冲击。通过引入多样化的交易产品和风险对冲工具，交易中心能够为交易者提供更多元化的风险管理解决方案，从而有效减少市场波动对交易者造成的不利影响。

（衢州市公共资源交易中心：童起宏）

包头市公共资源交易中心：打造信用建设"一诺畅行"创新样本

党的二十届三中全会审议通过的《中共中央关于进一步全面深化改革 推进中国式现代化的决定》明确提出，要"建立健全统一规范、信息共享的招标投标和政府、事业单位、国有企业采购等公共资源交易平台体系，实现项目全流程公开管理""健全社会信用体系和监管制度""健全诚信建设长效机制"等改革举措，为进一步深化公共资源交易领域改革创新指明了发展方向。包头市公共资源交易中心锚定打造全国一流公共资源交易平台目标，加快推进标准化运行、阳光化交易、数字化转型，全面加大改革创新力度，大力优化营商环境，在"信易+投标保证金"政策获评全国典型案例和自治区级试点的基础上，持续丰富应用场景，在公共资源交易领域全面实施信用建设"一诺畅行"，打造"信易+公共资源交易"示范工程。2024年5月，在国家发展改革委组织的全国城市信用状况监测中，包头市公共资源交易领域信用建设"一诺畅行"创新做法和典型经验获全国范围推广；2024年6月，获批自治区级改革试点，成为公共资源交易领域全区领先、全国前列的改革新样本。

一、案例背景

信用建设是实现国家治理体系和治理能力现代化的内在要求和重要体现。为认真贯彻落实《国务院办公厅关于加快推进社会信用体系建设构建以信用为基础的新型监管机制的指导意见》《内蒙古自治区公共资源交易信用管理办法》《内蒙古自治区人民政府关于在全区开展诚信建设工程的实施方案》《包头市诚信建设工程实施方案》等文件精神，进一步加强公共资源交易领域信用体系建设，规范有序推进信用承诺制工作，进而简化经营主体办事程序，降低交易成本，激发市场活力，强化经营主体责任意识，促进经营主体加强自我约束、依法诚信经营，维护公平竞争市场秩序，建立健全与事中事后监管紧密结合的事前信用承诺推行机制，推进企业自治、行业自律、政府监管、社会监督的协同共治格局，包头市公共资源交易中心创新推出信用建设"一诺畅行"政策举措，制定了《包头市公共资源交易信用建设"一诺畅行"实施方案》，全力打造"包你满意"一流营商环境，助力自治区诚信建设工程落地实施。

二、主要内容

"一诺畅行"政策举措主要围绕证明事项型、主动型等各种承诺类型，依据公共资源交易服务清单，确定适用对象和类型，形成信用承诺事项清单。在包头市公共资源交易平台招标投标、政府采购、自然资源、国有产权等交易场景全领域推行信用承诺制，包头市公共资源交易平台各系统、各环节共开展16种信用承诺事项，将信用承诺贯穿公共资源交易活动全过程，实现各方参与主体全方位覆盖。进一步规范信用承诺流程，曾作出虚假承诺或违背承诺的被列为失信记录，以及被列入严重失信主体名单的信用主体，不适用信用承诺制。践诺行为记入信用记录，如在工作过程中发现信用主体实际情况与信用承诺内容不符的，将违诺情况记入信用记录，相关主体不再适用信用承诺制。

信用承诺遵循依法推进、全域覆盖、社会监督的原则，全面贯彻依法治国理念，充分发挥信用承诺机制在深入推进法治机关建设进程中的重要作用，依法依规制订工作方案，扎实推进责任落实。坚持将信用承诺贯穿公共资源交易活动全过程，实现全领域覆盖，进一步强化公共资源交易事中事后监管，构建阳光透明的交易体系。坚持"以公开为常态，以不公开为例外"原则，除法律法规禁止公开的内容外，相关信用承诺内容通过"全国信用信息共享平台（内蒙古包头）"公开发布，主动接受社会监督。

三、创新点及应用效果

（一）围绕交易场景全领域应用，实现交易主体全方位覆盖

"一诺畅行"在招标投标、政府采购、自然资源、国有产权等交易场景全领域应用，实现招标人、投标人、供应商、竞买人、中介代理机构、评标评审专家、金融服务机构、第三方服务机构等各方参与主体全方位覆盖。2024年以来，内蒙古包头市公共资源交易平台各系统、各环节共开展16种信用承诺事项，作出承诺6137项。在简化经营主体办事程序，降低交易成本，激发市场活力的基础上，强化经营主体责任意识，促进经营主体增强自我约束、依法诚信经营的自觉意识，进而形成公共资源交易领域人人、事事、时时、处处诚实守信的激励约束机制，有效发挥信用对提高资源配置效率、降低制度性交易成本、防范化解风险的重要作用。

（二）围绕交易程序简化减负，实行事前信用承诺制

包头市供应商、评标专家、代理机构、金融服务机构等参与主体在从平台入驻到参与交易、服务的过程中，用信用承诺替代纸质要件作为公共资源交易市场的"入场券"，简化了证明材料，为交易减负提速，推动形成自我管理、自我约束、诚信履约的交易环境。比如，供应商入驻政府采购电子卖场时，全面启动实施"常态化""无门槛""信用+承诺"征集方式，实行"零成本"入驻，供应商在参与政府采购项目资格审查阶段只需在线提供书面承诺函，对资格证明文件、信用信息记录等作出承诺，以承诺形式替代纸质证明材料，即可免于提供营业执照、信用报告等证明材料；简化电子卖场供应商入驻程序，大幅降低供应商入驻门槛，有效解决了供应商为办理证明材

料多头跑、花费多等问题，减轻了供应商的负担，同时合理规避了因供应商提交的证明材料形式、内容不符合要求或材料遗漏而导致入驻失败的风险；在电子卖场征集、登记、入驻等环节，全部实现"网上办""马上办"，达到"让数字多跑路，群众少跑腿"的"互联网+政府采购"目标，构建公平、公正、公开的政府采购市场环境。自实施"信用+承诺"常态化征集供应商以来，共作出4206项承诺，有效地减轻了供应商的交易负担，提高了服务效率。比如，招标代理机构在进场登记时，通过包头市公共资源交易中心自主研发的"中介服务机构及其从业人员信息登记模块"上传信用承诺书，承诺合法经营、依法代理、程序合法、操作规范，截至2024年年底累计有133家中介服务机构作出承诺，进一步维护了包头市公共资源交易市场秩序。比如，评审小组在进入评标系统评审前，作出遵守法律法规、工作纪律和保密规定等信用承诺，评标专家在入库过程中作出不与投标供应商及其利益相关者有任何私下接触等信用承诺，2024年以来已有1867名评标专家作出承诺，进一步强化了评审纪律、规范了执业行为、提升了评标专家履职能力，从而提高了评审效率与质量。

（三）围绕降低交易成本门槛，推行"信用抵钱"投标

2023年8月，包头市将"信易+"拓展应用到政府公共资源交易平台，创新推出"信易+投标保证金"惠企利民举措，着力解决招投标领域"急难愁盼"问题，得到了广大企业的欢迎和支持。包头市围绕信用服务实体经济、降低企业经营成本这一根本目标，全面落实《国家发展改革委等部门关于完善招标投标交易担保制度进一步降低招标投标交易成本的通知》要求，在自治区率先出台了《关于分类减免政府投资项目投标保证金的通知》，制定了《"信易+"守信激励工作实施方案》，投标企业在参与政府投资的勘察、设计、监理、全过程咨询工程技术服务类项目，以及非工程技术服务类项目（施工），且单项合同估算价在1000万元及以下时，只需在线提供信用承诺，即可免缴投标保证金，以信用承诺函"小支点"撬动优化营商"大环境"，大幅降低了市场主体参与公共资源交易的财务成本、时间成本及人力成本，切实为企业"松绑解困"，真正实现了"信用可抵钱、投标不花钱"，让企业充分感受到诚实守信的"特殊待遇"，让信用转化为企业的经营成本，营造全社会守信践诺的良好氛围。政策出台后，第一时间举行分类减免政府投资项目投标保证金政策集中宣传活动，通过多媒体矩阵，大力宣传"信易+投标保证金"惠企政策，明确申请渠道、申请方式和申请条件，对交易系统进行了相应优化，直接将符合政策要求的项目取消"投标保证金"缴纳设置，企业只需在线提供投标人免缴投标保证金信用承诺函，让广大市场主体方便快捷体验到诚信成果。分类减免政府投资项目投标保证金政策实施以来，累计为5350家投标企业减免投标保证金5.1亿元，充分激发了市场主体活力，投标活跃度由2023年的2.14提高到4.62。

（四）围绕政府部门信用承诺，提高全社会诚信水平

为贯彻落实内蒙古自治区党委、包头市委实施诚信建设工程的部署，充分发挥政府在诚信建设中的表率示范作用，进一步加强全市工程建设领域诚信建设，营造诚实守信、公平竞争的公共资源交易市场环境，按照《包头市人民政府关于印发包头市诚信建设工程实施方案的通知》精神，包头市在工程建设领域全面推行招标人信用承诺制，市发展改革委、工业和信息化局、住房城乡建设局、交通运输局、水务局、公共资源交易中心等12个部门联合印发《关于实施包头市工程建设领域招标人信用承诺制的通知》，制定格式规范的"信用承诺书"。在包头市公共资源交易平台开展的依法必须招标的房建市政、交通、水利等工程建设项目（包括工程以及与工程有关的货物、服务）的招标人，承诺在招标过程中秉承诚实守信、公正廉洁的原则，严格依照法律、法规、规章的规定开展工程建设招标活动，承诺无肢解发包、虚假招标、泄露保密资料、干扰评标、违约毁约等违法违规行为，不参与串标，不接受贿赂或者获取其他不正当利益，不以不合理的条件限制或排斥潜在投标人或对潜在投标人实行差别化待遇或歧视待遇等。实行"一标一承诺"，将招标人信用承诺书嵌入系统相关环节，实现信用承诺书与招标公告同时发布，承诺书公开接受社会监督，并由行业监督部门对招标人履诺情况进行事中、事后监管，发生违诺情况的，及时记录违诺信息，并推送至同级信用信息共享平台，已累计作出承诺391项。工程建设信用承诺进一步强化了招标人主体责任意识，充分发挥了信用体系的约束作用和广大公众的监督作用，以政府率先讲诚信带动全社会树立诚信意识、提高诚信水平，推动政府和市场共建共享诚信文化建设成果，促进招投标市场公平有序竞争和持续健康发展。

（五）围绕交易服务质量提升，推行第三方机构信用承诺

在为交易主体减负提速、降低交易成本的基础上，进一步全面提升增值服务质量。提供电子保函、政采贷、中标贷、CA数字证书、系统及设备运维服务的24家金融服务机构、3家CA数字证书服务公司和3家运维公司等第三方服务机构对信用状况、服务事项、服务内容等作出承诺，在严格把控服务公司资信，守好交易"第一道门"的同时，充分满足交易主体不同金融服务和数字证书选择需求，全力保障交易信息安全、交易高效完成，合力推动公共资源交易平台规范、健康、有序运行。

四、推广价值

在公共资源交易领域推行信用承诺制，不但可以降低交易成本、提高交易效率、强化市场主体的诚信意识，而且可以促进诚信经营和市场公平竞争，通过公开透明的信用承诺机制，市场主体在参与公共资源交易活动时必须遵守法律法规和诚信原则，自觉接受社会监督，从而营造风清气正的交易环境。

　　首先，通过信用承诺书代替投标保证金，避免了企业因缴纳保证金而产生的资金占用问题，切实减轻了经营主体尤其是中小微企业的资金压力，有效降低了制度性交易成本；同时信用承诺书的推行省去了企业投标前缴纳保证金、办理保函（保单）以及公共资源交易中心收退保证金的业务环节，简化了交易流程；通过采用信用承诺书代替投标保证金的信用条件，强化企业守信意识，鼓励企业保持良好的信用记录以提高市场竞争力，促进了市场主体的自我管理和自我约束，提高了市场主体的诚信意识，有利于营造诚实守信的招投标市场环境；信用承诺书一旦提交，其与投标保证金具有同等效力，有利于规范交易秩序。

　　其次，通过推广招标人信用承诺，有利于招标人强化主体责任意识，增加风险防范能力，发挥信用体系的约束作用，促进招投标公平有序竞争，实现以政府率先讲诚信带动其他经营主体讲诚信，为建设诚信社会奠定重要基础；同时强化了事中事后监管，通过要求市场主体签署信用承诺书并公开承诺内容，监管部门可以实时共享项目信息和失信记录，对失信行为及时进行处理和公示，增强了市场主体的诚信意识，进一步健全了公共资源交易领域的信用体系，有效引导市场主体依法依规参与交易活动。

　　最后，通过信用承诺函替代复杂的证明材料，减少了烦琐的资质审核流程，简化了市场主体的办理程序，有效降低了企业参与公共资源交易活动的成本；在给企业减负的同时，提高了政府采购效率，提升了企业参与便利度，提高了供应商的信用意识、责任意识，增强了供应商诚实守信的自觉性，有效约束了经营主体虚假承诺的失信行为，助推营商环境持续优化。

（包头市公共资源交易中心：马富）

荆州市数据局：推进"荆易""荆信""荆盾"数字化改革，加强招标投标全过程数字监管

一、案例背景

（一）平台建设背景

近几年，国家出台了《国家发展改革委等部门关于严格执行招标投标法规制度进一步规范招标投标主体行为的若干意见》等规范性文件，湖北省委、省政府印发了《关于加快建设全国构建新发展格局先行区的实施意见》，为此，荆州市将加快公共资源交易监管平台联动改造，推进招标投标数字化智能化转型升级，提升工程建设一体化监管能力纳入了荆州市优化营商环境的重点工作。

为落实好荆州市委、市政府相关工作部署，按照《荆州市优化营商环境九大行动工作方案》（荆政办发〔2024〕5号）具体要求，荆州市数据局开展了一系列优化营商环境专题调研活动，发现企业普遍反映电子招标投标交易流程不够通畅、诚信结果应用还不完善、智慧监管功能不够健全，比如在推行"评定分离"改革过程中，招标人反映定标手段和定标依据不够充分，建议引入企业信用因素作为参考。同时，当前荆州市招标投标市场规模正处于从扩大增量向提高质量转变的关键时期，市本级交易平台平均每年交易项目300个，交易金额200亿元左右，进场交易企业4200家以上，亟待加快推进数字化转型和信息化应用。

为解决这些问题，荆州市在2022年深化电子营业执照"一网通投"改革、2023年深化招标投标全流程电子化改革的基础上，推出"荆易""荆信""荆盾"三项改革举措，并充分征求了省、市发展改革委意见，经反复论证最终确定开发需求43个，编定了项目设计方案，着力推进荆州市招标投标平台数字化智能化转型升级，构建招标投标全流程电子化交易、监管和服务体系。2024年上半年结合国家相关政策，继续深化"荆易""荆信""荆盾"改革攻坚，上线公共资源交易数字监管系统。

（二）国家相关政策推进

《国务院办公厅关于创新完善体制机制推动招标投标市场规范健康发展的意见》（国办发〔2024〕21号）明确提出"坚持问题导向、标本兼治；坚持系统观念、协同联动；坚持分类施策、精准发力；坚持创新引领、赋能增效"，提高资源配置效率效

益、持续优化营商环境。

《国家发展改革委等部门关于严格执行招标投标法规制度进一步规范招标投标主体行为的若干意见》(发改法规规〔2022〕1117号)指出"加快推进招标投标领域信用体系建设,构建以信用为基础、衔接标前标中标后各环节的新型监管机制。"

《招标投标领域公平竞争审查规则》(国家发展改革委等8部委2024年第16号令)指出"加强和规范招标投标领域公平竞争审查,维护公平竞争市场秩序"。

中国共产党第二十届中央委员会第三次全体会议通过《中共中央关于进一步全面深化改革 推进中国式现代化的决定》,明确指出"建立健全统一规范、信息共享的招标投标和政府、事业单位、国有企业采购等公共资源交易平台体系,实现项目全流程公开管理"。深化招标投标全流程电子化、构建项目全生命周期管理模式、强化多层次立体化监管,已作为荆州市数据局贯彻落实党中央关于招标投标领域深化改革决策部署的重要举措。

2023年4月,湖北省委、省政府印发《关于加快建设全国构建新发展格局先行区的实施意见》,荆州市迅速响应,第一时间制定任务清单,将"加快公共资源交易监管平台联动改造""公共资源交易市县一体化""荆易、荆信、荆盾"数字化改革纳入改革日程。

2024年3月,荆州市政府印发《荆州市优化营商环境九大行动工作方案》(荆政办发〔2024〕5号),推进"荆易""荆信""荆盾"数字化改革市县一体化,构建项目全生命周期管理模式,加强招标投标全过程数字监管。

(三)荆州市相关举措推进

围绕改革需求,荆州市推动升级公共资源交易数字监管系统,整合优化现有电子招标投标交易平台、行政监督平台、公共资源交易服务平台,建成"荆易"招标投标全流程电子化交易平台、"荆信"招标投标信用管理平台和"荆盾"公共资源交易数字监管平台。

二、建设内容

公共资源交易数字监管系统具体细分为荆州市公共资源交易领域的三个服务管理平台,包括"荆易"招标投标全流程电子化交易平台、"荆信"招标投标信用管理平台及"荆盾"公共资源交易数字监管平台,具体改革措施如下。

(一)深化"荆易"数字化改革,做强一网交易

优化电子招标投标交易平台,目前已建成集招标计划提前发布、电子营业执照"一网通投"、高频证照免证明调用、远程异地评标、电子保函深化应用、招标合同在线签约及变更、工程款在线支付查询等功能于一体的工程建设招标投标"一网交易"

总门户，实现招标、投标、开标、评标、定标以及合同签约全流程电子化。拓展电子营业执照"一网通投"改革内涵，市场主体可自选电子营业执照替代 CA 数字证书方式，实现在交易平台注册、登录、身份认证、招标文件编辑发布、电子签章签名、标书加解密、电子证照免证明调用、合同签订等全流程线上操作。新增招标人主体角色嵌入，进一步完善招标文件公平竞争审查、评标报告审查、招标情况说明机制，对接荆州市政府投资项目审批平台，推行招标计划自动公示、项目信息自动生成，提高交易项目公示效率。优化重大项目标记功能，实行绿色通道办理、全程护航监测。

（二）深化"荆信"数字化改革，规范诚信评价

改造荆州市招标投标信用管理平台，规范"立信"工作，以国家《公共资源交易主体信用评价实施指南》《招标投标领域公平竞争审查规则》为基准，以各行业监管部门信用制度为配套，构建体系完备、覆盖全面、评价科学的体制机制。规范"建信"工作，完善招标人、投标人、代理机构、评标专家等市场信用主体库，加强对市场主体交易行为痕迹管理、信息记录、信用奖惩，推动"荆信"平台与"信用荆州"联通共享；规范"守信"工作，全面夯实行政监督部门对招标投标主体信用信息评价功能，实行不良行为、差错行为、行政处罚信息自动归集，加强信用异议管理，畅通招标投标主体（招标人、代理机构、投标人）信用申诉、质疑渠道；规范"用信"工作，全面清理、清除现有信用监督制度、信用管理平台妨碍公平竞争的内容和功能，规范信用评价结果应用，推行信用评价结果自动公示，接受社会监督。

（三）深化"荆盾"数字化改革，强化智慧监管

从部门协同监管、项目全生命周期监管两方面推动荆州市公共资源交易行政监督平台升级改造。将办公联席、力量联合、信息联通、检查联动、执法联办的"五联"工作机制进行线上迁移，构建开放协同的监管网络。完善事前事中事后全链条监管，加强标前风险标记、标中智能监测、标后履约监督，依法设置 47 处风险预警点，落实项目进场风险信息预警机制，重点加强标中预警监察、异议投诉处理、重点文件日常检查，实现风险自动识别、动态预警、短信告知、跟踪督办。开发标后 7 项重点监管事项端口，包括合同签约公示、项目经理公示、关键人员变更、项目变更监督、资金拨付监督、工程进度监督、竣工验收备案，并面向所有行业监管部门开放，打造工程建设项目招标投标全生命周期风险防控智慧监管体系，强化招标投标交易市场与履约现场"两场"联动。

三、创新点

（一）"荆易"深化招标投标全流程电子化

招标投标全流程涵盖招标、投标、开标、评标、定标和合同签约等 25 个环节，重

点有 4 个方面创新：一是增设招标人角色嵌入，明确招标人主体责任，开发了招标文件公平竞争审查、评标报告审查、招投标情况说明、招标计划自动提前公示等功能。二是完善评标定标机制，推行隐藏投标人信息的技术暗标评审，增设评标环节快速纠错机制，降低因明显评标错误导致的时间成本和招标失败风险。三是提升了市场主体办事的便捷性，优化了合同在线签订、电子保函替代保证金、电子证照库对接、工程款在线支付查询等功能，其中电子保函平台全面接入中小微企业贷款服务机构。四是进一步提升了招标投标领域交易服务能力，同步对接各县、市、区一网通用，深化与荆州市大数据共享平台、湖北省公共资源交易服务平台、湖北省电子证照库、荆州市政府投资项目审批平台等数据联通共享，并且预留相关接口，可延伸对接发展改革、住房城乡建设、农业农村、交通运输等部门系统。

（二）"荆信"数字化改革规范诚信评价

综合监管部门、行业监管部门之间形成办公联席、力量联合、信息联通、检查联动、执法联办的"五联"工作机制，建立从立信、建信、用信到守信的信用规范。一是规范统一。"荆信"平台的信息录入和评价功能严格按照国家《公共资源交易主体信用评价实施指南》进行搭建，房建、市政、交通、水利、农业农村等行业领域信用规范由各行业监管部门统一主导，从制度层面保证了评价的统一性和标准性。二是覆盖全面。按照《湖北省招标投标负面清单》，"荆信"平台对招标人、投标人、招标代理、评标专家四类市场主体，按照其招标的前、中、后三阶段，分别明确具体禁止行为类型，其中包括招标人及招标代理 20 种 94 项、投标人 8 种 42 项、评标专家 4 种 19 项。三是信息共享。"荆信"平台是全市统一的招标投标信用管理平台，贯通市、县两级行政部门，归集招标投标综合监管部门、行业监管部门信用信息，与"信用荆州"、市公共资源交易服务平台、市电子招标投标交易平台、省综合评标专家库等互联互通，打破行业、区域的信用信息壁垒，将全市范围内进场交易的市场主体行为纳入统一平台进行管理，对信用状况进行动态记录和综合评价。四是规范应用。将投标人信用信息统一记录、统一公示，便于市场主体相互监督。在开标、定标环节，招标人通过"荆信"平台查询投标人信用状况，作为投标评审的参考依据，有助于维护公开透明、公平竞争、诚实信用的招标投标市场环境。

（三）"荆盾"数字化改革强化数字监管

在"荆盾"平台升级改造过程中，将"五联"机制进行线上迁移，打造多层次立体化的"互联网+监管"协同监督网络。一是办公联席。即对招标投标相关的行业监管部门及公安、检察、审计、纪委监委、巡察等部门进行系统赋权，以系统管理职能固化部门职责，责任到人，畅通部门间线上交流互动。二是力量联合。即针对各行政监督部门招标投标执法力量不足、专业人员缺乏的现状，组建执法人员库、行业专家库及社会监督员库，整合市县管理资源，发挥联动监管优势。三是信息联通。建立在线信息互通系统，点对点工作交流，打通部门信息壁垒，实现部门监管信息实时互通、开评标在线监督、交易数据统计分析全共享。四是检查联动。运用"双随机、一公开"检查方式，实时开展在线检查联动、计划公开、结果公示，提高部门协同联动效能。加强专项工作治理、巡视巡察、审计反馈问题在线督查督办，推进"两法"衔接，加强行政执法与纪检监察融合，深化工程建设领域招标投标突出问题专项治理。五是执法联办。紧紧围绕投诉、举报处理和案件查办中心工作，全面优化部门间信息共享、线索研判、证据移交等联办流程，形成招投标领域多部门整体联动、同频共振的治理格局，实现材料受理、提交办理、案件转办移交、结果反馈、处理结果公开等全程网办，有效提高矛盾风险处理水平。

四、应用效果

（一）降本减负，纾困解难

2023 年营商环境评价期内为企业减少投标费用 3631.52 万元，相比改革前，项目交易时长平均压缩至 35 天以内，项目受理材料由 9 项精简至 4 项；推行电子营业执照"一网通投"，直接节约市场主体手续费成本 1000 万元以上。

（二）纵横联动，"数字+"营造规范有序的招标投标市场环境

横向互联互通十余个平台数据；纵向覆盖 8 个县、市、区，以交易全流程电子化为主线，对交易活动实行全链条监控和预警，做到了网上全留痕、异常有预警、责任可追溯，构建了"纵向层层有监督、横向处处有制约"的风险防控体系，基本实现招标投标全市一张网覆盖、一个平台交易、一个系统监控，提升了荆州市公共资源交易服务的便捷性、管理规范性和系统集约性。

（三）多措并举，提升协同监督监管效能

市、县两级综合监管与行业监管部门已基本实现全量进驻，公示权责清单，录入市、县各级行业监管部门行政执法人员 358 人；对市纪委监委、公安、审计、巡察、司法、检察等部门进行了公共资源交易数字监管系统操作培训，相关部门已安排人员进驻系统；对荆州市 75 家代理机构及房建、市政、交通、水利、农业农村等行业领域 180 家投标单位开展评价，实现信用分级分类管理。

（荆州市数据局：刘其中、樊庸、金文俊）

恩施州公共资源交易中心：构建数字见证系统，由"人盯人"到"数据盯人"

公共资源见证服务作为公共资源交易中心的一项主要职能，是以交易中心为主体，面向市场主体，依据国家法律法规对进场交易的公共资源交易项目提供全过程当场目睹式作证的服务，是强化公共服务职能的重要组成部分。通过见证服务，能最大限度地保证公共资源交易活动的规范性、真实性和准确性，维护市场交易主体的合法权益，对建立公开、公平、公正的公共资源交易服务体系具有十分重要的意义。恩施州公共资源交易中心运用区块链、大数据、可视化、AI 等先进技术手段和理念，建设了一套完整的恩施州公共资源交易中心数字见证系统，对接恩施州公共资源交易中心现有的工程建设、政府采购等业务系统及交易中心音视频设备等现有软硬件资源，提供交易过程可视化、交易数据出证、交易见证报告、交易过程可视化见证、开评标远程协助服务等功能。恩施州公共资源交易中心数字见证系统为各类交易主体提供交易见证结果，为行业主管部门提供判定依据和处罚依据，为纪检监察部门提供违法依据和见证。

一、建设思路与推进方式

在建设过程中，恩施州坚持"以人为本、效益优化"原则，充分吸收借鉴外地先进经验，通过信息化建设重建交易机制，重塑交易流程。通过见证项目分配、交易过程、评委实时轨迹等 9 个主要功能模块，对项目招标投标、开标评标、签约归档等进行全过程智慧化见证，实现公共资源交易运行动态透明，既提升了交易中心的综合服务能力和见证服务能力，确保交易记录可溯可查，又提升了与监管部门的协同效率。

一是明确建设思路。确定了先州级、再市县的建设思路，体现"前瞻性"。系统采用最新的编程语言及设计思想，集成不见面开标、远程异地评标以及大数据分析系统、电子档案管理系统等先进技术。"一体化"即州市（县）一体化，能实现州市（县）交易平台共建共享共用共治，基本实现公共资源交易"一个平台配置、一个网络运行、一套规则交易"，有力促进了州市（县）两级交易平台的深度融合。"全流程"即建设工程、政府采购等交易类型。从受理、开标、评标到公告发布、归档保存等基本实现全流程电子化，极大地降低了交易成本。"高效能"即通过见证系统的运用，公共资源交易主体由"面对面"变为"背靠背"，有力推动了公共资源交易从有形到无形的转变。"防腐败"就是深入运用大数据分析等技术，使围标串标、明招暗定等不正当行为得到遏制，营造风清气正的公共资源交易良好环境。

二是积极争取政府支持。积极争取州级和省级改革试点，以点带面促进全面提升。主动对接省级平台，以数据共享促进电子交易。高标准实现国家级、省级部署要求，实现各系统深度互联应用。积极抢抓恩施州建设"两山"实践创新示范区战略机遇，将中心平台建设纳入全州"两山"创新数字化建设项目"大盘子"。

三是坚持边建设边完善。在系统建设中，根据已建设的交易系统特点，与建设方持续加强沟通，边建设边征集意见，不断发现问题、优化措施、提升性能，以满足恩施州公共资源交易中心个性化建设需求，全面提升建设质效，逐步构建独具恩施特色的公共资源交易全周期生态体系。在系统建设中，还要注重打通内外部数据壁垒，运用大数据、云计算等现代信息技术，实行交易全过程监测预警。此外，多次召开会商会议，优化方案。以数据为载体服务质效决策，确立实时监测的数据碰撞机制，并结合数据变化，就重点指标对"矛盾数据"进行关联分析和融合应用，运用大数据分析、"智能筛查+人工核查"等方式延伸监管触角，实现由"人盯数据"到"数据管数据"的飞跃。

二、建设内容

恩施州公共资源交易数字见证系统的建设，遵循国家相关法律、法规的精神，贴合公共资源交易中心服务职能的需要，运用区块链、大数据、可视化等先进技术手段，将公共资源交易各类信息资源进行整合传输，构建数字见证机制，提高公共资源交易的公正性，实现公共资源交易运行动态透明，确保交易全过程可溯可查，提升交易中心的综合服务能力。

（一）见证服务驾驶舱

打造见证服务驾驶舱，为见证工作人员开展见证工作提供便捷渠道，为交易中心领导、社会各界提供全方位、多角度见证态势图，方便社会各界对交易中心见证工作进行直观了解。

（二）交易全进程见证子系统

交易平台将交易流程各个环节产生的数据定时推送至恩施州公共资源交易数字见证系统，通过分布式去中心化区块链服务对每个交易环节产生的数据进行认证固化，确定电子数据、文件产生的准确时间和内容，防止篡改，做到时间可追溯。

（三）数据存证子系统

采用在线存储、离线存储相结合的存储策略，在线存储使用硬盘，离线存储使用光盘刻录设备，对见证数据进行存储。见证工作人员通过存证系统查看每个存储的标段信息及存储状态。当有光盘借阅需求时，提供在线"光盘借阅"申请，发生光盘丢失情况时，可通过"光盘丢失登记"模块及时进行登记，标记丢失数据，当见证数据需要多份存储或提供给相关部门使用时，可通过"光盘复刻"模块完成见证光盘的复印。

（四）交易过程可视化见证子系统

通过建设数字见证系统，对接交易系统，自项目进场交易开始，围绕招标、投标、开标、评标、定标五大主要交易环节，打造交易全过程见证系统，自动记录交易过程，进行可视化展示，将无形数据有形化，将零散数据序列化、逻辑化，方便交易中心见证人员掌握交易过程及其动态。在开评标环节，通过联动软硬件设备，依托定位技术，见证员、监督员、招标人（代理机构）无须进入开标室便可全面掌握现场动态，真正实现"数字见证、物理隔离"，提高了交易现场见证服务水平和评标过程的公平性。并对抽取的数据进行区块链存证，便于后续交易数据与链上数据的比对，起到数据防篡改的作用，实现交易数据自证清白。对接交易系统实现交易过程信息全面记录、实时交互；确保交易记录来源可溯、去向可查、监督留痕、责任可究。

（五）音视频见证子系统

通过实时的音视频、人员轨迹可视化等内容为监管人员提供了在线见证开评标环节的功能，监管、见证人员无须到场便完成见证，大大提高了效率。同时通过视频关键帧标记技术手段，提高了事后回看、分析、监管的效率，通过技术手段实现智慧见证和监管。

（六）评标过程人员移动轨迹可视化见证子系统

为实时掌握评标过程中人员移动轨迹情况及现场视频，通过门禁系统与专家轨迹可视化系统进行联动。首先从源头控制专家行为，门禁系统由工作人员控制，专家离开评标室时进行门禁按钮申请，工作人员根据实时视频判断外出专家数量，按照"一进一出"的原则进行放行，这种通过见证人员对现场情况的判断是发现问题、解决问题的可靠方法。构建集中的现场视频监控体系，将监控预警体系与见证业务系统深度融合，变见证与视频互相印证为视频有效辅助见证。

（七）全角度数据出证服务子系统

面向交易中心、各交易主体、行业主管部门、公检法等用户提供数据出证服务及对应的审批流转，出证服务子系统可根据不同申请人的需求设定不同交易环节的出证数据。为每个见证标段生成一份交易中心可查可证的交易见证书或数据报告，包括建设工程交易见证书（数据报告）、政府采购交易见证书（数据报告），提供给交易主体或行业主管部门备案，证明其招投标过程的真实性。通过建设数字见证系统，提供高效可信的数据出证服务，对出证数据提供打包下载功能，为每个见证标段生成一份交易中心可查可证的交易见证书，可大大提高出证效率，保障数据真实性。

（八）现场服务调度子系统

主要用于项目开标、专家评标环节，当投标人遇到投标文件无法解密，评标专家遇到招标文件无法打开等非业务流程的异常情况时，可以通过呼叫请求中心工作人员进行协助，中心人员帮助投标人、评标专家迅速解决开评标环节所遇到的各种系统操作问题。

（九）见证信息大屏可视化子系统

通过大屏可视化实时展示公共资源交易见证信息，展示交易项目关键见证过程情况，将无形数据有形化，将零散数据序列化、逻辑化，方便监管人员对数据观察分析后根据不同权限展示不同数据内容。

三、创新点

通过信息化手段对交易中心人员、场地、设备进行互联，确保交易记录来源可溯、去向可查，改变了传统"人盯人"的模式；同时利用人工智能、大数据分析等手段实现实时监测、预警研判和智能管理，为行业行政监督部门提供全面客观、真实可靠、系统集约的智慧监督数据支撑。

（一）拧紧"身份锁"，评委（副场）抽取流程全面优化

将评委（副场）抽取前置到大厅玻璃房进行，360度无死角可视，接受社会监督；人员随机确定，副场编码随机排列，副场抽取随机摇号；联络对接实行专人专设备专渠道；现场情况实时推送到监督平台，接受监督。将所有技术标内容重新切割封装，并隐藏投标人关键信息，专家只按照国家标准和招标文件需求评分，无法知晓投标人信息。评定分离项目，只推荐合格中标候选人，不亮分不排名，内容存储备查，让招标人自行考查决定中标人。

（二）拧紧"防控锁"，专家实现真正意义上的物理隔离

评标区域实行封闭管理，安装了评标专家专用电梯，通过设置专家通道指示牌、指示标等，明确评标专家行进路线。评标专家从进入交易中心到离开交易中心全程封闭、全程监控，有效杜绝了评标专家个人身份被暴露、被围堵等风险，从而实现了专家与代理机构、投标人的物理隔离。建立中控系统，评标区域人员运行全部由系统操控。建立专家在线定位系统，专家近距离接触系统自动报警，专家进入盲区（如卫生

间等）由系统统一调度，应急处置一键启动。通过物理隔离手段，保证评标专家与各方交易主体在"无接触"的状态下完成评标，有效阻断了评标专家与其他交易主体的利益腐败链。

（三）拧紧"行为锁"，实现全要素全流程数字见证

建立数字见证系统，从项目立项审批、招投标、合同签约履约全程数字见证，评标室采用环境监控、人脸监控、电脑录屏和音频对讲"四合一"技术手段，系统自动记录评标专家的每一步操作，对所有智能分析预警均留痕可溯，实现由"人盯数据"到"数据管数据"的飞跃，为监管部门监管和纪检监察机关监督提供了数据支撑。

（四）拧紧"责任锁"，实现线上线下同步进行

严格落实"四方监督"，如因特殊情况确实不能到现场的，可实现在线监督，网上签到留痕，责任可溯。实时向监督平台推送评委抽取、开标、评标现场情况，监管部门和各行业主管部门可全流程在线监督评委抽取和开评标各环节。压实业主招投标主体责任，为业主审查评标报告提供信息技术支撑。

四、应用效果

恩施州公共资源交易数字见证系统的建设，将推进公共资源交易领域数字治理作为全面深化改革、优化营商环境和服务市场主体的重要抓手。该系统将梳理数字见证发展过程中的难点、痛点问题，并致力于打造一流公共资源交易服务平台，推动各项工作提档升级。

（一）减少密切接触，降低廉政风险

以信息化手段有效规避见证人员与招标人、代理机构、投标单位及专家之间的接触，降低交易过程中违规行为发生的可能性，实现"数字见证、物理隔离"，强化交易见证职责，实现见证工作由人工化、刻板化向数字化、信息化的转变，保障公共资源交易过程公平、公开。

（二）系统主动预警，提高监管协同效率

系统通过梳理全流程电子化交易过程的风险点，利用内网语音对讲系统、语音广播系统及时通知紧急事务、维护现场秩序、提醒规范言行、处理异常情况等，实现见证过程信息全面记录、动态留痕、去向可查、责任可究，及时发现并制止市场各方主体的违法违规行为，让违规行为无处遁形。同时可向各方行政监督部门报告交易过程中的违法违规行为线索，及时阻止各类违规违法行为。

（三）规范现场管理，提高见证服务效率

将现有监控与业务有机结合，打造环境监控、电脑桌面监控等多维监控体系，见证人员可在线全方位掌握开评标现场的一举一动。这种模式改变了以往"人盯人"的见证服务模式，实现"一人多标"的集中见证，节约了人力资源和时间成本。当前交易中心在同一个时间段每人可同时见证 2 个项目，2 人即可完成每天 4 个时间段共 16 个项目的见证服务工作量，极大地提高了见证工作效率。

（四）全方位存储交易数据，保障数据安全可信

数字见证系统打通了与工程建设系统及政府采购系统之间的通道，实现了软硬件设施无缝对接，将交易过程中产生的数据与开评标区域和数字见证室音视频所见证的交易数据进行互联互通，实现了数据实时汇聚、全程监控、实时记录。同时，将项目结构化数据整理汇总、音视频文件打包，进行统一管理，便于项目回溯，保障数据安全可信。

（恩施州公共资源交易中心：黄春玲、谭鑫焱）

临沂市公共资源交易有限公司：创新反向竞价采购模式，助力大宗物资采购降本增效

临沂市公共资源交易有限公司，是2017年11月经临沂市政府批准组建的国有企业，立足公共资源交易服务，致力于国有产权规范流转、阳光采购服务、国资国企改革、国资有效监管、技术成果转移转化、生态环境权益等综合性市场化交易服务，承担着促进国有资本布局优化、结构调整、战略重组、阳光交易、源头防腐等重要职能，并构建完备的投资、咨询、金融、信息技术、生态产品等交易配套服务体系，推动要素资源市场化配置，实现资源向要素、要素向资产、资产到资本的高效转化。

临沂市阳光采购服务平台（以下简称"临沂阳光采购平台"），是由临沂市公共资源交易有限公司负责搭建运营，为企业实施物资、工程建设项目及社会服务采购提供采购全生命周期管理咨询、数字化采购交易系统、智能化开评标场地的市场化、专业化、标准化第三方综合见证服务平台。多年来，临沂市阳光采购服务平台始终秉持"阳光、规范、公开、透明"的宗旨，致力于为企业降成本、控风险、增效益、提质量提供强有力的全流程、高标准、"一站式"功能与服务支撑，切实践行"阳光采购有矩，真诚服务无距"理念。

一、案例背景

当前，受外部环境快速变化、全面改革愈加深入等因素影响，企业的业务持续能力和内控管理体系都迎来了更大的考验。为了应对不确定性因素激增所带来的新发展阶段挑战，数字化转型的优先级在企业内部不断上升，企业的数字化采购需求也在不断提速。而随着大部分企业加速采购数字化转型，数字化采购领域已经进入了"深水区"。

在数字化采购转型的时代浪潮下，临沂市公共资源交易有限公司创新搭建的临沂阳光采购平台，基于企业采购业务痛点，利用最新的数字科技实现技术赋能，整合上下游供应链资源为企业提供可持续增值服务，共同防范采购各环节中的违规违纪违法风险，创新打造适应企业切实需求的公平规范采购模式，释放数字化采购的新活力和新动能，共同实现现代企业采购规范建设与高质量发展协同推进。

二、主要内容

（一）加强数字化应用，深化技术赋能

临沂阳光采购平台充分利用云计算、大数据、人工智能、物联网等现代信息技术，以"降本、增效、除险、强信"为核心目标，打造了集服务、交易、监测、分析于一体的数据综合应用系统，实现了采购需求提报、采购公告发布、采购文件获取、评标专家抽取、开标评标、采购结果公示等全流程电子化线上操作，做到了来源可溯、去向可查、责任可究、全程留痕，完成了从"线下交易"到"线上交易"再到"智慧交易"的升级跨越，以交易数字化使能，充分保障交易过程的程序规范性、信息安全性与监管可溯性。

与此同时，临沂阳光采购平台通过优化布局功能分区，实现了空间利用最大化、现场监控全面化的交易场所升级。一方面，对开评标场地实行错层管理，引进国内先进的智能开标舱、双重门禁闸机、专家自动呼叫系统、感应式评审规范提示器等智能化设备设施，有效加固现场物理隔离，防止内外人员的密切接触、传递信息，进一步增强评标环境的独立性、密闭性；另一方面，完成智能化管理平台与电子交易系统的深入融合和数据互联，对交易场所设施设备进行智慧管理和运维，提供"一条龙"式自助身份核验、信息自动推送、门禁自动开启、音视频高效归档等智能化服务，利用数字赋能，实现了从"人盯人"到"系统管人"的转变。

（二）加强数字化监管，强化风险防范

临沂阳光采购平台根据交易场所的标准化、智能化建设要求，不断深化数智时代电子交易平台改革，结合智能开标舱内的电脑录屏监控、人员动作监控、舱内环境监控"三合一"监控设备，迭代推出不见面开标系统2.0版本。主持人员可在智能开标舱内独立完成不见面开标全流程，供应商足不出户即可登录不见面开标大厅，在线上参与开标活动，监督人员及其他主体可进行远程在线监督与实时线上互动。通过多措并举，进一步提高行政监督、专项监督和社会监督的参与度和透明度。

考虑到企业采购交易的监管特殊性，临沂阳光采购平台为行政监督部门开设专项监督账号，便于对采购活动的透明度、公正性与合规性实施有效管理。同时，为采购人委派的监督人员以及相关监督部门设立电子监察室，结合系统功能，以远程在线形式，强化对整个现场开评标过程的实时影音监管。采购过程中，临沂阳光采购平台交易系统将运用智能防围标串标等先进技术，通过实时抓取招投标过程信息，采用大数据筛选和比对分析技术识别异常，发出风险提示和预警，完成数字化、智能化管控，真正实现安全规范与项目交易双丰收。

（三）加强数字化衔接，优化增值服务

为积极响应上级部门关于进一步降低招标投标交易成本的指示精神，临沂阳光采

购平台于 2023 年 10 月正式上线电子保函系统，引进银行、担保机构等优质金融服务单位，可供交易主体依据采购要求自行选择交易担保方式。截至 2024 年 6 月，该电子保函系统累计担保数量 1229 笔，累计担保金额 1.87 亿元，切实简化了保函办理流程、提高了交易担保效率、减轻了企业现金担保负担、持续优化了营商环境。

为了更好地应对新发展阶段的挑战，以专业能力支持业务成功，打造一支既懂业务又懂技术的内生数字化采购服务队伍，是临沂阳光采购平台数字化采购升级成功的关键。临沂阳光采购平台以积极引进招投标、金融、信息、财务、法律等专业领域人才为抓手，将理论积淀、业务深耕、服务提质有机结合，锻造出一支专业情感固化、专业精神强化、专业技能提升的复合型团队，采取"前台现场服务+后台线上服务"模式，为企业提供更加专业化的政策辅导、方案策划、业务培训等增值服务，切实帮助企业解决难点、打通堵点，规范有序开展采购活动。2024 年 1 月至 7 月，临沂阳光采购平台线上线下累计接待 23087 人次，以优质、专业、便捷、高效的服务质量赢得了广大交易主体的认可与信赖。

（四）加强数字化定制，创新采购方式

由于数字化转型涉及的技术复杂程度与市场波动幅度在过去几年里呈跨越式增长，部分传统采购架构已无法满足企业在新形势下的采购诉求。临沂阳光采购平台通过重建标准化可复用的采购业务模式，创新推出反向竞价采购方式，实现多类型采购需求的灵活配置。

2024 年，为扎实推进国有企业改革深化提升行动工作要求，临沂阳光采购平台以积极推动企业大宗物资进场采购为切入点，充分发挥公共资源交易"降本、增效、除险、强信"优势，以临沂钢铁公司等生产型企业为研发样本，针对矿石、煤炭等大宗物资采购实施情况，完成反向竞价采购方式 2.0 版本的全面革新，进一步实现了企业大宗物资进场采购便利化、透明化、规范化管理，充分提升了企业采购适配度与用户体验感，畅通国民经济循环，激发社会内生动力和创新活力。

三、创新点

（一）创新采购方式建设思路

1. 立足实际，整体谋划

针对大宗物资采购价格波动大、供需量大、易于分级和标准化、易于储存与运输等交易特点，创新优化采购模式，统筹谋划整体布局，既注重社会效益与经济效益，又兼顾流程规范与操作便捷。

2. 围绕内控，因需搭建

聚焦企业采购制度、采购流程、采购权限等内控体系，组建业务技术团队，专项推进新型采购方式建设任务，通过实地走访、研讨交流等方式进行深度调研，逐步完

成需求调研分析、系统设计开发、运行测试调整、配套指南发布等工作，按建设节点实现新型采购方式落地见效。

3. 保质保量，价低为先

在采购需求明确、采购规则公正、采购过程透明的前提下，采取最低价中标的采购思路，充分激发潜在供应商的竞争活力，有效突破围标串标的不法拦截，切实促进供需资源的高效配置，真正实现企业资金的合理化使用和公共资源的最大化利用。

（二）创新采购方式实施流程

1. 反向竞价主要流程

反向竞价采购方式主要由项目组建、设置竞价文件、发布采购公告、供应商参与项目、供应商资料审查、竞价、定标等环节组成。该方式无须递交投标文件、无须组建评标委员会，可有效精简采购流程，大幅减少人为干预，显著降低采购成本。

2. 反向竞价实施特色

针对大宗物资类采购竞价特征，临沂阳光采购平台创新设置两个竞价实施环节：一是采购人或采购代理机构可在竞价开始前的指定时间段内设置竞价规则，以便及时参考期货收盘价等实际价格影响因素，实时设置项目的最高控制价；二是供应商必须经过报量、报价、询问三个阶段参与项目竞价，通过模块化组合竞价，采购人可从数量与价格两个维度实现采购综合效益最大化。

（三）创新采购方式二期建设

1. 二期系统建设背景

考虑到部分大宗物资采购交易时，还需综合权衡港口位置、运输方式、原料湿度、金属含量等多项价格核算要素，临沂阳光采购平台以采购人实际需求为导向，拟研发推出询比价采购方式。

2. 二期系统建设内容

询比价采购方式主要由项目组建、编制采购文件、发布采购公告、供应商参与项目、供应商资料审查、首次报价、二次报价、定标等环节组成。供应商根据采购文件要求，在指定时间段内统一在线填报制式报价单，由交易系统依据内置的指定计算公式，自动核算生成对应供应商的综合报价，经交易系统横向价格比对，综合报价最低者中标。

3. 二期系统建设特点

询比价采购方式在沿用反向竞价采购方式无须递交投标文件、无须组建评标委员会的流程简化基础上，探索推行经数字化交易系统综合核算评定的最低价中标交易方式，将询比价过程中的外在干扰因素降至最低，实现交易过程精准高效、交易要素畅通流动、市场资源高效配置、市场潜力充分释放。

四、应用效果

（一）简化采购流程

反向竞价采购方式操作简单、容易上手，无论是采购人、采购代理机构还是供应商，对照临沂阳光采购平台发布的配套操作手册，即可快速掌握竞价流程，有效节省采购时间，极大地提高了工作效率。临沂热力公司作为集中供热民生企业，供热季期间需大量多次采购煤炭物资，通过灵活选用反向竞价方式进行自主采购，2023 年 10 月至 2024 年 7 月，共实施煤炭采购项目 231 宗，累计节约资金 857.07 万元，以低人力、短时间投入，收获高效率、高效益成果。

（二）缩短采购时间

反向竞价采购方式从发布公告、线上竞价到确定结果最短仅需 4 天时间，极大地缩短了采购周期，可充分满足企业紧急采购需求。临沂钢铁公司因生产需要，急需采购一批钢材，在合法合规的前提下，通过使用反向竞价采购方式，8 月 1 日发布采购公告，8 月 5 日实施公开竞价并完成结果公示，及时保障了生产原料的高效供应。

（三）公开采购过程

供应商无须到达现场即可线上参与竞价，交易系统随机生成竞价人编号，全程匿名竞价，减少接触风险，有效遏制价格联盟的形成。竞价全程公开透明，供应商可通过网络即时获得最新报价情况，并可通过报价走势图直观地看到价格变化动态，把握竞价过程，从而自行决策报价。竞价结束后，交易系统自动生成竞价结果，减少人为主观干预，确保竞争公开、公平、公正。

（四）降低采购成本

公开透明的竞价过程，可最大限度地激发供应商的竞争意识，用最短的时间收获意想不到的效果，在保证质量和交货期的前提下，尽可能降低采购成本。临沂钢铁公司标签贴纸采购项目，起始价 45.75 万元，历时 1.5 小时，经供应商 747 轮激烈竞价，最终以 7.49 万元成交，节资率高达 83.63%，充分发挥出市场竞争的卓越优势。

（五）不受金额限制

市属国企坚持"应进必进、能进则进、进则规范"原则，积极践行阳光采购。但部分企业存在日常采购金额小、采购数量少的情况，如果采用传统采购方式，不仅成本较高，还容易流标，一定程度上影响了进场交易率和成交率。而反向竞价不受金额限制，小金额也可实现高节资率。临沂滨河公司因资质申请需要采购验资审计服务，预算仅 5500 元，通过反向竞价，最终以节资率 8% 的竞价结果成交。

（六）防范采购风险

反向竞价采取的最低价中标，犹如清风徐来，水波不兴。它并非简单的价格比拼，而是对市场竞争的一次深刻洗礼。在公开、公平、公正的市场规则下，大中小型供应商站在同一起跑线上竞争，彻底斩断试图把控市场竞争的灰色触手，有效遏制公共资源交易过程中的腐败蔓延，最大限度节约企业采购资金。临沂钢铁公司自采用反向竞价采购方式以来，共实施采购项目304宗，累计为企业节约资金2630.24万元，节资率达27.90%。

（临沂市公共资源交易有限公司：彭斌、张宁）

◎ 国企采购

南方电网公司：实现网级物资集中采购结构化全覆盖

为贯彻落实国家"数字中国"建设和中国南方电网有限责任公司（以下简称"南方电网公司"）供应链管理改革方案要求，以数字采购推动现代数字化供应链体系建设，南方电网公司创新开展涵盖结构化需求申报以及结构化招标、投标和评标的数字化全流程采购模式，提升采购数据价值创造能力，形成全流程数据资产，提高招标、投标、评标工作效率，防范需求单位量身定制、投标人弄虚作假、专家自由裁量等全过程风险。南方电网公司供应链部通过调研国内结构化招标工作开展现状，结合自身历年试点情况和自建电子交易平台系统特色，统筹开展结构化招标采购工作，推动电力物资供应链数字化、智慧化、绿色化、平台化、服务化和标准化，促进电力设备质量提升，保障电力装备产业链供应链安全韧性，同时实现企业提质增效降本的管理目标。

一、案例背景

招投标是供应链的首要环节，对于创造公开、公平、公正的市场环境，维护国家、社会和企业的利益起着重要作用。由于招标采购具有流程多、链条长、参与者众多、风险点多面广的特点，各环节违法违规问题频出，传统的采购管理模式和监管方法难以满足新时代的要求，存在明显短板，这对完善体制机制，提升采购规范化、标准化和数字化能力等方面提出了更高的要求。

《国务院办公厅关于创新完善体制机制推动招标投标市场规范健康发展的意见》（国办发〔2024〕21 号）提出，纵深推进数字化、智能化转型升级，积极推行客观量化评审。《国家发展改革委等部门关于严格执行招标投标法规制度进一步规范招标投标主体行为的若干意见》（发改法规规〔2022〕1117 号）明确提出，积极探索完善智能辅助评标机制，减轻专家不必要的工作量。

南方电网公司于 2019 年开展数字化、结构化招投标采购研究及采购实施，本着"机器评审、专家复核"的理念，创新招标采购和评审方式，推进 AI 辅助评标，建立涵盖智能需求申报、结构化招标投标、智能评标以及数字合约的全流程数字化采购模式，至今已做到网级物资集中采购结构化全覆盖。

二、主要内容

打造南方电网公司供应链统一服务平台，依托系统实现智能招标需求预测，打造覆盖全品类的结构化评审要素库，建设本地供应链数据资源库，实现供应商结构化投标和评标专家计算机辅助智能评标，做到招标采购各环节数据互通，提高招标采购工作效率，防范专家自由裁量风险，做到全流程数字化、智能化。

（一）推动系统建设开发，优化功能设置，做到招标采购全流程数字化

将技术规范书内容随品类目录结构化录入系统，建设需求单位结构化填报主要参数和差异化内容。招标文件评审要素内容关联技术规范的关键参数，设定赋分公式，明确结构化响应数据填报规则和佐证材料要求。投标环节实现供应商商务、技术参数和响应内容一对一结构化填报，优化客户端数据填报和数据库信息读取功能，实现一键自动生成投标文件。评审环节，专家只需核对填报内容和佐证材料的真实性、一致性并及时修正，系统实现计算机辅助智能评标和赋分。

（二）基于采购大数据为投资计划开展智能需求预测

优化需求管理，促进电力物资供需匹配，实现需求信息在供应链上的实时传递和共享，从传统的推式驱动向拉式驱动的供应链模式转变。引入模型和算法，提高预测精度。基于历史需求数据，利用大数据挖掘技术，为具有一般性需求规律的物资建立需求预测模型，对于需求规律比较特殊的物资，则开发有针对性的需求预测算法。将需求变动实时传递，增加计划柔性，开发对项目进度、物资需求、库存资源等信息协同共享与推送功能。图1为南方电网公司智能需求预测模型。

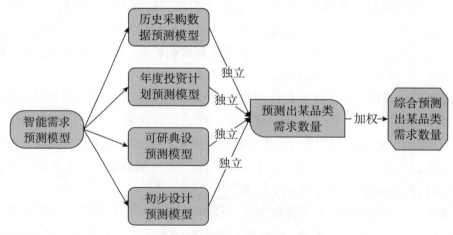

图1 南方电网公司智能需求预测模型

（三）打造覆盖全品类的结构化评审要素库

一是进一步细化评审要素和指标评审要素，做到完全客观，更加体现"公平、公正"原则，防范专家自由裁量风险。二是更加突出"竞争、择优"原则，更加注重"实效"，如将"生产能力"改为"供应能力"。三是落实持续优化营商环境要求，消除行业和地域壁垒，支持中小企业发展。四是遵守国家法律法规，紧跟国家政策导向，如细化落实国家"双碳"战略，推广绿色生产制造，引导产业链上下游企业共同提升经济效益和社会效益。

（四）建设本地数据库

依托标准目录建设本地供应链数据资源库，常态化开展数据收集和审查入库，实现各环节数据互通。如供应商将业绩及合同、发票等证明材料逐条结构化，收录入业绩库，将试验报告等内容结构化收录入试验报告库，投标环节只需引用相关资源编码即可。跟踪国家有关部委或其授权机构发布的供应商警戒信息，建立公司统一的"黑名单"数据库，实现数据全网结构化共享。

（五）开展结构化招标

一是采购需求结构化、数字化。结构化设置技术规范书，将技术参数、实质性要求和条件等内容和数据制作成结构化标签和填报范围。对于框架采购，由专业技术部门统一编制结构化技术参数填写要求；对于专项采购，专业技术部门设置允许变化的专用技术参数及参考值范围，各单位在上报专项采购需求的同时结构化填报技术参数需求，相关参数要求自动带入方案评审要素。二是编制和结构化评审要素相匹配的投标文件格式，优化商务、技术投标文件响应格式和数据填报要求，做到数据清晰、内容明确、突出重点、标准统一，突出投标人差异化内容，响应优劣一目了然。三是投标环节优化客户端数据填报和数据库信息读取功能，供应商通过"数值填报""下拉项选择""是/否项选取"等方式实现商务、技术参数一对一结构化填报，设定业绩库数据链接，实现一键自动生成投标文件。

（六）开展结构化计算机辅助智能评标

一是根据结构化评分规则自动读取投标人数据并根据评审要求多维度展示，专家校核数据真实无误后一键赋分，计算机辅助完成评审。二是基于人工智能技术和大数据分析能力，开发构建投标人围标串标智能识别、投标文件智能验真、投标人画像评价、评标专家画像评价、评标现场智能管控和专家异常性评分智能识别等智能化评标功能模型，自动生成"投标人关联关系分析""供应商同投频次分析""投标文件比对分析""投标报价异常分析"等审查结果供专家参考和决策。图2为南方电网公司智能化评标功能模型。

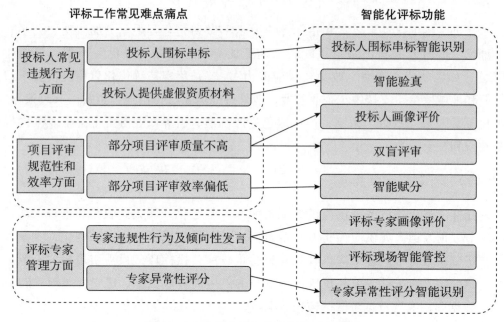

图2 南方电网公司智能化评标功能模型

（七）开发南方电网标准数字化平台

基于南方电网标准数字化平台开发技术规范书的应用，具备结构化数据填报、编辑和自动生成技术规范书等功能，常态化做好更新维护，实现需求填报、招标投标等环节自动读取标准平台技术结构化数据。

（八）建立招标采购全过程结构化工作协同和联动机制

专业部门做好结构化技术规范和评审标准编制工作，并根据品类优化、设备选型和公司最新要求动态开展修编；供应链部门负责集团物资技术评审标准结构化推广应用，做好总结分析和评价，不断提升招标采购工作质量。

（九）建立结构化招投标管理标准和作业标准体系

制定结构化评标业务指导书，明确结构化需求填报、结构化评审标准编制、结构化招标和评标工作要求，关注客观量化水平、评审效率提升情况、中标供应商群体变化情况、中标价格波动情况等。制定供应商结构化投标服务指引，明确结构化投标数据填报规则和要求，修编完善客户端使用说明，提升投标数据质量和效率。

三、创新点

南方电网公司推进招标采购全过程数字化，创新电力物资采购方式方法，提升采购评审的客观性、公正性，提高评标工作效率，防范专家自由裁量风险，保障物资采购质量。一是打造涵盖供应链全流程的电子交易平台。在国内率先实现需求申报、采购实施及合同签订全过程数字化，做到需求、采购和合约数据贯通和交叉引用，大幅提升了投标和评审时效。二是有效减轻投标人投标和专家评审负担。投标人可在标书制作客户端上采用"点对点"方式逐条响应招标文件要求，提高投标人响应数据的准确性，有效避免以往投标人将所有相关资料堆砌至投标文件的行为。三是切实保障招标采购质量，降低采购风险。应用结构化计算机辅助评标既能降低专家自主裁量权，大大避免人为主观性评分，有效防范和化解廉洁风险；又能有效遏制专家利用评标权力寻租、"体外循环"等突出问题，提升评标专家廉洁风险防控能力和规范履职能力。

四、应用效果

南方电网公司通过创新电力物资采购方式方法，统筹推进招评标全过程数字化、智能化，做到采购业务全程受控，采购活动全程留痕，实现在线监督和责任追溯，提升招标采购评审的客观性、公正性，提高评标工作效率，防范专家自由裁量风险，保障电力物资稳定供应。一是有效减轻投标人投标负担。按照网级采购 2 万家次的投标文件数量计算，每次投标 20 日备标期压缩 50%，可至少减少 20 万工日的投标文件编制工作量，为投标人节省费用约 2 亿元。二是切实保障招标采购质量。对比传统招标采购模式，应用结构化招标评标最终评审推荐出的中标候选人综合实力更优，评审结果更加科学、公平、客观，采购质量更高。三是有效防范和化解招标采购风险。结构化计算机辅助招标评标有效遏制了专家利用评标权力寻租、"体外循环"等突出问题，提升了评标专家廉洁风险防控能力和规范履职能力。四是大幅提升评审效率及效益。通过应用结构化计算机辅助评标，实现结构化评标系统自动数据抓取、比对和计算，项目平均节省评审时间约 20%，预计每年节省专家工时约 1500 个工日，每年节省专家劳务费和评审场地费成本约 1000 万元。

五、推广价值

近年来，全社会用电量节节攀升，对电网建设和供应链管理提出了越来越高的要求，因此创新优化采购流程，推广全流程数字采购是降本增效的"主力军"。一是优化营商环境，有效减轻投标人投标负担。应用结构化招标投标后招投标文件格式更加简明化、结构化，提高了投标人响应数据的准确性，有效降低了投标人编制投标文件的工作量，同时间接提高了评标专家工作效率。二是数字采购切实保障招标采购质量。对比传统招标采购模式，应用结构化计算机辅助评标不仅能够降低专家自主裁量权，大大避免人为主观性评分；还使最终评审推荐出的中标候选人综合实力更优，评审结果更加科学、公平、客观，采购质量更高。三是数字采购有效防范和化解招标评标过程廉洁和泄密风险。结构化计算机辅助评标通过对采购项目评分标准进行细化和量化，大幅降低了评标专家自主裁量权，有效遏制了专家利用评标权力寻租、"体外循环"等突出问题，提升了评标专家廉洁风险防控能力和规范履职能力。四是全流程数字采购实现供应链全过程数据融会贯通。数字采购打通了需求申报、采购实施和合约签订各环节，确保需求阶段的各项要求通过招标文件结构化编制和投标人点对点的结构化投标响应实现全流程有据可查，做到数据贯通并实现交叉引用，大幅提升了供应链数字化水平。

南方电网公司对串通招评标业务流程进行根本性的思考和重建，制定招标采购"电子化、结构化、智能化"的三步走战略，筑牢业务数据平台，释放高质量数据价值，发挥智能化算法模型能力，确保招标采购工作"标准、规范、高效"。同步制定适合数字化采购的工作标准和业务流程，全网推广结构化招投标工作。

乘着数字化的"东风"，南方电网公司积极践行数字化转型和数字电网建设行动，推动供应链服务体系向标准化、集约化、数字化转型，持续为采购过程注入科技活力，取得的经济效益、社会效益和环保效益等明显提升。但在结构化数据贯通、基于区块链技术的第三方数据引用和本地数据库建设等方面还存在一定短板。一是数据来源问题。针对供应商股权关系、纳税信用信息、失信黑名单等官方数据，政府未开放自动获取和对接渠道，仍需供应商自行查询、截图并上传，而建设本地数据库更新维护成本高，时效性差。二是区块链认证问题。供应商业绩、试验报告等佐证材料均为第三方证明扫描件，合同发票每次投标均需扫描上传，由专家人工识别，流程烦琐，所以亟须进行区块链认证后结构化筛选和录入。

（中国南方电网有限责任公司：霍建彬）

中国华电："双碳"背景下能源央企新能源集采供应链管理模式的探索与实践

为建设高效、集约、韧性、绿色、低碳供应链，中国华电集团有限公司（以下简称"中国华电"）规范、高效地组织策划并实施了光伏组件、电化学储能、逆变器、主变等一系列新能源设备集中采购工作，建立了标准化的新能源设备集采工作流程，并持续开展供应链管理创新，在数字化转型等方面积极探索实践，构建起较为完善的供应链生态体系，于 2022 年 9 月上线了中国华电新能源供应链平台（以下简称"供应链平台"），线上全流程开展新能源设备集采保供工作，这是新能源集采供应链管理模式创新实践的重要举措，为加快建设世界一流能源企业提供了有力支撑。

一、集采供应链管理模式探索与实践的实施背景

（一）新能源装机的快速增长对集采供应链管理提出了更高要求

中国华电为积极落实国家"双碳"目标任务，加快推动能源绿色低碳转型，明确"十四五"期间新能源装机新增规模 8000 万 kW，平均每年新增新能源装机 1500kW，对新能源物资集采供应链管理水平提出了更高要求。相较于之前单个项目招标的方式，新能源设备物资集中采购有众多优势。例如，集中招标提高采购效率，采购后可统筹适配，匹配新能源项目建设周期短的特点；可遴选优质供应商，满足项目单位多样化需求，供应安全、可靠、高质量产品；可集中管控、统一协调、催交，保障项目全过程管理和服务；可降本增效，有效控制工程投资成本等。

然而，相较于单个项目招标，新能源设备物资集采在完成采购后的执行流程上更加复杂。项目建设单位从一个长期有效且规定总量并涉及多家供应商的框架中选取匹配自身项目所需的设备，这个过程称为适配。适配执行涉及包括项目单位、直属单位、中国华电集团物资有限公司（以下简称"华电物资"）、供应商四方的多分支流程，需要统筹考虑项目需求、设备型号匹配、供应商产能、运输距离等因素的影响，工作环节较为烦琐，对工作标准要求较高，如遇到某些设备市场供货紧张，出现扎堆抢装、短期需求激增等情况，执行难度更大。特别是 2022 年光伏组件价格持续上涨，设备厂家供货意愿不强；2023 年中国华电新能源投产规模突破 1800 万 kW，创历史新高，保供压力大，上百个项目多种设备供应对快速精准适配提出了更高要求。

传统集采及后续适配工作主要通过线下纸质材料审批及人工台账统计的方式进行，

在执行过程中存在以下问题：一是多方线下沟通效率低；二是适配审批流程烦琐；三是各类统计台账费时费力，时效性差；四是对于框架下不同排名中标供应商执行份额的分配缺少控制手段。这些问题在一定程度上阻碍了新能源设备集采本身优势的发挥，在新能源项目建设一再提速的情况下，已很难满足高质量发展的要求，迫切需要以更高效、便捷、透明的方式实现新能源设备集采全流程。

（二）供应链转型升级是实现中国华电高质量发展目标的迫切要求

近几年来，国务院国资委加快推进国有企业数字化转型，要求中央企业要将数字化转型作为改造提升传统动能、培育发展新动能的重要手段。中国华电坚决落实国务院国资委有关工作要求，加快推动采购与供应链平台数字化转型，加大数字基础设施建设力度，统筹各类信息系统，加强数据治理和标准建设，实现信息共用共享，助力中国华电高质量发展。供应链平台是对集采数字化转型道路的探索，是中国华电产业链供应链数字化、智能化的重要变革。供应链平台能够线上实现集采适配全周期工作流程，多维度收集数据并进行分析为集采提供辅助决策，通过数字化管理手段为新能源设备集采保供提供有力支撑，助力中国华电新能源项目工程建设高质高效实施。

（三）加强供应链管理是中国华电现代化产业体系建设的重要内容

党的十九届五中全会将"提升产业链供应链现代化水平"作为加快发展现代产业体系、推动经济体系优化升级的重点任务。商务部等八部门印发的《关于开展全国供应链创新与应用示范创建工作的通知》，正式启动全国供应链创新与应用示范创建。国务院国资委 2023 年印发的《关于中央企业在建设世界一流企业中加强供应链管理的指导意见》更是明确指出要加强供应链管理、加快供应链体系建设和转型升级。中国华电响应国家号召，努力强化企业管理体系和管理能力建设，提升企业核心竞争力，加强供应链管理已然成为中国华电现代化产业体系建设的重要内容。

二、集采供应链管理模式探索与实践的内涵与做法

（一）基本思路

为保障当前"双碳"目标下新能源建设物资供应需求，加快绿色转型和风光电高质量发展，推动降本增效，中国华电持续以采购管理为切入点推动供应链管理转型升级，以系统思维、全局思维统筹谋划，完善物资集采工作，提供覆盖新能源项目主要设备的物资集采、适配、催交保供、监造等全方位服务，同时利用数字化手段实现链上信息的整合与协同，以高质量集采供应链管理引领保障中国华电高质量发展。

（二）主要创新点及措施

1. 构建适合能源央企高效协同的新能源集采供应链管理体制机制

中国华电紧紧围绕保障能源安全和绿色低碳发展两条主线，以采购与供应链管理提升为切入点，持续探索优化新能源集采供应链管理体制机制，推动供应链体系变革，着力培育新增长点、形成新动能，全面增强供应链韧性和安全水平，努力打造具有中国华电特色的"信息互联互通共享、上游下游产业融合、业务高效协同前行、风险防控有效到位"的高效、集约、韧性、绿色、低碳供应链体系，以强韧的供应链生态体系保障新能源集采高效实施，助力新能源工程建设再上新台阶。

（1）构建"八统一"采购与供应链制度体系和标准。

结合能源央企特点和公司实际情况，中国华电在能源央企中率先实现制度体系、采购平台、评标场所、招标代理、评标专家库、招标监督人员库、供应商库、招标文件标准的"八统一"管理，为打造新能源集采韧性、高效供应链奠定坚实的制度基础。统一制度体系，建立具有中国华电特色的"2+N"采购与供应链管理制度体系，将采购管理办法、物资管理规定作为基本制度，实现主要制度"垂直一体、一贯到底"，确保制度执行的一致性、有效性和统一性；统一采购平台，自行开发建设的中国华电集团电子商务平台是中国华电唯一采购平台，依托电子商务平台，构建以"招标、非招标、商城"采购为主的三融合采购平台，覆盖计划、寻源、实施、评价、异议投诉处理等采购管理全流程，通过平台固化采购业务流程，控制关键节点，实现了业务公开、过程受控、全程在案、永久追溯；统一供应商管理，所有供应商均纳入供应商管理系统，严格准入、分级管理、量化评价、动态调整、联合惩戒；统一招标文件标准范本，建立了独具特色、覆盖全面的招标文件标准化体系，印发306项招标文件标准范本，实现了"内容标准化、形式结构化、应用信息化"。招标文件标准范本覆盖了光伏组件、逆变器、箱变、主变、电缆等新能源集采招标项目。

（2）创新建立采购工作组管理机制。

中国华电明确采购领导小组负责审定集团公司大宗物资集中采购计划，审定重要设备集约化采购策略和供应保障过程中的重大事项，把关决策新能源集采从采购计划、采购策略到采购结果全过程。此外，中国华电还创新建立了采购工作组管理机制，工程建设部、战略部、生技部、煤炭部、科信部、审计部、企法部等部门作为成员，对采购申请集中审查，从前期规划、投资计划、科技研发、后续生产管理配套、合规性管理等方面在采购实施前实现协同推进、联合把关，从源头上强化供应链协同管理，为新能源集采供应链策略实施提供坚实保障。

（3）加强新能源集采供应链管理和组织机构保障。

中国华电坚持贯彻党中央、国务院"管办分离"改革举措，构建"集团公司采购领导小组负责定、工程建设部负责管、华电物资负责办、直属单位和基层企业提需求"

协同推进的采购与供应链管理组织体系并一以贯之，形成需求、决策、执行、监督"四分离"的相互制衡、高效执行的管理局面，以"管办分离"组织保障推动新能源集采供应链管理模式探索在实践中落地。工程建设部负责新能源集采供应链政策研究与制定，紧紧围绕核心竞争力加强新能源集采供应链策略顶层设计与规划；华电物资独立设置供应链部、采购管理部及采购一部、二部、三部等部门，负责执行集团新能源集采策略与规划，具体实施新能源集采工作，并与各直属单位深度协同执行新能源物资保供、监造、催交与调剂，以加强新能源集采供应链管理组织保障，推动形成总部抓总、分级实施的强大合力。

（4）强化采购业务各环节合规管理和风险防控能力。

建设内控合规风险一体化管理信息平台并与供应链平台互联互通，按照"平台统一、管理融合、监控职能"的定位，建设覆盖采购与供应链全业务领域的内控合规风险一体化平台监管系统。将招标采购 45 项合规风险融入业务规则，20 项风险监控指标嵌入内控合规风险一体化平台监管系统进行监控，实时对采购风险进行监控预警，进一步提高风险防控的智能化水平，实现采购风控关口前移、线上预警，保证风险可控在控，推动业务规则与业务实施的无缝融合。

2. 持续创新开发新能源集采品类

中国华电坚持以理念创新推动企业绿色低碳发展，制定新能源集采一揽子方案，根据不同物资品类特点选择不同框架执行方式，多项集采品类采购模式创新在行业内得到认可和借鉴。

一是创新光伏组件采购模式，优化价格权重和调价机制，设置新型高效组件框架，充分发挥集采引领作用。结合光伏组件市场价格波动大，供需矛盾突出的特点，在充分吸收借鉴其他能源央企经验做法基础上，创新实施光伏组件规模化集采、短周期小规模框采、个性化自采"三位一体"精准灵活采购模式，兼顾集中采购规模效应和个性化自采的灵活适应性；优化组件价格权重和扣分规则，减少价格占比，更加倾向于合理低价，优化调价机制，设置免调区间，降低价格调整频率，使组件执行价格随市场波动稳定平缓变化，与上游供应商协同应对市场低迷不利局面，2023 年分阶段完成 15.26GW 组件集中采购，采购规模创历史新高；设置 N 型 BC、HJT 组件框架标段，为中国华电有新型组件需求的项目提供选择路径，促进行业高效组件产品的推广应用。

二是在能源央企率先开展电化学储能框架招标，首创组合式报价策略和碳酸锂跟踪调价机制，根据充放电倍率、防腐等级、海拔高度对电池预制舱、电力转换系统（PCS）、能源管理系统（EMS）分别组合报价，跟网型、构网型储能分设报价权重，储能系统根据原材料碳酸锂单日价格浮动实施调价，即碳酸锂价格每变动 1 万元/吨，折算电池预制舱综合单价调整 0.006 元/瓦时，该调价机制和菜单式报价模式在行业中被广泛借鉴。

三是首创基于完全成本测算的清单式电缆框架价格体系，根据电缆清单型号测算电缆的完全成本（直接材料、直接人工、制造费用、期间费用）并将其作为价格控制限的下限，在完全成本基础上上浮一定比例的行业净利率并将其作为价格控制限的上限，投标人在价格控制上下限区间内开展报价，构建了完全成本测算的清单式电缆框架价格体系，避免了针对单个电缆型号的恶意低价和高价报价。

四是创新实施份额分配模式，结合电商化采购新形式，有效规避二次自主采购廉洁风险。供应链平台通过采购批次管理和配额释放来实现各集采设备的资源配置管理。采购批次关联相关标段的供应商信息及其中标份额，反映对应标段招标规模、有效期、采购金额等信息。以各采购批次为基础，华电物资分批释放出各家供应商一定比例的中标份额（配额），之后项目单位即可选择有剩余可选配额的供应商进行适配。针对分布式光伏项目数量多、项目推进快、建设周期短等特点，为提高项目适配效率，在华电商城建设新能源分区，上架小功率组串式逆变器和光伏组件，允许需求单位选择份额足够的供应商自主下单。分批释放配额综合考虑中国华电年度新能源项目投产计划、具体项目建设进度和需求缓急等因素，有效杜绝各供应商执行份额比例失调现象，确保合规性的同时兼顾实现合理性。

五是通过合理分类，设置差价、权重、运费的计算方法，首创地理信息系统（GIS）、储能系统的"立体网格式报价方式"。以 GIS 设备为例，将 GIS 设备按照接线型式划分为线变组、单母线和双母线，每种接线型式下设置主变、线路、测保等间隔，通过合理设置差价和权重引导供应商充分公平竞争，实现了一张报价表满足系统内多样化的采购需求，逐步实现了新能源设备集采规则的标准化和一致性，使集采工作更加规范、快速、高效。

3. 优化新能源设备集采模式和策略

（1）建立新能源设备商情定期研究机制。

针对近几年光伏组件、风机主机等新能源设备市场价格波动较大的情况，华电物资持续跟踪新能源市场形势变化，成立专班深度分析光伏、风电、储能等多种新能源设备市场行情，密切跟踪上下游产业链各环节的价格走势和市场动态，按月发布新能源设备商情分析并分享至各直属单位，目前包括光伏组件、逆变器、风电机组、电化学储能、大宗物资（铜铝）现货五个品类，为各新能源项目科学采购提供决策参考。通过开展新能源设备商情分析和光伏价格指数研究工作，防范行业"黑天鹅"事件，为中国华电各新能源项目提供采购决策依据参考，增强新能源供应链稳定性。

（2）持续创新优化新能源集采方案。

一是结合新一轮电力体制改革政策要求，将原来注重采购阶段性价比最优的策略，逐步调整为"在满足电力建设发展和提供普遍服务需要的基础上，以实现资产全生命周期总成本最优和价值创造最大化为目标，采购技术水平优、质量好、可靠性高的设备"。

二是首次尝试引入第三方机构，通过系统数据采集、现场调研、资料收集等手段，重点从采购策划、采购实施、采购效益、采购质量、供应商履约情况五个方面深入剖析，全过程多维度评估集中采购效果，并提出下一步采购策略优化建议。

三是总结近几年新能源设备集采经验，加强市场调研，以"技术先进、品质优良、价格优惠、履约可靠"为采购目标，科学设置评审因素和价格联动机制，以"科技先导、突出产能、注重业绩"为原则总结出"6+N"资格条件设置模式，将资格条件简化为 6 个通用条件和 N 个专用条件；将商务因素简化为投标文件完整及响应性、价格合理性、综合实力和财务状况 4 项，使商务因素具有通用性；技术因素则突出技术参数先进性、工艺结构特性、产能及产业链、履约情况等的评价，并将保供作为强引导，着重考查供应商供应保障能力。通过采取优化招评标采购策略，完善标段划分规则和中标推荐原则，提高评标技术分权重，调整价格分算法，加大供应商评价结果应用力度等措施，优化采购升级，实现采购设备质量、成本和效率的综合效益最优。

（3）创新科学保供机制，保障供应链安全性。

一是新能源设备框架集采全面实施"选 M 备 N"的选商模式。中国华电与入围供应商签订框架协议，与备选供应商签订递补协议，当入围供应商无法正常履约时，迅速启动递补机制，将备选供应商递补为入围供应商。这种选商模式避免了因个别入围供应商无法履约影响新能源项目建设的情况发生，所以要补足供应链短板，提高供应链稳定性，保证项目顺利执行。

二是突破常规保供理念，立足"大保供"格局，创新推进"一托二进三级"梯级保供新机制。聚焦不同区域项目投产容量、建设进度、供货时间、施工周期等特点，梳理分析影响和制约集团新能源项目投产因素，将 2023 年新能源投产项目保供等级按照区域保供和项目保供两个维度划分为"红""橙""黄"三色预警等级并实行动态调整。针对优先重点保供项目，及时跟进项目建设进度，统筹协调设备资源，以项目投产目标为导向，安排专人分头深入项目现场和设备生产企业，根据掌握和预判的设备供需情况，启动不同层级的保供措施，避免出现设备资源扎堆挤兑，实现保供工作机制有效运转。

三是以新能源供应链平台为抓手，充分利用数字化技术手段，在集团及供应商范围内推广平台使用，通过全景立体"驾驶舱"模型，全方位实时展示和跟踪工程项目数据信息。此外，通过供应链平台的计划与实际发货差异比对功能，实现精准保供，及时化解履约中供需矛盾和执行纠纷。在全新的保供机制下，光伏组件年保供规模已从最初的 0.93GW 逐步增长至 9.96GW，保供单日发货量最高突破 100MW，为集团各新能源项目建设提供了有力的物资保障。

4. 持续推进新能源集采供应链数字化智能化

中国华电指导华电物资自主研发供应链平台并上线，同时不断升级优化电子商务平台（ECP），发挥其高度集成优势，为规范、高效的新能源设备物资集中采购秩序筑牢数字化基础，这一做法是供应链管理数字化智能化转型的关键举措。

（1）实现"网格式"供应链管理。

供应链平台覆盖光伏组件、电化学储能、逆变器、主变、箱变等新能源项目主要设备，并对未来新增设备品类进行前瞻式功能建设，同时根据集中采购现有配额管理模式加入多批次分配等管理职能，将工程、合同、支付、生产、仓储、物流、交付、评价等环节信息纳入供应链平台服务范围，管理人员即可线上安排发货计划以及线上跟踪设备到场情况。这样每个项目实施过程均可立体化、实时化呈现设备供应全流程信息，实现横向全周期管理。

通过供应链平台即可实现包括多个参与单位的智能化协作，实现上游下游协同发力，进而实现"网格式"供应链管理，为采购人员统筹把握集采规模和进度提供了数据支撑。系统提前预判资金、物流等可能出现的问题，大幅提升了设备保供工作的时效性和准确性，促进形成相关成员间相互依赖、关联互动的信息化生态。

（2）多个功能模块实现多维度管理。

供应链平台按实现功能可划分为物资管理、资源配置管理、适配全流程管理、智慧物流管理、供应链数据统计分析五大模块。

一是物资管理模块。物资管理模块可实现供应链平台上所有集采设备的统一管理。中国华电集采新能源设备分为光伏组件、逆变器、主变、箱变、GIS、电化学储能六大类，在物资管理模块中可对这六大类设备具体技术参数及其参数值做到完全自定义编辑，完成维护后在后续设备适配阶段中由项目单位自主选择所需的各类规格型号。高自由度的自定义功能解决了以往适配中主变、箱变等设备选择定制类规格型号困难的问题，通过自定义新增设备品类也可适应未来中国华电集采设备种类扩充的发展需求。

二是资源配置管理模块。供应链平台通过采购批次管理和配额释放来实现对于各集采设备的资源配置管理。采购批次关联相关标段的供应商信息及其中标份额，反映出对应标段招标规模、有效期、采购金额等信息。以各采购批次为基础，华电物资分批释放出各家供应商一定比例的中标份额（配额），之后项目单位即可选择有剩余可选配额的供应商进行适配。分批释放配额考虑了中国华电年度新能源项目投产计划、具体项目建设进度和需求缓急等，杜绝了各供应商执行份额比例失调的问题，既确保了合规性也保证了合理性。

三是适配全流程管理模块。该模块包括供应链平台主要的业务流程，具体可实现项目建设条件审核、设备适配审核、适配后合同谈判/签订、付款进度确认等功能。当项目建设条件经过审核确认已具备适配条件后，项目建设单位可从供应链平台发起设备适配流程，在有配额的前提下选择意向供应商，适配通过后开展线上合同谈判/签订，所有会签通过供应链平台实现。合同签订后供应链平台自动追踪各项目付款进度，完成资金流的确认。通过线上实现全流程供应链数据信息实时共享，彻底打通了系统内项目数据壁垒，解决了项目与供应商信息不对称的情况，提升了管理效率，改善了供应协同关系。

四是智慧物流管理模块。物流管理是供应链平台实现全供应链管理的重要组成部分，是设备保供工作的可靠抓手。通过每月和每日两个层级，计划发货和实际发货两个维度，全面掌握供应商供货进度。重要项目在供应链平台录入当日发货量、发货车牌号后，与车联网平台联动，可实时追踪车辆信息，若第一时间发现车辆因特殊情况延误应通知供应商及时处理，扎实跟进重要项目发货进度。项目单位与供应商在供应链平台实时共享未来发货计划、实际发货情况，有偏差做到及时发现、快速修正，从而实现智慧物流管理。

五是供应链数据统计分析模块。供应链数据统计分析模块是供应链平台实现集采保供数据收集分析共享，并使其可视化的主要功能模块。该模块可通过数据整合生成全口径报表，替代了原有的线下人工台账，解决了传统模式下物资人员工作琐碎、繁重、容易出错的痛点。此外，为构建大数据库奠定了一定的基础。该模块通过对配额分配、项目适配、合同签订、供货确认、收付款确认等主要流程信息进行统一汇总，有利于对不同维度数据关联性进行分析，将信息流、物流、资金流统筹考虑，从而得到二次数据并做到立体可视化。宏观来看，可实现集团年度采购计划与实际执行情况的差异化分析；对于项目单位及供应商等具体流程涉及用户的，可做出对各类不平衡情况（如付款情况与发货进度不匹配等）的及时预警，充分保障供应链稳定性。

（3）深化大数据应用，以科技驱动供应链发展。

依托经营数据驾驶舱项目建设和规划，以电子招标系统、非招标系统、华电商城三大采购系统为重点领域，建设大数据信息管理系统，开展多维度业务数据分析，以数据流推动科技创新，驱动供应链高质量发展。打造国内首个自主可控区块链软硬件技术体系"长安链"并在发电行业首次应用，首创能源领域唯一的国家级区块链技术创新中心，区块链技术已在中国华电碳资产管理、智能仓储、煤质检测、联合储备、供应链金融等领域开展融合应用，力争在基于区块链的 CCER（国家核证自愿减排量）评价管理体系等内容实现新突破，深挖大数据潜在价值，进一步加快推动采购与供应链管理转型升级。

三、集采供应链管理模式探索的实践效果

近年来，中国华电通过在新能源设备集中采购中探索与实践供应链管理创新，物资采购质效大幅提升，特别是供应链平台的建设投运，有力地保障了光伏组件、逆变器、变压器、电化学储能系统等新能源设备集中采购工作圆满完成，2023 年为中国华电 300 多个新能源项目（总容量约 3000 万千瓦）提供了高质量物资保供服务。

（一）采购效率和效益"双提升"

中国华电通过以上集采供应链管理创新举措，特别是建设上线供应链平台，使集采效率大幅度提升，进一步缩短了新能源设备集采时效。供应链平台于 2022 年 9 月正

式上线，至今已有华电系统内 40 家直属单位、300 家以上项目单位、系统外 38 家供应商注册使用。2023 年，依托供应链平台完成了光伏组件、逆变器、电化学储能、主变、箱变、GIS 六大类新能源设备集采；共计服务中国华电新能源项目 327 个，建设容量 2824 万千瓦，完成设备适配 547 次，累计签约合同 401 个，平台上线以来单次设备适配平均耗时较传统模式缩短 5 天。作为集信息流、资金流、物流于一体的综合性供应链协同服务平台，在全流程集采保供中发挥了显著作用。以西藏那曲光伏项目为例，该项目建设周期 90 天，在 2022 年 12 月底实现了 12 万 kW 全容量并网发电，是西藏地区同期在建的光伏项目中，开工时间晚，但唯一实现全容量并网发电的项目。那曲光伏项目使用的光伏组件、逆变器、主变、箱变和储能设备全部来自中国华电实施的框架集采，该项目的成功并网是新能源设备供应链管理成果的集中体现。

（二）供应保障成果丰硕

面对新能源设备供货的紧张局势，中国华电坚持目标导向、结果导向，启动抓适配、促签约、催付款、盯排产、追物流等全周期物资保供机制，圆满完成了保供任务。2022 年实现保供光伏组件 852 万 kW，逆变器 760 万 kW，主变 8.49GVA，箱变 7.56GVA，供货量有效匹配甚至超前于现场工程进度需求，累计完成主变监造容量 7.5GVA（49 台套），箱变监造容量 7.2GVA（2110 台套），取得了光伏组件单日保供发货量首次突破 10 万 kW 的优异成绩。2023 年完成光伏组件 996 万 kW、逆变器 683 万 kW、电化学储能 1.67GWh、主变 7.84GVA、箱变 7.96GVA、GIS 138 个间隔供应，为新能源项目建设提供了坚实的物资保障。

（三）助力创建精品工程成效显著

新能源集采供应链管理模式的探索与实践，助推中国华电高质量发展和绿色能源精品工程建设取得重大突破，2023 年新能源年度投产 1822 万 kW，电力项目新增装机 2433 万 kW，同比增长 2 倍，累计装机突破 2 亿 kW，涌现出一大批"世界之最"精品工程。如世界单体最大的天津海晶 100 万 kW"盐光互补"光伏项目全容量并网发电；世界海拔最高的西藏才朋 50MW 光伏项目并网发电；世界最长碾压混凝土芯样从西藏 DG 水电站取出入藏国家博物馆。

（四）供应链延链铸链成效显著

中国华电通过构建"一托二进三级"新能源战略保供机制，精准整合供应链上游下游资源，推动简单设备供应保供向提供专业精准的供应链服务价值转型升级，共同建立价值共创、合作共赢的供应链协同发力新格局。通过设备保供驱动上游下游企业在产业落地、资源获取、科技创新等领域深入合作，让"设备供给"这个制约项目建设的"关键变量"成为后续发展的"最大增量"，形成保供价值多元化的生态系统。

在 2023 年初步实践中，多家供应商延伸保供价值，持续在内蒙古、黑龙江、辽宁、云南、陕西等区域深化合作，协助获取海上资源约 100 万 kW、新能源指标约 300 万 kW，拟转让风电指标 10 万 kW，成立 1 家合资公司共同开发项目等。

（五）社会效益与间接经济效益显著

中国华电利用集采规模优势，依托数字化手段，实现了采购效能与效益双提升。供应链平台项目投资成本为：一期 158 万元、二期 87.1 万元，合计总投资成本 245.1 万元。2023 年通过集中采购及实施数字化平台推广应用、商情分析、合同谈判等措施节约采购资金达 105 亿元。目前，以集采方式采购的设备在新能源项目设备总投资中的占比已达到 70%，大幅降低了直属单位、项目单位的招标采购工作量。

首创电化学储能集采组合式报价策略和碳酸锂跟踪调价机制、基于完全成本测算的清单式电缆框架价格体系，推行绿色低碳采购、框架份额分配模式等管理创新做法，逐步形成了具有中国华电特色的新能源设备集采供应链管理模式，在能源行业中被广泛借鉴，引领了能源央企新能源集采供应链管理新模式、新方法、新体系。

（中国华电集团有限公司：李建光、许德生；中国华电集团物资有限公司：刘雨平、王昆、曹志阳）

中国东航：聚焦"五化"提升，打造具有航空特色的现代供应链体系

中国东方航空集团有限公司（以下简称"中国东航"）贯彻落实国务院国资委《关于中央企业在建设世界一流企业中加强供应链管理的指导意见》，聚焦"精益化、协同化、国际化、智慧化、绿色化"，以建设现代化航空经济体系，提升产业链供应链韧性和安全水平为主线，推动供应链管理体系变革，着力培育新增长点、形成新动能，积极打造具有航空特色的现代供应链体系，为加快建设世界一流航空企业提供有力支持。

一、行业背景

（一）全球供应链重构，供应链韧性安全问题突出

近年来，逆全球化思潮抬头，全球产业链供应链格局持续重构。此外，中美贸易摩擦、地缘政治冲突等突发事件对全球供应链造成巨大压力，更加揭示了供应链的脆弱性。

由于民航客机采用国际化供应链体系，民航企业对国外飞机制造商依赖程度高，呈现出波音公司、空中客车公司"双寡头"局面，据各航空公司数据推算，两公司占据九成以上市场份额，而2024年中国商用飞机有限责任公司（以下简称"中国商飞"）的C919国产大飞机交付量为6架，仅占当年新飞机交付总数的17.1%。飞机零部件供应商主要集中于欧美国家，中国的零部件供应占比仅为1%~2%。我国部分核心零部件、关键基础材料、关键技术和设备等产业链供应链局部受阻或断裂风险增加，加快提升产业链供应链韧性与安全水平的重要性明显上升。

（二）航空业竞争激烈，供应链降本增效价值凸显

当前企业的竞争力越来越体现在高质量和低成本两个方面。疫情后反弹阶段已基本结束，行业先发展进入需求自然增长阶段，传统民航运输业务增长乏力，市场竞争日趋激烈，竞争主体更加多元，企业的利润空间严重受限。

行业竞争加剧、客运收益下降、航油成本增加等因素令航空公司整体营收下降，2024年上半年，暑运市场票价明显低于往年，下半年仍面临国内客运市场运力局部、阶段性过剩，部分国际客运市场恢复存在不确定性等挑战，航空公司经营压力仍较大。

为实现全年扭亏增盈的目标任务，航空企业仍需持续优化航线网络，持续加强成本控制，努力提升收益水平。因此，通过高效运营实现降本增效，充分发挥供应链价值显得尤为重要。

（三）数字化浪潮来袭，供应链转型升级迫在眉睫

根据《2024 数字化采购发展报告》（由亿邦智库联合中国物流与采购联合会公共采购分会共同发布），2023 年我国企业物资采购总额为 175.4 万亿元，其中数字化采购总额约为 17.2 万亿元，同比增长 15.2%。数字化采购渗透率，即数字化采购总额在物资采购总额中的比重达到了 9.8%，较 2022 年提升了 1.2 个百分点。

数字经济已经成为引领全球经济社会变革、推动我国经济高质量发展的重要引擎。推进供应链数字化转型，充分发挥供应链数据价值，通过数字化治理和供应链高效运营，支撑数字产业化发展，推动产业数字化升级，是贯彻新发展理念，构建新发展格局的重要举措。

（四）绿色低碳新要求，民航业节能降碳压力剧增

当前，民航业节能降碳的形势非常严峻紧迫。从国际方面看，减碳要求提高，运营压力增加。2022 年 10 月，国际民用航空组织通过了一项宏伟目标，即到 2050 年实现国际航空业的二氧化碳净零排放。目前航空公司还要对国际航班超出基准线的碳排放进行补偿，国际航线将背负更大的减碳压力。从国内方面看，民航业快速发展导致碳排放需求增加。根据国务院印发的《2024—2025 年节能降碳行动方案》，要求到 2025 年年底，交通运输领域二氧化碳排放强度较 2020 年降低 5%，尽最大努力完成"十四五"节能降碳约束性指标。同时，根据国际航空运输协会（IAIA）的预测，在 2025 年前后中国将超越美国成为世界民航第一大国，这必然会导致航空燃油的消耗量大幅增加，减碳量也随之增加。从行业方面看，民航业减碳技术难度极大。中国民用航空局印发的《"十四五"民航绿色发展专项规划》要求，航空公司 2020—2025 年累计可持续航空燃料（SAF）消费量应达到 5 万吨。由于可持续航空燃料生产成本高昂，产能不足，迄今为止其在我国尚未大规模商业应用，再加上民航领域极高的投资成本、较长的研发应用周期以及超高的安全性要求，使其成为最难实现近零排放的领域。

二、主要做法及成效

（一）精益化管理，算好供应链管理"成本账"

1. 夯实管理基础，持续优化供应链全流程

一是健全组织体系。按照"管办分离、责权对等、专业管理、规范透明"的总体原则，中国东航已构建"1+1+N"的采购管理组织架构，即 1 个决策机构（集团采购与供应链管理委员会）、1 个日常管理部门（采购与供应链管理委员会办公室）和 N 个

采购执行单位（采购实施主体）。二是完善制度体系。中国东航采用"1+N"两级制度体系，由集团采购与供应链管理手册与各采购实施主体根据手册制定发布的实施细则构成。结合实际情况，每年定期修订公司采购与供应链管理制度和采购管理目录，切实提高制度的科学性、系统性、针对性和实效性。三是不断优化业务流程。以提升供应链管理精益化水平为方向，进一步优化采购、制造、物流、供应商管理等供应链全流程环节，建立跨部门供应链管理机制，实现采购部门与财务、法律等相关职能部门高效协同，提升全链条运转效率和效益。例如近年来，依托东方航空物流有限公司（以下简称"东航物流"）的仓储网络和冷链运输能力，构建了注重效率的生鲜港项目"精益供应链"。

2. 加强成本管控，助力公司降本增效

一是在业财融合上，制定集采节约方案，明确采购成本压降目标，推行合作采购新模式，降本增效取得新突破。2024年上半年，一级集采项目累计节约3000余万元，完成业财融合目标的90%以上，涵盖办公用品、物业服务、车辆保险等品类。协同中国东航服管部及东方航空食品投资有限公司（以下简称"东航食品"）等相关单位建立机供品协同机制，通过合理规划品类、优化标准及合同谈判等方式，机供品采购节支约400万元。二是在采购项目上，充分挖掘潜在的"降本点""增效源"，通过"内部商城比价"工作坊项目的开展实施，采用科学的方法进行比价分析和决策，实现了办公用品二次比价功能，各单位可以选择性价比更高的产品，从而降低采购成本，提高自身经济效益。

3. 强化风险防范，筑牢供应链安全防线

中国东航通过"线上稽查+线下核查"的风险管控机制，构筑了全面的供应链风险"防火墙"。一是线上运用采购管理一体化平台。中国东航自建供应链风险模型库，并对接启信宝等外部风控系统，实现需求填报、采购计划、采购寻源、采购执行、供应商管理等八大环节的全方位风险监控，打造采购与供应链风险控制中心（云控）。风控中心共设置46个风险模型，通过"数字探针"实时监控供应链各环节是否存在风险，系统自动对可疑风险实施强行阻断、提级审批或风险提示，通过风险看板和风控大屏实时统计和展示，为采购与供应链风险管理提供数据支持，不断提高风险预见和防范能力。二是线下开展监督检查。中国东航采购与供应链管理委员会每年按计划对各采购实施主体开展日常现场监督检查，针对重点采购领域、重要采购项目等开展专项排查，及时发现和纠正违规行为，督促问题整改。同时，通过加强与纪委、审计等职能部门的工作联动等方式，坚持发现问题解决问题，全力推进合规风险隐患"动态清零"。

（二）协同化运营，搭建上下游企业"生态链"

1. 整合上下游资源，促进跨行业跨领域协作

一是与战略供应商开展全方位协同，实现合作共赢。中国东航的战略供应商主要集中在飞机、航材、航油等关键业务领域，双方建立起高度联动和高效运作的协同机制。在航材采购方面，绝大多数是战略供应商，其中国外飞机及航材供应商约771家，国内航材供应商约170家，中国东航与这些战略供应商建立了不同层面的定期沟通机制和紧急协调机制，有效提高了供应链的航材保供能力。在飞机采购方面，中国东航与中国商飞于2021年签署了首批与架C919购机合同，成为国产大飞机全球首家启动用户。2023年双方再次签署了100架C919购机合同，中国东航成为C919全球最大用户，双方还建立了航材共享协议，就C919航材保障相关事项开展深入合作。同时，中国东航结合自身区位优势，为中国商飞提供库房支持、运行数据等资源，双方形成了互利共赢的合作模式。二是打通供应链上下游资源，强化运营协同。围绕东方航空技术有限公司（以下简称"东航技术"）、东航食品、东航物流三家公司的供应链管理示范项目，探索供应链协同创新模式。引入原材料供应、生产制造、仓储物流领域的专业合作伙伴，加速形成产业规模优势，全力打造合作共赢的供应链生态圈。在航材管理领域，推动建立高质量的航材信息共享及互援保障体系，建立以航材计划为龙头，覆盖生产准备、AOG保障、采购、送修、物流、仓储、报废处置等全流程的航材供应链管理体系。在机供品餐食领域，着力推进建立"源头直采+中央厨房+冷冻物流"餐食机供品供应链新模式，逐步向上下游企业拓展，积极探索建立长三角配餐中心，实现供应链垂直整合。在航空物流领域，推出了生鲜运输品牌"东航产地直达"，并创造性地开通了"产地直达"模式：即基于运输业务，通过向上下游拓展业务，与原产地、仓储、加工等企业建立了深度垂直的生鲜产业供应链体系。

2. 加强信息对接共享，打造供应链协同平台

一是推进信息数据共享。建立健全采购与供应链一体化平台数据管理体系，持续推动平台资源聚集信息共享，有效提供供需匹配、交易撮合、职服结算等平台服务，进一步推动航空企业间供应链标准对接，加强数据贯通、数据分析、资源共享，增强供应链动态协同能力。二是推动系统平台协同。对内，逐步打通采购与供应链一体化平台、集采实施平台与航材保障平台、物流EOS平台、司库系统等公司内部系统的数据互联，增强内部各部门协同；对外，加强与供应链上下游企业供应商平台对接，实现协同采购、协同制造、协同物流。例如，2023年中国东航参与上海空铁联运服务中心建设，与中国铁路上海铁路局集团有限公司、上海机场（集团）有限公司等各方签署《关于推动开展上海市空铁联运的多方合作协议》，通过双方平台的对接互通，实现了铁路车次、航班信息的数据共享，促进航空物流和高铁快运高质量发展，助力上海国际航运中心建设。

3. 加速国产化替代，增强供应链韧性

一是明确国产化替代采购要求，将国产安全可控设备和成熟软件产品等纳入集中采购目录，在2024年版采购与供应链管理手册中，新增应当优先选择"三首"产品和相应供应商的规定，积极支持应用国内关键核心技术产品。二是应用国内核心技术取

得新突破。中国东航坚决支持国家发展国产大飞机战略，助力国产大飞机产业集群发展，截至 2024 年年底，共与中国商飞签署 105 架 C919 购机协议。2024 年，中国东航地服部研发防止特种车辆故障造成航空器碰擦的主动监管技术，北京分公司研发"物理除霜雪冰设备"，这两项技术均为民航界首创。东航设备制造公司持续开展国产新能源特种车辆科技创新，目前已累计研发 12 个大类 30 款车型。三是关键软件国产化取得新进展。中国东航积极探索信息技术软件的自主研发建设。常旅客系统于 2023 年正式启动核心部分的自主研发，用于替换 IBS 产品；新一代运行控制系统飞机计划模块已启动自研预研，正开展国产备份飞行计划系统验证运行，其中航班调配模块于 2023 年启动改造，用于替换 CAE 模块；截至 2024 年年底，已累计启动国产化替代的系统共147 个。

（三）国际化合作，扩大航空供应链"朋友圈"

1. 优化航网结构，打造航空运输超级承运人

中国东航围绕打造"航空运输超级承运人"的战略目标，统筹国内国际、客运货运航线资源。在客运方面，全力构筑通达全球、高效便捷的国际、国内航空网络，进一步开通"一带一路"新航点，为"一带一路"沿线国家和地区连接空中通衢。截至 2023 年年底，中国东航在共建"一带一路"国家和地区经营的航段数量已达 96 条，通航 23 国，境外通航点数 40 个，年航班量 3.4 万班次。作为天合联盟成员，中国东航的航线网络通达全球 166 个国家和地区 1050 个目的地，每年为 1.5 亿人次提供航空出行服务，位居全球前十。

2. 完善国际物流网络，优化全球供应链布局

一是积极参与国际产业合作及海内外供应网络建设，拓展同主要航线国家（地区）和共建"一带一路"沿线国家和地区的合作渠道，实现供应来源的多元化和目标市场的多样化，有效应对供应异常波动。二是加强国际航空物流能力建设，完善海外物流网络布局和资源配置，提高海外物流运输保障能力，构建高效顺畅的国际物流供应链体系，稳步推进"环球飞"项目。提供面向全球端到端物流服务产品，在跨境电商、产地直达等物流解决方案的基础上，进一步加强综合物流解决方案的能力建设，建立高效安全的国际物流供应链网络，加强国际物流供应链风险防控和应急处突能力建设，保障国际运输安全。

3. 依托进博会等国际平台，提高国际影响力

作为已连续服务保障 6 届中国国际进口博览会（以下简称"进博会"）的航空公司，中国东航不仅借助"买全球""惠全球"的进博平台，与来自共建"一带一路"沿线国家和地区的参展商成为好朋友，与全球伙伴分享发展机遇，更在每年进博会来临前，通过中国东航空运或地面装运服务，让来自共建"一带一路"沿线国家和地区的展品、商品安全"落地"上海。

2023 年，中国东航在第六届进博会签署多轮采购订单，总签约金额达 25.47 亿美元，其中有 1/3 的订单来自共建"一带一路"沿线国家和地区，订单约 15.77 亿美元，"一带一路"签约项目数量及金额均创历届最高水平，新开和恢复执行一大批国际航线，覆盖诸多共建"一带一路"沿线国家和金砖国家。中国东航通过融入全球供应链网络，积极发挥桥梁作用，持续提升公司整体品牌影响力。

（四）数字化赋能，发挥科技创新"引擎力"

1. 深化数据治理分析，着力打造供应链数据底座

一是不断夯实数据底座。中国东航通过采购与供应链管理一体化平台整合全集团采购数据，对供应商、物料、上架商品等业务数据进行全面收集、梳理、清洗、整合和应用，形成集团层面统一的供应商数据库与物料数据库，实现"统一规范、统一编码、统一管理"，为系统集成、数据共享奠定基础。二是提升数据分析能力。把数据视为重要资产，深挖采购数据价值，建立数据分析模型，设置采购异常次数、采购计划退回率、采购文件编制质量等指标，构建采购价格、仓储数据、供应商数据等分析体系。通过多维数据分析，实现采购全周期可视化管理，为采购管理部门提供准确、及时、全面、完整的数据监督服务，支撑管理监督、助力运营优化、实现数据增值，推动决策更具科学性和敏捷性。

2. 推动信息系统升级，实现信息平台对接互联

一是不断升级系统功能。中国东航采购与供应链管理一体化平台，以"云购、云采、云商、云智、云控、云仓""六朵云"为基础架构，全力打造六位一体的现代智慧供应链体系。2024 年平台已进入二期开发阶段，进一步优化了系统审批流程，上线了办公用品下单比价、供应商入库品类认证强关联等新功能，为供应商管理、电子采购、合同履约、仓储物流等流程管控提供全生命周期的数字化支撑。二是推进系统互联互通。建立健全对内共享、对外开放的工作机制，推动一体化平台与公司内外部系统对接。外部对接供应商第三方资信平台、中资数据采购风险分析系统、全国企业采购交易供应商信用认证评价系统以及上下游企业供应商系统等；内部对接东航技术公司SAP、东航招标公司集采平台、财务部大项成本系统、法律部合同系统、东航食品公司机供品系统等，打破各平台之间的数据孤岛，建立数据流通机制，加强数据共享和资源整合。

3. 建设数字化应用场景，提升供应链智能化水平

扎实推进采购领域智能化业务场景建设，将数字化技术融入供应链各业务环节，真正落地实施。一是创新智能辅助评标。量化评审要素，标准化招标流程，系统中固化评标模板，辅助评标委员会开展评标，努力推动"传统人工评标"向"智能辅助评标"转变。二是推动采购数据智能分析。基于中国东航采购数据，运用 AI 技术开展自动智能分析，在供应商风险排查、采购价格对比、采购市场分析等方面辅助业务部门

采购战略决策。三是加强关键业务领域智能技术和装备的应用。发展智慧物流，强化智慧无人货站设施、货邮智慧安检、智能仓储技术的科技赋能，形成供应链竞争新优势；智慧航油通过"系统直连"实现了加油至付款数据端到端、实时采集、传输共享，已全面实现无纸化油单管理，显著提高了航油款项的结算效率；数字机坪系统可以对集团各单位飞机、人员、车辆、设备进行实时、全程可视化监控，实现对地服保障作业的全景数字孪生。

（五）绿色化发展，绘制低碳航空"新画卷"

1. 强化顶层设计，建设绿色供应链管理体系

一是健全组织架构。中国东航的绿色供应链管理组织架构是"1+3+N"，即以中国东航采购与供应链管理委员会办公室为指导主体，以东航物流、东航技术、东航食品三家供应链示范单位的优秀绿色示范项目为引领，N家采购实施主体从环境保护、安全健康、资源能源节约和企业社会责任等方面开展绿色供应链体系建设。二是编制绿色采购制度。在《中国东航采购与供应链"十四五"发展纲要》中，明确"加快生态建设，构筑高效能价值型供应链"相关部署要求；在《中国东航加强供应链管理工作方案》中，设定绿色供应链工作目标；在《中国东航采购与供应链管理手册》中，设置绿色采购管理及绿色供应链管理章节。三是建立绿色采购目录。逐步扩大绿色低碳产品采购范围，不断丰富绿色物资品类，同时将绿色指标纳入采购评价体系，推进产品采购绿色化。联合兄弟央企建立绿色采购联盟，推进绿色评价标准互认、绿色供应资源共享。

2. 瞄准"双碳"目标，推动全链条绿色低碳发展

一是践行"节能减碳，绿色飞行"理念。中国东航成功执飞我国首批全生命周期碳中和航班，覆盖13条精品航线516个航班，承运旅客超过5.7万人次，完成百万千米以上的绿色飞行航迹，在整个航油生命周期中抹去"碳足迹"，上海环境能源交易所向中国东航颁发了我国首份碳中和证书。2023年，中国东航推出"可持续飞行"主题航班，其采用可持续航空燃料，在第33个全国节能宣传周期间，中国东航、上海航空股份有限公司共计发出六趟主题航班，以实际行动打造绿色航迹。中国东航在"十三五"期间实现减碳200万吨。二是实施绿色采购。根据绿色采购目录和绿色供应商名录，优先采购绿色化产品。2023年，中国东航绿色采购总金额约为19亿元（不含飞机），涉及航油、航材、车辆、物资设备等重要领域。中国东航签约的绿色供应商有200余家，主要供应商有中国航空油料集团有限公司、中国商用飞机有限责任公司、中国东方航空设备集成有限公司等。重点在航油采购上，积极推进可持续航空燃料（SAF）的部署应用，2024年已经与中航油签署了SAF采购合同。在机供品采购上，优先使用可降解、可回收的环保材料。三是在绿色生产方面。中国东航下属中国东方航空设备集成有限公司积极开展绿色航空设备制造，作为国内首家造车的航空公司，目

前已具备完善的场内新能源特种车辆等产品生产研发管理体系，成功研发了飞机清水车、航空食品车、旅客登机车等12大类24个型号的新能源特种车辆，并不断推动氢燃料车辆研发应用，持续推进地面车辆"油改电"，进一步提升运行减排能力。四是开展绿色回收。推动老旧飞机拆解，现已获得空客A319/A320/A321系列、波音B737-700/800系列航空器飞机拆解许可证，拆解的零部件经过检测合格后，可重新返回航空市场再利用，已明确报废的航材通过处置也可以进行二次市场销售；东航物流对进港航班带入的废旧塑料薄膜实施第三方回收，并通过回收实现增收节支；东航食品对废旧餐车盘活再利用，对闲置、富余餐车进行合理调拨，提升废弃物资源化和再利用水平；持续回收利用工作制服，开展"爱在东航 低碳行动"可再生纺织品回收公益活动，与供应商签订制服回退协议，处置回退制服共计近9000件。

3. 结合航空特色业务，打造绿色供应链示范单位

推动示范单位开展绿色供应链试点示范，充分发挥引领作用，以点带面，促进中国东航全链条绿色低碳发展。东航食品、东航物流、东航技术作为优秀示范单位，目前已经开展了"绿色集约化配餐""绿色物流""绿色航材供应链"示范项目，并及时总结推广绿色供应链管理的先进模式和典型经验，加强交流学习，充分发挥引领作用。

东航食品在机供品采购中，优先采购"零塑"制品，推广运用轻质餐车及餐盘、环保餐盒等新型可降解、可再生材料，以常州中央厨房为引擎，实现资源集中共享，促进体系内循环，打造"绿色集约化配餐"；东航物流加快"智慧-绿色"深度融合，应用智能绿色仓储技术提升自动化分拣装备的使用率，通过自动规划路径选择最优路径，降低仓储能源消耗，进一步推进绿色物流发展；东航技术加强航材回收处置，持续推进老旧飞机拆解项目，进行二次销售市场再利用，进一步填补航空产业链末端空白领域，助力绿色航材供应链建设。

三、推广价值

（一）增强航空供应链韧性和竞争力

中国东航充分发挥超大型企业的需求牵引作用，坚持自主可控与开放合作相结合，深挖产业链供应链合作契机，增强飞机、发动机、航油、航材等关键生产要素的产业链控制力。一方面，稳妥推进国产化替代工作，在设备选型、技术测试、招标采购中同步嵌入相关要求，积极推动国产民机事业蓬勃发展，加强科技制造领域自主研发与应用，提升关键软件、设备及零部件的国产化水平；另一方面，推动产业链供应链更高水平开放，在航油、机供品、航材等航空供应链方面积极培育优质战略合作伙伴，保障供应链稳定，建立与联盟伙伴及航空企业的联合采购机制，推进跨区域、跨企业供应链环节的统筹管理，助力航空业加快形成自主可控的供应链体系，着力提升产业链供应链韧性和安全水平。

（二）带动航空产业链集群发展

近年来，中国东航积极服务国家发展战略，助力长三角一体化，坚持"强龙头、补链条、聚集群"，发挥航空先行带动作用和中央企业拥有规模、数据、应用的"链长"优势，牵头做好产业链资源协同和共享，提高产业链协作效率，带动上中下游、大中小企业融通创新、协同发展。2023 年，中国东航与上海市政府签署战略合作框架协议，共同打造世界级航空枢纽和航空运输超级承运人；完成国产大飞机 C919 全球首次商业载客飞行，并与中国商飞深度合作，围绕航空运输业自主研发、服务保障，打造全生命周期高质量发展产业体系，助力国产大飞机产业集群发展；连续 6 年保障进博会顺利开展，联通国内外两个市场，带动中小企业供应商、内部企业积极参与高端制造、新兴产业、绿色转型等提升供应链现代化水平的建设任务。

（三）促进航空业可持续发展

中国东航坚持以习近平生态文明思想为指导，积极响应发展循环经济和实现"双碳"目标的国家战略，全面贯彻落实国务院国资委关于做好"十四五"节能减排工作的决策部署，实施绿色采购、推行绿色物流、开展绿色回收，将绿色、低碳、环保的理念和技术融入供应链全过程各环节，加快供应链绿色低碳转型，积极传递"节能减碳，绿色飞行"的可持续发展理念，共同探索可持续航空出行的更多可能性。

（中国东方航空集团有限公司）

南航集团：供应链环境下的航材
库存管理探索与应用

为应对当前国际航材供应链的严峻形势，保障航材供应稳定高效，服务航空公司主业，中国南方航空集团有限公司（以下简称"南航集团"）以推动高质量发展为目标，以落实精益化管理为抓手，以促进采购效率效益双提升为手段，以选取部分航材件号为试点，创新供应链环境下的航材保障模式，引入供应商库存管理，与飞机制造商波音公司签订航材保障协议，双方共同制定库存管理策略，实施库存管理，建立长效沟通与反馈机制，定期对合作效果进行评估。该库存保障模式可降低航材库存及采购成本400多万元，大幅缩短运输时间，大大提升航材供应链的安全性和稳定性。

一、行业背景

随着航空业的迅速发展，航材供应链管理成为确保航空公司运营连续性和安全性的关键因素。航材管理是航空公司成本控制的重要环节，航材的计划、采购、送修、库存管理等都与航空公司的运营成本密切相关。提高航材保障效率能够确保航材的及时供应和快速响应，从而提高航空公司的运营效率，减少飞机因航材短缺而导致的延误和取消，提高航班的正点率和客座率。

南航集团目前拥有900多架飞机，覆盖A320S、A330、A350、B737NG、B737MAX、B777、B787、ARJ21等国内外多种机型，机队规模大，飞机构型复杂，多维修基地运行，航材保障涉及的件号多、数量大、地域广，航材保障难度大，库存占用资金大。

（一）全球航材供应链的特点

1. 航材供应链长、产业链广

飞机零部件的供应链涉及全球80多个国家和地区，由于供应链传导性的特征，整个供应链上的任何波动，都会对航空公司运行造成较大影响。

2. 航材供应链由欧美厂家高度垄断

国内航空公司在航材供应链条上处于被动地位。目前主流客机的航材供应商绝大多数属于欧美国家，国外原厂在研发、制造、标准制定等方面设置壁垒，保持高度垄断。发动机方面，南航集团运行发动机厂家主要有通用电气（GE，美国）、普惠（PW，美国）、罗罗（RR，英国）。发动机部件，尤其是核心部件的供应、修理基本由原厂垄断，国内短期难以实现自主研发和制造，且无国内替代产品可供采购。零部件方面，美、德、法、英制造商生产零部件占所有零部件的比例超过 90%，只有个别零部件项目可以实现国内生产。在飞机 APU、起落架、飞行控制、导航等关键系统零部件上进口占比更高。

3. 航材供应链受国际环境影响大，缺乏稳定性

航材供应链易受国际贸易政策、汇率波动、地缘政治博弈等因素影响，供应链的稳定性非常脆弱。

（二）国内航材供应链的现状

1. 航材价格涨幅过大

疫情后航空市场迅速恢复，但航材供应链的恢复速度并未跟上航空运力市场的恢复速度，导致航材市场供不应求。加之国外原始设备制造商（OEM）处于垄断地位，原材料价格上涨，非波音公司产品支持和担保协议（The Product Support and Assurance Agreement of Boeing）和空客供应商支持条款（The Supplier Support Conditions of Airbus）管控范围内的件号价格涨幅较大，有些件号的价格年度涨幅超 20%，造成航空公司的维修成本整体上升。

2. 航材交付周期变长

欧美国家掌握上游分配权，国内航材交付周期普遍变长。疫情过后，航班量快速恢复，航材需求量随之增加，供应链恢复水平未能跟上，国外 OEM 在资源的分配上，对欧美航空公司明显倾斜，使国内的航材交付产生严重困难。2020 年以来，南航集团航材采购周期年均增长 15%，国外航材送修周期年均增长 28%，航材无法到货导致频繁发生 AOG 求援，维修和管理成本大幅增加，给现有的航材保障工作带来极大的挑战。

3. 航材断供风险增加

从外部环境来看，乌克兰作为航空制造大国，是世界上最大的航空发动机零部件生产国之一，是世界上最大的钛合金生产国之一，还是航空液压部件的重要制造地之一。受俄乌冲突的影响，航材供应链中断，部分器材暂无交付期，面临断供风险。

（三）公司发展的要求

从内部条件来看，新一轮国企改革深化提升行动深入实施，南航集团聚焦主责主业，不断增强核心功能，提高核心竞争力，对机务系统提出了更高的期望和要求。在"三个作用"发挥上，需要进一步挖掘成本潜力，提高飞机利用率，为公司提升核心竞争力提供强有力的支撑，助力公司在民航领域更好发挥"安全支撑、科技创新、产业控制"的重要作用。

南航集团全力以赴打好硬仗，深入开展战略解码，要求减少航材库存资金占用、

降低航材采购成本。硬仗指出要加强科技创新，拓展战略新兴产业，聚焦供应链韧性和安全，拓宽发动机和航材备件的采购渠道，提升供应链风险管控和保障能力。

随着国内经济持续向好，民航市场回暖好转，机务维修行业将迎来更多的发展机遇，航班量与飞行小时的快速增长，会对航材小时成本与航材周转率产生积极有利的影响；同时也进一步增加对保障航材的需求量，形成"规模效应"，所以在与供应商谈判时拥有更高的议价权。

因此，面临复杂多变的内外部环境，做好航材供应链的保障，是当前南航集团面临的重大机遇与挑战。传统的航材库存管理模式由于信息不对称、预测不准确等问题，往往导致库存积压、成本高昂、保障效率低或供应不足。因此，创新航材保障模式，引入供应商管理库存（VMI）保障模式，通过紧密的供应商合作和协同管理，实现库存成本的降低和供应链效率的提升，成为优化航材供应链管理的必然选择。

二、主要做法

为推动机务高质量发展，落实精益化航材管理，提升波音机队航材备件保障效率，降低备件库存成本，巩固和拓宽供应渠道，南航集团成立航材采购实施小组，选取波音机队常用件进行试点，就波音机队常用航材事项进行研究，创新航材保障模式，引入供应商管理库存保障模式，实施波音机队常用航材供应商库存保障项目，明确采用竞争性谈判的采购方式及综合评分法确定成交供应商，与飞机制造商波音公司就波音机队常用航材部分件号签订航材保障协议，确定合作关系，波音公司与南航集团共同制定库存管理策略，南航集团定期对合作效果进行评估。

（一）对现有保障模式进行分析

南航集团对现有的采购模式进行了调研分析，目前航材采购主要保障模式为通过单次平台询价采购或部分集中采购来储备自有航材库存，存在以下四点不足。

（1）占用自有资金金额大。南航机队规模大，飞机构型复杂，多维修基地运行，航材保障涉及的件号多、数量大、地域广。

（2）保障效率受多重因素影响。保障效率易受备件交付厂家供货周期、物流运输、海关管理等因素影响，据统计，从国外厂家通知提货到器材验收入库，平均时间为14天。

（3）占用较多人力资源。航材采购需进行常态的备件计划、采购工作，这些都要由人工操作完成。

（4）价格涨幅不受控。随着航空市场持续复苏，航班量快速恢复，航材需求量增加，但国外工厂停工、原材料价格上涨，航材供不应求。

（二）制订实施计划

目前的采购模式已经无法满足新形势的航材需求，航材采购模式亟待创新。航材采购实施小组通过调研，对新保障模式进行可行性分析，确定选取部分件号作为试点，引入供应商管理库存保障模式，即供应商与南航集团共同合作，共同对库存进行管理，以此来实现库存成本的降低和供应链效率的提升。

1. 确定用户需求

（1）确定件号清单。

南航集团航材采购实施小组对 2020—2022 年的采购数据进行分析，剔除已经签署集中采购协议的件号以及 AOG 求援的器材，从采购厂家、使用频率及采购金额等维度出发，挑选出部分波音机队常用件作为本项目的件号清单。

（2）确定产品要求。

合作供应商能提供件号清单中的所有航材，且必须是全新件，若原厂对件号清单中涉及的航材进行件号变更或升级，供应商可以提供升级后的航材，且必须针对替代件号或升级件号做产品技术等有效说明，同时提供相关参考资料。替换件号和升级件号航材是否接受以采购人为准。

（3）确定报价要求。

合作供应商必须对件号清单中的每个件号进行报价，首次报价限价以各个件号 2023 年目录价为基准，且价格年涨幅不超过 10%。合同期限内，每个件号当年的实际协议价格不得高于 OEM 目录价。

（4）确定交货要求。

普通合同下单后 7 个日历日内交货。当采购人提出 AOG 需求时，应使用电子邮件方式将需求件号、数量、飞机尾号及下一个航班信息等发送给供应商。供应商能够保证 4 小时内对采购订单做出响应。若供应商无法满足交货要求，供应商有义务协助采购人通过其他渠道解决所需器材，或采购人可以从市面上购买所需器材。

（5）确定质保要求。

采购人从供应商处采购的产品，其寿命期应不低于 80%，保修期应以 PSAA 保障协议的保证为准。保修期是指在一定期限内，除人为操作不当因素外，所有涉及产品的质量问题和产品故障由供应商负责上门维修或退换解决，采购人将不再为此支付任何费用。产品保修期均自交货并验收合格之日起算。

2. 确定合作期限及采购方式

为避免供应商频繁变动，发挥规模优势，提高南航集团议价能力，该项目合同年限设为 2 年。通过前期市场调研，该项目的潜在供应商包括波音公司及其他符合资质的分销商。为激发市场竞争，提高议价空间，根据南航集团公司级《采购管理手册》关于航材采购可采用非招标方式的规定，本项目采用竞争性谈判方式。

3. 确定实施的流程

（1）由供应商在国内建立保税仓库，根据南航集团的实际使用量储备库存，设置合理的库存量及补货策略来保障南航集团需求。

（2）南航集团有需求时，无须进行单次询价，直接向厂家下单，简化采购流程。

（3）供应商收到南航集团订单时，第一时间进行确认，并将器材从国内仓库发货，直接发送到南航集团所需基地或站点。

（4）南航集团确认收货，供应商进行库存补充及调整。

（三）确定成交供应商，建立合作关系

该项目经过发布采购公告、供应商报价响应、组建谈判小组及谈判等流程，根据谈判结果确定成交供应商为波音公司。南航集团与波音公司根据采购文件的相关要求、响应文件等确定协议相关条款，经双方法律、财务等部门审核后签署波音机队常用航材供应商库存保障协议，建立合作关系。

（四）实施库存控制

南航集团将协议清单内的件号协议价格导入系统，并发布操作指引。同时波音公司按照协议要求，针对协议件号清单中的件号，在北京保税库放置一定数量的航材，并根据南航集团的实际用量，实时调整库存策略。

（五）定期监控与评估

南航集团定期检查库存情况，确保库存充足且不积压；对供应商的交货情况进行跟踪，确保供应商按时交货；对供应商的售后服务进行评估，确保产品质量符合要求。

（六）建立沟通与反馈机制

南航集团与供应商建立长效沟通机制，定期组织线上或线下会议回顾供应商响应速度、运输效率、产品质量、航材价格等各方面，双方共同制定优化措施。

三、成效与创新点

（一）项目成效

该项目实现了"两降两提"成效，协议期内预计可降低南航集团航材库存及采购成本 400 多万元；提升航材保障效率，大幅缩短运输时间，进一步巩固和提升航材供应链的安全性和稳定性。

1. 降库存

供应商库存在南航集团使用前产权属于供应商，使用该模式可优化航材仓储结构，减少库存积压，降低南航集团航材库存，有效杜绝冗余和过期航材的产生，从而解决积压浪费和减少资金占用，同时也降低了库存管理费用，释放了部分仓储空间。

2. 降成本

通过采购规模化优势，与供应商开展战略合作，签订供应商库存保障协议，获得

批量折扣，提前锁定优惠价格，避免价格涨幅过大，从而有效降低采购成本。该项目于 2024 年、2025 年价格涨幅均低于平均涨幅 10%。

3. 提效率

采用供应商管理库存保障模式可以减少日常计划、采购、运输、进口报关及结算等环节的时间，简化采购流程，大幅缩短运输时间，大大提高航材供应链的整体效率。

4. 提升航材供应链的韧性

南航集团与飞机制造商建立长期合作关系，拓宽航材供应渠道，丰富航材保障方式，提前锁定库存和优惠价格，降低断供和涨价风险，以此来提升航材供应链的安全性和稳定性。

（二）项目创新点

（1）利用大数据进行库存预测和需求规划，提高需求预测的准确性和可靠性，降低库存积压及冗余航材，实现库存最优化。

（2）实现了航空公司与供应商之间的信息共享和协同决策，打破信息孤岛，提高供应链的响应速度和灵活性。

（3）建立库存风险管理和应急响应，提前锁定库存及优惠价格，降低断供风险，提高供应链的安全性和稳定性。

四、推广价值及意义

（一）推广价值

（1）从内部看，可以推广至南航集团其他机型其他件号，并根据实际情况进行定制和优化。

（2）从外部看，适用于不同规模和类型的航空公司，可根据实际情况进行定制和优化。

（3）可与现有的供应链管理系统和工具进行集成，实现无缝对接和高效运作。

（4）有助于推动航空供应链管理的数字化转型和智能化升级。

（二）意义

（1）有助于提高航空公司的运营效率和竞争力，降低运营成本。

（2）有助于增强航空公司供应链的稳定性和安全性，降低运营风险。

（3）有助于促进供应商与航空公司之间的紧密合作和协同发展，实现共赢，推动航空业的可持续发展和创新进步。

（南航集团机务工程部：曾晓亮、王涛、欧阳婷；南航集团采购管理部：李娟）

中粮集团：以包装物"数智化"集采助力高质量发展和世界一流大粮商建设

中粮集团有限公司（以下简称"中粮集团"）作为中国农粮行业领军者和全球布局、全产业链的国际化大粮商，不仅是发展新质生产力的重要实践者，更是农粮领域新质生产力的创新者、构建者和服务者，并始终将提升产业链供应链韧性和安全水平作为推动高质量发展和世界一流大粮商建设的重要支撑。2021年年底，中粮集团深入开展集中采购，并将其作为提升供应链韧性和安全水平的重要着力点之一，全力打造"大宗原料集中协同、大宗辅料集中透明"采购管理新格局。2022年6月，中粮集团启动"中粮E采"供应链采购平台建设，旨在将其打造成持续压降采购成本、提升产品质量、深化治理腐败和增强采购供应链自主可供能力的重要载体和有力抓手。

近三年来，中粮集团党组始终高度重视集采工作，取得阶段性显著成效，集采总额逐年增长。2024年，中粮集团继续将17家专业化公司和中企联合油脂公司全部列入集采工作范畴，制定具体工作任务203项，并在巩固现有成果的基础上，持续聚焦供应链关键环节的核心要素，挖掘集采潜力，制定办公用品、纸箱编织袋包装物、实验物资、工装劳保用品、煤炭、干线物流、MRO、PET切片、工程物资与造价咨询、正己烷10项重点集采计划，其中办公用品、纸箱编织袋包装物、实验物资等8项重点集采项目已成功组织第二轮集采实施，并形成一系列集采标准化文件，集采管理水平大幅提升。

随着"中粮E采"供应链采购平台的上线，通过"数智化"赋能进一步强化了供应链上下游之间的高效协同和安全稳定，助力中粮集团规模化带量集采不断取得新成效，已逐渐成为助力集团高质量发展和世界一流大粮商建设的新质生产力。

以纸箱编织袋包装物为例，中粮集团纸箱编织袋包装物重点集采项目涉及中粮油脂、中粮粮谷、中粮生物科技、中粮糖业、中国纺织、中粮酒业、中粮家佳康、中国茶叶、我买网、中粮包装和中企联合油脂11家专业化公司的195家下属单位，生产车间和加工工厂遍布全国25个省、自治区、直辖市，集采品类包含2.13亿个纸箱和10.08亿条编织袋，包装物SKU品类超4600个，具有行业跨度大、区域分布广、需求标准杂等特点。如果按照传统线上发布、线下开启的集采模式，要确保1.2万册纸质版响应文件及时送达、人工核验密封完好、分包唱标不出差错，将耗费大量的人力资源和管理成本，且实施进度难以把控。现在通过"中粮E采"供应链采购平台"数智化"赋能纸箱编织袋包装物集采实施，有效解决了上述难点痛点问题，仅用149天便完成了项目立项、建立机制、确定方案、发布公告、接受报名、组织审查、在线解密、清标评审、报批公示等集采环节，实现包件成功开启率100%，SKU成功招采率100%，评审成交率100%。对比前期实际采购价格口径预算，本次纸箱编织袋包装物集采在2022年中粮集团集采结果经过多次价格下调的基础上实现再降本约1.86亿元，整体价格降幅约11%，其中部分包件降幅超过20%；并引入新增供应商73家，新增占比约为24%，大幅提升了供应链上下游协同效率和集采成效。具体做法经验主要表现在以下三个方面。

一、健全机制，强化协同，夯实基础

在中粮集团招标与采购领导小组管理框架下，中粮油脂（中粮集团纸箱编织袋重点集采项目牵头单位）联合11家参与单位共同组建成立项目团队，结合纸箱编织袋包装物涉及范围广、需求品类杂、SKU管理维度多等特点，建立"1+11+1"工作机制，推动各项工作有序开展。一是中粮集团集中采购工作组继续发挥统筹指导作用，集团党组成员、副总经理担任组长，各专业化公司分管班子成员共同参与，通过定期会议听取并审议纸箱编织袋包装物集采情况，决策部署相关工作，并整合各方资源，实现跨业务单元、跨地域限制的集采协同。二是成立11支纸箱编织袋包装物集采工作专班，由各单位集采闸口管理部门共同负责协同推进需求调研、方案制定、集采实施等具体工作落地执行。三是成立项目信息化实施小组，由中粮油脂与中粮信科（中粮集团数字化建设及运营平台公司）通过模拟推演包装物集采全过程各环节，讨论优化"中粮E采"供应链采购平台功能模块，结合具体问题逐个攻破，提升资源优化配置和动态协调效率。四是数字化编码管理先行，中粮油脂通过参照国家行业标准和总结过往经验，在组织本次集采实施前，用时16个月完成了"中粮E采"供应链采购平台纸箱编织袋包装物料主数据系统梳理工作，经过立项、数据分析清洗、建立编码标准、动态运行和考核维护，最终形成了"1制1书36手册"，包含《中粮油脂采购物料主数据管理制度（试行）》《中粮油脂采购物料主数据分类与说明》《中粮油脂物料编码手册》（共36套，约650万个字符），从业务标准、技术标准、管理标准等不同维度逐一标准化，使每一个集采物料拥有了"唯一的身份标签"，纸箱编织袋包装物物料主数据优化率高达56%，大幅降低了"中粮E采"供应链采购平台应用环节的数据重复和冗余，为推动集团纸箱编织袋包装物集采工作规范化、标准化、信息化打下了坚实的基础。

二、细化颗粒、合理统筹、强化合规

项目团队从管理基础、物资需求细目、采购渠道分布和历史采购数量等多方面入手，对涉及农粮、食品和地产三大板块的11家专业化公司下属195个工厂开展深入调

研，进一步摸清了集团纸箱编织袋包装物料需求底数，为科学开展集采明确了工作目标和实施范围。一是细化数据颗粒，明确 SKU 材质、尺寸、克重、拉力、食品安全管理等级、需求数量等重要数据，整理质量技术要求、验收标准等资料，确保集采方案科学有效，最终形成全套细颗粒精准数据，并研究制定《中粮集团纸箱集采标准化手册》《中粮集团编织袋集采标准化手册》（包含 SKU 报价清单 158 套、合同模板 49 套、技术标准 315 套，供应商操作指引 4 套）。二是剖析采购现状、时间节点、定价机制等不同要求，确保报价和质量口径统一，按单位、地域、品种等关联原则统筹谋划、合理分包，避免包件偏大或偏小，最终形成细分 158 个包件的实施方案。三是抓源头、拓渠道、严准入。项目采用公开谈判推进公平竞争，通过"中粮 E 采"供应链采购平台、中国采购与招标网同步面向全社会发布采购公告，项目网页点击量超 2.2 万人次，吸引了全国 600 余家优质厂商积极参与，其间同步发布《中粮 E 采供应链采购平台包装物采购项目操作指引手册》和 4 条在线客服答疑热线，帮助社会各界意向供应商以在线方式顺利参与。同时"中粮 E 采"供应链采购平台设有独立监管模块，可在集采实施过程中针对供应商资质和开评标过程的 150 余项围标串标风险点进行预警提示，并公示信访举报电话，坚决做到决策民主、操作公开、过程受控、全程在案、永久追溯、依法合规，为促进中粮集团扩充优质供应商资源，提升采购供应链韧性和安全水平发挥了重要作用。

三、全部成交、全面降本、高效落地

项目团队一边修炼内功，一边利用"数智化"赋能集采，最终集团纸箱编织袋包装物集采项目取得显著成效。一是为紧跟市场节奏，项目团队对历史采购数据、成本要素等进行全面分析，就原料、成本占比、采购时点、行情周期等进行动态关注，过程中同步发布《中粮集团包装物集采行情速递》共 18 期，为实现在原材料价格处于低位的窗口期内开启纸箱编织袋包装物集采评审提供了科学依据。二是充分利用"中粮 E 采"供应链采购平台"数智化"赋能，对集中解密的 524 家单位响应文件及成功开启的 1588 个包次进行精准清标，围绕项目需求、标段划分、参与情况、评审关注点、关联关系等多维度进行分析整理，形成 2 套共 654 页的《中粮集团 2024 年纸箱集中采购项目清标手册》和《中粮集团 2024 年编织袋集中采购项目清标手册》，并按照各包件供应商参与情况和 SKU 详细报价情况形成 158 个包件的详细报价分析明细表，同步模拟计算机程序生成 158 套评审计算工具表。除此之外，通过"中粮 E 采"供应链采购平台大数据应用，对响应文件进行客观核查分析，查找问题、剖析原因，给出清标意见供评审参考，快速推进在线全流程评审，助力中粮集团纸箱编织袋包装物集采项目实现所有包件和 SKU 成功招采率达 100%。三是本次纸箱编织袋包装物均采用公开谈判采购方式开展集采，评审团队成员均为来自中粮集团各专业化公司的行业专家，分别组成 15 人的纸箱评审组、13 人的编织袋评审组，评审实施全程监督，集团战略部、

中粮信科进行全程专业指导和技术支持，通过两场次的集采评审和多轮次的谈判议价，所有包件全部顺利完成评审，并实现所有 SKU 精准定价，进一步推动集采降本成效。其中，纸箱 111 个包件、3084 个 SKU 最终评审成交测算降本超 1 亿元，降幅约 16.3%；编织袋 47 个包件、1545 个 SKU 最终评审成交测算降本超 8600 万元，降幅约 8.03%。四是本次评审结果包含各包件成交供应商及金额、SKU 价格明细、后续调价机制等内容，为确保集采结果执行到位，在集采结果公示后，中粮集团立即组织各参与单位执行集采结果，并将集采执行情况纳入年度考核。同时鉴于包装物原材料价格波动较频繁，在后续集采结果执行过程中，若出现原材料价格大幅波动，将统一执行集采调价机制，以确保集采工作成果落地落实落到位。

产业链供应链协同效率是衡量产业链供应链韧性的关键指标，也是产业链供应链现代化水平的重要体现。中粮集团在着力提升固链补链强链塑链能力的过程中，率先聚焦产业链供应链源头，加快"中粮 E 采"供应链采购平台建设，通过"数智化"赋能集采，提升采购供应链管理水平，已取得阶段性成效。下一步，中粮集团将通过加快完善"中粮 E 采"供应链采购平台建设，实现供应链上下游之间的高效协同和安全稳定，全面强化采购供应链管理，推动规模化带量集采不断取得新成效，更好服务和支撑集团高质量发展和世界一流大粮商建设。

（中粮集团有限公司中粮油脂辅料采购部：丁小惠；中粮集团有限公司战略部招标与采购管理部：徐昕）

华润集团：多元化央企如何实现采购管理向供应链管理转型

华润集团有限公司（以下简称"华润集团"）是一家主业多元化的中央企业，在国民经济行业 20 个门类中涉足 14 个，还是首批国有资本投资公司，管理范围横跨多个行业门类，经营模式以产业投资或资本运营为主。华润集团深入贯彻国务院国资委《关于中央企业在建设世界一流企业中加强供应链管理的指导意见》，夯实采购管理基础，构建现代供应链管理体系，实施二级企业供应链管理提升行动，推进供应链管理走深走实，在供应链管理实践中，探索出一条国有资本投资公司采购管理向供应链管理转型发展的建设路径。

一、夯实采购管理基础

（一）完善集团采购管理体系

华润集团以防控采购管理风险，维护供应链安全稳定，推动集团业务高质量发展为管理目标，以三角形采购业务管理模式和"工"字形采购风险管理模式为抓手，形成具有华润特色的采购管理体系。以"权责对等、协同高效、风险可控、动态优化"为组织管控原则，集团总部制定管理体系和原则要求，守正电子招标平台（以下简称"守正平台"）赋能规范各方交易主体行为，二级企业差异化开展采购业务，重点推动组织能力建设、制度体系完善、监管能力提升，以价值创造为导向，加快数字化转型，规范境外交易。通过体系建设，明确了采购管理、采购决策、采购执行、采购监管和日常监督的权与责，形成既相互制约，又相互协调的权力机构和运行机制。

（二）强化采购合规管控体系

应用华润集团 CRCL 法律合规风控管理体系，搭建采购风险管理模式，推动采购业务安全发展，以更好地落实业务发展和风控合规的双重主体责任，实现防风险、强内控、促合规的工作目标。

通过识别集团三级管理框架所面临的不同采购风险，采取差异化的措施来防范，包括内控措施、合规机制、收并购、战略合作，以及购买保险等。

按照内控管理的方法论，在组织建设、制度建设、技防技控和监督闭环等维度开展内控管理。同时结合国务院国资委对央企加强采购管理集约化、规范化、信息化、法治化的要求，制定采购领域具体内控措施。

参照《中央企业合规管理办法》以及集团合规管理要求，从外法内规、监管规定、制裁限制方面梳理和识别采购合规义务，推动合规官和合规顾问的设置，搭建整个集团以二级企业为采购合规第一道防线、以守正平台和法律合规部为第二道防线的采购合规体系，建立高效的合规沟通机制。

（三）建立采购提质增效机制

华润集团建立各项采购相关机制，提升采购质量和效率。一是集团品类管控机制。华润集团协同守正平台编制《守正平台采购品类目录》，涵盖工程、货物、服务3大门类下的42个一级目录与329个各目录，并嵌入守正平台，推动集团及二级企业在采购品类管理上达成一致。二是集中采购机制。华润集团落实国务院国资委指导意见要求，推动一、二级企业集采，大力开展标准化设计、标准化选型，重点采用框架采购、定商定价，参照品类实施统谈统签、统谈分签的管理模式，增强采购议价和协调能力，提高整体效益。三是集团内部采购机制。华润集团梳理从集团内部可直接采购的情形并进行清单式管理，减少中间环节，提高采购效率，实现互惠互利。四是集团电商采购机制。在电子商城规范运营的前提下，大力推广集团电子商城的应用，采购范围包括标准工业品、低值易耗品、办公用品和生活用品、通用服务等，并建立完善的供应商评价体系。五是集团供应商信用管控机制。华润集团加强对供应商的多元联动管理，建立共享供应商信用体系，实现"抓两头，放中间，严进严出"，推动二级企业采购管理部门健全供应商信用体系，严格资信审查、信用评级和准入管理。六是集团全生命周期质量管控机制。明确全生命周期质量管控机构，推动二级企业建立全生命周期质量管理体系，与供应链上下游企业协同，建立覆盖供应链各环节的沟通和反馈机制。

二、构建现代供应链管理体系

华润集团积极落实国务院国资委关于加强供应链管理指导意见要求，组建了由集团职能部室、二级企业管理骨干、中国物流与采购联合会成员组成的调研组，对集团下属15家二级企业与2家生产运营单位开展了供应链管理现状调研，对华润集团的供应链管理现状进行了摸底调查，总结华润集团开展供应链管理的优势与不足，了解了二级企业的管理诉求，按照供应链管理成熟度模型对二级企业的管理情况进行了分类分级，借助外部智库经验，结合华润集团管理实际，构建了现代供应链管理体系。

（一）华润集团供应链管理体系

华润集团以构建契合产业多元特点、产供销一体化协同的主动集成型供应链为目标，形成华润集团统筹推动、二级企业规划建设、生产经营单位具体运营的管理体制，以产供销一体化协同供应链生态模型、CRCL供应链风险管控模型为管理工具，以

CRCL 供应链风险管控模型、供应链一体化运营平台、上下游协同平台为支持，提高组织管理能力、价值创造能力、资源统筹能力、合规监管能力、数智支撑能力和绩效管理能力。

华润集团供应链管理体系建设本着"落实国家战略与提升股东利益相结合、强化安全韧性与聚焦精益敏捷相兼顾、法治合规引领与协同生态共赢相兼顾、统筹规划布局与因企因业施策相结合"的原则打造主动/集成型供应链。主动型供应链是通过实施供应链数字化转型，叠加数据挖掘分析结果和历史经验等，针对市场变化和客户需求提前做出预测、超前谋划和计划，因而比传统供应链响应更快、更主动，更能赢得市场、赢得客户。集成型供应链是通过集成供应链的组织、流程、绩效和系统重构，让离散的一组相关业务有机连接、相互配合，实现业务自动运营，进而形成企业持久的竞争优势。

（二）打造协同供应链生态模型

华润集团通过基层调研和外部专家智库支持，结合国有资本投资公司定位和业务多元化特点，构建了供应链协同生态模型。该模型以中国物流与采购联合会 SCOP 模型为业务基础，在横向上强调供应链内外部协同，主动推进内部需求、采购、生产、库存、供应、使用、回收等各环节协同，延展到外部对上游供应商和下游客户关系的协同，实现供应链运行的实时监控、及时预警和迅速应对，相关业务单元作为供应链的"链长"，在畅化的、相互承诺的供应链领域，与合作伙伴在新产品开发合作、共同改善及降本、快速市场机会捕获、协同价值创造等方面形成供应链整体竞争力。在纵向上强调供应链集成与穿透管理，实施共性资源的向上集成、顶层的协调和推进、自上而下的赋能与穿透，增强集团化管控和集约化运作的能力，推动相对安全稳定、具有弹性韧性的供应链建设。

（三）制定供应链建设关键举措

一是供应链管理组织体系建设。华润集团设立法律合规部供应链管理中心并将其作为集团供应链管理归口机构，负责统领、协调和协同促进集团及各业务单元、生产运营单位的供应链管理工作，集团供应链管理相关部室在战略规划、人力资源、信息化等方面提供协同支持，建立跨部门协同工作机制，覆盖采购与供应链管理运营全过程。

二是供应链管理制度体系建设。华润集团按照供应链战略规划报告和指导意见的要求，形成了"总纲制度、专业制度、实施细则与标准作业程序"的四级树状模型，涵盖计划管理、采购管理、物流管理、质量管理、品类管理、供应商管理等内容。

三是供应链绩效管理体系建设。华润集团完善了采购与供应链管理绩效考核机制，在构建现代供应链管理体系方案中设计了供应链绩效考核体系，并将供应链管理纳入二级企业经营业绩合同考核。下发集团供应链指导意见要求强化激励考核，并与集团战略部分工协同实施落地。

四是供应链数字化建设。集团层面构建数字化监管平台，支撑"合规底线穿透管理、督促完善业务流程、固化操作模式"管控方针有效落地，强化对供应链关键环节的监督检查，将风控融入供应链管理全过程，推动业务单元间的信息和资源共享，实现资源优势互补。业务单元层面构建数字化运营平台，实现计划、采购、生产、物流、仓储、销售等供应链全流程一体化闭环管理，促进整个产业链的资源优化与协同。

（四）强化供应链建设支持保障

一是加强组织领导，统一思想认识。华润集团组织召开集团首届供应链管理高层培训，集团总经理出席会议，深入学习国务院国资委关于加强供应链管理指导意见，宣贯集团构建现代供应链管理体系工作要求，邀请行业协会专家与外部标杆企业专家分享供应链推动建设经验，深刻领会开展供应链管理的重要意义。

二是加强任务分解，强化激励考核。华润集团在党委领导下对供应链管理工作开展清单式管理，明确了集团总部各部室、集团与业务单元质检的管控界面，细化工作任务，明确工作职责，确定节点，协同推进。华润集团编制了供应链考核管理指南，通过内部管理对标评估和绩效指标对供应链管理水平和运营水平进行考核评价，以考核促推动，以考核促发展，加强正向激励，高效推进相关工作。

三是加强队伍建设和人才培养。加强供应链管理专业化人员队伍建设，加大华润集团专业供应链人才引进力度，为科学理性供应链管理奠定人才基础。从基础知识、专业技能和个人素养等方面，对采购基层人员开展专业化培训，提升采购人员的职业素养和业务能力。对中层管理人员开展供应链管理轮训，培养一批具有全球化视野和供应链管理能力的专业人才。2023年，华润集团和二级企业引进外部采购与供应链专业人才551人，通过推动关键岗位员工进行跨职能岗位交流、跨行业历练以及在岗专业培训，对1217名内部采购与供应链专业人才进行岗位调整。开展两期SCMP培训，共计147名二级企业采购与供应链管理骨干员工参加培训认证。

（五）提升供应链韧性和安全水平

一是梳理安全可控产品清单，制定稳链保供措施。华润集团推动各业务单元梳理供应链安全可控产品清单，分析清单内产品的供应链风险因素，逐项制定稳链保供措施。

二是建立安可产品管理机制，保障供应链韧性安全。针对业务单元内部协同不足、合规底线过高、稳链措施不够细致深入的情况，华润集团对安全可控产品清单实施分层分级管理，将部分产品纳入集团关注范围，推动业务细化管理措施，强化监测预警。建立安可产品绿色采购通道，推动业务单元深化内部协同，下发安可产品管理指南，推动业务单元提升供应链韧性和安全水平。

（六）推动供应链管理走深走实

华润集团结合供应链费舍尔模型对二级企业进行差异化管控，并形成了业务单元供应链管理提升工具包。

由于各二级企业所处的行业环境、市场结构、供应链位置、发展周期等不同，华润集团根据产品需求与供应风险，形成了二级企业供应链管理策略四象限分布图，推动二级企业打造差异化的供应链管理体系。风险规避型供应链重点采取措施保障供应安全稳定，防范断供风险；效率型供应链以推式计划为主，即以原料库存驱动生产计划；响应型供应链以推拉结合为原则，通过预测需求来优化库存和生产计划；敏捷型供应链以拉式计划为主，即以客户订单驱动生产计划。

华润集团推动东阿阿胶、博雅生物 2 家上市公司作为试点单位开展供应链管理提升专项工作，总结形成"二级企业供应链管理提升八步组合法"，即从品类策略、流程梳理、协同机制、管控指标、系统建设、组织优化、战略规划、资源整合八大方面，循序渐进开展供应链管理提升工作。该方法对二级企业的供应链管理体系建设具有较好的指导作用，可以引导二级企业稳步补齐短板，提升供应链管理水平。

华润集团结合国有资本投资公司定位，探索管放结合的供应链管理方法，形成供应链管理提升工具包，对于投前期、投后期、稳定期、困难期等不同管理阶段和发展阶段的企业采取差异化的管理策略，围绕战略、组织、制度、合规、运营、数字化、绩效等维度制定管放职责清单，明确分工，有效推动二级企业供应链管理工作落地。

三、强化数智化支撑能力

华润集团强力推动供应链数字化建设，持续打造供应链管理一体化监管和运营平台，与华润数科控股有限公司数字化开发平台生态互联，为二级企业提供供应链管理 SaaS 服务。

（一）集团统一建设电子采购平台

华润集团以守正平台为核心打造供应链数字化平台。守正平台为集团统一采购平台，下设采购交易、服务和监管三个子平台，实施"分立建设、统一运营、三位一体"管理，以打造央企领先的供应链一体化平台为战略目标，逐步实现系统功能覆盖供应链全价值链，鼓励各二级企业发挥自身产业数据和应用场景优势，加快大数据、云计算、区块链、5G、人工智能等数字技术开发，深化与研发设计、采购物流、生产制造、市场营销、经营管理和协同运营等供应链场景融合，加速供应链数字化转型发展。

守正平台是集团内部统一采购平台，是有效防范廉洁风险的合规工具，在集团内部强制应用、应上尽上。采购交易、服务和监管三个子平台中，采购交易子平台主要提供可靠规范的采购交易功能，服务子平台主要提供友好敏捷的采购服务功能，监管子平台主要提供有效穿透的采购监管功能。

（二）建设供应链数字化运营平台

业务单元重点建设供应链数字化运营平台，推动建设供应链数字化控制塔，实现计划管理、采购管理、生产管理、物流管理、仓储管理、销售管理、供应商管理、物料管理、合同管理、结算管理等供应链全业务流程一体化闭环管理。通过将分散在不同空间的供应商、设施、市场与企业内部进行一体化管理，实现整个产业链的资源优化与协同。打造覆盖订单全生命周期的计划管理功能，关注全生命周期成本管理、质量管控等核心环节。在信息化建设过程中按照国家信创政策要求，推动相关单位 ERP 系统国产化。

（三）建设数字化供应链监管平台

华润集团通过搭建纵向穿透的数字化管控平台，提升集团总部对各二级企业的管控水平，推进集团"防风险、强内控、促合规、调资源"，落地集团供应链管理策略，有效实现供应链数字化赋能。通过监管平台支撑"合规底线穿透管理、督促完善业务流程、固化操作模式"管控方针有效落地，强化对供应链关键环节的监督检查，将风控融入供应链管理全过程，完善供应链风险管理体系，发挥统筹协调作用，推动业务单元间的信息和资源共享，实现资源优势互补。

（四）大力推动数字技术融合应用

华润集团在供应链指导意见中强调，要加快供应链数字化转型。发挥二级企业产业数据和应用场景优势，加快大数据、云计算、区块链、5G、人工智能等数字技术开发，深化与研发设计、采购物流、生产制造、市场营销、经营管理和协同运营等供应链场景融合，加快供应链数字化转型发展。在实践中，华润集团积极引入新技术，在招采寻源、风险预警、采购业务运营、合同管理、结算付款以及客商数据管理等供应链环节开展应用。

华润集团充分应用物联网、云计算及大数据等技术。一是研发自主可控、软件兼容和强开放性的混合云技术，设计智能化计算资源调度框架及编排算法、智能化云边端协同融合网络及云平台数据资源安全性防护策略，为多业态企业提供了自主可控的混合云解决方案；二是结合动态流程机理模型和数据算法模型双驱动推理引擎思想，研发面向制造业的流程智能控制、设备故障诊断等技术，其已在流程型制造业中得到了应用；三是提出通用图像识别、信息抽取等算法，可灵活配置的 SaaS 化智能应用产品。

在华润集团指导下探索智能工厂建设，二级单位建成了建材行业首座"灯塔工厂"，入选"先进的第四次工业革命（4IR）灯塔"。开展"5G+智慧燃气"项目，聚焦于守护管网运行安全、降低运营成本、提高工程质量、提升应急抢险能力。守正平台积极探索智能评标系统的应用，提高评审效率和质量。

四、未来展望

未来，华润集团将持续提升供应链管理精益化、协同化水平和价值创造能力，进一步完善数字化、绿色化供应链建设，充分提升供应链韧性和安全水平及国际竞争力，建设完善与世界一流企业相适应的供应链管理体系与专业化供应链协同平台，为加快建设世界一流企业提供战略支撑。

一是深化供应链生态建设，推动供应链结构化提升，实现向上下游延伸。通过加强分销网络管理、需求管理与预测、生产计划与排程、战略采购增值、供应网络基础建设来实现供应链结构化提升，深入开展流程治理，推动供应链向上下游延伸。

二是在央企中率先建成专业化的供应链协同平台。组织各二级企业开展行业供应链梳理工作，通过标准引领、数据互联、生态构建等方式，打造整合力强、协同性高、辐射面广的华润集团统一的供应链协同平台。

三是推动建设供应链数字化控制塔，基于当前 ERP 系统、产销协同等信息化系统，打通现有系统断点，排除人为壁垒，逐步实现供应链信息化系统管理可视、自动提醒、辅助决策的目标。

四是培育出国际领先水平的供应链领军企业，增强供应链国际竞争力。华润集团充分发挥资源、资金、人才、技术等优势，培育出具有市场竞争力、行业引领力、全球影响力的供应链领军企业。

[华润（集团）有限公司法律合规部供应链管理中心：宋今歌、周笑骋、闫怀敏、陈柯文]

中国能建：供应链管理体系建设与实践

中国能源建设股份有限公司（以下简称"中国能建"）成立于 2014 年 12 月 19 日，是一家为中国乃至全球能源电力、基础设施等行业提供整体解决方案、全产业链服务的综合性特大型集团公司，主营业务涵盖能源电力、水利水务、铁路公路、港口航道、市政工程、城市轨道、生态环保和房屋建筑等领域，具有集规划咨询、评估评审、勘察设计、工程建设及管理、运行维护和投资运营、技术服务、装备制造、建筑材料于一体的完整产业链。

一、建设背景

（一）行业特点

1. 工程建设行业传统采购模式存在高风险、高成本问题

与传统的制造业相比，工程建设行业工业化水平相对较低，造成物资品类繁多、变化大、标准化程度低，同时由于建筑企业传统采购管理体系存在采购模式分散、采购过程信息不对称、与供应商之间竞争多于合作、供需运作具有不确定性等问题，采购过程普遍呈现高风险和高成本特征。

2. 工程建设行业的复杂性导致库存成本高、保供压力大

工程项目的复杂性决定了施工过程中不可预见的因素比较多，包括设计变更、天气变化、材料设备补货不及时、供货延迟，为避免项目因库存不足而停工造成工期延误，通常会在项目现场保持一定量的库存。但大量库存会给管理带来挑战，存在安全风险。

3. 多方参与条件下的信息壁垒、沟通效率低下问题

工程项目普遍参与方数量相对较多，信息流通量也相对较大，如与业主间的项目需求和工程变更等信息的交流、与供应商进行的物料需求交流、与分包商进行的项目交接交流等。但建筑业信息化落后的现状导致了信息交流效率低下，信息滞后现象普遍存在，影响了项目进度、增加了项目总成本。传统采购模式缺乏有效沟通手段，无法及时对变更作出响应。

（二）发展瓶颈

在建筑企业由传统采购模式向供应链转型的过程中，由于普遍缺乏统筹规划，各工作条线相互割裂，集中体现在缺乏顶层设计、业务模块缺乏联动、职能部门管理边界不清晰等问题上，制约企业进一步提质增效和快速发展。同时，不同信息化系统之间也存在数据孤岛林立、数据治理程度低、新技术应用滞后等问题，信息系统之间未形成有机整体和信息集成共享互通机制，使企业多年来沉淀的宝贵经验无法有效通过信息手段进行提取和再利用。

（三）建设方向

中国能建围绕"建设支撑世界一流企业的一流供应链"这一目标，全面对标世界一流企业，重塑中国能建供应链管理新体系。近三年来，从"建立健全四个体系、强化四大管理、建设一个平台"九个方面系统推动采购管理向供应链管理转型升级。

二、主要内容

（一）健全四大管理体系，系统推动供应链管理升级升维

一是建立健全业务管理体系。中国能建立足现代供应链本质特征，按照整体智治理念，全面深化供应链管理改革，打造多部门协同、上下联动的适应性组织。按照集约化、扁平化、柔性化原则，构建"1+2+X+N"供应链业务管理架构，即1个统筹决策型总部、2个专业支撑平台、X个区联采中心、N个基层供应链管理机构。按照专业化、集约化管控需要，集团自上而下分别设置供应链管理部门，打通"业务廊"。依托电子商务平台延伸供应链管理，设立设备集采中心持续优化集采流程，全面提高平台专业化运营效率效益。

二是建立健全制度管理体系。中国能建围绕供应链全流程管理需要，遵循"明确具体、实在管用、简约高效"的原则，系统构建"1+3+N"供应链管理制度体系，即1个一级规定、3个二级管理办法、N个三级管理制度和实施细则，并根据管理需要适时扩充，全面规范供应链管理各环节。

三是建立健全支撑保障体系。中国能建不断健全供应链标准库、供方资源库、供应链管理人才库、价格库和供应链知识库，形成对供应链重点环节进行支撑的"五库"保障体系，全面提升供应链管理效率和效能。

四是建立健全风险管控体系。中国能建着力完善常态化"风险点"发现和预警机制，建立供应商风险库、项目管理风险库、采购管理风险库，加强供应链活动全过程监测，实行重要设备物资催交和在线监造，防范化解供应履约风险。加大采购督导力度，丰富采购监管手段，构建"线上督查+线下检查"的立体采购监督体系，防范采购合规风险。

（二）强化四大管理环节，挖掘供应链管理价值创造能力

一是强化供应商管理。中国能建按照"强化准入把关、共享优质资源、联防履约风险"的基本思路，遵循"统一建库，分级管理""资源共享，风险联防""强化监

管，定期评价"的基本原则，研究制定供应商库建立及管理、分类分级、考核评价、信用管理、风险联防、资源共享六大机制。通过供应链管理一体化平台将各机制进行固化，形成供应商全生命周期数字化管理体系，以有效预防和改善供应商选择不慎、管控不严、履约不力和以次充好等问题。

二是强化集中采购管理。中国能建通过卡拉杰克模型对物资进行科学划分，根据物资类型选取有针对性的采购策略，系统规划战略采购、统采框招、集采实招、区域联采、内部协同、限额采购、直管统采和专项专采八大类集采模式和相关流程，重点推动建立总部拿总、区域辖统、重点抓大、企业收拢的分级分类管控模式。通过开展战略采购、服务集采、区域联采等品类创新和模式创新，集中采购管理体系逐步完善，实施架构更加清晰，实施模式更加高效。

三是强化物流管理。中国能建将物流跟踪系统功能集成到商城平台，初步实现物流、商流、资金流和信息流四流合一。进一步进行系统开发，力争实现人、车、品、量、位置信息同步更新，协助企业第一时间掌握物流状况。

四是强化仓储管理。中国能建探索建立商城"云仓"，在物流辐射最优区域选址建立仓库，推动仓储与配送网络无缝结合，实现精准物流、高效配送。中国能建已建成50个云仓，有效解决物流配送"最后一公里"问题，切实提升用户购物体验。

（三）建设供应链管理平台，实现数字化赋能供应链管理

一是系统做好供应链管理数字化平台顶层设计。中国能建采用标准、数据、架构、应用、管理"五统一"的设计理念，运用"云、大、物、移、智、链"技术，基于公司"一张网、一朵云"信息高速公路建设供应链管理一体化平台。根据管理重心和用户对象不同，供应链管理一体化平台细分为能建客商 SMP、能建云采 EPP、能建云商 ECP、能建云造 MSP、能建云运 LMP、能建云仓 WMP、供应链运营中心 SMC，各子平台融合贯通形成"6P 一中心"的供应链管理一体化平台。

二是系统打造供应链数字化管理生态闭环。"6P 一中心"子平台既相对独立，又互相融合和统一，共同实现对供应商、需求和采购计划、招标采购、合同、订单及履约、结算、供应链金融、物流、仓储、催交、监造、执行监控和分析等供应链模块的一站式管理。同时，通过将海量生产数据进行清洗、分析、挖掘和预测，为决策者提供供应链整体"数字化、可视化"呈现，"可感知、能追溯"管理，"可信任、能预测"分析，实现"一图揽全局、一屏知全景、一键控全程"管理。

三是系统构建供应链上下游互联互动生态。"6P 一中心"供应链管理一体化平台在内部全面对接公司财务一体化、项目管理一体化、数据共享平台等系统，对外对接各类信息系统，实现穿透式、融合式管理。同时，充分应用"云、大、物、移、智、链"等技术，将以公司为核心的供应链上下游企业链接起来，通过系统中的全业务执行和智能化技术的业务创新，构建响应敏捷的供应链资源协同生态圈。将采购能力通

过生态圈转化为对集团业务拓展提升的支撑能力，从单一的降本增效丰富为广泛的产业链协同和内生的价值创造。

三、创新点

（一）注重顶层设计，在科学管理中融入新理念

围绕"建设支撑世界一流企业的一流供应链"这一目标，中国能建在深入调研的基础上，全面对标世界一流企业，全面解放思想，兼收并蓄，促进管理提升。运用全系统、全过程、全要素智治理念，编制了《"十四五"供应链发展规划》（以下简称《规划》），并在建筑央企中率先发布，旨在通过高目标引领产业升级，通过高标准实现创利增效。《规划》提出要坚持战略引领、问题导向、价值创造、系统谋划、数字赋能"五项"原则，引入现代供应链融合、协同理念，融入一体化、数智化、标准化、绿色化、全球化"五化"思维，着力推动公司稳链、优链、强链、延链、控链"五链"深度耦合，物流、信息流、资金流、管理流"四流"合一，持续提升公司供应链管理核心竞争力和价值创造力。《规划》提出以现有招采业务为核心，扩展管理链条，重塑业务流程，实现采购管理"两个延展、两个提升"，即采购管理向供应端、客户端"两端"延展；采购管理由事务操作型向价值创造型提升，由库存驱动的被动型采购向订单拉动的主动型采购提升，最终实现供应链业务全链条、穿透式、智能式、"一站式"管理，彰显供应链管理资源配置的重要整合者、稳定生产的重要保障者、价值创造的重要贡献者、企业发展的重要支撑者"四者"定位。

（二）聚焦关键要素，在降本增效中创造新价值

充分发挥集采及供应链管理在企业降本增效中的杠杆作用，多措并举，协同推进降本、提质、增效。一是持续做优做大两级集采。构建总部抓总、区域辖统、重点抓大、企业收拢的分级分类集采管控模式。通过"集采目录"驱动战略采购、区域联采、商旅集采等模式创新，2023 年中国能建直接组织开展风机、光伏逆变器等 19 项的集采项目招标工作，累计框架采购金额达 414.6 亿元。集团组织商旅服务集采，全年订单量超 30 万单，金额为 2.12 亿元。所属区域联采分中心组织完成 29 批次联采项目的招标工作，联采总金额 161.39 亿元，降本增效成效显著。二是持续推进采购效率提升。持续优化电子采购平台功能和采购流程，大力推行"无纸化、线上行"采购，提高工作效率。统一搭建能建商城电商平台，促进低值易耗品即时下单、即时配送。上网采购率保持在 95% 以上，能建商城采购周期压缩至 3.1 天，采购效率明显提升。三是持续推动内外部协同。健全装备制造产品协同经营机制，搭建协同平台，内部供采协同逐步走深走实。与华为、中外运、ABB、西门子等境内外知名企业建立全球的战略供应商合作关系，与 8 家建筑央企共同编制出版"中国建筑业供应链管理知识体系"丛书，参与编制国家发展改革委交办的国有企业集中采购指导性文件，对中国安能、保

利集团等央企输出采购平台技术，贡献能建智慧。

（三）勇担社会责任，在融合发展中营造新生态

构建"利益共享、风险共担"的生态圈，共同稳定供应链、强化产业链、提升价值链，努力实现链内效益最大化。一是奋力构建绿色供应链。编制《营造绿色生态供应链倡议书》，积极倡导供应商开展绿色制造、绿色包装、绿色物流；大力发展绿色采购、绿色施工、绿色产业，加快产业生态化和生态产业化的步伐，努力在服务"碳达峰、碳中和"目标中争当引领者、推动者、先行者。二是努力争当供应链"链长"。利用建筑央企的核心地位，加强与供应链上下游企业协同，协助解决技术、设备、资金、原辅料等实际困难，推动产业链上中下游贯通发展，打造链群发展共同体。充分发挥在新能源领域投资规模大、辐射领域广、引领带动强等优势，推动供应链上下游、产供销有效衔接、协调运转，争当供应链"链长"促进供应链上下游协同发展，让"供应链"成为"共赢链"。三是助力中小企业纾困解难。规范采购交易行为，坚持"公平、公正、公开"采购，营造良好的营商环境，为中小企业纾困解难提供支持。优化供应链管理一体化平台，推行供应链业务"网上办、掌上办"，帮助链内企业节约差旅、沟通、办公等费用。推广投标和履约保证金以保函、保险替代，减轻合作方资金垫付压力。四是持续提升品牌影响力。高标准参加中国国际进口博览会和中国国际服务贸易交易会，扩大对外合作，服务"一带一路"，提升国际与行业影响力。高质量对接中国物流与采购联合会、中国招标投标协会等权威机构，在经验分享、标准制定、方案设计、政策研究、企业宣传等方面全方位开展合作。高目标建设"全国供应链创新与应用示范企业"，全方位展示在供应链管理上的"综合实力"。

四、实施效果

（一）体制机制基本健全

按照统一化、集约化和专业化的原则，建立了层级分明、边界清晰的统一组织架构，实现需求、采购、评标、监督四分离。总部及各企业成立由公司领导和相关部门负责人组成的采购管理委员会，设立独立归口的采购管理部门，并明确采购监督部门，组建了评标专家库。建立健全采购管理制度，制定《招标管理办法》《非招标管理办法》《集中采购管理办法》《供应商管理办法》等13项管理制度，做到采购管理有章可循。同时针对常见问题，编制《采购风险管理手册》《采购管理红线禁令》《采购操作指南》《采购负面清单》等指导文件。通过电子采购平台固化34项主要采购业务流程，形成靠制度管事、靠流程管人的运作机制和职责明确、界面清晰、流程规范的工作体系。

（二）规模效应逐渐显现

通过卡拉杰克模型对物资进行科学划分，根据不同类型的物资施以针对性的采购

策略，系统规划了战略采购、统采框招、集采实招、区域联采、内部协同、限额采购、直管统采和专项专采八大类集采模式和相关流程，重点推动建立总部拿总、区域辖统、重点抓大、企业收拢的分级分类管控模式，集采体系逐步完善，实施架构更加清晰。集团级集采率超 92%。

（三）服务效能显著提升

建设自主可控的信息化平台，组织开发供应链管理一体化平台（"6P一中心"），实现采购制度流程化，采购流程表单化，采购表单电子化，确保"业务公开、过程受控、全程在案、永久追溯"。2023 年中国能建网上采购规模达到 4185.11 亿元，累计已过万亿元，网上采购率从 12.7%增长到 95%以上，采购周期较过去缩短 67%，能建商城下单至收货的平均周期缩短至 3.1 天。

（四）供需协同有效推动

大力推动以装备制造产品为主的设备物资协同经营，编制协同目录，开发协同平台。同时，研发剩余设备物资调剂平台，实现剩余物资再利用和闲置设备再上岗，充分发挥集团总部的资源配置作用，实现"1+1>2"的整合效应。

（五）供方管控初见成效

围绕"统一建库、分级管理"的原则，分三期编制《供应商管理规范》，完善供应商库建立及管理、分类分级、考核评价、信用管理、风险联防、资源共享六大机制。开发供应商管理子平台，实现供应商全生命周期数字化管理和采购全过程风险防控，有效预防和改善供应商选择不慎、管控不严、履约不力和以次充好等问题。强化供应商考核评价和清退工作，先后清理了 27009 家无业务往来、不能诚信履约的供应商，发布 8 批次集团级供应商黑名单。同时，甄选了一批信用好、实力强的供应商开展深层次合作。

（六）监管手段持续丰富

加大采购督导力度，丰富采购监管手段，构建"线上督查+线下检查"的采购监督体系。研究开发采购大监督平台，引入预警纠错、事中事后监督、在线投诉举报等功能，实现采购"业务公开、实时监控、在线问询、全程在案、永久追溯"。通过每年开展不少于 4 批次现场督查，不少于 6 批次线上问询，保持采购管理严监管态势，有效防范采购风险，营造公平、健康、阳光的采购环境。

（中国能源建设股份有限公司：陈静、王喜营、张雏、赵佳翔、乔越、刘长志）

中海油物装采购中心："联"动新篇章，采购供应链组织新航道

一、案例背景

采购是企业运营中至关重要的环节，它直接关系到企业产品的成本、质量和竞争力。随着市场的不断发展和竞争的加剧，企业在采购领域面临越来越多的挑战。例如，原材料价格波动、市场供需关系不稳定等导致采购成本难以控制；传统采购流程烦琐导致采购效率相对低下；企业自身采购规模有限、信息获取渠道不畅通等导致在供应商的选择上存在局限性，进而难以获得优质产品。

为了在全球市场环境下，获得更为优质的服务，提升采购效率，降低企业运营成本，2022年国内石油石化行业主要单位针对采购业务领域的合作进行了沟通并达成共识。本着依法合规、资源共享、互利互惠、共同发展的合作原则，采用"试点+推广"的方式，开展联合采购工作。为发挥各自所长，取长补短，依据各自经营特点，确定不同单位分别牵头石油装备材料、炼油化工装备材料、海洋石油装备材料的联合采购工作，并协商确定了首批47个品类的联合采购目录。

本案例围绕由中海油物装采购中心（以下简称"中海油"）参与的不锈无缝钢管、合金无缝钢管及不锈钢直缝焊接钢管三个品类的采购工作展开，对联合采购的主要内容、创新点、应用效果、推广价值等进行阐述。

二、主要内容

不锈无缝钢管、合金无缝钢管及不锈钢直缝焊接钢管受其产品特点影响主要应用于炼油化工行业。其中，不锈无缝钢管具有耐腐蚀性能强、强度高、具有良好的加工性能及耐用等特点，在炼油化工行业中常用于输送腐蚀性介质管道、高温高压管道及反应容器和换热器的制作。合金无缝钢管具有强度高、高温性能好、耐磨性良好、耐腐蚀性强及可加工性好的特点，在炼油化工行业中常用于高温高压管道、关键设备部件及输送特殊介质管道的制作。不锈钢直缝焊接钢管具有成本相对较低、尺寸精度高及焊接性能良好等特点，在炼油化工行业中常用于一般工艺管道、辅助设备管道及临时管道的制作。

中海油不锈无缝钢管、合金无缝钢管及不锈钢直缝焊接钢管的主要需求单位为中

海炼化。因中海油业务以海上石油天然气勘探、开发等中上游业务为主，因此炼油化工规模有限。中海油每年上述品类需求金额仅在千万元级别，在历史品类采购过程中受规模的制约，难以以相对较低的价格购买到相对优质的产品。中石化作为中国国内炼油化工行业的龙头国企，其炼油化工规模在国内遥遥领先，每年上述品类需求仅在生产维护使用中金额便达到近10亿元。中石油与中海油类似，业务类型都以中上游业务为主，基本不使用上述品类产品。因此，本着发挥各自所长，取长补短，自愿参与的联合采购原则，自2022年年底起，不锈无缝钢管、合金无缝钢管及不锈钢直缝焊接钢管由中石化牵头、中海油参与，每1~2年开展一次联合采购工作。联合采购由中石化牵头编制方案及开展招标采购，并采用统谈分签模式，由各家单位直接与中标供应商签署合同。

（一）联合采购工作小组的组建

在确定不锈无缝钢管、合金无缝钢管及不锈钢直缝焊接钢管的联合采购牵头单位与参与单位后，中石化与中海油共同发布通知，并由主要需求及技术负责单位的采购、技术、质量等部门的专业人员组成联合采购工作小组（以下简称"工作小组"），同时明确了各成员的职责和分工。双方品类经理负责汇总需求，对成本及预算进行控制分析，并对整体项目总体负责。技术人员负责产品规格和质量标准的确定。

为了更好地促进联合采购团队沟通，达到预期效果，工作小组建立了定期线上会议制度，讨论联合采购的进展情况、存在问题及解决方案，随时进行沟通与联络。同时，共享工作小组成员联系方式，并利用邮件、即时通信等方式，保持团队成员之间的日常沟通与交流。

（二）采购需求分析及技术标准的确定

工作小组组建完成后，双方分别梳理了各自不同品类的采购需求及与需求相对应的技术标准。考虑到不锈无缝钢管、合金无缝钢管及不锈钢直缝焊接钢管通常执行国标、美标、欧标等技术标准，同时考虑到中石化作为牵头单位，其在炼油化工行业具备丰富的经验，因此由中石化技术人员牵头，中海油相关技术人员参与，经双方充分讨论，以国标、美标、欧标等为基础，分别制定了不同品类的采购技术标准。

技术标准制定完成后，双方依据历史采购情况，同时结合未来需求预测，对联合采购的整体需求进行了预估。为了充分调动供应商积极性，工作小组经过讨论，依据不同供应商能力并结合品类实际特点进一步细化了采购包的构成。其中，不锈无缝钢管依据品类特点细分为6个采购包，分别为φ325以下流体输送用不锈无缝管、φ325以上流体输送用不锈无缝管、锅炉及热交换器用不锈无缝管、加氢装置用不锈无缝管、奥氏体-铁素体双相不锈管及不锈无缝盘管。合金无缝钢管依据品类特点细分为5个采购包，分别为冷拔合金无缝钢管、φ325以下热轧合金无缝钢管、φ325以上热轧合金无缝钢管、镍基合金无缝钢管及合金无缝钢管（库存商）。不锈钢直缝焊接钢管依据品类特点细分为 2 个采购包，分别为不锈钢直缝焊管及不锈钢直缝盘管。

（三）筛选潜在供应商及定标策略

为了更好地开展采购工作，工作小组分别对不同采购包的主要市场供应商情况进行了调研，并依据调研情况结合保供需求确定不同采购包的签约供应商数量，具体如表 1 所示。

表 1　　　　　　　　不同采购包潜在供应商及签约供应商数量

采购包	潜在供应商数量（家）	签约供应商数量（家）
φ325 以下流体输送用不锈无缝管	19	11
φ325 以上流体输送用不锈无缝管	13	7
锅炉及热交换器用不锈无缝管	20	6
加氢装置用不锈无缝管	3	2
奥氏体-铁素体双相不锈管	4	3
不锈无缝盘管	5	4
冷拔合金无缝钢管	6	3
φ325 以下热轧合金无缝钢管	5	3
φ325 以上热轧合金无缝钢管	6	3
镍基合金无缝钢管	6	3
合金无缝钢管（库存商）	5	3
不锈钢直缝焊管	8	3
不锈钢直缝盘管	5	3

炼油化工行业钢管普遍存在小批量供货的问题，虽然其产品标准化程度及系列化程度相对较高，生产厂家可以通过统筹不同单位的相同规格材质订单组织生产，但小批量送货导致的无法开展整车运输也是需要考虑的问题。在部分极端情形下，存在着运输费用占整体到货成本 40% 的情况。为解决这一问题，工作小组通过内部讨论，与供应商全面交流，共同出谋划策，针对不同采购包产品的特点，分别制定了 5 吨、10吨、20 吨、30 吨等不同小批量界定的原则，对小批量送货的运输价格进行了调整。同时结合不同产品的不同特点，制定了不同的商务技术得分比例原则及综合评审打分办法，以便有效筛选出优质厂家进行产品的实际供应。不同采购包的技术评分与商务评分如表 2 所示。

表 2 不同采购包的技术评分与商务评分

采购包	技术评分	商务评分
φ325 以下流体输送用不锈无缝管	45	55
φ325 以上流体输送用不锈无缝管	45	55
锅炉及热交换器用不锈无缝管	45	55
加氢装置用不锈无缝管	50	50
奥氏体-铁素体双相不锈管	45	55
不锈无缝盘管	45	55
冷拔合金无缝钢管	50	50
φ325 以下热轧合金无缝钢管	50	50
φ325 以上热轧合金无缝钢管	50	50
镍基合金无缝钢管	50	50
合金无缝钢管（库存商）	50	50
不锈钢直缝焊管	45	55
不锈钢直缝盘管	45	55

在历经约 3 个月的调研、讨论、修改、完善后，最终形成不同采购包的采购方案并实施采购工作。

（四）联合采购的实施与合同的签订执行

为了进一步提升效率与质量，在遵循三方联合采购实施原则的前提下，由中石化牵头开展采购与招标工作，并由中海油派出相应专家作为招标人评委参与各采购包的评审工作。采购实施过程中，为了更好地保证合法合规，以及后期合同签署的效率，采购招标文件中纳入了中石化标准合同文本及中海油标准合同文本。评审过程中，工作小组也积极参与，并第一时间追踪采购结果。经工作小组初步分析，联合采购的结果与前期调研情况基本一致。在联合采购实施完成后，分别由中石化及中海油与对应中标供应商采用"统谈分签"的模式完成合同签署工作。

工作小组作为常态化机构，在协议签订后，分别对各单位协议执行情况进行了追踪，旨在解决日常协议执行过程中存在的问题并总结经验，以便在后续联合采购的过程中对方案进一步优化。经过一段时间的追踪，目前联合采购协议执行情况良好，较为充分地实现了保供、降本、合规、高效的目标。

三、创新点

（一）采购模式创新

中海油主业聚焦于海上油气田开发，其业务主要集中于中上游板块，中海炼化作为中海油集团唯一的炼油化工中下游分公司，其整体规模和数量相对有限。同时，炼油化工行业具有高温高压等特点，对产品的质量要求相对较高，如仅中海油一家开展采购，难以有效选取优质供应商进行供货。在单独采购过程中，因需求量较少，中海油话语权不足，成本难以控制。所以其通过联合采购模式的创新，与行业龙头联合开展采购，实现了以更为低廉的价格换取更为优质的产品，从而提高了采购质量。

（二）机制体制创新

联合采购的创新不仅体现在采购模式方面，更突出体现在机制体制上。由参与联合采购的各企业代表组成委员会，共同制定联合采购的战略方向和重大决策，定期召开会议，商讨采购计划、供应商选择等关键问题。委员会成员根据各自企业的需求和专业知识，提供多元化的视角和建议，确保联合采购决策的科学性和合理性。同时设立专门的工作小组，负责日常采购事务的协调和执行，有助于提高采购工作的效率和专业性。

在联合采购中，采用多方协商的方式，充分听取各参与方的意见和建议。对于重大采购决策，通过集体讨论和协商，达成共识后再做出决策。同时建立决策反馈机制，及时收集各参与方对决策执行情况的反馈意见，对决策进行动态调整和优化。

在联合采购实施与执行过程中，通过建立评估体系，从采购成本、采购质量、采购效率、供应商关系等多个维度对联合采购的效果进行评估，及时发现联合采购中存在的问题并采取措施。

四、应用效果

（一）经济效益的提升

中海油通过与中石化进行不锈无缝钢管、合金无缝钢管及不锈钢直缝焊接钢管的联合采购，成功整合了采购需求，实现了规模效应。从采购单价降低方面，与中海油历史采购数据相比，单价降低了约5%。同时，联合采购减少了参与方重复的采购流程，如供应商筛选、招标采购实施等环节，大大提高了采购效率，使企业能够更快地获取所需物资，缩短了周期，间接提高了企业的产出效益。除此之外，中海油通过联合采购，能够与更优质的供应商合作，从而采购到质量更高的材料。这不仅减少了因质量问题导致的产品退货和返工，还提高了产品的市场竞争力。

（二）管理效益的提升

中海油通过联合采购能够与供应商建立更紧密的合作关系，从而提高了供应商的忠诚度。中海油与主要供应商签订了长期合作协议，获得了更优惠的合作条件和更好的服务支持。同时，通过联合采购，中海油对供应商的评估和管理更加规范和统一，淘汰了一些不合格的供应商，优化了供应商结构，降低了供应商风险和管理成本。联合采购减少了供应商的数量，降低了供应商管理的复杂度，避免了因单一供应商出现问题而导致供应中断的风险。通过与多个供应商合作，中海油可以在某个供应商出现困难时，迅速调整采购渠道，确保物资的稳定供应。联合采购促进了不同单位采购部门之间以及采购部门与其他部门之间的紧密合作和沟通，通过跨部门的团队协作，中海油更好地理解了企业的整体需求，从而制订更合理的采购计划。

（三）社会效益的提升

通过成功实施联合采购，中海油在行业内树立了良好的合作典范，吸引了其他企业的关注和效仿。中海油积极参与行业交流活动，分享联合采购的经验和成果，提高了企业的知名度。同时，中海油也力求与行业内其他企业建立更广泛的合作关系，共同推动行业的发展和进步。同时，联合采购带动了相关产业的发展，创造了更多的就业机会。在实施联合采购过程中，供应商扩大了生产规模，进而使就业岗位增加，加强了企业与当地社区的联系和合作，促进了区域经济的协同发展，在一定程度上为社会的稳定和发展做出了积极贡献。

五、推广价值

联合采购是各个单位取长补短，发挥各自优势的一种采购模式。从联合采购的参与企业来讲，联合采购模式具有广泛的适用性，可适用于不同规模和类型的企业。同时，联合采购不受地域限制，不同地区的企业都可以通过联合采购实现资源共享和优势互补。在全球化的背景下，企业还可以与国内外的合作伙伴进行联合采购。

联合采购能够给企业带来诸多好处，能够显著降低企业采购成本，除了直接的采购价格降低，还可以降低间接成本。除此之外，联合采购能够大大提高企业采购效率，并推动企业内部采购流程的优化和标准化建设。

本次联合采购工作只是联合采购模式的一个典型案例，实践中可以根据企业具体需求情况，推广至不同领域及不同采购品类之间，实现多方的合作共赢。

（中海油物装采购中心：慈洪生、阎晓楠、刘洋、曾海心）

国网物资有限公司：绿色采购标准化体系的建设与实践

构建绿色供应链管理体系是落实国家"双碳"战略的必经之路；是对传统供应链模式的一次深远变革与重要探索；是打造绿色循环和可持续发展模式，引领经济转向高质量发展的内部驱动力。国家电网有限公司从物资采购，到仓储、配送、使用乃至在回收的全生命周期，深度融合绿色理念与先进技术，实现资源利用效率的大幅提升与运营成本的显著降低，达成经济效益与生态效益的双赢。

一、主要内容

绿色供应链管理体系构建过程中将全生命周期管理、生产者责任延伸理念融入传统的供应链管理工作中，依托上下游企业间的供应关系，以电网核心企业为支撑点，以招标采购的数字化、绿色化发展为着力点，以供应链全链绿色低碳"技术+业务"为关键点，研究构建"3+4"绿色低碳供应链管理体系架构，深化物资绿色属性应用、绿色标准建设、绿色供应商管理、绿色采购评审等工作，推动链上企业持续提升环境绩效，进而增加绿色产品供给，实现供给侧对需求侧的绿色生态引领。

（一）"3"大举措

1. 绿色低碳标准建设

绿色低碳标准以绿色评审细则为基础，建立绿色属性信息库，实现绿色属性落地应用，促进供应链各环节之间的信息共享与协同合作，打破了传统壁垒，形成了更加紧密的绿色生态链。

（1）创建绿色评审细则，初步确立绿色属性。

查阅物资所涉及的标准规定，筛选针对电网物资绿色属性的标准规定；开展供应商调研、专家团队审查，确立电网物资绿色属性，具体步骤如下：

①研究依据。分品类进行绿色属性梳理，以相应国家、行业等文件、标准作为支撑，调查各品类产品的市场情况，确保各项绿色属性有据可依。

②供应商调研。采用线上线下相结合的方式，一是在招标文件中明确绿色属性的调研要求，由供应商在投标文件中予以响应；二是针对供应商群体，以调研问卷形式进行品类信息收集；三是选取各品类典型供应商开展针对性的调研座谈。对调研结果

进行分析，将调研商家满足率超过70%的物料绿色属性进行标记，并纳入下一步核查。

③形成《物料绿色属性核查单（初稿）》。依据调研结果将绿色属性相关标准规定划分为绿色条款和绿色因素，形成《物料绿色属性核查单（初稿）》（见表1）。

表1　　　　　　　　《物料绿色属性核查单（初稿）》（布电线）

物料分类			布电线（450V/750V及以下）
资源节约	包装及包装材料	判定内容	包装箱、悬空紧固包装以植物纤维为原料，胶带为可生物分解材料
		绿色条款/绿色属性	绿色因素
		判定依据	国家市场监督管理总局、国家邮政局《快递包装绿色产品认证规则》
环境保护	原材料风险	判定内容	①填充物：除非在产品标准中另有规定，填充材料应是非硫化型橡胶或塑料混合物、天然或合成纤纺、纸中一种或其组合，当采用未硫化橡皮填充时，其组分与绝缘和护套之间不应产生有害的相互作用；②内护层：除非在产品标准中另有规定，挤包内护层应由非硫化型橡胶或塑料混合物组成，当采用未硫化橡皮构成内护层时，其组分与绝缘和护套之间不应产生有害的相互作用；③成品：成品满足阻燃实验要求的同时，也应满足低烟或无卤要求
		绿色条款/绿色属性	绿色因素
		判定依据	GB/T 5023—2008《额定电压450/750V及以下聚氯乙烯绝缘电缆》

④组建专家团队并开展会审。组建物料绿色属性专家团队，对初步形成的《物料绿色属性核查单（初稿）》进行会审，严审严查，确立最终绿色属性相关项，对识别出的物料绿色属性进行审核查证，并就是否入库登记进行判定，初步确定绿色属性清单。

（2）全面梳理绿色属性，构建绿色属性信息库。

按照电网绿色供应链建设方法（电工装备及产品绿色要求）和《绿色现代数智供应链发展行动方案》对绿色可持续发展的工作要求，将绿色属性定义为：组织、过程、产品和物料方面符合资源、能源、生态环境和人体健康安全要求的特性，具体包括环境保护、低碳循环、能源降耗、健康安全、资源节约等。

以"依据科学性、梳理系统性、应用准确性"为原则开展绿色属性梳理，基于电网物资品类和全寿命周期特性，构建两级电网物资绿色属性信息库（见图1）。

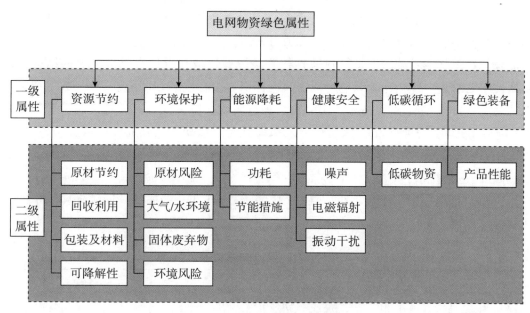

图1 电网物资绿色属性信息库

组建六大工作组，针对变压器、组合电器等36个物资品类，依据相关国标、行标、团标、企标进行梳理，对符合相关内容的予以纳入，并结合当前技术水平以及未来设备发展方向，对绿色供应链全过程进行检视，累计梳理出581条二级属性，构建形成绿色属性信息库，覆盖6类一级属性、15类二级属性，绿色属性梳理成果如表2所示。

表2   绿色属性梳理成果

分组	品类	一级属性	二级属性	累计二级属性
材料一组	4类（导线、地线、绝缘子、金具、光缆）	5	8	220
材料二组	3类（电力电缆、铁塔、水泥杆）	5	10	30
线圈一组	5类（变压器、互感器等）	6	13	111
线圈二组	6类（避雷器、电力电容器、电抗器）	6	14	77
二次设备组	6类（电源系统、智能变电站电源系统等）	3	4	18
开关组	12类（组合电器、低压电容器柜等）	6	15	125

（3）绿色属性落地应用，深入推进绿色采购。

以"标准易用性、专业适配性、市场兼容性"为原则，将供应链绿色属性在物资主数据、采购标准、技术规范三个方面进行标准化应用，优化建立绿色标识，全面修编绿色采购标准，创新制定绿色技术规范，以满足绿色低碳发展要求。

一是落地物资主数据方面。物资主数据是公司物资管理的基础性数据，贯穿于物资供应链，集成物资管理、财务管理、项目管理，为实现"物资流、信息流、资金流"三流合一打下坚实基础。根据绿色属性梳理情况，形成包含所有物资品类的结构化绿色属性库汇总表，优化建立绿色物资主数据标识。编号以"L1a2b3c……"数字加字母形式表示（如表3所示），其中"L"表示绿色属性，数字代表其后特定属性个数，字母"a""b"等代表特定的二级属性（二级属性与一级属性已建立相应从属关系）。例如，L1a2b2e1i 表示对应采购标准为绿色采购标准具有 1 个一级属性"资源节约"下的二级属性"原材节约"，2 个一级属性"资源节约"下的二级属性"回收利用"，2 个一级属性"环境保护"下的二级属性"原材风险"，1 个一级属性"能源降耗"下的二级属性"功耗"。

表3　　　　　　　　　　　　　　绿色物资主数据标识构建

一级属性	二级属性	二级属性编码
资源节约	原材节约	a
	回收利用	b
	包装及包装材料	c
	可降解性	d
环境保护	原材风险	e
	大气/水环境	f
	固体废弃物	g
	环境风险	h
能源降耗	功耗	i
	其他节能措施	j
健康安全	噪声	k
	电磁辐射	l
	振动干扰	m
低碳循环	低碳物资	n
绿色装备	产品性能	o

二是落地采购标准方面。采购标准是为满足国家电网有限公司集中采购工作需要，统一制定的技术和服务标准，适用于国家电网有限公司在需求计划、招标采购、合同签订及执行、质量监督等各环节的物资采购工作。随着新技术、新要求的更新，采购标准也迎来了换版修编。新版采购标准创新性融入碳足迹管理等绿色低碳要求，完成 613 条绿色属性识别，涉及 438 项采购标准修编，包括通用标准 193 项，专用标准 245 项，实现绿色采购引领。绿色属性落地情况如表4所示。

表4　绿色属性落地情况

一级属性	二级属性	落地通用标准属性	落地专用标准属性	导线、地线、金具等		电力电缆、铁塔等		变压器、互感器等		避雷器、电抗器等		电源系统、智能变电站电源系统等		组合电器、低压电容器柜等	
				通用标准条数	专用标准条数	通用标准条数	专用标准条数	通用标准条数	专用标准条数	通用标准条数	专用标准条数	通用标准条数	专用标准条数	通用标准条数	专用标准条数
资源节约	原材节约	37	12	0	0	4	1	12	11	6	0	0	0	15	0
	回收利用	53	18	4	0	3	2	16	16	6	0	2	0	22	0
	包装及包装材料	94	10	53	0	3	0	10	10	9	0	6	0	13	0
	可降解性	17	0	0	0	0	0	3	0	2	0	0	0	12	0
	原材风险	80	14	8	0	0	1	25	13	5	0	0	0	42	0
环境保护	大气/水环境	16	2	0	0	2	0	3	2	2	0	0	0	9	0
	固体废弃物	22	3	0	0	4	0	3	3	3	0	0	0	12	0
	环境风险	44	10	26	0	1	0	6	6	3	1	0	0	8	4
能源降耗	功耗	25	2	10	0	2	0	5	1	3	0	0	0	5	0
	其他节能措施	13	2	0	0	0	0	3	2	0	0	0	0	10	0
健康安全	噪声	13	4	0	0	2	0	7	2	1	0	0	0	3	2
	电磁辐射	21	7	12	0	0	0	0	0	2	1	4	0	3	2
	振动干扰	3	0	0	0	0	0	0	0	0	0	0	0	3	0
低碳循环	低碳物质	17	4	0	0	0	0	3	2	4	0	0	0	10	2
绿色装备	产品性能	64	6	31	0	0	0	6	5	11	0	0	0	16	1

采购标准结构化应用时，在绿色采购模板基本信息表中增加两列，分别为"是否绿色属性"和"绿色参数值"，同时在采购标准通用和专用部分增加绿色条款结构化清单，实现绿色属性结构化落地应用。

三是落地技术规范方面。技术规范固化 ID 作为国家电网有限公司招标文件的技术部分，是由物资采购标准转化而成的，用于确定技术参数值的主要组合方式，是规定产品性能和服务质量要求的规范性文件。基于绿色属性信息库，在国家电网有限公司技术规范基础上增加绿色技术规范，普通绿色技术规范 ID 为"L999"开头，技术参数主数据绿色技术规范 ID 为"L977"开头。例如，固化 ID 为"9999－500142282－00033"的电磁式电流互感器替换为绿色固化 ID 则为"L999－500142282－00033"。一方面，实现采购标准最新要求在技术规范固化 ID 上及时落地；另一方面，通过需求侧采购标准带动供给侧主配网设备、材料的高质量发展。

四是落地供应链各环节方面。绿色产品管控侧重于产品全生命周期的绿色化管理，不仅考虑产品本身设计、生产、包装、回收等，对于采购者还需结合计划、采购、供应、质量多环节闭环管理，提升物料绿色属性管控工作的严谨性和一致性，强化绿链管理。经梳理，绿色属性落地各专业数量分别为计划 23 条、招标 271 条、合同 57 条、供应 194 条、质量 212 条。绿色属性在供应链各环节的全面落地，为国家电网有限公司"两维四库"（见图 2）建设奠定了坚实基础。

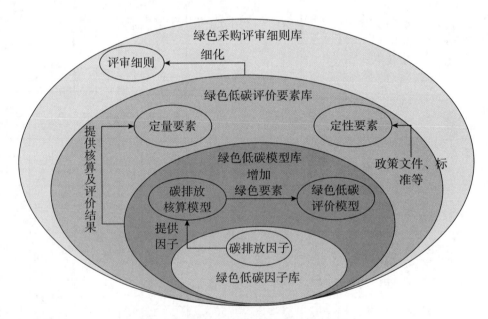

图 2　国家电网有限公司"两维四库"①

---

① "两维四库"中的"两维"分别是指基于企业维度和基于产品维度。

例如，计划专业围绕物资集中采购目录大、中、小类，基于绿色属性信息库，打造涵盖碳排放因子的绿色低碳因子库，为绿色低碳模型库的碳排放核算模型提供统一碳排放因子；质量专业设计涵盖定量要素及定性要素、低碳要素及绿色要素的绿色低碳评价要素库，为绿色采购评审细则库的评审细则设计提供依据；招标专业针对供应商开展绿色制造体系建设，打造覆盖总部及各单位绿色评审细则的绿色采购评审细则库，引导供应商生产制造过程绿色低碳化。

2. 全生命周期绿色管理

明确电力企业装备体系绿色升级、建立健全重点产品碳排放核算方法、完善碳排放核算机制、开展碳评价工作是支撑经济社会低碳转型的重要抓手，国家电网有限公司贯彻国家"双碳"目标，加快推进构建统一的绿色产品认证与标识体系，构建电工设备全寿命周期的供应链统一标准，形成了《电工装备生产企业碳排放核算及报告实施指南》《电网企业供应链碳排放核算技术标准》《电工装备产品碳足迹认证》《电力企业低碳评价》等技术标准，将环境保护和资源节约的理念贯穿电工装备产品全生命周期，持续提高资源能源利用效率，改善环境绩效，助力能源电力产业链全链条、全方位、全要素协同降碳。

一是规范碳核算推动电工装备低碳生产。碳核算是一种测量人为活动向地球生物圈直接和间接排放二氧化碳及其当量气体的措施。企业碳排放的主要核算方法为排放因子法、物料平衡法和实测法。国家电网有限公司组织建立碳中和中心，围绕碳核算等关键领域，提出了"多时空尺度电网供电排放因子计算模型"等6类11个碳评估模型算法，遵循"比例共享"和"谁使用谁承担"原则，根据潮流分布情况和绿电交易影响，从源侧逐步推算时间段内的电网节点供电排放因子，确保碳排放核算的科学精确。

二是规范碳评价促进电工企业绿色转型。碳评价是依据被评价对象过去或者当前的碳排放相关信息，对被评价对象进行客观、公正、合理的全面评价，是促进电工企业低碳发展的有效手段。为优选绿色低碳节能供应商，引导促进电工装备供应商提升绿色生产管理能力，国家电网有限公司开展绿色中心规划设计，调研国内外典型案例，对接国家部委、行业组织、地方政府，按照"数据共享、应用引领"的理念，运用数据专线、隐私计算、区块链等技术，打造绿色低碳共享服务平台。同时，研究探索绿色低碳认证，紧密对接国家市场监督管理总局下属相关机构，完成国内外200余项绿色低碳认证标识以及全国1239家第三方认证机构梳理，组织推进电工装备企业 ESG 信息披露报告、碳核查报告等创新业务场景试点落地实施，有效促进电工装备行业的节能降碳。

3. 带动链上企业低碳发展

按照国家电网有限公司物资部"3911"供应链绿色发展顶层设计和"两维四库"实施路径，国网物资有限公司积极探索实践，依靠江苏苏州国家级碳达峰试点的政策优势和本地电工装备产业的集群优势，打造了碳足迹分析核算公共服务平台和碳普惠智能服务平台，立足长三角，面向全国，为广大外向型企业和电工装备企业提供碳核算、碳减排、碳交易、碳金融等多元化"一站式"服务，助力加快构建产业链供应链绿色生态。

碳足迹分析核算公共服务平台按照"1+N"云边互联模式构建，在公共服务侧建设"三库一模型"，即碳排放因子库、产品碳足迹库、生产设备能效标准库和产品工艺模型。在企业边端侧提供碳排放因子调用、工艺模型调用、设备能效对标、产品碳排放对标、产品碳足迹实采实算等公共服务。通过云边协同的创新架构模式，在云侧不断丰富碳足迹的"三库一模型"，实现对公共服务的技术、数据沉淀，助力企业低成本完成碳核算和碳认证。

一是基于实采数据的精确产品碳足迹核算。碳足迹分析核算公共服务平台同时提供实采和手填两种方式的碳足迹核算服务。对于已配置能管系统的企业，在增加监测点位和部署边端系统后，平台可实现基于实采数据的分产线、分批次碳足迹精确核算，碳排数据实时准确、可查可追溯，为链上企业提供实现电工装备碳足迹认证和碳排对标的有效工具，目前已在江苏部分电工装备企业试点应用；对于未配置能管系统的企业，平台提供低代码化的流程工艺碳排放模块，支持电工装备企业根据生产实际在线搭建定制化碳排放模型，降低碳核算数据填报的专业门槛，让企业"看得懂、填得出"。

二是基于公共开放平台的碳排数据积累共享。随着接入平台的用户不断增多，碳排放因子库、产品碳足迹库、生产设备能效标准库和产品工艺模型将不断充实，通过数据共享的方式有力支撑国网绿链云网绿色中心建设，高质量配合国家电网有限公司完成电工装备绿色低碳企标、行标、国标制定，有力支撑国家电网有限公司绿色低碳供应链标准、评价、认证体系构建。

三是基于商业模式创新的链主生态引领作用。绿色低碳数据的积累有赖于用户的不断接入，"双碳"平台在积极发挥链主生态引领作用和扩大双碳服务"朋友圈"方面，开展两项积极探索。一是积极推进碳足迹权威认证机构与平台战略合作，通过对平台模型、方法、数据的一次性认证，简化电工装备企业的认证流程，探索构建平台、认证机构、电工装备企业三方共赢的新型商业模式，逐步压降企业碳排放认证成本。二是提供多元化"一站式"绿色低碳服务，针对有碳核算、碳中和需求的企业提供产品碳足迹核算、碳中和认证服务，针对绿色低碳水平低的企业提供设备节能改造等碳减排服务，针对减排后仍无法满足碳中和要求的企业提供碳交易撮合服务，针对在碳减排过程中的企业提供绿色低碳融资和碳保险等金融服务。

（二）"4"项保障

1. 组织领导

强有力的组织领导是绿色供应链管理体系成功的基石。在绿色供应链管理体系构建过程中，国网物资有限公司成立了由分管领导牵头的绿色供应链管理委员会，明确职责与权限，确保绿色理念成为企业发展的战略方向。该委员会负责制定绿色供应链战略规划，协调跨部门合作，监督执行进度，并评估实施效果。同时，建立责任追究与激励机制，以激发全员参与绿色转型的积极性。

2. 人才培养

为推动绿色供应链持续发展，国网物资有限公司通过内部培训、外部引进及校企合作等方式，培养具备环保意识和专业技能的复合型人才，加强员工对绿色供应链管理理论、政策法规、最佳实践的学习与掌握。建立绿色供应链管理知识库，促进知识共享与交流。此外，鼓励员工参与绿色创新项目，提升解决实际问题的能力，为绿色供应链的持续优化提供智力支持。

3. 数智技术

深化大数据、云计算、区块链、5G、人工智能、电力北斗、数字孪生等新技术的应用，推进供应链全流程智能机器人研发应用，提升供应链可视可调可控水平。鼓励链上企业接入国网电工装备智慧物联平台（EIP），联动主要供应商，带动电工装备制造生产线数智化升级，协同链上企业推进数智制造升级和产品质量提升。以数据要素价值挖掘为核心，打造供应链运营"控制塔""驾驶舱"，提升供给与需求匹配精准度，以新型工业化塑造新优势。

4. 流程机制

国网物资有限公司梳理并优化供应链各环节流程，将绿色标准融入采购、生产、物流、回收等全过程。制定详细的绿色供应链管理制度与操作规范，明确各环节的环境保护要求与责任主体。建立绿色供应商评价与选择机制，优先选择符合绿色标准的合作伙伴。实施绿色绩效考核与激励机制，对表现优异的供应商与内部团队给予奖励，对违规行为进行惩罚。此外，加强供应链风险管理，确保在突发事件中绿色供应链的稳定性与可持续性。

二、创新点

（一）创新全过程绿色管理体系

传统的供应链管理模式主要依赖于核心企业提出环境友好等绿色倡议，以此影响和驱动整个供应链上的各个环节共同提升绿色水平。然而，在实际操作中，由于绿色特征的有效识别及信息共享机制的不足，这种绿色驱动力往往局限于供应链的单一环节，难以实现绿色低碳管理理念在整个供应链过程中的全面渗透与覆盖。为了解决这一问题，国网物资有限公司创新打造以"绿色属性信息库"为数据基础，以"绿色采购标准、绿色物料标识、绿色技术规范"为业务支撑，以"服务供应链全环节绿色发展"为实现目标的绿色标准化管理体系，推动供应链各环节协同共享应用，加快电力装备绿色低碳创新发展。此外，国网物资有限公司积极构建新型电力系统，并发挥超大规模采购市场的牵引作用。在此基础上，国家电网有限公司建立健全了绿色采购管理体系，推进了绿色制造、绿色设计、绿色采购、绿色施工、绿色物流、绿色包装、绿色回收等供应链全过程全环节的绿色低碳发展，助推能源电力产业链供应链的绿色发展。

（二）引领供应商绿色转型发展

当前，电网物资供应商群体在绿色供应链的认知与实践层面具有显著的局限性和差异性，这一现象直接导致了生产标准的多样化以及产品质量的参差不齐，进而难以实现统一的绿色生产。针对这一问题，国家电网有限公司通过统一电网物资采购标准化评标的度量衡，实现绿色标准化成果在采购环节中落地应用，极大提高了集中规模招标采购效率。通过需求侧采购标准带动供给侧设备、材料的高质量发展，激发制造商的积极性和创造性，为电网建设提供更好的产品。同时加强对外合作，依托行业协会等第三方机构，开展供应链上下游及下属企业绿色发展对标贯标达标活动，提高行业绿色发展效能。推进绿色低碳供应链管理评价标准建设，从供应链上的高耗能、高污染环节入手，加强绿色采购管理，引领绿色供应商带动上游企业改进生产工艺、优化资源能源使用，实现绿色低碳转型，不断减少供应链碳足迹。

（三）实现绿色供应链闭环管控

随着环保意识的增强，越来越多的企业在供应链全寿命周期管理中融入了绿色环保理念，从产品设计、材料选择、生产制造到废弃处理，注重减少对环境的影响，推动供应链的可持续发展。但实现绿色供应链管理仍然面临诸多挑战，绿色材料的选择和成本控制、绿色生产技术的研发和应用等都需要企业投入大量的资源和精力。国网物资有限公司运用数字技术并融合绿色标准为全生命周期管理赋能，围绕人工智能、云计算、大数据、物联网等新兴技术及无人机、机器人、自动分拣等智能化装备的发展，聚焦绿色供应链关键活动融合的技术框架、应用场景、实施指南等方向，持续增加融合绿色标准供给。同时，推动碳核算、碳评价引领电工装备制造行业转型升级，服务质量强国发展战略。

三、应用效果

（一）管理效益方面

1. 引领供应商深化绿色低碳技术创新，实现高质量发展

国家电网有限公司创新性地实施了全过程绿色管理策略，在行业内树立了绿色发展的新标杆。通过制定绿色采购标准，引领了供应商的绿色转型发展之路，促使供应链上下游企业共同迈向绿色低碳的未来。在招投标环节，国家电网有限公司积极倡导并严格审查投标供应商的绿色制造方案与绿色发展计划，不仅有效推动绿色低碳发展理念的广泛传播，更促使供应商不断深化绿色低碳技术创新。国家电网有限公司力求在产品设计、生产、物流等全生命周期环节中实现节能减排与资源高效利用，打造绿色供应链的闭环管控体系，提升整个供应链的绿色竞争力，为行业的高质量发展注入强劲动力，展现其在推动绿色转型与绿色可持续发展方面的卓越管理成效。

2. 提升绿色采购水平，将管理经验转化为公司软实力

国家电网有限公司将秉承可持续发展的理念，不断深化对绿色采购实践的研究与总结。通过系统化的方法，国网物资有限公司不断梳理绿色采购的成功案例、面临的挑战及解决方案，形成一套具有可操作性和可复制性的绿色采购方法。这不仅是对过往成果的回顾与肯定，更是对未来绿色采购之路的前瞻性规划与布局。在总结整理的基础上，国家电网有限公司致力于提升绿色采购的专业水平和执行能力，通过培训教育、案例分享等方式，增强供应商对绿色采购理念的认知与认同，激发它们参与绿色采购实践的热情。同时，国网物资有限公司将不断探索和应用新技术、新方法，优化绿色采购流程，提高采购效率与质量，确保绿色采购工作的科学性和有效性。国网物资有限公司将积累的绿色采购管理经验转化为公司的软实力，系统性规划建设贯穿全业务链、产品服务全过程的绿色供应链管理体系架构，以推动公司可持续发展，在供应链生态圈起到支撑、服务、提升、引领作用，促进产业链生态圈协同融通和高质量发展。

（二）经济效益方面

国家电网有限公司助力中小企业健康可持续发展，创新投标保证金保险、履约保证金保险等供应链金融服务。2023年供应商释放保证金442亿元，累计释放保证金1527亿元，减轻了供应商资金压力。

国家电网有限公司打造"工业互联网+再生资源回收利用"新模式，在中央企业中率先试点报废设备材料绿色拆解分拣。2011年6月以来，国家电网有限公司累计集中处置废旧物资4.1万包，成交金额416.74亿元，平台注册回收商2183家，近三年年均处置额65亿元。在8个省建成13个绿色拆解分拣中心，将废旧回收企业、原材料厂商引入再生资源循环利用体系，各类拆解物经原材料企业直接熔炼成型或生产企业二次加工制造，通过产业链流通实现资源最大化循环利用。

2022年以来，碳普惠智能服务平台累计核发减排量86000多吨，累计成交量13000多吨，发布分布式光伏、充电桩、照明节能、湿地碳汇4个减排项目方法学，帮助企业取得碳中和证书14项，实现跨省市碳交易3项。

四、推广价值

（1）基于工业和信息化部的工业节能与绿色发展管理平台，获得工业和信息化部节能与综合利用司绿色制造体系第三方评价机构资质，为开展电工装备绿色设计产品、绿色工厂以及绿色供应链管理企业等第三方评价认证工作提供落地支撑。

（2）"国网绿链"品牌入选首批 20 个中央企业优秀产品品牌、工业和信息化部中国工业互联网大赛领军组一等奖、工业和信息化部制造业质量管理数智化解决方案优秀案例、中电联电力科技创新奖。

（3）碳普惠智能服务平台在工业企业、活动赛事、组织运营等多个场景取得碳中和认证。获"金钥匙·冠军奖"，入选生态环境部高质量发展案例。

（4）绿色供应链管理体系全面、灵活性高，适合在全网省公司推广应用，为绿色供应链转型发展贡献国网物资有限公司管理智慧，相关做法可以迁移至其他链主单位，具有一定借鉴价值。

（国网物资有限公司：杨凯、周嘉骏、毛烨华、王昊炜）

中移物联网有限公司：高质量集采平台提升芯片供应链价值水平

2020年以来，受疫情、贸易摩擦、自然灾害等多重因素影响，全球芯片短缺，汽车行业上演"芯片荒"。供应紧张、价格上涨，多家车企因为芯片短缺而停产，行业内不断出现涨价、物料短缺、卖方毁约、上下游信任危机等恶劣现象。根据汽车行业数据预测公司的预测，三年来，全球汽车市场因芯片短缺减产1500万辆，其中，中国减产200万辆，约占全球减产总量的13%。同时，汽车行业的产业结构也发生了较大变化，由传统燃油汽车向电动化、智能化、网联化和共享化方向快速转变。智能网联新能源汽车的快速发展，使汽车的核心技术开始依靠芯片来实现，车载芯片规模和使用量大幅提升，采购成本在整车成本中的比重越来越大。例如，一辆传统燃油车只需要安装50种约600颗芯片，价值约为1000元，约占车辆总成本的5%；而一辆智能网联新能源汽车因为功能更为丰富，则需要150种约2000颗芯片甚至更多，价值约为15000元，约占车辆总成本的20%。

汽车芯片生产包括芯片设计、制造和测试三个环节。其中，芯片设计环节的设计工具和知识产权资源都被欧美国家近乎垄断，晶圆加工又主要由我国台湾地区主导。因此，国产汽车芯片业务均采用"fabless+foundry"模式，即芯片设计公司只负责芯片设计和销售，没有生产芯片的设备和设施，芯片的生产则由专门的代工厂负责，如台积电、中芯国际。严格意义上，我国芯片行业面临的问题不是设计问题，而主要是制造问题。上游企业设计的芯片若无法自行制造，芯片供应链就极有可能"断链"。目前，我国芯片制造企业仅具备生产14nm芯片的生产技术，而对于14nm以下芯片的生产仍然束手无策。据统计，中国大陆1865亿美元的芯片消费市场，大陆本土的制造企业仅能占据6.6%。因此，大多数高端芯片受制于自身生产制造能力不足，仍然主要依赖于进口。

因而，降低芯片采购成本，提升芯片采购效率，成为企业需要进一步解决的核心问题。

一、痛点分析

在芯片采购过程中，物联网企业面临着诸多复杂的问题（如图1所示）。这些问题不仅关乎企业的成本控制、供应链稳定性，还直接影响到企业的市场竞争力。

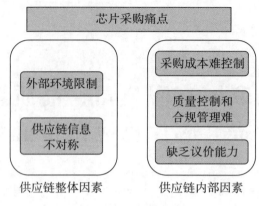

图 1　芯片采购痛点

（1）外部环境限制芯片采购。芯片供应链跨国家和地区，涉及多方贸易合作。近年来，国际贸易摩擦、关税调整和出口管制等地缘政治因素显著影响芯片采购稳定性。例如，美国对部分国家和企业的出口限制可能导致芯片供应中断，影响采购计划。

（2）供应链信息不对称。芯片供应链涉及多个环节和众多参与者，包括芯片的原材料供应、设计、制造以及封装测试等。在这个过程中，采购方难以及时掌握供应链全流程、各环节的动态信息。同时，芯片供应商的库存、生产进度、质量控制等信息不透明，这种信息的不对称导致企业在制订采购计划时缺乏充分依据，增加了决策的风险和不确定性。

（3）采购成本控制难。一方面，芯片原材料价格波动大。例如，疫情、自然灾害可能导致芯片生产所需的硅片、贵金属等稀有材料短缺，芯片的生产成本和采购价格直线攀升，采购难度增大。另一方面，芯片需求受市场趋势、经济形势影响，预测难度大。一旦预测失误，就可能导致库存积压或短缺，影响企业正常生产和经营。

（4）质量控制和合规管理难。芯片采购对芯片质量和性能有严格要求，但集采过程中难以确保每批次芯片的质量一致。在现实中，企业为了分散采购风险，往往会选择多个供应商，不同供应商的工艺和技术存在差异，芯片的质量和性能就可能出现参差。此外，部分供应商为降低成本，会采购劣质原料或简化制造流程，而这会导致芯片质量下降。

（5）企业缺乏议价能力。一方面，由于芯片价格受多种因素影响，企业单纯通过带量采购获得显著价格优势较为困难；另一方面，芯片行业具有技术门槛高、研发投入高等特性，供应商会成为寡头垄断市场。领先的芯片制造商（如台积电、三星、英特尔等）具备强大的市场话语权，企业作为采购方很难获得议价优势。

综上所述，芯片在采购过程中面临的主要问题包括外部环境复杂、供应链信息不对称、采购成本难控制、质量控制和合规管理难以及企业缺乏议价能力等问题。

二、解决方案

在中移物联网有限公司（以下简称"中移物联网公司"）现有集中采购策略的基

础上，应最大化规避外部风险，解决企业内部芯片采购成本居高不下的问题，进一步增强企业的议价能力。中移物联网公司先通过斯塔克尔伯格（Stackelberg）博弈模型找出影响集中采购策略最明显的因素：批量折扣率。

1. 模型演示

图 2 为中移物联网公司芯片集中采购平台（IOT 集采平台）和两个下游芯片客户 C_i（$i = 1, 2$）组成的芯片供应链模型。IOT 集采平台先汇集下游芯片客户（如车企、手机 SIM 卡）的同一种芯片需求，以 w_s 的价格向上游芯片制造商采购芯片，采购总量为 $Q = d_1 + d_2$。中移物联网公司再以 w 的销售价格卖给下游芯片客户。两个客户基于需求量展开竞争，各芯片客户的逆需求函数为：

$$p_i = 1 - d_i - r \cdot d_j \quad j = 3 - i$$

其中，p_i 和 d_i 是芯片零售价格和需求量，r（$0 < r < 1$）表示芯片市场中各需求客户的竞争强度，r 越大表示竞争越激烈。

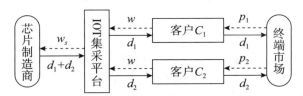

图 2　芯片集中采购供应链模型

通过集中采购芯片，中移物联网公司的谈判能力进一步提升，能够获得芯片采购价格上的更大折扣。故假定 IOT 集采平台与上游芯片制造商基于数量折扣契约展开交易，采购量越大，芯片采购价格越低。依据 Schotanus 等①的方法，IOT 集采平台的单位芯片采购成本为：

$$w_s = w_0 - k \cdot (d_1 + d_2) \quad (0 < w_0 < 1, \ k > 0)$$

上式中，w_0 为不享受价格优惠时的芯片基准价格；k 为芯片价格的批量折扣率，表示通过集中采购可实现的规模经济性，折扣率越大，规模经济性越明显。不失一般性，将集中采购平台的运营成本标准化为 0。

依据上述假定，集采平台的利润函数 π_g 和客户 C_i 的利润函数 π_i 为：

$$\pi_g = (w - w_s) \cdot (d_1 + d_2)$$
$$\pi_i = (p_i - w) \cdot d_i$$

借鉴 Singh 等②的方法，将终端市场剩余表示为：

$$CS = \frac{1}{2}d_1{}^2 + \frac{1}{2}d_2{}^2 + rd_1d_2$$

①　SCHOTANUS F , TELGEN J , BOER L D . Unraveling quantity discounts［J］. Omega, 2009, 37（3）：510-521.

②　SINGH N, VIVES X. Price and quantity competition in a differentiated duopoly［J］. The RAND Journal of Economics, 1984, 15（4）：546-554.

芯片供应链的系统利润和社会整体福利为：

$$\pi_{SC} = \pi_g + \pi_1 + \pi_2$$

$$SW = \pi_{SC} + CS$$

2. 通过模型求解得出均衡结果（用 * 号表示）

ITO 集采平台的最优采购价格和最优转移价格（芯片的批发价格）为：

$$w_s{}^* = \frac{(k - r - 2)\, w_0 + k}{2k - r - 2} \,,\quad w^* = \frac{-w_0 r + 4k - r - 2w_0 - 2}{4k - 2r - 4}$$

客户 C_i 的最优芯片需求量和最优零售价格分别为：

$$d_i{}^* = \frac{w_0 - 1}{4k - 2r - 4} \,,\quad p_i{}^* = \frac{(-w_0 - 1)\, r + 4k - w_0 - 3}{4k - 2r - 4}$$

集采平台的利润和客户的利润为：

$$\pi_g{}^* = -\frac{(w_0 - 1)^2}{4k - 2r - 4} \,,\quad \pi_i{}^* = \frac{(w_0 - 1)^2}{4\,(2k - r - 2)^2}$$

终端市场剩余为：

$$CS^* = \frac{(w_0 - 1)^2 (1 + r)}{4\,(2k - r - 2)^2}$$

供应链系统利润和社会整体福利为：

$$\pi_{SC}{}^* = \frac{(w_0 - 1)^2 (3 - 2k + r)}{2\,(2k - r - 2)^2} \,,\quad SW^* = \frac{(w_0 - 1)^2 (7 - 4k + 3r)}{4\,(2k - r - 2)^2}$$

当 $0 < k < \dfrac{w_0(r + 2)}{w_0 + 1}$ 时，$w_s > 0$ 且满足以上各均衡结果为正。

结论 1：$\dfrac{\partial p_i{}^*}{\partial k} < 0$，$\dfrac{\partial d_i{}^*}{\partial k} > 0$，$\dfrac{\partial w^*}{\partial k} < 0$，$\dfrac{\partial w_s{}^*}{\partial k} < 0$。

结论 1 将芯片的批发价格和零售价格以及需求量对批量折扣率系数求偏导，代表批量折扣率对价格和需求量产生的影响。数理结果显示，芯片的批发和零售价格与批量折扣率成反比，即批量折扣率越大，芯片价格就越低；芯片需求量与批量折扣率成正比，即批量折扣率越大，芯片需求量也在不断增大（如图 3 所示）。

结论 1 表明，在限定范围内提高批量折扣率，有助于降低芯片批发价格和零售价格，增大芯片需求量。集采平台通过汇集下游芯片需求量，从而获得更大的采购优势，可向上游芯片制造商获得更低的采购价格 w_s，规模效应显著。

结论 2：当 $0 < k < \dfrac{w_0(r + 2)}{w_0 + 1}$ 时，$\dfrac{\partial \pi_i{}^*}{\partial k} > 0$；$\dfrac{\partial \pi_g{}^*}{\partial k} > 0$。

结论 2 将中移物联网公司的利润和客户的利润对批量折扣率求偏导，代表批量折扣率对本公司利润及下游客户的利润产生的影响。数理结果显示，在一定的批量折扣率范围内，中移物联网公司及客户的利润与批量折扣率成正比，即批量折扣率越大，二者的利润也就越高（如图4所示）。

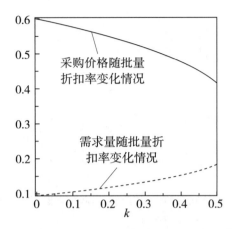

图 3　采购价格和需求量随批量折扣率变化情况

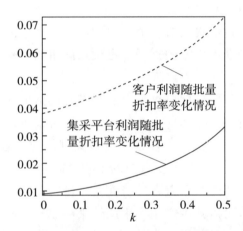

图 4　客户利润和集采平台利润随批量折扣率变化情况

结论2表明，在限定范围内提高批量折扣率，有助于提升中移物联网公司的利润以及下游客户的利润。这表明，在合理的批量折扣率范围内，集中采购可以达到中移物联网公司和下游客户的双赢。

结论3：$\dfrac{\partial CS^*}{\partial k} > 0$，$\dfrac{\partial \pi_{sc}^*}{\partial k} > 0$，$\dfrac{\partial SW^*}{\partial k} > 0$。

结论3将终端市场剩余、供应链利润和社会整体福利对批量折扣率求偏导，代表批量折扣率对三种结果产生的影响。数理结果显示，市场剩余、供应链利润和社会整体福利与批量折扣率成正比，即批量折扣率越大，三者的结果就越大（如图5所示）。

从供应链视角来看，在特定的批量折扣率条件下，芯片供应链整体利润、社会福利和终端市场剩余都会随着批量折扣率的增加而增加，再一次验证了批量折扣率大小对于集中采购的价值。

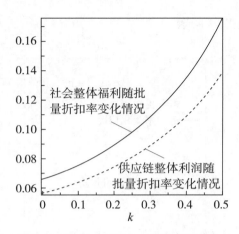

图 5　社会整体福利和供应链整体利润随批量折扣率变化情况

在现实中，为了提升企业的批量折扣率，增强企业在市场中的议价能力，企业在集中采购时主要采取了以下 6 种方法。

①带量采购策略。通过汇集下游多个客户的需求，将分散的采购量整合为大规模采购，与上游制造商协商获得更大的折扣和更优惠的价格。带量采购能够增加谈判筹码，降低芯片采购价格。

②长期协议与战略合作。长期协议是企业与芯片制造商建立长期合作关系，通过锁定未来的采购量获得价格折扣和优先供货权。长期协议可以帮助缓解价格波动和供应风险，提高供应链稳定性。战略合作是企业与关键供应商建立战略合作伙伴关系，承诺长期采购，获取更高的折扣率或更优惠的采购价格。

③芯片设计标准化。通过与下游客户协商，尽量统一或标准化不同客户的芯片规格和型号。标准化的需求可以减少定制化生产带来的成本，同时让上游制造商更容易集中生产，降低生产成本和复杂性。

④返利谈判。一种是设置阶梯式返利机制，采购方可以通过与芯片供应商协商，建立基于采购量的阶梯式返利机制，即根据采购的总量设置不同的返利比例（如图 6 所示），如达到一定采购量后，返还部分采购金额或提供折扣。这种方式有助于通过大批量订单获得更低的价格，增强企业议价能力。另一种是年度返利协议，企业可以与供应商签订年度采购协议，并根据全年采购量设定返利门槛，确保达到一定采购量后获得返利。这种长期合作方式不仅可以压低价格，还能保证供应的稳定性。

⑤利用大数据分析和预测需求。利用大数据和人工智能工具分析客户的需求变化趋势，提前与芯片制造商沟通，进行合理的备货规划。通过准确的需求预测，优化采购时机，降低不必要的库存压力，并最大限度地利用价格波动获得采购优势。

⑥优化物流与仓储管理。通过集中运输和智能化仓储管理，减少供应链的中间环节，降低客户独立采购和运输带来的分散成本。通过整合物流资源，统一规划运输路线，合理分配仓储资源，提高客户以及供应链的整体效率。

图 6　阶梯式返利机制

上述方法有助于集中采购平台高效降低采购成本，提高采购效率，确保供应链稳定性，并为下游客户创造更多价值。

三、实施效果

一是降低了芯片采购价格。通过集中采购，整合了下游客户的采购需求，形成了规模效应。随着采购量的提升，芯片制造商愿意提供更低的价格。2024 年，中移物联网公司累计已节约芯片采购成本超 1600 万元。

二是提高了芯片采购效率。通过集中平台统一采购和流程标准化，提高了采购效率，缩短了采购周期，避免了重复谈判的成本。目前，中移物联网公司通过集中采购平台进行采购，已将整体采购流程时间缩短为 15 天。

三是推动了企业与芯片供应商紧密合作。通过集采平台汇集了长期、大规模的订单数量，芯片供应商有动力优先保障订单的交付，减少断供以及延迟交货的风险，确保了芯片供应链的稳定性。同时，通过集中采购承诺稳定的采购量，企业与芯片供应商建立了良好的合作伙伴关系，进一步获得了更优惠的价格和更好的服务。

四是帮助下游客户降低采购成本。通过模型也可以看出，集中采购不仅有利于企业自身，在一定程度上也降低了客户的采购成本，提升了客户的利润和效益。

五是促进芯片制造升级。企业在集中采购过程中，能够有效收集到客户的真实反馈，能够为芯片制造商提供合理的改进建议，促进芯片制造商持续精进芯片的制造技术。

四、总结

在新能源汽车大力发展的战略背景下，芯片的需求量不断上升，价格也居高不下。本文以芯片采购过程中，中移物联网公司面临的采购痛点和难点为出发点，提出集中采购过程中，合适的批量折扣率可以降低企业的采购成本，并实现企业和客户双赢的看法。同时，针对提升批量折扣率，提出了 6 种具有实际操作性的方法，为企业提升采购质量、降低采购成本、增强与供应商合作紧密度提供了新路径，对业内做好同类工作具有一定的参考价值。

（中移物联网有限公司：李宛儒、王辰、郭天欣、田政）

中国移动内蒙古公司：国有企业采购评标工作数字化（发票核验系统）创新应用

一、案例背景

当前，数智化管理转型已经成为中国移动通信集团有限公司（以下简称"中国移动"）的重要工作部署。中国移动在最新的战略规划中明确要求各省公司在采购管理中引入大数据、人工智能等先进技术，以实现采购过程的透明、高效和合规。

虽然国家出台多部法律法规明确规定投标人不得存在围标串标、弄虚作假等违法行为，但是在实际招投标活动中仍存在大量投标人为谋取中标而修改资料、弄虚作假的情况。招标人虽采取如提升评标委员会专业素养、加强人员审核、利用国家官方网站进行信息核查等多种措施规避此类风险，但是上述违法行为仍屡禁不止，且传统的人工识别资料真伪工作效率和准确率较低，难以达到彻底识别并规避风险的目的。

在传统人工核验无法解决采购管理需求痛点问题的背景下，中国移动通信集团内蒙古有限公司（以下简称"中国移动内蒙古公司"）联合公诚管理咨询有限公司建设推广了一套发票查验辅助系统，以辅助采购活动中评标环节投标人发票真伪的核验工作。

二、主要内容

（一）发票核验系统概述及优势

在复杂多变的市场经济环境中，招投标活动作为资源配置的核心机制，其公正性、透明度及效率是衡量市场健康发展的重要标尺。发票作为交易活动的核心凭证，其真伪问题随时可能威胁到招投标活动的公正性，影响市场的公平竞争秩序。

1. 捍卫公正，净化招投标环境

招投标活动的核心在于通过公开、公平、公正的竞争机制，选出最具实力的企业或个人来承担项目或提供服务。然而，假发票的泛滥为这一机制蒙上了阴影。一些不法投标人为了获取不正当的竞争优势，往往通过伪造或变造发票来夸大自身业绩，欺骗评委和招标人。

发票核验系统，正是针对这一顽疾开出的一剂猛药。该系统通过现代信息技术手段，实现了对发票信息的全面采集、处理和实时查询。一旦有投标人提交发票作为业绩证明的佐证材料，系统便能迅速对其进行真伪验证。这种即时、准确的验证方式，有效遏制了假发票在招投标活动中的流通，使那些试图通过虚假业绩骗取中标资格的投标人无所遁形。

2. 提升效率，加速招投标进程

发票核验系统最显著的优势在于其具有快速验证能力。传统的人工验证方式耗时长、效率低，且易出错。在招投标活动中，时间往往就是金钱，每一分每一秒的延误都可能给招标人或投标人带来不可估量的损失。因此，如何提高发票验证的效率，成为招投标活动中亟待解决的问题。而该系统能够实现自动化处理，用户只需将发票扫描件批量导入，系统便能立即与税务部门、银行等权威机构的数据进行比对验证，并在极短的时间内给出准确的验证结果。这种高效、便捷的验证方式，不仅大大提高了发票验证的速度和准确性，还减轻了工作人员的负担，有助于缩短评标时间，降低企业成本，还能为评委留出更多时间专注于投标文件的其他实质性评审。

更重要的是，发票核验系统的应用还有助于缩短招投标周期。在以往的招投标活动中，由于发票验证需要耗费大量时间和精力，整个招投标过程拖沓冗长。而现在，有了发票核验系统的助力，发票验证环节得以迅速完成，整个招投标周期也随之缩短。

3. 防范犯罪，维护经济秩序

假发票不仅破坏了招投标活动的公正性，还成为经济犯罪的温床。一些投标人利用假发票骗取中标，严重扰乱了市场秩序和经济秩序。发票核验系统的应用，为防范和打击利用假发票进行的各类经济犯罪行为提供了有力支持。该系统通过实时监控和数据分析功能，及时发现并预警潜在的假发票风险。一旦发现有投标人涉嫌使用假发票进行虚假投标，系统便能迅速锁定证据并通知采购相关部门进行调查处理，招标人结合内部供应商负面行为管理规定可落实相关处罚。这种高效、精准的打击方式，不仅能够有效遏制假发票的泛滥势头，还能对投标人形成强大的震慑力，从而维护市场的正常秩序和经济的安全稳定。

4. 精准识别，保障公正

发票核验系统之所以具有如此强大的功能，关键在于其背后强大的数据处理能力和智能分析算法。通过与税务部门、银行等权威机构建立紧密的数据对接机制，发票核验系统能够实时获取并整合海量的发票数据资源。这些数据涵盖了发票的开具时间、金额、税号、购买方信息、销售方信息等关键要素，为后续的验证工作提供了全面而准确的基础数据。系统采用先进的识别技术和算法，能够精准识别发票的真伪。无论是通过二维码扫描、光学字符识别，还是与税务数据库的比对，系统都能迅速给出准确的验证结果。

（二）发票核验系统的技术实现

在数字化时代下，税务部门作为发票信息的权威来源，其发票数据库的建设需覆盖所有类型的发票，包括但不限于增值税发票、普通发票、电子发票等。这些发票信息不仅应包含基本的开票日期、金额、购销双方信息等，还应详细记录发票的流转轨迹、认证状态等关键数据。税务部门构建的这样一个全面、准确的发票数据库，为后续的查询、验证、稽查等工作提供了坚实的数据支撑。

1. 基础功能实现原理

①无缝对接：发票核验系统与国家税务系统无缝对接，确保查询结果和信息来源的权威性与合法性。

②安全保障：在数据传输过程中，采用先进的数据加密技术，确保发票信息的安全性和隐私性，防止数据泄露和篡改；离线使用，确保信息不在外部网络进行传输，安全性高。

③智能校验：发票核验系统利用人工智能技术中的图像识别、自然语言处理等技术手段，对发票上的文字、图案等信息进行智能识别和分析，对接收到的发票信息进行自动校验和比对，确保数据的准确性和一致性。

④风险预警：通过对发票数据的实时监测和分析，建立风险预警模型，及时发现并预警潜在的发票欺诈行为，为招投标活动稽查提供精准线索。

⑤简易操作：设备以类主机的方式集成为小型服务器，搭载软件系统与独立显卡，连接显示器、鼠标与键盘即可进行操作，简单易学。

2. 发票核验系统操作流程

配置服务器，连接显示器，确保网络连通，打开登录界面输入账号密码后，即进入查验界面。

发票核验系统核查投标人发票真伪，可通过多种方式进行操作。

①将投标文件整体上传核查，系统自动抓取相关信息；②将需核查发票扫描件汇总为 Word/PDF 文档进行核查；③将需核查的发票基本信息填报为指定格式 Excel 文档上传系统查验；④单张发票以图片格式上传查验。

其中，核验结果最准确的为填报 Excel 表格上传，速度最快的为汇总 Word 或 PDF 文档上传。

核验完成后，可在系统内直接查看核验结果，也可以 Excel 表格形式导出核验结果，核验结果包含具体发票信息、发票状态是否正常、发票是否作废。

（三）发票核验系统在招投标流程中的应用

招投标至合同执行全周期中的发票验证与管理：构建无懈可击的财务诚信防线。

1. 评标阶段的发票审核：精准识别，确保公正

评标阶段是招投标活动的核心环节，也是发票真伪验证最为关键的时段。评委需通过发票核验系统对投标人提供的发票进行逐一复核，确保每一份发票都经得起检验。

精细复核，严防漏洞：评委在评标过程中，充分利用发票核验系统的强大功能，

对投标文件中的每一份发票进行细致入微的复核。通过比对发票信息、查询历史记录等手段，确保发票的真实性与合法性。对于存在疑问的发票，应及时提出并要求投标人做进一步的解释或提供证明。

专业判断，确保公正：评委在复核发票时，秉持专业、客观的态度，避免主观臆断或偏见影响判断。同时，评委之间应加强沟通与协作，共同商讨解决疑难问题，确保评标结果的公正性。

记录留痕，便于追溯：为了确保评标过程的可追溯性，评委对复核过程进行详细记录，并妥善保存相关证据。这些记录不仅有助于后续的事后审计与监督，还能在出现争议时提供有力的证明。

2. 合同签订与执行阶段的发票管理：持续监督，防患未然

合同签订及后续执行阶段，是发票管理的持续期。在这一阶段，利用发票核验系统对发票进行管理和监督，是防止假发票混入、保障合同顺利执行的关键。

动态监控，实时预警：建立发票管理制度，明确发票的接收、审核、入账等流程，并依托发票核验系统实现动态监控。一旦系统发现异常发票或疑似假发票，应立即启动预警机制，通知相关部门进行处理。

严格审核，确保合规：在合同执行过程中，财务部门严格审核每一笔交易对应的发票。通过发票核验系统验证发票的真实性与合法性，确保交易的真实发生与合规性。对于不符合规定的发票，应坚决拒绝入账并追究相关责任。

加强培训，提升意识：定期组织员工参加发票管理培训，提高员工对假发票的识别能力与管理意识。通过案例分析、实操演练等方式，让员工深刻认识到假发票的危害性，从而在日常工作中时刻保持警惕。

招投标活动结束后，审计和监督机构人员的工作并未结束。他们需利用发票核验系统对相关发票进行核查，确保整个招投标活动的合规性。

全面核查，不留死角：审计和监督机构对招投标活动中涉及的所有发票进行全面核查。通过比对发票信息、查询历史记录等手段，确保每一份发票都经过严格验证且符合规定。

（四）发票核验系统应用的挑战与对策

在技术方面，随着数据量的激增和查询需求的复杂化，确保查询系统的准确性和稳定性成为首要任务。需要不断加强技术研发和升级，采用先进的数据处理技术和算法进行优化，提高系统的响应速度和数据处理能力。同时，中国移动内蒙古公司后续计划引入分布式系统架构和云计算技术，以增强系统的可扩展性和容错性。此外，加快构建数据安全防护机制，采用加密技术、防火墙、入侵检测等手段，确保发票数据的完整性和机密性，严格遵循数据隐私保护原则，构建可信的查询环境。

在管理方面，建立健全发票查询管理制度和流程规范，以确保系统有效运行。中国移动内蒙古公司制定了详细的管理制度和操作流程，明确了各个环节的职责和要求，确保发票真伪查询工作的有序进行。同时，加强人员培训和教育，提高相关人员的技术水平、法律意识和职业道德素质，使其能够熟练掌握查询系统的操作方法，准确判断发票真伪，有效防范风险。此外，建立有效的监督机制，对发票真伪查询工作落实情况进行定期检查和评估，及时发现并纠正问题，确保系统的稳定运行和查询结果的准确性。

在"制度固本、数智赋能、促进采购合规与效率双提升"的创新实践中，中国移动内蒙古公司不仅深刻践行了集团关于阳光合规与智能化管理的战略导向，更是在采购管理这一企业运营的核心环节上，展开了一场深刻的变革与探索。这一实践，不仅是对传统采购管理模式的一次颠覆性重构，更是对未来企业可持续发展道路的一次积极探索与示范。

三、应用效果

在招投标活动中推行发票核验系统辅助评标以来，中国移动内蒙古公司的采购工作管理模式、管理效力、管理合规性等均有了显著提升。

（一）采购合规效果提升

由于传统人工核验模式输出成果完全依靠人工记录，难免出现信息错漏、记录资料不完善、传达理解偏差等导致的信息不对称，从而为招标人的采购管理工作带来困难。但是随着发票核验系统的推行实施，已执行的项目在后续各级单位审计、检查过程中，均未发现发票真伪查验结果错误导致评标结果有误的情况，规避了大量合规性风险与异议投诉风险。

（二）执行效率提升

发票核验系统具备批量查验投标人发票的优越性，能一次性批量查验真伪，相较于传统的人工手动查验模式，大大节约了查验时间，提升了评标工作效率与评审准确率，使评标委员会工作量减少、工作失误被处罚的风险降低。

经在使用过程中总结测算，与传统模式相比较，简单项目稽核速度比人工操作快6倍以上，复杂项目比人工操作快10倍以上，平均每个投标单位稽核时间在1~2分钟。该系统的推广使用，对投标人也起到了一定的震慑作用，采购管理过程中发现针对发票方面的弄虚作假、串通投标等违法行为大大减少。

（三）资金节约率提升

发票检验系统的推广使用，直击了采购管理过程中风险发现难、规避难，部分投标人扰乱秩序导致国有资金流失的痛点。年终对部分实施项目进行总结后发现，去除了串通投标与弄虚作假的投标人后使得更优的企业中标，有效提升了企业节资率。

例如，2023 年某通信施工项目采购实施过程中，投标人数量近 80 家，需核验的发票数量近 800 张，如以人工手动的方式进行核验，至少需 3 人工作 3 天，且要支付餐饮、住宿、工时费等成本。但使用发票核验系统进行核验，仅需要约 1 个小时即完成了全部发票信息核验，并发现 2 家投标人存在弄虚作假的行为。

发票核验系统的部署，在实现采购环节智能数字化管理创新的同时节约了大量资金。该系统上线应用 1 年多，参与近 500 个项目，节省现场成本约 50 万元。如该系统大范围推广实施，在国有企业采购领域可实现的成本节约是不可估量的。

（四）管理模式转型成功

发票核验系统部署后，中国移动内蒙古公司在内外部巡视检查及审计过程中均未发现评标环节关于发票评审的重大问题。这些数据表明，管理创新和智能化手段的双重保障，有效地提升了采购工作的合规性，减少了潜在的法律和运营风险。该系统推动了中国移动内蒙古公司采购领域管理工作由传统低效型管理模式向智能化、数字化、创新型的大数据 AI 化管理模式的转型。

四、推广价值

发票核验系统配置小型服务器搭载发票核验程序，对接国家税务总局官网与票查查网站，核验准确率极高的同时，小型便携、成本低等优点也使得该套系统具有非常高的推广价值。

随着技术的不断进步和市场的不断变化，发票核验系统也将不断进行功能拓展和服务升级。后期系统发展设想有以下 4 点：①系统可以引入区块链技术，实现发票信息的可追溯性；②可以开发移动端应用，方便用户随时随地查询发票真伪；③可延伸拓展开发投标人投标文件中企业资质证书真伪核验功能、人员证书真伪核验功能、人员复用情况核验功能、报价规律性分析功能等，合并为一套功能齐全且完善的招投标稽核系统；④与企业的财务管理系统对接，实现发票的自动化管理和报销流程的优化。

（中国移动通信集团内蒙古有限公司：王佼杰、史景慧、康兆轩、王颖、王雁军；中国移动通信集团有限公司供应链管理中心：李国军；公诚管理咨询有限公司：刘瑞雪、段海明、宗正月）

中国移动陕西公司：构建企业采购合规 AI "智慧大脑"

近年来，中国移动通信集团陕西有限公司（以下简称"中国移动陕西公司"）供应链管理工作，沿着在线化、流程化、标准化、协同化、智慧化、智能化的分阶段发展路径，以管理创新为抓手，开发和应用数智化平台和工具，积极推动供应链数字化、智慧化转型。在招标采购管理方面，中国移动陕西公司面对新形势和新挑战，针对管理中的痛点难点，不断开发和完善合规数智化手段，加强"事前预警、事中监督、事后检查"的全过程管理，建立采购合规风险长效防范机制和合规问题整改闭环机制，推动采购合规管理由"人防"向"智防"、由"被动响应"向"主动预警"转型发展。

一、采购合规管理挑战与机遇并存

（一）新业态带来新挑战

随着中国移动定位向"世界一流信息服务科技创新公司"转变，企业发展业务转型势在必行。业务形态日益多元化，市场竞争日趋白热化，采购需求日益多样化，供应生态日益复杂化，这些新的变化趋势对采购模式、采购流程提出新的要求，各种新模式层出不穷，公司采购及采购合规管理面临新的挑战。

（二）新问题推动新发展

当前中国移动陕西公司在采购合规管理方面仍然存在一些问题，一是合规知识查询渠道不够便捷，受采购经理定期跨部门和部门内跨专业的岗位轮换管理要求影响，招标采购知识、专业技能和经验很难积累下来；二是招标采购领域嵌入式风险防控与业务流程需进一步匹配，风险防控措施信息化系统承载率仍有待提升；三是供应链管理系统事前和事中预警能力较弱，采购合规风险主动防控能力仍需进一步增强。

（三）新技术带来新机遇

新技术发展快速，大数据、云计算、区块链、机器视觉、自然语言处理（NLP）、AI 及以 ChatGPT 为代表的大模型等不断涌现，应用场景日渐丰富，新力量源源不断地给采购合规管理带来新机遇。

二、数智化合规创新举措

为顺应企业发展新趋势，满足采购管理发展新要求，中国移动陕西公司积极探索、开拓创新，以建设采购合规知识中心为基础，汇聚法律法规、规章制度、管理规范等静态信息，以及上级管理要求、典型案例、实践经验等动态信息，依托 AI 技术赋能，整合形成数智问答和风险管控系统嵌入两大应用场景，通过六大创新举措，实现统管结合、一体协同，构建企业采购合规 AI "智慧大脑"，保障招标采购工作高质、高效。

（一）"静动结合"，构建合规知识中心

招标采购方面的知识涉及面较广，除国家法律、法规、行政性文件以及企业规章制度、流程规范外，还包括采购过程中总结形成的实践经验、工作技巧等。中国移动陕西公司从法规制度、管理规范、典型案例三个方面，着手搭建体系化的招标采购合规知识中心，为后续项目采购实施提供实证参考，并以此为基础利用信息化手段对重点环节、重点风险展开主动预警。

在法规制度知识库方面，共梳理国家层面法律法规 16 项，包括《招标投标法》《招标投标法实施条例》《通信工程建设项目招标投标管理办法》等。梳理集团公司、省公司层面规章制度 45 项，包括《采购实施管理办法》《集中采购管理办法》《评审专家管理办法》《供应商管理办法》等。经过梳理，形成了较为完备的采购合规管理制度基础知识库体系。

在管理规范和典型案例知识库方面，共梳理近年来审计署、国务院国资委、集团公司重点管理要求 28 项，汇集 2015 年以来公司内外部典型案例 373 例。管理要求和典型案例经过结构化拆解后，使用信息化系统全部实现在线管理、滚动更新，满足采购人员、合规管理人员日常采购合规知识在线查询的基本业务需求。

（二）"效用结合"，输出核心资质参考

资质条件是采购方案和采购文件的核心内容。在各类采购合规的监督检查中，项目资质设置过高或过低、设置资质与采购项目关联度不高以及使用取消行政审批的资质等问题频发。为此，中国移动陕西公司组织梳理各品类产品常用资质和行政许可 62 个，已取消行政审批的企业资质 25 个、已取消行政审批的人员资格 37 个，并将资质与公司采购产品目录相关联，形成统一的标准化在线资质库。在 LIS（采购物流）系统在线编制采购方案时自动关联，当发现使用过期资质资格时提示风险。通过系统的主动预警将资质资格使用不当的风险消除在采购方案编制阶段，降低采购项目前期出现资质资格相关问题的可能性。

（三）"数智结合"，构建合规人工智能问答

在日常工作中，经常有同一采购合规问题反复提问、问题解答后解答内容无处保

存以及知识库内容查询不便等问题。针对这些采购合规管理痛点，中国移动陕西公司以知识中心为核心，以大数据、自然语言算法、机器学习算法等技术为手段，开发了合规百事通平台。该平台具备合规问题智能搜索、智慧问答和精准推荐、问答情况可视化展示等功能，着力解决采购人员在实际工作过程中遇到问题找不到答案的痛点难点问题。合规百事通平台由中国移动集团委托中国移动陕西公司开发，在中国移动全网使用。为保证采购疑难问题回答质量，在集团公司范围内选拔业务能手、采购专家，形成专家团队，回答各单位人员在采购工作中遇到的各种疑难问题。充分利用合规百事通平台，促进交流学习、沉淀知识和分享经验，同时归集典型问题和优秀回答，更新和迭代合规知识中心。该平台在中国移动全网开放使用，有效推动了集团所属单位采购人员、代理人员、评审专家业务能力的提升。

（四）"内外结合"，打造合规百事通2.0

开发应用基于"移动办公"App的合规百事通机器人，将中国移动自有能力与招标采购业务需求有机结合起来，满足中国移动采购合规群组内合规问题咨询场景需求。"移动办公"与微信类似，是中国移动开发的一种即时交流工具，注册用户6400万人，日活跃用户900万人，其中中国移动内部用户40万人。中国移动陕西公司使用大模型技术，利用知识库开展招标采购知识训练，搭建合规知识问答机器人，将其放置于"移动办公"的招标采购合规群组内，自动回答群内成员的各种采购问题，打造合规百事通2.0。该机器人与普通用户一样，可以一对一私聊，也可以群聊，24小时不间断回答来自全集团采购人员在实际工作中遇到的各种合规问题。机器人使用RAG（检索增强生成）技术，能够避免大模型问答中经常出现的错误，问题回答精准度较高。此外，该机器人在回答问题的同时，还可以列出与答案相关的文件，内容更加可信。机器人部署在中国移动内网，安全性强，支持手机、电脑和PAD等多种终端，文字和语音输入等多种模态，使用十分方便，很好地满足了采购人员日常业务咨询的需求。

（五）"人机结合"，防控措施嵌入系统

中国移动陕西公司坚持"人防+机防"主动预警的思路，依据数智协同、合规高效的原则，将采购合规风险防控措施前置，并嵌入采购业务信息化系统，有效地降低了由于业务人员操作失误造成的合规风险。按照国家法规和集团管理要求，中国移动陕西公司梳理具有排斥性的敏感词汇、倾向性词汇450余个，将其嵌入采购方案和采购文件编制业务流程中，发现敏感词汇时系统主动预警。对合规知识库内的典型负面采购案例进行结构化设计后嵌入系统，当采购人员在线编制的采购方案和采购文件有与案例类似的问题时，系统自动弹出预警，提示采购人员进行审核确认。采购风控机制实现由被动检查向主动预警的转变，有利于充分发挥知识库的作用，保障采购业务活动合规、高效。

在采购活动事后监督方面，强化过程防控提效提质，做实做深智能监督，开展飞行检查、远程在线检查等多种形式的专项检查，采购合规管理形成闭环，确保形效合一。采购监督检查以信息可监控、行为留痕迹、过失可追溯为目标，推进"人防+机防"的立体防控体系向纵深发展。

（六）"虚实结合"，自有能力助力采购合规

"工作号"是中国移动自有业务，可为企业员工分配一个虚拟的公务通信号码，虚拟号码可与员工自有号码进行绑定，工作与生活场景分离沟通、互不干扰。对外沟通时，通过"工作号"平台拨出，平台具备企业名片、AI录音质检、语音转写存档等功能，与招标采购工作的沟通场景十分契合。将采购人员的虚拟号码发布在采购公告中，可避免工作人员真实号码外泄而带来不便。"工作号"平台特别适用于招标代理机构人员、采购经理与供应商交流沟通的应用场景，可实现招标采购活动中工作人员的隐私保护、通话行为的合规监管、谈话内容速记、廉洁从业宣传等多种功能，切实防控与供应商沟通过程中存在潜在的廉洁风险。

同时，中国移动陕西公司以合规知识库为基础，使用大模型技术，利用公司自有算力资源，开展招标采购业务专业模型训练，开发和应用招标采购领域的AI"数字员工"。AI"数字员工"是在合规百事通2.0基础上的升级，可称为"合规百事通3.0"。目前已上线应用"数字员工"替代人工完成开标会议主持、组织评审以及实时回答评审过程中疑难问题等功能。开标会议中，由"数字员工"宣布截标、组织开标和唱标、记录开标异议等。评标会议中，"数字员工"承担了介绍项目概况、宣布评审纪律、询问专家回避等评审流程引导以及评审疑难问题全语音问答等工作。基于大模型的"数字员工"在招标采购领域具有广阔的应用前景。

三、数智化合规管理成效

中国移动陕西公司在采购合规数智化管理方面的探索和实践，进一步增强了采购合规管控能力，取得了显著的应用成效。

（一）形式多样，有效解决难题和痛点

合规知识中心、资质资格库、合规百事通平台、合规百事通机器人、采购合规大模型、招采"工作号"、招采"数字员工"等在采购实践中均得到了良好的应用，有效提升了采购专业管理能力，解决了采购合规管理面临的痛点难点问题。

合规知识中心中梳理的内外部典型案例库包括3大模块、35项子项，涉及问题信息、项目信息、处罚信息，可供在线查询学习并已基本实现主动预警。资质资格库解决了已过期资质资格被设定为采购项目资格条件的问题，具有很强的实用性，目前资质资格库已提交中国移动以正式文件下发供全国应用，后期还将在集团信息化系统上

线相关风险预警功能，防范资质资格使用过程中的各类风险。

合规百事通平台操作便捷，目前正在全国 31 个省的 24 家专业公司推广应用，全网注册用户 1656 人，截至目前全网搜索问题数 1122 个、回答问题数 356 个、收藏问题数 209 个。随着合规百事通机器人和"数字员工"的推广使用，应用数量还将大幅增长。

通过合规知识中心、合规百事通平台等能够更加便捷地了解到采购合规知识，更加全面地掌握规章制度和最新的管理要求，从而提高员工的业务能力。AI 技术的应用能实现知识的智能推荐、检索，帮助员工不断扩充自身知识储备，提升专业能力。"数字员工"的应用使评审工作更加顺畅、规范、有序。

（二）数智赋能，合规风险管控有力

中国移动陕西公司始终推进供应链数智化能力在风险防控中的应用，不断提高技术防控比例，有效支撑了公司各项采购业务多、快、好、省地开展。截至目前，梳理法规制度累计 61 项，积累内外部检查合规典型案例 70% 以上的负面案例问题通过系统实现了智能防控。

（三）沉淀积累，自主创新能力增强

中国移动陕西公司在采购合规数智化方面的探索和实践先后在招标采购行业内、集团内获得多个奖项，行业影响力逐步显现。"面向新时期效率提升的供应链智慧能力的研究与应用"获 2023 年中国物流与采购联合会科技进步一等奖；"基于开评标场景的合规数智人大模型应用与实践"获中国物流与采购联合会 2024 年科技进步奖一等奖。"供应链数智化创新推动采购活动合规高效"入选 2023 年中国物流与采购联合会供应链数字化转型创新案例、中国质量协会供应链创新案例，获得 2024 年中国互联网协会"金灵光杯"创新大赛三等奖；"防控前移的多维智慧化合规体系研究与应用"获中国移动 2022 年供应链最佳实践奖项；"统管结合、一体协同，构建采购合规 AI 智慧大脑"获得 2023 年中国移动集团供应链管理最佳实践奖。

（四）推广应用，管理效益显著增强

中国移动陕西公司依托采购合规 AI "智慧大脑"体系的应用，采购效率和采购效益、合规管理效益成果显著。2023 年采购效率集团第一名、采购平均用时集团第二名，获得 2023 年中国移动供应链绩效考评第一名、一等奖的荣誉。2023 年采购合规问题检出率同比下降 78%，项目经理失误发起数据修改工单量同比下降 72%。

四、未来展望

未来，中国移动陕西公司将立足采购业务实际，持续加强采购合规 AI "智慧大脑"场景应用创新，不断提升采购合规智能化管控水平。

（一） 完善和丰富知识库内容

不断优化和完善知识库，包括典型案例库、资质资格库、法规制度知识库，持续进行知识积累与更新，开展知识中心数据治理，提高采购合规知识的有效性。

（二） 整合数据优化大模型应用

整合和完善合规知识中心、合规百事通平台等数据资源，对采购合规专业模型进行迭代和升级，增强合规百事通智能问答的易用性，进一步提升内部用户满意度。

（三） 优化采购物流系统功能

与中国移动陕西公司的供应链关键角色大数据画像平台联动，在 LIS 系统中增加更多的智能预警功能，对最优采购方案智能推演系统进行二期优化升级，不断完善公司采购合规 AI "智慧大脑"。

（中国移动通信集团陕西有限公司：程建宁、薛烨、陈俊春）

东航食品：优化布局、整合资源，打造现代化餐食机供品供应链体系

一、项目背景

（一）公司现状

东方航空食品投资有限公司（以下简称"东航食品"）是中国东方航空集团有限公司（以下简称"东航集团"）旗下的食品公司，是国家第四批混改试点企业，是东航集团"3+5"产业布局中的重要产业板块，是航空服务链的重要环节以及航空产业生态圈的重要组成部分。

东航食品自组建以来，以航空配餐为主业，拓展其他相关业务，走多元化经营之路。十多年来，公司在巩固主营业务的同时，逐步开发新的产品，进入新的领域，大力发展非航业务，目前已发展成为以航空配餐为主，集半成品制作、餐食供应、饮料和休闲食品制造于一体的综合性食品企业。东航食品下属19家子公司，在全国多个大中城市建立了现代化的配餐中心，为国内外航空公司及社会大众提供高品质的餐食机供品供应和服务，是国内航空配餐市场的头部企业。

（二）项目分析

随着东航集团"3+5"产业布局优化调整和常州东方航空食品集约化配餐中心竣工达产，东航食品逐步从传统航空餐食制造商向客舱餐食机供品综合服务商转型，亟须对生产、采购、物流、管控等各环节进行整合梳理、打通上下游的资源，实现规模化采购，提升经营边际效应，塑造符合国有企业高质量发展要求的采购供应链体系，助力公司产业发展纵深推进。

二、主要做法及成效

（一）优化产业布局

根据东航集团"3+5"产业布局优化调整部署要求，东航食品以"东方天厨、空地尊享"为使命，整合上海东航国际贸易有限公司（以下简称"东航国贸"）普货贸易业务。在完成整合工作后，东航国贸保留公司独立法人身份，秉持"精而优、小而

美、快而敏、高而效"的原则，开创自有品牌，将机供品采购链条有效融入东航食品供应链体系中，聚焦主责主业，融合"东方天厨"和"东航优选"两大电商平台业务，加强品牌联动，互相填补业务真空区，实现"1+1>2"的效果。这种内部合作模式有助于东航集团在资源配置和业务协同方面实现更高效的运作。

（二）供应链需求整合

随着餐供品一体化改革、精细化管理要求的逐步深入，为强化通用餐概念，满足"单元化基础款+各地特色款"的餐食需求，东航食品在供应链需求端以常州东方航空食品集约化配餐中心为核心，积极推进东航机上食品及相关产品项目合并（SKU精益项目），为构建现代化采购供应链体系创造条件。

从以往的航空餐食体系来看，航空餐食受航空公司要求各异、餐种繁多、餐食结构复杂的影响，各餐食间存在重复生产的问题，故需要对机上餐食进行梳理整合，从需求端"收紧"供应链端口，推行SKU精益项目。

第一阶段为打破重组阶段，主要从三个方面入手：一是明确SKU精益项目涉及餐食的客户体验性标准，确认集约化产品品名、克重、生产工艺等大纲性标准；二是梳理、明确SKU，综合考虑集约化产品通用性、受旅客欢迎程度、推广便捷性等，提出建议以优化菜谱清单，各中央工厂针对建议菜谱清单进行可行性评估，确定操作落地的产品；三是中央工厂提供试样产品后，经过测试优化后确认新菜谱，并在上海地区进行试点。

第二阶段为优化完善阶段，从四个步骤来逐步优化完善：第一步，合并餐种同类项，构造模块化的餐食结构；第二步，合并、优化餐食配备单元，打造多模块精配组合的配餐模式；第三步，大力推广"拳头产品"的覆盖应用，强化东航机上餐食品牌效应；第四步，完成上海试点项目后，进一步提炼管理流程，逐步向下属航食及全国覆盖推广（见图1）。通过SKU精益项目，东航食品能对市场变化做出灵活应对，优化产品结构，能在面对市场波动时发挥重要的作用。

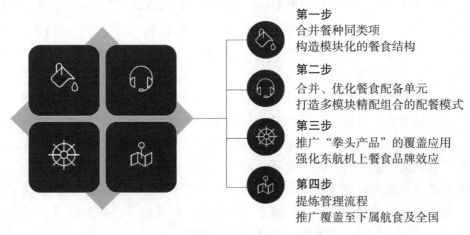

第一步
合并餐种同类项
构造模块化的餐食结构

第二步
合并、优化餐食配备单元
打造多模块精配组合的配餐模式

第三步
推广"拳头产品"的覆盖应用
强化东航机上餐食品牌效应

第四步
提炼管理流程
推广覆盖至下属航食及全国

图1　SKU精益项目第二阶段

最终形成全新配餐供应链生产经营逻辑，以常州为标准餐、料包、预制菜供应中心，以甘肃为清真食品供应中心、以武汉为卤味食品供应中心、以青岛为咸鲜食品供应中心，以成都为川菜川料供应中心，以烟台为源头直采中心，在航食板块内推动联动全国的集约化生产，提高各航食公司的生产效能，降低餐食成本（见图2）。

图2　全新配餐供应链

（三）供应链创新转型

本着"做优做强航空，做大非航"的原则，围绕"东方天厨、空地尊享"的战略使命，以数据化管理为依托，以智能化生产为途径，以集约化制造为目标，东航食品在常州设立集约化配餐中心，补齐生产供应链短板。常州东方航空食品集约化配餐中心投产后，东航食品制定了"源头直采+中央厨房+冷链物流"的供应链变革核心纲要。

1. 发展源头直采，打通上游供应链

东航食品践行央企担当，服务国家战略，以党的二十大报告中提出的"加快构建以国内大循环为主体、国内国际双循环相互促进的新发展格局""提升产业链供应链韧性"为目标，结合自身业务发展需要，聚焦国内各地新产业、新技术、新产品，通过政府引领、企业对标、源头种植（养殖）、品牌合作、产品研发、集中供应、批量制造等方式探索源头直采试点项目，充分挖掘产地资源和制造能力优势，积极推进"链长式"源头直采的供应链创新模式。按照推行一批试点项目，形成一套实施流程，培养一队供应链长的规划，在试点项目中进行经验总结，逐步固化项目流程，最终实现全网集中、全链直达的管理目标。目前，已经立项推进或正在对接洽谈中的有新疆伊犁州三文鱼、河南泌阳县牛肉等试点项目。

伊犁州依托伊犁河谷优质冷水资源，通过招商引资发展冷水鱼产业，形成了集科技研发、苗种繁育、智慧养殖、精深加工、品牌建设及延伸于一体的数字化三文鱼产业链。当地"天蕴三文鱼"已取得全球水产养殖联盟（BAP）、全球食品安全（BRC）、无抗生素产品和 HACCP 体系等一系列专业认证，并被农业农村部认定为全国名特优新农产品、特质农品，中国农业品牌公共服务平台水产品推荐品牌，其包装标识入选全国农产品包装标识典范。2024 年，伊犁州国内自主知识产权的鱼苗养殖率将达到 50%，显著提升了国内相关产业链供应链韧性。

河南泌阳县是中国第一个自主肉牛品种"夏南牛"的诞生地。近年来，当地政府立足夏南牛品牌优势，不断扩大产业规模，提升种群品质，培育龙头企业，着力打造百亿级产业集群。全县夏南牛存栏 38.5 万头，实现产值 100 亿元，被列入河南省 25 个重大发展专项，形成了集种质资源生产、技术研发、良种繁育、标准化规模养殖、屠宰加工于一体的全链条产业，打破了长期以来国外在肉牛种质生产上的技术垄断。

东航食品通过当地政府引领，与相关企业对接，从产品研发、定点养殖、品牌合作等方面建立了"一二三产融合"的供应链合作关系，一方面满足自身经营需要，降低采购成本，提升品质管控能力，相关产品已进入国产民机餐谱，且反响良好；另一方面展现了东航集团作为央企在履行社会责任和推动绿色发展方面的担当。

2. 打造中央厨房，构建转型新模式

东航食品建立"总部引领、常州主战、条线主建"的转型发展模式，通过统一餐谱研发、统一原料标准、统一大宗基础、统一田头直采、统一物流配送等维度提升专业管理水准；以合规经营为基础，加快形成产品制造合力，推动常州中央工厂的发展；优化资源配置与集中共享，实现东航集团配餐供应链战略发展目标；持续以常州为引擎，建立健全大宗物资集中采购机制，实现资源集中共享，充分促进体系内循环，全面压降原料、人工、仓储、物流等各环节的成本，体现供应链集成优势。

3. 完善物流体系，提供一体化服务

东航食品以服务东航食品集约生产战略为依托，以常州东方航空食品集约化配餐中心为核心，持续优化构建辐射全国航食的冷链物流共配网络，着力打通原料、生产、配送等产业链条。一是补强常州东方航空食品有限公司（以下简称"常州航食"）的原料初级加工及仓储配送能力；二是强化东航食品全国物流保障能力；三是实现食品及原料分类分级作业、销售及渠道建设；四是实现独立的供应链物流社会化服务功能。延伸食品产业链条，强化非航业务上下游联动服务，结合东航国贸普货贸易整合规划，融合零售型供应链和生产型供应链管理，探索建立一体化供应链服务平台。

（四）供应链效益成果

1. 推进需求整合，构建供应链特色体系

东航食品从供应链需求端积极推进 SKU 精益项目，利用科学的采购、生产调配计划实现整个东航食品各地产能的最大化利用。2023 年以"日出东方"妈妈的味道经济舱标准餐研发为契机，统一航空配餐产品研发标准，使航空配餐餐谱标准化、生产标准化。2024 年 1 月 1 日起，正式上机投入 12 套新菜谱，共涉及 16 款标准餐，上海日均采购量约为 2 万份，逐步形成采购精细化、生产集约化、产品标准化、产量规模化的富有航食特色的供应链体系和生产经营模式。

2. 通过直采模式，推动供应链协同创新

供应链改革创新要坚持以需求端为导向，在供给端发力，加快构建新发展格局。在政策支持方面，东航食品通过总部直采模式，确立一个采购实施主体；根据相关产品特点，建立一套《东航食品集中采购目录》，统一采购标准；按照"内部供应商直接采购"原则，制定一种垂直供应的采购方式；按照集中采购"统谈统签"的模式，由总部签署一份采购框架协议，从而提升整体集中采购率。通过试点项目，创建了常州航食集采模式。截至目前，与常州航食统谈统签 28 款冷冻料包、8 款冷藏标准餐、51 款冷冻标准餐、2 款冷冻延误套餐，相关采购总额近 7000 万元。

3. 利用规模效益，扩大供应链集成优势

东航食品持续推进机供品、原料采购并线同轨工作，利用采购规模效益，降低供应链边际成本，推动采购效益的提升。打通机供品和原料的供应链通道，对共性产品进行价格和供应商梳理，统一采购标准，形成规模效益。目前已完成湿巾、纸餐盒、塑料签封、铝箔制品、碳酸饮料、杯装饮料、热饮杯、啤酒、牛奶 9 个类别产品的并线采购工作，预计年降本近 100 万元。其中，碳酸饮料采购单价同比下降 25.4%。通过合作增值服务，打通空、地联动通道，为公司地面业务发展创造有利条件，谋求供应链集成降本新途径。

三、推广价值

东航食品的成功实践不仅对东航集团内部具有示范作用，也为航空食品行业提供了可借鉴的经验。东航食品围绕主责、主业，以航餐集约生产战略为核心，在常州建设集航餐生产、产品包装、仓储物流、产品研发和培训等功能于一体，产品覆盖长三角、辐射全中国的综合性膳食中心。通过集约化、标准化、自动化、智能化的生产方式，建立以中央厨房理念为核心的长三角一体化膳食中心，充分利用先进技术和工艺，提高餐食产品的品质和生产力，提升配餐服务水平，服务长三角一体化国家战略，让常州成为供应链转型腾飞的新平台。

东航食品的发展战略和实践体现了东航集团在新时期对高质量发展的追求，以及在供应链管理、技术创新和市场拓展方面的先进性和前瞻性。通过不断优化和创新，东航食品有望成为航空食品行业的领导者，为东航集团的长远发展提供坚实的支撑。未来，东航食品将坚持稳中求进工作总基调，完整、准确、全面贯彻新发展理念，加快构建新发展格局，着力推动高质量发展，全面深化改革，探索全新配餐供应链生产经营逻辑，持续推进"源头直采+中央厨房+冷冻物流"供应链建设。同时，加大宏观调控力度，统筹扩大内需和深化供给侧结构性改革，不断创新供应链管理模式，构建现代化供应链格局，力争成为世界一流的综合性航空食品企业，助力东航集团加快建设世界一流企业，打造航空运输超级承运人。

（中国东方航空股份有限公司）

中水物资：基于大数据大模型驱动的智慧供应链数字化采购监管路径

近年来，大唐集团聚焦新能源等大型投资建设项目，采购规模持续扩大。2023 年采购金额突破 1000 亿元，招标、非招总单数突破 5.6 万个，注册供应商超过 17 万家。采购规模不断创新高，采购风险随之增长，采购流程不规范、信息不透明、供应商违规操作、监管难度大等问题日益凸显，制约智慧供应链高质量发展。

中国水利电力物资集团有限公司（以下简称"中水物资"）是中国大唐集团有限公司（以下简称"大唐集团"）的全资子公司，作为大唐集团商贸物流的实施主体、大唐集团采购领域的专业公司及供应链管理的实施平台，目前有贸易、服务、战新三大业务板块，主要有基建侧物资配送、生产侧物资长协、采购代理、监理监检等主营业务。自 2021 年开始，自主创新开发智慧供应链数字化采购监管系统；2022—2024 年结合大数据发展技术，以及大模型新型人工智能发展新路径，保障大唐集团智慧供应链全链条风险可控，驱动内外部环境效益效率全面提升，在行业内处于领先水平。

一、主要内容

（一）构建采购全流程风险体系

中水物资将数字化转型作为公司生存和发展的必然条件，基于构建电商平台打造大唐集团采购全流程交易实施平台和财务一体化系统的合同履约交易平台，逐步确立以"程序规范性、额度合理性、单据完整性、审批严格性"为核心的采购监管问题导向，建设开发采购全流程风险防控体系。

中水物资是最早在电力行业开创性地以采购预警红线为"电子网眼"的实施单位，建设开发的智慧供应链数字化采购监管系统，在预警数据的分析维度及深度上处于较先进水平（见图 1）。

从立项到招标、评审专家抽取、开标、评标、中标结果公示、签订合同的全流程，中水物资自主建设开发 60 项风险预警模型，布控 228 个风险"电子网眼"，精准锁定采购计划审批、招投标、合同履约等廉洁从业的关键环节，实现采购供应链全链条的深度洞察与有效管控。

近三年伴随大数据和大模型技术发展，实时过滤采购供应链全业务运行数据，不断丰富风险预警模型，改变了传统的采购监督"大海捞针"模式并升级为新技术手段

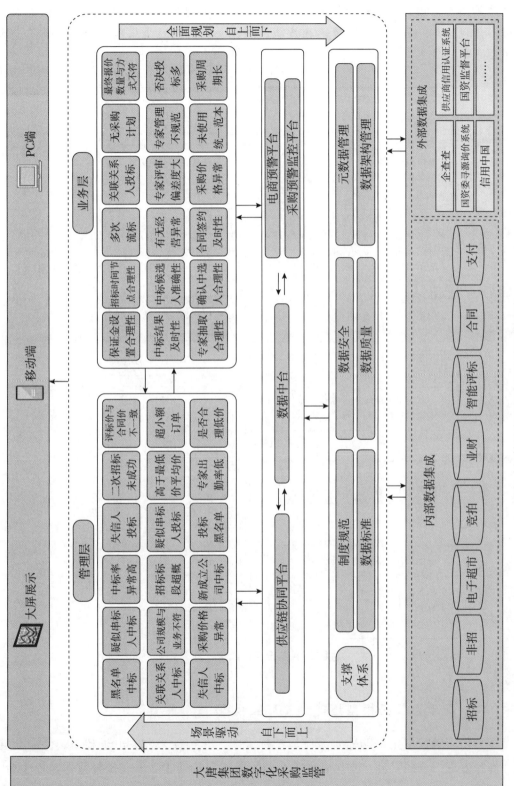

图1 智慧供应链数字化采购监管系统

的"过筛留针"模式。通过科技新路径，持续解决采购全过程不规范问题，规范采购人员不合规行为，提升供应链效率和效能，把好大唐集团安全采购入口关。采购全流程风险体系见图 2。

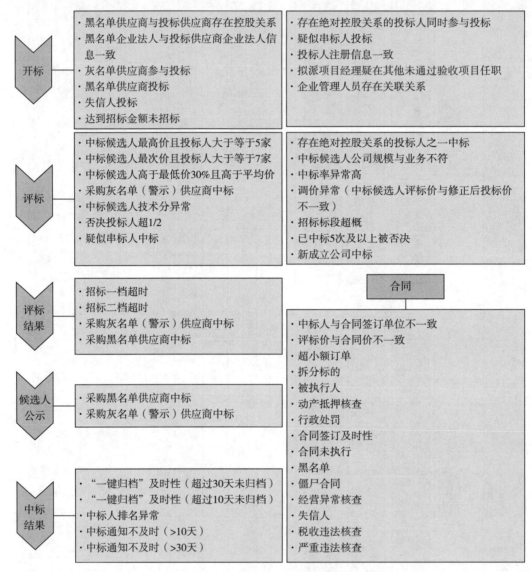

图 2　采购全流程风险体系

（二）基于大数据模型搭建预警风险模型

智慧供应链数字化采购监管系统以招标采购、非招标采购、电子超市、供应商管理、专家管理、合同管理、支付管理等业务数据流为基础建立采购预警数据监控中台，构建预警风险模型，对全流程数据进行智能监测、实时监测、可视监测，采购监管由

"人盯"到"技防",实现采购管理向供应链管理的转型升级。

预警风险监控模型是数字化采购监管的基础,秉承"四统一"原则,即统一标准、统一管理、统一控制、统一服务,强化顶层设计与战略规划,构建技术前沿、性能卓越、信息安全、操作便捷的风险监控平台,充分适应并引领新形势下采购供应链领域的新趋势。

1. 预警规则路径建立

（1）技术手段。

结合大数据、云计算、大模型等现代化的信息技术手段,分析过去5年间的大量采购业务数据,不断丰富预警规则,实现对供应链全链条风险的动态精准监测。

（2）自主开发、动态监控。

覆盖供应商管理到采购项目执行各环节,根据业务逻辑、高频次风险类型,建设开发重点监控指标和与之匹配的预警规则,对不同种类风险进行实时监测和识别,对管理及实际业务需求的动态变化,设定合理的预警阈值及触发条件,按照模型输出的风险评估指标如超过阈值,即发出预警信号。

（3）方法创新。

按照风险严重性、复杂性、关切度以及紧急程度,对应"红色、橙色、黄色"三个预警风险等级,对不同风险等级设置不同的监控阈值与推送处理规则,高效实现自动预警和"亮灯"管理,确保在复杂的采购环境中,高风险问题能够得到及时妥善解决,避免因风险把控不当而对企业运营造成影响。

预警触发第一时间,信息流三种渠道分发提示:一是触发业务人员手机短信提醒;二是触发业务系统预警信息提醒;三是触发风险监控平台信息更新。

①红色预警:情节较严重,需要业务主体或监管主体人员尽快完成核实并采取对应措施。

②橙色预警:情节较轻微,需要监管人员进行事后分析或考核提供相关支撑。

③蓝色预警:情节轻微,系统给予预警提示,督促相关人员尽快完成相关事宜或者为事后分析和考核提供相关支撑。

2. 预警模型路径搭建

在历史数据归集、增量数据实时采集基础上,识别提取对预测风险最有价值的数据信息,运用逻辑回归、随机森林、支持向量机等机器学习算法训练风险预警模型,构建涵盖采购全业务、全环节共228个风险点的数据模型"电子网眼",增强风险规则灵活配置、风险监测与动态预警和风控智能运营分析能力。

（1）疑似串通投标。

将招标文件下载IP（网际互连协议）地址或投标文件上传IP地址、特征码信息（如中央处理器、硬盘码、主板码、网卡码）、投标文件作者、供应商联系方式（联系人、电话、邮箱）等数据进行收集和对比,识别信息一致的投标人并发出预警,保存相关信息作为串标辅助判别的依据。

（2）黑名单供应商股权代持、买壳挂靠。

调用企查查接口，对参与投标供应商的控股关系信息进行抓取，与大唐集团黑名单库的数据进行匹配，识别大唐集团黑名单库中是否存在投标供应商的控股方，防范黑名单供应商以股权代持、买壳挂靠等方式参与投标。

（3）应招未招。

采用逻辑规则匹配算法模型，预先设定采购项目类型、金额等关键指标与对应的招标要求规则，如服务类 100 万元、物资类 200 万元、施工类 400 万元以上必须招标，通过算法对采购项目金额、类型等数据进行数据对比分析和逻辑匹配。

（4）拆分标的。

采用关联规则挖掘算法模型，挖掘采购项目之间的时间、品类关联和采购主体的关联联系，发现多个采购项目之间存在紧密关联的，如采购主体相同、物资编码一致、间隔时间 90 天以内、采购频次 3 次以上等，将项目组合按照应招标条件，判定为可能存在拆分标的异常行为。

提出复购可能性（Repeat Customer Probability，RCP）的指标，则商品 A_i 的 RCP 为：

$$RCP_{A_i} = \frac{购买商品A_i超过一次的用户}{至少购买过商品A_i一次的用户}$$

作为复购商品的筛选指标：满足 $RCP_{A_i} > R_{threshold}$ 的商品，可以认为是复购商品并进行标记。

计算复购用户的平均购买间隔，对于一些商品，有许多采购单位会进行复购，可以利用采购间隔推断出商品复购时间的分布规律。

对于每个商品，计算复购用户的平均购买间隔：

$$平均购买间隔 = \frac{购买距今天数}{购买次数}$$

用常见的概率分布（Log-Normal、Gamma 分布等）去拟合购买间隔的分布，假如拟合到分布为 Log-Normal 函数，则：

$$R_{A_i}(t) = \ln N(t; \bar{\mu}_i; \bar{\sigma}_i) = \frac{1}{\sqrt{2\pi} t \bar{\sigma}_i} \exp\left[-\frac{(\ln t - \bar{\mu}_i)^2}{2\bar{\sigma}_i^2}\right]$$

最后获得时间区间，通过求解定积分方程计算拟合函数中面积为 20% 的时间区间，表示发生重复购买时间较短，有拆分采购的可能，即：

$$0.2 \times \int_0^{+\infty} R_{A_i}(t) = \int_0^x R_{A_i}(t)$$

求出时间区间为 $[0, x]$。

（5）供应商组团投标。

建立历史数据分析供应商库，对在同一地区经常会出现的某几家供应商的共同参与投标情况进行频次组团分析，可以得到疑似组团供应商初筛数据库，将中标率异常高的供应商团体进行模型分析，对疑似组团投标行为进行跟踪并进行预警。

（6）评标专家打分偏差度高。

招标项目中，同一项目的评标专家打分偏差度较大，可能反映出项目评审标准、指标设置不合理或评标专家可能存在外部干扰（如与供应商存在利益关系）等问题，需要引起重视。

假设该标段的专家打分平均分为：

$$\bar{S} = \frac{\sum\limits_{i=1}^{n} S_i}{\bar{S}_i}$$

对于每个评审专家，计算其打分偏差度：

$$\bar{D}_i = \frac{|S_i - \bar{S}|}{\bar{S}}$$

根据设定的规则，若 $D_i > 0.3$，即同一个标段单个专家打分（总分）偏离平均值30%，则触发异常预警。

（三）预警全流程闭环管控路径

实时联动电商平台与物资供应链协同平台进行预警。触发预警后，数据模型按照系统设定的流程节点、预警等级、业务类型等进行推送，将预警数据从电商平台推送至协同平台，监督人员下发监督指令至电商平台，评标委员会、项目经理将处理完毕的预警信息流再次推送至协同平台。

①监管人员通过物资供应链协同平台进行查看、督办、核查，并通过协同平台同步推送至数据门户、手机移动端。

②项目经理、评标委员会通过电商平台对预警进行处理、反馈，以此实现预警数据在业务、监管间的流转及闭环管理。

③实现供应商智能化全流程管控，实现从采购立项到履约评价的全面监管、具有统一平台、全程在线、智慧管控、永久可追溯的优势。

（四）预警数据多维度全景展示路径

智慧供应链数字化采购监管系统有着五年的数据积累，经过三次大规模的迭代升级，形成成熟的预警系统。系统拥有完整的大唐集团供应商风险数据库，突出的优势表现在实现了数据的可视化，所有的数据均可通过图和表的形式进行全景展示。

可视化模块包含首页、宏观、分类等共 15 个分模块，有 46380 家活跃供应商、

11090 名评标专家、42 家分（子）公司、8 家代理机构的风险分类数据，充分实现了数据的智能化，能更好地使用数据和分析数据，并全方位地感知数据。

①时间维度上，对采购风险预警情况进行横向比较。

②采购主体维度上，反映代理机构、分公司和子公司等不同采购主体的风险防控能力。

③供应商维度上，通过对供应商不良行为进行分析，客观反映供应商采购活动合规性和履约能力。

④预警事项分布维度上，展现触发预警项的分布态势，为针对性采购风险管控、相关主体管理提供指引。

二、创新点

（一）大数据与传统数据融合

智慧供应链数字化采购监管系统实现了与招标、非招系统，协同平台，智能评标系统和企查查等多个系统多源数据的融合，以数据挖掘、统计分析等大数据技术方法，将大数据与传统数据融合。

①与招标、非招系统无缝对接，整合两大核心采购流程中从项目发起到执行的业务全链条数据，为风险监控奠定了全面的基础。

②与协同平台融合，实现了采购各环节、各参与主体之间预警信息的实时交互和协同，让数据在多部门间顺畅流通。

③接入智能评标系统的数据，将预警数据与智能评标环节的参数、评分结果等深度整合，使平台能够精准捕捉评标过程中的风险因素。

④与企查查等外部系统进行对接，为平台注入了强大的外部数据力量，通过获取丰富的企业工商、信用和涉诉信息，多维度地完善了供应商的风险画像。

（二）大模型技术建设支撑人工智能评审

在人工智能领域，智慧供应链数字化采购监管系统在大模型技术的研究与应用方面取得突破性成果，筛选了国内外近 20 种开源大模型，先后对 Meta Llama2 和 Llama3、Phi-3、Qwen、Hunyuan DiT、ChatGLM3 和 GLM-4 等大模型进行了深入评测，在使用资源、反馈性能、模型部署和开发难度等多方面进行对比。对比 FastGPT、Langchain-Chatchat、Hugging Face Spaces、MaxKB、LangChain 等开源工具，与向量库和大模型匹配后，进行功能、性能和用户体验等多方面的评测，获得第一手的技术资料。最终选用了业界领先的开源技术框架 LangChain 和国产开源大模型 GLM-4，既保持了技术应用的先进性，又确保了技术的安全性和可靠性。

在自主部署大模型的基础上，通过代码开发与算法优化，实现电商平台知识的精准问答，避免了大模型推理产生的"幻觉"。以此应用为基础，扩大知识库的范围，从专业视角出发，给予专家级的答案；应用到大数据智能辅助评标系统中，有效避免评标专家倾向性打分问题，进一步规范评标委员会行为。

此外，生物识别与物联网技术的应用，有助于规避身份伪装和不当行为，提高评标过程的诚信度及效率，缩短评标周期，减少评标过程的总体成本，实现评审过程管理精细化，进一步提高开评标服务质量。同时，将风险防控贯穿开评标全过程，助力营造公平公正、阳光透明的招投标市场环境。

（三）全流程实时监控与动态预警

智慧供应链数字化采购监管系统在风险监控上贯穿招标、非招项目从立项、招标公告发布、专家抽取到开标、评标、定标、中标候选人公示、中标结果公示、中标通知书发送，再到签订合同的每一个环节，通过与多源系统的实时数据交互对风险点进行实时跟踪，从而实现了对采购全流程的实时监控。

通过先进的算法和模型，对采购全流程中不断变化的数据进行动态分析，当发现潜在风险时，能够迅速做出反应，及时发出预警。例如，评分中出现异常波动，立即触发预警，改变了传统事后处理风险的模式，提高了采购活动的安全性和稳定性，为采购管理提供了坚实的保障。

（四）多维度多项风险指标评估

基于大数据的深度数据挖掘，智慧供应链数字化采购监管系统突破了传统单一维度评估的局限，实现了多维度风险评估，为采购风险管理带来全新视角。

①时间维度：能系统分析不同年份采购活动中各等级风险的分布趋势，帮助企业了解采购风险在时间线上的变化规律，为长期战略规划提供依据。

②代理公司维度：可精准评估各代理公司在采购流程中的表现，发现其中潜在的操作不规范、利益关联等风险。

③分公司和子公司维度：清晰展现各分公司和子公司采购风险管控状况，有利于集团公司实现针对性监管。

④供应商维度：全面展现供应商触发预警次数、供应商不良行为分布情况，帮助集团公司准确识别供应商风险。

⑤触发预警分布维度：直观呈现触发比较集中的风险类型，帮助企业迅速定位并重点防范高风险领域，全方位保障采购安全。

（五）可视化决策支持

智慧供应链数字化采购监管系统在预警数据呈现方面摒弃了传统单调、晦涩的数据呈现方式，通过多样化的图表形式，如报表、直方图、柱形图、趋势线、仪表盘等，将预警信息生动展现。

通过这些多样化的可视化展示方式，为不同层级的管理者提供清晰、易懂的决策支持环境。无论是领导层宏观把控整体采购风险状况，还是管理部门深入了解某一具体项目或供应商的风险细节，都能从相关可视化展示中快速获取关键信息，从而使采购决策更加科学、精准。

（六）支持拓展应用

在采购活动中，项目经理、供应商是至关重要的两个角色，能决定采购活动的质效。在大唐集团智慧供应链建设中，智慧供应链数字化采购监管系统相关数据服务于项目经理画像、供应商画像描绘，以及手机端拓展应用，使数字化采购监管系统深度融入智慧供应链生态。

1. 项目经理绩效评价

通过分析项目经理画像及其代理项目中各个采购环节的风险数据、风险应对策略，呈现项目经理在采购风险管控方面的真实能力表现，提升项目经理业务规范度。

2. 供应商评分评级画像

将供应商触发预警相关数据接入画像描绘中，并将画像作为供应商评级评分的重要依据，以筛选优质供应商、规避不良供应商，进而提升供应商参与的规范度和项目完成质量。

3. 智能评审

2023 年上线数字化成果"一键清标"功能，涉及 13 张数据表单，20 余项企查查数据、10 余项投标结构化数据，覆盖全部评审指标的商务技术评审因素统计表及重要参数表。开标后由系统自动生成一键清标报告，对供应商进行体检筛查、风险预警，以辅助评标决策。

2024 年上线的非招标智能评审功能，利用大模型技术，深度融合多种先进评分模型，通过智能算法自动计算得分，涵盖绝对值模型、选项模型、线性函数模型、排序模型、档位模型及偏差模型等多种评分模型，能够灵活满足各类评审场景的需求。借助智能算法的强大算力，系统能够自动计算得分，有效避免人为因素干扰，确保评审过程的公正性和结果的准确性。

4. 手机端拓展

智慧供应链数字化采购监管系统支持移动端数据展示和预警推送，通过开发手机App，帮助管理者突破时间和空间的限制，随时随地掌握采购风险的动态信息。

三、应用效果

（一）采购规范性显著提升

智慧供应链数字化采购监管系统自 2021 年在大唐集团采购领域投入使用，效果显著，大大提升了采购规范性，实现对采购过程不规范行为的有效监控。从国务院国资委采集通报的国资监管不规范问题中可以看出，不规范问题从 2022 年的 35 个、2023 年的 23 个下降到 2024 年的 1 个，采购规范性大大提高，大唐集团采购监督成功由人工督查转型升级为系统自动实时监督。

（二）采购质效明显提高

智慧供应链数字化采购监管系统通过对采购环节、供应商进行全面监控，整治了长期以来采购领域"微腐败"等不良风气，项目经理风险管控意识得以增强，采购质效明显提升，采购预警闭环率达到 84.90%，采购周期由 35.53 天缩短到 32.79 天，采购成功率由 76.17% 提高到 85.01%，长协覆盖率由 36.37% 提高到 47.51%。

（三）供应商管控实现智能化

在智慧供应链数字化采购监管系统中，通过在采购全流程中嵌入不良供应商上报功能，实现对供应商的全程管理，降低不良供应商中标概率，并通过将风险评估引入供应商画像作为评标参考，确保采购的高效性和稳定性。

系统上线以来，经识别、查证，已发现并处理不良供应商 10660 家，通过预警处理供应商 8650 家，占比超 80%。供应商不良行为主要为 IP 地址一致、投标人联系方式一致以及投标文件作者一致等围标串标行为，2024 年通过系统发现供应商围标串标行为 2053 起，占 2024 年全部供应商不良行为的 84.10%，长期以来供应商围标串标发现难、管控难的问题得到极大解决。

同时，构建供应商打分模型，开标后由系统一键生成供应商评价报告，对供应商进行风险评估、评分以及动态信用评价并将其贯穿应用到采购决策中，实现从采购立项到履约评价的供应商智能化管理。

（四）智慧供应链数字化采购监管系统实现产品化

智慧供应链建设推动创新驱动和智能化应用，自 2024 年起，中水物资智慧供应链数字化采购监管系统已实现产品化，成功中标某集团招投标监控预警系统项目，标志着该系统已具备推广应用价值。

四、推广价值

（一）对其他企业的借鉴意义

中水物资借助数字化采购监管，实现对采购风险的有力管控，2022 年触发预警 9320 项、2023 年触发 26495 项，说明过去隐藏较深的违规行为被有效发现；2024 年触发预警 22849 项，呈下降趋势，说明采购监管效果得到提升。中水物资通过数字化技术提升采购监管能力的实践，对于其他企业来讲同样具有借鉴意义。

（二）对行业发展的促进作用

数字化采购监管驱动下，大唐集团风险防控能力得到极大提升。通过大数据和智能算法实时监测采购各环节，对供应商投标文件、IP 地址、特征码、联系人、控股关系等数据进行监控，围标串标类预警由 2023 年的 6502 项下降到 2024 年的 2053 项，大唐集团采购的规范性得到明显加强。以数字化建设服务大唐集团智慧监管能力持续加强，推动大唐集团全面深化供应链全链条数字化转型。

中水物资通过智慧供应链数字化采购监管系统的建设经验，打造适合央企和国企采购的监督管理系统，以为央企和国企提供采购事前预警、事中监控、事后分析服务，保障采购业务流程的合规性。通过持续打造更完善的采购预警数字化产品，推动电力物资供应链管理转型，促进供应链科技成果转化，持续提升电力行业物资供应链平台运营质量、效率和效益，培育发展新质生产力的新动能。

（中国水利电力物资集团有限公司：陈智、王晓、台哲学、贺启瑜、燕京、王朔、刘琪、魏绪升）

中建电商：云筑升级响应型建筑供应链，持续赋能 MRO 数字化采购

一、案例背景

中建电子商务有限责任公司（以下简称"中建电商"）于 2015 年在成都成立，为响应国家"互联网+"号召，公司基于中国建筑集团有限公司（以下简称"中建集团"）产业基础，将互联网、大数据、人工智能、云计算、区块链、边缘计算等技术与建筑业务深度融合，致力于助推建筑行业数字化。

受益于中国城市化水平的提高，建筑业已经成为深刻影响国计民生的超级市场。国家统计局数据显示，2024 年全国建筑业总产值 32.05 万亿元，同比增长 3.9%；全国建筑业房屋建筑施工面积 136.8 亿平方米，同比下降 10.6%。随着市场的日趋饱和，出现了行业产能过剩、利润走低、增速放缓的情况，要想破局就必须从追求"数量"转向追求"质量"，或者借助先进技术在产业效率层面寻求新增量，而这一切都离不开数字化。

建筑业远离控制中心、远离指挥中心，在各地进行生产合作，在企业协作关系上极为复杂，而这种协作关系两三年就要打破重构，所以单个项目工业品采购的艰难，不仅体现在价格、人力方面，更与市场环境、企业关系息息相关。

二、主要内容

建筑行业传统 MRO 采购的特点是采购频次高、采购要素分散、采购链条长、采购场景非标等，具有以下 4 个特征：①项目管理费心费力，招投标、下单、发货、收货、物资管理等全流程环节均由人工掌控，记录费时费力，核验场景及过程复杂低效，且在项目上的管理重视程度低。②项目紧急需求、定制化需求多，采购节点多且杂，难以实施统一的计划管理，整体采购过程存在灰色地带，难以监管。③传统采购流程流通成本高，多环节加价，商品价格居高不下，单体项目采购量小、付款周期长，难以获得最优采购价格，商品型号规格模糊，价格没有可衡量标准。④建筑行业 MRO 采购标准缺乏，零材品类繁杂、采购量小、采购流程烦琐，商品生产渠道参差不齐，市场环境缺乏监督，供应商送货缺斤少两、以次充好。

中建电商主打品牌"云筑"，为行业提供数字供应链解决方案，是国内极少数提供

建筑行业多个核心场景数字化服务的建筑产业互联网平台之一。

三、创新点

云筑针对建筑行业 MRO 采购长期以来的痛点问题，通过商品标准化、招标精益化、运营数字化、履约可视化、流程线上化五大模块，为建筑行业零星物资采购提供一站式的敏捷型供应链解决方案，致力于构建 MRO 数字化采购新生态，助推全国建筑产业的转型升级。

（一）商品标准化，夯实数字化供应链基石

云筑提供的数字化敏捷型供应链解决方案，在建筑行业物资采购方面，整合了行业内优质供应商及核心厂商资源，商城在售产品涵盖 20 大类零星物资，为采购方提供全品类在线选型、采购、下单、配送、对账结算、收付款以及数据决策看板全流程"一站式"服务。

聚焦商品管理标准化，构建数字化数据基石。商品管理标准化在供应链建设工作中是最基础的环节，云筑基于大量的数据积累，根据行业实际需求，搭建标准化物料库，并持续完善优化，为供应链建设提供长期支撑。

1. 优化商品数据积累

随着云筑业务的发展和商城平台的迭代升级，平台沉淀的 SKU 数量已由 2018 年的 14 万个扩充到目前的 206 万个，几乎涵盖了建筑领域所有零星物资品类，实现商品原始数据的有效积累。同时，云筑已逐步建立起标准化的商品分类系统和商品规格模板，对商品数据的呈现进行优化。经过近几年的实践，中建电商不断优化冗余数据及标准化分类标准，为数据标准化打下基础。对类目及模板进行了调整，商品一级分类固定在 18 个，二级类目由 133 个优化精简至 124 个，三级分类 967 个，启用的模板数量超 8000 个，进一步提升了类目管理效率，增强了管理规范性。

2. 标准化物料库搭建

云筑通过搭建建筑行业 MRO 零星物资标准商品库，进一步提升商品管理的标准化水平。一方面，结合建筑行业 MRO 商品特点，重构商品宽表设计思路，在商品品牌、商品规格属性等方面对商品信息进行了整合优化。另一方面，对历史七万余条商品品牌信息进行优化整合，规范管理，制定了平台统一的品牌信息标准。同时，通过建立商品图片素材库，进一步提升了商品展示的标准化水平。标准材料库的建立既保证了交易数据的有效性、准确性，为利用大数据与 AI 技术对交易数据进行挖掘、分析提供了保障，也为市场策略的制定和调整提供了支撑。

3. 紧贴行业与市场需求

建筑行业的商品尤其是零星物资存在"一品多商"问题，不同群体、不同地区对同一个商品的命名不同，导致物资线上采购搜索难、商品匹配难。为解决此问题，云

筑通过走访调研客户、经销商、厂家，持续收集整理商品信息，对 MRO 供应链平台商品的名称及信息进行了针对性优化。同时，结合市场调研及大数据分析，以区域和类目为维度，建立建筑行业零星物资价格体系，并根据市场情况进行价格动态管控，致力破解建筑行业物资采购标准化难题。

（二）招标精益化，多措并举严控准入门槛

招标管理是 MRO 供应链管理过程中的重要环节。公开、公平、公正的招标，对于强化供应商履约能力和提升客户满意度有着重要的作用。云筑通过多种举措开展精益化招标管理，严控供应商准入门槛，提升客户体验，助力供应链管理成效的提升。

1. 流程线上化

招投标活动涉及多个业务过程，存在多项对招标结果产生影响的因素。云筑 MRO 供应链采用招标全流程线上监督的方式，实现了招标公告发布、递交报名文件、发布招标文件、递交投标文件、开标、合同签署等全业务过程的线上化管理，有效减少人为因素影响，提升招投标工作的公平性。同时，经办人员不必再往返于各地，在有效节约工作成本的同时提升了工作效率。

2. 评标专业化

云筑通过多项举措提升 MRO 供应链管理过程中评标工作的专业性。科学调整商务评分项目，最大限度降低主观评分对结果的影响。同时，邀请来自中建集团各工程局的专家组成评标小组，组织专项评标会对报价、资质等进行审核，提升了评标的专业性和公平性。

3. 监管可视化

云筑致力于对招标工作全过程进行监督管理，持续完善操作规程，鼓励公平竞争，打造统一开放、竞争有序的招投标环境。招标管理团队联合企业法务合规等相关部门，对招标工作的各个环节进行监督检查与复查验证，保证招标工作的公平公正。同时，在招标公告发布、资格审查、评标及中标公示等重要环节均设立了相应的审核人，进一步加强对招标工作的日常监管。

4. 招标流程智能化

云筑作为招标平台的建设者和使用者，不断进行招标工作智能化的探索。对于 MRO 招标工作，以区域形式开展，单个区域投标方数量最多可以达到 400 家，对于如此大的工作量，采用传统的评标方式需要浪费大量的人力资源。为了提高工作效率，率先在招标过程中引入 RPA（机器人流程自动化）技术，让机器人来完成重复且较为耗费人力的工作，如价格评分、投标排名、合同生成、合同电子签等环节，以提升工作效率，为智能化招标工作的持续开展做表率。

（三）运营数字化，全面提升平台运营能力

云筑依托自身供应链资源与技术优势，通过数字化管理，向采购方提供全品类在

线选型、采购、下单、配送、对账结算、收付款等全流程"一站式"服务，着力解决企业采购痛点，为建筑企业搭建高效协同的服务平台。

1. 全方位支持，提升供应商履约能力

供应商始终是网上商城最为重视的合作伙伴，为进一步提升供应商履约能力，云筑为供应商提供全流程的运营支持。一方面，全面了解供应商需求。通过实地拜访、电话访谈等多途径对供应商实体能力和诉求进行了解，整理核心问题并提供有针对性的解决方案。另一方面，对供应商进行切实赋能。从订单管理、询报价、结算等各个方面为供应商提供专业培训，帮助供应商处理各种订单问题。

2. 全流程服务，提升客户服务满意度

云筑始终将客户放在首位，为客户提供全流程的精细化服务。在日常运营工作中，积极响应客户需求，提供前期询价支持、订单追踪、售后支持和技术支持等服务，保证客户回访频率，全面了解客户采购现状和需求，为客户制定相应的咨询策略和解决方案。同时，通过对异常订单进行原因分析，提前对订单履约情况进行针对性监管，减少客户投诉，提升客户服务满意度。

（四）履约可视化，多维度强化商家履约能力

1. 搭建商家评价体系，提升商家竞争力

云筑 MRO 供应链采用多维度考评机制，从商品信息、商品配置、月度订单额、订单评价、售后服务、不良行为、配送可视化、服务积极性等多方面对合作商家进行考评，从系统订单评价、售后评价、商品反馈、订单投诉四个维度收集供应商履约评价信息，建立评价体系，同时运用绩效辅导、绩效清退及不良行为标记等机制，结合SRM（供应商关系管理）系统，动态更新评价信息，建立优质合作商家、普通合作商家、不良合作商家名录，不断更新平台合作资源，增强商家合作活力，提升商家服务质量。

2. 建立履约风险管控组，优化供应网络，保障客户权益

自 2021 年 7 月起，供应商履约风险管控工作组（以下简称"工作组"）开展全国区域范围的 MRO 供应链项目质量稽核活动。目前，工作组通过对订单、货物、物流现场进行突击式检查，严格按照内控标准对服务响应时长、送货时效、产品数量、产品质量等进行稽核，已完成对西南区域项目的现场稽核工作。稽核共发掘可改善项 30 余项，工作组负责人将发现的问题进行整改，后期对整改的结果进行效果追踪，为区域项目供应商服务质量管理提供可循依据。

（五）流程线上化，提供无纸化流程解决方案

云筑电子签章系统不仅可以实现合同审批、盖章、归档等全流程线上化，还可以根据用户实际情况，定制结算流程，最大限度提升工作效率。

合同签署线上化除了能够免去打印、邮寄、存档等环节，还能够降低用印风险、防止偷盖、夹盖，提高用印审批效率，解决多系统审批用印难等问题。

电子结算功能是云筑基于自有招投标系统，结合实际使用场景上线的功能，在收验货完成后直接生成电子验收单、电子领料单，自动关联电子结算单，无须人工录入、复核等，并自动推送流转至各级审批人，最终完成线上结算，减少了多个人工操作步骤。

（六）运营创新"破茧"，打造响应型供应链

为提升数字化管理的精准度，避免在大数据时代被困于"信息茧房"，云筑推出了多项供应链运营的治理策略，以实现供应链管理与市场及平台供应与客户需求的有效匹配，从经济型供应链转变为响应型供应链。

传统供应链通常是通过效率型指标考核供应商，从而提升供应链的经济性，而单一指标驱动下的供应链难以实现高效协作。云筑则以横纵指标双向驱动供应商协作，其中纵向是效率型指标，确保提升供应链产能利用率和经济性，横向是服务型指标，关注市场反馈和客户诉求。

纵向指标是基础，横向指标是突破。为提升供应商横向指标，云筑不断调整优化供应商管理方针，推出"供应商分层管理"方案，重管理轻管控，释放平台资源聚焦培养重点供应商做好"标准化服务"，从而增强横向指标与供应链核心竞争的强相关性。

（七）加强"三流"集成治理，打造响应型供应链

供应链管理的本质是产品流、资金流、信息流的集成治理。受市场经济下行、供应链管理日趋复杂等多重影响，确保资金流的稳定通畅和信息流的及时准确是目前运营管理的重点。为避免形成"信息茧房"，有效改善供应链资金状况，推动产品流、资金流与信息流融合发展，云筑顺势迈向打造响应型供应链之路。

四、应用效果

云筑依托商业和技术（云计算、AI、大数据）上的创新，面向建筑行业提供自营电商服务、SaaS以及电商开放平台，以采购效率提升促进供应链成本降低，助推企业物资采购管理数字化转型。

（一）云筑 MRO 供应链商品体系

云筑 MRO 供应链商品体系利用更加符合建筑行业标准的分类管理、独立属性库管理、独立品牌库管理，搭建极具特色的价格管理体系，供应商对商品成本价进行报价，由平台定义最终销售价格；解构商品上架销售全流程，从商品模板创建、招标清单管理、中标商品管理、供应商商品维护、提交申请到运营审核通过上架销售，逐一打磨，

保障采购合规高效，提高平台整体运营效率。

（二）云筑 MRO 供应链采购大脑

云筑 MRO 供应链采购大脑对企业采购行为进行预测，涉及从采购需求预测到智能寻源、供应商多维度评估、匹配所需商品、多方横向比价，再到辅助企业决策，如定价、风险管控、智能对账结账等各个环节，通过"采购大脑"管理采购中的各个环节，能够实现采购决策效率的整体提升。

（三）云筑 MRO 供应链开放平台

云筑 MRO 供应链开放平台基于各类零售业务，提供外部合作伙伴参与服务云筑所有用户的各类工具和服务，是云筑零售基础服务的重要开放途径，将推动各行各业定制、创新、进化，并最终促成建立繁荣的云筑零售"一体化开放"生态圈。

（四）云筑供需对接会

为提高供需双方沟通效率，精准匹配资源，强化服务能力，云筑根据项目实际需求，打造了专项供需对接会，积极推动教文卫及新能源等领域的资源整合。在医疗建筑资源专区，已储备供应商超过 3800 家，实现超千种材料的精准对接，服务金额近 50 亿元。

（五）"互助宝"二手交易

在建筑工程领域，材料、设备、办公等各类项目资产种类繁多，很多资产在项目进展至中后期时，无法快速调拨周转，导致项目成本得不到有效冲减。"互助宝"在信息发布版块拥有"发布供应信息""发布求购信息"两大主要功能，同时在信息收集方面同步设置了"找供应""找求购"两大模块，有效解决了资产调拨环节标准化程度低、调拨信息缺少动态更新、调拨业务归口划分混乱、调拨入账时效性较差等问题。

五、推广价值

同工业、制造业相比，建筑行业的标准化和信息化水平、平均数字化水平较低，同时建筑行业发展速度较缓，新技术、新科技的应用给建筑行业的发展带来了挑战，而产业互联网有可能解决行业发展所面临的问题。

云筑致力于从三个阶段来助推建筑行业数字化，第一阶段是建立数字化节点服务，建设数字化供应链基础设施。第二阶段是打造建筑行业 MRO 采购数据标准化，实现建筑产业互联互通。第三阶段是重塑 MRO 采购价值链，构建采购新生态，实现数字化协同，将产业链条进一步延伸，为建筑行业提供从"端"到"端"的服务。

（中建电子商务有限责任公司：李亮亮、郭毅、刘思琦、陈馨）

中铁物贸：新质生产力下的建筑业
供应链模式创新

中铁物贸集团有限公司（以下简称"中铁物贸"）是中国中铁股份有限公司（以下简称"中铁"）旗下专业从事供应链管理和物资贸易的企业，以中国中铁系统内部市场物资集采和供应为主，覆盖战略采购、区域集中采购、投资与总承包项目采购、中铁系统外市场业务、海外业务、电子商务与大数据服务、招标代理服务和原铁道部部管物资代理服务八大业务板块。

一、建设思路

（一）搭建统一供应链生态平台

中铁物贸以中国中铁的采购管理办法为依据，依托中国中铁采购电子商务平台（鲁班平台）和中铁物贸大宗物资交易平台（集物平台）落实两级集中采购，形成统一的中国中铁供应链生态平台，将相应的管理制度设定在平台流程中，满足依法合规要求。中铁物贸以平台化运营、数智化赋能做实数字化转型，实现供应链模式突破。以产业互联网平台为代表的数字平台企业，是数字技术与实体经济深度融合的关键支撑。平台化运营指的是通过中国中铁供应链生态平台开展供应链业务运营，其中鲁班平台归集各单位在物资采购产品与服务方面的需求，实现从采购需求、采购计划、采购寻源到招标采购的全流程业务线上管理；集物平台为大宗物资材料采购提供一体化、平台化、协同化解决方案，涉及合同签订、采购订单、物流配送、仓储服务、现场管理、采购结算、金融服务等全链条业务流程，对建筑业物资供应链中所涉及的跨企业、跨产业、跨区域运作的货物流、资金流、票据流、信息流进行整体运作管理，推动高效统筹、降本增效、阳光采购、全链路生态服务赋能。

（二）落实三级供应链管理体系

中铁物贸通过覆盖全国及海外区域的 8 大区域公司、10 大专业机构以及 70 余家扎根区域的经营中心，为中国中铁内外部客户提供专业供应链服务。中铁物贸及其所属子（分）公司和经营中心，三个层级对采购活动实施全过程把控，分别履行对采购业务的管理、监督、协调职能，管理体系日趋完善。通过外引内育的方式，积极吸收工经、金融、物流、电子商务、信息技术等专业人才，打造复合型供应链人才队伍，激发人才活力，筑牢产业优化升级的人才根基。引入容错试错机制，激发企业自主创新、自我升级的积极性，同时促进新技术和新产品、新模式和新业态的创新实践。

（三）锻造韧性供应链服务能力

交易服务涵盖终端直采、集物现货、产能预订、商家直营四大业务模式，可满足大宗贸易不同形式的业务形态需要和客户的不同需求；物流仓储服务引入物流承运商，供应商、经营方、物流承运商和客户实时共享物流信息，能够协同作业完成各环节物流业务，实现物流业务全流程管控，仓库作业自动化、智能化，仓储数据实时监控，仓储物资实时监管调配，从整体上降低仓储物流成本，形成平台经济的新动能；供应链金融服务打造平台"蓄金池"，以丰富的供应链金融产品接入银行等金融机构，并基于真实交易数据对企业进行风险评估，提供信用融、订单融、信用凭证、供应链票据等产品，大幅提高资金使用效率和融资速度，持续提升自身的服务水平和供应链韧性；资讯服务对国家政策及大宗市场行情进行信息收集及监测，对市场价格进行监控分析，充分挖掘数据价值，定期发布预测行情走势分析，为企业业务运营及采购客户决策提供参考。

（四）筑牢智慧供应链数字基础

作为数字化平台型企业，中铁物贸在支撑数字化采购供应链方面不断创新实践，以数字化服务能力赋能中国中铁供应链生态体系建设。通过实施数据中台及数据治理项目，打造智能化数据服务中台；打造标准统一的数据产品库，为数字化专业运营奠定良好基础，使数据价值充分发挥；借助数据中台持续加强企业内外部数据贯通、资源共享和业务协同，建立规模优势，推动企业间供应链标准的应用对接，实现全链条数据共享和流程可视；通过系统集成、服务集成，有效解决业务脱节、服务脱节、系统脱节以及信息脱节的固有难题。同时结合企业实际情况，构建覆盖全面、职能完备的数据管理体系，从源头明确数据责任，推进数据标准体系建设，提高数据质量，优化数据服务，强化数据安全保障，充分发挥数据价值。

二、应用效果

（一）实现供应链多方资源的深度整合

坚持以用户需求为中心，有效整合供应链各方资源，建立公平公正的利益共享和风险分担机制，适度给供应商让利，利用业务纽带帮助供应商持续改进，实现供应链整体的均衡发展，体现核心企业的引领作用，也能为客户提供更好的个性化服务。中铁物贸与包括中石油、宝武钢铁、鞍钢、海螺等在内的 95 家上游核心资源厂商建立了战略合作关系，拥有各类合格供应商 1292 家。鲁班平台累计认证通过供应商超过 40 万家，与集物平台通过系统对接，实现注册信息互认，为中铁物贸提供强大的供应商管理频道。

（二）提升了平台服务价值创造能力

集物平台在大型建筑业央企中首创供应链集成服务一体化解决方案，通过整合建筑业产业链资源配置，建立仓储服务、物流服务、金融服务、信息服务等服务生态，引导资源厂商、终端采购商、贸易商等各角色协同合作，通过集物平台完善资源渠道建设，实现产品种类增加，源头直采率增长 4.1%，2023 年通过业务创新实现服务类收入同比提高 49.29%。大幅提升平台价值创造、服务供应链生态的能力，初步实现传统贸易模式向集成服务模式的转变。产融结合、降本增效是企业"数平化"转型的重点任务，集物平台通过引入场景化金融产品，为资源用户提供信用融资、订单融资、付款代理等服务来降低其获取资金成本。截至 2024 年上半年，场景化金融投放资金约 13亿元，增强了上游企业开展生产和提升经营的能力，也增强了其与平台的黏性，有助于稳固双方合作关系。

（三）强化了供应链全链运营质效

集物平台的上线运营，将工程建筑产业链中的商品交易、仓储物流等关键环节，全部实现线上化、数字化，有效增强了全产业链运营的便捷性、灵敏性。在传统的工程建筑行业中，中铁物贸处于供应链的中游，主营钢材、水泥等大宗商品以及建筑领域配套的各类工业品，起到了连接上下游主体单位的重要桥梁作用。针对建筑工程物料的流转过程，集物平台汇集物流提供的在线找车、多式联运等功能，全方位地对传统物流运输行业进行数字化赋能，在帮助物流企业快速准确地锚定客户的同时，为上游原材料供应商或下游工程建设单位提供更优的物流方案选择。集物平台的数据资产运用于"生产线"，强调数据流量的转化，其引入人工智能、大数据辅助分析等数字技术手段，用"数据说话"，极大地提升了供应链业务的效率、效益和质量。

三、推广价值及未来发展趋势

2023 年 9 月，习近平总书记在黑龙江考察时首次提及要加快形成新质生产力，增强发展新动能。在新质生产力的推动下，技术革命性突破、生产要素创新性配置以及产业深度转型升级，使建筑业供应链焕发新的生机，助力建筑产业向高端化、智能化、绿色化转型升级。在新质生产力的引导下，中铁物贸全面升级现代化供应链体系。现代化供应链体系升级的总体目标是，以建筑业高质量发展要求为导向，以建筑业企业为服务对象，打造高效、安全、经济、智能、绿色的现代供应链体系，赋能建筑业高质量发展。以生态型组织体系、一体化业务体系、协同化设施网络体系、智能化信息系统体系、系统化风控体系形成有机整体，相互驱动，服务于企业。

生态型组织体系分为内部协同和外部协同。内部协同以中铁物贸为供应链核心企业，统筹设计供应链服务组织布局，践行中国中铁大商务管理理念，采取"大兵团"作战，配合区域总部和投资板块、工程局等做好协同经营，全面提升中国中铁项目履约、整体经济效益和核心竞争能力。外部协同，即打通上游的厂商端和下的游客户端，在同一产业平台上，使供应商、物流商、客户等共同生长，共同创造价值。从竞争上升到供应合作，从供应合作上升到共同成长，实现价值共享。

一体化业务体系，以服务用户为宗旨，打造建筑业供应链生态。通过提供流程化服务和链式服务，打造集物资采购、物资供应、现场物资管理、招标代理、仓储、加工、租赁、供应链金融、投融资业务等于一体的建筑业供应链平台。为客户提供标准化或定制化的供应链解决方案，从供给侧和需求侧打通建筑业供应链上原本割裂的商流、物流、信息流和资金流，提高建筑行业供应链运作效率。

协同化设施网络体系，通过鲁班平台和集物平台建立多维度、多层次、平台化体系，重视信息技术和传统设施的融合协同发展，实现基础设施的联通联动，并在基础设施信息平台上，通过优化资源配置效率提高全要素生产率。

智能化信息系统体系，结合区块链、大数据技术，通过供应链控制塔，基本在零延迟的情况下，获取建筑业供应链运营以及各类行为互动中产生的活动数据和信息；建筑业供应链运营活动中产生的数据和信息，能够为相关利益方可视可见；建筑业供应链运营各环节、各维度的数据信息，能够相互印证、相互映射；建筑业供应链生态运营活动的全生命周期能够检测、追踪和管理。

系统化风控体系，既要防范供应链需求风险、供应风险、管理风险、流程风险、环境风险，又要充分应用平台信息化系统、智能化管控手段来设计"风控场景+风控规则+风控参数+风控措施+风控反馈"的全流程风控体系。借助大数据、区块链等科技手段，建立"全要素、全流程"的信用风险评估指标体系，形成良好的风险防控协同机制，以保障供应链安全。

现代化供应链体系下，数据的力量体现在企业经营管理、决策、风控方面。通过知识图谱、机器学习和深度算法框架，在数据智能匹配、精准营销、大数据风控等方面深度应用，构建价格分析模型、客户标签体系、客户评分模型、供应商评分评级模型等多维度数据模型，辅助经营管理精准决策，持续赋能大宗供应链业务。平台生态的完善过程，将积累丰富的行业知识与智慧资产，为拓展面向建筑业的智慧服务，以及构建建筑行业大模型夯实基础。

习近平总书记指出，新质生产力是创新起主导作用，摆脱传统经济增长方式、生产力发展路径，具有高科技、高效能、高质量特征，符合新发展理念的先进生产力质态。供应链的发展已逐步深入工业3.0阶段、4.0阶段甚至5.0阶段，中铁物贸以鲁班平台、集物平台为抓手，与时俱进地把握住了数字化时代的新技术、新方向、新战略，为打造多元共治的生态供应链不断努力。希望同建筑业相关供应链平台集成互联，解决平台孤岛问题，进一步提高资源整合能力和供应链协同水平，使信息优势、资源优势得以充分发挥。在未来的更新迭代中，持续为全行业、全产业链供应链创造新的价值。

（中铁物贸集团有限公司：佟希飞、徐晓晗）

西北电建：户用分布式光伏基于数智一体化平台的供应链管理

中国能源建设集团西北电力建设工程有限公司（以下简称"西北电建"）是中国能源建设股份有限公司（以下简称"中国能建"）的全资子公司，主营业务涵盖火电、输变电、风电、光伏、垃圾电站、工民建、市政、综合管廊、海绵城市、园区开发、智慧能源、工程管理、运营维护和人员培训等全产业链业务。

一、案例背景

2023 年 5 月，西北电建中标广西 72MW 户用分布式光伏 EPC 项目建设工程。项目计划工期：2023 年 6 月 1 日开工，2024 年 5 月 31 日竣工，总工期 365 天。该项目建设涉及广西北海、钦州、防城港、玉林、来宾、贺州、百色、南宁、崇左、贵港、梧州等地，利用现有居民楼屋顶实施建设，工作范围包括分布式光伏项目的确户备案、设备采购、安装、调试并网及运维服务。

户用分布式光伏存在边地推确户备案，边建设实施并网和点多面广的特点，单户容量多为 30~60kW，且户与户相距较远，各类物资供应困难，价格偏高。因批次量少，且运输偏远，光伏组件询价价格比市场价格要高 0.03 元/瓦，逆变器高出 0.01 元/瓦，针对 72MW 实施容量，仅这两项主要设备的采购就要增加 288 万元。此外，确户量不稳定，导致批次需求量不足时，还会造成厂家不予排产或不发车的情况，延误建设周期，造成不良社会影响。各主要设备材料价格统计见表 1，差额及累计占比情况见图 1。

表 1 　　　　　　　　　　　各主要设备材料价格统计

序号	设备名称	预算成本（元/瓦）	询价成本（元/瓦）	差额（元/瓦）	占比（%）	累计占比（%）
1	600W 光伏组件	1.240	1.270	0.030	44.78	44.78
2	组串式逆变器	0.160	0.175	0.015	22.39	67.17
3	支架及导水槽	0.550	0.56	0.010	14.92	82.09
4	电缆及并网箱	0.165	0.172	0.007	10.45	92.54
5	其他（辅材）	0.20	0.205	0.005	7.46	100.00
	合计	2.315	2.382	0.067	100.00	100.00

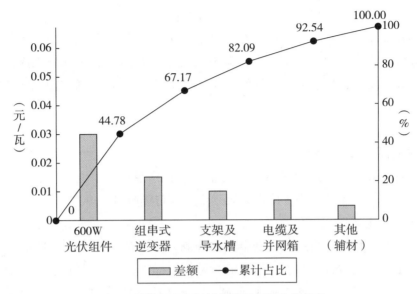

图1 各主要设备材料差额及累计占比情况

针对上述情况，西北电建详细分析了项目履约实际和设备材料供应情况，找出问题，明确目标，针对点多面广区建设分散、批次采购量不足、采购价格偏高三个问题制定有效对策。针对户用分布式光伏项目特点，基于中国能建供应链管理一体化平台和公司i8系统，在项目部建设了全新的分布式光伏数智化管理平台，实现了项目级、公司级或集团级管控。结合项目进度和重点设备需求，解决了物资供应不便、排产发货困难、采购成本高等问题。疏通供应链管理流程，与供应商建立起了良好协作关系。项目部发布的QC（质量控制）成果，获得2023年度中国水利电力质量管理协会一等奖。

二、实施方法和内容

西北电建始终围绕中国能建"1466"战略思想，坚持新理念先行、新思想引领、新战略致胜的发展目标。以"互联网+数智化供应链"为户用分布式光伏项目建设赋能，推动企业从传统施工单位向优秀的总承包商高质量转变。

（一）数据收集与需求预测

①利用分布式光伏数智化管理系统中的业务管理模块，地推确户人员通过微信小程序和PC（个人电脑）端均可添加"客户信息"和"踏勘技术信息"，明确本户电站组件、逆变器、支架等设备材料的安装容量和具体位置信息。项目管理人员审核通过后，将数据汇总收集，生成确户备案情况表，准确预测设备材料需求情况，并明确到货区域。

②与所采设备供应商协同规划，了解其在当地的生产周期和库存水平，明确供货

周期，有助于项目部提前提交需求，供应商及时排产发货，保障项目所需。

③逐步建立基于系统学习和统计分析的数据收集与需求预测模型，不断优化模型参数，提高预测精度。项目部结合地推确户和现场生产进度，根据施工周期和施工机械人员，优化到货量，通过多批少量的模式，减少资金压力，避免出现库存积压。

（二）采购与供应商管理

（1）供应商的选择与评估。

利用平台的数据对供应商进行全面评估，包括产品质量、交货期、价格、现场服务等指标。建立供应商绩效评价体系，激励供应商持续改进。

（2）推动线上采购快捷化。

通过对商流、物流、信息流、资金流的控制，已逐步打造完成"四流合一"的供应链管理体系。在原材料采购到工程竣工交付全流程中，将材料供应商、工程分包商、劳务分包商、设备租赁企业连成一个整体，形成功能网链结构。大力推进采购管理向供应链管理升级，推行供应商全生命周期管理，与优质供应商建立起长期、稳定、共赢的合作关系。

项目部可通过能建云采平台，完成对现场所需"一包两采购"内容的线上采购工作。针对分布式光伏项目特点，根据集团已有组件、逆变器、电缆等框架协议约定优惠价格，按现场需求预测情况进行批次采购。在质优价廉的基础上，提升了采购的准确性、灵活性。

（3）推动供应链数字化、绿色化转型升级。

数字化供应链从根本上不同于传统供应链，不仅能够最大限度地降低制造、交付和物流的成本，还更加聚焦于客户，能建立更紧密、更深刻的客户关系，最大化提高客户体验。同时充分利用云大物移智链①等先进技术，不断推动管理创新，以实现降本增效，应对市场竞争。

（三）生产与库存管理

（1）明确现场生产计划。

明确周计划、月计划，强化户用分布式光伏数智化管理系统的管理功能，上线施工安装模块，用以确认户用分布式光伏电站建设情况。通过上传施工过程关键部位照片，进行线上验收，提高安装质量。同时注重施工安装与经营管理的深度结合，通过数智化系统与业主方一体化平台对接，共同落实线上审核机制，将安装完成的电站数据推送给业主方进行竣工验收和结算支付。发挥双方互联互通优势，集合物资、经营、技术专家的智慧，发挥一体化统筹管理效能，提升目标管理和效益考核；加强信息集

---

① 云大物移智链是云计算、大数据、物联网、移动互联网、人工智能、区块链的合称。

成，突出效益管理数据流的分层集成与共享，保障户用分布式光伏电站建设向前循环滚动，生产与经营工作高效执行。

（2）掌握光伏市场行情。

明确项目需求，建立库存监控模块，实时掌握库存水平和变化趋势，提高库存水平。户用分布式光伏项目具有"小、短、散"的施工特点，同时多户开工，户与户相距较远，设备材料需求分散、数量不一，施工组织管理难度较大，且光伏项目设备材料成本约占总项目成本的70%。所以，做好库存管理和实现按期保质地供应对项目顺利实施尤为重要。

借助数智一体化平台，基于库存模块，建立安全库存、ABC分类、EOQ经济订货批量、余量报警、出入库记录、定期盘点等功能，实现智库控制策略。进一步优化系统数据收集与需求预测模型，打破工程、物资、经营等部门之间壁垒，结合现场施工安装实际优化库存，及时通知供应商排产交货，保障供应链高效稳定运行。

（四）物流与配送优化

①用好数智一体化平台。通过应用先进的技术，整合需求预测、物流运输、仓储管理、采购和供应链协作功能，实现对供应链相关数据的集成、分析和共享。明确现货储备、交货期和交货地点，满足项目施工需求，提高物流效率。

②通过云模块结合物联网技术，实现货物的实时跟踪，以实时查询物流运输情况，确定现场接货时间，便于施工组织。

③"最后一公里"配送。探索创新"最后一公里"配送模式，针对逆变器、并网柜、光伏直流电缆等小件设备，结合户用分布式光伏特点，利用当地物流链（德邦、京东、顺丰等）进行集散配送处理，降低供应商的运输成本，并在施工相对集中的地区设立仓库，方便现场管理和施工队伍领用。

（五）数据分析和决策支持

①将分布式光伏数智化管理系统和供应链管理一体化平台系统数据，以直观的图表形式展示，方便项目部管理决策。实时提供数据分析报表，及时掌握供应链的运行状况。

②利用数据分析和AI技术，为决策提供支持。自动报警和生成建议，定期分析供应链绩效指标，便于管理人员找出问题，提出改进方法。运用PDCA（计划、实施、检查、处理）循环管理的方法，不断优化供应链管理策略和流程，提高供应链管理在项目生产中的稳定性、适应性和灵活性，达到降本增效的目的。

三、实施成效

西北电建通过建立分布式光伏数智化管理系统，并利用中国能建供应链管理一体化平台，户用分布式光伏项目600W双面双玻组件最终采购价格由1.27元/瓦，降低至1.23元/瓦，每瓦节约0.04元，逆变器采购价格由0.175元/瓦降低至0.16元/瓦。精准的需求预测和库存、物流的可视化管理，数据分析与决策支持以及风险预警，使项目现场能够更加合理地安排生产与采购计划，从而降低了库存水平，进一步节约了资金，提高了工作效率。

（一）经济效益

①光伏组件采购价格由1.27元/瓦降低至1.23元/瓦，逆变器采购价格由0.175元/瓦降低至0.16元/瓦，针对此72MW屋顶光伏项目，可节约采购成本396万元。

②根据合同中工期考核要求，按节点未完成并网容量，每延迟一天考核10万元。利用供应链采购，确保了设备材料如期到货，避免了20天的延期考核，即200万元。

③组件生产及交货期的准确预测，减少了监造、催交费用2万元。

④因供应链货源稳定，运输保障能力强，聚量集中发运，节约了现场卸货台班和运输协调费用。

⑤分布式光伏数智化管理系统的建设与各类模块开发，花费75万元。

2024年1月至今上线采购总金额达64.76亿元，降本增效金额为1.619亿元，降本率为2.5%。

（二）实施效果评价

①通过以上方案的实施，户用分布式光伏项目点多面广区建设分散、批次采购量不足、采购价格偏高的三个问题均得到了良好的解决。

②通过精准的需求预测和库存管理，提高了库存周转率，降低了库存成本，提高了资金的使用价值。平台可以实时监控物流状态，提前预警可能的延误，提高了交货期的准确性，有利于合理安排现场施工，提升供应链的客户满意度。

③分布式光伏数智化管理系统结合中国能建供应链管理一体化平台，实现了供应商的集中管理和现场实际生产的紧密结合，优化了采购、物流、生产、监造、催交、质量追溯、风险预警、应急响应、数据分析等全流程。

经检验，在项目实施过程中各方面均取得了显著的成效，数智一体化平台对相关供应链管理和现场实际生产工作产生了积极的推动作用，得到了业主单位的广泛认可和好评。

（中国能源建设集团西北电力建设工程有限公司：李悦新、李晋刚、马嫣、李楠、马浦庭、王彰灏媛）

天津电建：构建属地化管理体系 实现境外供应链"立体化"布局

中国能源建设集团天津电力建设有限公司（以下简称"天津电建"）隶属于中国能源建设集团有限公司，成立于1964年。业务涵盖传统能源、新能源及综合智慧能源、水利、生态环保、综合交通、市政、房建、装备制造、工程贸易等多领域。为了更好地集合境外属地资源，促进国际资源融通，天津电建经过多年境外工程项目的实践调研，结合公司境外工程供应链管理需求，在迪拜、孟加拉国、马来西亚、印度尼西亚等地区建立境外供应链区域工作站，全面开展区域境外供应链纲领设计、供应链行为规范、采购标准研制、搭建供应链数字化平台、完善智能监控风险预警等工作，逐步构建起天津电建境外供应链立体化布局。

一、案例背景

在全球化背景下，中美贸易战及地缘冲突等重大事件深刻影响了世界经济和供应链格局，推动了全球供应链的并购与重组。在中国，构建"双循环"新发展格局被提升为国家战略，强调供应链的稳定性和关键产业链的强链补链。国务院国资委推动国有企业对标世界一流企业，强化精益管理和成本控制。同时，电力工程企业在国内市场饱和的情况下，积极开拓国际市场，天津电建通过境外多元化市场布局取得了一定成就。然而，面对激烈的国际竞争，优化供应链管理以实现阳光合规、降本增效和可持续发展成为重要方向。

天津电建自2004年起进军国际市场，海外工程项目现已覆盖亚洲、非洲、欧洲及南美洲近20个国家和地区，其中包括13个"一带一路"沿线国家和地区，并在伊拉克、阿联酋、印度尼西亚、蒙古国、白俄罗斯、阿根廷等地均设立了海外分支机构。天津电建在国际市场上的确取得了一定成绩，然而，随着经济全球化的快速推进，市场竞争变得前所未有的激烈。在这种背景下，通过创新和发展境外项目的供应链管理，实现企业的成本降低、效率提升、合规透明和绿色发展，已经成为各大国有企业在拓展海外业务时必须面对的核心挑战。

二、公司发展需求

（一）在公司内部管控方面

天津电建总部对海外工程项目的管理多实行远程控制，但由于境外项目远离本土、人员和施工区域分散及信息流通不畅，这种远程控制经常滞后，导致各项目在境外市场各自为政。同一区域的不同项目间信息资料共享不完全，各项目的采购仅以应急采购需求为直接主导，未能系统深挖属地国采购环境及政商税收等国情信息，加上境外信息来源较为单一，在面对境外复杂多变的环境挑战时较为被动，存在潜在的项目履约风险。

天津电建以境外项目自主管控为主，在观念上存在着短缺经济下粗放管理的强大惯性，在供应链相关工作中以履约为目标，没有系统地从成本分析的角度更好地配置资源，一方面可能造成项目成本偏高，效益的流失；另一方面采购过程也缺乏监管，存在潜在"隐形福利"的可能性。

天津电建因境外施工地点分散，各项目部自行采购，缺乏规模优势，且没有有效的数据收集手段，在公司层面上无法获取采购大数据，不能发挥数据信息资源优势，不能最大限度地降低采购成本。

（二）在境外市场竞争方面

从国内走出去的大多数工程企业存在资源封闭现象，国内同类企业在境外市场上相互搏杀，在境外市场中已呈现出了"国际竞争国内化"的趋势。

国外的一些电力工程企业（如印度、巴基斯坦、埃及等国家的企业）履约能力逐渐增强，施工管理水平也日渐提升，而且其劳动成本低廉，所以在履约成本方面优势明显，我国企业在境外市场竞争中面临着巨大的挑战。

综上所述，如何突出发挥企业自身的比较优势，提炼境外供应链数据的价值，形成公司集约优势，有效利用境外资源优势参与境外市场活动，拓宽资源渠道，使境外供应链行为可控，降低境外项目成本，提高采购效率，带动境外潜在市场开发，这些都是每个企业构建境外供应链管理体系亟待解决的命题。自2017年起天津电建就尝试创新境外供应链管理模式，构建适应天津电建境外供应链管理的立体化布局。

三、主要做法

（一）指导思想

天津电建构建境外供应链管理体系初期，确立了以下四项基本原则作为指导。

统一目标原则：在开展境外供应链体系构建时，公司上下总体对境外供应链目标相一致。

统一指挥原则：境外供应链体系的构建由公司总部作为指挥中心，各区域工作站服从公司统一指挥。

精简与高效原则：遵循境外供应链活动的客观规律，科学设置各区域工作站，秉承流程简洁、工作高效的原则开展各项工作。

组织弹性原则：境外供应链管理机制及组织设定有韧性，境外供应链运作要有抵御和预防境外市场风险的能力，风险可控、应急得力。

（二）境外供应链管理"立体化"布局的创新做法

2017年年初由中国能源建设股份有限公司指定天津电建作为试点单位开展了境外采购管理试点提升工作，揭开了天津电建境外供应链管理布局的序幕。经过近几年的努力，通过境外实地推行并进行了大量的研讨分析工作，以及借鉴兄弟单位优秀的境外管理经验，逐步摸索、总结出一套适合天津电建发展的供应链管理"154管理体系"，并以"154管理体系"为纲，借助公司影响力、数智选型力、人才支持力，以寻源降本为核心，横向拓宽业务链条、纵向重塑管理流程，双向扩展供应链深度，数字化技术不断集成迭代，逐步建立境外供应链管理立体化布局。

"1"是指一项理念，即"放眼全球，资源整合，价值创造，合规管控，务实担当，砥砺深耕，开拓创新，精益高效"。

"5"是指"5R"采购指导原则，即正确的供方（Right supplier）、正确的时机（Right opportunity）、正确的流程（Right procedure）、正确的质量（Right quality）和正确的价格（Right price）。

"4"是指四种资源的科学选择方式，分别对应"杠杆型、战略型、日常性、瓶颈类"四种不同物资保障需求，并针对不同需求，结合境外实际环境，施以针对性的采购策略

（三）夯基建模，组建境外供应链管理框架

根据天津电建海外项目特点和海外市场布局，采取"设区域聚优势精管理、建平台广撒网深挖潜"，有的放矢地建立供应链立体管理框架。

"设区域聚优势精管理"，结合天津电建海外市场分布情况，建立以公司总部为指挥中心，以海外工程公司物资管理处为副指挥中心，分别在迪拜、印度尼西亚、孟加拉国、马来西亚等地设置供应链区域工作站。境外供应链工作以区域工作站为据点，主要负责拓展供方资源、进行科学分类管理，开展战略合作、集中采购、集约物流等工作。

"建平台广撒网深挖潜"，境外工程供应链具有不确定性和复杂性，数字化供应链通过建设集数据集成、资源管控、采购交易、催交监造于一体的境外供应链管理平台，可为区域中心辐射范围内项目投标决策、分供招采、风控预警提供支持。平台建设目前分两步走：第一步，对现有数据的收集整理，借助信息化开展大数据分析，初步筛选优势资源，并对得出的结果以实地考察、洽谈等方式再次验证；第二步，结合境外各区域实际情况，实现采购方与供应商的连通，解决境外供应链管理中标准多、个性化需求和供应不通畅等问题。

（四）架梁立柱，建境外供应链行为规范

以"优势资源集中采购、精准服务区域内项目"为基础目标，结合境外供应链行

为的特殊性和习惯，按区域分别建立管理要求和策划方案，要求在统一的原则上，保证决策的科学性，贴近区域工作站所在国或者地区供应链工作习惯的同时保障采购流程的严谨性、依法性和合规性。同时建立从管控、效益、效率等多维度全方位评估境外供应链区域工作站管理绩效制度，设立符合各区域工作站业务发展的差异化供应链管理绩效目标。

（五）精雕细琢，刻境外供应链工作精度

聚焦影响境外供应链工作质效的主要环节，总部牵头按不同国别分别建立国情知识库、采购商情库和项目信息库等，公司内部成员可按设定权限了解属地国和本国的商业运行规则，以及境外优质供应商资源和价格信息。同时根据中国能源建设股份有限公司下发的统一招标模板，安排专员结合境外使用习惯，进行英文、阿拉伯语版的转译工作，并在境外区域工作站内项目中进行试用反馈，根据实践过程中存在的差异性，尤其是境外法律、法规要求做出相应的修改和完善。

（六）筑墙防控，搭境外供应链"一体化"监管机制

对可能产生的境外供应链风险，从规避、控制、转嫁等方面提前制定风险策略。第一，从供应商寻源管理开始，在适应境外国情的同时建立符合天津电建合规要求的供应商审核及绩效评估体系，对于"杠杆型、战略型"的物资尽量与多家供应商保持良好的合作伙伴关系，积累多元化供应商资源储备库。第二，制订紧急采购计划和流程，以便在风险事件发生时能够迅速采取行动，以最小化影响。第三，规范招标文件、合同文本要求，在合同条款中明确责任分担、违约条款等，确保在风险事件发生时有法律依据可循，减少自身承担的风险。

四、成效和亮点

天津电建在境外供应链"154管理体系"的统一指导下，由公司总部统筹协调，组建境外供应链区域工作站，按区域建立适应性境外供应链管理制度，并在推广使用过程中不断适应革新，保持境外供应链管理自我更新与迭代的能力。天津电建通过制度牵引境外供应链管理工作的全过程，实现了对境外的供应链管理逐步由粗放管理到精益管理的转变，为天津电建供应链价值链深度融合，业务范畴向广度拓展提供了可能。

（一）集成数据，搭建平台

1. 建立境外供应链管理数字化平台

天津电建通过建设智慧国情预警、价格风险管理、动态成本管理、资源平衡一体化平台，提高了信息的完整性和透明度，打破了境外供应链管理各环节的壁垒，使全

程可视可追溯；此外，实现了资源的精准匹配，从而促进供应链、价值链的融合发展。目前，境外供应链管理数字化平台集成数据覆盖巴基期坦、土耳其等9个国家的13个项目部，积累数据万余条。

2. 规范关键指标，优化品类

开展招标文件规范化工作，制定阿拉伯语版、英文版工程采购招标文件模板、机械租赁招标文件模板及物资类采购招标文件模板等适应性采购相关模板，并在各境外区域工作站推广使用。各境外区域工作站考察优选辐射范围内的供应链资源，汇集辐射项目内各区域采购需求，打破内部壁垒，畅通集中采购渠道，提高境外属地化采购管理水平，推进跨国区域联采，增加厂家直采品类，扩大厂家直采规模。

（二）全球布局，多点协同

天津电建主要集中在中东、非洲、南亚、美洲等5大区域建立境外供应链区域工作站，可以汇集区域内工程项目的采购需求，打破内部壁垒，畅通集中采购渠道，在附近多国区域内组织资源，利用不同国家比较优势，取长补短、为我所用。

以迪拜供应链工作站为例，一方面中东地区经济发达，因此属地与项目有关的工业品资源相对比较丰富。通过迪拜供应链工作站整理提交的中东地区供方资源名录可知，工程可能涉及的钢筋、混凝土、砂石料、钢结构、板材、钢管、电线电缆等物资均有相对丰富的选择。另一方面，依托于建设完善的港口、道路、机场等硬件设施和成熟稳定的政府、社会管理体系，多年来该区域国际贸易活跃，与贸易相关的管理流程完善有序，为工程物资的跨国调配和运输提供了充分保障，拓宽了物资的保供渠道。天津电建在该区域数个项目的实际履约情况也验证了这一点。

（三）整合资源，提质增效

在供应链综合成本最低的地方采购，是境外供应链管理的初衷。境外供应链管理的立体化布局充分发挥区域优势资源的价值，初步实现了公司总部与境外项目的信息交互和数据共享。互联网技术为采购需求消息扩散和资源信息收集提供了渠道，提升了供应链资源的纵横一体化配置能力。

一方面，在公司总部的牵头下，境外供应链区域工作站制定符合属地坏境的可操作的区域供应链战略，对境外供应链流程规划、质效提升等全方位地进行重塑，引导各区域工作站高效有序开展各项工作。另一方面，借助数智化手段，以信息流在整条供应链中顺畅传递为目标，加速信息传递，对于市场需求的变化，从需求计划统计、采购信息渠道发布、同类比价、催交监造到物资仓储等都能迅速做出响应，主动适应境外大坏境的综合竞争。

以迪拜项目的属地化采购为例。迪拜项目正式开始工程物资采购前需向业主上报厂家资质，且项目执行标准以欧标、美标为主。鉴于国内很多厂家无法提供英文版资质或无法满足欧美标准，且项目标准要求严格，使项目公司只能以利用属地资源为主。以项目接地施工采用热熔焊工艺为例，国内大部分厂家无法提供英文资质，属地资源美国品牌 THERMOWELD、土耳其品牌 GERSAN、泰国品牌 KUMWELL 在当地已被认可，且经过业主审核。公司甲为主要代理商之一，库存充足，价格较其他品牌低，可建立长期合作关系。公司乙主要经营 Emirates Steel 钢筋，是当地较大的钢筋生产加工商，得到业主的高度认可。其钢筋价格在 2400~2500 迪拉姆/吨，折合成人民币后与国内价格基本相当（属地为 5 级钢），加之钢筋出口不享受出口退税，故属地采购合理。厂家可根据需求提供放样图、切割、弯曲、环氧，且工厂设备齐全，供货周期短，能够满足项目的需求。通过境外区域工作站的运作，在临近国家就近组织资源，缩短了供应链长度，提升了境外项目的管理水平和市场开发能力。

（四）防范风险，合作共赢

1. 构建境外供应链风险监控体系

针对境外供应商，建立有效的监控指标体系，可以及时发现和应对风险。构建监控指标体系应综合考虑采购业务的各个环节，并结合国际工程物资供应的特点。在供应商履约能力方面，不仅要将供应商提交的书面文件、报价或承诺作为对其履约能力和信誉的判断基础，还要在每次与拟合作供应商进行的实地接触中收集积累如配合的积极程度、对问题的响应速度、对 QHSE（质量、健康、安全、环境）管理体系的执行、过往项目业绩及客户评价等软性信息，以此作为对拟合作单位进行全面评估的基础。在国际物流环节方面，评估国际物流环节的风险，完善境外服务网络，补齐货运航空等跨境物流短板，强化快速反应能力和应急保障能力。面对市场价格波动，重点关注重要原材料价格、汇率波动等因素，制定应急反应机制或价格波动调整机制。此外，将政治环境变化和自然灾害风险的监控指标纳入红线预警，以及时应对不可预见的风险。

2. 建立应急处理与危机公关机制

境外供应链区域工作站建立了完善的事件应急预案，明确各类供应链风险事件的预警标准和处理流程。同时制定危机公关预案，明确在发生采购风险事件后，境外供应链区域工作站配合需求项目及时与供应链合作伙伴沟通，并全力配合解决问题，最大限度减少损失。

五、推广价值

天津电建境外供应链管理工作站的建立，填补了公司对境外供应链精益化管理的空白，在提高工作专业化程度、价值创新的同时健全境外供应链风险防控机制。通过数字化平台的不断完善，境外工作人员能够亲身感受到全新的管理模式给工作带来的便捷性和高效性。

党的二十大报告提出，坚持高水平对外开放，加快构建以国内大循环为主体、国内国际双循环相互促进的新发展格局。习近平总书记强调，"中国开放的大门不仅不会关闭，而且只会越开越大……新发展格局以国内大循环为主体，绝不是要关起门来搞封闭运行，而是通过发挥内需潜力，使国内市场和国际市场更好地联通，更好地利用国际国内两个市场、两种资源"。天津电建境外供应链区域工作站的建立，是充分发挥自身比较优势，积极参与国际市场的体现。在适应国际发展环境和经济形势发展变化的同时，依托天津电建境外工程项目集聚全球优势资源，促进国际合作。

（中国能源建设集团天津电力建设有限公司：迟彦、王华利、李慎喆）

北京大兴国际机场："兴采 E 购" 民航机场采购管理新动力

北京大兴国际机场物料采购商城（以下简称"兴采 E 购"）是北京大兴国际机场（以下简称"大兴机场"）采购工程部负责整体设计、开发建设与运行管理的项目。采购工程部作为大兴机场采购管理归口部门和专业技术支持部门，全面负责公司的采购管理、固定资产实物与设施设备管理、建设管理以及造价与工程档案管理等工作。

一、基本背景

（一）国家政策与市场环境

大数据、云平台、云计算、人工智能等新一代信息技术的广泛应用，标志着数字时代已经到来。自 2020 年以来，国务院国资委、发展改革委相继对加快推进国有企业数字化转型提出了更高要求，强调要推动数字经济和实体经济融合发展，加强管理体系和管理能力建设。2024 年 7 月，国务院国资委、发展改革委联合发布的《关于规范中央企业采购管理工作的指导意见》，明确支持大力推广企业电子商城，鼓励中央企业自建电子商城，并将标准工业品、低值易耗品、通用服务项目等通过企业电子商城采购。

各行业领先企业自 2015 年开启"采购商城"时代，运用互联网平台建设技术，承接招标结果和采购制度，实现集采制度落地要求，后又导入应用人工智能等新技术，推动了电子商城优化升级，形成"一站式"供应链服务能力、企业内部管控能力和平台运营能力。国有企业通过自建电子商城，不仅推动企业实现采购管理的规范化、精益化、协同化和智慧化，还为国家产业链供应链的韧性和安全水平提供了重要支持。

（二）大兴机场战略发展需要

大兴机场分别于 2021 年、2023 年相继开展电子化采购平台一期、二期建设工作，已实现全部非招标采购方式线上化，有效规范采购流程标准，提升采购效率和成功率，优化采购营商环境，为采购数智化转型奠定了基础。随着中国民航逐步拓市增效，大兴机场对经营流程深度梳理自查，在优化物料采购精细化、数智化管理，加强办公用品及生产生活保障物资成本管控方面具有一定提升空间，距离实现打通与供应商的协作通路，提高标准和效率，降低风险和成本的运营目标，仍缺乏信息化的管理手段和必备工具，亟待建立自有电子商城，规范采购订单流程，建立标准商品库，加强电商履约监测，落实物料采购降本增效。

二、问题分析

一是大兴机场原有 8 家电商，采购人需登录各家自有网站分散操作下单，采购效率低，用户体验感不强。二是办公用品等低值高频采购需求分散、标准不一，缺乏统一平台支撑集中管理，没有形成规模化采购。三是对于非电商供应的协议框架订单，需在线下完成选品比价，报价依据文件形式不一，履约过程不规范。四是商品种类多，规格参数复杂，各供应商对商品描述标准不同，缺乏类目标准和物料编码，选品和物料管理困难。五是商品比价大多参考京东自营价格，未在全部供货商之间实施全面比价。六是供应商评价缺乏工具手段，未对订单进行逐单评价，优选供货商缺乏依据。

三、建设思路

"兴采 E 购"是在大兴机场已经签署的综合类、办公类、水暖消防类、电气设备类、建筑装饰类等公司级货物类框架合同的基础上建设的物料采购商城平台。

"兴采 E 购"依托大兴机场的优势，整合内外部优质资源，引入多家外部电商和线下供应商，达成"同类采购商品，多家供应商供货"，确保企业采购交易活动的"市场可选、多方比价、便捷高效、公开透明"，从而实现降本增效、阳光采购、集中管理的目标，进一步提升采购工作规范性、采购执行效率、监督管理及风险防控能力。

"兴采 E 购"项目于 2022 年启动立项，2023 年开展行业内外案例调研、历史采购数据治理分析、信息系统架构分析论证及商城建设开发工作，形成了机场运行领域的标准商品类目，保障了大兴机场办公用品及生产生活物资采购需求。2024 年至今运行平稳，未来将进一步与大兴机场经营流程优化相协同，持续提升机场管理领域物料采购的标准化、规范化，采购体验的高效化、便捷化，采购管理的数字化、智能化。

四、实施内容

（一）业务层面规范与创新并举

1. 整理采购历史数据，形成大兴机场自有物料类目

就大兴机场物料采购范围而言，涉及综合类、办公类、水暖消防类、电气设备类、建筑装饰类等物资，物料类目缺乏结构化的统筹管理。为此，项目组首先进行了物料采购历史数据的梳理，整理了最近三年大兴机场物料采购的历史数据，共计 3 万多笔采购申请单，涉及 2 万多种商品。其次通过 AI 大模型对商品数据进行整理分类，共推算出 3 层合计 2200 多个商品类目。最后根据机场场景特点对商品类目进行了细化修正，最终生成一级类目 27 项、二级类目 205 项、三级类目 1060 项，编制完成《北京大兴国

际机场物料采购商城商品类目（2024年版）》，经征集各使用部门意见并修改完善，通过推品测试论证，在大兴机场内部正式印发使用。

2. 梳理和规范大兴机场物料采购流程

针对大兴机场的物料采购特点，项目组为"兴采 E 购"设计了 20 多个采购流程，涵盖了商品审核、采买、结算、物流、售后等全方位服务，贯穿物资采购的全链路、全流程。大兴机场物料采购流程如图 1 所示。

◙ 账号登录流程	◙ 电商商品上架流程	◙ 非电商商品上架流程
◙ 商品价格监控流程	◙ 电商商品下架流程	◙ 非电商商品下架流程
◙ 商品比价流程	◙ 电商实时价商品下单流程	◙ 非电商实时价商品下单流程
◙ 订单异常变更流程	◙ 电商固定价商品下单流程	◙ 非电商固定价商品下单流程
◙ 申请供货流程	◙ 电商订单到货验收流程	◙ 非电商订单到货验收流程
◙ 客服流程	◙ 电商订单售后流程	◙ 非电商订单售后流程
	◙ 电商订单支付结算流程	◙ 非电商订单支付结算流程

图 1 大兴机场物料采购流程

采购流程的标准化和规范化，提高了采购效率、规范了采购过程，最终实现线上流程闭环，做到采购信息可记录、全程留痕可追踪、数据成果可分析。这不仅提高了采购的透明度，还极大地降低了管理成本。

3. 创新物料固定价采购模式

针对大兴机场物料采购的特点，"兴采 E 购"创新性地实施了固定价采购模式。虽然在框架采购合同中没有定品定价，但可以在"兴采 E 购"实行固定价供货流程，对于常用多频次采购商品，经过定品定价后，可在商城固定价专区上架采购。

固定价专区商品具有排他性，一旦确定后，与之同类目下相类似的普通商品都要求下架。采购人员选择固定价商品下单，不需要走比价流程，可减少框架订单的审核压力。

4. 创新的互联网购物模式体验

（1）目录化、场景化采购。

"兴采 E 购"采用目录化采购，将各类商品信息整合到一个集中的数据库中，并按照提前整理好的商品类目结构进行分类。采购人员可以通过浏览目录，查找所需商品并在线下单，实现供需双方的快速对接和交易。相比于传统的采购方式，目录化采购节省了采购人员的时间和精力。一方面通过标准化分类和数字化管理，采购人员可以快速找到所需商品，无须进行烦琐的询价和比较等环节，大大提高了采购效率；另一方面，目录化采购还减少了采购过程中的错误和纠纷，通过系统化的管理和自动化的流程，有效防止了人为差错和信息丢失。

"兴采 E 购"针对大兴机场运营特点，设置了防汛专区、消防专区、供配电专区等多个特色场景，可针对不同的突发事件做好有针对性的应急采购准备。

（2）多电商对接。

针对大兴机场存在多家电商供应商和非电商供应商的情况，"兴采 E 购"统一了电商供应商的后台接口标准，同时为非电商供应商提供了商城开店的便利，让所有的供应商在"兴采 E 购"上提供统一的、标准化的商品和服务。采购人员在商城浏览商品，在购物车批量下单，系统会自动根据商品的供应商来源进行拆单，既屏蔽了供应商之间的技术壁垒，又做到了公平公正。

（3）跨平台比价。

商品和价格公开透明是提高采购活动规范性、降低采购成本的关键举措。"兴采 E 购"通过平台智能比价功能，为采购人员在选择商品时，提供同类相似商品的推荐，并展示相似商品的价格等详细信息。通过系统智能算法推荐，采购人户可以快速识别性价比高的商品进行采购，在线"货比三家""价比三家"。

（4）"拍照验收+一单一评"。

"兴采 E 购"支持下单员与验收员角色权限拆分，支持订单的拍照验收。验收员收到订单到货提示信息后，可在系统上自主进行拍照验收。验收后需要填写订单评价，订单评价与大兴机场供应商管控流程对接。

（5）财务结算协同。

"兴采 E 购"搭建了统一的应付结算平台，支持多类数据来源、多种协同方式、多样化结算模式。同时支持供应商上传电子发票，在线进行发票审批，自动创建结算单，导入财务系统，节省了付款申请工作量。

（二）技术层面兼容并蓄，保证架构先进性

1. "兴采 E 购"具备业内领先的技术能力

高性能服务器架构打好坚实基础。"兴采 E 购"建设采用分布式架构，服务器负载均衡，提高系统的并发处理能力和响应速度；运用云计算技术，实现弹性扩展，根据业务流量动态调整服务器资源。

数据库管理稳定可靠。"兴采 E 购"采用关系型数据库（如 MySQL）或非关系型数据库（如 MongoDB、Redis、ES）进行数据存储，对索引设计、查询优化、数据分区等进行优化，提高数据存储和检索效率。

安全防护机制保驾护航。"兴采 E 购"实施网络安全策略，使用防火墙、入侵检测系统、加密等技术工具，保护用户数据和交易安全；同时使用漏洞扫描和安全测试工具，可及时发现并修复系统中的安全隐患。

多种技术模型深度赋能。"兴采 E 购"运用数据分析和机器学习算法，引入 AI 大模型进行智能搜索、比价、采购、物料治理。根据用户的浏览历史、购买行为等数据不断优化推荐算法，提高推荐的准确性和相关性，提升用户购物体验。运用大模型工

具，对海量数据进行快速分类、清洗和整合，实现商品数据的统一标准化。

智能化监管控制贯穿始终。为保障订单全流程的统一高效，"兴采 E 购"还打造了便捷的对账结算系统，对每一笔订单结算进度进行监控，对逾期未入库、开票、付款等进行提前预警及介入。

2. "兴采 E 购"具备高度的可拓展性

"兴采 E 购"采用模块化设计，各个功能模块解耦，均可独立开发、测试和部署；同时采用微服务架构，把复杂的业务逻辑拆分成多个小型服务，提高系统的灵活性和可维护性。

"兴采 E 购"设计保证了接口的开放与集成，提供了丰富的 API（应用程序编程接口），方便与其他业务功能的第三方系统进行集成，如物流系统、SRM 系统、数据分析平台等。同时，也支持快速对接新的合作伙伴和业务拓展，实现资源共享和优势互补。

数据存储架构支持数据量的快速增长，"兴采 E 购"采用分布式文件系统、数据仓库等存储和管理数据。健全的数据治理体系，确保数据的一致性、准确性和完整性，为数据分析和业务决策提供可靠支持。

灵活的配置文件和配置中心满足定制化业务快速适配，方便对系统的参数进行调整和扩展，而无须修改代码；开展新的业务或面临特殊的采购需求时，可快速调整和适应，为新的业务场景提供有效的支持。

五、实施效果

"兴采 E 购"自上线以来运行平稳，目前已经形成具备通用性的标准化操作流程与平台管理制度，作为民航机场领先的互联网模式物料采购平台，其对推动民航机场采购管理向精益化高质量发展具有重要意义，具备一定的推广应用价值。

大兴机场通过物料采购商城的建设，实现了商品的自主可控、采购比价、验收评价等，打造集团公司首个在线采购商城，服务于大兴机场精益化管理与高质量发展。

（一）集中化管理

"兴采 E 购"提供了一个集中的平台，各部门可以通过这个平台统一管理采购活动，对 17 家货物类框架供应商进行订单实施及管理，既简化了采购流程，又提高了管理效率。

（二）透明度提升

货物类框架采购活动都在线上进行，商品、价格、结果实时可见、公开透明、交易留痕，有助于管理人员对框架采购订单的内控和风险管理，实现阳光交易，从而提高框架采购的公正性、公开性和公平性。

（三）提高采购效率

物料采购商城支持商品信息快速搜索、商品多维度筛选及排序、商品对比选购、线上结算开票等功能，减少了采购业务人员线下沟通、手动比价、纸件记录等操作，采购流程更加方便快捷，提高了工作效率。

（四）成本节约

"兴采 E 购"根据货物类框架供应商合同要求，约束商城采购价格，自动比价、竞价机制也有助于降低采购成本，同时减少原有的线下比价所产生的采购管理成本、时间成本以及纸质文档的使用、存储、邮寄成本等。

（五）供应商管理

物料采购商城支持框架订单"一单一评价"，有助于快速直接地评估和记录货物框架供应商的履约情况，指导监督和优选合作供应商，并为货物类框架供应商的年度评价提供依据。

（六）数据积累和分析

"兴采 E 购"可以对所有框架订单采购数据进行收集，整理出不同维度的数据进行分析，帮助了解公司整体或各部门货物采购的具体情况，识别和缓解潜在的采购风险，优化采购决策及库存管理等。

（首都机场集团有限公司北京大兴国际机场：刘鑫垚、张金龙、夏近洋）

宁德核电：采购全流程智能化风险识别体系与数字化落地实践

福建宁德核电有限公司（以下简称"宁德核电"）于 2006 年 3 月 23 日注册成立，是宁德核电一期工程项目的工程投资、工程建设和运营主体。宁德核电项目是福建省首座开工和投运的大型商用核电项目，规划总容量为 6 台百万千瓦级压水堆核电机组，一次规划、分期建设。宁德核电一期工程项目采用成熟的二代改进型压水堆核电技术（CPR1000），设备综合国产化率达 80%，总投资约 562 亿元，总装机容量为 435.6 万千瓦。宁德核电二期工程 5 号、6 号机组采用我国具有自主知识产权的三代核电技术"华龙一号"，设备国产化比例将超过 90%，预计总投资约 415 亿元，单台机组装机容量 121 万千瓦。公司主营业务为核力发电，主要收入为售电收入。

一、案例背景

（一）核安全目标对采购业务的高要求

核安全是企业对国家和公众的庄重承诺，由于核电行业本身固有的特殊性，企业高度重视核安全管理，在采购领域主要体现在以下几个关键方面。

在合法合规与标准遵循方面，宁德核电严格按照核安全法规及行业标准来开展采购业务，建立起一套规范、高效、专业的采购管理制度，确保所采购的一切物项、技术和服务都符合相关的放射性防护、设备安全运行等要求，对任何违反法规或标准的采购行为零容忍。

在采购对象质量把控方面，宁德核电制定了明确、严格的质量等级要求和监督体系。从核反应堆核心系统设备到现场技术服务，都要经过严格筛选与把关，对供应商资质、产品质量认证等进行严格审核，确保所采购的物项或服务能够满足核电厂安全稳定运行的需求。

在供应商筛选方面，宁德核电建立了成熟、完善的供应商管理制度，以保证所采购的服务或物项达到公司的要求，同时保持适量的竞争和畅通的供应。全面考查供应商经营状况、质量管控体系、技术能力及经验口碑等维度，并对做出不良行为的供应商进行相应处理。做好供应商风险管理是核安全保障的重要环节，对于降低核安全风险和核电精益化运营有着重要意义。

（二）采购领域风险管理现状

近年来，宁德核电深刻认识到在采购领域实现风险识别与管控的必要性，并对采购业务现状进行深入分析，归纳出以下核心痛点。

痛点一：采购风险管控体系不足。宁德核电对供应商的各级各类风险缺乏深入研究和科学认定，对风险类型、成因、后果及处置方式尚未形成统一、可行的标准体系。由于缺乏体系化的管控机制，风险处置多以个案处理、事后补救为主，存在业务风险和监管隐患。

痛点二：供应商信用管理挑战。由于供应商数量众多、关系复杂、信息更新迅速，宁德核电缺乏精细化的信用数据资源及统一的信用评估体系，导致供应商信用管理难以达到规模化、精细化、便捷化的要求。

痛点三：外部数据获取与利用难题。宁德核电在获取外部数据方面主要依赖手工方式，效率低且稳定性不足，人力成本高昂。同时，通过其他渠道获得的公开数据权威性有限，难以在否决供应商、处理质疑投诉等关键决策中将其作为可信依据，导致决策者在面对这些数据时存在顾虑，不敢用或不愿用。

痛点四：工具平台支撑缺乏。宁德核电缺乏必要的工具平台支持，难以系统地开展采购全流程风险管理和供应商监管分析工作，难以迅速、有效地进行风险响应，这限制了宁德核电对采购业务风险的全面掌控和深入监控分析，影响了风险管理的效率和效果。

二、主要工作

（一）建立采购全流程风险防范导则及配套的流程标准

2022 年，在剖析采购典型案例的基础上，宁德核电编写完成中国广核集团有限公司首份《采购全流程风险防范导则》，并将其作为宁德核电方案输出到多个核电基地。《采购全流程风险防范导则》共梳理出 29 个一级风险点和 70 个二级风险点，对 87 个典型案例进行剖析，提出 150 个问题和提示，以指导各部门开展采购工作。通过四个责任的落实以及集体决策的应用，切实将采购风险防范要求落实。

2023 年，宁德核电持续加强采购管控，严格落实《采购全流程风险防范导则》，切实执行重要采购事项集体决策制度，杜绝违法违规情况发生。建立了采购全流程风险评价体系，并依托公司商务管理委员会开展运作。通过对采购活动进行"回头看"检查，依照采购全流程风险控制矩阵中各风险点进行评价，对采购风险事项进行详细分析，杜绝问题重发。

2024 年，一方面，持续完善制度流程，积极建立《采购全流程风险防范导则》配套采购风险防控标准流程文件，为有序开展采购风险防控提供明确指引；建立供应商风险分析机制，完善供应商信息库；以公司核心业务流程再造为契机，充分利用数字化、信息化手段，解决采购流程烦琐等难点问题，保证采购效率。另一方面，提升采购全流程风险防范管理数字化水平，推动风险防范由人防向技防转变，提高风险防范的科学性和准确性；建立采购过程风险预警响应机制，加强采购过程风险实时管控，确保采购过程合规性和风险可控性。

（二）构建基于量化风险指标的采购风险智能评估模型

在当前采购提质增效的过程中，全流程一体化与数字化已成为基础条件，且以智能评审为核心的采购关键环节智能化是未来发展方向，应用基于量化风险指标的采购风险智能评估模型显得尤为重要。

基于此，宁德核电聚焦核安全采购风险智能评估模型，借鉴行业内的先进经验，明确全业务流程数字化与关键环节智能化的建设需求，优先选取围标串标关联识别模型、重大风险核查模型、履约风险监测模型三个采购重点关注的典型分析模型。通过统一风险标准、量化风险指标和智能化处理，确保风险识别和管控更加精准、有效。

1. 围标串标关联识别模型

（1）关联关系识别模型。

以供应商、关联人、投标行为等为核心实体，通过股权、任职、共现等关系构建关系图谱。此图谱用于分析同一项目中不同投标人之间的控制关系、股权与人员关联、历史及间接关联，分级识别风险，并提供相应的处理指引，帮助业务人员在招标采购过程中有效识别和处理关联关系风险。风险指标、风险等级与处理指引如表1所示。

表1　　　　　　　　　风险指标、风险等级与处理指引

风险指标	风险等级	处理指引
单位负责人疑似相同	一级	否决
控股关系	一级	否决
年报联系方式相同	二级	重点关注并做审计预案
兄弟关系（股权穿透）	二级	重点关注并做审计预案
爷孙关系（股权穿透）	二级	重点关注并做审计预案
叔侄关系（股权穿透）	二级	重点关注并做审计预案
疑似兄弟关系（股权穿透）	三级	重点关注
疑似股东相同	三级	重点关注
围标串标共同处罚	三级	重点关注
参股关系	三级	重点关注并做审计预案
共同投资	三级	重点关注
人员疑似相同	三级	重点关注

（2）投标文件查重。

基于相关法律法规、监管巡视要求及典型案例库，构建雷同比对因子库，以提升投标文件查重的准确性和效率。通过优化图像识别和自然语言处理算法，对投标文件内容进行快速切割、拆分和理解，实现高效的文本分析。同时，利用人工智能优化的相似度算法，对投标文件中的关键内容进行比对，识别潜在的抄袭、串标行为，包括报价异常、电子文件制作、信息交叉、文本重复、图片重复、符号重复、文本格式重复等问题，确保投标文件的合规性与公正性。投标文件查重的核心功能特点如表 2 所示。

表 2　　　　　　　　　　　　投标文件查重的核心功能特点

核心功能特点	描述
雷同比对因子库	通过对历史案例的分析提取出典型的相似因子，结合法律法规要求，确保查重结果的严谨性
智能内容处理	通过图像识别和自然语言处理技术，对文件内容进行切割和分块处理，准确识别连续文本重复、信息交叉等雷同特征
相似度算法优化	基于人工智能算法，计算不同投标文件间的相似度，剔除非实质性内容的重复，提高查重结果的精准性
剔除公开信息	在查重过程中自动识别并剔除公开信息，避免误判，同时增强模型的适用性和通用性

（3）投标异常共现模型与投标团体模型。

基于供应商间的历史共投行为，结合投标数据和行为模式分析，通过构建共现指数和团体指数的判别机制，识别投标活动中的异常共现特征。重点关注同一时间段内共同投标次数较高的供应商群体，尤其是频繁共同投标的供应商组合。通过设定共现指数和团体指数的阈值，有效识别投标人之间可能存在的隐性协同关系，帮助采购单位预警潜在的围标、串标或合谋风险。

共现指数反映供应商在同一项目中共同投标的频率，通过与供应商单独投标次数的比值，揭示供应商之间的投标协同性。团体指数则侧重分析供应商在共同投标时的中标成功率，衡量投标团体的协同效应。如果某些供应商在合作投标时中标率较高，可能存在合谋行为。两个指标的综合分析，可以为采购方提供更加精准的投标行为识别，进而提高投标过程中的风险防范能力。共现指数与团体指数的区别如表 3 所示。

表 3　　　　　　　　　　　　共现指数与团体指数的区别

风险指标	描述
共现指数	衡量不同供应商在同一项目中共同投标的频率，可以反映供应商间的投标协同性。共现指数高，意味着这些供应商可能存在隐性协作，提示围标或串标风险
团体指数	计算供应商在共同投标情况下的中标成功率，可以反映供应商之间的协同效应。团体指数高，表明供应商在合作投标时的中标率较高，可能存在合谋行为

2. 重大风险核查模型

该模型对供应商是否被列入信用黑名单、是否存在重大风险进行全面评估，并提示相应的风险处理措施。通过应用，可准确识别并及时阻断潜在风险，防止重大风险对采购活动的影响，确保采购过程的合规性和透明度。重大风险分类与风险指标如表4所示。

表4   重大风险分类与风险指标

分类	风险指标
主体资格风险	吊销/注销营业执照记录、责令停产停业记录、破产记录
诚信风险	行贿犯罪记录、较大金额行政处罚记录、失信处罚记录
能力风险	财务风险、严重拖欠工资、重大变更记录、疑似空壳企业

3. 履约风险监测模型

履约风险监测是保障采购项目顺利进行的重要手段，可及时识别供应商履约能力的变化和潜在风险，是确保项目按时按质完成的关键。履约风险监测模型通过多维度的风险指标，实时监控供应商的履约状况，及时识别并预警潜在风险。

该模型通过集成主体资格、财务状况、经营能力、资质等级和关联关系等多个关键监测指标，全面分析供应商在履约过程中的风险情况。当监测到供应商存在资质失效、财务异常、经营不善等风险迹象，或其履约能力出现下降时，自动触发风险告警，帮助采购方在合同履行过程中对供应商进行动态管控，及时发现和应对潜在问题，避免因履约风险对项目进度和成果产生不良影响。

（三）逐步完善采购风险智能化管理架构

1. 整体架构设计

宁德核电以核安全采购核心要素的应用需求为出发点，聚焦供应商风险，综合考虑法律法规要求、监管巡视意见、采购管理规范及高发易发风险，致力于建立统一且全面的风险标准体系和覆盖合规风险、履约能力风险的识别与预警机制。以完善风险应用机制和管理配套措施为保障，借助大数据和人工智能技术，深度挖掘并形成量化风险模型，持续提升不同类型及等级风险的识别、处置与管理能力。通过强化管理目标、制度流程及数字化支撑的深度融合，打造覆盖全流程、关键环节的新型采购风险管理体系，为实现核安全采购的高效合规提供全面支持。

2. 业务流程架构设计

宁德核电以采购和合同履约为核心，延伸至采购前和采购后关键环节，构建核安全采购风险智能化模型和数字化应用体系，为采购管理者和业务执行人员提供供应商风险评估与动态监测服务。通过对招标前和采购后与供应商相关且对招标评标具有重要价值的信息进行深度分析，结合智能管控策略，全面提升采购风险管理水平。依托电子招投标平台和大数据平台，推进核安全采购风险的智能化评估与广泛应用，实现大规模场景下的高效管理和精细化决策支持。

（1）采购阶段。

在采购立项和准备环节，基于供应商信息库，全面了解潜在供应商的风险能力情况；在采购执行环节，智能化、全方位扫描供应商之间是否存在关联关系、投标文件是否存在雷同、是否存在投标团伙等围标串标风险线索，以及供应商依法否决风险、黑名单紧密关联方和空壳风险等重大风险事项，并应在评标或选商时提供围标串标评估、供应商风险分析结果和分级处理指引。

（2）履约阶段。

在合同履约过程中，对供应商出现的各类可能影响合同履约进度、质量的风险进行监测、告警和处置；对高风险供应商及时标记列入黑名单和重点关注名单，并纳入供应商信息库；动态监测供应商在公司内部的采购参与、合同履约情况，并及时做好风险应急预案，实现风险闭环管理。

（3）采购全局异常分析。

宁德核电以核安全采购风险智能化模型和数字化应用为核心，对采购项目和供应商的整体风险状况进行全面、系统的综合分析。通过运用大数据和人工智能技术，动态监测并深入挖掘各类采购异常数据，对典型风险场景进行智能识别与分类，构建精准的风险评估模型。同时，结合数字化可视化工具，对采购风险分布、趋势及异常特征进行直观展示，为监管提供高效支撑。通过采购全局异常分析，不仅提升风险的早期预警能力，还能辅助制定更科学的管控策略并更新《采购全流程风险防范导则》，全面保障核安全采购的合规性和可控性。

（四）建设采购风险智能管理系统

本案例以提升采购风险管理能力为核心目标，以采购、合同等供应链全环节中的供应商风险为对象，依托中广核电子商务平台（ECP），开发采购风险管理系统，整合外部可信数据，融合内部数据，在采购全流程开展供应商重大风险、围标串标等风险识别、管控、监测预警等试点应用工作，防控供应商欺诈和供应商履约能力风险，提高采购合规管理能力和供应链安全水平。

1. 项目风险自动核查（开评标阶段）

通过对接中广核 ECP 获取采购项目供应商名单，在采购项目注册、供应商报名、评标及合同签订等环节，对参与项目的供应商风险进行自动化、全维度核查。

（1）重大风险核查。

宁德核电采购风险智能管理系统的项目风险核查列表页可直接查看项目投标人最高风险等级和最高风险类型，在项目风险列表页点击"参与投标人数量"，将跳转至详情页查看执行中的采购项目重大风险详情，向下滑动可查看各类型风险事项。点击

"查看"可在线查看并导出风险证据附件。

（2）围串标关联识别（围标串标线索）。

宁德核电采购风险智能管理系统通过对接中广核 ECP 获取供应商名单，对同一项目中的供应商之间是否存在控制关系、股权关系和人员交叉、联系方式等的直接关联以及历史关联进行分析，并根据供应商历史投标共现情况分析是否存在围标串标风险，提示是否存在关联关系、关联方式及关联详情，并给出相应的处理指引。系统支持导出关联关系识别结果及关联详情数据。

（3）投标文件雷同比对（围串标线索）。

投标文件雷同比对功能基于人工智能算法（OCR 信息提取和 NLP 语义理解），能兼容 WPS、DOC、DOCX、PDF（打印扫描 PDF 均支持）等多种文档格式，能快速比对出投标文件中的雷同项，并自动剔除招标文件已有内容。通过选择比对精度，对文本、语病、文档属性、图片、投标人信息等设定重复项判定规则，筛选出最可疑的雷同文字、段落、图片进行标记。系统支持页面详情查看及下载比对结果报告，为识别投标人围标串标风险提供重要线索和数据支撑。

2. 供应商风险能力分析

在项目未建档或早期选商时期，系统支持采购人员通过手动或 EXCEL 批量添加供应商名单，自定义选择需核查的重大风险和围标串标风险指标，并支持选择重大风险、否决项风险、疑似标王、疑似陪标专业户等一项或多项指标或子模型执行自定义风险核查，并获取核查结果和明细报告，为早期选商提供风险核查工具和数据支撑。

3. 项目履约风险监测（履约阶段）

对监测中的供应商在监测期间的风险等级变化进行系统提示或发送邮件告警提醒，便于用户及时发现供应商的外部重大风险，并支持风险闭环管理资料的线上归档留痕。

4. 全局异常分析

通过可视化看板展示采购项目风险分布、履约项目风险分布，以及各类风险指标在采购项目中的情况和参与供应商的数量，同时汇总并跟踪风险闭环管理情况。

三、创新点

（一）构建了以统一风险规则和处置要求为基础的风险智能管理机制

一是建立供应商风险的统一量化规则。依托数字化工具，组织采购管理、审计部门及法律专家资源，围绕数据可获得性和风险影响范围等关键因素，开展覆盖全流程的风险判别规则研究。结合招投标法律法规、中国广核集团有限公司内部管理制度、行业经验及国资监管要求等内容，细化重大风险的量化标准其判断依据，有效提升风险识别的一致性和科学性。

二是明确风险的统一处置流程与管理要求。根据不同风险等级，确定详细的监控、预警和处理要求；根据风险类型，对应不同的管理措施和处置机制，实现风险管理闭环，保障采购全过程的风险管理责任清晰、可控、可追溯。在此基础上，从顶层设计出发，推动智能化风险管理全面落地。

（二）建立了完善的围标串标风险量化识别规则体系

宁德核电围绕核安全采购需求，以"系统化、数智化"为原则，通过对接中广核ECP，获取和整合核安全采购供应商的股权关系、人员交叉、联系方式及历史投标共现记录，建立了覆盖供应商多维度信息的围标串标风险量化识别规则体系。该体系不仅聚焦识别供应商之间的直接关联及间接关联关系，还深入挖掘供应商间的历史关联信息，对曾在同一项目中的重复参与情况进行细致分析。这种全方位、多层次、精细化的规则体系解决了以往核安全采购过程中，因信息不对称导致的供应商围标串标风险识别难题，通过深入挖掘采购过程中的风险要素，对风险进行全面、准确量化，同时与供应商的投标行为模式相结合，显著提升了围标串标风险识别的精度与效率，进一步强化了对复杂供应商关系和风险的掌控，辅助采购部门和监管机构快速评估供应链中潜在的围标串标风险水平，并及时发出预警，形成科学的围标串标风险识别基础，为核安全领域的供应商合规管理提供了可靠保障。

（三）提出人工智能雷同比对算法，实现高速比对和相似内容智能定位

宁德核电通过对核安全采购中常见的雷同项进行系统化整理和分类，创新性地构建了涵盖多种相似特征的适用于核电领域采购场景的雷同比对因子库，其中包含文本重复、图片一致、符号误差等多层比对规则，有效满足围标串标识别的精确化需求。通过细化的比对规则，系统能够对供应商投标文件中潜在的相似项进行全面检测，大大提升了比对的精准度和广泛性。同时加强采购文件审核过程的智能化管理，为准确识别围标串标风险提供坚实的数据基础。

项目自主研发的人工智能雷同比对算法，是基于OCR（光学字符识别）和NLP（自然语言处理）技术的深度融合，使核安全采购领域的比对效率显著提升。该算法能够兼容多种文件格式如DOC、DOCX、PDF等，并实现快速识别和智能标记文本、图片、符号等相似内容，大幅打破了传统人工审核的时间瓶颈和准确性限制。通过高速比对算法的引入，实现投标文件的自动化处理，精准识别出雷同内容，推动集团采购管理向高效、可靠的智能化方向迈进，为围标串标风险的识别与管控提供了创新性手段。

为进一步提高比对结果的准确性，宁德核电创新性地建立了常用文献数据库，储存了各类招标文件模板和公开信息。该数据库在比对过程中通过自动剔除功能，极大减少了招标文件中公共信息的干扰，使系统能够聚焦在投标文件的独特性上，快速定位异常相似内容。常用文献数据库与雷同比对算法的结合，形成"高精度、高可靠"的智能比对体系，为核安全采购中的围标串标风险识别提供了更有针对性和更高效的数据支持，显著提升了比对过程的质量和实用性。

（四） 履约风险动态智能化监测

宁德核电构建了覆盖采购全过程的履约风险动态监测模型，结合大数据分析和人工智能算法，形成了全方位、多层次的智能化风险管理体系，确保采购履约过程中的每个环节均在可控范围内。通过全流程的监测覆盖，系统能够实时跟踪交付进度、质量标准、资金使用等履约要素，自动分析和计算与预期目标的差异，一旦发现异常，立即向管理人员发出预警，提醒其采取必要的补救措施。

除了常规的履约指标，系统还分析供应商的历史履约表现、行业资质、财务状况、信用记录等信息，全面评估供应商的风险水平，从多个维度确保核安全采购的高标准要求得到满足。在智能化层面，通过对历史数据和实时信息的交互分析，提前感知履约风险趋势，自动生成风险处置建议，显著提升风险响应的效率和准确性。如智能识别交付延迟的前兆，或根据质量检测数据判断产品质量偏离标准的趋势，提前采取措施将风险控制在萌芽阶段。通过履约风险动态智能化监测，实现采购活动从单一问题监测提升为全链条风险管理，显著提升了核安全采购的履约管理能力。这一创新极大地增强了宁德核电在高标准、严要求的核安全环境中的履约保障水平，打造了一条稳定、高效、透明的智能化履约风险管理链条。

（五） 引入预审计模式，建立采购全过程风险闭环管理机制

在核电采购领域，围标串标行为的识别和防控对于确保采购过程的公平、公正、透明至关重要。为有效防范和识别围标串标风险，宁德核电率先引入预审计模式，构建覆盖采购全过程的围标串标风险闭环管理体系，解决了传统采购过程中过于分散、单一的风险管理问题。

结合核电采购的复杂性和多方参与的特点，且采购过程涉及的风险类型多种多样，宁德核电通过对风险进行"识别告警—分析评估—处理反馈"的完整闭环管理模式，确保了采购过程中的风险能够得到系统化识别、及时管控处置并实时跟踪记录。通过在各个环节设置风险识别节点，宁德核电实现了对供应商资质、合同履约、投标文件一致性等多维度的风险监控。当风险点触发时，系统会自动告警并生成风险处置指引，指导相关部门迅速响应、分析并采取适当措施，减少风险扩散和隐患积累。此外，所有风险处置结果都会纳入效果评估流程，管理层通过系统化的数据分析和反馈机制持续优化控制策略和风险应对措施，形成严密的风险处置闭环，保障采购活动的透明性和合规性。

最终，风险事件的处置记录被系统化存档，并由采购管理部门进行"预审计"，整理形成风险管理数据库，为后续的风险分析和改进提供数据支持。基于这一闭环管理模式，宁德核电实现了风险的全程可控在控，还提升了核电采购过程的透明度和合规性，从根本上保障了供应链的稳定性与安全性。

四、应用效果

(一) 提升采购工作效率

通过构建精细化的采购风险防范体系和专业化的采购风险管理平台，实现了采购活动的有序化与高效化，从而显著提升了整体工作效率。

首先，得益于数字化平台工具的有效支撑，极大地缩短了采购实施环节的耗时。借助报价文件查重工具，评标小组在评标环节能够高效、准确、快捷地识别疑似雷同文件，能节约评标时间38%左右。同时，在采购小组复核评标报告环节，对报价文件查重比对报告进行复核，精准定位可疑点，可极大节约工作时间和人员精力。

其次，解决了外部数据获取难题，大幅度缩短了信息收集时间。通过建立智能化风险体系，汇集公开权威数据资源并以"算法+人工多级复核"方式进行可信处理。基于供应商主数据逐步实现供应商信息、采购信息、履约信息的全面归集，采购人员无须通过手工搜索，从海量数据中筛选、识别可用数据。另外，通过数字化平台实现数据每日更新和无感推送，效率提升显著。

最后，通过采购风险技术防范手段与采购业务流程的有机融合，能够从实质上提升采购工作质量，让苗头性问题、隐患、风险及时暴露，避免流程不合理停滞、反复或推倒重来情况的大量发生。对于重大项目在市场调研和采购准备阶段提前开展风险识别，做好风险预案，在一定程度上提高一次招标成功率。总体而言，在保证风险控制的前提下降低了业务运作成本，提高了采购效率。

(二) 拦截供应商不良行为风险

宁德核电通过构建全面的供应商评估与监控体系，实时跟踪并评估供应商的产品质量、交货能力、服务态度等关键指标，一旦发现供应商存在不良行为，将迅速启动预警与应对措施，确保公司采购的质量与安全。2024年拦截18起供应商不良行为风险，涉及问题主要类型为文件造假、围标串标及信用受限，典型案例摘要如下。

案例一。某电气设备采购项目中，发现报价人中的A、B两家供应商存在控股关系，A供应商为B供应商的100%持股股东，同时存在疑似相同人员，董事、监事及总经理人员高度重叠。经进一步核实后，发现确实存在围标串标情况，对A、B两家供应商采取否决报价措施。

案例二。某研发服务采购项目中，发现报价人中的C、D两家供应商投标文件高度雷同，雷同内容包括文字、标点符号、引用图片、表格，已构成实质性围标串标行为。经过相应决策审批流程，对A、B两家供应商采取否决报价措施，并列入公司黑名单。

案例三。某技术服务采购项目中，发现报价人中的E供应商在近一年内有行政处罚记录，要求该供应商进行澄清说明。经进一步核实，确认该行政处罚记录已通过相应程序进行信用修复，符合相关政策要求，该风险被排除，采购项目继续进行。

（三）降低投诉异议率

宁德核电通过建立并利用可信采购信息数据库，使采购风险识别更具科学性、准确性，有效减少了因对供应商采购采取措施不当而引发的供应商投诉或异议。宁德核电大力推行采购公开制度，经统计，收到供应商异议项目数量在中国广核集团有限公司内处于较低水平，2024 年共产生采购项目 3000 余个，收到有效异议项目数量仅 2 个，且未收到线下异议投诉及纪委移交线索。可信采购信息数据库的建立，不仅降低了宁德核电的采购业务运营成本，还提升了公司的整体公信力，有助于营造良好的阳光采购氛围。

五、推广价值

（一）推广至生产领域

本案例具有广泛的拓展性，可以通过新增业务场景和功能模块的方式，从采购领域的应用延伸推广至技术业务领域，确保系统功能能随业务需求的变化而不断升级。2024 年，宁德核电与高校联合开发了核工业 AI 大语言模型，配备国内最大核工业语料库，拟于 2025 年进一步探索在设备管理、物料管理和风险预测等方面的应用，旨在将生产领域要求和采购业务流程进一步融合。例如，开发采购技术规范书智能生成工具，以减少生产作业人员在书面工作上的投入；开发人员资质证书动态管理系统，实现资质业绩真伪识别和到期提醒等功能，从而提高工作效率。

（二）推广至全集团

近年来，中国广核集团有限公司高度重视采购体系高质量发展，逐步开展流程再造、数据治理和数字化转型，建立安全、可靠、经济、高效的一流采购体系。本案例可通过研讨、培训等方式，在集团其他成员公司之间宣讲采购风险控制模型，收集个性化需求和使用建议，并进一步开展系统测试。同时根据反馈进行定制化调整，最终推动采购风险管理数字化服务在集团内部全面应用，为核能、新能源、核技术等不同业态创造价值。

（三）推广至核电行业

众所周知，核电行业在公众认知层面具有"一荣俱荣、一损俱损"的特点，若核电采购领域发生供应商负面事件，将会引发公众对核电行业专业性、安全性和稳定性的质疑，带来社会舆论压力，上下游企业也会受到影响。因此，在核电行业内推广采购风险防范体系，从采购全流程执行、供应商全生命周期管理、采购全业态监管等层面着手建立全行业统一信用管理体系，有助于营造安全、良好的产业链运营氛围，对核电行业高质量发展具有重要的保障作用。

（福建宁德核电有限公司：郑兵、杨双发）

伊利集团：主动求变、强化韧性，开创国际供应链管理新模式

内蒙古伊利实业集团股份有限公司（以下简称"伊利集团"）作为全球第五大乳品公司，进口原料合作供应商遍布全球，涉及物料种类上百种，采购金额数十亿元，供应商管理复杂度高、难度大，进口物料供货过程管控范围广、涉及环节多。无论是疫情期间国际供应链处于半瘫痪状态，还是后疫情时代的也门胡塞武装攻击红海商船导致船只绕行非洲好望角，全球供应链近些年一直面临各种意想不到的挑战，严重影响生产采购、物流运输、进口清关等众多环节，伊利集团进口原料供应保障工作面临着史无前例的危机。

一、主要做法及成效

为了构建更加牢固的全球供应链网络，实现进口原料的安全保障，伊利集团通过创新国际供应链管理模式，建立从事前预警到供应链前端和供应链后端的全链条管控体系。

在事前预警方面，伊利集团通过建立行业领先的行情信息业务研究单元，推进行研数字化战略转型，持续打造升级即时获取、精准研判、高效配合、快速反应、有效处置的供应链风控管理新模式；通过前瞻性收集、整理和预警采购管理未来所面临的全球供应风险，持续优化全球供应链布局，构建供应危机应对机制，提前主动识别风险，规避或降低风险带来的损失。

在供应链前端，伊利集团将供应链条的管理向上游延展，在海外供应商发货大面积延迟的背景下，尝试海陆空多种运输方式满足不同风险等级物料的发运，并引进国际物流承运商，变被动收货为主动干预海外订舱、发运等相关工作，通过相关方资源协调、上下游环节衔接、前后端流程设计，多方面、多渠道帮助供应商顺利发货。同时，在供应端对单一来源或单一产地来源进口原料进行拓源或替代，推动高风险进口原料进行国产化或配方替代，降低原料风险发生概率，提升供应保障能力。

在供应链后端，伊利集团通过协同各事业部、各工厂进行进口原料的战略储备，增加进口原料的抗风险能力；通过购销协同的方式，将销售自建仓进口原料库存和销售客户资源作为高风险进口原料风险缓冲带，为供应紧张的原料提供备用库存和更多的采购渠道；还能够同步为积压原料提供更多元的解决方案，提升供应链韧性。

（一）国际供应链风险预警：打造行研风控预警体系，构建供应危机应对机制

1. 打造行研风控预警体系

伊利集团高度重视全球供应链安全及风控管理工作，引领行业率先单独设立行情研究业务单元并持续构建行研风控预警体系，着力打造后疫情时代及信息多变时代下的战略采购"风险预警前沿哨所"及"行情研究策略中心"，打造富有韧性的全球供应链体系。

持续构建并不断强化采购系统专属行研风控体系，每日针对近百个重点品类及关键物料的期现货行情数据进行实时监控及对未来行情走势进行分析预判，及时获取当日即时宏观信息并进行采购关联性研究及风控校验，基于预判，即时启动行研风控专项研讨会议，确定最佳风控应对方案并及时落地推动执行。定期组织行情研判策略及采购决策闭门研讨会议，并在部门自主行情研究及分析业务的基础上，重点打造价值型外部行情专家研究项目。截至目前，外行项目共涵盖各领域外部专家近百人，涉及9个专业研究机构，覆盖宏观、原油、外汇、品类行情等维度，开发信息接口及资源渠道，通过借助外部专家分析及内部自主研究相结合的模式，共同针对与采购成本和供应保障密切相关的品类行情、地缘政治、外汇变化和核心关贸政策等方面进行重点研究，并同步建立商情研究体系。截至目前，核心商情供应资源获取超过1000家，助力部门不断提升采购信息获取能力、采购成本管控和供应链风险防范能力，不断发挥行情研究价值。目前正在同步推进行业领先性行研数智化转型工作，通过推动建立数智化行研战略体系，不断提升公司全球供应链风控管理及行研数智化并行的领先驱动能力。

2. 构建供应危机应对机制

伊利集团有针对性地构建采购宏观环境研判与采购策略落地执行机制，通过前瞻性识别和预判采购未来所面临的全球供应风险，持续优化全球供应链布局，确保在各类极端情况下全球供应链仍能持续发挥安全保供效能。针对复杂多变的外部环境，构建及推进高效、安全的应对机制，包括《全球供应保障及成本优化行动方案》《宏观环境与行业动态信息收集及风险应对工作流程》《原辅材料战略储备及供应风险控制实施方案》《极端情况下进口原料供应保障方案》《核心进口物料压力测试》等方案。通过以上风险管控方案对各项措施落地执行，月度梳理供需平衡表，每周跟进高风险原料库存及到货情况，在业务上实现了进口原料全方位监控，在管理上主导高效和完备的风控管理模式创新，打造了稳定的战略采购供应链风控保障体系。

（二）国际供应链前端管控：延展上游国际供应链条，多措并举拓宽供应渠道

1. 延展上游国际供应链条

海外供应商受各种不可抗力影响，频繁出现由于船舱紧张而无法订舱、延迟发运

的情况，受红海危机影响，欧洲发运到国内的货物需要绕行非洲好望角，导致海运周期大幅延长。例如，新加坡港口拥堵导致货物无法如期抵达，很多进口原料的库存都无法满足安全库存的标准，导致伊利集团相关终端产品面临有史以来最为严峻的停产危机。为了保证进口原料的供应，助力供应商生产、发货，伊利集团将发力点聚焦于国际供应链前端，在资源协调、物流运输、上下游环节衔接以及流程设计等多个方面进行改善，全力保障进口原料供应。

在相关方资源协调方面，伊利集团从原来的供应商 100% 负责国际物流的 CIF（成本、保险费和运费）调整为紧急原料引入国际物流承运商，由承运商与供应商以 EXW（工厂交货）的贸易方式合作，从供应商的海外工厂接货，利用国际物流资源，补齐伊利集团在国际供应链管控上的短板，全面覆盖供应链管理链条，从而提升供应链的掌控能力。

在多种运输方式尝试方面，正常的大宗原料运输方式主要为海运，但受各种不可抗力因素的影响，多国港口经常出现缺箱、爆仓、甩柜、跳港等问题，船期被延迟或被取消的情况非常普遍，给供应带来非常大的风险。因此，2024 年伊利集团对于需求紧急或者货值较高的物料采用空运方式来保障供应，并突破性地探索了中欧班列的运输方式。对比传统海运，新型运输方式不仅提升了运输效率，而且海陆空各类运输方式的全方位探索也有利于伊利集团更好提升国际物流抗风险能力。

在上下游环节衔接方面，伊利集团将供应链条的上游国际原料供应商、中游国际物流承运商和下游国内清关公司各个相关单元紧密衔接在一起，从独立作业到通力协作，形成了一个环环相扣、高效完整的供应链物流模式。

伊利集团最终通过全新的贸易模式，化解了各类进口原料的断货危机，保障了终端产品的持续稳定生产。并且该模式的成功运用，可以在未来其他发生物流危机的品类上加以复制推广，助力原辅材料全品类的供应安全保障。

2. 多措并举拓宽供应渠道

国际供应链风险归根结底来自供应与需求的不平衡，随着逆全球化进程的发展，拓宽多渠道供应是应对进口原料供应危机的必然选择。与此同时，除了从供应端发力解决原料供应危机以外，改变需求也成为实现供求平衡的新出路。

伊利集团的进口原料在各类终端产品中都有不同比例的添加，然而这些进口原料因为宏观端经济震荡、战争等因素波及，或因为供应端行业资源高度集中、进口依赖度极强，也或因为需求端紧急临时增产、库存储备较低等，面临前所未有的供应危机。

在这场困局中，伊利集团积极主动地分别从供应端和需求端同时发力，一方面，商榷拓源、替代的可行性方案，全球寻源开发优质供应资源，规避单一来源采购，降低集中采购风险，同步加速推进本土化供应商的培养，加大国产化采购比例。以变性淀粉为例，该原料是公司核心产品中的重要原料，过去 50% 的需求依赖欧洲进口，为改变这种情况，伊利集团加快组织事业部、研发部、供应部等相关部门开展变性淀粉国产化改善项目，最终实现了国产化替代，不仅节约了成本，还提升了供应效率，缩短了供货周期，降低了进口供应风险。另一方面，创新性地从需求端入手，多部门协同早期介入需求、通过配方调整、替代等方式科学改变需求，不但实现了原料供求端的平衡，也保障了终端产品的持续稳定生产。

伊利集团成功推进了多个产品的多产地供应和国产化，且由此建立起来的供应商布局更加合理化，供应周期缩短等隐性价值更是不可估量。

（三）国际供应链后端管控：购销协同实现多元创新

伊利集团通过购销协同，实现多元创新。利用自身的规模优势以及与海外生产商的直接合作，在行业内率先开展对外贸易销售业务，目前与上千家客户建立了业务合作关系，打造了超强的分销能力平台体系。近几年进口原料到货频频发生问题，伊利集团内部自用进口原料的供需平衡面临极大的挑战和压力，经常出现因国际货运船期不准导致国内库存短期紧张或因内部需求变化导致库存积压的困境。面对如此高压的局势，伊利集团将贸易销售业务最大化，发挥公司平台及自身资源优势，承接辅助集团供应安全的目标任务，通过购销协同，解决进口原料供应紧张和库存积压问题。

在内部自用原料库存紧张导致出现供应风险时，销售业务自建库存转化为集团公司额外储备，优先满足内部工厂使用，同时销售客户也可以及时转化为采购的潜在供应资源，这种多渠道满足需求，有力地避免了因临时紧急采购现货所带来的供应风险和成本增加。在内部自用库存发生积压风险时，借助成熟的销售业务网络、客户群体形成的庞大的分销能力，快速响应，通过对外贸易销售的方式，极大地缓解了内部库存压力，降低了库存资金占用率，提升了库存周转效率，同时创造了利润。在内部采购需求询比价项目发布前，作为国内乳制品市场销售价格风向标，销售部门一方面采取减少或停止同期采购建仓业务的方式，另一方面加大销售量、稳定市场价格，从而影响市场价格向利于公司的方向倾斜，辅助配合采购成本管控目标达成。

通过购销两端的新型结合，伊利集团不但能够实现内部原料库存共享，保持库存新鲜度，缓解库存及资金压力，而且购销协同能够做到远期成本管控，同时降低国际供应链风险，为公司搭建全球供应链体系保驾护航。

二、创新点

1. 国际物流管理模式突破创新

在国际供应链承压，进口物料时常面临断货的危机下，伊利集团通过主动干预国际供应链，从传统的被动收货转向主动接货，且开拓了海陆空一体化的运输方式，掌控了国际供应链的主动权，实现了对进口原料供应链环节管理的全覆盖，全面提升了进口原料国际供应链的掌控能力和抗风险能力。

2. 通过改变需求达成供需平衡

在传统的供应链思维不能匹配日益更迭的国际供应链的新形势下，伊利集团通过打破传统的供应模式，实现了从单方面的供应端需求满足到融合了早期需求介入、原料替代等方式，不但缓解了供需不匹配的矛盾，达成供需平衡，而且确保了在各类极端情况下全球供应链安全稳定。

3. 采购销售协同发力解决问题

为了打造全方位的国际供应链闭环，建立健全的国际供应链生态体系，从传统的采购业务独自发力，转变为与贸易销售结合协同开展业务，开启了进口原料供应紧张和库存积压问题解决方案的新思路，提升了国际供应链的韧性和弹性。在公司大平台的支持下，伊利集团的进口大宗原料销售业务逐渐发展为国内大宗原料销售市场价格风向标，有能力影响进口原料采购价格向利于公司的方向发展，成为行业内被效仿的对象。

4. 风险事后应对转向事前预警

面对复杂多变的国内外宏观环境，伊利集团引领行业率先构建行研风控体系，专门设立行情研究单元，成为国内首批设立该业务单元的乳品生产企业。强化行研感知与风险决策即时效能及精准预判，将事后的被动风险应对前置为事前的主动风险预防，有效规避了潜在风险隐患可能造成的直接和间接损失。

5. 主动求变优化供应网络布局

在后疫情时代及逆全球化的大趋势下，伊利集团组织重新布局国际供应链资源，持续优化全球供应链，拓宽原料供应渠道，从传统的成本为先的全球化采购向成本和供应并重的战略方向转变，通过多产地和国产化等方式降低进口原料的供应风险，同时优化拓源和配方替代流程，在行业内树立了国际供应链创新管理的新典范。

三、应用效果

伊利集团在全球供应链呈现收缩、调整和重构的新格局下，主动求变，强化韧性，开创了国际供应链管理新模式，效果显著，主要表现在以下四个方面。一是化解了极端外部环境变化带来的供应保障危机，应对宏观环境突发事件最终供应保障满足率达100%。二是在生产计划多次调整、内部需求翻倍增加的情况下，依然保障了进口原料供应稳定，实现进口原料"零"断货。三是通过顺应逆全球化趋势，全球寻源优质供应资源，规避单一来源，拓展多产地采购，大力推进本土化供应商的培养，加大国产化采购比例，加速拓源与替代流程，最终实现多项进口原料国产化和产地多样化，不仅优化了供应布局，还实现了成本节约。四是随着销售业务逐步壮大成熟，通过购销协同，在内部自用进口原料库存发生积压风险时，借助成熟的销售业务网络以及客户群体形成的庞大分销能力，在协助化解危机的同时贡献了销售利润。

（内蒙古伊利实业集团股份有限公司：唐嘉蔚）

五粮液：数智、绿色供应链赋能高质量发展

宜宾五粮液股份有限公司（以下简称"五粮液"）在贯彻国企改革深化提升行动计划、加快建设世界一流酒企的过程中高度重视采购供应链体系建设、产业链供应链升级的支撑作用，结合国家政策导向、行业发展趋势及企业自身转型发展需求，在"做强酒业主业、做优多元产业"战略的指引下，在调优采购品类管理策略、建设数字化采购供应链管理平台、建立供应链协同、促进产业集群化发展等方面进行创新实践，为公司高质量、可持续发展持续赋能。

一、案例背景

（一）宏观环境

1. 政策方面

国家大力推进现代化产业体系建设，加快发展新质生产力。在产业链供应链发展方面，政府工作报告提出推动产业链供应链优化升级，增强产业链供应链韧性、竞争力、安全稳定性；推动传统产业高端化、智能化、绿色化转型。在信息化方面，"数字中国"是我国新时代信息化发展的新战略，是驱动引领经济高质量发展的新动力。在合规管理方面，国务院国资委发布《中央企业合规管理办法》后，各地方国有企业也参照该文件加快提升依法合规经营管理整体水平。

2. 行业方面

白酒行业经历深度调整和复苏以来，行业的发展趋势和竞争格局呈现了新的态势，全面提升企业现代化治理水平和综合能力、持续强化核心竞争力成为行业共识，供应链体系对于企业高质量发展的支撑和保障作用越来越受到关注，提升供应链的数字化、智能化水平，确保供应链高效、稳定运作成为企业的核心诉求。

在需求端，经济的发展推动消费需求提升，在移动互联网和大数据的环境下，消费者在品牌和产品认知、个性化和品质化需求、购买途径和习惯、产品和服务体验等方面呈现新特征，消费者对于更高品质产品、更好体验服务的追求对供应链体系的保障能力、响应能力和服务质量提出更高的要求。

在供给侧，近年来全国规模以上白酒企业酿酒总产量呈下降趋势，行业进入"存量竞争"时代，竞争优势向优质品牌、优质企业、优质产区集中。具备产能、酒源、工艺优势的企业聚焦产品品质的提升，高度重视"从一粒粮到一滴酒、从储酒陶坛到

包装车间、从成品线边库到终端消费者"的全流程质量管控和产业链供应链协同，注重品牌力、产品力和供应保障能力的全面提升。

（二）战略指引

五粮液依托在酒业产业链的布局优势，持续推进供应链协同，健全供应链管理体系，实施数字化转型战略，全面提升供应链数字化、智能化、绿色化水平。

1. 健全供应链管理体系

在供应链管理体系方面，五粮液在供应链协同机制建设、供应链制度体系建设、采购品类管理策略调优、数字化采购供应链平台建设、绿色供应链实践等方面持续发力，落地公司战略要求，助力高质量发展。

2. 实施数字化转型战略

在数字化转型方面，五粮液制定了"1365数字化转型战略蓝图"，锚定打造管理现代化、业务精益化、平台智慧化的"数智五粮液"1个目标，聚焦能力转型、业务转型、管理转型3大转型任务，着力提升模式创新、市场激活、精准行动、敏捷运营、组织创新、生态协同6大能力，全力打造智慧生产、智慧供应、智慧营销、智慧管理、智慧平台5大业务场景，持续提升产业链、价值链、生态链现代化水平。

二、工作内容

五粮液数字、绿色供应链体系以公司发展理念和数字化战略为指引，数字化、绿色化供应链管理体系建设与数字化平台建设并重，业务范围覆盖酒业主业全品类物资、采购供应链全业务流程、产业链全组织。

（一）采购品类管理策略

白酒主业相关物资主要分为原辅料、包装材料、零星物资三类。三类物资在自身属性、原料材质、生产工艺、供应市场、需求计划、质量管控等方面存在较大差异，五粮液制定了差异化的品类管理策略。

1. 原辅料

粮食是酿酒生产的主要原材料，五粮液酒采用多粮浓香工艺，五种粮食需求量大、货值高，采购价格变动对成本影响大，主要采用招标采购、谈判采购等方式定价。

在供应商管理方面，五粮液建立合格供应商名录，按照粮食种类、粮源地域、评价结果等进行分类、分级管理并实施动态管理。

在供应模式方面，五粮液通过"战略合作""核心示范""定制生产"三种模式建立五粮液专用粮基地，要求供应商本地设仓，通过"种粮基地转运本地仓、本地仓调运至酿酒生产车间"的储运方式保障供应；同时，对本地仓的粮食进行第三方质量检验和"前置质量检验"，持续加强原粮中转仓库存量控制及信息化监控，及时掌握保供运行状态以保障供应。

2. 包装材料

包装材料是成品酒包装生产的主要原材料，具有定制化采购特点。包装材料在采购成本中的比重高，五粮液对供应商供货质量要求高，主要采用周期性询价采购方式确定供货价格。

在供应商管理方面，五粮液按照包材的类别、材质、工艺等维度进行分类管理，建立合格供应商库，按物料分类和需求数量规划供应资源数量，结合绩效评价实施动态管理。

在供应模式方面，为满足包装生产的连续性要求，包装材料需齐套供应；礼盒和酒瓶等主要包装材料类别的重量和体积均较大，因此，实际业务形成采用"供应商本地设厂配套供应为主、远程异地供应为辅"的供应模式。此外，五粮液根据包装材料的工艺特点实施"前置检验"模式，确保生产计划的高效执行。

3. 零星物资

零星物资包括各职能部门、营销区域、制曲车间、酿酒车间、包装车间、动力车间等所使用的各类设备、办公用品、劳保用品、消防器材、MRO 等。零星物资具有物料数量多、品类杂、需求量小、供应分散等特点，采购品类管理的难度大，五粮液通过集采商城采购破解业务难题。

在供应商管理方面，五粮液按照物资类别、技术要求、供应源等维度进行分类管理。

在供应模式方面，五粮液建设本地服务型供应商与电商平台型供应商相结合的供应商管理体系，确保供货效率和服务质量。

4. 其他品类

工程类采购主要是工程施工承包项目；服务类包括软件服务项目、广告宣传类服务等。五粮液按照管理制度要求选择适当的采购方式确定供应商。

（二）电子采购平台建设

五粮液电子采购平台由采购供应链信息平台、集采商城平台、电子招投标平台三个数字化平台组成。采购供应链信息平台主要服务于白酒主业相关原辅料、包装材料、定制化零星物资的采购与供应商管理业务。集采商城平台服务于集团公司范围非生产性物资、办公用品等常规零星物资的采购业务。电子招投标平台作为专业的招采工具，服务于集团范围内货物、工程、服务类采购项目。

1. 采购供应链信息平台

采购供应链信息平台建设有供应商管理、采购预算管理、采购计划管理、采购寻源管理、采购履约管理、采购结算管理、质量协同、库存系统、报表体系等模块，支撑白酒主业相关的原辅料、包装材料、零星物资三大业务全流程线上化运行；平台集成主数据管理系统、ERP 系统、生产管理系统、WMS 系统、预算管理系统、经营看板、集采商城、托盘载具管理系统、智慧物流平台、OA、五粮通、金穗系统等 10 余个内外部相关系统，在采购与供应链管理板块实现数据集成贯通、全业务流程一体化、业财一体化、供应链协同、质量协同。

2. 集采商城平台

集采商城平台包括 PC 端的集采商城、食堂自选，移动端的微信小程序商城，建设有系统管理、商品管理、订单管理、竞价采购、成交审批、物流管理、结算管理、售后管理、智慧分析等模块，服务各职能部门、车间、营销大区、子公司等，实现集团范围内非生产性物资的聚量集中采购和统一管控；集采商城集成主数据管理系统、ERP 系统、采购供应链信息平台、积分商城、OA、五粮通、电商和非电商类供应商平台等，以效率去库存，解决了零星物资品类杂、供应慢、库存高的难题，显著促进降本增效，需求部门满意度持续提升。

3. 电子招投标平台

电子招投标平台满足招标采购、非招标采购方式的全流程电子化需求，提供交易服务、专家管理、监督管理等功能，集成 CA 数字证书和电子签章平台，运用技术工具识别、监测、分析投标行为，确保招采寻源全过程公开公正、合规透明。

（三）数字化监管

1. 全面实现线上业务运作监督

五粮液酒业主业采购业务全面实现线上运作，通过建立供应商信息库，实现供应商基本信息、历史合作情况、绩效评价等信息的翔实记录；采购需求与计划管理、采购寻源过程、采购履约全流程线上运作，有据可查；各审批节点依规线上审批，支撑材料线上归档。审监部门、财务部门等可按照权限查询业务执行全过程，审查制度执行情况和关键业务信息。

2. 依托电子采购平台落地合规管控

采购供应链信息平台、集采商城平台提供合规配置功能，支持用户按公司制度要求进行系统规则配置，设置阈值，落地系统管控。

3. 开展数据分析落地风险预警

五粮液建立供应商风险防范管理体系，开展供应商常态化风险监控，识别、评估和应对质量、可靠性、交付期等潜在供应链风险，确保供应链稳定性，保障生产正常运营。

依托电子采购平台业务报表和智慧分析功能，综合第三方企业资信平台等信息，开展业务数据分析，通过实时信息的横向比较、历史信息的纵向比较发现异常和风险，当数据超出预警阈值时，系统自动发出预警信息，提醒审监部门关注。

（四）大数据应用

1. 供应商合作风险防控

利用互联网大数据（天眼查等）实时监控供应商经营风险，制定供应商经营风险防控方案。

2. 采购供应链运营分析

建立采购业务域完整业务和管理报表体系。按供应商管理、材料价格、采购申请、采购寻源、订单执行、采购结算、质量管理 7 个主题展开，实现多维度、多层级、图表化展示。

（五）绿色化供应链实践

五粮液充分发挥酒业"三产联动"行业特性，按照"从一粒种子到一滴美酒，从田间地头到消费者餐桌"的全生命周期理念，持续强化产业链供应链全过程绿色低碳管控。

1. 绿色平台构建

五粮液联合产业链上下游企业、科研院校和第三方技术服务机构组成产学研用一体化联合体，共同开展纯粮酿造固态发酵白酒全生命周期绿色设计、管理与评价技术研究，综合集成数字化包装及绿色产品设计、生命周期环境影响评价工具、全生命周期绿色设计信息数据库等，构建纯粮酿造固态发酵白酒行业绿色设计平台。

2. 绿色产业布局

五粮液依托宜宾本地优势资源，推动定制基地建设，通过专用粮高价引领，带动本地撂荒地复耕复种 1.64 万亩，并以核心示范基地为抓手，打造农旅融合样板，推动产业融合发展。

3. 绿色设计

酒类包装材料具有定制化属性，产品研发设计是落地绿色低碳管控的源头，五粮液从核心单品、典型材料入手，通过研究新设计、新材料使用等践行绿色设计。

（1）创新项目。

实施"酒糟再生材料在白酒包装中的应用""新型绿色环保材料及免喷材料研发设计与应用"等研发创新项目，推动包装行业绿色转型。

（2）产品应用。

第八代五粮液箱内缓冲组件采用环保纸浆压制成型，环保纸浆材料可再生、可降解、可堆肥，燃烧时无有害物质散发，来源广泛，成型过程中只添加防水剂及增强剂；五粮液精品、尖庄荣光等产品以酒瓶直印工艺替代纸质标签，减少纸张使用；采用可回收纸质提袋和可降解无纺布提袋。

4. 绿色采购

五粮液构建采购管理体系，保障包装材料和原辅料等产品符合食品安全、绿色无公害、ESG 绩效等标准，并积极向供应商传达绿色采购理念，携手上游供应商减少对环境的负面影响，促进资源循环利用，推动可持续发展。

（1）制度要求。

将公司能源环境要求告知供应商，并签订《能源环境要求告知书》，要求供应商提供的包装材料必须符合卫生食品安全标准，并建立健全食品包装材料安全卫生保障制度。要求供应商严格遵守《限制商品过度包装要求 食品和化妆品》标准的规定，排查已开发的超标产品并监督及时完成整改工作。

（2）制度执行。

鼓励供应商选择可持续发展的绿色环保材料，采用新工艺、新技术、新材料、新设备生产包装材料，减少环境污染；严格按照节能、环保、经济优先原则进行采购。

（3）追溯体系。

建立完善的全程追溯体系，通过运用信息化的先进手段，对包装材料和原辅料等产品在来源获取、运输流转以及质量检测等各个环节所产生的信息实施全程化的跟踪把控与记录存档，从而有效实现这些产品的全程可追溯。

（4）仓储管理。

建设包装材料和原辅料绿色智能仓储车间，采用节能环保的照明、通风等设备，减少能源消耗。提升仓储智能化管理，合理规划库存，减少货物的积压和存储时间，降低仓储过程中的资源浪费。

5. 绿色制造

五粮液通过绿色设计和绿色制造一体化研究，优化生产过程，创建纯粮酿造固态发酵白酒绿色生产示范线，形成白酒行业绿色制造集成新模式。

五粮液在坚持传统酿造工艺的同时，积极进行工艺改进和管理提升，持续开展自动化和信息化建设，有效降低蒸酒、润粮、包装等环节及粉碎机、行车、水泵、风机、酒甑、清洗和包装机等主要设备的能耗水平。采用 UV（紫外线）固化油墨，减少使用挥发性油墨溶剂，减轻对环境的影响。

实施数字工厂项目，通过信息技术与工业技术高度融合，实施智能化、绿色化升级改造，实现基于数字化应用场景下的智能制造和精益管理，将新一代数字技术深入融合到五粮液"从一粒种子到一滴美酒"全产业链中，实现 IT（信息技术）和 OT（运营技术）打通和融合。

6. 绿色物流

五粮液紧密围绕零碳酒企建设目标，积极推进物流、仓储及包裹绿色转型，通过引进新能源设备、优化调度方式等举措，降低运输环节的污染物及温室气体排放量，促进企业绿色发展。

推进使用纯电动通勤客车、最新排放标准燃油货车等新能源车辆，全年减少碳排放约 1953.5 吨；综合使用公铁水空多式联运、甩挂运输等运输方式，提高货物运输时效，降低配送能耗。

7. 绿色回收

通过技术升级、循环利用等路径，不断减少玻璃、陶瓷、塑料、纸箱等包装材料的消耗，回收废弃纸箱，将其切割改造成纸质环保周转箱，实现废纸箱循环使用，助力包裹减碳降耗。2023 年回收利用玻璃 2347 余吨，回收塑料 223 余吨。

（六）供应链融合发展

1. 信息共享

在"数智五粮液"战略的指引下，五粮液持续推动数据标准化工作，为系统集成、信息共享做好基础保障；信息化项目按照"数据源唯一"的原则，在集成架构设计阶段实现跨系统、跨部门、跨公司的信息共享。

通过数据治理项目和主数据管理等项目的实施，酒业主业已建立标准的数据字典，原辅料、包装材料、零星物资、商城商品等在分类、编码、属性、名称管理等方面按制度规范执行。

在供应链领域，电子采购平台系统通过与 ERP 系统、生产管理系统、智慧物流系统等的集成，实现了酒业主业"销—采—产—储—运"全流程的信息共享。

2. 供应链协同

（1）内部协同。

五粮液各车间、各职能部门高度重视工作协同机制对提升敏捷运营能力的作用，依托各业务板块专业信息平台工具的集成成果，在产研设计、预算管理、计划管理、库存管理、供应商管理、采购寻源、合同管理、履约执行、质量管理、结算管理、售后服务、工作审批等全流程、全场景深度协同。

（2）内外协同。

五粮液发挥酒类供应链核心企业的带动作用，依托信息化平台，与供应链业务相关的各类供应商、服务厂商、物流公司、第三方质量检测机构、银行等金融机构建立协同，确保业务高效运营。

3. 产业链生态构建

白酒横跨第一、第二、第三产业，具有推动产业融合发展的独特优势。五粮液积极发挥产业链"链主"作用，坚持工业反哺农业思维，投身乡村振兴和产业帮扶，带动上下游产业实现产值超过 3000 亿元以及 30 万人稳定就业；推进酒旅融合、酒文融合，以五粮液旅游景区为载体，深化工艺、文化、产品体验，以旅促农，以游兴业，让美酒更好地为美好生活添彩助兴。

三、创新总结

（一）体制机制创新

1. 强化制度建设顶层设计

2023 年五粮液新发布 6 项、新修订 12 项管理制度，不断完善供应链制度体系。

2. 持续加强供应商库建设

实施供应商多元化策略。通过公开遴选的方式与不同类型、不同省市供应商建立合作关系，确保供应链稳定性；供应商多地布局，防范供应商价格垄断和断供风险。截至目前，公司供应商总数为 200 余家，分布在四川、广东、重庆、江苏等 20 余个省区市；持续推进监管工作下沉，严控上游生产质量，实施现场督查和飞行督查全覆盖，实时掌握二级供应商计划、生产库存、出货等情况。

3. 推动协同运营机制

五粮液内部各车间和各职能部门在材料计划、生产计划、物资调运、质量管理、采购结算、供应商评价、流程审批等环节实现内部协同，共享信息；与供应商在采购寻源、采购订单、生产配套、采购结算等环节实现内外协同。

（二）数字化采购创新

五粮液三个采购平台的建设和使用持续促进企业降本增效，合规配置将制度要求落地为系统控制，内外协同运作促进供应生态的构建，结构化的数据信息为运营分析、管理决策和资源调配提供基础。

（三）绿色化采购创新

五粮液通过专用粮种植基地模式的建设和推广，持续提升原辅料绿色有机粮源占比，为酿造生产提供优质保障；包装材料以绿色设计源头带动绿色采购，对五粮液酒核心战略单品、产品矩阵核心系统酒配套包材等开展工艺优化、环保材料应用等，制定采购制度鼓励供应商使用新工艺、新材料、新设备等。

（四）采购向供应链转型创新

五粮液通过建设电子采购平台促进采购管理降本增效，以采购价格、供应及时率、合格率等业务数据为基础，开展运营分析，关注结构性、系统性的指标数据，致力于供应链整体运营效率、敏捷运营能力的提升和总成本的降低。

在采购供应链管理方面，持续优化供应结构、提升供应链稳定性，向供应链生态伙伴传递五粮液的管理理念和制度要求，共同探索模式优化与创新，对外赋能，引导行业协同化、高质量、可持续发展。

四、应用成效

集采商城服务集团范围内 68 家公司，通过在集采商城直观选品、精准下单、自动比价、线上审批、自动发货，采购周期从原来的平均 40 天下降到平均 7 天，极大地缩短了采购周期。

通过竞价、比价等系统功能进一步降低采购成本；复购产品成本同比下降约 5.4% 集采商城二次议价采购成本下降约 10%。

供应链的高效、稳定运作为企业高质量发展提供了有利支撑。未来，五粮液将继续开展数据治理工作，结合数字工厂等项目建设推进供应链协同，实施数据入湖，开展大数据分析，建设供应链智慧运营中心，持续提升供应链智能化和自动化水平。

（宜宾五粮液股份有限公司：陈臣、张琦）

四川长虹：构建"四合一"采购平台，
开启智慧供应新篇章

在全球经济一体化深入发展和数字化转型加速推进的背景下，我国产业链供应链的数字化发展取得了显著成就，进一步巩固了在全球产业链供应链体系中的重要地位。四川长虹电器股份有限公司（以下简称"四川长虹"）坚定"科技长虹·产业报国"理念，强化"链式改造"，积极探索并实践数字技术在产业链供应链重点领域的创新应用与先行先试，致力实现"安全高效、成本最优、数智融合、产业协同"的供应链管理目标。在目标牵引下，长虹遵循"统一采购管理体系、统一供应资源管理、统一物料管理策略、统一 IT 系统工具"的供应链管理原则，在构建高效、协同、智能的采购供应链体系上精准发力，精心打造一个集"销产供协同、智慧采购、供应链金融、决策分析"功能于一体的"四合一"长虹智慧供应链平台。

一、建设成效

长虹智慧供应链平台依托自身成熟供应链的优势，打通采购供应、加工制造、分销配送等生产中的各环节，实现全流程可视、全链条可溯、全过程可控。同时，通过积极推进产品和整体解决方案的推广应用，该平台还赋能电子信息、高科技、快速消费品、能源化工等多行业，为产业链上下游多家中小微企业累计提供超 50 亿元供应链融资等服务。

（一）新机制：全流程信息化管理，显著提高采购业务效率

四川长虹根据公司"管理制度化、制度流程化、流程信息化"指导原则，面向供应链中生产和采购两个关键业务环节，深度、全面地融合新一代信息化技术，对业务流程和管理进行数字化创新改革。

在需求计划方面，四川长虹以客户订单为牵引，推进生产计划、物料采购、生产执行、库存物流、BOM 组织等多维度决策的协同并行，适配小批量、多频次、柔性灵活的现代化生产方式。四川长虹新发布 20 个计划制度和 150 个业务流程，为供应链的高效协同运行提供管理保障。

在采购业务领域，四川长虹构建了集团级的"3+2+1"采购框架，打通了需求管理、定价管理、合同管理、订单履约、采购结算、供应商管理六大核心业务链条，对

采购活动的全环节、全过程、全标的完成全覆盖，进一步强化了采购管理的规范性和闭环性。四川长虹新发布 33 个采购制度和 66 个采购业务流程，为采购活动的精细化、高效化管理提供有力支撑。

目前，长虹智慧供应链平台在提升供应链业务效率方面展现出卓越效能。例如：采购计划申报时间效率提升 80%；询价流程平均时间缩短 62.5%；合同签署平均时间缩短 66.6%；平台上线前供应商需到采购方处获取发货单，平台上线后发货单数据共享且可自助打印，流程效率提升 90%。此外，该平台还使采购周期管理、标准合同使用、采购结算、供应商到访、合同审批的处理效率分别提升 26%、45%、70%、57% 和 67%。

（二）新引擎：跨部门协同，促进资源优化、降低成本

长虹智慧供应链平台的建设和应用，强有力地驱动了公司内部创新与效率提升，实现了研发、品质、采购与生产等部门之间的无缝对接与紧密协作，解决了长期以来存在于各部门间的信息孤岛问题。该平台促使企业资源在更广泛领域实现高效配置与精准对接，形成了跨部门的深度融合与协同作业新模式，不仅在方法层面优化流程和提升效率，更在作业层面实现了精准降本。

以空调产业中的铜管使用为例，2022—2023 年，依托于长虹智慧供应链平台，促进研发、品质、采购与生产部门紧密配合，优先验证并使用行业中的新物料、新技术，持续对空调铜管参数降本优化，累计实现空调产业铜管降本 1000 余万元（无税）。

（三）新举措：供应商全生命周期管理，赋能产业提质增效

通过长虹智慧供应链平台的应用，四川长虹的供应商管理水平再上新台阶，实现了横向到边全场景覆盖、纵向到底全周期管理——结合需求，科学布局；开放寻源，严格准入；名录管控，合作优选；严推绩效考核，实现优胜劣汰。

在开放寻源方面，长虹智慧供应链平台实现了供应商系统完成注册后由专人对接并限时处置，过程节点在线跟踪，信息过程闭环管理。2024 年，近万家企业在系统完成新注册，其中 97% 转入四川长虹的潜在合作名录中。

在严推绩效考核方面，长虹智慧供应链平台强化绩效运用，近三年累计为近千家供应商赋能，专项能力提升近万项，对长虹供应链整体进行提质增效。

（四）新策略：从串行向同步并行协同的决策管理机制升级

长虹智慧供应链平台以销产供协同平台为核心，实现了前端的销售、物资需求计划与后端的制造、发货计划、物流协同等环节之间的协同，实现了从客户需求到产品交付"端到端"的对接。该平台按"减简聚焦、计划同步"思路，始终围绕"客户商业库存周转率提升"目标，通过突出数字赋能、强化流程再造，对标行业标杆制定

"订单 C+3"时效模式，构建"订单制"IT 横向协同系统，取得了阶段性运行成果。

以电视产品为例，创新打造多品种、小批量、个性化、以销定产的数字驱动模式，订单交付周期缩短至 11 天，商业库存周转率提升 145%，单台电视制造成本降低 33%，极大节约了生产成本，提高了管理效率。

（五）新服务：应收账款融资，为中小企业融资难"解渴"

四川长虹作为产业链供应链上的核心企业，通过中征平台、长虹供应商管理系统、金融机构信贷系统三方 IT 对接，实现业务数据自动化传输，为大型企业、供应链中小微企业和金融机构提供一体化线上融资对接服务，构建了供应链融资业务平台。该平台现已发展成为一套高度灵活、涵盖产品模式创新、多元化获客渠道、精细化后期运营以及多元化资金渠道的完整供应链金融生态体系，已经为产业链上超过 2500 家中小微企业，累计提供超 50 亿元的融资额度。接下来，四川长虹电子控股集团有限公司培育的 80 余家大型子公司，也将发挥"头羊"作用，持续开展融资服务，为更多链上企业融资赋能。

（六）新运营：数据价值发挥，数据资产智慧应用

在数字经济蓬勃发展的进程中，数据已跃升为企业数字化转型的核心驱动力与关键生产要素。"虹图数字董事厅"已集成包含采购规模总览、供应商分析、大宗材料分析、采购定价分析等近百个数据统计分析报表，深入分析超过 2000 万条的采购类数据集。四川长虹成立了采购体系数据管理小组，拉通集团下各业务单元采购数据管理员，对采购业务过程的数据实施常态化管理，不断扩大数据的集成范围，强化数据分析能力，创造数据价值。

（七）新技术：数据驱动+AI，助力中小企业数智化升级

长虹智慧供应链平台基于"数据驱动+AI"打造核心体系，通过轻量化与云端化的方式，实现"数据驱动+AI"能力的高效输出，利用数据挖掘、智能算法等"数据+"技术在决策领域的应用，突破传统决策局限，推动数据决策场景落地，实现决策精准化、智能化，助力中小企业实现数智化转型升级。以四川长虹的智能采购决策场景为例，其通过对海量采购数据的分析，能解析采购需求计划，快速筛选优质供应商，从而提高采购效率和质量。同时，借助 AI 大模型的智能推荐，还能发现新的采购机会和更合适的商品，提升企业的竞争力和运营效益，为采购平台带来更高效、智能、精准的运作模式。

（八）绿色采购，积极响应"十四五"节能减排目标任务

1. 循环利用物料

长虹智慧供应链平台与 ERP 系统、MES 系统对接，嵌入物料废损管控机制，实时

跟踪库存状态，对物料进行合理使用，避免物料积压和短缺，对产品物料实现科学化协同管理。2023 年，循环利用物料占比较 2022 年上升 11.32%，全力减小电器产品对环境的不利影响。

2. 温室气体减排管理

四川长虹积极响应碳达峰碳中和战略，秉持绿色低碳、节能环保理念，以创新和专业推动行业的可持续发展，致力于实现"绿色未来"的愿景。

在采购供应链层面，四川长虹致力于打造绿色、低碳、高效的供应链体系。首先优选秉持环保理念、具备绿色生产能力的供应商作为合作伙伴，从源头上控制原材料的环保质量。其次，推行全生命周期管理的节能减碳方针，将这一理念融入采购供应链的全链条——从原材料采购到产品设计、生产制造、物流配送、使用维护直至产品报废回收。2023 年长虹公司主要产品单位均完成年度节能目标如表 1 所示。

表 1 2023 年主要产品单位节能目标完成情况

产品	2022 年节能目标完成情况	2023 年节能目标任务	2023 年节能目标完成情况	完成率（%）
电视	单位综合能耗：4.320 吨标煤/万台	单位综合能耗：<4.537 吨标煤/万台	单位综合能耗：4.347 吨标煤/万台	104.19
空调	单位综合能耗：11.988 吨标煤/万标套	单位综合能耗：<12.340 吨标煤/万标套	单位综合能耗：11.259 吨标煤/万标套	106.08

3. 绿色采购

长虹智慧供应链平台实现了电子化采购需求、电子化定价、电子化合同管理、电子化资料共享、电子化对账结算等功能，减少了对纸质文件的使用，节约资源并减轻环境负担。

二、建设路径

（一）建设思路

1. 剖析现状，明晰痛点

长虹智慧供应链平台项目组全面摸排公司现有采购供应链管理系统现状，调研学习三家外部优秀企业的实践经验，并摸底集团主要子公司的采购现状，深入分析集团采购供应链数字化的需求和痛点。

（1）采购物料差异大。物料品类繁杂多样，导致标准化与统一采购管理的程度相对较低，增加了采购的复杂性和管理难度。

（2）采购方式线上线下并行。约 20 家子公司通过四川长虹原有采购供应链管理系统线上招采，其余大部分子公司线下招采，效率较低、监管困难。

（3）标准化管理不足。各产业公司之间商品数据、供应商数据不能有效互通，物料编码与数据标准缺乏统一规范，加剧了采购业务数据的归集难度与分析挑战，使得数据未能充分发挥辅助决策的潜力，限制了企业利用数据驱动优化采购战略与运营效率的能力。

（4）IT系统间兼容性差。专业团队建设滞后于业务快速发展的需求，影响整体运营效率与竞争力的提升。

（5）在多品种小批量、个性化定制和多品种并行等生产挑战下，订单频繁变动，生产周期不定，考验计划排程应变能力，也使监控执行难度上升，物料需求多变引发缺件及采购延迟。

（6）上游产业链融资方式当前未进行整体运营，融资开单、融资使用、融资审批等供应链融资业务的关键流程无法通过统一平台管控。

（7）经营分析数据线下报送，数据及时性和有效性难以保证。数据指标未统一，同一指标存在多种计算逻辑和口径；已有报表不能满足新的管理要求，需要优化提升。

2. 深度调研，明确需求

建设需求涵盖销产供协同、智慧采购、供应链金融和决策分析，四大维度并驱，全面赋能业务发展。主要需求如下。

（1）需要建设销产供协同平台，制订以客户订单为切入点的协同计划，指导各部门业务活动，流程并行，数据实时共享，提高信息传递效率，形成基于数据从串行向同步并行协同的决策管理机制；以产品营销、研发、采购、供应端、制造为切入点，推动公司运营效率提升，实现客户商业库存周转率持续提升的目标。

（2）需要建设数字化平台支撑采购业务运营，实现采购管理的全面精益化转型。该平台将覆盖全集团，实现采购业务的全流程在线化管理，确保流程标准化、规则明确化、方法统一化。此外，集成全面的规范性监督检查功能，覆盖采购环节全链条，提升采购管理的规范性与透明度。

（3）需要建设供应链金融平台，为中小微企业融资赋能。新建供应链金融平台，与相关业务协同系统、银行资金方进行对接，打通上下游融资业务的全部流程，为子公司及上下游关联方提供基于真实贸易业务的融资服务。

（4）需要全面应用大数据，挖掘数据价值反哺业务提升。与物资编码系统、全面计划管理系统和ERP系统高度集成，计划和采购数据有效贯通。建立常态化的数据分析机制，从供应链管理的各个关键环节萃取要素，搭建数据分析体系；通过对各项基础数据的运行分析，促进智慧供应链的构建。

3. 统一规划，制定策略

按"总体设计、统一开发、分步实施、集中管控"的策略。

（1）总体设计：在集团层面集中组织进行顶层设计，采用自上而下的方法，保证方案的全局性、前瞻性和价值驱动。

（2）统一开发：统一进行功能平台的搭建，统一管理平台共性功能开发。

（3）分步实施：首先，选择具有一定规模的典型子公司进行试点，细化形成专业方案模板；其次，在试点的基础上按模板进行系统建设，同时进一步增强和完善模板；最后，采用已经较成熟的模板进行快速推广。

（4）集中管控：建立集中的管控体系，负责总体设计方案及标准规范在实施中的执行与变更管控。

（二）建设内容

1. 采购指令自动化

销产供协同平台融合 S & OP（销售与运营计划）管理思想，实现系统运算替代人工核算，输出生产计划与采购计划。销产供协同平台与 CRM（客户关系管理）集成，获取销售预测和销售订单；与 PLM（产品生命周期管理）集成，获取产品 BOM 数据；与 ERP 集成，获取物料库存及未清订单。

同时，销产供协同平台无缝对接后端智慧采购平台，实现需求的自动精准分发至对应的采购人员；与 MES（生产执行系统）、WMS（仓储管理系统）集成，实现物料从周至小时的配送管理，提高物料齐套率。

2. 业务过程在线化

采购过程全面实现在线化，从采购策略、采购方案、电子招投标直至最终采购定价，整个流程无缝衔接、高效运作。深度集成家电制造业多种定价模型，算法辅助、高效筛选，确保需方择优选择，全过程留痕、可追溯，营造阳光、透明、合规的采购环境。

（1）采购策略匹配。

支持采购策略制定与匹配，采购单位可根据采购品类等信息，配置采购策略实现采购方式的自动流转。支持采购需求分配给相应采购人员，采购人员可以根据待办任务提醒，进行采购寻源等业务操作。

（2）采购方案编制。

明确组织形式、采购方式、预算金额、标的物内容、供应商范围、条款要求、时间规划、定价模型等多维度信息，全方位覆盖，确保采购方案周密完善。

（3）供应商在线报价。

集成邀请招标、询价、竞价、比选采购、谈判采购、单源直接采购、多源直接采购等多样化采购方式，灵活应对不同采购需求。

①招标文件。采购人员通过平台自动获取项目的基本信息，采用预置模板进行文件编制，确认信息无误后，可上传招标文件。

②邀请招标。供应商自行填写加密密码，系统不保存密码，规避泄密风险，到开标时间自动驱动供应商提交解密密码。

③大盘监控竞价过程，通过对供应商 IP、MAC 地址维度分析，防控围标、串标风险。

（4）智能采购定价。

实现供应商原价向折算价的自动化转换，依据付款方式、付款账期、币种精准计算，同时支持总价与单价双重排名功能，提高比价效率和准确度。系统深度融合历史价格数据库，智能分析报价涨幅比例，确保采购决策有据可依。采购方案中的份额比例自动匹配，赋予采购人员灵活调整空间，系统详尽记录比例变动，为管理层提供直观决策支持。定价单审批通过，无缝对接 ERP 系统，自动更新采购信息、货源清单、框架协议及份额比例，全程自动化管理价格，取代传统手动维护模式，显著提升工作效率与数据准确性。

（5）合同全过程闭环。

覆盖合同起草、审批、签订、履约直至归档的每一个环节。合同模板可配置，支持制式合同在线管理与快速应用。生产性物资采购合同采用自动化转换机制，实现从订单信息到合同文本的一对一精准映射，大幅简化合同管理流程，提升工作效率与准确性。对接主流电子签章平台让合同签订过程更加便捷、安全。

3. 资源管理体系化

实现从"摇篮到坟墓"的供应商全生命周期管理。

（1）需求与布局阶段。

依据采购资源需求与布局管理规范，实现需求、提交与资源布局的全程数字化，智慧采购平台无缝对接供需两端，提升效率，优化布局，加速供应链智能化转型。

（2）寻源阶段。

门户窗口发布采购寻源公告，信息公开透明。自助注册：通过光学字符识别供方注册信息，打通外部资信平台，实现风险在线预警。资源筛选：过滤准合作供应商。供应商自评：自主展示优势与能力。评价打分：清晰识别优质供应商。

（3）引入阶段。

准入推荐：归口管理强化核心枢纽。实物认定：认定过程灵活配置，过程状态透明可视。供应商审核：分类分级制定标准，保障合理合规。供应商协议：批量维护、自动归类归档，高效规范。

（4）合作阶段。

P. CN 变更：闭环式管理，确保人、机、料、法、环关键生产要素的每项变更都经过严格的流程控制。非名录供应商，业务单据在线预警。风险采购：一事一议，过程单据自动生成，防控业务风险。

（5）评定阶段。

评价体系：自定义质量、商务、技术等指标库，通过用户自定义不同的指标组合、权重和分值，自由搭建评价体系。事件性评价：及时捕捉供应商过程表现，为合作质量护航。在线绩效评定：提供 360°供应商画像，高效透明，为供应链管理提供坚实支撑。

（6）激励与退出。

绩效结果与业务单据关联，调配供应商供货比例。按集团层、公司层灵活控制供应商合作状态，精准管控合作范围。黑名单通过门户公示，强化供应商管理透明度和震慑力，确保供应链生态的健康与高效运行。

4. 多元协同高效化

在整个订单交付流程中，有效消除信息孤岛，聚焦资源整合，确保组织内外部每一个环节的信息都能最大限度地互联共享。

（1）产销计划协同。

分公司在线提交订单需求，通过在线评审后，PCP（销产供协同平台）形成主生产计划。PCP 系统产生 D+3 的日排程后，关联订单需求号的日排程情况，自动生成生产线直发调拨计划后下发 LRP（物流资源计划系统）。物流端接到调拨计划后，根据物流运输情况归集配车生成提货单，司机通过 App 获取提货单到仓验证提货。WMS 验证司机及车辆相关信息，根据提货单，司机通过 App 扫码确认数量后出库运输。

（2）供应资源协同。

在 PCP 系统中建立基于销售端远期预测的长周期物料储备管理体系，将销售预测和市场变动实时与储备采购计划关联，满足订单快速交货的同时，使积压物资受控。PCP 系统通过生产订单排程拉动采购系统管控的 JIT 供方精准物料配送计划；建立前后端组件的生产计划协同；建立订单的物料和产能评审机制，实现物料齐套计划与生产计划、产能能力的协同管理。

（3）销售定价协同。

对接 CRM 获取销售订单，从 ERP 系统查询机型的 BOM，匹配工艺定额与采购价格，自动计算销售产品的大宗物资材料用量、波动费用，以及整机材料成本。提升销售订单评审的效率和准确性，快速响应市场需求。

（4）研发资料协同。

对接 PLM 获取物料图纸资料，将采购订单与技术资料关联对应，实现物料图纸在线分享，统一技术资料传递口径，防止出现信息失序及不对称问题。

（5）需求分流协同。

生产性物资的采购需求来源于前端销产供计划系统，需求自动精准分流至对应的采购人员。采购人员可根据实际情况迅速响应，选择接受或退回需求，流程高效且灵活。对于尚未设定价格的物资需求，系统自动引导其进入定价流程，以确保采购成本的合理性与透明度；而对于已明确价格的物资需求，则直接推送至下单环节，加速采购执行过程，提升整体效率。

（6）质量评价协同。

对接 QMS 和 MES，分别读取来料质量、来料制程失效数据，自动换算质量扣分项，形成结果报告进行审批，实现供应商质量评价指标自动打分，确保质量评价的客观性和公正性。

（7）仓储收货协同。

对接 WMS，下发供应商发货信息，并在仓储收货入库后自动回传入库信息到智慧采购平台，实现采购、供应商、仓储三方的透明化信息传递。

（8）供应商全面协同。

①采购订单实时通过邮件推送，确保供应商信息无遗漏。供应商登录智慧采购平台确认订单，高效规划发货。同时，提供标准 API，支持与供应商的系统互联互通，全面提升供应链协同效率与操作自动化。

②供应商在线打印发货单、条码，各公司主体间操作规范一致。生产排程与到货时间精准传达供应商，支持从排程到小时级别的精益化到货协同，确保物料准时送达，减少等待时间，提升生产线的连续性与效率。

③供应商自助结算。物料收货信息及时通知供应商在线核对，确认无误后按结算金额开票。发票信息自动获取，发票与结算数据匹配并自动校验。应付到期后，通过银企互联系统或票据系统完成支付。采购结算付款流程高度自动化，提升供应商整体体验、提高企业内部运营效率。

5. 风险控制模型化

将风险管理融入采购全流程，从采购战略、采购招标、采购合同、采购履约到采购运营 5 个环节中嵌入判断指标和管理要求，构建风险控制模型。系统设置风险控制关键点和控制维度，当出现不符合要求的情况，系统将立即启动预警机制并迅速响应，以控制风险扩散。

6. 核心场景智能化

智能采购策略场景引入"数据驱动+AI"技术，通过对海量采购数据的分析，解析采购需求计划，快速筛选优质供应商，从而提高采购效率和质量。

合同管理场景引入 AI 技术，实现合同文本自动对比，快速甄别版本差异。纸质合同采用光学字符识别技术，自动填写合同信息，提高合同起草效率。

关务单填报场景使用 RPA 机器人，RPA 可自动上传提运单、发票、合同、箱单文件，并自动识别文件内容，抽取关键信息，自动完成关务单申请，显著提高了效率并规避人为错误。

7. 供应金融数字化

供应商结算数据从智慧采购平台发起，在 ERP 记账后产生应付账款，资金优选平台抓取供应商的应付账款，向智慧采购平台获取订单及合同信息，向发票云平台获取发票影像。将应付账款开具为电子履约凭证——"虹链优单"。供应商持有优单后，可以进行融资和转让。

对接 6 家银行：工商银行、农业银行、建设银行、光大银行、中信银行、渤海银行，现资金优选平台还在持续对接中，预计对接 15 家银行。

8. 决策支持数据化

深化采购分析，从采购计划制订、采购流程执行、采购监督监控、采购质量管控、库存动态管理、采购结算处理及供应商关系维护等多个关键环节着手，实现对这些领域的多维度、精细化分项计量与统计分析。

直观展示界面，用户一目了然地掌握库存实时状态、价格变动趋势、采购齐套情况、财务资金流动等关键信息，为企业的采购决策提供强有力的数据支持与洞察能力。

（三）关键技术

1. EAD 企业应用开发平台

EAD 企业应用开发平台（见图 1）是四川长虹自主研发，以业务实践需求为演进驱动力，采用云原生和微服务为技术架构，集研发、实施、运维、迭代于一体的综合性企业数智创新平台。该平台旨在满足企业应用软件研发的多元化需求，为开发人员提供全面而丰富的功能集合，助力企业实现高效研发与卓越创新。

通过 EAD 企业应用开发平台，企业能够建立统一的开发规范、开发方法和开发技术，从而构建完备的研发管理体系，促进研发过程的标准化和规范化。同时，该平台还能够打造企业数字化转型的 IT 应用生态，推动企业在数字化浪潮中保持领先地位，实现可持续发展。

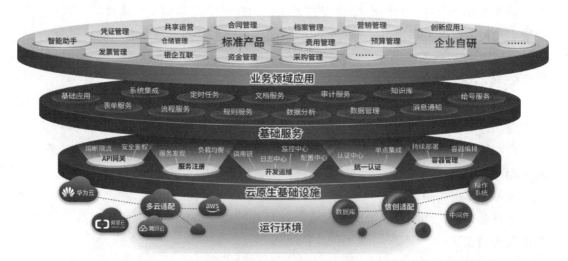

图 1　EAD 企业应用开发平台

2. IDSP 数据融合创新平台。

IDSP 数据融合创新平台（见图 2）是四川长虹自主研发的，该平台根据建设任

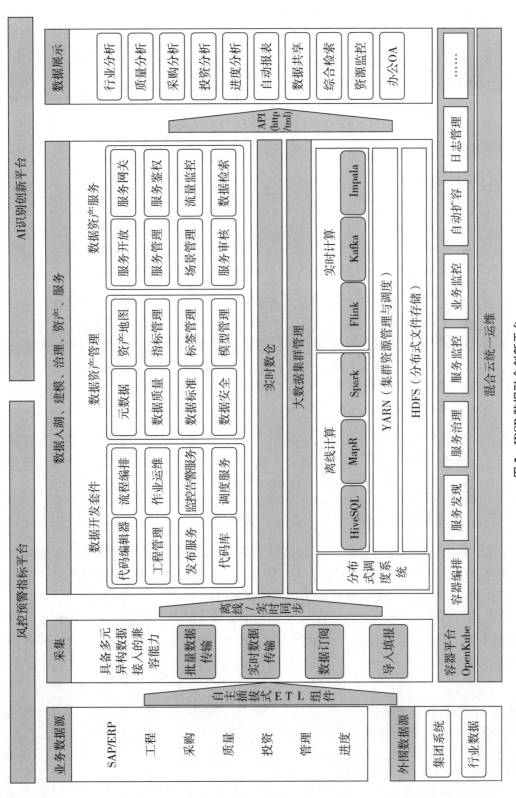

图 2　IDSP 数据融合创新平台

务和建设目标，采用分布式、微服务的技术架构技术。

平台整体设计模式采用 DDD 领域驱动设计模式，将业务进行语义显性化、领域化，实现业务专家与系统平台设计的深层次绑定和融合，有效提升系统平台的适用性、扩展性。底层采用分布式架构设计，包括分布式存储系统、分布式计算系统、分布式流式计算系统、分布式搜索系统、分布式发布订阅消息系统等。服务层采用微服务架构，按照业务实现服务划分，提升平台的容错能力、服务治理能力、负载均衡能力、链路追踪和实时日志的能力。

三、未来展望

知行合一，数智引领新篇章。未来，四川长虹以数智融合升级为契机，依托"四合一"长虹智慧供应链平台，有以下三点期待。

（一）丰富在线化业务场景

在四川长虹，服务和工程的采购金额占有相当大的比重。当前，长虹智慧供应链平台已实现物资采购的全流程在线化，基本覆盖服务、工程部分业务场景。为进一步提升效率和体验，四川长虹将持续深化业务场景的建设，力求将服务采购与工程采购功能纳入线上管理范畴，实现全品类、全场景在线化管理。

（二）构建"一站式"电子商城

在众多国企成功转型电商化采购的启示下，四川长虹将针对工业品、办公劳保品等非生产性物资的采购需求，着手筹建一个统一、便携的"一站式"电子商城，充分利用电商平台的规模效应和价格优势，实现非生产型物资的高效、低成本采购。

（三）实现长虹智慧供应链平台"产品赋能"

未来，四川长虹将始终秉持"产品赋能"思维，紧密融合前沿技术和业务实际需求，深度应用"数据驱动+AI"技术，对平台进行全生命周期管理和升级迭代。在此过程中，四川长虹将重点建设智能数据治理、智能辅助评标、智能价格监测等核心场景，助力供应链"稳链、补链、锻链、强链"的全面发展。同时，四川长虹还将积极与合作伙伴携手推进"赋能、提质、创效"的合作模式，共同推动产业链供应链的数智化转型与升级。

（四川长虹电器股份有限公司：文学章、唐筱诶、马高琴、唐渺、蒲行恒、蒋安国）

◎ 招标代理

华润守正：打造"润汇采"交易平台，向国企境外招采服务共享平台迈出坚实一步

为深入贯彻粤港澳大湾区国家战略部署，华润集团作为驻港央企，"十四五"期间坚定发展香港业务，积极在香港布局供应链服务业务，强化境外采购管理水平，下属华润现代服务（深圳）有限公司旗下华润守正招标有限公司（以下简称"华润守正"），立足在香港的采购业务场景，于2022年9月建设投运国资委系统首个境外采购交易平台（以下简称"境外采购交易平台"或"平台"）。平台受到行业多方广泛支持，2023年11月，平台在粤港澳大湾区国有企业供应链协同交流会上正式被提级为粤港澳大湾区境外采购协同平台——"润汇采"（国际版），更好地推动了粤港澳大湾区国有企业供应链协同发展。

一、项目背景

（一）华润集团香港战略实施

自2019年2月中共中央、国务院印发《粤港澳大湾区发展规划纲要》以来，粤港澳大湾区建设各项工作有条不紊推进。"十四五"期间，华润集团坚持立足香港，探索国际化新路径，全面高质量推进香港各项工作，助力香港发展经济、改善民生，促进香港与内地融合发展、支持香港长期繁荣稳定，推动香港打造共建"一带一路"功能平台。

（二）境外采购管理的重要性挑战

"十四五"期间，华润集团境外采购额逐年上升，提升境外采购管理水平对切实加强境外内控体系建设，确保境外企业依法合规开展采购交易具有重要意义。然而在法律法规方面，在港企业被视为私营机构，对其采购规则没有强制性规定；在交易管理方面，在港企业多采用邀请线下采购，经营习惯固化、采购方式传统，不同的市场环境、法规要求、文化特色等因素对境外采购管理提出了挑战。

（三）国务院国资委强化提升境外采购合规要求

国务院国资委对中央企业采购管理提出强化要求：《关于进一步加强中央企业采购管理有关事项的通知》及《关于做好2023年中央企业内部控制体系建设与监督工作有

关事项的通知》等文件，强调了统一平台建设、规范采购行为、强化过程控制与管理、完善风险防控体系等要求。境外采购交易平台作为中央企业海外采购的重要载体，要严格遵守这些规定加强建设，确保采购活动的合规性、透明度和高效性。

二、主要内容

（一）平台建设背景

华润集团行业跨度大、业态多，境内外环境差异大，境外采购管理既要做到有效穿透，又要不"一刀切"；既要激发企业活力，又要强化有效监管，面临强化境外采购管理的迫切需要。由华润守正负责建设境外采购交易平台，加强采购数字化，提升采购效率及透明度，是华润集团强化境外采购管理的重要举措。

《粤港澳大湾区发展规划纲要》为华润集团带来区域协同机遇。该纲要提出粤港澳大湾区供给侧结构性改革的目标，强调传统产业转型升级与新兴产业的培育。为此，境外采购交易平台可借助粤港澳大湾区的区域协同优势，加强与区域内企业的合作与交流，共同推动采购业务的数字化、国际化发展。

（二）平台建设历程

华润集团境外采购交易平台由华润守正主导建设，以符合两地法律法规和数据跨境传输的要求、满足香港地区和中央企业采购合规的需要、适配香港本地交易惯例为原则，于2022年7月启动建设，9月完成一期功能上线，2023年完成二期功能上线。

（三）平台功能设计

平台按交易系统、服务系统、监管系统架构进行规划建设，已形成"业务+管理+监管"一体化。交易系统具备招标、询比价、谈判采购、直接采购、竞价5种交易功能，实现采购业务全场景、全流程线上化。服务系统包含供应商管理、专家管理、合同管理、采购信息发布门户等模块，其中供应商管理模块具备供应商征集、分类分级管理等功能。监管系统包含监督人模块、智能风险监测模块，可以对平台的采购交易活动实施全流程动态监控。平台参照境内电子采购平台的成熟经验，结合香港地区的交易惯例，固化了采购流程、规范各类文本表单模板、提供各类风险管控智能工具，进一步提高采购效率、规范采购管理、降低采购风险。

（四）平台运营现状

平台于2023年9月通过"三个全覆盖"，完成集团内业务单元全覆盖，并在建设过程中不断积累境外采购经验，努力向外赋能，目前已成功服务中国旅游集团、南光集团、中国太平、中国人寿、中国邮政、南航集团等多家驻港澳国企，初步具备向更多国企推广的良好基础。2023年11月，由华润集团主办，华润守正承办的粤港澳大湾区国有企业供应链协同交流会上，平台正式升级为粤港澳大湾区境外采购协同平台——润汇采（国际版），向国企境外招采服务共享平台迈出坚实一步。

自 2022 年 9 月正式上线以来，截至 2024 年 8 月 31 日，平台累计成交金额高达 19.19 亿港币，成交标段 2446 个，项目备案数量 486 个，备案金额 19.8 亿港元。

三、创新成效

（一）提高集约化水平

平台作为华润守正电子招标平台的境外子平台，实现了采购公司、采购经办人和专家信息的统一管理，通过打通境内华润守正主数据系统，提升了管理的集约化水平。同时，供应商信息也由境内供应商服务门户统一管理，确保了数据的集中处理和高效利用，并通过持续推动境外采购"应上尽上"，为境外采购管理体系化建设及业务闭环管理打下了坚实的基础。

（二）提高规范化水平

平台通过完善功能，实现了多场景应用，全面覆盖招标、非招标等核心功能，并增设了多项功能以适应香港地区多样化的采购业务场景。此外，通过设立审批流程与表单文本模板，实现了采购流程与审批流程的标准化、在线化，促进了采购过程的规范化。

（三）提高信息化水平

平台数据实时对接至境内数据分析系统，建立详尽的数据台账，为采购决策提供有力支持，助力数据追溯、审计监督及采购计划精准制定。同时，平台还通过提升公开采购率及电子采购率，展示了在推动采购活动信息化方面的成效。

（四）加强数据安全

平台严格遵守相关法律法规，制定隐私政策与服务条款，全方位保护用户商业数据与个人隐私。同时，按照国家互联网信息办公室要求，制定详细的数据出境协议，对敏感数据进行分类分级管理，并同步向主管部门申报，确保跨境数据流动的合法性和合规性，加强数据安全保障。

（五）促进系统集成

平台逐步与企业合同系统、ERP 系统、财务系统等关键业务系统对接，构建以采购交易系统为核心的数字化供应链体系。这一举措加速了境外供应链的数字化转型，促进了系统间的集成与协同，有助于打造智慧供应链新生态。

四、推广价值

平台目前已经具备可靠规范的采购交易功能、友好敏捷的采购服务功能及有效穿透的采购监管功能，是华润集团整合采购资源、提升采购效能和支持业务发展的管理工具，又是有效防范廉洁风险的合规工具，并逐步扩展建设成为华润集团供应链管理一体化监管平台。

（一）规范采购行为，降低采购风险

香港地区的采购没有统一、规范的流程，采购经办人专业能力普遍较低，采购流程、规则按采购经办人自己理解开展，使华润集团采购管理缺少抓手。平台通过将业务规则、采购流程、公告表单模板等固化在系统中，提升采购质量、规范采购过程，使华润集团采购管理得以规范。

在降低采购风险方面，可实现境外采购交易活动留痕，全过程永久可追溯。平台提供监督人角色设置，对评标全过程进行实时监督；提供采购风险监测工具，为判定和预防供应商串通投标提供线索，规避出现如香港《竞争条例》中的"围标"等其他严重妨害竞争的行为，降低境外采购风险。

（二）支持采购决策，提高采购效率

在支持采购决策方面，平台对接数据分析系统，对境外平台的采购交易数据进行全方位多维度的分析，支持采购决策。平台实现全过程在线交易，自动生成评标报告等各类采购过程文本，同时支持采购部门发起直接复制历史标段，在全过程规范性地提高采购效率。

（三）共享采购资源、实现境外采购交易资源整合

境外供应商资源分散且拓展渠道有限，平台汇集了华润、中旅、南光、南航等央企单位的境外供应商资源，为各采购方扩大供应商资源提供了广阔的平台，同时也为境外供应商提供了更多商机。在推动境外资源整合、协助境外企业发展方面彰显了央企担当。

五、未来规划

（一）持续打造国企境外供应链一体化平台

当前，境外采购面临着诸多挑战，如信息化与数字化程度低、资源共享不足、合规性风险亟须规避和管控、供应商管理不规范、预算构成与实际业务不匹配等。华润集团将不断聚合奥港澳大湾区国企境内外资源与需求，引导优化配置生产资源，实现供需协同、生产协同、物流协同，并整合供应链资源、延伸服务链条，以"资源共享、模式共创、平台共建"的理念，持续打造国企境外招采服务共享平台。

（二）持续优化功能建设

平台功能主要聚焦于采购寻源阶段，未来将着重促进跨领域价值链的互动，推动不同价值链之间的数据融合与协同。通过对接 ERP 系统、SRM 系统、采购决策系统及非现场审计系统等数字供应链关键节点，加快推动采购管理转型升级，推动建设供应链一体化平台。

（三）加强香港 B2B 平台探索

零星物资采购需求杂、金额小、频次高，内地通过电商化采购在规范和高效上取得良好效果，然而香港无 B2B 电商平台，采购方式仍偏线下，如物料管理方面延用传统的电话叫料方式，管理难度大。未来要结合香港实际情况，从系统、供应链、履约、结算等方面全面探索香港电商采购业务可行性，探索与战略合作伙伴的共赢合作模式，推动香港电商采购业务快速落地。

（华润守正招标有限公司：冉鹏、石建伟、石育麟、周晓婧）

中投咨询：基于人工智能打造智能清标，持续助力采购平台健康发展

一、案例背景

国家开发投资集团有限公司（以下简称"国投集团"）成立于 1995 年，是中央直接管理的国有重要骨干企业。中投咨询有限公司（以下简称"中投咨询"）作为国投集团采购服务中心（以下简称"集团采购中心"）负责国投集团电子采购平台的建设、运营及维护，同时为各部门提供采购代理和采购咨询服务。

随着采购平台的持续运营，智能清标是促进采购平台健康发展不可或缺的因素。通过引入智能化技术，平台能够更好地对投标文件进行清标处理，进一步提升招投标过程的准确性和公正性，为企业的采购活动注入更多科技力量。

智能清标功能的应用面临着多项挑战，主要如下。

1. 技术实现

智能清标功能的实现，主要依托尖端的人工智能技术和大数据分析能力。然而，在技术上面临着如何精确识别、深入解析和高效比对供应商及其递交的文件信息的重大挑战。此外，确保系统运行的稳定性、数据的安全性以及处理的高效性，也是一大技术难题。

2. 业务流程差异

鉴于不同行业、不同地域在招投标流程上存在的差异性，智能清标功能需具备高度的灵活性和适应性，以满足各种业务流程的需求，所以亟须构建一个既具备通用性又兼具灵活性的智能清标系统。

3. 法律法规限制

招投标活动受法律法规的严格规制，因此在建设智能清标功能时，必须严格遵守相关法律法规的规定。为此，如何在确保合规性的基础上实现智能清标功能的最大化应用，值得深入思考和探讨。

二、主要内容

智能清标功能作为一项综合性技术，其核心归属于计算机信息科学技术领域。该功能深度融合了大数据分析、云计算、人工智能及自然语言处理等多维度技术要素。通过运用机器学习算法实现对招投标文件的智能化分析和处理，自动精准地识别和提

取文件中的关键信息，如项目商务部分、技术规格部分及价格部分等核心要素，并快速对提取的信息进行清标比对，提高采购平台的智能化水平，为采购人、项目经理及评标专家提供直观的供应商情况分析，有效识别和防范不同供应商间的围标串标行为，从而确保采购过程的公正、透明与高效。

1. 解决思路

投标企业的各类角色，包括经办人、购买标书联系人及授权代表等，均通过企业后台进行统一的维护与管理。同时，为确保信息的一致性与准确性，严格控制投标企业内部以及各投标企业之间后台的联系电话、邮箱等信息的重复添加。

在投标过程中，所有相关的联系人及授权代表均需从本企业后台已维护的数据中进行选择，确保投标信息的规范与统一。

在采购子系统的潜在投标人查看环节，系统将提供对潜在投标人关联关系的检查功能，以便采购人员与项目经理能够充分了解潜在投标人的背景情况，进而作出更为明智的决策。

在评标过程的清标环节中，系统将对企业基本信息、企业关联关系、投标保证金缴纳情况以及投标报价等关键要素进行细致的检查，旨在识别并防范不同企业间的围标串标行为，从而辅助评标专家进行更加公正、准确的评审。

此外，系统还增加了对投标企业间控股关系的检查功能，综合考量投标企业及人员的股权结构、任职关系等信息。同时，招标单位也将被纳入关联关系的筛查范围，以全面判断其与投标企业之间是否存在潜在的关系。

为直观展示企业间错综复杂的关联关系，系统以投标企业主体为核心，构建网络关系图，便于用户快速梳理上下游关系，精准排查并识别潜在的风险点，从而实现有效的风险监控。

借助采购平台的大数据分析及智能算法，系统能够自主分析投标文件中的商务部分、技术规格部分及价格部分是否存在相似或雷同等情况，为招标方提供更为准确、全面的投标信息分析。

2. 流程示意图（见图1）

3. 技术方案

智能清标功能分别从企业基本信息检查、联系人检查、保证金检查、关联关系检查、价格检查、网络信息检查、标书雷同检查七个不同维度进行检查规则的设定。

（1）企业基本信息检查。

①检查规则描述：检查各投标单位之间以及投标单位与采购单位、采购代理单位之间是否存在企业基本信息一致的情况。实际检查规则：检查各个投标单位之间以及投标单位与采购单位、采购代理单位之间的企业注册电话、联系电话是否存在一致的情况。详细对比规则：检查当前投标单位的企业注册电话或联系电话是否和采购单位、采购代理单位、其他投标单位的企业注册电话或联系电话存在相同的情况，若存在相

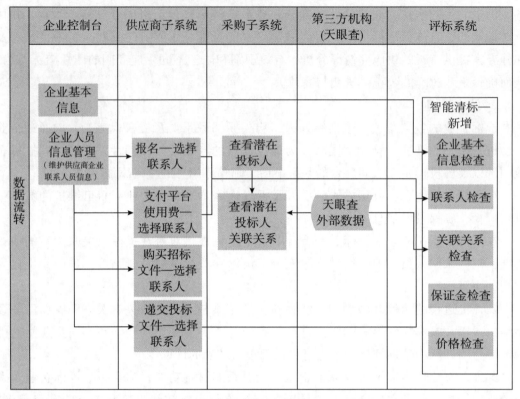

图1　各系统数据流转流程

同的则向专家及项目经理提示异常并详细说明异常原因。

②检查结果：信息不一致则为"正常"；有任何信息一致则为"异常"，并提示存在关联关系的单位名称。

③系统支持查看所有异常信息的详细情况，通过查看详情，系统可以展示所有投标企业的信息，同时会将所有存在异常的单位突出显示，并将所有的异常情况进行详细描述，如"｛检查项｝与｛当前投标单位名称｝存在一致的情况"。

（2）联系人检查。

①检查规则描述：检查各投标单位之间联系人是否存在一致的情况。实际检查规则：对比购买标书联系人、递交标书联系人、报名联系人的各个投标单位之间是否存在联系电话或者邮箱相同的情况，若其中一项存在相同的情况，则总体检查结果为"异常"。

②经过严格的系统检测，若上述联系人中存在重复情况，系统将发出异常提示，并允许用户进一步查看详细信息。若检查结果表明不存在重复现象，则系统将显示正常状态。

③检查详情中包含购买标书联系人检查、递交标书联系人检查以及报名联系人检查。在各子项的数据表中，详细列出了以下数据：企业名称（特别注明：此列将显示

除当前投标单位之外的其他企业名称）、联系人、联系电话、邮箱以及检测结果。各项数据均经过系统比对，以确保信息的准确性和完整性。

在提供的内容中，若联系电话和邮箱信息与当前投标单位完全一致，则将相关字段以红色字体突出显示，并在检测结果列明确标注为"异常"。在"异常"的右侧设置"查看详情"按钮，此按钮仅在当前投标单位的检测结果为异常时展现，其他投标单位如无异常则不显示。若联系电话和邮箱中没有任何一项与当前投标单位相匹配，则在检查结果列标注为"正常"。

（3）保证金检查。

①检查规则描述：检查各投标单位的保证金缴纳是否存在异常。实际检查规则：检查各个投标单位的保证金缴纳状态是否为"已缴纳"；检查各个投标单位缴纳保证金的来款账户名称是否和供应商企业名称一致；以上两个条件中第1个条件为未缴纳或者第2个条件来款账户名称和供应商名称不一致，则为异常。

②检查结果：若这两项检查都正常，则显示"正常"。若缴纳保证金的来款账户与供应商注册名称不一致或未足额缴纳保证金，则系统提示异常。

③检查详情中详细展示企业名称、来款账户名称、保证金缴纳状态、检测结果，将存在异常的信息用红色字体显示，检查结果列显示"异常"和"查看详情"，通过查看详情可以获取详细的异常信息。

其他说明：保证金缴纳方式、缴纳状态和来款账户名称由财务系统向下传达，保证资金流信息来源无误。

（4）关联关系检查。

①关联关系检查主要包括以下两部分内容。首先，检查用户在国投集团电子采购平台注册时所提供的信息，以确保其真实性与准确性；其次，对企业在国家企业信用信息公示系统中公示的信息进行全面比对，主要涵盖法人信息、联系电话、邮箱地址以及企业董事、高管、监事等关键信息，以确保其与平台注册信息一致且合规。通过这两部分的检查，旨在构建一套严谨、高效的关联关系核查机制，以保障平台交易的公平、公正与透明。

②实际检查规则：检查当前投标单位与其他投标单位、采购单位、采购代理单位之间的工商信息中的企业电话、联系电话或邮箱是否存在相同的情况，或者当前投标单位的联系电话或邮箱与采购单位、采购代理单位、其他投标单位的企业注册基本信息中的联系电话或邮箱是否存在相同的情况。若有相同的情况，则企业电话、联系电话或邮箱在平台上突出显示。

③检查结果：若当前投标单位的这几项信息与采购单位、采购代理单位以及其他投标单位都不一致，则显示"正常"若当前投标单位的这几项信息其中一项与采购单位或者其他投标单位存在一致的情况，则检查结果显示"异常，｛当前投标单位名称｝与｛采购单位名称或其他投标单位企业名称｝存在关联关系"，支持通过查看详情确定

具体的异常内容。

其他说明：工商注册信息的法人、联系电话、邮箱全部来自天眼查，开标结束时从天眼查获取并保存，此处需和标事通对接。

（5）价格检查。

①检查规则描述：检查各投标单位的报价是否超过预算价。实际检查规则：检查投标报价是否超过预算价。

②检查结果：若未超过预算价，则检查结果显示"正常"若超过预算价，则检查结果显示"异常，投标报价超过预算价"。

③检查详情中数据列表包括企业名称、投标报价、预算价、检测结果，将超过预算价的投标报价以红色字体显示，检查结果列显示"异常"和"查看详情"，点击"查看详情"弹出悬浮小弹窗，内容显示"投标报价超过预算价"。若未超过预算价，检查结果列显示"正常"。

其他说明：开标端需获取标段的报价方式，当报价方式为"总价报价"时，才会显示"价格检查"。

（6）网络信息检查。

①检查规则描述：检查各投标企业制作投标文件时的 CPU、硬盘、网卡等信息，检查投标企业递交投标文件时的网络信息等。

②检查结果：CPU、网卡、硬盘以及 IP 存在任意一项重复，系统突出提示"异常"并支持查看详情；若所有网络指标无重复则显示"正常"。

③通过点击"查看详情"，系统将提供详细的检查报告，包括异常项的具体描述，通过重复项的分析，可进一步判断是否存在围标串标行为。

（7）标书雷同检查。

①在招标文件的编制过程中，招标人可依据需求，分别设立商务、技术及价格等多个部分，并支持根据招标人的设定，自动从投标文件中提取相应内容。借助平台强大的大数据检索功能和智能算法，系统能够分段对文件可能存在的相似性进行详尽排查。一旦文件的相似性超过系统预设的阈值，系统将自动对疑似雷同部分进行明确标注。

②在检查结果呈现方面，系统会自动统计存在相似性的部分及其数量，并在采购平台的智能清标模块中突出展示。若投标单位的标书经系统检测后确认无相似性情况，则系统将显示正常状态。

③用户可通过点击"查看详情"功能，进一步获取系统对相似性内容的详细分析。系统将详细且高亮展示雷同内容，并通过对比视图直观地呈现双方标书中相似性段落的分布。此外，系统在进行雷同分析时，会智能排除与招标文件本身一致的内容，从而有效降低评审专家在判断相似性方面所需投入的时间和精力。

三、创新点

在传统招投标过程中，人工清标工作量大、效率低下，且容易出错，这正是智能清标功能建设的初衷。传统的清标方法难以有效识别和过滤出投标文件中的各种问题，如错项、漏项、不平衡报价等，导致评标过程存在风险。

通过研发和应用先进的机器学习、自然语言处理等算法，实现对投标文件的自动化解析和比对，大大提高了清标的效率和准确性。通过建立符合性检查、算术性检查、报价合理性检查、雷同性检查等多维度检查机制，能够全面识别投标文件中的各种问题，降低废标风险。

本项目通过引入智能化、自动化的技术手段，不断自我革新，实现全链路综合监管、信用信息互联共享，为招投标活动的顺利进行提供了有力支持。项目创新主要体现在以下方面。

（1）智能化与自动化：智能清标功能实现了从人工清标到自动化、智能化的转变，减少了人为因素的干扰，提高了评标过程的公平性和公正性。

（2）数据驱动决策：通过对大量招投标数据的收集、分析和挖掘，能够发现数据背后的规律和趋势，为招标人提供更加科学、合理的决策支持。

（3）多维度画像与评估：不仅关注投标文件的表面信息，还能够通过构建供应商画像，实现对其运营情况、资质情况、风险情况等多维度信息的综合评估，提高了招标的全面性和准确性。

（4）系统集成与协同：智能清标功能与招投标采购平台的其他功能模块进行无缝集成，实现数据的共享和协同，提高了整个平台的运行效率。

四、应用效果

国投集团电子采购平台在国投集团以及下属单位、代理机构得到了广泛的应用，注册供应商达6万余家，为注册供应商投标提供了极大的便利，智能清标功能的加持，进一步提升了平台的公信力和透明度，从而推动绿色供应链管理水平的提升，确保采购过程的公正、透明和高效。

（中投咨询有限公司：史磊、刘中旭、马早霞、王志军）

中电商务：专家费管理数字化创新应用实践

中国电子信息产业集团有限公司（以下简称"中国电子"）是中央直接管理的国有重要骨干企业、中国电子信息行业领军企业、十大军工集团之一。作为中国电子供应链服务板块的支撑力量，中电商务（北京）有限公司（以下简称"中电商务"）专注于提供国际、国内招标代理服务，负责运营中国电子的电子采购、中电商城、中电商旅三大集采平台，具备较高的采购数字化建设和技术服务能力。

一、案例背景

中电商务作为招标代理机构，评标专家费在其招标代理服务费用支出中占较大比重，单次费用金额不大，但发生频次较高，且专家费的及时支付对评标专家工作积极性有显著影响。专家费管理涵盖工作效率、合规审计、工作质量、成本控制等诸多方面。因此，中电商务不断优化专家费用管理工作，经历了个人垫付、纸质材料报销到全流程信息系统管理等几个发展阶段。在早期阶段，评标完成后，招标代理项目经理需个人垫付现金或转账，现场发放专家费，并使用纸质表格记录专家信息、项目信息、评标时长和费用等，随后经过逐级审批签字流程，最终完成费用报销并转账至项目经理账户。随着管理的逐步规范，中电商务专家费管理进入中期阶段，评标完成后，项目经理和专家填写相关纸质表格，经公司内部逐级签字审批，完成费用报销流程，由公司统一向专家个人账户转账。现在，中电商务已实现专家费用管理的全流程信息化。项目经理、专家通过便捷的微信小程序录入信息，并线上签字确认，然后财务和相关领导通过信息系统进行逐级线上审批签字，报销流程完成后，公司直接向专家账户转账。同时，财务与人力资源部门也依托该系统进行高效的记账与专家个税申报工作。

在多年的招标代理业务实践中，中电商务深刻洞察到传统个人垫付和纸质材料报销的专家费管理方式存在诸多弊端。

（一）人工工作量大且易出错

人工登记专家信息工作量大，身份证号、银行账号等关键数据容易出错，导致付款失败；在应对审计或巡察时，须从海量纸质档案查找信息，工作效率低下且容易出错。

（二）专家满意度不高

专家费用支付周期冗长、远程异地评标支付困难。专家费用产生个税后，专家时常忘记或不承认金额，向税务申诉，引起不必要的误解。

（三）存在管理及合规风险

专家名单和信息存在泄密风险。现场支付专家现金，不仅存在虚报人数、超额套取专家费的现象，也存在合规审计方面的风险。

（四）税费计算困难

专家在一个报税周期可能参加多次评标，财务需要手工查找资料，合并其名下所有专家费，再统一计税缴税，计算过程费时费力。

二、主要做法

为了有效应对上述挑战，中电商务设计并研发了一套专家费管理系统。该系统覆盖了专家费用的全生命周期管理，优化并重塑了专家费管理的业务流程，从而在企业内部实现了降本增效。

（一）专家费管理全流程数字化

项目信息和专家信息收集、专家劳务协议、费用领取材料、审批表格签字，汇款、核销、计税管理等各个环节全程均在线上完成，全过程留痕便于核查、审计。

（二）严格规范专家费支付方式

避免现金和个人转账等不规范的费用支付方式，中电商务直接转账至专家个人账户，规范了财务支出管理，有效杜绝了虚报人数和超额套取专家费用等现象。

（三）高效完成专家费审批支付

设定专家费标准，在标准内的费用，系统执行简化审批，标准外的费用执行严格审批。同时，通过微信实时推送审批消息，提醒相关领导和财务人员审批，审批后系统自动生成银行代发表，然后与银行系统进行交互，这样在系统内即可高效完成银行转账。

（四）快速计算专家费税费

以月为单位，自动合并同一专家所有已支付的专家费用，自动计算应缴个人所得税。

（五）集中进行专家库管理

通过集中管理各项目聘请的评审专家信息，积累了专家库资源，方便后续项目的招标评审和业务开展。

三、专家费管理系统功能

中电商务专家费管理系统遵循"用户友好、灵活高效、安全可靠、互联互通"的原则设计。系统设计直观易用，确保用户能够快速上手，减少培训成本和时间。用户界面清晰、简洁，操作流程尽可能简化。系统具有完善的安全机制，防止传输和存储过程数据泄露、未授权访问和各种网络攻击，同时可确保数据的完整性和准确性。此外，系统与其他系统（如身份证核验系统、财务系统、银行系统等）无缝集成，实现数据共享和流程协同，以减少数据孤岛，提高信息的流通效率。

专家费管理系统将用户划分成项目经理、评审专家、部门领导、公司领导、财务人员、人力等不同角色，并为不同角色赋以不同权限。项目经理负责录入项目信息、费用信息，协助专家扫码并提交审批流程。评审专家参加评审时，扫码登记信息，上传身份证照片并签字。部门和公司领导负责逐级审批专家费用订单，维护和管理专家费用，查询权限范围内所有专家费用订单情况。财务人员负责支付审批，生成发放表向代发银行发起转账指令。人力负责导出报税表，并申报个税。专家费管理系统主要业务流程如图1所示，主要包括录入项目信息、扫码登记信息、内部审批、银行转账、成本分摊、个税计算和报税等环节。

447 专家费管理系统由订单管理、订单审批、财务管理、专家库管理和系统管理等子系统组成，其功能架构如图2所示。

专家费管理系统核心业务功能如下。

（一）专家扫码登记

项目经理在系统小程序端录入项目成本中心、项目信息、专家信息、费用用途、专家费标准等信息。系统自动生成项目二维码，所有评标专家通过面对面方式进行微信扫码，也可以远程获取二维码后扫码。在初次参评项目时，专家还需录入个人信息、上传身份证照片。项目经理和专家双方均在线上签字确认，操作灵活方便，且保障了流程的规范性。对于专家上传的身份证照片，系统后台使用 OCR 技术进行身份证识别，提取姓名和身份证号，与录入信息进行比对，并调用外部接口进行身份证二要素验证，核验身份信息真伪，有效避免了信息填报的错误或虚假信息。

（二）费用审批及支付

当费用审批订单生成后，微信公众号会实时提醒当前审批节点的人员。相关领导

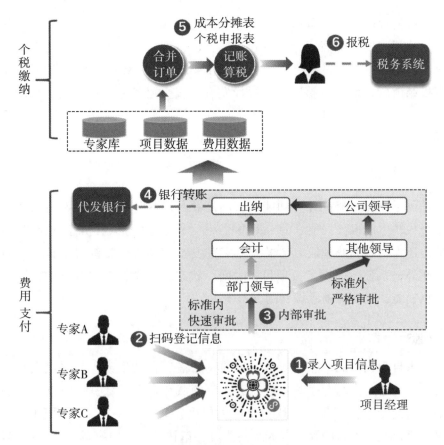

图 1　专家费管理系统主要业务流程

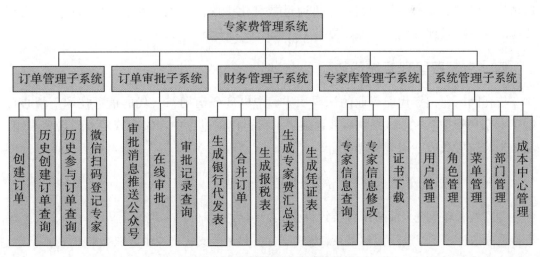

图 2　专家费管理系统功能架构

和财务人员可在手机端查看费用审批相关数据，对费用和专家信息进行审核。领导和
财务人员全流程在小程序端进行线上签字及审批，可有效提高审批效率。同时，系统

允许配置审批流程以及专家费用标准，标准内的费用通过快速流程审批，标准外的费用通过严格流程审批，既缩短专家费到账时间，也严格控制费用支出。在费用审批过程中，每人只需签一次字，系统自动生成费用领取表、专家劳务协议等签字材料。

在审批结束后，系统自动生成银行代发表，接受财务人员指令后，自动调用银行系统接口，发起支付。支付完成后，自动向财务系统推送相关凭证。整个过程在系统内部完成，极大地提高了财务人员工作效率，避免了跨系统操作所带来的错误。

（三）财务管理

系统提供了便捷的个税计算功能，自动汇总月度内每个专家参与的项目，统计各专家应缴个税，生成税务局要求的专家报税表，方便人工导入税务系统完成个税申报。同时，系统还支持账务处理能力，根据专家费成本归属，分类汇总统计，方便财务人员记账。此外，系统还提供了按项目、时间、状态、用途、部门等条件查询和统计专家费用信息功能，以便清晰掌握费用支出情况。

（四）专家库管理

系统提供自动化功能，能够依据专家的签名信息自动生成入库登记表和专家承诺书。同时，系统还允许对专家基本信息、评审领域和资质等数据进行全面维护和实时更新。系统内置专家暂停管理模块，允许用户设置暂停期限并记录暂停的具体原因。用户不仅能够自主添加新的评审专家，还能对已审核通过的专家进行暂停或删除操作，灵活管理专家资源。此外，系统还配备有高效的专家查询工具，便于快速筛选并精准邀请特定领域的专家参与项目评审。通过数字化手段，系统为专家资格的审核、内部资源的共享以及评标质量的保障提供了有效的技术支持。

四、专家费管理系统优势

依托团队在招标代理行业的深厚积累，中电商务运用新一代的信息技术，精心打造了专家费管理系统。该系统有效地破解了招标代理过程中专家费管理上的诸多难题，相较于传统方式展现出显著优势。

（一）专家费管理效率大幅提升且少出错

专家费管理系统全面适配各类评标模式，包括招标机构本地线下集中评标、线上远程异地分散评标、线上远程异地多点集中评标、异地分支机构或甲方现场集中评标等。

传统管理方式下，专家费支付工作完全依赖"人工线下跑"，流程烦琐且容易出错。为改善这一状况，中电商务专家费管理系统对传统工作流程进行了全面优化，实现了"数据线上跑"。在新的工作流程中，专家、招标代理机构的项目经理、分管领导、财务领导、会计、出纳和审计等人员均可在系统完成操作，极大提升了工作效率，减少了人为错误。

（二）全过程高效协作且留痕可回溯

专家费管理系统通过合理的业务设计，实现了"一事一码、一人一签、指上审批、流程辅助、全程留痕"的全方位管理。

"一事一码"即每个项目的评审事项均生成唯一二维码，通过二维码关联项目、费用、专家、审批、材料等关键信息；"一人一签"确保每位参与者在一个项目中仅需签一次字，系统自动生成相关的表单和文件；"指上审批"让审批人员只需查看微信公众号提醒，根据提醒在小程序审批，在手机端轻松操作就可实现不见面审批；"流程辅助"则根据项目经理和专家录入的信息，自动生成银行转账数据、凭证数据、税务系统所需纳税表格，系统内操作即可完成银行转账、凭证记账，有效提高了协作效率；"全程留痕"确保整个专家费用申请、审批、转账、计税过程的数据都被完整准确记录，系统根据签字信息自动生成费用领取表、劳务协议等关键文件，为核查审计提供了详尽依据。

五、实施效果

自 2022 年 10 月上线以来，中电商务专家费管理系统已在全公司范围包括各分公司及办事处得到全面应用，并成功应对了多种评标方式的挑战。随着系统功能的不断完善，平台运行保持高度稳定，取得了显著的应用成效。

（一）内部降本增效成果显著

专家费管理系统的引入，极大地规范和优化了专家费用的支出管理和专家信息管理，有效地减轻了业务和财务人员的负担，大幅降低了专家和费用信息录入错误的概率。截至 2024 年 8 月，中电商务已通过该系统管理了 4000 多个不同类型的标包，成功为 11000 余位专家提供了便捷服务，并顺利完成了约 27000 笔专家费用的支付和报税工作。系统的使用不仅为招标业务人员节省了报销时间，也避免了财务人员因纠正信息错误而产生的额外工作量。同时，行政人员仅需简单操作即可导出审计所需资料。据统计，系统每年为中电商务节省约 2000 小时的员工工作时间。此外，通过取消现场现金支付和系统核对，系统有效遏制了不规范的专家费支出行为，如提高发放标准、虚增评审时长、虚构费用名目等，从而有效保障了财务管理的合规性。

（二）有力保障评标质量提升

专家费管理系统的实施显著缩短了审批周期，使专家费用能够更迅速地发放。据统计，专家费用的到账时间平均缩短 80%。同时，专家个人信息及联系方式由专家本人在小程序中填写，有效保护了个人隐私。此外，专家可随时查询历史参与项目情况及费用到账记录，消除了因遗忘专家费用来源而产生的税务纠纷。这些改进显著提升了专家的满意度。

　　系统还实现了专家信息的集中管理和便捷查询，促进了企业内部评标专家资源的有效积累与共享。项目经理可以跨越部门和分支机构，根据项目实际需求，精准抽取和聘用最优评审专家，从而提升了专家队伍的整体素质，有效保障了评标工作的专业性和质量水平。

［中电商务（北京）有限公司：阳林、张招亮］

长春一汽招标公司：搭建金融服务平台为央企采购保驾护航

一、案例背景

近年来，国家坚持大力倡导和支持发展供应链金融，2022年，国务院国资委印发《关于推动中央企业加快司库体系建设进一步加强资金管理的意见》，要求中央企业"搭建供应链金融服务平台，精准对接供应链实体企业特别是中小企业在生产、流通、交易等各环节的金融需求，提供优质高效的供应链金融服务"。在2024金融街论坛年会上，国家金融监管总局有关领导明确表示"鼓励金融机构发展供应链金融、银团贷款、跨国并购等跨境业务，保障产业链供应链稳定畅通"，为企业提供解决方案。

长春一汽国际招标有限公司（以下简称"长春一汽招标公司"）作为中国第一汽车集团有限公司（以下简称"一汽集团"）的全资子公司，2018年投资建设了中国一汽电子招标采购交易平台（以下简称"一汽招标平台"）。该平台负责运行一汽集团所有一般材料的采购业务，年采购金额一般为300亿~400亿元，注册供应商5万余家，其中超过半数为中小微企业供应商。

二、主要内容

为缓解中小微企业资金压力，保障一汽集团一般材料供应链安全稳定，长春一汽招标公司充分发挥一汽招标平台数据资源优势、供应商聚合优势，于2022年建设金融服务平台（后考虑开展多元业务，更名为"综合服务平台"，本案例中仍称"金融服务平台"）。金融服务平台整体思路如图1所示。

金融服务平台以供应链金融为核心思路搭建，旨在发挥桥梁作用，充分保证资金端与需求端信息对称，为一汽集团供应商解决从参加项目招标采购到完成合同履约全生命周期资金问题。同时，利用与一汽招标平台的数据交互，保证项目信息的真实性，降低金融机构在开展业务阶段的风险，提高审批通过率。精准平台定位，在同类服务中可引入多家金融机构和类金融机构，除制定基本原则以确保平台平稳运行外，对所有机构一视同仁，不干预机构间正常商业竞争。

（一）投标环节

一方面，受预算审批、项目建设周期、多家采购人协同采购等因素影响，一汽集团的

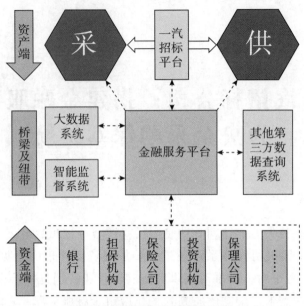

图1　金融服务平台整体思路

采购项目经常呈现出一定的集中性，导致部分供应商会在短时间内同时参与多个项目的多个标段的投标。这种情形下，采用电汇形式递交保证金会给供应商尤其是中小微企业供应商造成很大的资金压力，采用传统纸质投标保函形式递交保证金则会给供应商带来很大的申请难度且难以保证开函效率，可能影响供应商参与项目的积极性，进而影响项目采购质量。

另一方面，由于一汽集团对供应商在投标阶段的行为管理比较严格，除《招标投标法实施条例》第三十五条、第七十四条规定的可以/应当扣除投标保证金情形外，还额外约定了供应商"串通投标""弄虚作假"两款扣除保证金的情形，并将实施条例第四十条、第四十二条规定的"视为"或"属于"供应商串通投标、弄虚作假设定多种可量化情形，展现了一汽集团坚决整治采购领域违规乱象的决心。但是仍存在少量供应商为了获取不当得利，在参与采购项目过程中铤而走险，扣除不足项目估算价2%的保证金很难对此类供应商产生足够的警示震慑效果，需要通过金融机构可以对企业征信评价产生影响的能力，进一步提升警示震慑效果。

（二）履约环节

一方面，受市场需求、预算控制、竞争压力等因素影响，一汽集团的采购项目往往对项目周期有着较为严格的要求，在采购环节约定的供应商履约时间非常有限。这也使得供应商为了能够顺利履约验收，必须充分利用一切可利用的时间，一旦确定合同关系成立（例如收到中标通知书），在还没有签订合同时就要进行招募工人、租赁设备、采购原材料等履约准备工作，以确保签订合同后第一时间就可以投入履约交付工作。

另一方面，出于风险控制、预算管理等原因，一汽集团的采购合同都是固定的项目付款节奏，在有预付款的情况下，会在合同签订后的第二个月或者第三个月支付预付款，在没有预付款的情况下，供应商收到第一笔项目款的周期则会更长，这种现象在其他企业也普遍存在。根据中国人民大学发布的《中国供应链金融生态调研报告》，2023 年，全国中小企业应收账款周转天数平均为 107.58 天，大型企业平均为 91.50 天。结合后疫情时代叠加复杂的国际形势，产业链供应链一度面临原材料短缺、价格上涨、运输周期拉长、上下游供需失衡等问题，给供应商的企业经营工作造成较大的资金压力，导致供应商不得不通过提高报价、缔约阶段坚持强硬态度、履约阶段提出合同外要求等因素保证自身利益和履约能力，给一汽集团采购工作造成一定困难。

针对上述问题，在充分了解供应商需求并调研相似平台产品后，长春一汽招标公司将产品设计为电子投标保函和中标贷两款产品，并围绕产品和业务场景设计平台功能结构和基本业务流程。中标贷业务流程如图 2 所示。

（三）平台架构设计方面

在保障系统正常运行的基础上，充分考虑了系统架构的安全性、高可用性和可扩展性，使系统在面临各种异常情况时，能够确保核心数据资产的安全，能够提供一定的弹性和容错性，为应急处置相关动作争取足够时间窗口。

平台架构的技术采用了更为标准、通用的开放技术标准，各个组件都有具备同等能力、同样标准的多个供应商，不会受制于某一项封闭私有技术的供应商。同时也能兼容当前各类公有云、私有云环境的 IaaS、PaaS 组件体系，实现近似无缝的接入集成能力。因此，平台架构设计总体上采用前后端分离的架构，在服务后端采用扩展能力更强的分布式框架，结合消息、缓存等独立服务建设多层次的架构，实现各个模块的独立水平扩展和错误隔离。通过部署架构、应用架构的设计，满足金融服务平台的非功能需求。

（四）数据中心部署架构方面

主要考虑基于数据中心或私有云环境部署时，整体网络、计算和存储基础设施架构相似，架构元素中的各个组件自主安装、配置和维护。

在安全性层面，通过网络隔离方式，将整个系统的互联网接入层部署在安全级别较低的 DMZ 区域，主要向外部用户、系统提供便利的访问，在安全防护上更多以防DDos、网页篡改、入侵等为主。而系统的核心业务服务则部署在安全级别最高的核心生产区域，通过防火墙或具备安全防护能力的交换机连接，并且在访问控制上采用更加严格的 IP、端口、ACL 控制规则，确保内部核心资产尤其是数据资产的安全。

在高可用层面，系统的各个组件都采用多节点部署，避免单点风险的存在。在接入层采用 Nginx+Keepalived 方案，实现负载均衡服务的高可用集群和故障漂移，结合健康检查机制，可以实现后端 Web 服务故障节点的快速发现和自动下线。而在核心应用服务层，采用了基于服务发现的分布式服务框架，基于服务治理集群的服务注册、发

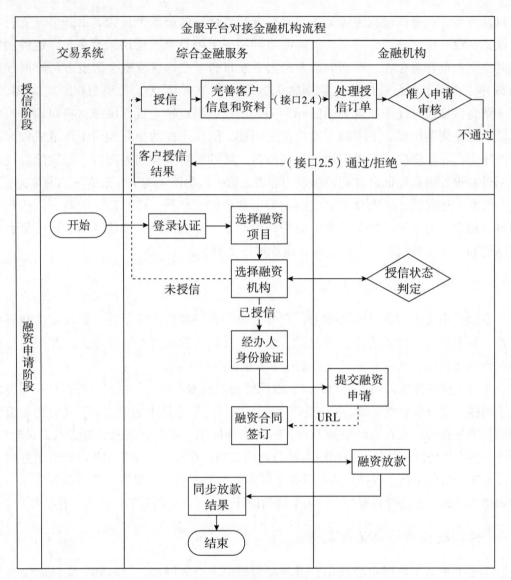

图 2　中标贷业务流程

现，实现业务服务的动态注册和负载均衡。同样地，消息、缓存、数据库等独立存在的架构元素也均采用集群部署方式，其中数据库集群采用数据同步技术，确保在集群之外始终存在一个实时同步的备份库作为双保险。

在可扩展性层面，接入层的健康检查机制、核心服务层的分布式服务，提供了系统架构动态增减资源的能力，系统可以近乎实时地对资源进行动态调整，以应对业务高峰时的资源不足或者业务空闲时的资源浪费。

（五）云计算环境部署架构方面

公有云计算环境与传统数据中心最大的区别在于 IaaS 层与 PaaS 层，既解决了基础设施高可用和资源扩展的问题，使应用系统无须过多关注底层；又提供了一些常用的架构元素组件，如负载均衡、各类中间件服务、文件存储服务等，使应用系统可以集中精力关注业务逻辑的实现。而想充分利用云计算环境的便利性，前提就是系统架构组件的可替换能力，采用开放标准技术和组件代理技术设计的系统，更容易满足这些需求。

金融服务平台在建设之初就是基于混合云架构设计的，因此负载均衡、数据库服务、消息服务、缓存服务、影像服务组件均可以替换为云计算环境提供的相应工具，仅需要调整组件代理层代码，满足云环境工具的接入标准即可完成切换，而不需要调整业务逻辑代码。

（六）系统应用架构方面

金融服务平台应用架构设计的核心指导原则是分层和服务切分，在控制系统复杂度的前提下，尽量清晰划分原子服务边界，最大限度地实现服务复用，该原则下平台架构既能提供更好的可维护性，也能在业务逻辑发生变更时减少变更开发工作量，缩短变更交付时间。总体上系统分为展现层、接入网关层、业务服务层、公共服务层、数据资源层和技术服务组件。

展现层提供了用户访问的可视化 GUI（图形用户界面），一汽招标公司可以通过展现层实现对金服平台各类信息的监督和管理；交易主体可以基于此完成保函申请、缴费、验证、理赔等全流程的电子保函业务以及授信申请、授权、审批查询、用信申请等中标贷业务。展现层采用 Vue3.0+CSS 的物料组装方案，将常用的页面元素封装成可复用的物料，不同页面更多采用的是物料的引用和页面逻辑的开发，既能降低开发工作量，又能形成统一的页面风格。

接入网关层主要实现 API 的封装和交互，对外提供基于 HTTP（S）协议的 RESTful API，对内基于 Dubbo 框架的 Sockets 协议实现业务服务的 RPC 调用。平台又分为外部网关和内部网关，外部网关主要供金融机构系统使用，除 API 封装、转发、聚合等基本功能外，更关注接口访问的鉴权、报文加解密、签名验签等安全服务，确保外部金融机构系统访问的安全可控。而内部网关主要完成与一汽招标平台的接口对接，更关注接口逻辑而非安全控制。

业务服务层是平台核心的业务实现，同时满足一汽招标公司、交易主体、金融产品服务的全部业务逻辑。因各部分功能逻辑差异较大，因此按照服务主体不同切分服务模块。本层各服务独立运行，不会相互依赖。

公共服务层对业务服务层各业务模块进行分析，抽象出各业务服务均依赖的共性服务，分隔下沉形成供各业务服务调用的共性服务，以达到充分复用的目标。

数据资源层除了提供传统的关系型数据库之外，还提供了 NoSQL 数据库，提供缓存服务，既能满足冷热数据分区管理目标，也能满足一些文档类型的大对象存储。

技术服务组件的定位与公共服务类似，其差别在于是否包含业务逻辑，技术服务组件是一些完全不包含业务逻辑的工具，也是本平台架构中随时可以使用其他工具替换的部分。

（七）性能优化设计方面

平台采用负载均衡、集群部署架构，将集中的用户请求流量均匀分派到不同的后端服务器进行处理。适当的服务切分粒度和分布式架构，能确保在某个服务遇到性能瓶颈时，可以通过水平扩展提供该服务的处理能力。

在软件架构层面，通过反向代理、缓存技术的使用，基于消息机制的异步解耦，数据传输和文件传输隔离，轻量化前端页面加载资源，并通过自动化和人工审核排除性能低下的编码和 SQL 语句，从而提升系统性能，确保平台性能满足一汽招标公司和申请人的需求。

在数据库层面，通过引入冷热数据分离和读写分离技术，基于内存的 KV 存储过滤，将写请求和实时性要求较高的带事务读请求分发到吞吐能力更强的在线处理集群，而将实时性要求不高的非事务读请求分发到同步备份库，处理较大的查询和统计需求，以实现资源的隔离和高效利用。同时采用分区表技术控制单张表的存储容量，避免超大表格、超大数据块的出现。

（八）可靠性设计方面

在应用可靠性层面，采用负载均衡、健康检查、分布式集群技术，避免系统单点故障风险的产生，当任意服务器发生故障时，系统均可以自动下线该故障节点，并完成服务漂移。

在数据可靠性层面，在数据库集群基础上，额外实施同步备份库，确保在线数据 2 份存储。结合异步、同步或数据库备份技术，可实现离线数据按时间线周期备份，最大限度避免数据丢失和损坏。

（九）安全性设计方面

金融服务平台完成公安部等保三级认证，加上完善的信息安全管理制度、措施，涵盖了物理安全、网络安全、主机安全、数据安全等各方面、各层级的基础安全防护方案，并且针对部分场景及需求，在应用层面提供了额外的安全保密方案。

在通信安全层面，系统应运行于高安防等级的数据中心，从基础机房层面提供高级别的安全防护。同时在网络架构上，采用多级接入交换机、多级防火墙和安全防护硬件的设计方案，以及黑白名单、安全策略、ACL 等技术手段从网络接入层面保障系统安全。

系统应采用 HTTPS（超文本传输安全协议），是以安全为目标的 HTTP 通道，在

HTTP 的基础上通过传输加密和身份认证保证了传输过程的安全性，被广泛用于万维网上安全敏感的通信，如金融、证券交易、电子支付等领域。从协议层面提供数据安全保障，确保与一汽招标平台、金融机构业务系统之间传递的数据不被恶意第三方窃取和篡改。

在数据安全层面，在物理层面采用高级别托管数据中心、商业硬件、商业管理软件和高可用物理架构等技术手段，确保基础环境的安全性。

网络层面采用多功能防火墙、入侵检测系统、防篡改系统等工具、系统，配合网络区域隔离、虚拟网络划分、访问策略控制等管理策略，确保网络层面的数据安全。

在系统及应用层面，通过用户身份鉴别和权限控制机制，限定用户可触及的系统资源和数据资源。数据库采用 Oracle RAC 结合 Oracle DataGuard 工具，实现数据多副本存储，并设计多级别的备份恢复策略，结合定期的应急演练，提供数据库层面的可靠性保障。

三、创新点

（一）系统设计方面

一是金融服务平台在设计之初主要计划服务于一汽招标平台用户，考虑到供应商在一汽招标平台参与项目前已完成账户注册和身份认证工作，重复注册既无意义，又增加用户工作量。但同时考虑未来也存在非一汽招标平台用户需要登录平台申请服务的情形，因此，金融服务平台支持用户从一汽招标平台直接单点登录金融服务平台，同时支持用户自主注册认证成为平台用户这两种登录模式，确保平台未来发展不受场景限制。

二是用户申请服务环节，曾有两种方案选择，一种是用户选择相关产品及金融机构后，直接跳转至该金融机构相关服务界面继续后续操作，操作完成后用户自主下载结果数据；另一种是用户全部申请动作均在金融服务平台完成，确定金融机构所需数据，在金融服务平台设计申请界面，填写完成后通过接口将数据推送至金融机构审核界面，审核完成后将结果数据返回金融服务平台。面对两种选择，一方面考虑到多数用户是从一汽招标平台跳转至金融服务平台，如果继续跳转至金融机构系统，频繁的页面跳转容易影响用户体验，并对信息源的真实性产生怀疑；另一方面也存在用户与金融机构直接建立联系后，脱离金融服务平台开展业务的顾虑，这种情况下，一旦用户提供虚假交易数据导致纠纷，将影响平台声誉及金融机构合作互信度。因此，金融服务平台选择免跳转模式，即用户可"一站式"在该平台完成全部申请数据填报、上传操作，同时授权金融机构查询其征信情况，避免多次登录、重复操作等问题。

三是金融服务平台支持多平台管理，即除一汽招标平台外，也可对接服务于其他交易平台或电子商城，为其他平台客户提供服务。金融服务平台采用模块化、松耦合设计，可以根据其他平台需求，随意选择功能模块。对于产品服务部分，既可以选择将当前合作金融机构的金融产品直接平移复制，也可以选择自主引入新的金融机构服务于本系统客户。相关组合都可以由管理员在服务端自主配置，实现多平台独立运行管理。

四是数据统计方面，金融服务平台同时记录业务数据和用户操作数据。建立业务数据仓，支持各类数据的统计、分析，管理员可以自主定义数据报表的统计、分析维度，随时对业务开展情况进行导出、分析及管理；对业务数据进行可视化管理，金融服务平台可通过图表形式实时展示业务开展情况，方便管理员直观感受业务情况。同时，对所有用户操作数据进行统计和分析，分析用户登录源、在各界面停留时长、跳出率等信息，方便管理员在业务量出现波动时可以及时分析原因并制定对策。

（二）业务流程方面

一是充分发挥信息联通、交易促成的作用，通过与一汽招标平台大数据系统对接，获取供应商历史交易信息。供应商在申请融资服务时，金融服务平台自动统计该供应商过去三年在一汽集团各采购人处的中标项目、中标金额等信息，形成供应商在一汽的历史交易画像，与供应商申请材料同步提交给金融机构，助力金融机构对供应商的履约能力、偿债能力进行进一步评估，降低业务风险。

二是虽然现阶段相关法规并未就开标前是否允许招标代理机构查看下载采购文件的供应商信息做出明确规定，但参照部分地方公共资源交易中心的做法，一汽招标平台在操作端实施开标前信息屏蔽，工作人员无法查看下载文件的供应商信息。这种情况下，如果供应商申请开具电子投标保函，金融服务平台在同步实现管理端信息屏蔽的同时，也支持数据加密传输。即根据金融机构自身规避嫌疑等需求，将供应商数据加密传输至金融机构的风控系统，风控系统根据预设的风险模型自动判断供应商是否符合要求并开具密文电子投标保函，对保函关键内容进行加密，开标环节自动解密，全流程完全不需要人工介入，彻底规避开标前人为泄露投标人信息的风险。

三是由于一汽集团对下属分公司信用管理比较严格，核心企业为供应商提供担保背书、与供应商共享信用额度这种理想化的供应链金融形式在一汽集团难以开展。同时，由于一汽招标平台仅负责运行项目采购环节，并不掌握合同履约环节的数据信息，因此，综合服务平台无法掌握项目履约数据，而这些数据恰好是金融机构确定是否同意供应商用信申请的关键因素，这导致金融机构对于供应商用信申请的通过率一直较低。针对这种情况，一汽招标公司通过金融服务平台首创性设计了"接力融"产品，即与一汽集团下设的保理公司合作，在供应商申请融资时，由银行和一汽保理公司共同对供应商资质进行审核，在双方都通过审核的情况下，银行根据订单金额的一定比例向供应商发放贷款。供应商正常履约至项目形成应收账款环节，由一汽保理公司向供应商账户汇入相应金额并指定用于偿还银行贷款后，一汽保理公司负责跟踪采购人订单支付信息并收取本利。"接力融"既解决了银行无法跟踪项目履约、锁定回款路径的问题，又能推动融资业务覆盖项目全生命周期，实现供应商"0成本"履约。

四、应用效果

金融服务平台自2022年5月上线以来，先后分别与12家金融机构开展合作，累计为近2500家供应商提供超过8.2亿元的资金服务，服务项目超过1.2万个，有效提升供应商参与项目的积极性，降低广大供应商尤其是中小微企业供应商的资金压力。

五、推广价值

3年新冠疫情给各行各业的发展都造成了不同程度的冲击，虽然疫情后经济逐渐回暖，但对于很多企业而言，仍存在市场紧缩、资金链风险增加的问题。同时，随着科学技术的高速发展，不断催生新产业、新模式、新动能，推动新质生产力加快发展，很多行业都处于重构行业格局的转型期。以汽车产业为例，近年来新能源汽车的异军突起，给传统燃油车市场造成了较大冲击，油电市场份额比例悄然发生变化。这种情况下，燃油车制造相关供应商市场不断被压缩，经营压力增加，新能源汽车制造相关供应商又多是新兴科技企业、独角兽企业，突然增加的市场规模，也要求企业迅速壮大以满足市场需要。无论哪类供应商，都会有相应的金融服务需求。

据统计，国内98家央企中，有近90家自建了电子交易平台，大部分省区市的公共资源交易中心也建设了电子化的招标采购平台；同时，通过与中国招标投标公共服务平台对接情况来看，还有超过300个第三方电子交易平台。其中部分平台已经建设类似的金融服务平台或服务板块，仍有大部分平台未提供相关服务，可以参考一汽集团金融服务平台模式建设相关功能，运用一汽集团金融服务平台为供应商提供服务，共同营造更为良好的采购供应生态。

（长春一汽国际招标有限公司：郑杨、陈浩）

山东招标：服务军队招标采购，谱写新时代党群关系新篇章

随着军民融合不断推进，2019 年以来军队采购市场逐渐向社会开放，通过地方招标代理机构，军队物资、工程和服务、装备采购等项目引入民间优质资源，既有利于整合优化国家军地双方资源，又可将军地资源充分共享实现效益最大化，促进国家经济社会的全面发展和国防实力的全面提升。

山东招标股份有限公司（以下简称"山东招标"）作为山东省内一家国有招标代理机构，积极响应国家政策，抓住军民融合发展契机，参与部队采购招标工作，凭借专业规范的优质服务，不仅提升了公司的市场竞争力，也大大提升了部队采购公开透明度和资源利用率，用实际行动谱写了一首新时期沂蒙精神的赞歌。

一、听党指挥——军民融合背景下的招标实践

纵观新中国成立之初我国国防工业发展的历程，抑或西方发达国家的发展轨迹，从美国的"军民一体化"的模式，到俄罗斯"先军后民"的模式，再到以色列"以军带民"的模式，军民融合发展一直都是引领产业结构调整、催生新兴产业的重要路径，特别是在保持经济长期稳定增长、提升国家综合实力和战略威慑力等方面发挥着至关重要的作用。

党的十八大以来，以习近平同志为核心的党中央把军民融合发展上升为国家战略，纳入党和国家事业发展全局总体设计、统筹推进。习近平总书记对军民融合发展作出一系列重要论述和重大部署，系统回答了军民融合为什么融、融什么、怎么融等根本性、方向性、全局性的重大问题，形成了中国特色军民融合发展战略思想，并在党的十九大报告中提出："形成军民融合深度发展格局，构建一体化的国家战略体系和能力。"这些重要论述形成了系统完整的军民融合发展战略思想，为开创新时代军民融合深度发展新局面提供了科学指南。

此外，发布《中共中央　国务院关于加快建设全国统一大市场的意见》，提出我国将从基础制度建设、市场设施建设等方面打造全国统一的大市场。该意见要求，要深入推进招标投标全流程电子化，加快完善电子招标投标制度规则、技术标准，推动优质评标专家等资源跨地区跨行业共享。该意见表明，国家将从构建"全国统一大市场"高速推进招标采购行业革命，搭建行业新业态、新模式。

因此，在更广范围、更高层次、更深程度上推进军民融合，是打破部队和民间产业之间的壁垒，也是实现资源共享与协同发展的必然选择。军民融合既能提升部队装备和后勤保障的现代化水平，也可促进民间产业的技术进步和市场扩展，而招标采购工作就为军民融合提供了很好的实践载体。

传统的军队采购方式主要由部队内部负责，虽然能够确保一定的保密性，但在市场化程度、透明度和竞争性方面存在一定的局限性。如今引入社会招标代理机构服务军队的招标采购，不仅引入市场竞争机制，还提高采购的透明度和效率，为部队采购带来新的活力，同时激发经济发展新动能，为加快军民融合，促进经济高质量发展带来了前所未有的重大机遇。

二、能打胜仗——山东招标助力全军首个"EPC+BOOT"模式示范工程建成投运

从 2014 年总参谋部首次向社会公开发布 108 项军事需求，吸纳地方优势资源，参与部队训练领域先进技术和产品研发开始，再到 2020 年 5 月，军委后勤保障部印发《关于组织开展军队委托地方代理机构采购试点的通知》，从此军队委托地方代理机构采购试点稳步推开。

山东招标作为山东省内老字号的国有招标咨询"领军"企业，凭借专业规范的优质服务，诚信经营的市场口碑，在激烈的竞争中一直保持稳健发展。当下更是积极响应国家政策，抓住军民融合的发展契机，积极参与军队采购招标工作，先后入围了北部战区陆军招标代理库、联保部队（山东片区）招标代理库、武警（山东）总队招标代理库、北海舰队招标代理库、武警海警总队第六支队招标代理库、信息支援部队招标代理库等军队采购招标代理服务库。先后完成了北部战区陆军军事设施建设项目批量发包项目，第三批新型军事能源应用推广项目工程总承包项目，北部战区物资采购以及中国人民解放军 960 医院医疗设备采购等一大批部队重点项目的招标采购工作。其中承揽的内蒙古朱日和联合训练基地国家能源示范工程项目，也是我国首个采取军地联建、委托运营、"EPC+BOOT"的军民融合建设模式示范项目。

朱日和联合训练基地冬季气候恶劣，演训保障任务繁重。场区部队用电、冬季取暖用能需求较大，特别是训练高峰期，电能保障无备用、锅炉供暖不足一度成为保障难题。为此，军委后勤保障部会同国家能源局，借鉴有关新能源建设项目经验，共同建设朱日和联合训练基地国家能源示范工程。陆军有关部门根据当地资源禀赋和该基地实际用能需求，探索建设多能互补军事智能微电网和清洁能源供暖系统，打造大型军事基地能源综合利用、保障安全可靠的示范工程。

该项目采用"国家政策支持、军企分摊投资、企业建设运营、部队购买服务"创新模式，以自发自用、余量上网方式运营，按照国家相关规定享受可再生能源补贴政策，优先保障基地自用，剩余电量足额并入当地市政电网。山东招标积极响应该项目

的招标需求，凭借丰富的经验和专业的团队，成功组织招标、投标、评标、中标等多项工作。整个招标过程中，山东招标组成专门的军队采购服务小组，不仅严格按照国家法律法规和部队的特殊要求执行，还采用电子招标平台，实现从发布招标公告到评标全流程的数字化管理，有效缩短采购周期，通过数字化手段提升招标效率。

这种采取军地联建方式的示范工程，由部队提出需求、获取优惠供能，企业统一建设、全寿命运营，运营期满后资产移交部队，不仅大大减轻部队建设和维护管理压力，而且与市政供电相比，项目用电成本可降低三成左右。山东招标在招标过程中积极协助部队完成了军队采购法规与地方法规的融合与衔接，成功助力全军首个基地化国家能源示范工程建成投运，将军事工业与民用工业相结合，实现资源共享、优势互补，促进国家经济社会的全面发展和国防实力的显著提升。

内蒙古朱日和联合训练基地国家能源示范工程项目的投产运营，也充分说明随着强军战略和全面深化改革的推进，通过地方招标代理机构参与军队重大项目的实施，不仅有利于深化供给侧结构性改革，更有利于促进经济发展方式转变和经济结构调整，增强国家竞争力和国防实力，为实现中国梦、强军梦提供战略指引和行动指南。

三、作风优良——用好金字招牌走好守正创新之路

对于军队采购来说，就是要全面加强军队采购战略管理，构建军队采购治理体系，提高军队采购治理能力，以高水平军事治理推动军队采购高质量发展，不断提升国防和军队现代化建设中采购体系的贡献率，为实现建军一百年奋斗目标提供有力保障。

（一）体制机制创新

随着国家公共资源交易体制改革不断深化，招标行业面临着既要解决现有矛盾，又要应对新任务的双重挑战。传统的部队采购体制往往以内部组织为主，这种模式虽然在保密性方面具有优势，但也带来一些透明度和效率上的短板。

在军民融合的背景下，山东招标主动参与部队采购市场的体制机制创新，通过与相关部门的紧密合作，推动部队采购流程的市场化改革，打破以往部队采购的封闭性，引入市场竞争机制，使采购过程更加透明、公平。

此外，山东招标还积极参与有关部队采购的政策和标准制定，将自身的实践经验固化为制度，助力体制机制的进一步完善。这一创新不仅提高部队采购的效率，也为公共采购体制机制的变革提供参考。通过体制机制的创新，山东招标成功适应军民融合背景下的转型升级要求，为推动整个行业的进步做出积极贡献。

（二）数字化采购创新

在"互联网+"的整体大背景下，军队采购改革不仅面临着新形势下社会生产方式变革、军事转型、军事组织形态重塑、作战方式转变等挑战，还必须要直面大数据时

代全球采购的各种理念和技术革新的驱动。特别是在信息技术飞速发展的当下，数字化采购成为提升公共资源交易效率和透明度的重要手段。

山东招标在承接部队采购项目过程中，积极应用数字化技术，推动采购流程的全面升级，采用企业自身搭建的"国赢智采"电子招标平台，实现招标信息的在线发布、投标文件的在线提交以及评标过程的电子化管理。这不仅缩短采购周期，还有效降低人工操作带来的风险，提升采购过程的透明度和公正性。利用大数据技术对招标项目进行精准分析，通过数据挖掘和分析，优化供应商选择流程，提高采购的精准度和效率。

山东招标通过数字化采购的创新，在部队采购项目中展现出强大的竞争力，不仅在降本增效方面取得显著成果，还在构建可持续发展供应链生态、提高供应链韧性和安全水平方面做出重要贡献，为军队采购在新的形势下增强战斗力和保障力提供了强有力的科技基础。

（三）绿色化采购创新

在"双碳"目标的推动下，绿色化采购成为当前公共资源交易中的重要创新方向。山东招标在部队采购项目中积极响应国家绿色发展的号召，实施一系列绿色化采购措施。首先，通过构建绿色采购平台，引入绿色供应商库，优先选择符合环保标准的供应商和产品。其次，在采购过程中，严格遵守绿色采购标准，选择能耗低、环保性能高的产品，减少资源浪费和环境污染。最后，注重采购全流程的绿色管理，从设计、制造、物流到回收各个环节，都贯彻绿色发展理念。绿色化采购的创新实践，不仅提升部队采购的环保水平，还为公共资源交易领域的绿色转型提供有益的借鉴。通过绿色化采购，山东招标成功将环保要求融入军队采购流程，实现社会效益与经济效益的双赢。

四、苦练精兵——积极拥抱融入军队改革发展浪潮

全面加强军事治理，是我国治军理念和方式的一场深刻变革，是加快国防和军队现代化的战略要求，是推进国家治理体系和治理能力现代化的重要方面。在军队深化改革的背景下，政府强力推动军民融合发展，鼓励社会企业参与军事装备研制和配套服务，拥有核心技术和综合实力强劲的地方优势企业，将迎来新一轮发展机遇。

（一）政策理解与快速响应

在军民融合战略背景下，政策环境的变化直接影响招标行业的发展方向。此次军民融合招标项目的成功，得益于山东招标对国家政策的深刻理解与迅速响应，山东招标不仅及时跟进国家发布的政策文件，还积极参与相关政策的解读和培训。通过建立专门的政策研究小组，山东招标在第一时间掌握军民融合的最新动向，并迅速调整自身的经营策略和业务布局，以适应新的市场需求。

（二）通过预研预判提高军队采购效益

建立大额采购项目预研预判制度，对于规范采购行为、提高采购质量效益、有效防范和化解采购风险意义重大。山东招标在服务军队采购项目中，特别是在服务大项目采购实施方案编制、采购实施方案的执行情况中，充分发挥招标代理机构灵活多变、经验丰富等优势，帮助采购单位规范采购行为，提升采购质量，确保采购的执行力和公信力，从而促进军队采购事业全面协调可持续发展。

（三）部队特殊需求的深入研究与精准把握

部队采购有其独特的要求和规范，包括保密性、特殊的技术标准和严格的质量控制。山东招标在军队项目启动前，都会组织多次专题调研，深入了解部队采购的特殊需求，制定详尽的应对方案。通过与部队的多次沟通，精准把握部队的采购需求，确保所提供的产品和服务完全符合部队的标准和期望。

五、铁血荣光——为实现中国梦和强军梦贡献招标力量

（一）军民融合带来的市场机遇

军民融合政策的推进，为招标行业打开新的市场空间。传统的部队采购往往由内部组织完成，而现在越来越多的部队采购项目向社会开放。这一变化为招标行业提供了广阔的发展机遇。山东招标通过近些年服务过众多军民融合的招标项目，不仅成功进入部队采购市场，还借此机会拓展业务范围，增强了企业的市场竞争力。这表明，其他招标代理机构也可以通过积极响应国家政策，抓住军民融合带来的机遇，实现业务的扩展与升级。

（二）创新驱动的业务转型

军民融合的推进，不仅带来新的市场机会，也对招标行业提出更高的要求。数字化、绿色化和供应链管理等方面的创新，已经成为招标公司能否在部队采购市场中立足的关键因素。通过不断推进体制机制、数字化采购、绿色化采购以及采购向供应链管理转型的创新，山东招标探索出一条适应军民融合发展的创新路径。这一创新路径，不仅帮助山东招标在竞争中脱颖而出，也为行业其他公司提供可资借鉴的发展思路。

（三）行业协作与经验共享的重要性

军民融合背景下的招标工作，往往涉及多个领域和部门的合作。山东招标与部队、供应商以及其他合作单位保持密切的沟通与协作，通过共享信息和经验，成功化解项目中的诸多难题。这一经验表明，行业内部的协作与经验共享对于推动军民融合进程具有重要意义。招标行业应加强横向交流，分享各自的成功经验和教训，共同推动部

队采购市场的健康发展。

随着军民融合的进一步深化，部队采购的市场化程度将不断提高，这不仅为招标行业提供了更多的机会，也提出了更高的要求。未来，招标行业需要进一步提升自身的专业化能力，特别是在数字化采购和供应链管理方面，应加快转型升级的步伐。通过积极参与部队采购项目，山东招标不仅在业务上取得显著成绩，也在军民融合的实践中积累了宝贵经验。未来，山东招标将在军民融合的背景下，进一步发挥自身优势，积极参与更多部队采购项目，努力实现业务的持续增长，为国家战略的实施贡献更多力量。

（山东招标股份有限公司：高秋阳、吕广岳、张琳、王亮）

蒙电招标：基于信息共享的招标代理服务一体化风控管理

内蒙古蒙电招标有限公司（以下简称"蒙电招标"）为了解决法律、审计、合规、内控风险管控力量分散的难题，积极落实国家、自治区、集团公司关于风险管控的各项决策部署，将坚决防范化解重大风险、持续提升风险管控能力，纳入公司"十四五"发展规划和年度重点战略任务，将其作为企业提供优质招标代理服务的重要支撑和保障。

一、案例背景

蒙电招标原有的风险管控中，法律、审计、合规、内控主体多元、各自为政，从职能管理的角度看，四项职能各有来源、各有依据，但体系交叉、界面不清、多头领导、工作重叠，各部门应接不暇、疲于应付；从风险管控的效果看，四项职能管理目标基本一致但实现方式不同，管理的标准化水平不高、集约化程度不高、成果利用率不高，整改进度缓慢，造成风险管控力量分散，没有形成管理体系，制约了公司发展。为了破解困扰企业风险管控的难题，蒙电招标自 2022 年开始开展招标代理服务一体化风控管理。

二、主要做法

（一）围绕公司发展战略，部署一体化风控管理

1. 指导思想

蒙电招标聚焦内蒙古电力（集团）有限责任公司"1469"中长期发展战略，围绕公司"十四五"发展规划目标，贯彻落实内控合规风险一体化管理，明确要快速适应市场环境，整合各项资源，通过集约协同管理实现法律、审计、合规、内控与招标代理服务业务深度融合、力出一孔，明确多系统融合的一体化风险管控发展方向，实现风控要素之间相互融合、相互促进，形成管控、监督合力，为公司实现安全状态下可持续健康发展，建设一流招采服务企业提供支撑和保障。

2. 管理目标

以有效提升企业风险管控能力为目标，着力提高管理效能，营造良好的风控氛围，健全涵盖事前、事中、事后的风险管控体系，消除不同职能各自为战、职能交叉、管

理重叠、信息孤岛等问题，实现风险管控全面覆盖，招标代理业务全过程管控，职工风险防范意识全员提升，企业本质安全基础全方位筑牢，打造招标代理服务风险管控坚强屏障，保障物资采购依法合规，确保企业在提供招标代理服务过程中能有效防范各类风险。基于信息共享的招标代理服务一体化风控管理如图1所示。

3. 基本原则

一是坚持顶层设计原则。学习国内一流企业风险管控的思路和方法，统筹开展顶层设计，落实公司"两会"关于风险管控的明确要求，总体部署、精准发力、分步推进、持续提升。二是坚持问题导向原则。聚焦公司风险管控力量分散、部门沟通协调不畅、问题整改进度缓慢、工作内容重复等问题，以问题为出发点，有效落实解决。三是坚持集约协同原则。法律、审计、合规、内控是保障企业持续健康发展的重要手段，具有目标一致性。对于国有中小微企业，需要通过集约协同管理来进行"一体化"建设，精简机构、优化流程、协同联动、优势互补，形成管理、监督合力。四是坚持数字驱动原则。紧跟公司数字化转型工作，利用大数据、信息共享等技术，加速业务融合，打破风险信息壁垒。

（二）整合风控基本要素，构建一体化组织体系

1. 整合组织机构

一是将法律、审计、合规、内控四项职能合并到一个主管部门。由综合管理部集中管理，以便统筹管理体系运行，提高组织内部管理的有效性；同时科学配置岗位职责和定员，在明晰不同职能管理界面的基础上，运用集约化管理，将法律、合规业务集中在专职法务岗，将审计、内控业务集中在企业管理岗，实现风险管控指令的高效下达及落地执行。二是实施业务管理集约化。2022年，蒙电招标打破原有农网、电网、工程等"切块化"管理组织架构，通过业务职能集约化，组建一个业务集中管理部门（运营监管部），全面整合业务监督管理职能，按照招采业务流程成立市场服务、招投标、工程咨询、开评标等部门，在运营监管部统一监督指导下开展项目委托接收、招标文件编审、开评标等全过程招标代理业务工作。公司业务由分散运作、各自为战的局面，转变为集中指导、协同作战，部门风险防控范围缩小，更具有针对性。

2. 建立风控中心

蒙电招标构建风险管控中心（以下简称"风控中心"），职能包含业务监督、法律、审计、合规、内控、纪检、督查督办，建立2个职能管理载体，即大监督联席委员会和办公室例会，统筹协调各项风险管控职能，形成大监督管理体系。风控中心办公室设在综合管理部，全面开展基于信息共享的招标代理服务一体化风控管理。

3. 整合"三道防线"职责

建立健全风险管控组织架构，将管理职能进行整合，进一步明确三道防线职责。第一道防线为业务部门，严格落实风险管控主体责任，确保业务开展依法合规，对第

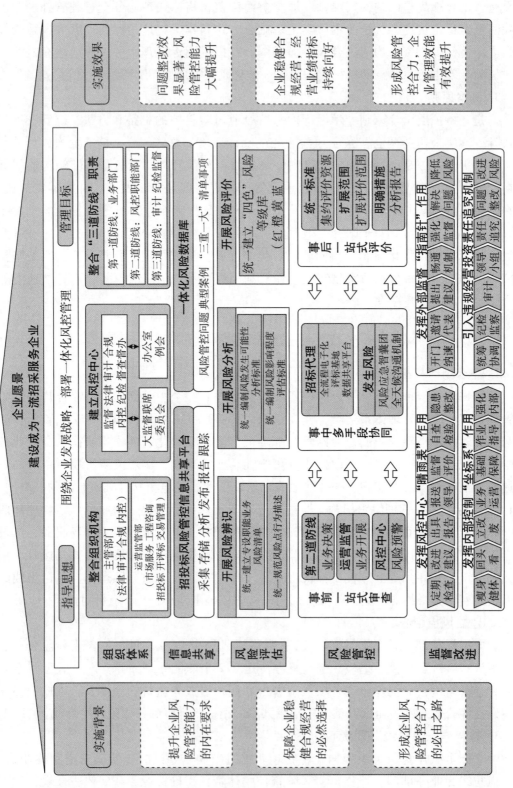

图 1 基于信息共享的招标代理服务一体化风控管理

二、第三道防线提出的风险预警及审查意见严格落实。第二道防线为风险管控职能部门，严格审批合规内控事项，对规章制度、经济合同、重大决策的合法合规性审核率保持100%，通过法律事务管理系统中合规内控审查模块，对各项业务进行专业审查，在线形成合规内控审查审批单，指导业务部门落实各项风险管控措施。第三道防线为审计、纪检监督部门，通过对风险事项的事后监督，对整改效果进行监督和评价，全程控制、跟踪风险。

（三）创建信息共享平台，打造一体化风险数据库

1. 创建招投标风险管控信息共享平台

蒙电招标积极探索建立第一道防线与第二道、第三道防线之间的信息共享与协同路径，创建招投标风险管控信息共享平台，内嵌"风险数据库"，以其为载体将第二道防线审核发现的风险和问题，第三道防线审计、纪检等监督发现的风险事项统一整理归纳，形成一体化风险数据库。招投标风险管控信息共享平台分为电脑端和手机移动端，用于发布和共享全流程风险管控信息，包括采集、存储、分析、发布、报告、跟踪等，记录风险管控全过程资料，分类建档风险信息，包括风险数据库、业务风险清单、风险等级库等，动态更新风险管控信息，打破部门风险信息壁垒，为风险评估、监督与改进奠定信息共享基础。

2. 打造一体化风险数据库

风险数据库主要融入三方面数据来源。一是融入风险管控问题，发挥风控中心沟通协调作用，收集近5年历史风险数据及专家预测的风险，包括合规风险数据及底线清单、巡视巡察、审计反馈问题台账、权力运行廉洁风险台账、制度建设清单、调查研究以及四项风控职能评价发现的问题等。截至2024年10月底，已收集了428条风险信息。二是融入典型风险案例，不定期收集国网、南网及招标代理行业发生的重大风险案例。在大量收集、重点对比后，筛选典型案例入库，特别加入了廉洁风险案例。截至2024年10月底，已收集了132个典型案例。三是融入"三重一大"清单事项，收集蒙电招标近3年内"三重一大"事项内容，包括总经理办公会、党总支会、领导班子全体会（含董事会）、股东会清单事项内容。截至2024年10月底，已收集320项议题。一体化风险数据库内容动态发布在招投标风险管控信息共享平台。

（四）整合内外部资源，开展一体化风险评估

风控中心组织30余位专家、27名业务骨干及外聘1个专业法务机构，通过提炼、对比、分类、组合、问卷调查、实地调查、综合访谈等方法，统一开展招标代理全业务风险评估，解决各专设职能部门风险辨识、风险分析、风险评价标准不一致、评估不够科学合理等问题。

1. 开展风险辨识，统一建立业务风险清单

部门风险表包含全业务风险点和风险行为描述。一是建立专设职能业务风险清单。

总结提炼"风险数据库"中的重要内容，针对招标文件编制、开评标管理、交易现场服务、运营监督等业务操作流程、场所和区域，从源头上全面辨识风险，找出风险点，编制形成统一的业务风险清单。二是规范风险点行为描述。针对每一个风险点，将没有辨识出的风险行为提炼出来，分析未来会发生哪些负面行为，评估最坏结果。

2. 开展风险分析，统一编制风险分析标准

一是编制风险发生可能性分析标准。依据公司法治、合规、制度建设及执行情况、监督体系覆盖程度、5 年内"三重一大"决策事项分布、各专项审计及问题整改清单等，运用最大值修正法，定量分析风险发生的可能性，形成风险发生可能性评估标准。

二是编制风险影响程度评估标准。风险影响程度主要涵盖了社会形象、经济责任与非经济责任以及经济损失等，综合考量以上指标，将风险严重程度分成五个等级，采用最大评估值法，形成风险影响程度评估标准。

3. 开展风险评价，统一建立"四色"风险等级库

创新引入安全生产双重预防机制的"四色"风险等级划分方法。将安全风险等级从高到低，依次划分为重大、较大、一般和低风险，分别用红色（风险评价值≥8分）、橙色（7分≤风险评价值<8分）、黄色（6分≤风险评价值<7分）、蓝色（风险评价值<6分）标示，风险影响相应划分为集团公司级、公司级、部门级、岗位级四类，明确风险分级管控的层级。绘制"红、橙、黄、蓝"四色风险空间分布图，标明主要风险、可能引发事故隐患类别、事故后果、管控措施、应急措施、报告方式、排查内容、排查级别等，实现风险分级管控。红、橙、黄、蓝数据库分别包含 27 个、49个、89 个、281 个风险点。

（五）立足业务流程节点，开展一体化风险管控

1. 事前"一站式审查"防范风险

一是"一站式审查"业务决策事项。第二道防线严格审查合规内控事项，对规章制度、经济合同、重大决策合法合规性进行 100%审查。深化运用"法律事务管理系统"，通过合规内控审查模块，对各项业务进行专业审查、评估评价、监督监测，在线形成合规内控审查审批单，指导业务部门落实各项风险管控措施。截至 2024 年 10 月底，审核领导班子全体会议题（含董事会）34 项，党总支会议题 95 项，总经理会议题48 项。二是"一站式审查"业务开展事项。发挥运营监管部业务监督作用，针对招标文件审查及编制、发布招标公告、开评标等重要环节，进行事前业务合规、风险审查，预防重大风险发生。2022 年至 2024 年 10 月底，开展招标文件审核会监督工作 228 次，开展开评标业务监督工作 307 次，审核并分发项目委托函 1021 份、定标结果 1213 份、复评工作联系单 78 份、其他工作联系单 57 份；监督审查公司代理采购项目合同 40 份；按要求转发并通知不良供应商名单 250 份至相关业务部门。三是"一站式审查"发布重大风险预警。风控中心针对可能导致公司承担法律责任、造成较大经济损失或其他重要影响的风险（红色、橙色），向有关部门发布风险预警。对公司关键风险持续性监测，特别是对于历史重大风险事项以及对可能产生重要影响的风险事项进行重点关注。风控中心发出风险预警单，启动预警程序，按照预警策略开展风险管控程序。2022年至2024年10月底，已针对业务决策风险事项发出1份预警单，针对业务开展风险事项发布2份预警单。

2. 事中"多手段协同"管控风险

一是在开展招标代理服务业务过程中，采用多手段协同管控风险。深化应用全流程电子化招标管控业务风险。采用全流程电子化招标代理服务，线上开展招投标文件管理以及招标、投标、开标、评标、定标、中标公示等。交易参与各方登录电子采购系统，实时掌握与其相关的各类公开信息，保证公开透明，规范采购行为，避免暗箱操作，杜绝廉政风险。充分应用智能化评标基地管控交易风险。依托云桌面技术，开展远程异地"多样式"评标，应用智能安检、人脸识别实时监控，且监控系统同步接入集团公司物资业务远程管控平台，避免数据丢失、信息泄露、各主体违规违纪等行为，实现交易现场全过程可追溯。创建蒙电招标业务数据共享平台管控信息风险。有效利用采购数据信息，搭建蒙电招标业务数据共享平台，强化数据治理，提升采购数据汇集分析能力，包括接受项目委托、招标文件编制、招标公告发布、开评标和结果公示等。按照工程等级分类统计采购数据，对负责特定项目的开评标工作人员，及时短信提醒，降低招投标信息汇总错误率，提高信息传递准确率和及时率。将智能化评标基地、全流程电子采购系统中的多元数据，汇至蒙电招标业务数据共享平台，实现内部招投标信息全面覆盖、实时更新、互联互通，防止信息泄露，强化采购数据全过程智能管控。

二是在招标代理服务业务发生风险事项时，通过"一团一机制"协同降低风险。针对红色重大风险或"库外风险"，一方面建立风险应急智囊团，包含公司领导、风险管控专家、业务部门骨干、法律顾问、传媒和公关专家、网络安全专家等。一旦发生该等级风险事项，将启动应急管理程序，寻求智囊团帮助和建议，制定挽回损失、避免风险事项持续发酵的应急策略，将风险控制在最低程度。另一方面建立"全天候沟通机制"，与重要客户、业务合作伙伴等利益相关方保持联络，告知风险情况和应急策略，积极寻求合作和支持，共同降低红色风险可能造成的影响和损失；需要法律协助解决的，第二道防线将协同风险应急智囊团，进一步支持业务谈判、调解、仲裁和诉讼，维护企业权益，最大限度地降低企业损失和不良影响。风险等级为其他颜色的非重大风险发生时，由分管领导、责任部门根据相应风控手段予以控制，最大限度降低损失。

3. 事后"一站式评价"降低风险

一是统一事后评价标准。建立动态事后管控提示、风险评价体系。原来的评价职能分散在各部门，评标标准多样。现在实施联动检查，统一事后评价标准和准则，复核管控缺陷、违规问题的整改情况、风险事项管控、风险事件处理等，出具年度评价报告。制定《大监督工作联席会议制度》，将监督成果及意见反馈发布在招投标风险管控信息共享平台，实现集约评价资源、协同监管行动、降低监管成本。二是拓展事后评价范围。将招采业务风险、固定资产、财务收支全部纳入事后监督范围，不断加强对招标代理服务全过程风险的识别、监测和管控。拓展评价深度，重点关注招标文件编制、开评标以及资金出口、账务核对、应收应付、关键时点等，确保风险可控在控。三是明确事后限制措施。当风险发生且得到控制后，第一时间评估风险潜在的持续影响，出具《应急风险事件影响分析报告》，进一步明确后续运作手段，采取适当的措施限制损失或其他不良影响继续扩大。协同开展审计、巡察整改"回头看"，深化应用"智慧审计平台"，推动查出问题"见底清零"。

（六）各主体协同作战，实施一体化监督与改进

1. 发挥风控中心"晴雨表"作用

风控中心定期对各业务部门风险管理工作的实施情况和有效性进行检查，提出调整和改进建议，出具评价和建议报告，及时报送公司分管领导及总经理。风控中心每年对风险管理职能部门、各业务部门进行监督评价，审查其能否按照有关规定开展风险管理，并将监督评价报告报送领导班子全体成员。业务部门按照风控中心要求，按季度开展风险自查和检验，及时发现风险隐患并改进，然后将检查报告上报至风控中心办公室。

2. 发挥外部监督"指南针"作用

蒙电招标连续三年举办"开门纳谏"座谈会，邀请供应商代表，对主责主业工作开展过程中存在的问题，提出意见建议，畅通招投标利益相关方沟通机制，强化社会公众对公司招标代理服务的质量监督，对涉及业务风险点问题提出解决方案，降低风险发生可能性。将外部监督作为改进工作的"指南针"，听取意见，强化监督作用。截至 2024 年 10 月底，收集整理"开门纳谏"问题 12 条，入库风险点 5 个。

3. 发挥内部控制"坐标系"作用

蒙电招标持续开展制度体系"瘦身健体"，加大制度"回头看"及"立改废"力度，构建以风险防控、职能划分、监督管理为基础的"1+3+N"制度管理体系。制定"1"本《招标代理服务风险防控手册》；划分"3"个标准模块，含业务运营、基础保障、作业指导手册；形成"N"个具体标准。截至 2024 年 10 月底，制定了业务运营标准 12 项，基础保障标准及办法 22 项，作业指导手册 5 本。与以往的制度体系相比，明确业务部门职能、工作内容、标准作业流程，强化内部控制管理，降低重复评标、复审等。

4. 引入违规经营投资责任追究机制

加大风险管控监督处理力度，加强对责任追究工作的统筹协调和督促落实，推动

违规责任追究与纪检监察、审计等监督工作的协同联动，成立违规经营投资责任追究工作领导小组及领导小组办公室，发布《公司违规经营投资责任追究办法》。将监督权、建议权、查处权合为一体，承办相关违规追责工作，审议责任追究重大事项，研究解决工作推进过程中的重大问题，以责任追究推动问题整改，改进风险事项行为。

三、应用效果和推广价值

（一）问题整改效果显著，风险管控能力大幅提升

蒙电招标开展一体化风控管理以来，统筹了"三道防线"各维度的职能；统筹了业务职能、审计、法律、纪检"大监督"格局下风险事项的整改和处置，解决问题力出一孔，全方位防范了低级风险，重点防范了中、高级风险，风险管控第一时间响应业务需求。红色、橙色风险做到月跟踪监测、季预警督办、年总结评估。黄色、蓝色风险做到部门内有效管控。若审查或评价发现较大共性风险和问题，在5~10个工作日下发风险提示函和风险警示函，将风险和问题纳入一体化风险数据库，发布在招投标风险管控信息共享平台，动态跟踪和监测，落实整改。针对重大风险，风控中心发挥指挥调控作用，建立风险应急智囊团，按照风险策略降低风险损失。近两年巡视巡察、审计问题整改完成率均为100%，企业未发生招标代理服务投诉、项目延期等事项，未发生重大经营及廉洁风险事件。

（二）企业稳健合规经营，经营业绩指标持续向好

蒙电招标开展一体化风控管理以来，实现了企业风险信息及时分享，问题相互借鉴，成果充分利用，风险管控紧扣招标代理服务全过程，实现事前"一站式"审查、知风险；事中"多手段协同"、控风险；事后"一站式"评价、降风险，保障企业稳健合规经营，公司关键经营业绩指标持续向好，2022—2023年，营业收入由10056万元激增至14140万元（同比增长40.61%），利润总额由4982万元激增至8420万元（同比增长69.01%）。截至2023年年底，国有资本保值增值率达到126.4%；净资产收益率达到23.5%；全员劳动生产率达到151.3万元/人，同时成为内蒙古自治区内仅有的2家获得超额利润的企业。招标金额由2022年125亿元激增至2023年197亿元；截至2024年10月底，招标金额已达到221.86亿元（同比增长22.86%），为内蒙古电力（集团）有限责任公司物资采购依法合规提供了坚强的物资供应保障。

（三）形成风险管控合力，企业管理效能有效提升

蒙电招标开展一体化风控管理以来，解决了法律、审计、合规、内控风险管控主体多元分散、各自为战，缺乏沟通协调，导致风险管控效果不显著等难题。通过充分调动和整合各方面力量，建立了较为完善的招标代理服务一体化风险管控体系，部门沟通协调顺畅，成果利用率较高，形成较强的管控、监督合力，减少重复评标、复审

等，由于风险管控效果显著，有力促进了企业管理效能的提升。近两年，蒙电招标荣获"招标代理企业 AAA 信用等级评价""全国招标代理机构诚信先进单位""敕勒杯优秀代理机构"及"行业先锋"等多项荣誉，成为内蒙古自治区唯一入选全国"十佳采购代理机构"的企业，助力内蒙古自治区阳光、公开、透明招标采购体系建设同时对于中小微国有企业风险管控体系建设具有一定的借鉴价值。

（内蒙古蒙电招标有限公司：唐丽媛、李恒、王晓峰）

制度综述篇

◎ 招投标采购市场相关制度

关于印发《全国公共信用信息基础目录（2024 年版）》和《全国失信惩戒措施基础清单（2024 年版）》的通知①

发改财金规〔2024〕203 号

为进一步明确公共信用信息纳入范围，保护信用主体合法权益，2024 年 2 月 18 日，国家发展改革委、中国人民银行会同国务院社会信用体系建设部际联席会议成员单位和其他有关部门（单位），制定了《全国公共信用信息基础目录（2024 年版）》和《全国失信惩戒措施基础清单（2024 年版）》。

《全国公共信用信息基础目录（2024 年版）》共纳入公共信用信息 13 类，包括登记注册基本信息、司法裁判及执行信息、行政管理信息、职称和职业信息、经营（活动）异常名录（状态）信息、严重失信主体名单信息、合同履行信息、信用承诺及履行情况信息、信用评价结果信息、遵守法律法规情况信息、诚实守信相关荣誉信息、知识产权信息和经营主体自愿提供的信用信息。有关机关根据纪检监察机关、检察机关通报的情况或意见，对行贿人做出行政处罚和资格资质限制等处理，拟纳入公共信用信息归集范围的，应当征求有关纪检监察机关、检察机关的意见。

《全国失信惩戒措施基础清单（2024 年版）》所列失信惩戒措施包括三类，共 14 项：一是由公共管理机构依法依规实施的减损信用主体权益或增加其义务的措施，包括限制市场或行业准入、限制任职、限制消费、限制出境、限制升学复学等；二是由公共管理机构根据履职需要实施的相关管理措施，不涉及减损信用主体权益或增加其义务，包括限制申请财政性资金项目、限制参加评先评优、限制享受优惠政策和便利措施、纳入重点监管范围等；三是由公共管理机构以外的组织自主实施的措施，包括纳入市场化征信或评级报告、从严审慎授信等。

《全国失信惩戒措施基础清单（2024 年版）》设列严重失信主体名单的领域，必须以法律、法规或者党中央、国务院政策文件为依据，任何部门（单位）不得擅自增加或扩展。设列严重失信主体名单的部门，应严格规范名单认定标准、移出条件、程序以及救济措施等，并通过"信用中国"网站及该领域主管（监管）部门指定的网站公开。

---

① 标题下内容为制度综述，非政策文件原文，本篇其他内容同此。

民航局关于印发《民航专业工程建设项目招标投标管理办法》的通知

民航规〔2024〕22 号

为进一步加强民航专业工程建设项目招标投标管理，规范招标投标各主体行为，推动招标投标活动更加有序、公平、公开、高效，招标投标全流程电子化顺利实现，中国民用航空局对《民航专业工程建设项目招标投标管理办法》（以下简称《管理办法》）进行了修订。《管理办法》自 2024 年 5 月 1 日实施。

《管理办法》指出，必须招标的施工项目，招标人应当在项目招标公告首次发布（或投标邀请书首次发出）至少 30 日前，将招标计划在民航监督平台公布，内容主要包括招标人、项目名称、招标内容、投资估算、招标公告预计发布时间等，以鼓励更多潜在投标人参与投标，提高招标项目的参与度与竞争度。招标人自行组织招标的必须招标项目，在发布资格预审公告、招标公告或发出投标邀请书前 5 个工作日，招标人应当通过民航监督平台将招标方案报民航地区管理局备案。

《管理办法》明确，招标人应当强化主体责任，对必须招标范围负责。招标人通过民航监督平台招标的范围应当严格限定为必须招标项目，不得随意扩大或者更改。

《管理办法》要求，招标人应当依据相关规定，合理确定评标专家组成及抽取方案，通过民航监督平台的评标专家抽取模块抽取专家。专家抽取模块随机自动盲抽评标专家后，自动通知专家报到时间、地点和请假方式等信息。交易中心所在省（市）的评标专家不得早于评标开始时间前 22 小时通知，外地专家通知时间原则上不得早于评标开始时间前 44 小时。抽取过程中如果出现部分专业抽空、专家回避等特殊情形，由招标人或者招标代理向质监总站提出申请，再次补充抽取评标专家。质监总站在专家抽取和通知过程中应当操作规范，所有评标项目及专家信息均须保密。在评标开始前 10 分钟，民航监督平台将评标专家信息发送至对应的交易中心。有关服务单位或者工作人员应当对评标专家信息严格保密。

招标投标领域公平竞争审查规则

2024 年第 16 号令

2024 年 4 月 3 日，国家发展改革委、工业和信息化部、住房城乡建设部、交通运输部、水利部、农业农村部、商务部、市场监管总局8部门联合印发了《招标投标领域公平竞争审查规则》（以下简称《规则》）（国家发展改革委令第16号），自2024年5月1日起施行。

该《规则》严格对标党中央、国务院关于优化招标投标市场环境的决策部署，有机衔接《公平竞争审查制度实施细则》等现有制度，紧密结合招标投标市场特点和关切，细化实化招标投标领域公平竞争审查的审查标准、审查机制和监督管理等内容。一是细化审查标准。《规则》针对招标投标实践中易发常见的各类不合理限制，规定了审查具体要求，重点破除资格预审、评标方法、评标标准、定标标准、信用评价、保证金收取等方面的交易壁垒。二是健全审查机制。《规则》明确了政策制定机关开展公平竞争审查的主体责任，并对工作机制、工作流程、审查结论等作出规定，强调政策措施应当在提请审议或者报批前完成公平竞争审查。三是强化监督管理。《规则》要求相关部门定期开展政策措施评估清理，建立招标投标市场壁垒线索征集机制，动态清理废止各类有违公平竞争的政策措施，切实推动公平竞争审查制度落地见效。《规则》在《招标投标法》及其实施条例的基础上，聚焦经营主体反映集中的共性问题，有针对性地提出了7个方面40余项审查标准。在组织招标、选择招标代理机构、编制招标文件等方面，明确政策制定机关应当尊重和保障招标人自主权，不得以不合理条件限制招标人自主权等。在保障经营主体参与投标活动方面，明确政策制定机关应当落实全国统一的市场准入条件，不得要求经营主体在本地区设立分支机构、缴纳税收社保或者与本地区经营主体组成联合体，不得要求经营主体取得本地区业绩或者奖项等。在制定标准招标文件等方面，明确政策制定机关应当平等对待不同地区、所有制形式的经营主体，不得在相关文本中以设置差异性得分等方式规定排除或者限制竞争的内容等。在定标流程方面，明确政策制定机关应当尊重和保障招标人定标权，落实招标人定标主体责任，不得以指定定标方法、定标单位或者定标人员等方式限制招标人定标权。在信用评价方面，明确政策制定机关组织开展信用评价，不得对不同地区或者所有制形式经营主体的资质、资格、业绩等采用不同信用评价标准，不得根据经营主体的所在地区或者所有制形式采取差异化的信用监管措施，没有法定依据不得限制经营主体参考使用信用评价结果的自主权。在监管和服务方面，明确政策制定机关制定涉及招标投标交易监管和服务的政策措施，应当平等保障各类经营主体参与，不得采取歧视性限制措施。在保证金管理方面，明确政策制定机关不得制定限制招标人依法收取保证金、限定缴纳保证金形式等不合理政策措施。

基础设施和公用事业特许经营管理办法

2024 年第 17 号令

随着城市化进程的加速和基础设施需求的不断增长，政府与社会资本的合作（PPP）模式在基础设施和公用事业领域得到了广泛应用。为了规范这一合作模式，提高公共服务质量和效率，保护和激发社会资本的投资热情，2024 年 3 月 28 日，国家发展改革委会同财政部、住房城乡建设部、交通运输部、水利部、中国人民银行联合发布了《基础设施和公用事业特许经营管理办法》（以下简称《特许经营管理办法》）（2024 年第 17 号令）。该办法旨在明确特许经营的定义、适用范围、运作方式、管理要求以及各方权利义务，为特许经营项目的顺利实施提供法律保障。《特许经营管理办法》指出，基础设施和公用事业特许经营应当聚焦使用者付费项目，明确收费渠道和方式，项目经营收入具备覆盖建设投资和运营成本并获取一定投资回报的条件，不因采取特许经营而额外新增地方财政未来支出责任。《特许经营管理办法》明确，实施机构根据经审定的特许经营方案，应当通过招标、谈判等公开竞争方式选择特许经营者。实施机构应当在招标文件、谈判文件等公开选择特许经营者的文件中载明是否要求成立特许经营项目公司。

一、《特许经营管理办法》如何界定基础设施和公用事业特许经营及其与政府和社会资本合作（PPP）关系

《特许经营管理办法》第三条、第四条对基础设施和公用事业特许经营外延内涵进行了更为明确细致的规定。厘清基础设施和公用事业特许经营与政府和社会资本合作（PPP）关系，即基础设施和公用事业特许经营是基于使用者付费的 PPP 模式；进一步强调了基础设施和公用事业特许经营项目的经营者排他性权利、项目产出的公益属性，以及不新设行政许可、不得擅自增设行政许可并借此向特许经营者收费；明确基础设施和公用事业特许经营范围，不包括商业特许经营以及不涉及产权移交环节的公建民营、公办民营等。实践中应当注意严格区分基础设施和公用事业特许经营、商业特许经营。根据《商业特许经营管理条例》，商业特许经营是指拥有注册商标、企业标志、专利、专有技术等经营资源的企业（以下简称"特许人"），以合同形式将其拥有的经营资源许可其他经营者（以下简称"被特许人"）使用，被特许人按照合同约定在统一的经营模式下开展经营，并向特许人支付特许经营费用的经营活动。商业特许经营中的特许人只能是企业，政府不得从事商业特许经营活动。政府作为活动参与方的基础设施和公用事业特许经营，主要依托基础设施和公用事业建设运营项目开展，其本质

是以项目融资的方式提供公共产品和公共服务，具有明显的公益属性，《特许经营管理办法》也并未设定"特许经营权"概念。

二、《特许经营管理办法》关于体现 PPP 新机制改革精神进行了哪些制度设计

一是规范特许经营实施方式。完善特许经营实施方式有关规定，明确特许经营应当聚焦使用者付费项目，并进一步明确使用者付费包括特许经营者直接向用户收费，以及由政府或其依法授权机构代为向用户收费。对特许经营实施方式进行列举，包含"新建/改扩建—运营—移交（BOT）""新建/改扩建—拥有并运营—移交（BOOT）""转让—运营—移交（TOT）"等实施方式，并规定禁止通过建设—移交（BT）方式逃避运营义务或垫资施工。二是鼓励民营企业参与。将特许经营最长期限延长到 40 年，鼓励民营企业通过直接投资、独资、控股、参与联合体等多种方式参与特许经营项目，并应遵守《关于规范实施政府和社会资本合作新机制的指导意见》有关支持清单关于民营企业项目领域和股比的规定，明确特许经营者改善经营管理和改进技术获得的收益归其所有。三是改进特许经营项目管理程序。进一步完善特许经营可行性论证程序，明确不同投资模式下应当适用的项目投资管理程序。进一步健全细化特许经营各方的信息披露机制。四是明确特许经营模式管理责任分工。地方政府负主体责任，发展改革部门牵头推进，有关行业部门负责项目实施和监管，财政部门加强预算管理。

三、《特许经营管理办法》主要解决当前特许经营领域哪些突出存在的问题

在《特许经营管理办法》修订过程中，我们通过座谈调研、征求意见等多种方式听取了有关经营主体意见，并进行了有针对性的制度设计，主要包括：一是着力解决民营企业入场难的问题。将促进民间投资作为立法目的在总则中予以明确，将新增政府和社会资本共担风险作为基本原则，要求必须以公开竞争方式选择特许经营者，杜绝以单一来源采购、直接委托等方式规避竞争。专设鼓励民营企业参与特许经营条款、不同所有制企业融资同等待遇等金融支持措施，加大对民营企业支持力度。二是着力解决项目实施不规范的问题。进一步明确特许经营项目范围，商业特许经营项目和不涉及产权移交的公建民营、公办民营不属于基础设施和公用事业特许经营，禁止地方政府借特许经营名义新设行政许可并收费，杜绝"天价特许经营转让费"现象，回归特许经营项目公益属性。三是着力解决政府履约诚信低的问题。完善支付管理制度，明确政府统一代收用户付费项目属于使用者付费项目，政府应当专款专用，定期向特许经营者支付，杜绝拖欠。完善信息公开制度，明确政府应当将有关项目信息、履约情况向社会公开，接受社会监督。进一步完善价格和收费的调整机制，明确价格调整与绩效评价挂钩，并规定实施机构协调开展价格调整义务。

四、《特许经营管理办法》如何进一步规范特许经营项目管理

一是强化特许经营项目前期研究论证。《特许经营管理办法》明确，特许经营项目实施前，应当由实施机构编制特许经营方案，并按照政府投资项目审批权限和要求，报投资主管部门或者其他有关部门审核，合理控制项目建设内容和规模，明确项目产出方案。特许经营方案中应当包括项目可行性论证和特许经营可行性论证，并对特许经营可行性论证的重点内容予以明确。审核特许经营方案时，还应当对项目是否适合采取特许经营模式进行进一步认真比较和论证。通过强化项目前期研究论证，确保选择特许经营模式的科学性、合理性和可操作性，提高项目落地实施质效。二是规范特许经营项目审核备案程序。针对实践中特许经营项目应当履行何种固定资产投资审核备案程序的问题，《特许经营管理办法》专门作出规定，政府采用资本金注入方式投资的特许经营项目，应当按照《政府投资条例》有关规定，履行审批手续。企业投资的特许经营项目，应当按照《企业投资项目核准和备案管理条例》有关规定，履行核准或者备案手续，并明确了实施机构的协助义务。三是加强事中事后监管。选定的特许经营者及其投融资、建设责任不得调整。确需调整的，应当重新履行特许经营者选择程序。完成审批、核准或备案手续的项目如发生变更建设地点、调整主要建设内容、调整建设标准等重大情形，应当重新履行审批、核准、备案程序。特许经营项目涉及运营主体实质性变更、股权移交等重大事项的，应当及时书面告知相关行业主管部门。四是明确紧急情况处置。因特许经营协议一方严重违约或不可抗力等导致特许经营者无法继续履行协议约定义务，或者出现特许经营协议约定的提前终止协议情形的，在与债权人协商一致后，可以提前终止协议，并分别规定了政府违约和特许经营者违约的处置方案。为保障公共利益，《特许经营管理办法》同时规定，项目移交前，特许经营者应当配合政府维持有关公共服务和公共产品的持续性和稳定性。此外，特许经营者不得以提前终止协议为由变相逃避运营义务。五是强调投资者权益保护。政府可以在严防新增地方政府隐性债务、符合法律法规和有关政策规定要求的前提下，按照一视同仁的原则，依法给予政府投资支持和有关补贴。任何单位和个人不得违法干涉特许经营者合法经营活动。因法律、行政法规修改，或者政策调整损害特许经营者预期利益，或者根据公共利益需要，要求特许经营者提供协议约定以外的产品或服务的，应当依据特许经营协议约定或者协商达成补充协议，给予特许经营者公平合理补偿。同时进一步完善原特许经营者享有优先选择权的情形。

五、《特许经营管理办法》对强化制度执行效力有何考虑和设计

一是完善责任追究制度。依托社会信用体系建设，进一步完善政府诚信约束制度；依据《中华人民共和国公职人员政务处分法》，明确政府工作人员损害特许经营者利益

应当承担的法律责任；依据财政支出管理制度，明确政府侵占、挪用、拖欠特许经营者有关应付款项的法律责任。二是完善投诉处理制度。明确特许经营者及社会公众投诉处理责任部门及相关机制，督促有关问题早发现、早化解。三是完善争议解决制度。依据行政诉讼法、行政复议法修订精神及内容，明确行政协议有关争议通过行政复议、行政诉讼解决；同时考虑到特许经营项目相关协议体系及履约行为的多样性和复杂性，明确规定有关民商事争议通过仲裁、民事诉讼解决，最大限度保障特许经营各方合法权益。

关于征求《国家铁路局关于进一步规范铁路工程招标投标活动的通知》意见的通知

2024 年 4 月 22 日，国家铁路局印发《关于征求〈国家铁路局关于进一步规范铁路工程招标投标活动的通知〉意见的通知》（以下简称《通知》）。

关于招标主体和招标范围，《通知》要求，一要落实招标人的主体责任。项目管理机构、企业内设部门不能作为招标人直接进行招标活动；经授权对外实施招标活动的，应以授权单位名义开展招标工作。项目法人（建设单位）对铁路工程建设项目的招标投标活动负总责，授权代建单位进行工程招标的，由代建单位对其开展的招标投标活动负主体责任，项目法人（建设单位）应履行对代建单位的管理责任，督促其按项目审批、核准的招标范围、招标方式、招标组织形式开展招标工作。二要落实承包单位自采主体责任。发包人不得影响市场主体正常生产经营活动或者增加市场主体负担，包含在施工（工程）总承包合同内并明确约定由承包单位采购的物资（包括材料、设备，不含达到法定规模标准的暂估价品类），不再属于依法必须招标的范畴，由承包单位按照本企业内部采购管理制度自行确定采购方式。

关于招标文件，《通知》指出，一要严格执行标准文本。依法必须招标项目的招标文件，招标人应当严格执行国家规定的（行业）标准招标文本，并根据项目的具体特点和实际需要编制。二要合理设定资格条件。铁路工程建设项目的施工招标文件中，不得将带资施工作为投标资格条件、评标加分项或者纳入合同条款。以工程总承包方式发包设计施工业务的，总承包单位应同时具备设计、施工资质，或以设计和施工联合体方式承包。铁路工程物资招标，招标人不得提出高于国家和行业标准规定的试验检测指标要求，也不得要求或变相要求投标人取得限定机构的试验检测报告；对于非铁路行业专用的物资，不得限定特定行政区域或铁路行业业绩。按企业资质管理规定，取得最低等级资质的勘察、设计、施工、监理企业可以承担的招标项目，招标人不应在招标文件中设定企业业绩要求，但可以对主要管理、技术人员提出个人业绩要求。

关于评审因素设置，《通知》明确要求，依法必须招标项目的招标文件评标办法中设置"信用状况"评审项，将铁路工程建设失信行为作为评审因素。开标当天至评标结束当天，处在公布期内的失信行为，均纳入该投标人所投标段的"信用状况"评审。采用综合评估法（按百分制计）的，一般失信行为每起扣 3 分，严重失信行为每起扣 4 分，信用扣分最多不超过 10 分；采用经评审的最低投标价法的，一般失信行为、严重失信行为的价格折算量化标准每起可分别按投标报价的 1%、3% 增加评审报价，最多不超过 10%。鼓励招标人在施工招标文件评标办法中的评审因素设置"进入现场施工的企业自有工人比例""农民工实名制管理措施""机械化工装应用""先进工法应用""作业人员安全技能培训"等项目；采用综合评估法的，前述各项评分因素的分值不宜少于 2 分（按百分制计）；采用经评审的最低投标价法的，前述每项评审报价的价格折算水平可按投标报价的 2% 计算。招标人采用经评审的最低投标价法时，应合理设置有关评审因素及其价格折算值，不得简化为仅对投标报价进行评审和赋值。

国务院办公厅关于创新完善体制机制推动招标投标市场规范健康发展的意见

国办发〔2024〕21 号

2024 年 5 月 8 日，印发《国务院办公厅关于创新完善体制机制推动招标投标市场规范健康发展的意见》（以下简称《意见》）。

《意见》坚持有效市场和有为政府更好结合，聚焦发挥招标投标竞争择优作用，改革创新招标投标制度设计，纵深推进数字化转型升级，加快实现全流程全链条监管，坚持全国一盘棋，坚决打破条块分割、行业壁垒，推动形成高效规范、公平竞争、充分开放的招标投标市场，促进商品要素资源在更大范围内畅通流动，为建设高标准市场体系、构建高水平社会主义市场经济体制提供坚强支撑。

《意见》明确四个方面原则。一是坚持问题导向、标本兼治，逐步形成推动招标投标市场规范健康发展的长效机制。二是坚持系统观念、协同联动，有效凝聚招标投标市场建设合力。三是坚持分类施策、精准发力，提升招标投标市场治理精准性、有效性。四是坚持创新引领、赋能增效，强化招标投标制度规则创新、运行模式创新、交易机制创新、监管体制创新，推动招标投标市场转型升级。

《意见》提出七个方面政策举措。一是完善招标投标制度体系。优化制度规则设计，强化法规政策协同衔接。二是落实招标人主体责任。强化招标人主体地位，健全招标代理机构服务机制，推进招标采购机制创新。三是完善评标定标机制。改进评标方法和评标机制，优化中标人确定程序，加强评标专家全周期管理。四是推进数字化智能化转型升级。加快推广数智技术应用，优化电子招标投标平台体系。五是加强协同高效监督管理。压实行政监督部门责任，强化多层次立体化监管，加快推进智慧监管。六是营造规范有序市场环境。严厉打击招标投标违法活动，持续清理妨碍全国统一大市场建设和公平竞争的规定、做法。七是提升招标投标政策效能。健全支持创新的激励机制，优化绿色招标采购推广应用机制，完善支持中小企业参与的政策体系。

评标专家和评标专家库管理办法

2024 年第 26 号令

2024 年 9 月 27 日，国家发展改革委公布《评标专家和评标专家库管理办法》（2024 年第 26 号令），自 2025 年 1 月 1 日起施行。

《评标专家和评标专家库管理办法》规定，入选评标专家库的专业人员需具备良好的职业道德，从事相关专业领域工作满八年并具有高级职称或同等专业水平，熟悉招标投标的法律法规，熟练掌握电子化评标技能，具备正常履行职责的身体和年龄条件等。评标专家库总人数不得少于 2000 人，并具备满足评标需要的专业分类。评标专家对评标行为终身负责，不因退休或者与评标专家库组建单位解除聘任关系等免予追责。

一、《评标专家和评标专家库管理办法》修订背景

《评标专家和评标专家库管理暂行办法》（以下简称《暂行办法》）于 2003 年出台，2013 年根据《招标投标法实施条例》做了修订。《暂行办法》规定了评标专家入库的条件、程序，以及评标专家库的组建、使用、管理等要求，对健全评标专家管理制度、规范评标专家库组建活动发挥了重要作用。随着招标投标市场的发展变化，评标专家库组建和评标专家管理服务面临新形势、新任务。一方面，评标专家在招标投标活动中的作用凸显，是影响招标投标公平公正的关键一环，迫切需要建设一支高素质评标专家队伍；另一方面，有些专家评标不专业、不公正，评标质量不高，严重制约了招标投标竞争择优功能的发挥。为此，国家发展改革委对《暂行办法》进行了修订，力求通过完善评标专家入库审核、教育培训、履职考核、动态调整等全周期管理机制，加强和规范评标专家和评标专家库管理，提高评标专家队伍整体素质，从评标专家这个"小切口"切入，由点及面推动招标投标市场规范健康发展。

二、《评标专家和评标专家库管理办法》修订原则

《评标专家和评标专家库管理办法》全面对标党中央、国务院关于加强评标专家全周期管理、规范专家参与公共决策等有关部署要求，在修订过程中突出四方面原则。

一是坚持问题导向。针对评标专家履职和管理中存在的突出问题，从制度机制层面剖析背后的深层次原因，有针对性地完善评标专家相关管理规定。二是吸收实践经验。总结提炼各地、各相关部门在专家管理方面的好经验好做法，广泛听取评标专家库组建单位、评标专家等实践经验和意见建议，将成熟做法上升为制度规定。三是强化闭环管理。健全评标专家从入库、培训、履职到考核、出库的全过程全链条管理体系，严把入口关，强化日常管理，严肃追责问责，切实加强对评标专家的管理约束。四是突出创新引领。顺应招标投标数字化智能化发展趋势，鼓励应用数智技术提高评标专家管理水平，推动专家资源跨区域、跨行业、跨评标专家库共享，推广远程异地评标，通过改革创新提高专家评标质量。

三、《评标专家和评标专家库管理办法》主要修订内容

本次修订对《暂行办法》做了全面修改，并新增 17 条，修订后共七章 36 条。主要做了以下调整完善。

一是严格评标专家库组建条件。明确评标专家库由法律、行政法规规定的组建单位依法组建，提高组建评标专家库的基本条件，对专家总人数和网络安全、数据安全管理等提出明确要求。

二是规范评标专家选聘。增加对评标专家专业知识、实践经验、电子化评标技能、年龄条件等方面的基本要求，明确专家入库采取个人申请和单位推荐相结合的方式。加强评标专家入库审核，要求对拟入库专家进行测试或评估，确保评标专家专业素质过硬。

三是细化评标专家抽取规定。明确依法必须进行招标项目、政府投资项目评标专家的抽取要求。对于技术复杂、专业性强或者国家有特殊要求，无法采取随机抽取方式的，招标人可以依法直接确定评标专家，并向有关行政监督部门报告。

四是深化评标专家库共享。明确国家实行统一的评标专家专业分类标准和评标专家库共享技术标准，推广远程异地评标等评标组织形式。建立健全与远程异地评标相适应的评标专家资源共享和协同管理机制，为评标专家远程异地参加评标提供服务保障，为有关行政监督部门开展监督提供支持。

五是强化评标专家履职管理。明确评标专家库组建单位对评标专家的日常管理责任，逐项细化完善评标专家档案记录、教育培训、履职考核、动态调整等管理要求。增加履职风险评估的规定，通过调整抽取频次、设置抽取间隔期等方式，降低评标专家履职风险。

六是明确各方法律责任。按照过罚相当原则，综合采取责令改正、罚款、暂停评标、取消评标资格、移送纪检和司法等处理措施，打击评标专家违法行为。针对评标专家库组建单位、招标投标电子交易系统运行服务机构、招标人有关违法行为，细化了相应的法律责任。

四、《评标专家和评标专家库管理办法》对于加强评标专家全周期管理的规定

加强评标专家全周期管理是提升评标专家履职能力、规范履职行为，更好发挥评标专家作用的重要举措。为加强评标专家全周期管理，《评标专家和评标专家库管理办法》作了以下规定。

一是明确管理职责。厘清评标专家库组建单位、招标投标行政监督部门在评标专家全周期管理中的职责边界，区分日常管理责任和行政监督责任，解决评标专家管理职责不清的问题。

二是创新管理方式。建立评标专家档案记录、教育培训、履职考核等管理机制，要求专家库组建单位永久保存评标专家电子档案。每年组织教育培训，建立评标专家履职年度考核制度，提高评标专家管理的精准性、实效性。

三是建立轮换机制。确立评标专家实行聘期制管理，续聘须按入库标准进行审核，保证在库专家富有活力、能力匹配。建立年度调整、日常调整、自愿退库等多种动态轮换机制，破解评标专家"只进不出"难题。

四是强化终身追责。明确评标专家对评标行为终身负责，不因退休或者与评标专家库组建单位解除聘任关系等免予追责，提高违法成本，有力震慑不法行为。

五、关于推动贯彻《评标专家和评标专家库管理办法》的几点建议

《评标专家和评标专家库管理办法》于 2025 年 1 月 1 日起实施。为确保《评标专家和评标专家库管理办法》落到实处，见到实效，国家发展改革委应会同有关方面重点做好以下三个方面工作。

一是加强宣传解读。加强《评标专家和评标专家库管理办法》宣贯解释，指导督促各地招标投标指导协调部门、行政监督部门、专家库组建单位准确把握《评标专家和评标专家库管理办法》修订背景、主要内容和具体规定，结合实际抓好贯彻落实工作。面向包括评标专家在内的各类招标投标参与主体开展《评标专家和评标专家库管理办法》宣传解读，推动评标专家队伍理解适用《评标专家和评标专家库管理办法》，提升能力素质，规范评标行为，依法客观公正履职。

二是完善配套措施。推动各地结合实际健全配套制度规定和工作机制，优化评标专家和评标专家库管理。指导各评标专家库组建单位对照《评标专家和评标专家库管理办法》规定，制定完善入库审查、履职考核等配套制度标准，加强网络安全和数据安全建设，堵塞制度漏洞，提升管理水平。

三是强化落地见效。国家发展改革委应会同国务院有关部门，加大对各地评标专家管理工作的指导协调和典型经验复制推广，适时开展交流互鉴，不断加强和规范评标专家全周期管理，引导评标专家依法履职尽责，推动《评标专家和评标专家库管理办法》落实到位。

关于印发《全国统一大市场建设指引（试行）》的通知

发改体改〔2024〕1742号

为深入贯彻党中央和国务院关于全国统一大市场建设的决策部署，推动各地区、各部门加快融入和主动服务全国统一大市场建设工作。2024年12月4日，经国务院同意，国家发展改革委印发了《全国统一大市场建设指引（试行）》（以下简称《指引》）（发改体改〔2024〕1742号）的通知。

《指引》指出，各地区、各部门不得未经公平竞争审查或违反审查标准，起草关于市场准入和退出、产业发展、招商引资、招标投标、政府采购、经营行为规范、资质标准等涉及经营主体经济活动的法律、行政法规、地方性法规、规章、规范性文件以及具体政策措施。要持续深化公共资源交易平台整合共享，推动建立健全统一规范、信息共享的招标投标和政府、事业单位、国有企业采购等公共资源交易平台体系，组织编制分类统一的公共资源交易平台系统技术标准和数据规范。《指引》明确，各地区要构建对接全国公共资源交易平台的省级统一的公共资源交易公共服务系统，推动公共服务系统与各类电子交易系统及电子监管系统交互贯通，为各类交易和监管信息跨部门、跨地区共享提供数据通道和服务支撑，提升经营主体交易便利度。《指引》强调，要加力破除地方保护和市场分割。各地区不得妨碍经营主体依法平等准入、退出和迁移，不得要求经营主体必须在某地登记注册，不得以备案、注册、年检、认定、认证、指定等形式设定或者变相设定准入障碍；不得强制要求经营主体在本地登记注册、设立子公司、分公司、分支机构等，或者将在本地设立法人机构、进行产业配套、投资额纳入统计等作为申请相关扶持政策、开展相关业务、享受相关补贴的前提条件，不得在土地出让时违规设置竞买条件搞定向出让；各地区、各部门不得在招标投标和政府采购中违法限定或者指定特定的专利、商标、品牌、零部件、原产地、供应商，违法设定与招标采购项目具体特点和实际需要不相匹配的资格、技术、商务条件，违法限定投标人所在地、组织形式、所有制形式，或者设定其他不合理的条件以排斥、限制经营者参与投标采购活动。

一、《指引》的重要意义

近年来，各地区、各部门在自查清理的基础上，废止、修订和纠正了一批妨碍统一市场和公平竞争的政策措施；围绕强化市场基础制度规则统一出台了一批配套政策；在重点领域持续推进改革的步伐，如通报违背市场准入负面清单典型案例、在全国范围内开展涉企违规收费问题专项整治等。但不可否认的是，目前实践中还存在着一些市场分割、地方保护等阻碍统一大市场建设的问题。在这样的背景下，《指引》的制定切实解决了实践中的突出问题，具有重要意义。

一是可以使社会各界更加深刻地认识到建设全国统一大市场的内涵和意义。《指引》不仅可以从出发点和内容等方面明确市场机制决定资源配置的基本规则，还可以增强政策的统一性，推动各地区、各部门加快融入和主动服务全国统一大市场建设工作，促进商品要素资源在全国更大范围内畅通流动，充分发挥我国超大规模经济优势和市场潜力。

二是有利于进一步细化各地区、各部门在建设全国统一大市场中的目标和任务。构建高效规范、公平竞争、充分开放的全国统一大市场，是《指引》的目标指向。其中，高效规范，就是要在更大范围内更有效地配置资源，同时要进一步厘清政府与市场的边界；公平竞争，就是要消除妨碍公平竞争的各种消极因素，降低市场经营主体的交易成本；充分开放，就是要增强国内国际两个市场的联动性。《指引》将这一目标和任务具体落实、落地、落细，为各地区、各部门提供了可以参照的、规范的、标准的行动指南。

三是可以压实各地区、各部门建设全国统一大市场的工作责任。建设全国统一大市场的工作复杂而系统，实践中需要让规则具有统一性、政策具有一致性、行动具有协调性。《指引》通过积极主动地、统一地拆除制约全国统一大市场建设中的各项具体的、隐形的"篱笆"，培育有利于建设全国统一大市场的"土壤"。此外，由于实践中一些市场分割与政府保护的行为具有隐蔽性和不可观测性，引入《指引》进行事前行为指导，具有重要的现实操作意义。

二、《指引》的主要引导对象

在现实中，阻碍全国统一大市场建设的因素有三种：来自纵向行政部门的力量、来自横向行政单位的力量，以及来自企业的市场势力。其中由于企业的市场势力受《中华人民共和国反垄断法》和《中华人民共和国反不正当竞争法》等制约，当前《指引》引导的对象主要是地方政府以及部门政府。通过引导和规范地方政府、部门的行为，以削弱其分割市场和地方保护的动机，奠定要素自由流动和公平竞争的基础，促进全国统一大市场逐步形成。

三、《指引》的基本框架与具体规范

《指引》立足各方面共识高的领域，既对建设用地市场、劳动力市场、资本市场、技术和数据市场、能源市场、资源环境市场等，具体阐述了建设标准指引，又对市场准入和退出、产业发展、招商引资、招标投标、政府采购、经营行为规范等政府事务，具体列出了必须遵守的基本行为规范和准则。

《指引》聚焦市场环境，分别从软件环境和硬件环境两方面展开，重点阐述全国统一大市场建设的基础制度和市场设施联通的标准和规范。一方面，围绕产权保护、市场准入、公平竞争、社会信用等市场经济基础制度，注重急用先立、突出重点，梳理各地方、各部门可主动作为的事项，夯实市场经济有效运行的基本保障。另一方面，对建设和利用流通网络、信息交互渠道、交易平台等方面提出阶段性工作要求，以高标准联通的市场设施助力建设全国统一大市场。

《指引》聚焦市场结构，从促进要素与资源、商品和服务自由流动方面，提出了各种具体的标准指引。如建设全国就业公共服务平台，不得在户籍、地域、身份、档案、人事关系等方面设置影响人才流动的政策性障碍；建立健全协调统一的强制性国家标准体系，加快推动家用电器、家具、电动自行车等消费品行业重点领域强制性国家标准制修订；等等。

《指引》聚焦市场监管，就健全统一市场监管规则、统一市场监管执法、提升监管能力等方面，尤其是就现实中经常出现的多头监管、竞相监管、监管空白、监管失灵、"运动式"监管等方面的体制短板，就健全统一市场监管规则、强化统一市场监管执法、提升市场综合监管能力和水平等，提出规范政府行为的指引性标准。

《指引》聚焦市场行为，对各地区、各部门限制商品资源要素自由流动，干预经营主体的进入、经营、退出，招标投标、政府采购中的违法限定或者指定，突破国家规定的红线底线违规实施的招商引资优惠政策等行为提出若干"不得"，进一步规范不当竞争与市场干预行为。

◎ **国有企业采购相关制度**

国务院关于进一步完善国有资本经营预算制度的意见

国发〔2024〕2 号

2024 年 1 月 1 日，为更好发挥国有资本经营预算的功能作用，国务院印发《关于进一步完善国有资本经营预算制度的意见》（国发〔2024〕2 号）。

该意见指出，要坚持和完善社会主义基本经济制度，坚持社会主义市场经济改革方向，按照深化预算管理制度改革以及健全管资本为主的国有资产监管体制的要求，进一步完善国有资本经营预算管理制度。切实发挥对宏观经济运行、国有经济布局结构的重要调控作用。要坚持党的领导、推动全面覆盖、支持企业发展、体现全民共享、优化布局结构、提升预算绩效，到"十四五"末，基本形成全面完整、结构优化、运行顺畅、保障有力的国有资本经营预算制度。

该意见围绕任务目标，明确了三个方面重点改革措施。一是完善国有资本收益上交机制。扩大国有资本经营预算覆盖范围，健全国有独资企业和国有独资公司收益上交机制，优化国有控股、参股企业国有股收益上交机制，加强国有资本经营预算收入管理，确保利润数据真实可靠，及时足额申报和上交收益。二是提升国有资本经营预算支出效能。优化支出结构，聚焦关键领域和薄弱环节，增强对国家重大战略任务的财力保障。加强支出管理，坚持政策导向，区分轻重缓急，提升资金安排使用的科学性、有效性和精准性。推进预算绩效管理，探索开展国有资本经营预算整体绩效评价。三是完善国有资本经营预算管理工作。加强国有企业名录管理，出资人单位应当定期统计所出资企业的数量、资产权益、损益等情况，建立所出资国有企业名录。完善预算编报，按照收支平衡的原则，提高国有资本经营预算草案编制质量。主动接受人大和审计监督。

该意见强调，各地区、各有关部门和单位要支持国有企业依法自主经营，依法依规做好国有资本收益收取、国有资本经营预算管理等工作。财政部门要切实履行国有资本经营预算管理和指导职责，组织做好国有资本经营预决算草案编制、国有资本收益收取等工作。出资人单位要组织和监督所出资企业上交国有资本收益，加强对资金使用、决算的审核监督。

关于优化中央企业资产评估管理有关事项的通知

国资发产权规〔2024〕8号

资产评估是国有资产监管中的重要一环，也是保障国有资产保值增值的重要抓手。国资国企改革发展新形势以及央企结构调整和布局优化的需求，都要求对现有资产评估制度予以优化调整。为此，国务院国资委于2024年1月30日印发了《关于优化中央企业资产评估管理有关事项的通知》（国资发产权规〔2024〕8号）。该通知在现行制度的原则和框架下，集中解决了央企资产评估管理工作面临的一批实际问题，也在诸多方面实现了创新和突破，尤其是健全完善了知识产权、科技成果、数据资产等资产交易流转定价方式，为国有企业解决国资流转过程中的难题提供了政策依据。该通知指出，中央企业应当对资产评估项目实施分类管理，综合考虑评估目的、评估标的资产规模、评估标的特点等因素，合理确定本集团重大资产评估项目划分标准，原则上，企业对外并购股权项目应纳入重大资产评估项目。中央企业应当研究制定重大资产评估项目管理制度或修订现行资产评估管理制度，并报送国务院国资委。该通知明确，中央企业应当通过公开招标、邀请招标、竞争性谈判等方式在本集团评估机构备选库内择优选聘评估机构执业重大资产评估项目。选聘评估机构应当制定选聘文件，明确项目信息、评价要素、评分标准等内容。评价要素至少包括项目团队人员组成及其评估标的相关行业的执业经验、评估工作方案、资源配备、质量控制、费用报价等。其中，费用报价的分值权重不高于15%，费用报价得分＝（1－｜选聘基准价－费用报价｜/选聘基准价）×费用报价所占权重分值，选聘基准价为参与选聘的评估机构费用报价的平均值。

关于印发《关于规范中央企业采购管理工作的指导意见》的通知

国资发改革规〔2024〕53号

为进一步规范中央企业采购管理工作，激发市场竞争活力，有效防范违法违规行为，全面提升中央企业采购与供应链管理水平，2024年7月18日，国务院国资委、国家发展改革委联合发布《关于规范中央企业采购管理工作的指导意见》（以下简称《指导意见》）。

《指导意见》第一部分"总体要求"要求央企、国企坚持依法合规采购、坚持公平公正采购、坚持竞争择优采购、坚持协同高效采购。第二部分"合理选择采购方式"

中首次明确四种非招标采购方式。此前除在政府采购领域的《政府采购非招标采购方式管理办法》中明确非招标采购方式，并未在其他采购领域出台关于非招标采购方式的权威的规定。对于大量使用国有资金进行采购的央企、国企来说，《指导意见》明确除招标方式外的四种非招标采购方式（即询比采购、竞价采购、谈判采购和直接采购）的定义及适用范围，使央企、国企的非招标采购方式有了一定的依据。第三部分"强化采购寻源和供应商管理"提出利用全国企业采购交易寻源询价系统等手段，开展供应商寻源比价，对供应商在采购活动中的履约行为进行全生命周期管理，并进行量化考核、分级管理，对供应商管理在央企、国企间实现信息共享，并对供应商管理结果加以合理应用。这对提高采购活动的竞争性和规范性都有一定的促进作用。第四部分"完善采购执行和评审机制"提出央企、国企应该建立从采购计划制订到签订合同的合规采购流程及特殊项目采购流程。同时，《指导意见》对评审小组组建标准、评审专家库建立与共享、评审专家准入考核和能力提升都提出了要求。此外，《指导意见》对采购活动信息公示、电子采购平台和电子商城等采购数智化建设与应用、鼓励央企国企内部集中采购及央企之间联合集中采购、鼓励采用试用科技创新产品、支持中小企业发展相关采购以及央企国企采购管理、制度、监督层面的规范等都提出了相应要求。

一、《指导意见》的出台背景

采购管理是企业管理体系的重要组成部分，是提升运营质量、降本增效的重要手段。党中央、国务院高度重视国有企业采购有关工作，对进一步规范中央企业采购行为，全面提升采购与供应链管理水平提出明确要求。近年来，国务院国资委持续推动中央企业加强采购管理工作，先后采取一系列措施强化监管，中央企业采购管理体系逐步完善，采购规范化、信息化、集约化水平不断提升。随着中央企业采购金额规模不断扩大，提升采购监管工作水平必要性愈加凸显。在此背景下，出台《指导意见》能够进一步规范中央企业采购工作，切实提升监管工作水平，激发市场竞争活力，有效防范违法违规行为，全面提升中央企业采购与供应链管理水平。

二、《指导意见》的起草过程

2024年以来，国务院国资委与国家发展改革委密切配合，开展规范中央企业采购行为、健全完善采购管理体系有关工作，与工业和信息化部、审计署等加强沟通，针对涉及面广、专业性强的问题开展系列调研，深入剖析典型问题，研究建立规范制度的有效措施，起草了《指导意见》初稿。此后多次广泛征求意见，范围包括有关部委、全部中央企业及有关行业协会，收集整理近300条意见建议并进一步修改完善，形成了《指导意见》。

三、《指导意见》的总体要求

以习近平新时代中国特色社会主义思想为指导，深入贯彻党的二十大精神，建立健全中央企业采购管理体系，增强采购价值创造能力，全面推动中央企业采购管理规范化、精益化、协同化、智慧化发展。主要原则是：坚持依法合规，切实规范中央企业采购行为；坚持公开公正、平等对待各市场参与主体；坚持竞争择优，充分激活市场竞争；坚持协同高效，推动供应链上下游协作。

四、《指导意见》的重点内容

《指导意见》共分十个部分，其中第一部分是总体要求，第二部分是合理选择采购方式，第三部分至第九部分是采购管理工作措施要求，第十部分是组织实施。《指导意见》结合中央企业实际，特别针对近年来巡视、审计等反映的突出问题，明确了今后一个时期央企采购管理工作重点方向。综合考虑制度完善、数字化转型、科技创新、社会责任等方面工作任务，从推动中央企业强化采购寻源和供应商管理、完善采购执行和评审机制、推动采购活动公开透明、提升采购数智化水平、加大集中采购力度、发挥采购对科技创新的支撑作用、鼓励更好履行社会责任七个方面，对中央企业采购管理工作提出具体要求。

五、《指导意见》规定的采购方式

对于《招标投标法》《招标投标法实施条例》《工程建设项目施工招标投标办法》等明确规定必须采取招标方式采购的项目，中央企业应当严格执行。对于不属于工程建设项目的采购活动，未达到《必须招标的工程项目规定》（国家发展改革委令 2018 年第 16 号）所规定的招标规模标准的工程建设采购项目，以及国家招标投标相关法律法规明确可以不进行招标的项目，中央企业除自愿采取招标方式外，应当选择询比采购、竞价采购、谈判采购、直接采购四种方式之一实施。《指导意见》是首次对非招标采购进行统一规范的国家部门规范性文件，在审慎研究论证、确保规范准确的基础上，明确规定招标之外的四种采购方式及相应适用条件，有利于在中央企业层面率先统一标准和要求、实现规范管理。

六、《指导意见》的组织实施

国务院国资委将抓好《指导意见》出台后续组织实施工作，从加强组织保障、健全制度体系、抓好监督落实等方面，要求中央企业强化总部管理职能，按照《指导意见》抓紧制定或修订采购管理制度和实施细则，建立健全覆盖各类采购方式的采购管理制度体系。国务院国资委继续健全并应用中央企业采购交易在线监管系统等平台工具，进一步强化"互联网+监督"机制，加强宣传引导，为推动中央企业采购工作规范健康发展营造良好氛围。

◎ 医疗采购相关制度

国家医疗保障局办公室关于加强医药集中带量采购中选产品供应保障工作的通知

医保办函〔2024〕5 号

药品、医用耗材集中带量采购工作开展以来，中选产品供应总体稳定，但受短期临床需求波动等影响，也出现个别品种临时性供应紧张问题。为压实中选企业履约责任，确保临床用药稳定，巩固集中带量采购改革成果，2024 年 1 月 12 日，国家医疗保障局办公室发布《关于加强医药集中带量采购中选产品供应保障工作的通知》（以下简称《中选产品供应保障通知》）。

《中选产品供应保障通知》指出，要及时组织签订采购协议。每批次集采落地执行前，各地医保部门应组织中选企业与医疗机构在规定时间内签订采购协议，压实合同履约责任。对中选后长期不签合同，导致医疗机构无法开展采购、影响临床使用的，应视情节取消相关企业中选资格或按规定给予医药价格和招采失信评级。要畅通医疗机构反馈问题渠道。各级医保部门要强化供需对接，建立医疗机构与中选企业线上沟通协调机制，畅通供应问题反馈收集渠道。鼓励医疗机构主动向医保部门书面反馈中选产品供应问题，经核实后，该医疗机构采购备供企业产品可直接视作采购中选产品，并享受医保资金结余留用政策；采购非中选产品的，相应的用量不计入集采执行情况考核范围。

《中选产品供应保障通知》明确，要积极协调应对短时间激增需求。指导医疗机构增强采购的前瞻性和计划性，充分考虑正常交货周期和季节性、流行性疾病导致临床需求变化的因素。流行性疾病发生时，确实出现集采品种短时间需求激增的，各地要督促中选企业优先供应主供地区，并充分挖掘备供企业以及本地区非主供、非备供中选企业供应潜力。需求大幅波动时，要指导医疗机构合理下单、不过度囤积，统筹做好医疗机构间调剂使用工作，加大疗效类似药品的供应，加强科学引导，不盲目指定具体品牌。督促配送企业履行配送责任，不囤积居奇，不违规倒货窜货，确保短时间需求激增的品种正常配送。要做好中选产品供应情况监测。各省要依托省级医药集中采购平台，健全集采中选产品供应配送常态化监测机制，通过订单响应时间、发货时间、配送金额、配送数量等科学设置监测指标，定期评估每个中选产品供应配送情况。对医疗机构订单响应不及时、配送率明显偏低、医疗机构反馈供应问题集中的产品，要做到提前发现、主动预警，并通过提醒、约谈、告诫等方式督促相关企业限期整改。对整改不及时、不到位，或因供应问题受到负面计分达到一定水平的企业，可按规定开展失信评级，情节严重的应按集采标书相关条款实施惩戒。

《中选产品供应保障通知》强调，要探索建立供应情况评价机制。鼓励各地积极探索建立集采中选企业供应情况评分管理机制，根据书面反馈供应配送问题的医疗机构数量、发生频率、持续时间等情形，同时结合采购平台统计的相关指标，对相关中选企业供应情况进行评分，并将评分结果用于信用评价、接续采购工作中。要加强供应情况评分结果运用。在集采协议期满接续采购中，要将供应情况评分结果实质性融入采购规则。对上一轮集采实际供应好、评分高的中选企业可在带量比例、供应地区选择、中选顺位等方面予以激励；对实际供应较差、评分低的中选企业应采取一定制约措施，直至取消其申报资格。采用综合评价方式开展接续的，供应指标得分应优先采用实际供应情况评分结果，并占供应得分的主要部分，摒弃单纯依据企业规模、产能等间接指标评分的做法。上一轮集采未中选的企业，可参考该企业其他中选产品供应情况予以评分。

国务院办公厅关于印发《深化医药卫生体制改革 2024 年重点工作任务》的通知

国办发〔2024〕29 号

2024 年 6 月 6 日，国务院办公厅印发《深化医药卫生体制改革 2024 年重点工作任务》（以下简称《任务》）。

《任务》提出七个方面重点工作。一是加强医改组织领导。二是深入推广三明医改经验，深化医疗服务价格、医保支付方式、公立医院薪酬制度改革。三是进一步完善医疗卫生服务体系，提高公共卫生服务能力，加强基层医疗卫生服务能力建设，推进中医药传承创新发展。四是推动公立医院高质量发展，制定关于加强护士队伍建设优化护理服务的指导性文件，保障护理人员待遇。五是促进完善多层次医疗保障体系，健全基本医疗保障制度。六是深化药品领域改革创新，完善药品使用和管理。七是统筹推进其他重点改革，包括推进数字化赋能医改、深入推进"一老一小"相关改革等。

其中特别强调，要推进药品和医用耗材集中带量采购提质扩面。开展新批次国家组织药品和医用耗材集中带量采购，对协议期满批次及时开展接续工作。2024 年各省份至少开展一批省级（含省际联盟）药品和医用耗材集采，实现国家和省级集采药品数合计达到 500 个、医用耗材集采接续推进的目标。进一步加强集采执行工作，落实集采医保资金结余留用政策，完善激励约束机制，推动医疗机构如实填报采购量并合理优先使用中选产品。加强集采中选药品和医用耗材质量监管。完善医药集采平台功能，加强网上采购监督，提高药品和医用耗材网采率。

国家医保局 国家卫生健康委员会关于完善医药集中带量采购和执行工作机制的通知

医保发〔2024〕31 号

2024 年 12 月 10 日，国家医保局、国家卫生健康委员会联合印发《关于完善医药集中带量采购和执行工作机制的通知》，在原有政策基础上进一步完善医药集中带量采购和执行工作机制，引导医疗机构、医药企业遵循并支持集中带量采购机制，巩固深化药品、医用耗材集中带量采购改革成果，让更多患者受益。

《关于完善医药集中带量采购和执行工作机制的通知》重点从集采药品耗材的进院、使用、监测、考核、反馈等环节提出细化措施，体现出部门间协同监管、优先使用中选产品的政策导向。

在进院使用方面，要求地方在各批次集采执行第 3 个月起开展排查梳理，督促医疗机构尽快完成进院工作。鼓励村卫生室、民营医疗机构、零售药店参加集采，方便群众就近购买中选药品。要求医疗机构提升中选产品使用管理水平，完善内部考核办法和薪酬制度，加强处方点评，合理优先使用中选产品，制约无正当理由开具高价非中选药品的行为。做好集采结余留用政策与支付方式改革激励约束机制的衔接，综合体现对医疗机构采购和使用中选药品耗材的正向激励。

在监测考核方面，加强集采品种挂网价格管理，强调中选产品应及时按中选价挂网，对价格高于相关政策规定的非中选产品采取暂停采购、撤网等措施。健全常态化监测机制，动态监测中选品种、医疗机构的采购进度、采购量占比情况。明确医疗机构未完成约定采购量或非中选产品采购比例超过规定要求的，视为考核不合格；同时，针对临床需求发生重大变化的药品、短缺药、急抢救药和季节性用药等特殊品种的优化考核，不搞"一刀切"。

在供应保障方面，要求健全省级层面的集采工作会商机制，省级医保部门会同卫生健康及相关部门、医疗机构、中选企业等，畅通沟通渠道，会商处置医疗机构反映的供应不足、配送不及时、选择性配送等问题。强调进一步明确中选药品持续稳定供应的具体要求，以及合理选择其他替代药品的例外措施。

在协同监管方面，协同推进行业综合监管，相关部门分析研判"带金销售"等不正之风线索，对无故不按规定优先使用中选药品和耗材的医疗机构，采取提醒教育、约谈、通报等措施，情节严重的由医保、卫生健康部门开展联合约谈，必要时将有关线索移交，推动形成鼓励优先使用中选药品和耗材的导向。

◎ 政府采购相关制度

关于进一步提高政府采购信息查询使用便利度的通知

财办库〔2024〕30 号

　　2024 年 2 月 4 日，财政部办公厅印发《关于进一步提高政府采购信息查询使用便利度的通知》，明确要加强全国政府采购数据的共享共用。该通知要求，自 2024 年 4 月 1 日起，中国政府采购网地方分网应当将本地区全部政府采购项目（含低于 500 万元的项目）的各类公告和公示信息推送至中央主网发布。中央主网开通政府采购代理机构登记信息共享接口。地方分网从 2024 年 4 月 1 日起可通过接口获取在中央主网登记的政府采购代理机构登记信息。中央主网还将开设"数据标准及规范"专栏，发布相关数据接口规范。各地方分网要根据数据接口规范组织完成相关信息系统的接口调试工作，确保政府采购数据共享渠道畅通。

关于印发《政府采购合作创新采购方式管理暂行办法》的通知

财库〔2024〕13 号

　　2024 年 4 月 24 日，财政部印发《关于印发〈政府采购合作创新采购方式管理暂行办法〉的通知》。《政府采购合作创新采购方式管理暂行办法》（以下简称《合作创新采购方式管理暂行办法》）出台后，从供给侧角度考虑设计了合作创新采购方式，在公开招标等七种采购方式之外，增设一种新的采购方式——合作创新采购方式。

一、出台的背景

（一）贯彻落实创新驱动发展战略的需要

　　党中央历来高度重视科技创新。政府采购是财政政策的重要组成部分，运用政府采购支持科技创新进而推动产业创新是国际通行做法。《中华人民共和国政府采购法（修订草案征求意见稿）》和《中华人民共和国科学技术进步法》对通过政府采购支持应用科技创新，发挥政府采购市场的导向作用，促进产学研用深度融合，推动创新产品研发和应用等作出了明确规定。2011 年，财政部关于自主创新产品政府采购的三个制度办法停止执行后，政策落地失去了支撑。因此，制定和实施《合作创新采购方式管理暂行办法》，是落实政府采购支持科技创新政策的重要举措。

（二）丰富政府采购方式体系的需要

构建以采购需求为引领的完整采购方式体系，是《深化政府采购制度改革方案》所明确的政府采购交易制度改革方向。针对不同采购项目的需求特点，来设计和匹配相适应的采购方式，是政府采购方式规制的底层逻辑。创新产品从朦胧概念提出、经思想碰撞形成需求、开展研发攻关、新产品产出到市场化应用，有明显不同于常规产品的特点和规律，传统的采购方式难以有效契合，有必要"量体裁衣"为之专门打造一种采购方式。

（三）优化营商环境的需要

以高水平开放促进高质量发展是党中央的一项战略决策。当前，我国正在主动对标世界银行营商环境评估体系等国际标准，营造市场化、法治化、国际化一流营商环境。在世界银行《营商环境成熟度报告》（B-Ready）评价体系中，政府采购是促进市场竞争指标下的一项重要评估内容。其中，政府采购法律制度中是否有专门适用于创新采购的方式，是评估政府采购法规质量的一项评分指标。《合作创新采购方式管理暂行办法》的出台填补了制度拼图中的这一空白。

二、出台的意义

现有的采购方式都是从需求侧设计的采购方式。需求侧设计的采购方式只考虑采购人需要什么，不考虑市场能供给什么。

《合作创新采购方式管理暂行办法》从供给侧角度考虑并设计了合作创新采购方式，解决了创新产品供给不足的难题。合作创新采购方式为了降低采购人和供应商双方的风险，将采购过程分为订购和首购两个阶段实施。订购是指采购人提出研发目标，与选定的研发供应商合作研发创新产品，采购人向研发供应商补偿部分研发费用，共担研发风险。首购是指采购人按照研发合同约定向选定的成交供应商采购研发成功的创新产品。订购阶段采购人与研发供应商签订研发合同，首购阶段采购人与成交供应商签订首购协议，首购协议是研发合同的补充。

政府采购的一项重要职能就是落实国家重大战略目标任务，通过政府采购促进科技创新，攻关仅靠市场机制不能攻克的关键技术和"卡脖子"产品，政府采购急需一种能够满足这种特殊采购需求的采购方式。合作创新采购方式的设立，使得创新产品采购可以通过市场机制运行，同时为政府采购提供了一种新的采购方式。

三、可能面对的一些问题

一是创新的风险大。创新活动中不仅有创新失败、财政资金"打水漂"的工作风险，也有"假创新、真创收"的道德风险，还有国家安全等风险。因此，有效管控风险，是制度设计中必须严肃对待的问题。二是创新的竞争弱。公平竞争是政府采购的灵魂，是提高采购绩效的重要保障。但科技创新门槛高，能胜任者往往寥寥无几。如何构建有效的竞争机制？如何在竞争和效率之间寻求均衡？如何保障采购绩效？这些都成了制度设计中的难点。三是创新的周期长。对于传统采购方式，只要中标、成交供应商即已成功了一大半，但对于合作创新采购方式来说，确定了研发供应商只是"万里长征刚起步"。接下来，研发合同如何管理？订购阶段的竞争结果与首购阶段如何衔接？研发中期谈判该如何定性（中期谈判能否变更研发合同内容）？这些都是需要思考和谋划的。

关于印发《政府采购货物买卖合同（试行）》的通知

财办库〔2024〕84号

2024年4月25日，为推进政府采购标准化建设，规范政府采购合同签订行为，财政部办公厅印发了《关于印发〈政府采购货物买卖合同（试行）〉的通知》。

《政府采购货物买卖合同（试行）》指出，该合同标准文本适用于购买现成货物的采购项目，不包括需要供应商定制开发、创新研发的货物采购项目。该合同标准文本为政府采购货物买卖合同编制提供参考，可以结合采购项目具体情况，对文本做必要的调整和修订。该合同标准文本各条款中，如涉及填写多家供应商、制造商，多种采购标的、分包主要内容等信息的，可根据采购项目具体情况添加信息项。

关于印发《预算绩效评价业务委托合同管理操作指引（试行）》的通知

财办监〔2024〕67号

为规范预算绩效评价业务委托合同管理行为，2024年5月16日，财政部办公厅发布《关于印发〈预算绩效评价业务委托合同管理操作指引（试行）〉的通知》。《预算绩效评价业务委托合同管理操作指引（试行）》适用于财政部门、预算部门以全权委托方式委托第三方机构开展预算绩效评价业务有关合同的订立、履行、变更、解除以及其他与合同相关事项的全过程管理。上述委托行为属于政府采购范围的，按照政府采购有关规定执行。

关于印发《物业管理服务政府采购需求标准（办公场所类）（试行）》的通知

财办库〔2024〕113 号

2024 年 5 月 31 日，财政部办公厅印发《物业管理服务政府采购需求标准（办公场所类）（试行）》。该需求标准适用于办公场所的物业管理服务政府采购项目。采购人可以对本需求标准所列的服务内容及服务标准做必要的调整，也可以对相关指标提出更高要求，但不得超出实际需要。采购需求的所有内容，应当包含在合同文本中。需由经许可的单位提供的服务，如锅炉、压力容器、电梯等特种设备维修等，采购人可另行采购，也可将相关内容包含在物业管理服务中采购。将相关内容包含在物业管理服务中采购的，采购人应当在采购文件中明确相应资格条件，接受以联合体采购或同意采取分包方式履行。

国务院办公厅关于印发《政府采购领域"整顿市场秩序、建设法规体系、促进产业发展"三年行动方案（2024—2026 年）》的通知

国办发〔2024〕33 号

2024 年 7 月 4 日，国务院办公厅印发《政府采购领域"整顿市场秩序、建设法规体系、促进产业发展"三年行动方案（2024—2026 年）》（以下简称《行动方案》）。

《行动方案》紧紧围绕经济社会发展的新形势、新需要，坚持问题导向，强化顶层设计，以"整、建、促"为工作主线，提出力争用三年左右的时间，着力解决当前政府采购领域存在的突出问题，使政府采购市场秩序更加规范，政府采购制度建设迈出实质性步伐，建立健全促进现代产业发展的政府采购政策功能体系。《行动方案》从国家层面提出未来三年政府采购重点改革任务的路线图，在强化监管的基础上，同步推进完善法律制度和政策功能，是持续深化政府采购制度改革、做好下一阶段政府采购工作的重要指引，对于全国统一大市场建设和经济社会高质量发展具有积极的推动作用。

《行动方案》在全面梳理近年来政府采购制度改革工作的基础上，明确了"整、建、促"三个方面九项重点任务：一是在整顿市场秩序，优化营商环境方面，提出持

续开展"四类"违法违规行为专项整治、加强常态化行政执法检查、创新监管手段提升工作效能三项任务。二是在建设法规体系，服务统一市场方面，提出法律建设、制度建设、标准建设三项任务。三是在促进产业发展，落实国家战略方面，提出支持科技创新、扶持中小企业发展、完善政府绿色采购政策三项任务。

《行动方案》具有三个突出特点：一是坚持问题导向和突出重点，将专项整治和日常监管结合，着力解决当前政府采购领域存在的突出问题，持续优化公平竞争的市场环境。二是坚持顶层设计和系统思维，围绕政府采购法修订，以系统思维统筹推进政府采购法律制度体系建设。三是坚持立足国情和对标国际，建立健全支持科技创新、绿色发展、中小企业等现代产业发展的政府采购政策功能体系。

《行动方案》围绕整顿政府采购市场秩序提出了三项举措。一是持续开展专项整治行动。探索建立部门协同、央地联动、社会参与的工作机制，聚焦当前政府采购领域反映突出的采购人设置差别歧视条款、代理机构乱收费、供应商提供虚假材料、供应商围标串标"四类"违法违规行为持续开展专项整治，曝光典型案例，形成有效震慑。二是加强常态化行政执法检查。进一步畅通权利救济渠道，积极推进政府采购行政裁决示范点建设，在业务规范、风险防控、处理口径、队伍建设等方面提供范例，推进省级以下争议处理向省级集中。下一步，财政部将按照《行动方案》要求，推动开展全国政府采购代理机构监督检查工作，研究制定《政府采购代理机构监督检查办法》，明确分级分类检查标准，提高政府采购代理机构专业能力和执业水平。三是创新监管手段，提升监管效能。升级改造中央政府采购电子平台，完善信息发布和查询功能，提升政府采购透明度。健全供应商、采购代理机构、评审专家严重违法失信行为信用记录归集和发布机制，省级以上财政部门要及时向中国政府采购网完整准确上传失信信息，为采购人开展相关资格审查提供便利。加强政府采购协同监管，严肃查处政府采购领域的腐败问题和不正之风。

2003 年《政府采购法》实施以来，我国已建立起较为完整的政府采购法律制度体系。为适应推进高质量发展和高水平对外开放需要，相关法律制度需进一步完善。为此，《行动方案》提出了政府采购法律制度修改任务。一是积极推动政府采购法修改，推动政府采购法、招标投标法协调统一。按照建立现代政府采购制度的要求，对标世界贸易组织《政府采购协定》（GPA）、《全面与进步跨太平洋伙伴关系协定》（CPTPP）等国际规则，积极推动政府采购法修改工作，研究完善政府采购法适用范围，加强政府采购全链条管理，健全政府采购交易制度，强化政府采购政策功能。同时，结合政府采购法修改进程适时修改实施条例，完善政府采购规章制度体系。二是建立政府采购本国产品标准体系。政府采购法明确规定，政府采购应当采购本国货物、工程和服务。凡符合标准的产品，无论是由内资企业还是外资企业生产，都将平等参与政府采购竞争。《行动方案》提出，要借鉴国际通行做法，加快制定政府采购本国产品标准。在标准制定过程中，财政部将充分征求包括内外资企业、行业协会商会在内的各方意见，既要保证其科学性，又要保证其可行性。三是分类制定政府采购需求标准。合规、完整、明确的采购需求，既是供应商竞争报价的基准，也是实现采购结果优质优价的保证。《行动方案》提出，制定通用货物、服务需求标准，研究制定市政基础设施和电子电器、新能源汽车等产品的政府绿色采购需求标准，以及创新产品商业化推广后的政府采购需求标准，为采购人全面、完整、准确描述采购需求提供指导。

《行动方案》提出，积极发挥政府采购在支持科技创新、绿色环保、中小企业和乡村振兴等方面的作用，促进相关产业发展。下一步，重点实施三项措施。一是构建符合国际规则的政府采购支持科技创新政策体系。综合运用强制采购、优先采购、首购订购、发布需求标准等措施，推进创新产品应用和迭代升级，营造促进产业创新的良好生态。当前的重点工作是健全和落实合作创新采购制度，以采购人应用需求为导向，以公平竞争以及采购人与供应商风险共担为基础，实施订购首购，实现创新产品研发与应用推广一体化管理。合作创新采购的特点概括为"两给两共"：既对供应商的研发成本"给补偿"，又以承诺购买一定量创新产品的方式"给订单"，通过"共同分担研发风险""共同开拓初始市场"，激发企业创新活力。二是扶持中小企业发展。采购人在适用招标投标法的政府采购工程项目中，全面落实预留份额、价格评审优惠等中小企业扶持措施，对超过400万元的工程采购项目中适宜由中小企业提供的，预留份额由30%以上阶段性提高至40%以上的政策从2025年年底延续至2026年年底。建立健全中小企业"政采贷"工作机制，为金融机构、中小企业开展政府采购融资提供便利。推动脱贫地区农副产品网络销售平台拓展业务范围。三是完善政府绿色采购政策。扩大政府采购支持绿色建材促进建筑品质提升政策实施范围，由48个城市（市辖区）扩大到100个城市（市辖区），增加强制采购的绿色建材产品种类，要求医院、学校、办公楼、综合体、展览馆、保障性住房以及旧城改造项目等政府采购工程项目强制采购符合标准的绿色建材，推进建材产业绿色转型升级。对符合条件的绿色产品实施强制采购或优先采购，不断加大绿色产品政府采购力度。

关于印发《关于进一步加强高等学校内部控制建设的指导意见》的通知

财会〔2024〕16号

2024年11月19日，财政部、教育部联合印发《关于进一步加强高等学校内部控制建设的指导意见》（以下简称《指导意见》），旨在推动国家举办的高等学校进一步加强内部控制建设，提升高等学校内部治理能力和水平。

《指导意见》指出，到2026年，基本建立制度健全、权责清晰、制衡有力、运行有效、风险可控、监督到位的内部控制体系，严肃财经纪律，合理保证高等学校经济活动及相关业务活动合法合规、资产安全和使用有效、财务信息真实完整，有效防范舞弊和预防腐败，提高资源配置和使用效益，推动高等学校高质量发展。《指导意见》明确，要强化高等学校重点经济活动和相关业务活动的风险评估。在开展单位层面风险评估的基础上，加强对科研、采购、工程项目、资金管理、资产管理、对外办学、基金会、附属单位、信息化建设等资金规模较大或廉政风险较高领域的风险评估工作。

《指导意见》强调，要加强采购管理。按照"谁采购谁负责"原则，明确职责划分与归口管理，建立健全采购管理制度，科学划分类型，实施分类管理，严格落实国家对科研急需设备、耗材和服务的采购政策，确定日常办公、科研试剂等金额小但品类多的零星采购，以及金额大、专业性强的专用设备、信息系统、委托（购买）服务、工程物资等采购过程中的关键管控环节，细化采购执行中需求管理、政策落实、履约验收、信息公开等重点环节的控制措施。

财政部关于印发《政府采购代理机构监督检查暂行办法》的通知

财库〔2024〕27 号

2024 年 11 月 21 日，财政部发布《政府采购代理机构监督检查暂行办法》（以下简称《监督检查暂行办法》）。

《监督检查暂行办法》的出台，是政府采购领域的一项重要举措，旨在加强对代理机构的监督管理，规范政府采购代理行为，提高政府采购的效率和质量。这一办法的实施，对于维护政府采购市场的公平、公正、公开，保障国家利益和社会公共利益，具有重要意义。《监督检查暂行办法》的实施给行业带来多方面的影响。一方面，它要求代理机构具备更高的专业素质和服务水平，这将促使代理机构不断提升自身的能力和竞争力。另一方面，加强监督检查力度将有助于规范政府采购代理行为，减少违规行为的发生，提高政府采购的透明度和公信力。同时，对于一些规模较小、实力较弱的代理机构来说，《监督检查暂行办法》可能会带来一定的压力和挑战，该类代理机构及时调整经营策略，加强内部管理，以适应新的市场环境。《监督检查暂行办法》规定监督检查按照分级分类的形式实施，监督检查重点内容，贯穿代理机构的成立条件、业务实施、档案管理等全流程。

《监督检查暂行办法》规定，上年度为 50 家以上中央及省级预算单位开展政府采购业务的代理机构、上年度代理 150 个以上中央及省级政府采购项目的代理机构、上年度代理政府采购项目中标成交金额累计在 15 亿元以上的代理机构、上年末登记备案政府采购专职从业人员数量为 50 人以上的代理机构，原则上每年检查一次，由财政部或工商登记注册所在地的省级财政部门统筹实施。财政部检查的代理机构，其工商登记注册所在地的省级财政部门当年不再检查；上年度为 20 家以上、50 家以下中央及省级预算单位开展政府采购业务的代理机构，上年度代理 50 个以上、150 个以下中央及省级政府采购项目的代理机构，上年度代理政府采购项目中标成交金额累计在 6 亿元以上、15 亿元以下的代理机构，上年末登记备案政府采购专职从业人员数量为 30 人以上、50 人以下的代理机构，原则上每三年检查一次，由工商登记注册所在地的省级财政部门统筹实施。

《监督检查暂行办法》要求，财政部门应当将存在下列情形的代理机构列为当年重点检查对象：①已开展政府采购业务，未按照要求进行名录登记的；②检查前一年开展的政府采购业务被投诉举报且查证属实达到三次以上的；③检查前三年因政府采购执业行为受到两次以上行政处罚的；④存在重大违法违规线索的。此外，对新登记的代理机构，自首次代理政府采购业务起，原则上前两年内至少检查一次，此后每五年检查一次。

关于进一步明确新能源汽车政府采购比例要求的通知

财办库〔2024〕269 号

为加强政府采购新能源汽车管理，支持新能源汽车推广使用，2024 年 12 月 19 日，财政部办公厅印发《关于进一步明确新能源汽车政府采购比例要求的通知》。

该通知指出，采购人应当加强公务用车政府采购需求管理，充分了解新能源汽车的功能、性能等情况，结合实际使用需要，带头使用新能源汽车。主管预算单位应当统筹确定本部门（含所属预算单位）年度新能源汽车政府采购比例，新能源汽车可以满足实际使用需要的，年度公务用车采购总量中新能源汽车占比原则上不低于 30%。其中，对于路线相对固定、使用场景单一、主要在城区行驶的机要通信等公务用车，原则上 100% 采购新能源汽车。采购车辆租赁服务的，应当优先租赁使用新能源汽车。主管预算单位应当指导和督促所属预算单位落实好新能源汽车政府采购比例要求，做好新能源汽车使用有关保障工作。

关于印发《专利商标代理服务政府采购需求标准（试行）》的通知

财办库〔2024〕275 号

2024 年 12 月 26 日，财政部办公厅和国家知识产权局办公室联合发布《关于印发

〈专利商标代理服务政府采购需求标准（试行）〉的通知》。《专利商标代理服务政府采购需求标准（试行）》（以下简称《需求标准》）文本适用于采购人使用财政性资金开展的专利商标代理服务政府采购项目。

根据《需求标准》，采购人应按照《政府采购需求管理办法》（财库〔2021〕22号）的要求，结合采购项目实际情况，确定采购需求，可以对本标准文本所列的服务内容及服务标准做必要的调整，也可以对相关指标提出更高要求，但不得超出实际需要。采购需求的所有内容，应当包含在合同文本中。采购人应加强履约验收管理，按照采购合同约定对供应商提供的专利商标代理服务进行验收，不得违反合同约定拖欠服务费用。对于供应商未按合同约定提供专利商标代理服务的，采购人应当依法追究其违约责任。采购人应按照政府采购有关规定，在省级以上人民政府财政部门指定的媒体上及时发布项目信息，但涉及国家秘密、商业秘密的信息，以及其他依照法律、行政法规和国家有关规定不得公开的信息除外。采购人确定采购需求时应审慎研究，不宜对外公开的信息不予公开。《需求标准》指出，由于专利商标代理服务专业性强，服务质量直接关系创新成果和品牌保护效果，采购评审时应当综合考量专利商标代理机构的代理服务方案、质量管理保障、人员专业能力等因素，确保提供的服务内容与采购需求相匹配，一般采用招标、磋商方式采购，通过综合性评审选择优质优价的服务。采购文件应当按照代理服务内容和复杂程度细分为不同的等次、规格或标准，合理设置最高限价，与服务内容和工作要求相匹配。评价专利商标代理机构代理费用报价时，代理费用报价要素所占权重分值建议占总分的10%～15%。鼓励采购人针对不同服务类别、不同重要程度、不同时限要求的专利商标代理服务，分类确定服务内容和质量标准等。

◎ 军队采购相关制度

军队装备竞争性采购规定

军装规〔2024〕4 号

2024 年 11 月 27 日，中央军委装备发展部公布《军队装备竞争性采购规定》（以下简称《规定》），对军队装备竞争性采购的基本程序、方式和策略等作出规定。

《规定》提出，有两家以上潜在供应商、采用竞争性采购方式可满足采购任务要求的项目，应开展竞争性采购，不得限制和规避竞争，不得妨碍公平竞争。有科研阶段已充分竞争或已作出提前投产决策，只有唯一供应商的装备订购项目；具有重大自主创新属性且属于国内首创等五种情形之一的，可采用单一来源采购方式。中央军委装备发展部将定期发布装备竞争性采购负面清单。属于规定情形但未列入负面清单的项目，报批后方可实行单一来源采购。装备竞争性采购项目优先实行公开竞争。公开竞争应以发布采购公告的形式邀请不特定供应商参加。符合绝密级项目等不宜公开信息等情形之一的可实行有限竞争，邀请特定供应商参加。装备竞争性采购可采用招标、竞争性谈判、询价、指南遴选等方式。作战使用要求、战术技术指标、服务要求明确，无须与供应商协商谈判，采购金额达到 1000 万元以上，满足采购任务时限要求的项目应采用招标方式，但潜在供应商不足 3 家的不得采用招标方式。

《规定》明确，军队装备采购单位不得允许有被宣告破产；尚欠缴应纳税款或社会保险费；参加装备竞争性采购前 3 年内，在经营活动中存在重大违法记录；被依法限制或禁止参加军队装备采购活动；有证据证明供应商在参加装备竞争性采购前 3 年内，发生过装备采购合同违约行为，对拟采购项目合同履约可能产生重大影响等情形之一的供应商参加装备竞争性采购。

《规定》要求，军队装备采购单位需要供应商提交保证金的，应在采购文件中明确以非现金形式提交，单个供应商提交的保证金数额不得超过装备采购项目预算的 2%，1 亿元以上的项目不得超过 200 万元，联合体按单个供应商提交保证金。军队装备采购单位应在合同订立后 5 日内退还供应商保证金和银行同期存款利息。在发生质疑投诉时，保证金可以用于垫付、支付质疑投诉处理费用。

《规定》提出，装备竞争性采购实行竞争失利补偿制度，鼓励和扶持竞争失利方继续参与后续竞争，维护稳定竞争格局。装备竞争性采购失利补偿主要采取项目补偿、分包补偿、经费补偿方式。军队装备采购单位通常选择一种补偿方式，也可根据实际需要，在补偿数量和金额不超过一种方式最高值的范围内，选择多种补偿方式。有限竞争失利的供应商自愿自筹经费跟研的，军队装备采购单位可与其签订跟研协议并允许其具备条件后参与后续竞争。

附　录

2024 年中国公共采购大事记

1 月

1 月 4 日，军队采购网发布《军队采购文件标准文本（2.0 版）通用文件》，该标准文本涵盖线上版和线下版的物资和服务两类项目，共包括 20 个不同类型的采购文件，涉及公开招标、邀请招标、竞争性谈判、询价和单一来源采购五种方式。

1 月 10 日，工业和信息化部、国家发展改革委等十部门联合印发《绿色建材产业高质量发展实施方案》，鼓励公共采购和市场投资项目扩大绿色建材采购范围、扩大政府采购支持绿色建材促进建筑品质提升政策实施城市范围，完善绿色建筑和绿色建材政府采购需求标准，优化绿色建材采购、监管和应用的管理制度，对相关绿色建材产品应采尽采、应用尽用，促进建材工业绿色化转型。

2 月

2 月 18 日，国家发展改革委、中国人民银行联合印发实施《全国公共信用信息基础目录（2024 年版)》和《全国失信惩戒措施基础清单（2024 年版)》，推动社会信用体系高质量发展。

2 月 26 日，中国民用航空局发布修订后的《民航专业工程建设项目招标投标管理办法》，明确了招标范围、必须招标项目招标条件及电子化交易要求。该办法旨在规范民航专业工程建设项目招标投标活动，加强监督管理，确保流程更加有序、公平、公开和高效。

3 月

3 月 15 日，国家市场监督管理总局和国家标准化管理委员会批准发布实施我国首个非招标方式且通过信息技术实施的采购交易的国家标准《电子采购交易规范　非招标方式》（GB/T 43711—2024)，对规范国有企业采购交易行为，提高采购交易效率效能，推动现代智慧供应链采购价值目标提升具有重要意义。

3 月 25 日，国家发展改革委、工业和信息化部、住房城乡建设部、交通运输部、水利部、农业农村部、商务部、市场监管总局八部门联合印发《招标投标领域公平竞争审查规则》，细化实化了招标投标领域公平竞争审查的审查标准、审查机制和监督管理等内容。

4 月

4 月 24 日，财政部印发《政府采购合作创新采购方式管理暂行办法》，在公开招标等七种采购方式之外，新增一种新的采购方式——合作创新采购方式，以完善政府采购支持科技创新制度，更好地支持应用技术创新和科技成果转化。

4月25日，财政部办公厅印发《政府采购货物买卖合同（试行）》，以推进政府采购标准化建设，规范政府采购合同签订行为。

5月

5月8日，印发《国务院办公厅关于创新完善体制机制推动招标投标市场规范健康发展的意见》（国办发〔2024〕21号），坚持有效市场和有为政府更好结合，聚焦发挥招标投标竞争择优作用，改革创新招标投标制度设计，提出9方面20项措施，推动形成高效规范、公平竞争、充分开放的招标投标市场。

5月8日，全国人大常委会公布2024年度立法工作计划，招标投标法（修改）列入初次审议的法律案。

5月10日，中国物流与采购联合会和太原中北高新技术产业开发区管理委员会联合主办了第三届中国政企采购数字供应链生态峰会。会议以"链接·协同·再生"为主题，共吸引了千余名业界同仁现场参会，人民网、新华社等多家媒体同步直播。

5月10日，由中国物流与采购联合会公共采购分会组织编写的公共采购行业蓝皮书《中国公共采购发展报告（2023）》发布，来自全国政府采购、军事采购、国企采购、工程招投标、公共资源交易平台建设方、管理运营方等领域140多位专家学者和业界同人参与编写，全书约68万字。根据报告，2023年全国公共采购总额为46万亿元，其中中央企业采购金额13万亿元，直接拉动产业链上下游、大中小企业超200万户。

5月14日，中国物流与采购联合会发布《国有企业网上商城供应商服务规范》（T/CFLP 0067—2024）团体标准，6月1日正式实施。该标准对国有企业网上商城的供应商服务与管理提出了具体要求，与之前公布的《国有企业网上商城采购交易操作规范》一起构成了我国国有企业网上商城采购标准体系。

5月20日，《国家发展改革委办公厅关于印发〈2024—2025年社会信用体系建设行动计划〉的通知》（发改办财金〔2024〕451号）提出：推动地方在能源中长期合同、公共资源交易、招标投标等领域开展合同履约信用监管试点，完善国家"诚信履约保障平台"建设，推动实现"地方—国家"合同履约信息共享和监测。

5月31日，财政部办公厅发布《物业管理服务政府采购需求标准（办公场所类）（试行）》，该标准旨在落实中央全面深化改革委员会审议通过的《深化政府采购制度改革方案》有关要求，推动政府采购需求标准建设，供采购人参考使用。

6月

6月3日，国家铁路局印发《铁路工程建设项目信息和信用信息公开管理办法》，规定招标投标信息（资格预审公告、招标公告、中标候选人公示、中标结果公示）等铁路工程建设项目信息应当通过网络媒介公开。

6月4日，国务院国资委发布的《关于新时代中央企业高标准履行社会责任的指导意见》提出，加强与各类所有制企业在产业、资本、技术、采购与招投标等领域的合作，引领带动民营和中小企业协同发展。

6月6日，国家发展改革委组织召开全国招标投标工作会议，部署深化招标投标领域改革创新的任务和举措。

6月29日，《国务院办公厅关于印发〈政府采购领域"整顿市场秩序、建设法规体系、促进产业发展"三年行动方案（2024—2026年）〉的通知》（国办发〔2024〕33号）提出：力争用三年左右的时间，着力解决当前政府采购领域存在的突出问题，使政府采购市场秩序更加规范，政府采购制度建设迈出实质性步伐，建立健全促进现代产业发展的政府采购政策功能体系。

7月

7月11日，由中国物流与采购联合会（以下简称"中物联"）主办，中物联公共采购分会、中物联采购委承办的第五届国有企业数智化采购与智慧供应链论坛在北京举行，主题为"新质引领·链创未来"。来自200多家企业，700余位政府机关、企业采购与供应链管理部门、科研院所、行业媒体的专家和代表参加会议。论坛聚焦国有企业在数字化转型和智能化升级中的最新实践与创新成果，探讨如何通过新技术的应用提升供应链效率与韧性，推动产业链上下游协同合作，共同构建更加智能、高效、可持续的供应链生态系统。

7月11日，亿邦智库联合中国物流与采购联合会公共采购分会共同发布《2024数字化采购发展报告》。报告以"技术变革与价值创造"为主题，与多方专家和企业深度探讨，解析中央企业在数字化转型、供应链优化及网上商城建设等方面的先进经验和显著成效，为行业提供可借鉴的模式与策略。

7月18日，中国共产党第二十届中央委员会第三次全体会议审议通过《中共中央关于进一步全面深化改革　推进中国式现代化的决定》，提出要推动全国统一大市场建设，建立健全统一规范、信息共享的招标投标和政府、事业单位、国有企业采购等公共资源交易平台体系，实现项目全流程公开管理。

7月18日，国务院国资委、国家发展改革委《关于印发〈关于规范中央企业采购管理工作的指导意见〉的通知》（国资发改委规〔2024〕53号），对规范中央企业采购行为、全面提升中央企业采购与供应链管理水平提出明确要求，并作出重要指导。该文件对中物联等机构发布的国企采购相关团体标准中的非招标采购方式进行了确认，明确了不同采购方式的适用场景和操作规范。此举不仅有助于提高采购效率，降低采购成本，还增强了采购活动的透明度和公正性，为中央企业优化资源配置、提升市场竞争力提供了重要保障。

7月28日，国务院印发《深入实施以人为本的新型城镇化战略五年行动计划》，提出要推动要素市场一体化，加快实现公共资源交易平台共享项目信息、互认经营主体、互通电子服务。

7月31日，《中共中央　国务院关于加快经济社会发展全面绿色转型的意见》明确提出，要优化政府绿色采购政策，拓展绿色产品采购范围和规模，适时将碳足迹要求纳入政府采购。引导企业执行绿色采购指南，鼓励有条件的企业建立绿色供应链，带动上下游企业协同转型。

8月

8月16日，国家档案局发布《招标投标电子文件归档规范》（DA/T 103—2024）行业标准，为推行招标投标电子档案"单套制"管理提供了一种技术方案，标准于2025年2月1日起实施。

9月

9月4日，2024国际采购与供应管理联盟（IFPSM）世界峰会在墨西哥坎昆举行，中国物流与采购联合会会长、国际采购与供应管理联盟副主席蔡进出席并致开幕词。本届峰会以"全球业务趋势、技术（数字化/自动化）和风险管理"为主题，来自四大洲共41个国家和地区的500多名企业高层、行业专家和协会相关代表参加会议。

9月8日，国家发展改革委发布"石家庄市探索推进招标投标'双盲'评审改革营造阳光高效交易环境"等全国优化营商环境十大创新实践案例。本次发布的全国营商环境创新实践案例涉及北京、上海、重庆、温州等10个地区，涵盖综合监管、招标投标、市场准入、用地审批等多个领域，集中呈现了地方优化营商环境的新思路和新举措。

9月10日，由中国物流与采购联合会主办的2024第五届中国供应链管理年会在厦门召开。年会以"新质赋能，链赢未来"为主题，吸引了业界专家学者以及370家企业的采购与供应链管理部门代表近2000人参加。2024全国供应链创新展和第五届全国供应链大赛（企业团体赛）决赛同期举行。

9月10日，中国物流与采购联合会正式发布《中国供应链发展报告（2023—2024）》。该报告由中物联组织编写，经过公开征集、专家遴选、多方论证，总结提炼出2023—2024年中国供应链五大趋势，即供应链协同价值、供应链韧性增长、供应链智能升级、供应链ESG发展、供应链标准建设。这些趋势不仅反映了当前供应链管理的热点问题，也为未来行业发展提供了重要指引。

9月13日，国务院国资委发布2024年中央企业采购与供应链管理对标评估A级企业名单，有25家中央企业荣登榜单，以此引领推动中央企业加快供应链管理体系变革，着力塑造发展新动能、新优势，为建设世界一流企业提供有力支撑。

9月27日，国家发展改革委修订发布《评标专家和评标专家库管理办法》，力求通过完善评标专家入库审核、履职考核、动态调整等全周期管理机制，加强和规范评标专家和评标专家库管理，提高评标专家队伍整体素质，从评标专家这个"小切口"切入，由点及面推动招标投标市场规范健康发展。

10月

10月9日，世界贸易组织在瑞士日内瓦举行2024年第三次政府采购委员会全体会议。会议重点讨论了新成员加入进展并通报现有成员执行情况。中方代表就中国加入

GPA 谈判问题与美国、欧盟等方进行磋商，并通报了中国政府采购相关法律修订、全面对接高标准经贸规则先行先试、优化营商环境等进展情况。

10 月 10 日，司法部、国家发展改革委公布《中华人民共和国民营经济促进法（草案征求意见稿）》，向社会公开征求意见，强调市场准入负面清单以外领域包括民营经济组织在内的各类经济组织依法平等进入，落实公平竞争审查制度，规范招标投标、政府采购等行为，促进民营经济组织公平参与市场竞争、平等使用生产要素。

11 月

11 月 5 日，财政部在中国（上海）自由贸易试验区临港新片区举办 2024 年中国国际公共采购论坛，论坛以"共享公共采购市场的未来"为主题，财政部有关领导在论坛开幕式上发表致辞。

11 月 16 日，《中国招标》期刊有限公司主办的首届招标投标与政府采购技能大赛十强对抗赛（团体赛）在北京圆满结束。大赛设置招标投标和政府采购两个赛项，涵盖团体赛和个人赛两种形式，据统计，共有来自全国 29 个省、293 家单位的 4591 人次参与此次大赛，展示了行业内高水平从业者风采。

11 月 21 日，工业和信息化部、财政部发布《国务院部门涉企保证金目录清单（2024 版）》，该清单设立了投标保证金、履约保证金、政府采购投标（竞争性谈判、询价、竞争性磋商、框架协议等）保证金、政府采购履约保证金、工资保证金、工程质量保证金等 22 种保证金。

11 月 21 日，财政部印发《政府采购代理机构监督检查暂行办法》，确立了代理机构分级分类监督检查制度，明确了监督检查的重点内容，具体规范了监督检查的程序，提出了处理处罚及结果运用的基本要求。

12 月

12 月 1 日，《军队装备竞争性采购规定》开始施行，规定了竞争性采购当事人、竞争性采购基本程序、竞争性采购方式和策略以及竞争失利补偿、责任追究等内容，解放军和武警部队实施的装备竞争性采购适用本规定。

12 月 5 日，财政部就《关于政府采购领域本国产品标准及实施政策有关事项的通知（征求意见稿）》向社会公开征求意见，拟在政府采购活动中给予本国产品相对于非本国产品 20% 的价格评审优惠。

12 月 5 日，由中国物流与采购联合会主办，中物联公共采购分会、中物联采购委承办的 2024 全国公共采购行业年会在南京召开，吸引了来自 300 余家单位的近 1200 名代表参会。大会期间，特别举办了中物联公共采购分会成立 10 周年的庆典仪式。

12 月 5 日，国有企业采购评审专家共享平台正式启动。该平台经国务院国资委企业改革局指导，中国物流与采购联合会组织建设，南方电网牵头发起，首批吸引了十多家大型国企参与共建共享。此举标志着我国专门适用于国有企业采购领域的评审专家共享平台正式筹建，标志着我国国有企业采购向专业化、标准化、透明化迈出了坚实的一步。

12 月 5 日，由中国物流与采购联合会批准立项，中国物流与采购联合会公共采购分会牵头编制的团体标准《采购物资分类与编码 非生产性物资 第 1 部分：办公物资》（T/CFLP 0074.1—2024）及《采购物资分类与编码 非生产性物资 第 2 部分：维护、维修和运行物资》（T/CFLP 0074.2—2024）正式发布，并于 2025 年 1 月 1 日开始实施，标志着全行业统一的采购物资分类与编码规则正式启用。

12 月 12 日，第十批国家组织药品集中带量采购产生拟中选结果。本次集采有 62 种药品采购成功，234 家企业的 385 个产品获得拟中选资格。

12 月 19 日，第二届粤港澳大湾区国有企业供应链协同交流会暨采购供应链协同展在广州举办。此次会议由中国物流与采购联合会、机械工业经济管理研究院联合主办，来自央企和地方国企采购领域 2000 余人参会，共同探讨大湾区现代化产业体系建设、数智转型等热点议题。超过 1500 家广东企业到现场围绕采购活动进行洽谈对接。

中国物流与采购联合会
CFLP China Federation of Logistics and Purchasing

供应链管理专家（SCMP）认证项目

项目介绍 >>>

供应链管理专家（SCMP）认证项目由中国物流与采购联合会组织国内顶级专家团队历时八年、历经两次改版精心开发，是国内唯一拥有自有知识产权、符合中国供应链发展实际的供应链管理认证项目。SCMP旨在指导企业的供应链管理实践，培养供应链管理一流人才，提高中国在全球经济分工体系中的地位。

项目特点：立足职业教育、贯彻国办发〔2017〕84号文、可持续更新、坚持专业化方向、与国际接轨；聚集国内供应链领域40多位权威专家，历经两次改版完善；首推"3+X"知识体系。

全新改版：新版教材基于中物联"供应链运营与规划框架"（简称"SCOP"）模型，知识体系更全面、更本土、更专业、更前沿。

适合对象：企业供应链及相关岗位人员，其他从事供应链管理、供应链研究的专业人士。

内训企业：已为包括国家电网、中国移动、中国电信、中国联通、中国铁塔、中国中车、通用技术集团、兵器工业集团、航天科技、云南电网、中国华能、中国船舶、华润集团、中核集团、南航集团、东航集团、中国中化、招商局集团、中远海运、中国通信服务、中兴通讯、厦门建发、厦门国贸等在内的众多企业员工提供专业培训认证，受到业界广泛好评。

培训内容：必修课程包括M1供应链运作、M2供应链规划、M3供应链领导力；选修课程包括X1物流管理、X2计划管理、X3采购管理、X4碳资产管理（四选一），每门课程培训两天。

联系方式

田老师　　📞 010-83775665　　✏ 邮编：100073

✉ tianxq@chinascm.org.cn　　🌐 http://www.chinascm.org.cn

📍 北京市丰台区丽泽路16号院2号楼1212房间